逐梦海南四十载 耕教旅游三十年
——海南旅游立体呈现

READING BOOK FOR HAINAN TOURISM KNOWLEDGE (THIRD EDITION)

毛江海　张先琪　/编著

海南旅游文化知识

东南大学出版社
SOUTHEAST UNIVERSITY PRESS
·南京·

内容简介

本书纵横有序、经纬有度，系统、严谨而立体化、全景式地介绍了海南地域旅游文化的发展背景、发展轨迹和建设成果等知识，并对海南建省办特区，特别是实施国际旅游岛和自由贸易港建设以来的全域旅游发展和国际旅游消费中心建设作了简要概述。

本书分为《上编 海南及其旅游资源概况》和《下编 海南五大功能旅游区概览》两部分。上编分为海南战略地位与自贸港建设、海南自然旅游资源、海南人文旅游资源、海南旅游产品、海南当代旅游发展轨迹五个章节，内容涉及海南史地沿革与人文、自贸港建设与发展、热带海岛资源与雨林湿地、琼籍侨史与名人、文明村镇与历史纪念地、特色旅游项目与商品和当代旅游发展轨迹等；下编分为海南北部休闲观光旅游区、海南南部浪漫度假旅游区、海南东部健康养生旅游区、海南西部人文探秘旅游区、海南中部生态保育旅游区五个章节，内容涵盖以上五个区的简况和主要景区(点)等。

本书是各级各类旅游企业、旅游类院校、旅游行业协会、社会培训机构开展培训和竞赛活动的教材或工具书，也是国内外游客、学术科研机构研究人员和投资经商者了解、研究海南当代旅游发展的权威性参考资料。

图书在版编目(CIP)数据

海南旅游文化知识 / 毛江海,张先琪编著. — 南京：东南大学出版社，2024.3

ISBN 978-7-5766-1266-0

Ⅰ.①海… Ⅱ.①毛… ②张… Ⅲ.①旅游指南—海南 Ⅳ.①K928.966

中国国家版本馆CIP数据核字(2023)第256982号

策划编辑：张丽萍　　责任编辑：陈 佳　　责任校对：张万莹　　封面设计：毕 真　　责任印制：周荣虎

海南旅游文化知识
Hainan Lüyou Wenhua Zhishi

编　　著	毛江海　张先琪
出版发行	东南大学出版社
出 版 人	白云飞
社　　址	南京市四牌楼2号(邮编：210096　电话：025-83793330)
经　　销	全国各地新华书店
印　　刷	兴化印刷有限责任公司
开　　本	787 mm×1092 mm　1/16
印　　张	23
字　　数	646千字
版印次	2024年3月第1版第1次印刷
书　　号	ISBN 978-7-5766-1266-0
定　　价	69.00元

本社图书若有印装质量问题，请直接与营销部联系，电话：025-83791830。

前言

海南因改革开放而生，因创新发展而兴。自2016年至今，海南省扎实贯彻落实党中央、习近平总书记关于新时代海南发展的重要指示和讲话精神，厚植发展优势，积极推进全域旅游建设，着力谱写高质量建设海南自贸港的新篇章，海南旅游发展再上新台阶。尤其是海南全域旅游产业结构愈发优化，"旅游+消费""旅游+康养""旅游+体育""旅游+文化"等旅游发展新业态日趋成熟，海（口）澄（迈）文（昌）定（安）经济圈、"大三亚"（三亚/陵水/保亭/乐东）经济圈、儋（州）洋（浦）一体化增长极、滨海城市带、中部山区生态保育区、国际旅游消费中心等项目建设也取得了重大进展，使得海南这一全国第一个全域旅游创建试点省份的"旅游胜地"和"最佳旅游市场"的"双驰名"品牌效益初见端倪，初步形成了以旅游业为主导的现代产业体系。

在此背景下，2017年出版的《海南旅游知识读本（第2版）》的内容已经明显滞后。结合出版社建议和读者期盼，本着"宜融则融，能融尽融；以文塑旅，以旅彰文"的原则，编著者第三次对旧作作出如下修订：

第一，取消"单元+模块"编著模式，将旧作6个单元共17个模块内容，分为上下两编共10个章节。

第二，以章节形式建构内容，删去了旧作正文中的三四级序号，力求编著体例创新，以遵从一般读者和职业院校师生的阅读、认知和记忆习惯。

第三，更新了截至2022年11月底的海南人口发展、经济社会建设等方面的数据；新增了海南热带雨林国家公园、海南生态康养环境、自贸港建设（旅游篇）、新生旅游景区（点）、32条特色精品旅游最新线路、乡村旅游名镇名村、新老旅游地标、红色文化旅游点、十大旅游地传说、五大旅游区旅游交通等相关内容，力求内容体现海南旅游新发展实际，以满足读者了解海南旅游新进展、新成就的需求。

第四，将旧作中海南旅游区划及其景区（点）的内容独立为下编，并以北部休闲观光区、南部浪漫度假区、东部健康养生区、西部人文探秘区和中部生态保育区五大旅游区进行划分并介绍；糅合了旧作中有关海南旅游业发展现状与前景的内容，并将其融入上编海南自贸港建设（旅游篇）简况之中，力求完善旅游知识体系，以使得新作章节内容的内在逻辑更加合理、严谨。

第五，重新界定海南旅游的性质和发展期，改"海南现代旅游"为"海南当代旅游"；增加了自 2016 年下半年至 2023 年 11 月海南旅游发展的新内容，力求符合海南当代旅游发展的实际情况，以保证海南旅游发展脉络的连贯性。

第六，在附录中，补充了海南"第一""唯一""之最"旅游吸引物信息量；增加了离岛免税购物点、海南高 A 级旅游景区等相关内容，力求兼顾旅游产业链延展性，以彰显海南自贸港建设中有关旅游产业方面的成果。

总之，本次修订突出了热带雨林、生态文明、康养环境、国际旅游消费中心、古迹古城、乡村旅游名镇（村）、旅游地标、红色旅游点、黎苗习俗、旅游节庆赛事、旅游物传说、土特产与伴手礼、特色旅游线路、离岛免税购物、全域旅游新业态、海南当代旅游发展，以及各市县主要景点区（点）等具有海南地方特色的旅游新知识。

较之旧作，本书内容更新幅度达 70% 以上，书名改为《海南旅游文化知识》更合适，是东南大学出版社 2017 年出版的《海南旅游知识读本（第 2 版）》的修订本，也是 2021 年度国际中文教育创新项目（21YH031CX1）成果之一。但因海南自贸港建设中海南旅游事业的突飞猛进、日新月异，加上编著者能力有限，这本旧书再新之作，仍会存在许多不足和遗憾，热忱欢迎各界读者朋友批评指正，并提出宝贵意见和建议。

毛江海
2023 年 11 月

目录

上编 海南及其旅游资源概况

第一章 海南战略地位与自贸港建设 …… 002

第一节 海南省史地状况与社会环境 …… 002
    一、地理位置与战略地位 …… 002
    二、地形地貌与气候特征 …… 004
    三、历史沿革与人口方言 …… 006
    四、经济社会与旅游交通 …… 010
    五、生态建设与康养环境 …… 015

第二节 海南自贸港建设（旅游篇）简况 …… 018
    一、海南旅游建设之"特" …… 018
    二、自贸港旅游业建设模式雏形 …… 019
    三、海南省旅游行业建设现状 …… 020
    四、自贸港重点园区简介 …… 024
    五、海南国际旅游消费中心建设现状 …… 026

第二章 海南自然旅游资源 …… 029

第一节 海南内陆热带海岛资源 …… 029
    一、海岸与海岛（岛屿） …… 029
    二、海岛土地与物产 …… 030
    三、海岛植物与动物 …… 035
    四、海岛水文与水体 …… 036
    五、海岛火山与溶洞 …… 042

第二节 海南岛生态热带山林资源 ········· 044
一、海岛中部热带雨林主要山脉 ········· 044
二、海岛热带红树林保护区 ········· 045
三、海南全境主要湿地公园 ········· 046
四、海南全境主要森林公园 ········· 048
五、海南热带雨林国家公园 ········· 052

第三章 海南人文旅游资源 ········· 055

第一节 移民文化与主要历史名人 ········· 055
一、历代移民简史 ········· 055
二、琼籍华侨简况 ········· 057
三、历史名人 ········· 058
四、主要人物故居 ········· 067

第二节 海南主要文明村镇与历史纪念地 ········· 069
一、古人类遗址与古城遗址 ········· 069
二、古代建筑与新老旅游地标 ········· 074
三、传统村落与现代乡村旅游名镇名村 ········· 082
四、旅游文化馆与书院寺庙 ········· 089
五、全省主要红色文化旅游点 ········· 095

第三节 海南主要传统习俗与特色风情 ········· 103
一、大众民俗 ········· 103
二、黎族苗族习俗 ········· 108
三、五大宗教文化 ········· 114
四、十大旅游地传说 ········· 116

第四节 海南主要特色文艺与节庆赛事 ········· 121
一、地方戏曲与特种器乐 ········· 121
二、民族歌舞与旅游歌曲 ········· 125
三、代表性旅游文化节庆 ········· 127
四、代表性旅游体育赛事 ········· 133

第四章 海南旅游产品 ········· 136

第一节 海南特色旅游项目 ········· 136
一、十大新兴旅游项目 ········· 136
二、八大专项旅游项目 ········· 141

　　　　三、六大雨林旅游路线 ……………………………………………… 144
　　　　四、二十大休闲农业旅游线路 ………………………………………… 145
　　第二节　海岛特色土特产品 ………………………………………………… 147
　　　　一、传统工艺品与纪念品 ……………………………………………… 147
　　　　二、特色名食与风味小吃 ……………………………………………… 153
　　　　三、特色饮品与热带水果 ……………………………………………… 163
　　　　四、特色土特产品与伴手礼品 ………………………………………… 168
　　第三节　海南离岛免税购物 ………………………………………………… 171
　　　　一、离岛免税购物政策 ………………………………………………… 171
　　　　二、离岛免税购物指南 ………………………………………………… 172

第五章　海南当代旅游发展轨迹 ……………………………………………… 174
　　第一节　海南旅游的萌发与起步 …………………………………………… 174
　　　　一、萌发期（1956—1987年） ………………………………………… 174
　　　　二、起步期（1988—2000年） ………………………………………… 176
　　第二节　海南旅游的探索与创新 …………………………………………… 180
　　　　一、探索发展期（2001—2005年） …………………………………… 180
　　　　二、创新发展期（2006—2010年） …………………………………… 184
　　第三节　海南旅游的转型与升级 …………………………………………… 187
　　　　一、转型发展期（2011—2015年） …………………………………… 187
　　　　二、升级发展期（2016—2023年） …………………………………… 205

下编　海南五大功能旅游区概览

第一章　海南北部休闲观光旅游区 …………………………………………… 239
　　第一节　海口市 ……………………………………………………………… 239
　　　　一、市情简况 …………………………………………………………… 239
　　　　二、主要景区（点） …………………………………………………… 240
　　　　四、江东新区简况 ……………………………………………………… 248
　　第二节　文昌市 ……………………………………………………………… 249
　　　　一、市情简况 …………………………………………………………… 250
　　　　二、主要景区（点） …………………………………………………… 250
　　第三节　澄迈县 ……………………………………………………………… 256
　　　　一、县情简况 …………………………………………………………… 256

　　　　二、主要景区（点） …… 257
　第四节　定安县 …… 260
　　　　一、县情简况 …… 260
　　　　二、主要景区（点） …… 261

第二章　海南南部浪漫度假旅游区 …… 264

　第一节　三亚市 …… 264
　　　　一、市情简况 …… 264
　　　　二、主要景区（点） …… 265
　第二节　三沙市及南海诸岛 …… 277
　　　　一、市情简况 …… 277
　　　　二、主要景区（点） …… 277
　　　　三、南海诸岛旅游资源简介 …… 280
　第三节　陵水黎族自治县 …… 281
　　　　一、县情简况 …… 281
　　　　二、主要景区（点） …… 282
　第四节　保亭黎族苗族自治县 …… 286
　　　　一、县情简况 …… 287
　　　　二、主要景区（点） …… 287
　第五节　乐东黎族自治县 …… 291
　　　　一、县情简况 …… 292
　　　　二、主要景区（点） …… 292

第三章　海南东部健康养生旅游区 …… 296

　第一节　琼海市 …… 296
　　　　一、市情简况 …… 296
　　　　二、主要景区（点） …… 297
　第二节　万宁市 …… 305
　　　　一、市情简况 …… 305
　　　　二、主要景区（点） …… 306

第四章　海南西部人文探秘旅游区 …… 314

　第一节　儋州市及洋浦经济开发区 …… 314
　　　　一、市情简况 …… 314
　　　　二、主要景区（点） …… 315

目录

　　　　　　三、洋浦经济开发区 ································· 319

　　第二节　东方市 ·· 323

　　　　　　一、市情简况 ····································· 323

　　　　　　二、主要景区（点） ································ 323

　　第三节　临高县 ·· 327

　　　　　　一、县情简况 ····································· 327

　　　　　　二、主要景区（点） ································ 328

　　第四节　昌江黎族自治县 ································ 330

　　　　　　一、县情简况 ····································· 330

　　　　　　二、主要景区（点） ································ 331

第五章　**海南中部生态保育旅游区** ························· 335

　　第一节　五指山市 ······································ 335

　　　　　　一、市情简况 ····································· 335

　　　　　　二、主要景区（点） ································ 336

　　第二节　琼中黎族苗族自治县 ···························· 338

　　　　　　一、县情简况 ····································· 338

　　　　　　二、主要景区（点） ································ 339

　　第三节　屯昌县 ·· 341

　　　　　　一、县情简况 ····································· 342

　　　　　　二、主要景区（点） ································ 342

　　第四节　白沙黎族自治县 ································ 345

　　　　　　一、县情简况 ····································· 345

　　　　　　二、主要景区（点） ································ 345

参考文献 ··· 347

附录 ··· 349

　　附录1："第一""唯一""之最"的海南旅游吸引物 ············ 349

　　附录2：海南省高A级旅游景区名录 ······················ 353

　　附录3：海南离岛免税购物点 ···························· 355

后记 ··· 356

上编

海南及其旅游资源概况

史上首次以"海南"特指海南岛,是在南北朝梁武帝时,距今约有1 500年。在此之前,"海南"这一名称作为地理概念于三国时期即已出现,但所指地理范围较宽,一般指包括海南岛在内的南海沿岸各地。唐宋以后,渐趋以"海南"相称今之海南岛,历史上对海南岛的常用称呼还有"珠崖""琼州""琼崖"等,尤以"琼州"一名使用较普遍,与"海南"之称并用。1949年后,以"海南"作为海南岛地理与行政区划的通用名称,并简称"琼"。

当代海南,因改革而生,因开放而兴;因探索而起,因创新而旺。纵观中国旅游发展大环境,海南的旅游资源现状和旅游发展轨迹,无不充满惊奇,令人赞叹。

海南的自然旅游资源,涵盖了国家自然旅游资源分类标准中的全部4个主类,不但丰富,且极富特色。海岛的热带和亚热带自然资源,如山岳、森林、大河、瀑布、水库、火山、溶洞、温泉、湿地等,均具有很高的观赏价值;当今国际旅游者崇尚的阳光、海水、沙滩、绿色、空气这5个要素,海南均兼而有之。

海南的人文旅游资源,融合了黎苗、华侨、移民、宗教等多元文化,并吸收了部分西方文化而产生独特个性;又因其极具"岛民"符号特征和热带海岛传统特色而备受国内外旅游者和研究者青睐。

海南当代旅游,自1956年至2023年,历经萌芽起步、探索创新、转型升级三大时期,总体发展势头良好;如今,在中国特色社会主义自贸港建设的赋能下,"旅游+(消费/会展/康养/体育/工业)+文化"的规范化、集约化、国际化发展格局和路径日渐清晰,旅游业已成为海南第三产业的龙头产业。

本编按照海南战略地位与自贸港建设进展→海南自然旅游资源→海南人文旅游资源→海南旅游产品→海南当代旅游发展轨迹的顺序,介绍海南社会经济与历史沿革、人口状况与生态环境、自贸港及国际旅游消费中心建设、热带海岛资源与山林资源、移民文化与历史名人、文明村镇与文化史地、传统习俗与地方风情、特色文艺与节庆赛事、旅游项目与旅游线路、海岛土特产品与免税购物等知识,并对其作出简要评析。

第一章

海南战略地位与自贸港建设

海南省位于亚洲大陆与大洋洲、非洲、欧洲之间的交通要道上,是我国转口东南亚的必经之路和海上丝绸之路的战略节点,是我国南海资源开发服务保障基地和海上救援基地。自2020年起,海南成为我国按照全球最高水平开放形态打造的自由贸易港(简称"自贸港"),同时也成为我国"RCEP[①]+海南自贸港"新模式探索发展的试验田。按照中央部署,海南高标准建设的战略定位为"三区一中心",即全面深化改革开放试验区、国家生态文明试验区、国家重大战略服务保障区和国际旅游消费中心。

至2023年,《海南自由贸易港建设总体方案》实施三年多,有关部门和海南省按照党中央、国务院决策部署,把制度集成创新摆在突出位置,高质量、高标准推进各项工作,推动海南自贸港建设取得重要进展。主要体现在自贸港政策体系初步建立、外贸外资迅猛增长、市场活力显著增强、现代产业体系加快构建和营商环境不断改善5个方面。其中,旅游业蓬勃发展,吸引消费回流成效明显,以旅游业为主导的海南现代服务业对经济增长的贡献率不断提高。海南正在踔厉奋发、蹄疾步稳,努力成为中国新时代全面深化改革开放的新标杆。

第一节 海南省史地状况与社会环境

一、地理位置与战略地位

(一)地理位置

海南省位于中国最南端,北以琼州海峡与广东省划界,西隔北部湾与越南相对,东面和南面在南海中与菲律宾、文莱、印度尼西亚和马来西亚为邻。

海南省的行政区域包括海南岛、西沙群岛、中沙群岛、南沙群岛的岛礁及其海域,是全国面积最大的省。全省陆地(主要包括海南岛和西沙、中沙、南沙群岛)总面积3.54万平方公里,海域面积约200万平方公里。

海南岛地处北纬$18°10′\sim20°10′$,东经$108°37′\sim111°03′$,北与广东雷州半岛相隔的琼州

---

① 《区域全面经济伙伴关系协定》(Regional Comprehensive Economic Partnership,RCEP)是2012年由东盟发起,历时8年,由包括中国、日本、韩国、澳大利亚、新西兰和东盟十国共15个成员制定的协定。

海峡宽约18海里①。从岛北的海口市至越南的海防市约220海里,从岛南的三亚港至菲律宾的马尼拉港航程约650海里。

西沙群岛和中沙群岛在海南岛东南面约300海里的南海海面上。中沙群岛大部分淹没于水下,仅黄岩岛露出水面。西沙群岛有岛屿22座,陆地面积8平方公里,其中永兴岛最大(2.13平方公里)。南沙群岛位于南海的南部,是分布最广和暗礁、暗沙、暗滩最多的一组群岛,陆地面积仅2平方公里,其中曾母暗沙是中国最南端的领土。

❈ **小贴士**　2021年,海南省下辖4个地级市、15个省直辖县级行政单位,人口在我国省级行政区划之中排名第29位。车牌代码琼A至琼F。

(二) 战略地位

1. 海南是亚洲大陆与大洋洲、非洲和欧洲之间的交通要道

海南省东临太平洋,地处亚太地区经济环形带的中部,靠近国际深海水道,连接亚洲,沟通大洋洲与印度洋,是亚洲大陆与大洋洲、非洲和欧洲之间的交通要道。

2. 海南是我国转口东南亚的必经之路和海上丝绸之路的战略节点

海南内靠经济发达的"珠三角",外临东盟经济圈,海域毗邻马六甲世界黄金水道,具备转口经停的优势,是中国出口东南亚和世界商贸转口的必经之路。特别是近些年来,世界制造产业重心由我国向东南亚迁移的趋势越发明显,东盟经济体和我国的经贸交流日益广泛,对我国的经济发展有重要的战略意义。

❈ **小贴士**　海南是我国转口东南亚、西亚及欧洲的必经之路,是"21世纪海上丝绸之路"的战略节点,其他区域难以替代。

3. 海南是我国的南海资源开发服务保障基地和海上救援基地

海南位于我国华南与西南陆地和海洋国土接合部,处在大西南走向世界的最前沿,近傍香港、澳门,东濒台湾,又是开发利用南海资源的基地。中国80%的海上贸易量要通过南海运输,在南海航道的维护方面,海南拥有不可替代的地理区位优势。并且,海南还有条件为南海石油钻井、生产平台、各类船舶作业提供物资采购、仓储、装卸、补给和工具检维修,以及各类平台和船舶停靠、避风、应急救险等服务。

4. 海南是我国按照全球最高水平开放形态打造的自由贸易港

海南建设自由贸易试验区和中国特色自由贸易港是党中央着眼于国际国内发展大局,深入研究、统筹考虑、科学谋划做出的重大决策。其高标准建设的战略定位为"三区一中心",即全面深化改革开放试验区、国家生态文明试验区、国家重大战略服务保障区和国际旅游消费中心。

海南自贸港的实施范围为海南岛全岛,到2025年将初步建立以贸易自由便利和投资自由便利为重点的自由贸易港政策制度体系,到2035年成为中国开放型经济新高地,到21世纪中叶全面建成具有较强国际影响力的高水平自由贸易港。

海南自贸港立意于新时代新一轮改革开放的战略高度,对内承担全面深化改革新标杆

---

① 1海里≈1 852米。

的战略任务,对外成为引领我国新时代对外开放的鲜明旗帜和主要开放门户,在南下海上丝绸之路和北上欧亚陆地丝绸之路的布局中拥有不可替代的重要性。

❋ 小贴士　2022年1月7日,海南自由贸易港形象标识新闻发布会召开,正式公布了海南自贸港形象标识(Logo),名称为"启航"(详见本书封底)。

5. 海南是我国"RCEP＋海南自贸港"新模式探索发展的试验田

2022年1月1日,《区域全面经济伙伴关系协定》(RCEP)落地生效,海南成为我国唯一的"三元"供应链(国内、RCEP区域内、RCEP区域外供应链)皆可实现"零关税"的地区。

海南在地理位置上处于RCEP大市场的核心,是连接国内、东南亚两个市场,两种资源的重要枢纽和重要交汇点。海南的地缘优势有助于成为区域航空和海运枢纽,"RCEP＋海南自贸港"的模式拥有高于RCEP的开放优势。

RCEP生效,促进了海南与东盟在"蓝碳"、海洋环保、海上搜救等领域寻求务实合作。海南通过制度型开放,在区域产业链重整、金融创新、数字经济合作、人员流动等方面大有空间可为。总之,"RCEP＋海南自贸港"模式在我国改革开放进程中的地位独一无二。

❋ 小贴士　2022年9月23日,海南自贸港RCEP企业服务中心在海口和北京同步揭牌成立。该中心由海南省商务厅、海南国际经济发展局与RCEP成员贸易促进机构共建。

二、地形地貌与气候特征

(一) 海南岛地形地貌

❋ 小贴士　在地质时期,海南岛原与大陆相连,由于地壳断裂才与大陆分离,其间形成15～30公里宽的琼州海峡,从此孤悬中国南方海域中,因而得名"海南岛"。

1. 海南岛是华南大陆最南端的第一大岛

南海位于欧亚板块、太平洋板块和印度板块三大板块的交接处,而海南岛位于华南大陆的最南端,是南海体系的组成部分。

关于海南岛的形成,有不同的说法。地质学界权威的说法是:海南岛本与大陆相连,大概在6 500万年前,由于北部发生断陷形成琼州海峡,与大陆分离,屹立南海,因此海南岛属于大陆岛。

2. 海南岛呈椭圆形状

海南岛呈椭圆形状(俗称"雪梨状"),是陆地面积仅次于台湾岛的中国第二大岛。长轴呈东北—西南向,长约290公里;短轴呈西北—东南向,宽约180公里。

海南岛海岸线总长1 944公里,有大小港湾68个,周围负5米至负10米的等深地区达2 330.55平方公里,相当于陆地面积的6.8%。

❋ 小贴士　曾于1992年获中国科学院最高野外科学考察"竺可桢"金牌奖的权威地质学家侯威认为:海南岛中部的隆起并非圆球形的均匀隆起。海南岛在形成过程中,存在着多个南北方向、东西方向和环状构造系。激烈的构造运动,使得海南岛地壳在长期复杂多阶段的演化过程中,曾经几次受到左、右旋转交替的剪切作用,最终导致海南岛呈椭圆形状。

3. 海南岛地貌为中间高,四周低

海南岛地貌,从中部至边沿,依次为中部山地带、环山丘陵带、台地阶地带、沿海平原带、热带海岸地貌。

中部山地海拔在 500 米以上,是海南岛地貌的骨架(山体主要由花岗岩组成,山形高峻而浑圆)。山脉大体分为 3 列,均为东北—西南走向。

环山丘陵带面积不大,仅占海南岛面积的 13.1%。丘陵是介于山地和台地之间过渡形态的地貌类型,分为高丘陵和低丘陵两类。

海南岛的台地面积在各类地貌面积中所占比例最大,约占全岛总面积的 1/3。宽广的台地主要分布在琼北地区,可分为海拔 20 米和 40~50 米两级,逐渐向海倾斜。

沿海平原带是海南岛地貌环带结构的最外一环,面积 7 800 多平方公里,由海岸平原、潟湖平原、三角洲平原三种地貌组成。

热带海岸地貌主要有沙堤堆积、海滩岩、红树林海岸、珊瑚礁海岸、港湾地貌五类。

4. 海南岛河流由中部山地向四周呈放射状奔流入海

全岛有 154 条独流入海的河流,形成一个水量不能互补的放射状水系,其中的南渡江、昌化江和万泉河是海南三大河流。其中最长的河流是发源于白沙县南峰山的南渡江(313 公里),第二长的河流是发源于琼中县五指山的昌化江(230 公里),第三长的河流是发源于五指山林背村南岭的万泉河(163 公里)。

海南岛中部山区以五指山为中心,四周有 4 座弧形辐射状山脉是东黎母山脉、雅加大岭山脉、西黎母山脉和吊罗山脉。在 4 座山脉之间,分布着弧形展开的万泉河、南渡江、昌化江、宁远河四大水系。这些山脉以五指山为中心,向四周散开,大致呈辐射的涡轮状。

(二) 热带气候

❋ **小贴士** 海南属热带岛屿季风性气候,全年气温适中,日照时数高,舒适期长,具备发展旅游产业的优势条件。虽然闷热期相对较长,但通过开发一些特色旅游产品,可以扬长避短,变劣势为优势。海南的旅游气候条件优良,总体上非常适合旅游业的发展。

1. 年平均气温为 23~26 ℃

中部地区年平均气温在 23 ℃左右,南部地区由于受五指山山脉的影响,冷空气南下受阻,年平均气温高于北部地区,东、西部沿海地区年平均气温则介于两者之间。

海南最热的月份是 7 月,平均气温 26~29 ℃,最冷的月份为 1 月,平均气温仍达 17~22 ℃。南部、中部的大部分地区和东部沿海地区,全年高于 35 ℃的高温日数均在 10 天以下。

2. 年平均相对湿度为 76%~86%

海南气候湿润,年平均相对湿度 76%~86%,由东部向西部递减。各市县的月平均相对湿度随季节的变化不大,变化幅度 3.87%~8.37%,非常适合户外自驾旅游。

3. 年平均降水量为 900~2 600 mm

海南属于热带季风性气候,降水年内分配不均,而且地区间的雨量也存在差异。全省年平均降水量为 900~2 600 mm,主要集中在中部山区。5—10 月为雨季,降水量约占全年的

80%～90%。

✲ 小贴士　海南的降水大多发生在夏季，其他季节的少量降水对旅游的影响十分有限，而且夏季多是午后的局地阵性降水，历时短、雨量小，不但不影响观光，还会适当降低气温，使天气变得凉爽。

4. 年平均日照时数达 1 700～2 600 小时

海南大部分地区日照充足，全岛年平均日照时数达 1 700～2 600 小时，其中西部沿海地区平均每年的晴天日数在 300 天以上。海南日平均日照时数为 5.0～6.9 小时，主要景区的日平均日照时数都在 6 小时以上。

✲ 小贴士　海南中部、北部和东部的部分地区，日照时数在 5.5 小时左右，虽然相对略低，但适合发展民俗旅游及以温泉养生为主的休闲旅游。

5. 年平均大风日数约 13.47 天

全省年平均大风日数约 13.47 天，但相比海南长达10 个月以上的旅游期并不算多。海南大风天气虽然对观景有一定影响，却有利于开展帆板、冲浪等旅游项目，总体说来是利大于弊。

三、历史沿革与人口方言

(一) 历史沿革

1. 旧石器时代—南北朝时期

✲ 小贴士　海南旷野遗址考古发掘的证据证明：海南早期人类依据自身对自然环境的驾驭能力，逐步从遮风避雨的洞穴走向开阔的河谷和台地平原，在海南早期文明的发展进程中，与内陆特别是岭南地区保持着密切联系，开创了人类早期的移民拓荒史。

(1) 黎族是海南最早的居民

唐虞(尧舜)时代，海南岛属南方交趾之地；夏、商、周三代，为古百越的一个分支——扬越人的南裔聚居地。扬越南裔形成于 3 000 多年前的商周之际，古百越的一支骆越人从大陆两广和越南北部迁移到海南岛，形成雕题和离耳两个氏族部落，成为黎族的祖先，也是海南最早的居民。

黎族社会内部因方言、习俗、地域分布的差异而存在不同的称呼，主要有哈黎(习惯称“侾黎”)、杞黎、润黎(亦称“本地黎”)、赛(加茂)黎和美孚黎等。其中哈黎人数最多，分布最广，主要集中于乐东、陵水、昌江、白沙、东方、三亚。“黎”是他称，是汉民族对黎族的称呼，黎族在与外族交往时普遍自称“赛”。

✲ 小贴士　骆越，后称“俚人”；“雕题”，即文身、绣面之义；“离耳”，即佩垂肩耳环之义。据考，黎族一支哈黎祖先是从大陆渡海入琼的，先居海滨，进入五指山区后仍居住于竹架船形屋，在衣服上刺绣鱼、蚧等原始图腾图案，带有明显的海洋文化印记。

(2) 秦朝，海南是象郡的边陲

《琼州府志》记载：秦朝，海南属其遥领的范围，没有正式建制。秦始皇曾设置了南方三郡，即南海郡(在今广东境内)、桂林郡(在今广西境内)和象郡(在今越南北部)，海南是象郡的边陲。

(3) 西汉,开始对海南直接管理

《汉书》记载:汉元鼎六年(公元前111年),由于南越国反叛汉朝,汉武帝封卫尉路博德为伏波将军、主爵都尉杨仆为楼船将军,率十万大军自合浦、徐闻入海南,并于次年冬荡平叛乱。

汉武帝元封元年(公元前110年),朝廷在南越地区开置儋耳、珠崖、南海、苍梧、郁林、合浦、交趾、九真、日南等9郡。西汉昭帝始元五年(公元前82年),取消了儋耳郡,并入珠崖郡。西汉元帝初元三年(公元前46年),又撤销了珠崖郡,改为朱卢县,隶属于合浦郡(在今广西境内)。

✱ 小贴士　《汉书·贾捐之传》明确记载儋耳、珠崖立郡是元封元年。汉武帝元封元年建置二郡,是古代封建政权第一次出现在海南岛,这标志着西汉王朝中央政权对海南直接管理的开始。珠崖、儋耳是海南岛最早设置的郡治,二郡共统辖16个县。珠崖郡为今海口市琼山区遵谭镇,儋耳郡为今儋州市三都镇。

(4) 东汉,重建珠崖郡

东汉建武十七年(41年),光武帝拜时任虎贲中郎将的马援为伏波将军,段志为楼船将军,发长沙、桂阳、零陵、苍梧四郡兵一万余人南平交趾,废朱卢县,重建珠崖县,隶属于合浦郡。

✱ 小贴士　"伏波将军"只是鉴于个人能力的称号。第一位出任伏波将军的是西汉汉武帝时期的路博德,最著名的伏波将军是东汉光武帝时期的马援。

(5) 三国至西晋,交替撤销与恢复珠崖郡

三国时期,吴国于242年恢复珠崖郡(这时的珠崖郡,其郡治设在广东徐闻县),下辖3县:徐闻县、珠官县和朱卢县。西晋统一中国后,于280年撤销珠崖郡,又改朱卢县为玳瑁县,与珠官县一同隶属于合浦郡。

(6) 南北朝,设置崖州

南齐时(479—502年),恢复朱卢县,隶属于越州(在今广西境内)。至南朝梁大同年间(535—545年),巾帼英雄、俚人首领冼夫人,辅佐其时任高凉郡守的丈夫冯宝平定地方叛乱,并奏请朝廷批准设制为州,在儋耳郡设置崖州。

✱ 小贴士　高凉,即今广东电白、阳江一带。《北史》和《隋书》均书"海南儋耳归附者千余峒",此为"海南"一词的最早记载。

2. 隋唐—元明清时期

(1) 隋唐至宋朝,郡县分分合合

隋朝,隋炀帝流放宗室邹国公杨纶到珠崖,开流放贬官谪臣到海南岛之先河。隋炀帝大业六年(610年)重设珠崖、儋耳、临振3郡,共辖11县。唐代中期,唐德宗贞元五年(789年),在海南岛设崖州、儋州、振州、万安州、琼州等5州22县。五代十国时期,海南岛归属南汉,唐朝时的5州22县被收缩为5州14县。北宋时期,地方行政区划分为路、府(州、军)、县、乡(镇)四级(路最高,逐级而下)。北宋初年,海南设州、军,隶属于广南西路。北宋中期,宋神宗熙宁六年(1073年),朝廷改革海南岛的行政区划,分设1州3军10县2镇。

(2) 元明清时期,中央政令已渗透琼州腹地

元代至治元年(1321年),文宗图帖睦尔以亲王的身份被贬居海南3年,致和元年(1328年)回京登极后,将设立不久的定安县升格为南建州。元朝末年,又改由广西行省管辖海南政务。明洪武二年(1369年),海南岛改设琼州,次年,琼州升格为琼州府,辖儋州、崖州、万州3州13县,并将南海诸岛划归崖州管辖。清代基本沿袭明代旧制,雍正八年(1730年),朝廷设琼州府,下设3州10县。至此,封建王朝的中央政令已通达海南岛的腹地,加强了对黎族地区的直接统治。

3. 民国时期及以后

(1) 民国时期的"海南特区"

1932年5月,中华民国国民政府西南政务委员会公布《琼崖特别区长官公署组织条例》,于海南岛设置"琼崖特别行政区"。1947年8月,国民政府行政院院务会决议通过将琼崖改为"海南特别行政区",隶属行政院。1949年4月,国民政府海南特别行政区正式成立,首府设于海口市,下辖1市16县。1949年,国民政府公布《海南特区行政长官公署组织条例》及《海南建省筹备委员会组织条例》,并在海口成立建省筹备委员会,筹谋进行改省事宜。

❋ **小贴士** 海南在明清时期一直归广东省管辖,至中华民国南京国民政府时期,方获升格为省之机会。1950年5月1日,中国人民解放军解放海南岛全境后,中央人民政府将海南并入广东省管辖,"海南特区"亦不复存在。

(2) 新中国成立后至海南建省

20世纪前期,中国共产党领导海南人民建立了著名的琼崖革命根据地。1950年5月1日海南岛解放,成立海南军政委员会,实行军政管制。1951年成立广东省人民政府海南行政公署,1955年3月改为广东省海南行政公署。1968年4月成立广东省海南地区革命委员会。1976年10月改称广东省海南行政区革命委员会。1980年1月改称广东省海南行政区公署。1984年成立广东省海南行政区人民政府。1988年4月13日,海南从广东省划出,单独建立海南省并办成中国最大的经济特区,同时撤销海南行政区和海南黎族苗族自治州。

(3) 建省后海南成为"国际旅游岛"和"自由贸易港"

2009年12月,国务院印发《国务院关于推进海南国际旅游岛建设发展的若干意见》,海南正式步入国际旅游岛建设的正轨。

2012年6月21日,民政部发布公告,宣布国务院批准撤销海南省西沙群岛、南沙群岛、中沙群岛办事处,设立地级三沙市,下辖西沙、南沙、中沙诸群岛及海域。

2018年4月13日,习近平总书记在庆祝海南建省办经济特区三十周年大会上郑重宣布,党中央决定支持海南全岛建设自由贸易试验区,支持海南逐步探索、稳步推进中国特色自由贸易港建设,分步骤、分阶段建立自由贸易港政策和制度体系。

2020年6月1日,中共中央、国务院印发了《海南自由贸易港建设总体方案》;6月3日,海南自由贸易港11个重点园区同时挂牌,把11个重点园区作为推动海南自由贸易港建设的样板区和试验区。

❋ **小贴士** 三沙市的设立,标志着中国继浙江省舟山市之后,出现了第2个以群岛为行政区划设立的地级市;标志着中国对南海及其附属岛屿、岛礁及有关领海的控制,有了更为有利的法理依据;更重要的是,三沙市的设立不仅有利于巩固国家维护南海固有领土主权的阵线,并有如宝镇南溟,国志弥坚。

(二) 人口与方言

1. 人口现状

(1) 人口总数与民族构成

截至2022年末,海南省常住人口为1 027.02万人,其中男性人口为544.89万人,占53.06%;女性人口为482.13万人,占46.94%。总人口性别比为112∶86。主要世居民族为汉族、黎族、苗族和回族。

❋ 小贴士　海南省除汉、黎、苗、回4个世居民族外,还有蒙古、藏、维吾尔、彝、壮、布依、朝鲜等少数民族,2022年数据显示,海南少数民族总人口为158.30万人,占全省人口的15.41%,全省统一使用汉语言文字。

(2) 人口总量增速加快

2021年初第七次人口普查数据显示,海南省常住人口总量达到1 008.12万人,比第六次人口普查时增加140.97万人,人口总量增速较快。海南省2000—2010年人口总量年均增长0.98%。

❋ 小贴士　新中国成立后海南人口机械增长速度过快,少数民族人口增长快于汉族。人口密度北部高于南部,沿海高于中部山区,农村人口比重大,人口城镇化发展速度慢。

(3) 城镇人口不断增加,城镇化进程加快

2022年末,全省常住人口中居住在城镇地区的人口达631.48万人,比2021年增加9.26万人;乡村常住人口395.5万人,减少2.7万人,城镇化率为61.49%。

(4) 人口老龄化速度加快,总人口抚养比上升

2022年末,海南省0~14岁儿人口占常住人口的比重为19.01%,15~64岁劳动适龄人口比重为69.67%,65岁及以上老年人口比重为15.83%。与2021年末相比,老龄人口比重上升了0.54个百分点。

(5) 省内人口分布地区间差异较大,人口向经济发达地区聚集明显

至2022年末,海南省常住人口中,海口293.97万人,三亚106.59万人,共计占全省常住人口比重为39.00%。东部市县包括文昌市、琼海市、万宁市、陵水黎族自治县,人口共计203.82万人,约占全省常住人口的19.85%。全省18个市县中(不含三沙市),海口、三亚、文昌、澄迈等4个市县城镇化率高于全省平均水平。

(6) 流动人口数量与分类

截至2020年底,海南省流动人口数量已突破300万人。海南的流动人口类型与我国其他地区不同,主要分为四类:一为海南居住半年型人群,又称为"候鸟"人群;二是外来务工人群;三是高端科研、技术型人才群;四为短期来海南旅游的游客群。

2. 方言构成

❋ 小贴士　海南居民方言种类多,主要使用的方言有10种。其中,军话、海南话、儋州话、迈话为海南汉语四大方言。海南话属汉语闽南方言系统,儋州话和迈话属汉语粤方言系统,军话则属汉语北方方言西南官话系统。当今东南亚各国华裔也比较流行讲海南话,如泰国初贝岛等地的华裔,还讲以文昌口音为标准的海南话。

(1) 海南话

海南话是全海南使用最广泛、使用人数最多的方言,全省有500多万居民通用,主要分布在海口、文昌、琼海、万宁、定安、屯昌、澄迈等市县的大部分地区和陵水、乐东、东方、昌江、三亚等市县的沿海一带地区。不同地方居民所说海南话语言和声调有所不同,一般以文昌人的语音为标准口音。

(2) 黎话与苗话

黎话属汉藏语系壮侗语族黎语支,有哈黎语、杞黎语、润黎语、美孚黎语、赛黎语等5种方言,在全省黎族人民中通用,主要分布在琼中、保亭、陵水、白沙、乐东、昌江等自治县以及三亚市、五指山市、东方市。苗话属汉藏语系苗瑶语族苗语支,主要在海南岛的中部、南部地区各市县以及少数其他县约5万名苗族居民中通用。

(3) 临高话与儋州话

临高话属汉藏语系壮侗语族壮傣语支,比较接近壮语,约有50万居民使用,主要分布在临高县境内和海口市郊西部的长流、石山、西秀、秀英等地区。儋州话属汉藏语系汉语粤方言系统,有40多万人使用,主要分布在儋州市、东方市和昌江县的沿海一带地区。

(4) 军话与村话

军话属汉藏语系汉语北方方言西南官话系统,是古代从内陆充军来海南岛的士兵和仕宦留下来的语言,有50多万人使用,分布在三亚、儋州、东方、临高、昌江等市县的部分地区。村话属汉藏语系壮侗语族,但与黎语较为接近,与黎语同源的词有31%左右,与壮语同源的有28%左右,约6万人使用,主要分布在东方市、昌江县、昌化江下游两岸。

(5) 迈话与回辉话

迈话(也称"澄迈话")属粤方言系统,比较接近广州话,是汉族人使用的语言,使用人数不多,分布不广泛,目前多为三亚市郊的崖城(今三亚市崖州区)和水南村一带居民使用。回辉话主要是在三亚市的回辉、回新两村和白沙县、万宁市境内的少数回族居民中通用。

✻ 小贴士　目前学术界认为回辉话属海南岛语系,是语群中的一个独特语言。据《琼州府志》记载,回辉话是大约宋元时期从外国迁来的居民使用而流传下来的语言,当时汉人称之为"番语"。

(6) 疍(dàn)家话

"疍家"的定义在学术界有争议:一说是沿海地区渔民的自称,一说是"水上广东人"的自称。疍家话属粤方言,也是汉族人使用的语言。绝大多数疍家经常和附近的本地人交流,海南疍家话则往往是三亚港及陵水县一带的汉族人使用。

✻ 小贴士　除以上几种主要方言外,海南还有三亚市、陵水县等地沿海渔民使用的船上话;东方市月村和那斗村共2 500余人使用的一种非汉语土话——那斗话;港口、铁路、矿、国有农场工人使用的白话、客家话、潮州话、浙江话、云南话、福建话、富马话等。

四、经济社会与旅游交通

(一) 海南经济社会简况

✻ 小贴士　总体来说,海南作为一个海岛省份,从广东省划出30多年来,经济社会发展成就突出,经济发展水平持续提升。

1. 1988年建省前,海南是我国经济水平低下的落后地区

1988年以前,海南工农业水平低下,经济薄弱,各项基础设施建设滞后:

——交通不便。飞机班次少,机票非常紧张,琼州海峡渡船常常滞留大量旅客,海口市内没有红绿灯和公共汽车,海口至三亚的车程长达六七个小时。

——通信不灵。海南长途电话直达电路只有至北京、广州、香港和南宁,且线路有限,经常1个小时都接不通,没有至其他省市的电路。

——水电供应不足。许多旅店和商店自备储水设备、发电机。

1987年,海南人均国内生产总值为900元,约为全国平均水平1 112元的81%,全岛约有1/6的人口处于贫困线以下。

✱ **小贴士** 1988年4月,新中国第31个省份,也是唯一的省级经济特区——海南省成立,同年8月,《海南省人民政府关于贯彻国务院〔1988〕26号文件加快海南经济特区开发建设的若干规定》(琼府〔1988〕22号文)发布。在海南正式建省办经济特区的前后一年中,数以千计的国内外客商蜂拥而至。海南以前所未有的开放,掀起了一股新的投资热。

2. 2020、2021年海南经济发展实现历史性突破

海南全省地区国内生产总值(GDP):1988年77.0亿元,1999年476.67亿元,2005年903.60亿元,2019年5 308.94亿元,从低收入地区一跃跨入中等收入地区行列。

经国家统计局统一核算,2021年海南GDP为6 475.20亿元,按不变价格计算,比上年增长11.2%,增速全国排名第二,2020、2021两年平均增速位居全国第一,支撑海南自我发展的财力显著增强。

3. 自贸港建设初期国民经济各行业发展迅速

2022年,海南省农林牧渔业总产值2 272.00亿元,工业增加值770.11亿元,建筑业增加值545.60亿元,房地产业增加值570.78亿元,批发和零售业增加值958.80亿元,交通运输、仓储和邮政业增加值371.93亿元,住宿和餐饮业增加值231.76亿元,金融业增加值438.71亿元。

对外经济方面,2022年全年全省货物进出口总额2 009.47亿元,货物进出口逆差564.27亿元。全年全省服务进出口总额353.62亿元。

旅游业方面,2021年海南省接待游客8 100.43万人次,比上年增长25.5%。其中过夜游客5 783.13万人次,实现旅游总收入1 384.34亿元。2022年,受新冠肺炎疫情影响,全省接待游客下降为6 003.98万人次,其中过夜游客4 278.10万人次,实现旅游总收入1 054.76亿元。

4. 自贸港建设初期人民生活和民生事业持续改善

2022年,全省常住居民人均可支配收入30 957元,比上年增长1.6%。

就业方面,2022年全省城镇新增就业人数16.37万人。农村劳动力转移就业11.24万人。

教育方面,2020年全年普通高等学校(21所)在校学生24.05万人,同比增加2.47万人;中职(不含技工)在校学生12.33万人,普通初中(410所)在校学生38.14万人,普通小学(1 379所)在校学生86.21万人。

社会保障方面,2020年末全省参加城镇基本养老保险人数658.24万人,同比增长4.5%。参加工伤保险人数184.89万人,同比增长8.5%。参加基本医疗保险人数938.82万人,同比增长0.51%。

近10年来,尤其是2018年4月13日以来,海南坚持把所有精力都用在让老百姓过好日子上,把全省地方一般公共预算支出的70%以上用于民生保障,全省被征地农民、脱贫人员、城镇职工等被纳入社会保险制度体系。

海南大力引进国内外优质教育、医疗资源,持续推进基层教育医疗人才管理体制和激励机制改革,2020年将人均预期寿命提高到79岁,高于全国平均水平,让老百姓"家门口上好学"和"小病不进城、大病不出岛"的梦想照进现实。

5. "一本三基四梁八柱"战略框架在实践中形成

近10年来,特别是中国特色自由贸易港建设启航以来,海南各方面工作发生积极变化,经济结构进一步优化、发展质效进一步提升、发展动能进一步增强,并在实践中形成了"一本三基四梁八柱"战略框架。2018年以来,180多项自由贸易港政策文件落地生效,封关运作准备工作全面铺开,压力测试相关工作有序进行。

自由贸易港是当今世界最高水平的开放形态。海南解放思想、敢闯敢试、大胆创新,奋力实现自贸港建设"进展明显,整体推进蹄疾步稳、有力有序",推动了一批具有极高含金量的政策在一些领域和行业落地。

站上新的历史起点,海南将深入贯彻落实党的"二十大"精神,全面落实2022年4月26日召开的省第八次党代会确定的"一本三基四梁八柱"战略框架,自觉以党和国家事业全局为念、大局为重,统筹推进自贸港建设、生态文明建设和坚决守好祖国"南大门"这三件大事,在践行"国之大者"中彰显责任担当。

❋ **小贴士** "一本三基四梁八柱"战略框架,即坚持以习近平总书记关于海南工作的系列重要讲话和指示批示为根本遵循,以《中共中央 国务院关于支持海南全面深化改革开放的指导意见》《海南自由贸易港建设总体方案》《中华人民共和国海南自由贸易港法》为制度基石,以"三区一中心"为目标定位,以政策环境、法治环境、营商环境、生态环境、经济发展体系、社会治理体系、风险防控体系、组织领导体系为稳固支撑。

(二)海南岛旅游交通简况

1. 航空

航空是国内大部分城市游客到海南旅游最便捷、最常用的交通方式。自2022年3月27日起,海南航空控股股份有限公司夏秋季执飞500余条国内航线,航线覆盖国内80余个城市。同时,海南航空还增加了北京、广州、深圳、成都等地进出港航线航班频次和宽体机运力投放,如增频北京—大连、成都—海口等热门航线,使用波音787、空客330双通道宽体客机运营,以满足大型城市的公商务及旅游旅客出行需求,为旅客带来更加舒适的乘坐飞机体验。

海南省现主要有北部海口美兰国际机场、南部三亚凤凰国际机场两大国际机场,以及东部的博鳌机场。海口美兰国际机场和三亚凤凰国际机场,分别于2021年12月、3月开通了至拉萨的航线,航线网络已覆盖了除海南岛外全国所有的省会城市和直辖市。

(1) 海口美兰国际机场

海口美兰国际机场,位于海口市美兰区美兰镇,距离海口市中心约25公里,为4F级民用运输机场,是中国重要的干线机场之一,2011年12月成为中国国内首个拥有离岛免税店的机场。2022年1月机场官网显示,海口美兰国际机场占地面积17 100亩[①],站坪面积125.02万平方米,拥有1条长3 600米、宽45米跑道和1条长3 600米、宽60米跑道;航站楼总规模近45万平方米,有停机位139个。

截至2021年12月2日,海口美兰国际机场已开通航线235条,其中国内航线225条、国际货运航线9条、地区货运航线1条,通航城市共122个,其中国内城市111个、国际货运通航城市10个、地区货运通航城市1个。

2021年,海口美兰国际机场全年共计完成运输航班起降13.89万架次、客流量1 751.94万人次,同比分别增长7.10%和6.24%。随着2021年12月2日二期全面投运,美兰国际机场迈入"双航站楼双跑道"的全新发展时代。

(2) 三亚凤凰国际机场

三亚凤凰国际机场,是一座现代化的4E级民用机场。截至2022年,拥有两座航站楼,分别为T1、T2,共10.63万平方米;共有一条长度为3 400米的跑道,停机坪6.16万平方米;可满足年旅客吞吐量2 000万～2 500万人次。

至2022年冬春航季(至2023年3月25日),三亚凤凰国际机场计划运行国内航线104条,通航点共计79个,新增佛山、邯郸、衡阳、菏泽、襄阳、徐州、岳阳、张家口8个通航点。自通航以来,连年保证安全营运,航班正常率达到99.8%,居全国民航之首。

2021年三亚凤凰国际机场全年旅客吞吐量突破1 000万人次,这是三亚机场连续第11年旅客吞吐量突破1 000万人次。

(3) 博鳌机场

博鳌机场位于琼海市中原镇,距琼海市区12公里,距博鳌亚洲论坛永久会址15公里。博鳌机场于2015年3月开工建设,2016年3月通航,由琼海市人民政府和海航集团共同出资开发建设,用地面积4 364亩,飞行区等级为4C(博鳌亚洲论坛期间为4E),跑道长3 200米,可供波音B747、空中客车A340等大型客机起降,机场停机坪4.3万平方米,有52个停机位。

博鳌机场是对外开放的园林式国际航空港,主要为满足博鳌亚洲论坛会议期间的国内外政要专机和公务机的航空保障需求,为地方旅游、公务和商务活动提供航空运输服务,为通用航空的发展提供支持。

2. 铁路

粤海铁路是中国第一条跨海铁路,北起粤西湛江市,与海南省西环铁路接轨,南达三亚市。现已开通北京西(T201/T202)、上海南(K511/T512)、哈尔滨(Z112/Z113、Z114/Z111)至海口及三亚的空调直达快速列车。

海南岛东环高速铁路,北起海口站,南至三亚站,全长308公里,共有15座车站,列车最高运营速度250公里/小时,是海南省境内的以旅游客流和城际客流为主的密集型、快速型、

---

① 1亩≈666.67平方米。

公交化高速铁路。

海南岛西环公交旅游化铁路,也称三亚至乐东公交旅游化城际轻轨铁路,是位于三亚市和乐东县的一条城际铁路,2022年建成通车。线路包括西环高铁三亚至乐东(岭头)段,长约103公里;西环货线天涯海角至崖州段,长约31公里。该线为"大三亚"环线城际轨道交通1号线,利用海南西环铁路(货运普速线)和海南西环高速铁路开行。

"大三亚"环线城际轨道交通城际铁路是海南省"十四五"综合交通运输规划拟建的一条公交旅游化城际铁路。该铁路是位于三亚市、乐东县和陵水县的规划中的城际铁路网络,同时,在国家发改委编制的海南现代综合交通运输体系规划中是三亚市多层次轨道交通网络体系的一部分。

3. 公路

海南岛陆上交通以公路为主,通车里程达1.4万余公里,以"三纵四横"为骨架,有干线直通各港口、市、县,并有支线延伸到全岛218个乡镇和各旅游景点,形成纵横交错、四通八达的环岛交通网络。主要以环岛高速公路及东线223国道、中线224国道、西线225国道为主脉络。

海南建成的海南环岛高速由三亚、海口两地开始呈环形沿海而建,沿东线高速公路走,海口到三亚只需4个小时,中途支路四通八达,连接琼海、万宁、陵水等市、县。海南中部的海榆中线公路贯穿保亭、五指山、屯昌、琼中等地。海南各重要景区(点)交通十分便利。

海南环岛旅游公路位于海南岛沿海,主线规划总里程约1 000公里,贯穿海口、文昌、琼海、万宁、陵水、三亚、乐东、东方、昌江、儋州、临高、澄迈等沿海12个市县和1个国家级开发区,有机串联沿途9个旅游小镇、37个产业小镇、50余个旅游景区和度假区。海南环岛旅游公路被定位为"国家海岸一号风景道",是海南国际旅游消费中心的标志性项目,也是海南全域旅游迈上新台阶的标志性成果。

✿ **小贴士** 海南是我国唯一不设路卡、不用缴纳养路费的省份,高速路上没有一个收费站,全程免收过路过桥费。东线西线公路沿途每隔几十公里就有一个加油站,但西线高速路车辆和加油站较少。琼海、万宁高速路边的加油站附设大型修理站,一般高速路口附近有修理厂。

4. 水路

海运是海南的一大交通重点。全省共有港口19个,以海口、三亚、八所、洋浦、文昌5个枢纽港口最大,主要港口泊位87个。国内航线可到达长江中下游和沿海各港口。国际航线可到达俄罗斯、日本、韩国等国家和南亚、非洲、欧洲等地。

客运港口以海口、三亚、文昌清澜为主。海口有新港、秀英港、南港3个大型客运港口,每天开往大陆沿海等地区客轮达40多艘。三亚海港是客货两用港口,客运轮船直达广州、香港等城市和越南、新加坡等国家。海南东线的文昌清澜港则是到达西沙群岛及附近岛屿的省内水路交通重要港口。

5. 汽车租赁

截至2022年,海南拥有大大小小100多家自驾车租赁公司,国内规模比较大的汽车租赁公司在海口、三亚均设有分公司,可做到此租彼还。主要车型4~15座,一般价格200~600元/天。

五、生态建设与康养环境

（一）海南生态文明试验区建设

1. 海南生态文明试验区战略地位与建设目标

《国家生态文明试验区（海南）实施方案》指出，推动国家生态文明试验区（海南）建设的战略定位主要包括四方面，分别是：生态文明体制改革样板区、陆海统筹保护发展实践区、生态价值实现机制试验区和清洁能源优先发展示范区。

海南生态文明试验区的主要建设目标是：确保海南省生态环境质量只能更好、不能变差，人民群众对优良生态环境的获得感进一步增强。到2025年，生态文明制度更加完善，生态文明领域治理体系和治理能力现代化水平明显提高；生态环境质量继续保持全国领先水平。到2035年，生态环境质量和资源利用效率居于世界领先水平，海南成为展示美丽中国建设的靓丽名片。

✱ 小贴士　根据《中共中央　国务院关于支持海南全面深化改革开放的指导意见》和中共中央办公厅、国务院办公厅印发的《关于设立统一规范的国家生态文明试验区的意见》，2019年5月中共中央办公厅、国务院办公厅印发了《国家生态文明试验区（海南）实施方案》并发出通知，要求有关地区和部门结合实际认真贯彻落实。

2. "十三五"海南生态文明建设阶段性成果

✱ 小贴士　"十三五"期间，海南省深入贯彻落实习近平总书记"4·13"重要讲话和中央12号文件精神，按照《海南自由贸易港建设总体方案》有关要求，全面推动生态文明建设，坚持以改善生态环境质量为核心，扎实推进国家生态文明试验区建设，推动生态环境质量持续改善，取得较为显著的成绩。

（1）立法成效初显，生态文明建设引领作用更加凸显

海南发布、编制了与国家生态文明试验区定位相匹配的系列标志性规章制度，如《中共海南省委关于提升治理体系和治理能力现代化水平　加快推进海南自由贸易港建设的决定》《海南省"十四五"生态环境保护规划》《海南清洁能源岛发展规划》《海南热带雨林国家公园条例（试行）》《海南热带雨林国家公园特许经营管理办法》《海南经济特区禁止一次性不可降解塑料制品规定》和《海南省人民政府关于健全生态保护补偿机制的实施意见》等，要求紧扣坚持和完善生态文明制度体系，加快建设国家生态文明试验区，工作成效初显。

（2）环境治理效果显著，生态环境质量持续保持全国领先

水环境质量方面，"十三五"期间，海南建立了省、市、县、乡、村多级河长湖长体系，全面完成国家下达的5项最严格水资源管理制度"三条红线"指标目标，水质量实现全省地表水总体水质为优，累计治理水土流失面积680平方公里。2018年海口美舍河、鸭尾溪、大同沟、五源河荣登全国城市水体治理光荣榜，海口市荣获全球首批"国际湿地城市"称号，2019年海口市、三亚市入选全国黑臭水体治理示范城市。海口市湿地保护管理中心的"海口湿地保护修复项目"荣获2020年"保尔森可持续发展奖"。

空气质量方面，"十三五"期间，海南各项指标得到显著改善，均创历史最高水平。与"十二五"末（2015年）比较，各项污染物排放量均有显著下降。尤其突出的是，2020年海南

PM2.5年均浓度为13微克/米^3,是PM2.5有记录以来的最低水平,首次达到国家一级标准。"十二五"期间,在全国74个重点城市中,海口市排名第一;"十三五"期间,在168个全国重点城市中,海口市依然排名第一,处于全国领先水平。

生活垃圾方面,至2020年底,海南全省共建成9座垃圾焚烧发电厂,生活垃圾焚烧处理能力达11 575吨/日;累计建成生活垃圾转运站274座,转运能力12 834吨/日;累计建成渗滤液处理设施19座,处理能力5 610吨/日。从2021年1月1日起,海南全省16座生活垃圾填埋场全部停止接收生活垃圾,全省生活垃圾处理告别填埋,进入"全焚烧"时代,实现了历史性转变。

（3）生产生活方式转变,加速绿色低碳转型

装配式建筑助力行业转型升级。海南省委、省政府将推进装配式建筑列为生态文明试验区建设的四大标志性工程之一。"十三五"期间,海南省装配式建筑推广实现跨越式发展。

能源生产消费结构优化。2020年全省清洁能源装机比重67%,清洁能源消费占比37%,分别较2015年提升23个百分点和11个百分点。"深海一号"大气田项目于2021年6月正式投产。全球首个陆上商用多用途模块式小型堆科技示范工程（简称"小堆"示范项目）于2021年7月在昌江开工。截至2023年10月,全省新能源汽车保有量占汽车保有量的13.87%,居全国第二。

（4）"多规合一"蓝图绘景,美丽乡村建设取得突破

"十三五"期间,海南以"多规合一"蓝图及全省美丽乡村建设总体规划为依据,坚持规划先行,有序推进,已完成全省95%村镇规划编制,75%村镇规划批准实施。

至2022年末,海南初步建成了1 453个宜居、宜业、宜游、宜养的美丽乡村示范村,有64个村庄被列入中国传统村落保护名录。2022年10月,文化和旅游部、国家发展改革委确定了第四批全国乡村旅游重点村名单和第二批全国乡村旅游重点镇（乡）名单,海南省有5个村和2个乡（镇）入选。

✤ **小贴士** 此次公布的第四批全国乡村旅游重点村共有200个,海口市美兰区演丰镇演东行政村芳园村、五指山市水满乡毛纳行政村毛纳村、昌江黎族自治县王下乡洪水行政村俄力村、澄迈县福山镇敖茶行政村侯臣村、保亭黎族苗族自治县响水镇陡水河行政村毛真村入选;第二批全国乡村旅游重点镇（乡）共98个,昌江黎族自治县王下乡、五指山市水满乡入选。

（二）海南康养环境

1. 海南康养的优势条件

（1）生态环境宜居

民国时期海南的森林资源覆盖率为50%;解放初期海南天然林面积1 800万亩;1987年森林面积1 299.6万亩,比1979年的1 069.2万亩增加了230.4万亩;2006年森林面积2 900万亩,覆盖率57.1%。截至2020年,海南全省林地面积3 424.86万亩,全省森林总面积3 296.44万亩,森林覆盖率高达62.1%,处于全国领先水平,热带雨林面积近1 000万亩。霸王岭、尖峰岭、五指山、七仙岭、铜鼓岭、吊罗山、呀诺达、亚龙湾8个主要森林景区的空气负氧离子含量在1 993~4 518个/厘米^{3}之间,远远超过了世界卫生组织清新空气1 000~

1 500个/厘米³标准,对人体健康极为有利。

✿ **小贴士** 从总体上讲,森林面积约占海南总土地面积的3/5,森林是海南优良生态环境的核心,也是陆地生态系统中最大的碳库。

(2) 自然资源宜养

海南省气候资源多样,热量充足、日照时间长。海岸景观带长达1 500公里,沙岸约占50%~60%,沙滩宽数百米至1 000米不等,向海面坡度较缓,多数为优质沙滩。截至2022年,已探明温泉34处,其中医疗热矿泉6处,国家级森林公园9个,药用植物2 462种,省内依托温泉、森林、海滨气候自然资源开发的A级景区53处,另有多处潜力大、待开发的温泉、森林等。自然资源种类多样、数量丰富,品质优良,整体组合较好,可以满足不同人群在康复、保健、疗养等方面的健康需求,奠定了发展资源引领型康养产业的根基。

(3) 政策逐步完善

习近平总书记的系列讲话赋予海南经济特区更加开放的新使命,也为康养产业发展带来新机遇。随着海南省"多规合一"的实施、59国免签政策的落地、健康产业发展规划的发布和实施,康养产业发展的政策支持体系逐步完善。海南自贸港核心规定——"零关税、低税率、简税制还有5个自由便利、一个安全有序的流动",将有力推动人流、物流、资金流、信息流在海南集聚,推动海南成为全球康养医疗旅游目的地和汇集全球保健品、药妆品牌的"世界药庄"。博鳌乐城国际医疗旅游先行区(简称乐城先行区)新老"国九条"规定的有序衔接及细化落地,让海南获得了前所未有的产业优势。

✿ **小贴士** 老"国九条"政策:2013年2月28日,国务院批复同意设立博鳌乐城国际医疗旅游先行区,并在医疗器械和药品进口审批、前沿医疗技术研究、境外医师注册、境外资本准入等九方面给予特殊优惠政策。新"国九条"政策:2019年9月16日,国家发展改革委、国家卫生健康委、国家中医药局、国家药监局等四部委联合发布《关于支持建设博鳌乐城国际医疗旅游先行区的实施方案》,发布了多项重要支持政策,被视为老"国九条"的升级版。

(4) 产业基础良好

海南已基本建成"吃、住、行、游、购、娱"配套齐全的度假旅游接待设施与服务体系,一批特色医疗机构相继入驻海南,博鳌乐城国际医疗旅游先行区、三亚市中医院等发挥医疗健康产业集聚效应,成为引领海南省康养产业发展的引擎。海、陆、空交通体系,公共服务设施正在逐步完善,服务人员数量不断增加,为康养产业发展奠定了良好基础。

2. 健康与旅游度假融合发展

(1) "世界长寿岛"实至名归

2014年8月,第三届人口老龄化长寿化国际研讨会在韩国首尔召开,授予中国海南岛、韩国济州岛"世界长寿岛"证书和匾牌。专家们认为,海南人长寿的奥秘在于海南岛有一个美丽纯净的生态环境。

有关资料显示,2022年底,海南省60岁及以上老年人已达162.6万人,其中65岁及以上老年人口116.24万人。从人均寿命看,海南省2015年人均寿命达77.01岁,2018年已经达到了78.57岁;预计2025年人均期望寿命可达80.1岁;到2030年海南的65岁以上老人将达到161万人以上;其主要影响因素之一就是人均寿命的延长。

（2）"康养之都"雏形已形成

健康与旅游度假的加速融合，已成为现代服务业的新亮点，健康产业与旅游产业的有机结合，也已经成为全球经济发展新的经济增长点。自2009年建设国际旅游岛以来，海南康养业发展迅猛，凭借得天独厚的地理条件，旅游＋健康医疗、旅游＋养老养生、体育＋医疗等模式已成为海南旅游新的发展方向，海南岛已形成"康养之都"的雏形。

（3）三大养生基地建设保障有力

自2019年《海南省健康产业发展规划（2019—2025年）》发布，海南开始踏上高端康养项目开发之路，以康复疗养、气候治疗、特殊疗法、健身休闲等为重点的康养服务业拉开帷幕。搭建科技桥梁，做强产业支撑，海南博鳌乐城国际医疗旅游先行区、海南中医药康养服务港、海棠湾·上工谷中医药康养特色小镇、鹭湖国际养生度假区等众多疗养、康养旅游项目在海南落地，推动、引领海南健康＋旅游产业融合发展。海南将充分发挥生态环境资源和中医药资源优势，优先发展轻医疗旅游，引进优质养老项目，打造一批具有明显特色和优势的雨林养生基地、温泉养生基地和中医药旅游养生基地。

第二节 海南自贸港建设（旅游篇）简况

一、海南旅游建设之"特"

✤ **小贴士** 海南旅游资源之丰富，类型之全，实属罕见，其具有密集性、珍稀性乃至唯一性，有许多我国、亚洲和世界"第一""唯一"的旅游资源。

1. 特色资源形成特殊的竞争力

一是独特而丰富的特色旅游资源。海南是我国唯一的热带岛屿省份，是中国最受欢迎的热带滨海度假胜地。热带海洋自然风光、热带近海与海岸湿地、海南热带雨林国家公园、黎苗民族习俗与黎苗文化研究成果，以及国内唯一山海相连的国家森林公园（乐东尖峰岭）、唯一的热带海岛城市火山群地质公园（海口）、唯一定期定址的国际组织（博鳌论坛）、唯一不朝南开大门的孔庙（文昌孔庙）、唯一保留古老原貌特色的黎族村落、最大佛教文化主题旅游区（三亚南山）、最长的跨海索道（南湾猴岛）等自然与人文现象，均使得海南旅游业具有特别的吸引能力。

二是独特而优质的康养资源。海南独特的热带亚热带气候，使其成为我国最优的宜居地之一。同时，突出的生态环境质量，以及温泉、南药黎药、高负氧离子空气等特色资源，十分有利于面向国内外市场提供高品质健康疗养、慢性病疗养、职业病疗养、运动康复、老年病疗养等健康产品和服务。并且，海南大力加强医疗、教育、商业、旅游、农业等配套基础设施建设，更加突出、完善了康养资源优势，形成了明显的产业竞争力。

2. 特定政策赋予特别的发展机遇

海南是我国最大的旅游经济特区、第一个中国特色自由贸易港，2022年1月又成为唯一的国内、RCEP区域内、区域外"三元"供应链皆可实现"零关税"的地区。特别是在建设中国特色自由贸易港的背景下，海南将旅游业作为三大主导产业之首，围绕国际旅游消费中心建设,推动旅游与文化体育、健康医疗、养老养生等深度融合,提升博鳌乐城国际医疗旅游先行区发展水平,支持建设文化旅游产业园,发展特色旅游产业集群,培育旅游新业态新模式,创建全域旅游示范省,以及大力发展游艇产业、创建国家级旅游度假区和5A级景区,推动海南旅游进入转型升级发展的新阶段。

3. 特殊地理条件决定特有的发展空间

一是地理位置特殊。海南背靠祖国大陆,面向东南亚,便捷高效地服务国际国内两个市场,又是"21世纪海上丝绸之路"规划发展的重要枢纽地带,区位优势得天独厚。

二是国土空间构成特殊。海南省陆地面积3.54万平方公里,海域面积约200万平方公里,总(含海域)面积位居全国第一。除热带滨海旅游资源外,还有广阔的海域面积以及三沙群岛等绝佳的海上邮轮/游艇旅游、海岛旅游资源,为海南旅游提供了极大的发展空间。

二、自贸港旅游业建设模式雏形

1. 现有成效

(1) 对标国际旅游消费中心建设,实现旅游经济流量"加速提升"

一是重点突破招商引资和项目建设,如细化包装策划大工程大项目,对标世界500强、行业领军企业和知名品牌企业以及全球旅游集团20强、中国旅游集团20强,采取多种招商形式,开展招商引资。

二是大力推动全域旅游、精品旅游发展,推动1~2个市县达到国家全域旅游示范区门槛条件,重点打造1~2个省级旅游度假区,新评1~58家A级旅游景区,新评15~20家椰级乡村旅游点等。

三是创新打造节庆会展和宣传促销IP,紧抓"双循环"新发展格局契机,进一步强化"健康游 欢乐购"等宣传推广IP打造,挖掘购物旅游、康养旅游、研学旅游等消费潜力。

(2) 对标高质量公共服务需求,实现文化广电发展新格局"加速打造"

一是进一步推进文化公共服务设施建设工程,加快省图书馆二期建设和对外开放,加快"三馆合一"(非物质文化遗产展示馆、群众艺术馆、琼剧会馆)的省非物质文化遗产展示中心项目建设。

二是继续开展文艺精品创造展演活动,精心组织迎接党的二十大主题文艺创作,推进新时代现实题材创作工程,力争创作1~2部优秀舞台艺术作品。组织开展"送戏下乡""戏曲进校园"等主题文艺惠民活动,让广大群众更有文化获得感、幸福感等。

三是做好文物保护利用和非遗保护传承工作,进一步落实黎族传统纺染织绣技艺保护发展三年行动计划,打造自贸港非遗文化传播IP。

四是守正创新推动广电发展,提升舆论引导、精品创作和智慧广电发展能力,推进海南应急广播体系建设,完善广播电视基础设施和广播电视公共服务长效机制。力求"广电+旅游"新突破,争取引进和孵化1~2部以海南为主要生产基地的高品质电视剧作品,植入海南旅游元素,扩大海南的影响力并拉动影视产业海南消费。

(3) 对标体育发展的重大任务,实现体育旅游发展新局面"加速形成"

一是继续推进打造国家体育旅游示范区,以环岛高铁和环岛旅游公路为骨架,构建环海南岛体育旅游圈,并以海口、三亚、儋州、万宁和琼中5个城市为核心,优先开发赛事、休闲、训练、竞技四大主导产品。

二是全力推动特色体育产业发展,引进国际体育赛事等。同时,深化体育"冬训天堂"打造,提升"一核多点"国家体育训练南方基地建设水平,助推国家体育训练南方基地"多点"提质升级,打造足球、射箭、高尔夫等单项体育南方训练基地,为国家队冬训备战贡献海南力量。

(4) 对标行业发展的现实需要,实现行业发展支撑体系"加速构建"

一是提升旅游文化市场综合治理水平。充分发挥旅游市场综合整治工作领导小组职能作用,抓好旅游市场综合整治,切实提升旅游文化市场综合治理水平。

二是健全旅游服务的标准、监管、诚信和投诉体系。深化海南旅游的标准化、规范化,继续完善全域旅游监管服务平台、海南旅游诚信平台。

三是确保安全生产形势平稳。强化自贸港各类风险防控,严防旅游和文化广电体育的风险"点"。

2. 主要特征

海南自贸港旅游发展雏形,大致有以下4个方面的特征:

一是确定了"中国旅游特区"的新定位。早在1996年,海南承接了我国旅游第一次转型升级的重任,开始了"旅游特区"的探索。2015年,明确提出打造"旅游特区"目标,并把聚焦点、着力点放在打造中国的"旅游特区",即打造"世人青睐的休闲天堂、人居天堂、购物天堂、美食天堂、医疗天堂、养生天堂、娱乐天堂、特色文化天堂","旅游特区"的内涵进一步丰富起来,"海南旅游特区"式创新探索也有了新发展。

二是尝试了升级版的"海南旅游特区"的转型。2015年,海南旅游开始接轨国际旅游标准。

三是开启了升级版的"国际旅游岛"的新征程。从2006年旅游业被确立为海南第三产业的龙头产业,到2009年的"国际旅游岛"建设上升为国家战略,再到2020年海南自由贸易港建设正式进入全面实施阶段,海南明确将旅游业作为大力发展的三大产业之首(另外两个是现代服务业和高新技术产业),巩固了旅游业特殊的"龙头"地位。

四是对标国际旅游标准进行旅游产业大升级。2022年,围绕国际旅游消费中心建设,海南对标全球旅游集团20强、中国旅游集团20强,采取多种形式招商引资。同时,加速推动全域旅游、精品旅游、国家体育旅游示范区建设和发展,提升旅游文化市场综合治理水平。

✱ 小贴士　至此,旅游业已成为海南的第一支柱产业,还构建了独具海南特色的旅游文化体系,使海南成为大众心目中在自然和人文旅游资源方面非常特别的国内旅游目的地。

三、海南省旅游行业建设现状

1. 政策环境

海南旅游,自2015年起,进入新的升级快速发展期,这离不开强有力的政策支持。

2015年修改《海南经济特区导游人员管理规定》,进一步完善海南经济特区导游人员的规范化发展制度。

2016年的《海南省旅游业发展"十三五"规划(2016—2020)》、2017年的《海南省全域旅游建设发展规划(2016—2020)》,提出了海南省旅游发展建设的近、中、长3个目标。

2017年的《海南省旅游发展总体规划(2017—2030)》,树立了海南旅游发展史上的一座里程碑。

2020年的《海南自由贸易港建设总体方案》,为海南旅游发展指明了新的发展方向。

2021年,《中华人民共和国海南自由贸易港法》《交通运输部关于海南省开展环岛旅游公路创新发展等交通强国建设试点工作的意见》等政策出台,提出了培育旅游新业态。

2022年,《海南自由贸易港游艇产业促进条例》《关于在园区实行"飞地经济"政策的实施意见(试行)》《关于支持儋州洋浦一体化发展的若干意见》的出台,预示着海南旅游建设有针对性建设加快了速度。此外,《关于加快复工复产振兴旅游业的若干措施》等若干政策的相继出台,对做好实现高质量社会面清零后高效统筹常态化疫情防控和旅游经济发展工作,起到积极的促进作用。

2. 产业规模

海南省凭借其具有竞争力的资源优势和地理位置优势,在国家大力促进旅游业发展的同时,积极挖掘和开发本省的旅游资源,不断推动省内旅游项目的发展。

"十三五"期间,全省累计接待国内外游客3.52亿人次,实现旅游总收入4 364.91亿元。2016—2019年,全省接待国内外游客2.87亿人次,年均增长11.4%;实现旅游总收入3 492.05亿元,年均增长15.9%。

3. 旅游产品

从旅游产品看,截至2022年底,海南已形成由国际国内品牌酒店、主题酒店、经济型酒店和民宿等组成的旅游住宿供给体系和以旅游度假区、景区、旅游小镇等为主要载体的旅游产品供给体系。

截至2023年底,海南共有国家级、省级旅游度假区6个,A级旅游景区86个,椰级乡村旅游点237个,旅游小镇9个,涌现出了一批以亚特兰蒂斯、海昌梦幻不夜城、电影公社、琼中百花岭热带雨林文化旅游区为代表的旅游新产品。

4. 旅游核心行业建设情况

(1) 旅游景区

截至2023年底,海南省共有A级旅游景区86个,其中高A级(4A及以上)景区42个,较2012年增长了2.82倍。越来越多的特色文化景区、美丽乡村景区、绿色生态景区等被评定为A级景区,不仅为游客带来更多更好的旅游体验,也展现出海南旅游产品、旅游业态日益丰富多元。

总体来看,目前海南省的旅游景区建设存在以下特征:

——3A级景区数量居多。从景区数量上看,全省共有86个A级景区。总体来看,高A级景区数量仅占A级景区总数的48.84%。与2020年相比,2A级景区增幅30.77%,3A级景区增幅4%左右,4A级景区增幅约33%,5A级景区数量保持不变。

——A级景区数量地域分布不均。从分布地域看,全省86个A级景区中,海口市A级景区数量最多,有15个A级,三亚市仅次于其后,有14个A级景区。

——高A级景区数量分布不均。从景区级别看,全省86个A级景区中,5A级景区主要分布在三亚市和保亭县,4A级景区数量分布不均衡,主要分布于海口市、三亚市、万宁市、陵水黎族自治县、琼海市、定安县、保亭黎族苗族自治县等9个市县。

✻ **小贴士** 根据文化和旅游部要求,国家全域旅游示范区最基本的验收单位是县级行政区,其中"具有不少于1个国家5A级旅游景区,或国家级旅游度假区,或国家级生态旅游示范区;或具有2个以上国家4A级旅游景区;或具有2个以上省级旅游度假区;或具有1个国家4A级旅游景区和1个省级旅游度假区"为申请国家全域旅游示范区验收的必备条件。

（2）酒店民宿

随着海南省旅游市场的高速发展,海南省住宿业也迅猛发展。据有关研究报道:截至2021年底,海南省有各类住宿企业6 800余家,床位数49.17万个。

总体来看,目前海南省的酒店民宿行业建设存在以下特征:

——星级酒店数量分布不均。从分布地域看,全省共有星级酒店122家,其中,三亚市星级酒店数量最多,共有40家,海口市有37家。

——星级酒店等级以三星级居多。从星级酒店规模及结构看,全省正式评定的122家星级酒店中,三星级酒店占比最多,占据41.73%,四星级酒店占比28.78%,五星级酒店占比19.42%。

——客房和床位数量最多的酒店在三亚。从客房和床位数量看,五星级酒店中,三亚国光豪生度假酒店拥有2 020间客房,位列第一。

——乡村民宿数量分布不均。国家大力支持鼓励发展乡村旅游,民宿发展是乡村脱贫的重要抓手,海南省民宿占比较高,占据住宿市场体量三成左右。全省共有乡村民宿336家,数量居前四位的市县是:三亚(184家)、文昌(57家)、陵水(14家)、海口(13家)。

——铜宿级民宿数量居多。2022年10月海南省旅文厅共评出金、银、铜3个等级乡村民宿132家。按等级划分:金宿级乡村民宿有11家、银宿级乡村民宿50家、铜宿级乡村民宿71家;按市县划分:三亚46家、海口16家、文昌8家、琼海11家等。

✻ **小贴士** 为了充分发挥标准的引领示范作用,规范和引导旅游民宿等旅游住宿业新业态发展,2018年,海南省政府出台了《海南省人民政府关于促进乡村民宿发展的指导意见》;2019年,出台了《海南省乡村民宿管理办法》和《海南省促进乡村民宿发展实施方案》,分别对民宿开办要求、流程、经营规范以及建设目标、工作任务等方面做了规定和说明,为推动乡村旅游发展,助力海南自由贸易试验区、中国特色自由贸易港建设提供了保障。

（3）旅行社

截至2022年2月,海南共有旅行社723家,主要集中分布在海口市和三亚市,其中,海口455家,三亚225家。

总体来看,目前海南省的旅行社行业建设存在以下特征:

——企业数量规模高速增长。自2002年海南省暂停审批旅行社注册,至2007年,全省旅行社数量保持在150家左右。2008年省政府发布《海南国际旅游岛建设行动计划》,恢复审批旅行社注册,全省旅行社数量开始稳定、高速增长,至2014年达到393家。2014年至2019年基本稳定在接近400家的水平。2020年,海南自由贸易港建设正式开局,全省旅行社数量大幅度增加至601家,2022年末达到830家。

——整体管理和服务质量稳步提升。在激烈的竞争环境下,海南旅行社行业非正规经营问题时有发生,曾经出现过"零负团费"等负面问题。对此,海南省坚持对各类旅游违法行为严管严打,对旅行社等经营主体持续保持监管和引导,推动行业向服务标准化、高质量化的方向发展。

——行业竞争实力仍然相对较弱。以国家旅游局"全国百强旅行社"排行榜为依据,2004年海南有6家旅行社上榜,占有率首次进入全国前十。2005年降为2家,至2008年则降为1家(海口民间旅行社)。而2009年之后,在海南国际旅游岛建设的背景下,全省旅游业稳定高速发展、旅行社数量稳定增长的同时,全国旅行社百强榜中却难觅海南旅行社的身影。

——转型升级发展步伐较慢。面对旅游消费需求向网络化、特色化、个性化转变的市场形势,以及海南旅游市场向"旅游+"文、体、养等产业融合发展加速转型的产业环境,海南旅行社行业跟紧、转型的步伐较慢,产品设计、经营模式对市场新业态、新环境的适应能力有待提高。

(4) 免税购物

截至2023年4月,海南省的离岛免税店已增至12家。从2011年第一家离岛免税店开业至2022年,海南离岛免税政策历经8次调整,年销售额增长近50倍,共销售免税商品超1 000亿元,年均增长44.6%。

中国(海南)改革发展研究院发布的《海南免税消费市场现状与趋势》报告显示,到2025年,海南离岛免税消费市场规模将有望突破1 600亿元。届时,海南离岛免税消费市场将超过2019年韩国免税市场规模,成为全球最大的免税消费市场。

总体来看,目前海南省的免税购物行业发展存在以下特征:

——免税购物消费潜能巨大。"部分进口商品零关税""允许岛内免税购买""离岛免税购物额度提升至每年每人10万元"等海南离岛免税政策的实施,无疑对经济发展以及人们的购物热情是一剂强心剂,即便在新冠肺炎疫情冲击下,海南的消费潜能也巨大。截至2023年10月16日,海口海关共监管离岛免税购物金额2 024亿元人民币,购物人次3 722万人次,购物件数2.08亿件。

——免税店规模逐渐扩大。2020年12月28日,经国务院批准,财政部等四部委正式批复在海南省新设立6家离岛免税店;2022年10月,新增世界最大单体免税店——海口国际免税城。另外,落地万宁的王府井国际免税港,已于2023年4月开业。

❋ 小贴士 离岛免税政策对海南旅游收入具有显著的拉动作用,免税购物已成为仅次于自然景观和气候环境的海南旅游要素,它以优惠的价格和便捷的服务吸引大量游客赴海南旅游并参与免税购物。优质旅游资源叠加购物免税利好政策,极大地丰富了海南旅游资源结构,优化了当地旅游产品体系,从而增强了海南旅游业整体竞争力。

(5) 交通运输行业

从地理位置来看,海南岛四面环海,与我国内陆相隔琼州海峡,轮渡、飞机、火车是游客进出岛的三大方式。

2019年以前，海南凤凰、美兰、博鳌机场出港客流量逐年上升，海南接待过夜旅客数增长较快。

2020年受新冠肺炎疫情影响，海南凤凰机场与美兰机场客流量均有不同程度的下降，但美兰、凤凰机场国内航班量率先实现正增长，美兰、凤凰、博鳌机场年旅客吞吐量全国排名较上年度分别提升1位、5位和20位。2022年，海南省民用运输机场旅客吞吐量为2 115.3万人次，旅客吞吐量比上年下降39.4%。

从道路运输情况来看，2022年，全省客运量总计4 847.5万人，同比下降21.5%。旅客周转量31.2亿人公里，同比下降31.2%。

四、自贸港重点园区简介

截至2023年底，海南自贸港重点园区共有13个。目前最具旅游价值的有3个，即博鳌乐城国际医疗旅游先行区、文昌国际航天城和三亚崖州湾科技城。

1. 博鳌乐城国际医疗旅游先行区

❋ 小贴士　博鳌乐城国际医疗旅游先行区（Bo'ao Lecheng Pilot Zone of International Medical Tourism），2020年12月9日入选"第三批双创示范基地名单"。该先行区位于琼海市嘉积镇城区和博鳌亚洲论坛核心区之间的万泉河两岸。

（1）发展目标

2013年2月28日，海南博鳌乐城国际医疗旅游先行区经国务院批准设立，是我国首个以国际医疗旅游服务、低碳生态社区和国际组织聚集地为主要内容的国家级试验区，是中国内地唯一真实世界数据应用的先行区、海南自贸区（港）建设的先行区。采用"法定机构＋平台公司"管理体制，试点发展特许医疗、健康管理、照护康复、医美抗衰等国际医疗旅游相关产业，聚集国际国内高端医疗旅游服务和国际前沿医药科技成果，创建国际化医疗技术服务产业聚集区。

（2）产业定位

总体定位为"三地六中心"："三地"指国际医疗旅游目的地、尖端医学研发和转化基地、国家级新医疗机构集聚地；"六中心"指特色明显、技术先进的临床医学中心，中医特色医疗康复中心，国际标准的健康体检中心，国际著名医疗机构在中国的展示窗口和后续治疗中心，国际医学交流中心，罕见病临床医学中心。

（3）主要特色项目

——医疗机构。区内有许多顶级医疗机构，如：海南新生泉国际细胞治疗医院、海南启研干细胞抗衰老医院、博鳌一龄生命养护中心、中国干细胞集团海南博鳌附属干细胞医院、博鳌未来医院、慈铭博鳌国际医院、博鳌恒大国际医院、博鳌国际医院，以及博鳌超级医院、麦迪赛尔国际医疗中心等。未来也将有越来越多的全球知名医疗机构及医疗器械商选择落户于此。在特许政策下，在集齐中医特色疗法、新型医疗技术、康复理疗、健康检查、美容养生、心灵疗养等医疗旅游产品的博鳌小镇内就可以享受到国际最前沿的药械及治疗技术，为更多患者带来生命的希望，并实现"海南老百姓大病不出岛、中国老百姓大病不出国"的安全与便利。

——休闲度假。园区位于琼海市嘉积镇城区和博鳌亚洲论坛核心区之间的万泉河两岸,蓝绿交织,气候宜人,拥有"水-岛-林-田"独特景观,将田园、奇石、温泉、椰林、沙滩、海水集于一体,更有江河入海的胜景。漫步在先行区内,绿树繁花,曲径流水,一栋栋极具现代感的建筑错落有致,环境优美舒适。除了医院和酒店,还将建成湿地生态公园,在这里可以远离城市的喧嚣,亲近自然,安享舒适慢生活。

——中医康养。该先行区为国内外游客提供顶尖的中医药服务,是慢性病患者的康养福地。可以体验按摩、针灸、拔罐等中医诊疗,泡中药温泉浴,吃药食同源健康餐,参观中医博物馆和传统制药流程。

❋ **小贴士** 截至2022年初,该先行区已有16个项目开工建设,其中9家医疗机构已开业运营,医疗体系逐步完善,已在肿瘤防治、辅助生殖、医美抗衰、干细胞研究等领域初步形成产业集聚,已引进院士专家团队1个,在应用国际医疗新药品、新设备、新技术方面创造了十余例国内首例,初步实现医疗技术、设备、药品与国际先进水平"三同步",开创了国际健康旅游和高端医疗服务产业高质量发展的良好局面。

2. 文昌国际航天城

❋ **小贴士** 文昌国际航天城,成立于2020年6月,是中国首个滨海发射基地,也是军民融合的航天城先行发展示范区。

(1) 发展目标

作为中国唯一的低纬度海滨发射场,该航天城也是世界上为数不多的低纬度发射场之一,承担着地球同步轨道卫星、大质量极轨卫星、货运飞船、大吨位空间站和深空探测航天器的发射任务,是我国航天事业发展版图中的重要布局。

该航天城采用"法定机构+平台公司"管理体制,综合定位为"国际一流、对外开放、融合创新的航天城先行发展示范区",产业定位为"四基地一中心",即航天领域重大科技创新产业基地、空间科技创新战略产业基地、融合创新示范产业基地、航天国际合作产业基地和航天超算中心。

(2) 产业定位

主要包括起步区、航天发射及配套区两部分。其中:起步区规划面积1.8万亩,是航天城的先行发展示范区。起步区可以为航天发射及配套区提供创新研发、产品研制、会议交流、生活配套等支持;航天发射及配套区规划面积4.5万亩,是国际航天发射中心,主要布局重型运载火箭产业、新一代运载火箭、商业航天发射及相关配套产业,辅以航天文化旅游等产业。

(3) 主要特色项目

——航天旅游。旅游区位于发射场入口处,主要包括航天科普中心、配套用房、游客集散广场、电瓶车摆渡广场、室外飞行器展示区及火箭展示区广场和停车场等建设内容,以及中国文昌航天发射场参观点。目前开放运营的景区(点)主要有发射场区参观点、航天科普展馆区。在这里可以近距离观看发射塔、发射点、飞行器组装等,还可通过航天模型和接待人员的讲解,拓展航天科普知识。区内配有游览车,全程在1小时左右,途中停靠发射塔指挥中心、发射点和飞行器组装中心3个站点。

——超算中心。"天上的卫星拍,地上的超算算",能为林业、环保、农业、水利和海洋、公共服务及智慧城市等领域,提供高效精准的数据服务。面向环南海经济圈,服务"一带一路"

沿线国家和地区,将文昌打造为环南海经济圈航天大数据资源高地、航天大数据应用示范基地和航天大数据产业创新基地。

3. 三亚崖州湾科技城

❋ **小贴士** 三亚崖州湾科技城,毗邻南山文化旅游区和大小洞天风景区,规划面积为26.1平方公里。该城于2020年6月3日挂牌成立,是海南未来产业的重要承载地。

（1）发展目标

该科技城采用"法定机构＋市场化运作"模式,组建了三亚崖州湾科技城管理局,与招商局集团和中化集团战略合作,分别组建深海科技城和南繁科技城平台公司,具体组织开展崖州湾科技城开发建设、运营管理、综合协调等工作。以"世界眼光、国际标准、三亚特色、高点定位"为构架,致力于建设成为陆海统筹、开放创新、产业繁荣、文化自信、绿色节能的先导科技新城,努力把三亚崖州湾科技城建设成国家深海科技创新中心、"南繁硅谷"及产学研用深度融合的聚集地。

2022年3月,该城被认定为首批海南国际设计岛示范基地。

（2）产业定位

主要由南山港、南繁科技城、三亚深海科技城、三亚崖州湾科教城和全球动植物种质资源引进中转基地(即"一港、三城、一基地")五部分构成,围绕海南自由贸易港总体方案要求,重点面向南繁科技、深海科技规划产业布局。

——南繁科技城。以南繁科技产业为核心,围绕动植物育种科技、国际种业交易、种质资源产权交易、种业知识产权交易、热带特色农科等方面,打造产业化、市场化、专业化、集约化的国家南繁科研基地与国家热带农业科学中心。

——深海科技城。以海洋科技产业为核心,重点聚焦深海科技、海洋产业和现代服务三大领域。在深海科技方面,主要发展深海装备、深海材料和深海通信等;在海洋产业方面,主要发展海洋船舶、海工装备和海洋公共服务等;在现代服务方面,主要发展会展服务、金融服务和商务服务等;未来还将在深海养殖、人工鱼礁和海洋生态保护等领域进行积极探索。

——科教城。以海洋、农业为重点方向,以"研究院＋研究生院"为主要方式,已相继引进多家高水平科研机构和包括上海交通大学、浙江大学、中国农业大学、中国海洋大学等在内的11所高等院校,逐渐形成产学研一体化服务、创新创业与成果转化平台。

❋ **小贴士** 2020年9月,173名专业学位研究生顺利整建制入驻科教城,崖州湾畔迎来了首批入驻研究生。2021年3月,三亚中国农业大学研究院的55名新生也开始了在科教城的求学历程,其中,博士生22名,硕士生33名,为科教城再添生力军。2021—2022学年第一学期,园区12家入驻教学单位共报到硕士、博士研究生1 228名。

五、海南国际旅游消费中心建设现状

1. 建设意义

推动海南建设成为具有世界影响力的国际旅游消费中心,是新时代海南全面深化改革开放的重要内容之一,是建设自由贸易试验区和探索建立中国特色自由贸易港的重要支撑。海南是新时代更高层次的世界进入中国和中国融入世界的国际化窗口和现代化桥梁。国际旅游消费中心建设,是海南全面深化综合改革的重要突破口。

2. 发展目标

★ 小贴士 国际旅游消费中心是海南落实全面深化改革开放"三区一中心"四大发展战略定位之一。2021年10月,海南省政府出台《海南省"十四五"建设国际旅游消费中心规划》,提出了海南国际旅游消费中心的建设目标和举措。

(1) 总体目标

海南国际旅游消费中心总的建设目标,是将海南逐步"建成全球开放水平最高的特殊经济功能区"。到2025年,国际旅游消费中心基本建成,旅游消费质量全面提升,旅游消费品牌更加丰富,消费供给质量持续优化,旅游消费环境显著改善。加快推进免税购物、国际医疗、留学海南三大品牌建设,预计到2025年,海南省旅游业增加值占GDP比重达12%,旅游对经济增长贡献率达17.8%。

(2) 具体目标

——免税购物。实现离岛免税商品提货窗口统一、监管统一、客服统一。新增离岛免税城市和免税店。推动岛内居民日用消费品"零关税"政策落地实施,岛内居民日用消费品免税店覆盖全岛各市县。扩大免税消费品贸易规模,力争到2025年,离岛免税品贸易实现倍增。

——国际医疗。支持博鳌乐城国际医疗旅游先行区引进和培育一批技术水平先进、市场号召力强的医疗机构。发展康复度假养生产业,发展气候治疗,发展特色专病康养、中医康养和旅游康养等业态,建设国家级健康旅游示范基地。到2025年,吸引境外就医回流50万人次。

——国际教育。搭建教育开放合作平台,高标准建设国际教育创新岛,加大优质教育资源引进力度。做强教育服务业,到2025年,引进建设国际高中、国际幼儿园15所左右,引进3所以上境外理工农医类高水平大学和职业院校独立办学。创建"留学海南"品牌,力争国际留学生达到1万人以上,国际教育消费回流5万人以上,吸引国际教育消费300亿元。

3. 建设现状

(1) 产业地位稳固,消费加快转型升级

旅游业是海南经济的支柱产业,近年来占全省地区生产总值的比重保持在7%以上。2021年海南旅游及相关产业实现增加值587.45亿元,10年间年均增长达13.0%,旅游业占全省经济总量的比重达9.1%,较10年前提高2.2个百分点。各项对外开放优惠政策极大地促进海南旅游消费,推动旅游消费转型升级。成功举办了两届中国国际消费品博览会。实施了59国人员入境免签政策。免税商品零售额快速增长,免税购物成为近年海南旅游业发展的最大拉动力。尽管受到疫情的不利影响,2022年,海南限额以上单位金银珠宝类零售额达41.36亿元,化妆品类零售额达264.17亿元,日用品类零售额达98.86亿元。

(2) 新型业态涌现,融合发展取得新成效

三亚亚特兰蒂斯、三亚海昌梦幻海洋不夜城等旅游新产品、旅游综合体相继开业。培育了国际旅游岛欢乐节、世界休闲旅游博览会等旅游节庆品牌。开展"海南健康游欢乐购""亲子游青春季""重走琼崖红军路,追逐红色足迹""约会自贸港"主题推广。购物旅游、健康旅游、研学旅游等旅游消费规模不断壮大。

演艺产业蓬勃发展,连番举办大型演出活动,培育了草莓音乐节、三亚国际电子音乐节等演艺品牌,打造了一大批旅游演艺项目。

做大了文创非遗产业,成功打造了锦绣世界文化周、非遗购物节等文创非遗活动IP。定安母瑞山红色文化旅游区、万宁六连岭等红色景区实现高A级的突破。

打造东坡书院、崖州故城、疍家博物馆、落笔洞遗址四张文物旅游名片,打造了以中国(海南)南海博物馆、海南省博物馆、海南省民族博物馆为重要旅游目的地的"文物+旅游"线路。

建成了9个国家级体育训练基地,开展沙滩嘉年华、冲浪、帆板、海钓、亲水运动季、嗨跑海南、骑行海南、高尔夫系列赛、青少年系列赛、全民健身系列赛等品牌赛事活动。

(3) 消费结构优化,购买模式不断升级

随着旅游业快速发展,旅游消费贡献增强,海南居民消费模式也明显转变。

海南居民人均消费支出从2012年的10 161元增至2022年的21 500元,迈上2万元台阶,年均增长约9%。教育文化娱乐、医疗保健和交通通信支出增速最快,年均增速超过两位数,增速分别达到12.5%、11.3%和10.5%。

服务性消费支出增速显著快于商品性消费支出,居民的消费模式从购买商品向购买服务转变十分明显。2021年海南居民人均服务性消费支出10 094元,比2013年增长了2.4倍,年均增速达16.7%,累计增幅远大于消费支出增幅(98.7%)和商品性消费支出增幅(47.2%)。其中,包括在外饮食的食品烟酒类服务性消费支出增幅达1.8倍,年均增速达13.6%。

✲ **小贴士** 2021年,海南国内游客人均每天的花费达1 109元,人均逗留天数4.36天,人均花费约4 835元,其消费水平、逗留天数在全国都排名前列。特别是离岛免税政策实施以来,海南旅游六要素"吃住行游购娱"的消费结构不断优化,其中购物消费占比已超过31%,弹性消费"游购娱"占比已达38%,已接近旅游发达地区水平。

第二章

海南自然旅游资源

据有关专家统计,海南的自然资源包括国家自然旅游资源分类标准中的全部4个主类;含有17个亚类中的16个,占总数的94.12%;含有70个基本类型中的65个,占总数的92.86%。

在海南有限的区域范围内,聚集了我国所有自然旅游资源的主类,包含热带气候、热带海洋景观、热带滨海风光、空气蓝天、阳光沙滩、山丘雨林、江河湖泊、海岛温泉、奇石异洞、珍奇异物、火山熔岩以及热带田园风光等。自然资源的丰富之盛、类型之多、规模之大和占有比例之高,毋庸置疑使海南具有很高的自然旅游资源价值及开发价值,更使海南的自然旅游资源极具游览、观赏和研究价值。

第一节 海南内陆热带海岛资源

一、海岸与海岛(岛屿)

1. 海域

按照《联合国海洋法公约》的规定和我国的主张,海南省所辖海域面积约200万平方公里,约占整个南海海域总面积的57%,占全国海域总面积的2/3。

海南省所辖海域面积约为我国渤海、黄海和东海合计面积的2倍,其中水深200米以内的大陆架面积达到83万平方公里,相当于24个海南岛的面积。

2. 海岸

据官方初步统计:海南海岸线总长1 944公里,占全国大陆海岸线18 000公里的10.8%,热带海岸有大小天然海湾68个,一半以上的海岸线为沙滩,沙滩坡度平缓,洁白柔软,海水澄澈。

沙滩、海水是海南旅游度假的永恒主题。地处海南岛南端三亚的蜈支洲岛享有"中国第一潜水基地"美誉,有中国保护最完好的生态珊瑚礁。位于海南岛南部的陵水、东部的万宁、西部的昌江以及中国最南端的三沙市等地,四季如夏,鲜花盛开,构成了海南无可比拟的热带海岸景观。

✱ **小贴士** 海南岛较大的港湾有:北部——秀英港(又称海口港)、海口新港、东水港、铺前港、马村港、海口湾、澄迈湾、后水湾、白沙门湾等;南部——榆林港、三亚港、铁炉港、新村港、黎安港、三亚湾、崖州湾、亚龙湾、海棠湾、陵水湾、香水湾、南湾;东部——清澜港、博鳌港、乌场港、潭门港、石梅湾、日月湾、南燕湾、大花角等;西部——八所港、洋浦港、白马井港、感城港、岭头港、洋浦湾、北黎湾、棋子湾等。

3. 海岛（岛屿）

南海岛屿数量居我国四大海域第二，约有1 700多个，占我国海岛总数的1/4左右，海南岛属于南海岛屿中的一个。

海南岛周围海域共有海岛222个，总面积22.58平方公里，西沙、中沙和南沙海域共有270多个岛、洲、礁、沙和滩。其中，露出海面的岛屿58座，总面积约10.40平方公里，又以西沙的永兴岛面积最大，陆域面积2.13平方公里。

海南岛东部和南部海域的岛屿分布较密集，西部和北部海域岛屿分布较稀疏，多数岛屿的面积不大，较大的有七洲列岛、大洲岛、东洲岛、西洲岛、东瑁洲岛、东锣岛、西鼓岛等。

海南的岛屿多为花岗岩、玄武岩等岩石组成的基岩岛（48.9%）及河海沉积物组成的潮成岛（26.1%），其余为海相沉积物组成的海积岛、沙洲岛和珊瑚岛礁等。

✱ 小贴士　七洲列岛距海南岛30多公里，其他大多数岛屿距海南岛不超过6公里。

二、海岛土地与物产

（一）土地及农作物特点

1. 土地面积及其主要特点

海南岛土地总面积353.54万公顷，占全国热带土地面积的42.5%。海南岛的土地资源可分为7种类型：宜农地、宜胶地、宜热作地、宜林地、宜牧地、水面地和其他用地。由于光、热、水等条件优越，生物生长繁殖较温带和亚热带优，农田终年可以种植，不少作物年可收获2~3次。

土地利用的适宜性广，全岛除海拔超过800米的陡坡地和干燥缺水的沙荒地宜林外，其他土地都能够多宜。

土地生产能力高，单位面积生物量及土地生产量潜力大，不仅能生长一般的农、林、牧产品，而且能生长经济价值高的热带作物、热带珍贵用材林和南药等。

2. 农作物主要特点

由于海南岛具有全年无冬的"天然温室"特点，与内陆相比，具有反季节水果蔬菜生产独特的优势。

海南岛不仅是我国热带作物生产最主要的地区，而且是我国南繁育种基地，可全年栽植水稻、甘蔗、甘薯、玉米、花生等喜温作物；冬瓜、西瓜在深冬时节也可成熟；棉花、茄类、蓖麻可长成灌木，甘蔗、甘薯可开花结籽及有性繁殖。

3. 海南农业种质资源保护成果

"十三五"期间，海南省在农业种质资源保护利用方面取得了积极成效：

一是收集入圃、库的热带作物种质资源4.7万多份；收集五指山猪、屯昌黑猪、定安黑猪、文昌鸡等地方重要畜禽品种超3.4万头（羽）；收集鱼类等标本近300种5 000余份，鱼类分子样本100多种；收集珍稀食药用菌80多种，分离保存菌种约2万份。

二是成功选育"美玉糯16号"鲜食玉米、"泰八"菠萝蜜、"桂早荔"荔枝、"临家红韵"火龙果、屯昌黑猪、文昌鸡等新品种或配套系；研发复合微生物菌肥、灵芝孢子粉等微生物产品。

三是在全省建立了16个国家级、9个省级农业种质资源保护单位（圃、库、场）。其中椰子、橡胶、火龙果等主要经济作物建立了国家级种质资源圃，槟榔、芒果、菠萝蜜等主要经济作物建立了省级种质资源圃。

四是审定通过水稻品种（组合）128个，认定通过玉米品种4个，主要农作物良种覆盖率超过96%以上，列入目录的非主要农作物品种登记57个，为保障国家粮食安全和重要农产品供给作出了重大贡献。

（二）矿产资源

1. 海南矿产资源基本特点

（1）海南矿种比较齐全

海南矿种比较齐全且矿产资源分布相对集中，主要矿产资源的资源潜力大。富矿比例较大、共（伴）生组分较少、矿床开采技术条件较好，具有特色和比较优势。

❋ **小贴士**　探明储量位于全国前列的优势矿产有天然气、玻璃用砂、钛铁砂矿、锆英石砂矿、宝石、富铁矿、铝土矿、饰面用花岗岩、饮用天然矿泉水和热矿水等。

（2）海南矿产资源种类较多

海南全省共发现矿产88种，经评价有工业储量的矿产70种。其中，已探明列入资源储量统计的矿产有59种，矿产地（床）487处。主要包括能源、黑色金属、有色金属、贵金属、稀有金属、稀有稀土分散元素、冶金辅助原料、化工原料、建筑材料、其他非金属矿、地下水、热矿水和饮用天然矿泉水等种类。

海南全省矿产保有储量位居全国前10位的矿产有：石英砂、钛铁矿、锆英石砂矿、油页岩、宝石、富铁矿等9种；所辖海域石油、天然气，滨浅海的钛铁矿、锆英石、独居石砂矿等亦有较大的资源潜力；钛、锆、石英、蓝宝石、化肥灰岩储量居全国之首，天然气、油页岩储量居全国前列。

2. 主要优势矿产资源分布

海南省天然气主要分布在海南岛周边海域，已探明的主要有陵水"深海一号"、崖城13-1号、莺歌崖13-1、东方1-1、乐东22-1等大型天然气田。

南海是世界四大海洋储油区之一，估算油气资源储量约708亿吨，已探明的可采天然气储量40 000亿立方米，石油储量20亿吨。

已探明玻璃用砂矿床25处，其中特大型7处、大型9处、中型6处、小型3处，主要分布于文昌、儋州、昌江、东方等地。钛矿储量占全国的70%，主要分布于海南岛东海岸。锆英石保有储量117.6万吨（占全国60%），主要分布于文昌、琼海、万宁、陵水等市县。宝石保有储量1.87万吨，主要位于文昌市境内。富铁矿保有储量2.37亿吨，分布于昌江县石碌镇一带（占全国富铁矿储量的71%，为全国第一）。铝土矿（三水型）保有储量2 190.63万吨，主要位于文昌的蓬莱地区。饰面用花岗岩的花色品种主要有崖县红、翠玉红、翠白玉、四彩花、玫瑰红、芝麻白等，主要分布于屯昌、琼中、三亚、乐东、白沙等市县。金矿富集在乐东、东方、昌江、定安等市县。

（三）水产资源

1. 水产资源区域

海南岛海岸线总长达 1 944 公里,西北部为著名的海湾渔场,南部有西、中、南沙群岛,东南部面临广阔的南海,全省海洋渔场面积近 30 万平方公里。

海南岛有天然港湾 68 个,近海水深 200 米以内的大陆架渔场 6.65 万平方公里;环岛有可供海水养殖的浅海滩涂,面积约 38.5 万亩,岛上可供淡水养殖的水面约有 61.37 万亩(其中山塘水库约 55 万亩,池塘约 6.37 万亩),南渡江、昌化江、万泉河和陵水河等江河区域数万亩。

2. 水产资源种类

海洋水产在 800 种以上,其中鱼类 600 多种,主要的海洋经济鱼类 40 多种。近海大陆架渔场海洋生物丰富,有鱼类 1 000 多种,藻类 200 多种;许多珍贵的海特产品种已在浅海养殖,浅海滩涂人工养殖的经济价值较高的鱼、虾、贝、藻类等有 20 多种。

海南岛的淡水鱼(不包括溯河性的鱼)有 15 科 57 属 72 种。

✳ **小贴士** 2021 年 6 月,海南省农业农村厅联合相关部门印发了《海南省农业种质资源保护和利用发展规划(2021—2025 年)》。这是海南首个专门聚焦农业种质资源保护与利用的省级规划,将作物、畜禽、水产、农业微生物四大类纳入种质资源保护和利用,力争到 2025 年,海南省种质资源保护利用取得显著进展,到 2035 年,热带作物保存总量达到世界第一。

（四）海盐资源

1. 海南岛海盐资源

海南岛是中国理想的天然盐场,沿海港湾滩涂许多地方都可以晒盐,多集中于三亚市至东方市沿海数百里的弧形地带上。

目前建有莺歌海、东方、榆亚等大型盐场。其中,莺歌海盐场是海南岛最大的海盐场,在华南地区也是首屈一指。

2. 莺歌海盐场

莺歌海盐场位于乐东黎族自治县,面临大海,背靠尖峰岭林区,是一片 30 多平方公里的滩涂地带。该盐场建于 1958 年,总面积 56 895 亩,年生产能力 25 万吨,最高年产 30 万吨,机械化程度达 69%,主要产品有粗盐、日晒细盐、日晒优质盐、粉洗精盐等。其中,日晒优质盐 1988 年荣获轻工业部优质产品称号,粗盐 1992 年荣获省盐业系统一等奖。

该盐场盐田面积为 3.68 万亩,为中国三大盐场之一(另两个为天津汉沽长芦盐场、台湾布袋盐场)。

✳ **小贴士** 《中国盐法通志》记载:"盐之质味,海盐为佳,井盐池盐次之,海盐之中,滩晒为佳,煎盐板晒又次之。"海南岛沿海皆能产盐,却唯乐东莺歌海晒盐条件最优渥。

3. 洋浦古盐田

洋浦古盐田,位于洋浦经济开发区新英湾区办事处南面的盐田村,盐田总面积 750 亩。该古盐田是我国最早的一个日晒制盐点,距今 1 200 多年,也是我国至今保留最完好的以原始日晒方式制盐的古盐田。

该盐田的制盐工序古老、独特,生产出的盐巴白如雪,细如棉,咸味适中纯正,不带苦味,具有纯天然、无杂质、颗粒小、可直接食用等特点,老盐巴可清热退火,消毒散瘀。

❋ **小贴士** 史载,明代永乐年前,中国的制盐工艺均为"煮海为盐"。洋浦盐工依托自然地理优势的高产制盐法开创了当时"日晒制盐"的先河,清乾隆皇帝曾御书"正德乡"赐给这些盐田人,后来人们称这里为"千年古盐田""新英古盐田"。

(五)热带作物

1. 热带作物种类

粮食作物是海南种植业中面积最大、分布最广、产值最高的作物,主要有水稻、旱稻、山兰坡稻、小麦,其次是番薯、木薯、芋头、玉米、高粱、粟、豆等。经济作物主要有甘蔗、麻类、花生、芝麻、茶等。

海南岛水果种类繁多,栽培和野生果类29科53属,栽培形成商品的水果主要有菠萝、荔枝、龙眼、香蕉、柑橘、芒果、西瓜、杨桃、菠萝蜜等。蔬菜有120多个品种。栽培面积较大、经济价值较高的热带作物主要有:橡胶、椰子、油棕、槟榔、胡椒、剑麻、香茅、腰果和可可等。

❋ **小贴士** 海南岛热带作物资源丰富,岛上原来生长有3 000多种热带植物。新中国成立后,从国外引进1 000多种,并从国外野生资源中发掘出1 000多种有用植物进行栽培试验,均取得显著成绩。热带经济作物中首推橡胶,产量约占全国的70%。

2. 热带主要作物的区域分布

海南岛南部(三亚、陵水、保亭、万宁等)主要作物:芒果、豆类、瓜类、槟榔;西部(乐东、东方、昌江、儋州等)主要作物:橡胶、芒果、西瓜(哈密瓜)、香蕉、豆类、木瓜、辣椒、甘蔗;北部(文昌、琼海、海口、澄迈等)主要作物:辣椒、荔枝、龙眼、瓜类、胡椒、菠萝。

3. 主要经济作物的优势产区

橡胶在海南各个市县的规模优势都是比较明显的,尤其是在农垦系统、白沙、儋州和五指山。

椰子最具规模优势的产区为文昌、陵水、琼海、三亚、万宁和海口。

槟榔最具规模优势的市县为屯昌、陵水、保亭、安定、琼中、万宁、琼海、三亚和乐东。

胡椒种植规模优势明显的市县依次为文昌、琼海、万宁、海口、安定。

菠萝的规模优势产区依次为万宁、琼海、海口、定安、昌江、屯昌和文昌。

荔枝具有规模优势的市县依次为海口、陵水、临高、安定、澄迈、屯昌、儋州、文昌和保亭。

香蕉的规模优势产区依次为东方、临高、乐东、昌江、澄迈、海口和五指山。

(六)珍稀树种

1. 椰子树

椰子树是棕榈科椰属的唯一一种大型植物,属于常绿乔木,主要有绿椰、黄椰和红椰三种,树干高约15~30米,单项树冠,叶羽状全裂,长4~6米,裂片多数,革质,呈线状披针形,长65~100厘米,宽3~4厘米,先端渐尖,叶柄粗壮,长超过1米。

椰子树通常生长5~6年后开始结果,15~18年为盛产期,单株结果40~80个,多者超过100个,经济寿命超过80年。

椰子树每年产生的叶片数，随树龄不同而异。盛产期前，有随树龄增加而增加的趋势，盛产期后略有降低，但仍可保持稳定数量。

椰子种植主要分布在海南岛东南沿海的文昌、琼海、万宁、陵水县和三亚市等地，椰子种植面积和产量约占全国的80%。

❋ **小贴士** 椰子原产于马来群岛，在我国栽培历史悠久，海南省种植椰子已有2 000多年的历史。在长期自然选择和人工选择过程中，形成许多类型。现常以栽培品种角度分析、鉴别，可分为野生种和栽培种；栽培种又可分为高种、矮种和杂交种。

2. 槟榔树

槟榔树茎直立，乔木状，高10多米，最高可达30米，有明显的环状叶痕；所结的果实内含槟榔碱和鞣酸，具有止泻治痢、杀虫去积、帮助消化等功效，还具有护齿功能，嚼槟榔还能起提神作用，是热带地区常用的中药。

3. 棕榈树

棕榈树，常绿乔木，高达15米，无主根，须根密集，干圆柱形，直立，不分枝，干有残存不脱落的老叶柄基部，并被暗棕色的叶鞘纤维包裹。

棕榈树叶柄极长，叶大，簇生于树干顶端，掌状分裂成多数狭长的裂片，裂片坚硬，顶端浅二裂；雌雄异株，花期一般为4—5月，淡黄色，肉穗花序，排列成圆锥花序。

4. 海南黄花梨树（东方黄花梨）

海南黄花梨，是世界珍稀树种，主要分布在霸王岭腹地、海尾镇的三架岭等地。黄花梨木为国家珍稀木材，尤其以霸王岭山区的黄花梨为极品。黄花梨既是名贵的木材和香料，又是名贵的中药材，具有极佳的降压、祛寒、疏通血液循环等药物作用。

而在海南流传着这样一种说法——世界花梨看中国，中国花梨看海南，海南花梨看东方。东方市的黄花梨具有"颜色深、纹路多、气味香、油量高"四大特点，自古以来为人们厚爱。

❋ **小贴士** 东方市黄花梨，被称为"东方神木"。2011年6月，东方市被国家林业总局批准为珍稀树种（黄花梨）培育示范市，并荣获上海大世界吉尼斯纪录"种植黄花梨树株最多的市"认证。

5. 海南白木香树（海南沉香）

白木香树，是海南岛的原生珍稀树种，1998年被列入《濒危野生动植物种国际贸易公约》，1999年被列为国家二级保护植物，2000年被列入《世界自然保护联盟濒危物种红色名录》。

白木香树最适宜生长的环境，是处于北纬19°的热带地区，而这一纬度横跨海南东方市和琼中、保亭、陵水、昌江、白沙等县。五指山、黎母山两大山脉也横亘在北纬19°线上。

海南沉香，古时称"崖香"，又称"琼脂"，为瑞香料沉香属的白木香树受伤后分泌出汁液凝结为油脂的部分。自古以来，海南沉香享有盛誉，具有古老悠长的历史文化；无论在香道文化、文玩界，还是入药，均被公认为众香翘楚。

海南沉香一度为沉香中的佳品，即使越南奇楠、土沉也望而不及。这是因为海南沉香用于煎香、焚香时，整块香料都为油脂，无纤维杂质，焚烧后香尾无焦、醇厚幽静，其形态"既金坚而玉润，亦鹤骨而龙筋""如太华之倚天，象小孤之插云"（苏东坡《沉香山子赋》）。

✱ **小贴士** 明代医学家李时珍在《本草纲目》中,广引蔡京少子蔡绦佳句,为海南沉香的美誉度一锤定音:"占城(越南)不若真腊(柬埔寨),真腊不若海南黎峒。黎峒又以万安黎母山东峒者冠绝天下,谓之海南沉,一片万钱。"

6. 海南金钱树

金钱树是室内观叶植物,学名"雪铁芋",有招财进宝、荣华富贵的寓意,是人们非常喜爱的盆景之一。金钱树对生长环境要求严格,而海南乐东县的自然环境恰好与金钱树生长环境相符,为全国最适合种植金钱树的地区。

海南乐东金钱树肉坚质挺,叶轴壮,根系发达,株形优美规整且寿命长、生长快、品质好,经济效益可观。截至2023年3月,乐东有金钱树种植基地187个,面积一万多亩。其中,佛罗镇每年盘花2 600万盆,年销售1 600万盆。

7. 海南辣木(鼓槌树)

辣木,又称鼓槌树,为辣木科辣木属植物,属小乔木植物,常绿或半绿叶,为多年生热带落叶乔木。辣木的最佳生长气温是25~35 ℃,不耐霜冻。辣木源自印度,是一种高营养、多功效的神奇植物。

辣木鲜叶加工成的辣木茶不含普通茶类的咖啡因,中正平和,是深受欢迎的保健饮品。海南琼海地处热带季风及海洋性湿润气候区,拥有种植辣木的天然优势,种植的辣木自然有机品质佳、产量高,因此辣木茶产业得到很好的发展,博鳌镇、嘉积镇、石壁镇、潭门镇等多地均有种植辣木。

✱ **小贴士** 海南琼海市境内有国内最早获得辣木有机种植认证和全球良好农业规范认证的辣木种植基地。

三、海岛植物与动物

1. 热带森林植物群落类型

海南的植被生长快,植物繁多,是热带雨林、热带季雨林的原生地。海南热带森林主要分布于五指山、尖峰岭、霸王岭、吊罗山、黎母山等林区,其中五指山属未开发的原始森林。

海南热带森林以生产珍贵的热带木材而闻名全国,在1 400多种针阔叶树种中,乔木达800种。其中,458种被列为国家级商品原材;属于特类木材的有花梨、坡垒、海南紫荆木(子京)、荔枝、红花天料木(母生)等5种;一类材34种,二类材48种,三类材119种;适于造船和制造名贵家具的高级木材有85种,珍稀树种45种。

✱ **小贴士** 植物资源的最大藏量在热带森林植物群落类型中,热带森林植被垂直分带明显,且具有混交、多层、异龄、常绿、干高、冠宽等特点。

2. 植物种类与数量

截至21世纪前十年,海南岛有维管束植物4 000多种,约占全国总数的1/7,其中630多种为海南特有;乔灌木2 000多种,其中800多种经济价值较高,被列为国家重点保护的特产与珍稀树木20多种;果树(含野生果树)142种;芳香植物70多种;热带观赏花卉及园林绿化美化树木200多种。列入国家一级重点保护野生植物的有8种,列入国家二级重点保护野生植物的有40种。

3. 动物种类与数量

海南陆生脊椎动物有 660 种。其中,两栖类 43 种,爬行类 113 种,鸟类 426 种,哺乳类 78 种。在陆生脊椎动物中,23 种为海南特有。

海南全省有一级国家重点保护陆生野生动物 29 种,二级国家重点保护陆生野生动物 132 种。海南有世界上罕见的珍贵动物:长臂猿、坡鹿、水鹿、猕猴和云豹等。其中,世界四大类人猿之一的黑冠长臂猿最为珍贵。

✱ **小贴士** 海南黑冠长臂猿,因其头上长有一顶"黑帽"而得名。其为中型猿类,体矫健,体重 7~10 千克,体长 40~50 厘米;是中国最濒危的灵长类动物,被列入中国《国家重点保护野生动物名录》(2021 年 2 月 5 日)一级。

四、海岛水文与水体

(一)主要江河

1. 南渡江

南渡江,发源于海南白沙黎族自治县南峰山,蜿蜒 333.8 公里,斜贯海南岛中北部,经白沙、琼中、澄迈等县至海口入琼州海峡;流域面积 7 033.2 平方公里,上、中游山坡陡,多险滩,下游河面宽阔,多沙洲,总落差 703 米。

海口市龙华区新坡镇的南渡江海口段,是南渡江很值得一看的风景。其全长 75 公里,河面宽阔、平缓,出海口景色美丽,两岸从河堤起各有 800~3 800 米宽的滨江地带,是一幅天然的热带田园牧歌式景色。

2. 昌化江

又称昌江,是海南岛的第二大河,隋代昌化县治在今河口北侧,昌化江因此得名。昌化江发源于琼中县黎母山林区,横贯海南岛中西部,河流自东北向西南经琼中、保亭,在乐东县转向西北,流经琼中、五指山、乐东等市县,最后经东方市穿过昌江县的昌化港西流入南海,在入海口冲出一个广阔的喇叭口。

昌化江干流全长 232 公里,流域面积 5 150 平方公里,总落差 1 270 米。昌化江河沙资源极为丰富,土和杂质含量很少,沙子颗粒洁净,质量达到了极粗粒度特级优质河沙的标准。

✱ **小贴士** 在昌化江北侧白沙岭向北至白沙村十几公里范围内,沉积了品质极佳的金黄色细沙。此沙整齐、无中粗及粗沙,是人造沙滩最好的材料。在阳光下,干燥的沙为白黄色,在雨后或海水浸湿的区域呈现出一片金黄色,其品质超过了已知的所有海滩沙质。

3. 万泉河

古称多河,是海南岛第三大河,发源于五指山,全长 163 公里,流域面积 3 683 平方公里。万泉河有两源:南支乐会水为干流,长 109 公里,发源于五指山林背村南岭;北支定安水,源自黎母岭南。两水在琼海市合口嘴汇合始称万泉河,经琼海嘉积至博鳌入南海。

万泉河上游高山峻岭,流经深山峡谷,两岸山峦起伏,峰连壁立,乔木参天,奇伟险峻。万泉河流过合口嘴以后河槽渐宽,水流平缓,总落差 523 米,河口呈葫芦状,港口如钳,宽约 100 米;至出海口段,集湾、岛、港、堤和楼堂馆宇于一地,三江汇聚、三岛环视。

4. 宁远河

宁远河发源于海南保亭黎族苗族自治县西部毛感乡仙安石林南麓,在三亚崖州区港门村注入南海。宁远河干流总长83.5公里,总落差1 101米,年均径流量6.49亿立方米,年均流量20.6立方米/秒,为海南第四长河流。

宁远河从毛感石林出发,上游流经崇山峻岭和原始密林,中游进入三亚北部的丘陵地区,到了三亚西北部的雅亮就开始进入了平缓的下游河谷平原,最后在三亚崖州区出海。因流经古宁远县治(今崖城,隋大业六年宁远县治此)得名。

(二) 主要瀑布

1. 枫果山瀑布

枫果山位于陵水境内吊罗山区的西北面,拥有海南最大的瀑布群,全长1.5公里,由10级瀑布组成。

枫果山瀑布群四周是茂密的原始森林,林间溪流汇成涌泉浩浩荡荡地从断崖上落下,瀑布落差达350米,分15节,有的单幅,有的多幅,宽窄不一,缓急不同,幅宽30米,雨季宽达60米。

枫果山瀑布群由仙泪瀑、冰心瀑、思归瀑、彩虹瀑组成,号称"海南第一瀑"。其横跨千丈峡谷,纵越百米山涧,其壮观程度丝毫不亚于贵州省的黄果树瀑布。

❋ **小贴士** 吊罗山雨林中,除了枫果山瀑布群,还有石睛瀑布、大里瀑布等,给游客带来不同的感受。

2. 白石溪瀑布

白石溪,海口琼山区的一条河流,白石溪流长,"流水不腐、户枢不蠹",传说是仙女下凡沐浴之处。旁边地貌神奇,形似一尊如来佛像,又形似一朵盛开的莲花,"莲花座"下的白石溪像一条玉带环绕,民间称此地为"如来佛地""莲花宝地"。白石溪因河流而成地名。

在白石溪东500米处有一断崖,深10米,宽20米,溪水奔流至此直泻深潭形成瀑布,称白石溪瀑布,常年流水不断,甚为壮观。

3. 百花岭瀑布

位于海南省琼中县营根镇西南6公里处的百花岭上,因瀑布喷出的水像花雨而得名。这里方圆几公里,峰峦重叠连绵,古木笔直参天。

百花岭主峰海拔1 100米,同东南面的五指山、西北部的黎母山形成鼎立之势,百花岭瀑布的源头则在海拔700米的第二峰上。百花岭上古木参天,还有猴子、野鹿等珍贵野生动物。

4. 霸王岭瀑布

又名雅加瀑布,位于昌江县雅加大岭上,海拔1 105米,落差110米,平均流量0.8米^3/秒,雨季时最大流量达1.5万米^3/秒。其四周群山逶迤,峰峦叠翠,云雾缭绕,景色奇特,群峰之间的数条溪河潜流汇集而来,长年流水不涸,历地势跌宕而形成飞瀑。

5. 太平山瀑布

位于五指山市东北6公里处的太平山,太平山海拔800多米,山上长满老树古藤,岩石叠峰奇秀,林木荫翳,曲径通幽。

太平山瀑布奇伟壮观，上细中粗，其水源来自太平山顶的平湖，清泉顺山势往下流，到绝壁处便飞泻直下。瀑布沿着巨石折向而行，流入一个大岩池，环池旋转后，又沿石缝折跌而下，形成二级飞瀑；水流又沿石入池，漫过池沿而下流，到斜壁处飞泻入深潭，形成第三级瀑布，构成太平山的飞瀑奇观，最大落差 20 米。

6. 鹿母湾瀑布

位于儋州市兰洋镇南部的热带雨林区，与琼中县黎母山相邻，西临松涛水库，距兰洋镇鹿母湾村 1 公里。

鹿母湾瀑布四周山峦叠嶂，古木参天，悬崖高 20 多米。瀑布落差 7 米，下有深潭，清澈见底。其从山间石隙流下，石激浪飞犹如轻纱银练，几经曲折方坠深潭。每逢山洪暴发，瀑布隆响，震撼群山，气势磅礴，蔚为壮观。

7. 古银瀑布

古银瀑布位于临高县皇桐镇居仁村西部，距县城约 20 公里，又称"居仁瀑布"，素有"三潭九曲"之美称。古银瀑布是琼北最大的瀑布，一年四季变化无常。

古银瀑布系平川落差而致，落差 20 米，幅宽 20 米，幅面 400 平方米；周围怪石林立，形状各异，千姿百态。后面树木茂密，宛如碧海，屹立在怪石上，枝繁叶茂，覆盖如亭，错节盘根，处处花香鸟语不断。

8. 万泉湖瀑布

万泉湖瀑布位于万泉河上游的牛路岭库区，由乳泉谷瀑布、一线泉瀑布、百丈崖瀑布组成，最大落差达 40 米。这里容纳了从群山峻岭顺流而下的千条山泉、万股溪流；这里原始热带雨林茂密，鸟语花香，青山碧水，水美鱼肥。

9. 白沙红坎瀑布

红坎瀑布位于白沙黎族自治县元门乡东南部，距县城 24 公里，瀑布总落差 145 米。瀑布源于海拔 1 101 米的红坎岭，两岸峰峦矗立，绝壁横陈，溶岩密布。

红坎瀑布周边，空气中负氧离子每立方米含量 8 万个，有良好的保健功能，最适宜品氧洗肺，是天然的森林"沐场"。瀑布之下，是近千亩水面的红坎水库。整个红坎瀑布区，森林茂密，植被多样，生态环境优美，是探险、休闲、垂钓和度假的好去处。

（三）主要水库

❋ 小贴士 海南从 1958 年开始水利建设，截至 2014 年，全省有大小水库 1 020 座。2014 年 9 月，环境保护部等联合印发《水质较好湖泊生态环境保护总体规划（2013—2020 年）》，提出为保护湖泊生态环境，避免走"先污染、后治理"老路，对 365 个水质较好湖泊进行保护。海南 5 座水库被列入保护名单中，包括儋州市、白沙黎族自治县松涛水库（松涛天湖），东方市大广坝水库，万宁市万宁水库，琼海市、万宁市、琼中黎族苗族自治县牛路岭水库，三亚市大隆水库。

1. 松涛水库（松涛天湖）

松涛水库在儋州市区东南 20 公里处，跨儋州、白沙两个市县，是享有"宝岛明珠"盛誉的高山天池。

松涛水库位于南渡江上游，始建于 1958 年，费时 10 年建成，是我国最大的堤坝工程之一,将奔腾的南渡江水截在南丰和番加河谷里;库岸线长达544公里,库区面积达144平方公里,水库中有岛300多个,水域主要航线66.5公里,总库容量为33.4亿立方米。

2. 大广坝水库

大广坝水库位于东方市,为海南第二大水库。该水库湖面100平方公里,水电站坝长近6公里,高程144米,装机容量24万千瓦,是亚洲第一大土坝。

大广坝水库区风景秀丽,湖光山色,碧波万顷。总投资27.3亿元的大广坝二期(灌区)工程于2016年2月正式建设,设计灌溉面积101.08万亩,2021年2月二期(灌区)工程完成验收。

3. 牛路岭水库

牛路岭水库1979年建成,在琼海市西南与琼中县及万宁市三地交界处,坐落于风景秀丽的万泉河上游峡谷之中,距琼海嘉积镇约70公里,因库区有山名牛路岭得名。

牛路岭水库湖面宽阔,岛屿众多,两岸群峰叠起,怪石嶙峋;这里原始热带雨林茂密,鸟语花香,青山碧水,空气清新,气候宜人,是一座天然氧吧。

✿ **小贴士** 牛路岭水库下游为牛路岭水电站,上游万泉湖区景点众多,而散落在湖面上的小岛星罗棋布,故被称为百岛群。游船绕着小岛,每座小岛都有不同姿态,能让游客展开无限遐想,令游客大有"舟行碧波上,人在画中游"之感。

4. 万宁水库

万宁水库位于太阳河中游的万宁市长丰镇,设计灌溉面积12.1万亩,已实现灌溉面积8.53万亩。该水库集雨面积429平方公里,处于海南暴雨中心区,多年平均来水量6.55亿立方米;主副坝为均质土坝,主坝1座,最大坝高19.35米,坝顶长860米,副坝3座,总长2 390米,最大坝高7.5米。

✿ **小贴士** 1958年国家投资在万宁建的石龟水闸,解决不了下游大面积农田灌溉问题;1966年经水利部批准扩建,1968年竣工。1962年全国人大常委会委员长朱德到海南视察时,为水库亲笔题写"万宁水库"四字。

5. 大隆水库

大隆水库位于三亚市宁远河下游,是一座以防洪、供水、灌溉为主,结合发电等综合效益的大(Ⅱ)型水利工程,设计库容4.68亿立方米,集雨面积74.9万平方米。该水库正常蓄水位70米,防洪库容1.48亿立方米,年发电量约1亿度,灌溉总面积达20多万亩,日供水50万吨。

✿ **小贴士** 大隆水库是海南省2004年以来规模最大、投资最多的大型水利项目。大隆水库库区依靠原始、纯净、美丽的田园风光和独特的山水景色,已建成了"田园观光游"和"生态观赏游"的新景区。

6. 南扶水库

位于定安县雷鸣镇境内。坝型为均质土坝,主坝顶长230米,坝顶浆砌石防浪墙高度0.9米;副坝9座,总长1 227米。

该水库于1959年4月开工建设,设计灌溉面积14万余亩,现有干渠总长47公里,支渠长85公里,渠堤通车里程46公里。现灌溉面积7.2万余亩。

（四）热带温泉

✲ 小贴士　海南已知的温泉点有300余处,多数温泉矿化度低、温度高、水量大、水质佳,大多属于治疗性温泉,且温泉所在区域景色宜人,成为吸引游客的海南旅游胜地。

1. 七仙岭温泉

七仙岭温泉距保亭县城9公里,处于海南最大的温泉旅游区中,最高水温达到95 ℃,富含锂、锶、锌等元素,属重碳酸钠型水,是理想的医疗保健矿泉水。

七仙岭温泉池都用天然卵石垒砌,依山势而建,高低错落,形态各异。在这里泡温泉的同时,可领略奇峰异岭、少数民族风情和热带田园风光。

✲ 小贴士　这里是海南目前唯一的以热带雨林和野溪温泉为主题的温泉区。

2. 兴隆温泉

兴隆温泉地处海南兴隆华侨旅游区的华侨农场境内,共有十几个泉眼,水温长年保持在60 ℃左右,水中含有丰富的矿物质,蒸腾的水汽带有淡淡的清香。据海南省地热矿泉水协会专家介绍,兴隆温泉水中可溶性二氧化硅和氟的含量较高,可称为"氟硅水"。

兴隆温泉是海南岛开发使用较早,也是海南名气最大的地下矿泉水资源,位于海南东海岸黄金旅游线上。

✲ 小贴士　1965年,广东省地质局综合调查队曾对兴隆温泉进行过调查;1980年,由广东省地质局海南地质大队在该地区进行钻探,共打出了20多眼温水孔;1992年,海南省地矿局环境地质研究所打了5眼热矿水孔。自1994年正式开发利用以来,兴隆温泉已发展成为海南省著名的旅游度假胜地。

3. 南田温泉

南田温泉位于三亚市东南的南田农场中,日排量8 000多立方米,平均水温57 ℃,是含有氟、钠、锌、氡、钾等多种对人体有益元素的天然硅酸矿泉,属低温温热矿水。

泉水中氟含量2.04～7.7毫克/升,偏硅酸含量68.511 7毫克/升,氡含量44.36～59.86贝可勒尔/升,达到氟硅型医疗热矿水开发标准。

✲ 小贴士　南田温泉依山傍水,独有的硅酸、氟、氡"三料"温泉引发温泉健康新概念。1997年11月7日被国家工商总局注册为"神州第一泉"。在全国首次推出了香茶泉、香酒泉、咖啡泉、中药泉、椰奶泉、鱼疗泉、冲浪泉、按摩泉、水上乐园和温泉泳池等项目。

4. 蓝洋温泉

蓝洋温泉,位于儋州市蓝洋镇峡谷处,距儋州市城区12公里。该温泉带占地2平方公里,日流量达2 000吨以上,是海南较大的温泉之一,水温43～93.7 ℃,有世界奇泉(冷热泉)之称,热泉和冷泉只一石之隔,冷热分明,为世间罕见。1996年,经专家现场勘查,评定蓝洋温泉为无色、无味、无臭,清澈透明的热矿水。

✲ 小贴士　蓝洋招牌项目为温泉"无火火锅"。砌石为灶,挖坑为锅,沸泉为汤,人们三五成群地围坐在一起,只管将鱼片、鸡块、蔬菜等搁置其中浸泡,不消片刻,鲜嫩无比并且有特殊清香味的温泉大餐天然而就。

5. 官塘温泉

官塘温泉,位于琼海市白石岭山脚下,距东线高速公路琼海温泉出口处3公里,总面积20多平方公里。

温泉水出口温度70~90 ℃,富含偏硅酸、氟、锶、溴、碘等微量元素。琼海官塘温泉,因其硫化氢含量较高,被俗称为"鸡蛋臭"温泉,实际上它的学名是硫化氢泉,又因其水质中氡的含量较高,所以官塘温泉又是有名的放射性氡泉。1994年经专家鉴定,官塘温泉水是"世界少有,海南无双"的温泉热矿水,属含氟、硅、锶的低矿化度、低铁的氯化物重碳型热矿泉水,可作为旅游、淋浴和氟、硅医疗热矿水开发利用。

6. 九曲江温泉

九曲江温泉位于琼海九曲江北岸,日流量64.8立方米,水温高达75 ℃。因该处温泉热水矿物质含量达7.44毫克/升,就矿化度而言,是海南最咸的温泉,其中硅酸含量最高达136.5毫克/升,氟3.12毫克/升,锶23.7毫克/升,所以九曲江温泉可命名为"硅、锶、氟型医疗热矿水",具有较高的医疗价值。

目前,九曲江温泉水已被远距离输送到12公里外的博鳌水城供酒店使用。因此,在博鳌,游客只需任选一家温泉酒店入住,便可以享受到这一海南最咸的温泉。

❋ **小贴士** 温泉是琼海博鳌水城开发的重要资源。自1996年12月至1998年3月由开发商投资在博鳌周围145平方公里范围内进行勘探,经过艰苦努力,终于在博鳌西南约12公里的九曲江地区找到极具开发价值的温泉井群,从而完善了博鳌水城的温泉配套功能。

7. 观澜湖温泉

观澜湖温泉位于海口观澜湖度假区内的火山岩矿温泉中心,该中心被开发商设计成了涵盖六大洲风情的特色泡汤主题区。

据了解,此处泉水取自地底深达800米处,自然水温15~43 ℃,共设有150个冷、热泉汤池及99个流水景观。观澜湖温泉中心中,长达500米的全竹结构的"龙脊长廊"连通着各个风格不同、功能各异的主题区,每一个主题区都各具特色。

8. 西达温泉

西达温泉位于澄迈县西达农场九乐宫温泉开发区内,距澄迈县城40公里,交通便捷。此地年平均气温23.5 ℃,是琼北地区一个新崛起的休闲度假旅游胜地。

据专家初步探测,九乐宫温泉开发区内的温泉地带长2公里,现有自喷泉多处,其中两眼地矿热水深井日出水量5 460立方米,从古至今长流不息,且清澈无污染,水温57.1 ℃,氟含量11.7毫克/升,偏硅酸含量104毫克/升,其他各项指标均达到国家规定的医疗热矿水标准。西达温泉以其良好的医疗保健功效闻名遐迩,是琼岛最理想的沐浴医疗热矿水之一,被当地人称为"洁身龙水"。

9. 田园小鱼温泉

田园小鱼温泉位于三亚市凤凰镇以东3公里处的水蛟村,从三亚市驱车20分钟左右便可到达。田园温泉属碳氢钠泉,是温泉中的极品,其水中富含稀有元素氡,又称"氡泉",泉眼处水温60 ℃,池水42 ℃,共有88个浴池,可根据个人需要沐浴特色浴。

此温泉有一种体长不到2厘米的小鱼,这种小鱼能在水温高达43 ℃的温泉水里畅游,当人进入浴池中,小鱼便将人团团围住,专门啄食人体表脱落的皮质和一些只有在显微镜下才能看到的细菌,不但可以刺激表皮神经,促进血液循环,还能起到畅通毛孔的作用。

> **小贴士** 据称,田园小鱼温泉是全球第二家鱼疗养生温泉(第一家是著名的土耳其鱼疗温泉)。这里所有的建筑及园林设计遵循简朴自然的风格,不刻意追求模仿,不显雕饰痕迹,让人觉得亲切如回归自然。

10. 阜喜温泉

阜喜温泉位于白沙县七坊镇阜许村边,属于硅酸重碳钠型水,相对温度较低,硫黄含量较少,常年水温保持在40℃左右。其泉眼在一处石缝中,清洌的泉水源源不断地从砖红色的巨石石缝里流出来,终年保持着涓涓细流,旱不断流,涝不涨水。

该温泉旁边是一条冷泉,冷泉和温泉在下游一米左右的地方汇合,在冷热泉汇聚的小溪里,有众多小鱼直奔珠碧江而去。

11. 东屿岛温泉

位于琼海博鳌镇东屿岛,集温泉理疗、美容养颜、健康休闲为一体,总占地面积78 000平方米,水温高达73℃,富含偏硅酸、锶、氡等多种珍贵医疗矿元素,日出水量高达7 800立方米。该温泉是国内唯一的一家岛屿和滨海温泉,是全亚洲功能最全、设备最先进的温泉之一。

12. 官新温泉

官新温泉位于文昌市南部会文镇官新村前面200米处的一片沼泽地内。该温泉目前水温为70℃,每日自流量为3 000立方米,不但含有丰富的偏硅酸和微量元素锶,还含锂、氟等有益于人体的其他微量元素,属于高硅高锶型地热水。其热泉是浅部地下水经断裂缝隙作深部循环加热后,在地势低洼处溢出而形成的。该处设有文昌官新温泉观测点,并于1981年8月开始正式观测。1986年11月,经国家地震局验收合格,被列入国家水网观测点。

13. 久温塘火山冷泉

久温塘火山冷泉位于定安县龙门镇久温塘村。其水无色、无味,清澈透明,长年水温23~25℃,夏凉冬暖,清甘可口,符合饮用天然矿泉水要求,属重碳酸钠钙镁型硒和锗含量较高的低矿化偏硅酸冷泉,其养生、保健价值非常高。

专家们一致认为,这是海南岛不可多得的、极具竞争力和市场前景的度假资源,也将是继台湾岛苏澳冷泉、黑龙江五大连池冷泉之后的中国第三大"生态冷泉"旅游项目。

五、海岛火山与溶洞

(一)火山景观

1. 琼北地区的火山资源

远古时期的海南岛是一个火山喷发活跃的地区,全岛现存火山口的100余个,主要集中在海南岛北部的海口、临高、文昌、洋浦开发区等地,面积约有4 000平方公里。

琼北地区的火山口密度在我国是最高的。最近的一期喷发发生在8 000年前,目前处于休眠状态。政府建立了火山监测台网,可对地下岩浆活动进行长期监视。火山,给海南带来了丰富的物种、矿产和优质的地下水。

2. 海口石山火山群

海口石山火山群位于海口市西南15公里的石山、永兴两镇境内，属地堑—裂谷型基性火山活动地质遗迹，区内火山群面积约108平方公里，分布40座各种类型的火山和30余条熔岩隧洞，蕴藏丰富的优质饮用矿泉和疗养地热水，保存着被喻为海口城市"绿肺"的热带原生林和独具特色的玄武岩石器古民居。

海口石山火山群以其火山成因的典型性、类型的多样性、形态的优美性、矿泉的珍稀性和火山生态的完整性而成为国家重要的地质遗迹。

海口石山火山群是世界罕见的第四纪火山群，其类型之多样、熔岩景观之丰富、熔岩隧洞之神奇，实为罕见。

（二）溶洞景观

1. 石花水洞

石花水洞在儋州市国营八一总场内海拔约200米的英岛山上，距儋州市区约30公里。该溶洞由旱洞和水洞组成，旱洞长约2 000米，水洞长约3 000米，水深多为5～7米，最深处有10多米。

石花水洞内，造型奇特、形态各异的钟乳石或悬挂洞顶，或拔地而起，美不胜收。洞里有国宝级奇品——卷曲石，位于旱洞中部的顶部，大约有1 010平方米。

❈ 小贴士　1998年，八一总场进行石灰石采掘时，在英岛山意外发现了一个石花溶洞。次年，中国地质学会洞穴研究专家考察后认为，这是中国及至世界上都十分罕见的石花溶洞，形成于140万年以前，并当即建议将其命名为"石花水洞"。石花水洞山灵、水秀、洞幽、石奇，是一部活生生的地质科普教科书，更是观光游览的好去处。

2. 落笔洞

落笔洞位于三亚市荔枝沟镇，距市区14公里。洞内有1万年前旧石器时代的古人类遗址，洞壁刻的"落笔洞"三字，是元代云从龙所书，至今有900余年。洞顶有一奇石，形如大鼓，敲击有声；洞内有石马、石犬、石猴、石虎和石桌等各种形状的天然奇观。

落笔洞遗址是迄今为止海南岛发现最早的人类聚居场所。它的发现，将海南省先民的居住历史延长至一万年左右。

❈ 小贴士　自三亚落笔洞遗址被发现后，史学界就有了"北有周口店，南有落笔洞"之说。2001年，该遗址被评为国家级文物保护单位。

3. 仙龙溶洞

仙龙溶洞，又名"千龙洞"，因附近的千龙苗村而得名。该溶洞位于保亭县城西30公里处，占地面积2 000多亩，海拔500～700米，全长400多米。

仙龙溶洞，洞中有山，山中有洞，神秘奇特。石笋、石塔、石幔等造型奇特，令人叹为观止。溶洞群体壮观，四周气候温和，四季如春，风景优美，堪称大自然恩赐之自然景观一绝。"龙王探宝""仙女下凡""石羊吮乳""灵芝宝石"等如人工雕琢，形神兼备、栩栩如生，令人击节叫绝。

4. 猕猴洞

猕猴洞，位于东方市西部大广坝旅游风景区猕猴岭上，洞深百余丈，洞内面积2 000多平方米,洞口周围的山脊密密地长着油楠、子京、青梅等参天古木。洞厅里石笋丛生,石像林立,形态各异,栩栩如生,惟妙惟肖。前洞厅里还有2个小洞厅,形似一座寺院,"寺院"后面有一根奇特的石柱,犹如一座古钟,用手重击,可发出浑厚的响声,余音袅袅;后洞厅面积较大,可容纳千余人。

5. "皇帝"洞

"皇帝"洞,位于昌江县王下乡牙迫村东,距县城石碌镇60公里,是海南省最大的喀斯特地貌群,也是海南重点自然保护区之一。在此洞的东南方,有一自然形成的15级台阶,有一平台上立有90米长的天然形成的"太师椅",两侧似站有两排石卫士,椅上似坐着一石人,酷似皇帝登居,故此洞得名"皇帝"洞。洞宽约60米,深约130米,高25米,面积约7 800平方米,可容纳上万人。

第二节 海南岛生态热带山林资源

一、海岛中部热带雨林主要山脉

(一) 山体特征

海南岛中部山地整体海拔在500米以上,是海南地貌的骨架。其中,中山(800米以上)总面积约910万亩,低山(500~800米)面积约385.7万亩。山体主要由花岗岩组成,山形高峻而圆浑。山脉大体分为3列,均呈东北—西南走向:东列为五指山山脉,主要山峰有白马岭、五指山、吊罗山、七指岭、马咀岭等;中列为黎母岭山脉,主要山峰有黎母岭、鹦哥岭、猴猕岭、尖峰岭等;西列为雅加大岭山脉,主要山峰有雅加大岭、霸王岭和仙婆岭等。这些山脉峰岭地貌多姿,生态宜人,五指山之雄奇、黎母岭之浑厚、霸王岭之神秘、尖峰岭之秀丽、吊罗山之苍郁,各具特色,引人入胜。

中部山地被誉为"海南之肺",特别是五指山、黎母岭、霸王岭、尖峰岭、吊罗山5大林区,生长着郁郁葱葱的原始热带森林,全岛原始天然林面积550万亩,基本都分布于中部山地。

(二) 主要山峰

1. 五指山

五指山位于海南岛中部,是全海南岛的最高山脉。其中,最高峰坐落于琼中县境内,海拔1 867米,为海南岛第一高峰。山脉呈东北—西南走向,山体蜿蜒长15公里,延伸及五指山、琼中、保亭、陵水等4个市县,素有"海南屋脊"之称。

五指山为万泉河、陵水河和昌化江等河流的分水岭,山脉东南麓为迎风坡,又在所经台风路径,年降水量2 866毫米,是海南著名暴雨中心,也是全岛雨量最多地区。五指山森林成片,生长茂密,种类繁多,群落层次多而复杂,垂直地带性分异明显。

❋ 小贴士 五指山山脉海拔垂直地带性表现为:800米以下为热带季雨林和雨林砖红壤性土带;800~1 600米为山地常绿阔叶林(或山地雨林)黄壤带;1 600米以上为山顶苔藓矮林草甸土带;有坡垒、青梅、花梨、红椤等珍贵木材,并有可栽种橡胶等热带经济作物的大片宜林地和天然牧场,有"绿色宝库"之誉。

2. 黎母岭

黎母岭山脉位于琼中县境内,山体高大雄浑,气势磅礴,常年云雾缭绕,主峰黎母岭海拔1 411米,森林覆盖率90%,森林植被高大、复层、郁蔽,植物的垂直地带性明显。

黎母岭山脉比五指山山脉长而完整,止于昌化江谷地。山顶呈和缓起伏,在1 000～1 100米高处是和缓宽谷地形,谷底平缓,土层深厚,水源充足;而在1200米高处有山地和缓坡。西北坡地形则呈阶梯状,在600～900米处分布肩状地,延至山脚即为齐顶丘陵。由山顶发源流下的溪涧多形成小瀑布,盆地中曲流蜿蜒,其间有和缓的草地、胶林和稻田;出小盆地后河谷成峡,形成较大瀑布。

3. 尖峰岭

尖峰岭位于海南岛西南部乐东黎族自治县境内,为一独立山体,由坚硬的花岗岩和石英砂岩构成,最高峰海拔1 412米,峰顶呈尖状,故名。附近1 000米以上高峰多达80座,形成一个山簇。山体发育多级夷平面或山顶和缓面,除1 000～1 200米山顶面外,还有800～850米、700～750米、550～650米三级和缓面,分布有山顶天池、宽广谷地或小盆地,谷底平缓,有河漫滩发育,土层深厚而肥沃,生长茂盛而珍贵的热带雨林。

4. 霸王岭

霸王岭位于昌江黎族自治县东南部,是雅加大岭山脉的三大主要山峰(雅加大岭、霸王岭和仙婆岭)之一,岭高1 512米,主要山峰都在1 000米以上,山体以细粒花岗岩为主。最高山顶面在1 400～1 500米处,外围为1 000～1 200米和缓面,山地边缘还可见850～950米、650～750米、500～550米三级和缓面。山顶面上地形平坦,风化层和土层较厚,山上峰峦起伏,原始森林茂密,古树奇石成群,野生动植物资源极为丰富。

5. 吊罗山

吊罗山位于五指山山脉东南部,也是一块独立山地,高1 184米。山地庞大,最高峰为三角山(1 499米),在吊罗山两端,山势陡峻,峰峦高耸,周围1 000米高峰有37座,峰体为坚硬致密的细粒花岗岩。山顶有10多座齐顶山峰,原是一和缓山顶面;800～1 000米处和山体外围560～600米处又有二级和缓面。森林植被葱茏繁茂,是海南又一个热带天然林宝库。

二、海岛热带红树林保护区

❋ **小贴士** 海南岛地处热带北缘,气候炎热,属于热带季风气候。海南岛四面环海,中间高四周低,热量充足,雨量充沛,红树林植被丰富。截至2022年10月,海南的红树林植物有真红树26种,半红树12种,伴生种88种;红树林面积98 242亩。

1. 海南东寨港国家级红树林自然保护区

位于海口市美兰区演丰镇,是我国红树林自然保护区中红树林资源最多、树种最丰富的自然保护区。保护区总面积约5万亩,其中红树林面积约2.37万亩。1980年1月经广东省人民政府批准建立为中国第一个红树林保护区,1986年7月9日经国务院审定晋升为国家级自然保护区。该区1992年被列入《关于特别是作为水禽栖息地的国际重要湿地公约》组织中的《国际重要湿地名录》,是中国首批6个被列入《国际重要湿地名录》的保护区之一,已成为具有国际意义的保护价值极高的综合性国家级自然保护区。

海南东寨港国家级红树林自然保护区属于近海及海岸湿地类型中的红树林沼泽湿地，主要保护对象为红树林及水鸟。区内生长着全国成片面积最大、种类齐全、保存最完整的红树林，共有红树植物19科35种，占全国红树林植物种类的97%，其中水椰、红榄李、海南海桑、卵叶海桑、拟海桑、木果楝、正红树和尖叶卤蕨为珍贵树种，海南海桑和尖叶卤蕨为海南特有。

2005年10月，该区在由《中国国家地理》主办的"中国最美的地方排行榜"活动中，被评为中国最美八大海岸之一。

❋ 小贴士　目前，海口市政府优化自然保护地管护体系，尤其是东寨港生态保护修复方面的工作正在进行。2022年已完成《海南东寨港国家级自然保护区总体规划（2022—2030年）》修编，实施东寨港（三江湾）生态修复项目，并同步开展生态监测、珍稀濒危物种保护等工作。

2. 文昌清澜红树林省级自然保护区

位于文昌市文昌河、文教河等八条大小河流入清澜港北侧汇合处，以文昌河湾四面滩涂为中心，面积达4万亩，其与东寨港红树林自然保护区是海南省两处著名的红树林景观，有"海上森林公园"之美称，是世界上海拔最低的森林。该保护区于1981年批建，原为县级，后升格为省级自然保护区。该区现有红树植物18科30余种。

从清澜港出发，经八门湾入文昌河，河道蜿蜒伸展，湾流环绕，河道环境原始自然，除保留了红树林原生态景观外，这里还保留世外桃源般宁静的原生态。沿文昌河生长的红树，绿荫成片，种类繁多。该保护区范围内除了有同东寨港基本相同的红树植物种类外，还有独特的成片正红树（*Rhizophora apiculata*）林，沿着霞村的岸边形成雄伟的景观。文昌河八门湾河段"热带水上红树林天堂"，被誉为世界上最美丽的生态河流。

3. 澄迈县花场湾红树林县级自然保护区

位于澄迈县大丰镇，1995年12月由澄迈县政府批准建立，保护区范围包括：花场湾养虾基地大堤外侧成片生长的红树林区，以及花场湾周围自然生长分布的红树林，总面积约2 250亩。2012年11月国务院批准《海南省海洋功能区划（2011—2020年）》，并将该保护区整体纳入海洋保护区，面积约17 100亩，要求按照自然保护区要求实行管理。

花场湾三面环山，一面敞向大海，岸线长达50多公里，是多条溪流的出海口，其滩广、水浅、波浪小、水质好，基本无污染，适于红树林种苗着床、繁殖、生长。以红树林为核心形成了典型的海洋生态系统。

❋ 小贴士　与海南其他地方的红树林不同，该保护区秋茄、白骨壤群落发育较好，是海南秋茄生长的最宜区域。该保护区发育良好的秋茄种群及其构成的红树林群落，将可能成为未来开展红树林对全球气候变化响应相关研究的重要资源。

三、海南全境主要湿地公园

1. 海口五源河国家湿地公园

位于海口市秀英区，南起永庄水库，北至五源河河口海域，主要包括永庄水库、五源河及五源河河口海域3个湿地单元。湿地面积为14 376亩，湿地率为73.69%。2019年12月，通过国家林业和草原局2019年试点国家湿地公园验收,成为国家湿地公园。

海口五源河国家湿地公园,集生态保育、科学研究、科普教育和休闲旅游于一体,园内生物多样,生态系统完整,景观资源丰富,其上游的永庄水库及周边大面积的火山熔岩湿地和灌丛沼泽区是海口市市区内自然生态保存极为完好的区域,拥有城市内稀缺的动物栖息地和植被生境。五源河国家湿地公园已成为海口城市"绿肺"、天然氧吧。

该公园有昆虫旅馆、生物塔、蜻蜓塘、青蛙塘、树池洼地、枯木等,为生物提供了栖息地,构成人与自然和谐相处独特风景。

❋ 小贴士　五源河国家湿地公园利用多层、多结构、多单元、多空隙原理,在不同层次、不同小单元立体种植多种植物,形成植物立体空间,为蜜蜂、胡蜂、甲虫等昆虫提供庇护生境及营巢生境的建筑,既给昆虫打造了一个舒适的"房间",提升城市生物多样性,进一步改善五源河的湿地生态,又结合景观美学造型,让其独特有趣。

2. 海口美舍河国家湿地公园

位于琼山区,南段起于羊山湿地玉龙泉,为特殊的火山熔岩地貌,北段贯穿城区,蜿蜒至白沙一桥,由玉龙泉、羊山水库、沙坡水库、美舍河及沿河道部分公共绿地和凤翔公园组成。

该园是目前海口最大的人工湿地公园,湿地面积3 801亩,湿地率54.09%。主要包括生态基础设施建设、生态湿地、雨水花园、雨洪管理设施、尾水净化功能湿地、小型市民服务设施、游览休憩等公共服务设施以及配套给排水与电气照明等工程。

园内有面积约75亩的市民果园,主要种植海南热带特色浓郁的木瓜、槟榔、莲雾、咖啡树等。于2021年8月开放的总面积约3 030平方米的美舍河凤翔湿地公园生态科普馆也在其中。

3. 三亚河国家湿地公园

位于三亚市区中部,由东河片区和西河片区构成,面积2.76万亩。园内三亚河自上游至入海口,河流呈现咸淡水梯度变化,形成湿地生境,孕育了城市内河热带红树林景观,三亚也由此成为全国唯一在中心城区有原生红树林的城市。2016年12月,该区域获批成为国家湿地公园(试点);2017年12月,由国家林业局批复设立海南三亚河国家湿地公园。

❋ 小贴士　三亚河畔熙熙攘攘,越来越多的市民游客将这里作为休闲放松、舒展筋骨的"打卡地"。而在靠近三亚河源头的生境里,不久前更是监测到了海南山鹧鸪、小灵猫等"稀客"。人与自然和谐共存,使三亚城市湿地充满诗情画意。

4. 昌江海尾国家湿地公园

位于昌江县境内的海尾镇石港塘,公园面积5 054亩,分为人工湿地(不含水田)和沼泽湿地2大类,草本沼泽湿地、灌丛沼泽、库塘湿地3种湿地类型。草本沼泽湿地面积为1 338亩,占湿地总面积的68.36%;灌丛沼泽湿地面积490.5亩,占湿地总面积的25.06%;库塘湿地面积128.85亩,占湿地总面积的6.58%。2017年12月,昌江海尾国家湿地公园获批开展试点建设工作。

海尾湿地生境多样,包括沼泽、浅滩、防护林、农耕地、城镇园圃等,为众多生物提供了栖息场所。经考证,在我国分布范围窄、数量极少的紫水鸡和栗树鸭2个物种,在该湿地公园范围内栖息繁殖。

该园区是海南比较稀缺的内陆淡水沼泽湿地,区域内的旅游资源比较丰富,是生态旅游、观光、休闲、科普教育的理想去处。

5. 陵水新村红树林国家湿地公园

位于陵水县新村镇新村港,总面积约1.44万亩,其中湿地面积约1.42万亩,湿地率达98.43%。湿地资源包括近海与海岸湿地、河流湿地和人工湿地3类,有丰富的鸟类、鱼类、蟹类和虾类等生物资源。该湿地公园位于国家一级渔港新村潟湖。这里有红树林、滩涂、水面构成的湖光山色,潟湖景观资源罕见,疍家人文资源独特。

6. 儋州新盈红树林国家湿地公园

位于海南省西北部的儋州市泊潮港内,离海口市区93公里,隶属于儋州市西联农场新盈分场,总面积7 606亩,其中湿地面积4 659亩。由国家林业局于2006年批准建立;2020年6月,被国家林业和草原局列入《2020年国家重要湿地名录》。

该园是海南岛西海岸最重要的红树林分布区,共记录到鸟类80多种,有红树植物18种。园内红树林景观每月随潮涨潮落改变,当海水涨潮时,红树林主要部分被海水淹没,只露出枝叶,此时从泊潮村海港出发,乘船在水中游览,可近距离欣赏红树林的奇特景观。

此外,园内还有入选首批国家级非物质文化遗产名录的儋州调声,以及骑牛过海、文化宗祠、火山石屋、自流井、镇海神兽等人文资源和特色建筑。

7. 定安南丽湖国家湿地公园

位于定安县境内,南北纵跨8.59公里,东西横跨7.83公里,总面积4.6万亩。其中水面面积1.9万亩,湖岸线绵延138公里,大小岛屿16座,半岛70余个。该公园为典型的人工湖泊湿地,是海南省唯一的淡水湖泊型国家级湿地公园;2016年8月通过国家林业局验收,正式成为国家湿地公园。

南丽湖国家湿地公园划分为生态保育区、恢复重建区、科普宣教区、合理利用区、管理服务区。湖区植被茂密,栖息着白鹭、湖鸥、画眉等十余种常见鸟类。漫步湖边,可观赏水天相连、烟波浩渺的平湖秀色。

❋ **小贴士** 除上述7个国家级湿地公园外,海南省还有5个省级湿地公园:海口三十六曲溪省级湿地公园、海口潭丰洋省级湿地公园、海口响水河省级湿地公园、海口铁炉溪省级湿地公园、海口三江红树林省级湿地公园。

四、海南全境主要森林公园

1. 三亚抱龙国家森林公园

位于三亚市天涯区凤凰镇抱龙林场,是三亚市现存最大的国家热带天然森林保护区、国家级森林公园,是三亚市唯一位于北纬18°的热带天然雨林保护区,属国家重点天然林资源保护工程区。

抱龙国家森林公园距三亚市中心40公里,距凤凰机场35公里,规划总面积43 264.5亩,森林覆盖率91.44%。最高处海拔1 091米,为三亚市最高点。

该公园境内共有植物1 704种,其中国家重点保护植物27种,另有海南野生重点保护动物62种。

该园分布着成片的雨林,更有各种珍稀植物,如海南粗榧、沉香、油棕、紫檀等。在这里,不仅能欣赏到热带雨林之景,与大自然亲近接触,更可以登高望远,感受山峦叠嶂之景。

2. 海口火山口国家地质公园

位于海口市石山镇,拥有世界罕见的第四纪火山群,总面积 16.17 万亩,火山锥多达 40 座,是我国唯一的热带海岛城市火山群地质公园。其中最大的火山口海拔 222.8 米,深 90 米,是世界上完整的死火山口之一,因形似马鞍,又名马鞍岭,是琼北地区制高点。地下有溶洞数百个,周围还有几十个小的死火山口或死火山眼。2000 年 3 月,经国家林业局批准建立为国家森林公园;2004 年 1 月,经国土资源部批准为国家级地质公园。

海口火山口国家地质公园内有荔枝、菠萝蜜、龙眼、黄皮等植物 30 余种,野猪、山狸、穿山甲及各种飞禽等珍稀保护动物几十种。此外还有火山喷发后形成的熔岩溪、火山湖、火山洞、喷泉等自然景观和火山井、玉龙泉、火山民居等人文景观,以及椰雕、铁艺、八音等非物质文化遗产,具有极高的科考、科研、科普和旅游观赏价值。

景区内还设有火山科普馆,馆内详尽的火山知识介绍和生动形象的火山模型展示,能够为游客解答关于火山的各种疑惑。

3. 七仙岭温泉国家森林公园

位于保亭黎族苗族自治县东北部,又名七指岭,因 7 个状似手指的山峰而得名,七峰险峻、天然绝壁,古树参天、藤萝交织,是海南岛内仅有的几片保存较为完好的热带雨林之一。2001 年,经国家林业局批准建立为国家级森林公园;2016 年 12 月,获批为国家 4A 级旅游景区。

七仙岭温泉国家森林公园有森林区和温泉区两部分。森林区生态资源丰富,地貌景观生动。景区内已探明的珍奇植物有 500 多种,动物 500 余种,包括海南黄花梨、桫椤、见血封喉等国家珍稀保护动植物。该公园内建有登山石板栈道 2 300 米,共有 3 770 级台阶,木质观光栈道 850 米。该园区内最高山峰海拔约为 1 126 米,登上峰顶,可尽享"一观、二看、三瞻、四望、五拜"的境界,即一观——观日出,二看——看黎村、看苗寨,三瞻——北瞻五指山、东瞻吊罗山、西瞻毛公山,四望——可望南海、林海、云海、雾海,五拜——三峰和四峰之间有一尖状巨石,面向四峰,神似朝拜四峰,即"童子拜观音"。

该公园内温泉温度最高可达 95 ℃,含有多种微量元素,属硅酸重碳酸钠型医疗用温泉水,日出水量 3 800 多吨。

❋ 小贴士　园内有数家温泉度假村,以"热带雨林"和"野溪温泉"为主题,深山温泉池用天然卵石垒砌,依山势而建,形态各异。

4. 黎母山国家森林公园

位于琼中县西北部,与儋州市、白沙县交界,总面积 19.2 万亩。园中黎姆婆石、吊灯岭、翠园、天河、鹦哥傲、天河瀑布等六大景区互为衬托,每个片区都保持着原始森林的原貌,是我国原始热带雨林保护区之一。2002 年 12 月,该园获批为国家级森林公园。

该园有高等植物 94 科 487 种,其中国家一级保护珍贵树种有海南粗榧、坡垒、格木、海南紫荆木、猪血木等 55 种。该林区内有数百种野生动物,其中许多种是海南特有的物种,如 37 种两栖类动物中有 11 种仅见于海南,8 种属中国特有。林区内属国家级和省级重点保护的珍稀濒危野生动物有28科58种。其中,较为珍贵的有太阳鸟、山椒鸟、白鹇、海南鹩哥、水鹿等,属于国家保护的珍稀动物有海南山鹧鸪、孔雀雉、巨蜥、蟒、猕猴、海南大灵猫、凹甲陆龟、虎蚊蛙等15种。

✳ **小贴士** 黎母山是黎族的始祖地,每年的农历三月十五日是黎母生日,有众多的黎族人民前来朝拜,祈求黎母恩泽。

5. 霸王岭国家森林公园

位于昌江县境内,总面积12.67万亩,森林覆盖率97.3%。该园区内山岳连绵,群峰叠翠,林海浩渺,古木参天,自然生态系统保存完整,热带生物资源极其丰富,热带雨林特征明显,被称为"热带雨林展览馆",是中国唯一保护长臂猿及其生存环境的国家级自然保护区。2006年12月,该园获批为国家级森林公园。

霸王岭热带雨林国家公园分布有陆生脊椎野生动物416种;国家一级保护动物10种,其中,世界上濒危程度最高的灵长类物种——海南长臂猿仅分布于霸王岭,种群数量仅为5群35只,被列为国家一级重点保护动物。

该公园内分布有野生维管束植物2 523种。2017年12月,辖区内的五指神树(陆均松)和红花天料木(母生)被中国林学会列为中国最美古树(全国共85株,海南仅此2株入列)。

该公园已开发雅加和白石潭2个景区。在雅加景区,已建成"情道""霸道""天道""钱道""王道"等五条达7公里的观光、科考木栈道,并建有别具生态特色的雅加度假中心。该园已启动温泉疗养、热带雨林探险、野外拓展基地、生态科普教育等旅游项目建设,以打造霸王岭热带雨林旅游品牌。

6. 兴隆侨乡国家森林公园

位于万宁市兴隆华侨旅游经济区,包括凤凰岭和热带花园2个景区,占地面积42 230余亩,区内森林覆盖率达85.10%,是我国低海拔森林保护最好的热带原始生态林。2013年11月,获批为国家级森林公园。

兴隆侨乡国家森林公园内分布有野生植物206科237属1 410种,其中国家级保护植物15种,含海南苏铁和坡垒2种国家一级保护植物;野生动物中有鱼类23种,两栖类10种,爬行类20种,鸟类57种,兽类6种,昆虫类中蝴蝶33种、蜻蜓12种,其中国家重点保护动物18种。

7. 蓝洋温泉国家森林公园

位于儋州蓝洋农场境内,由莲花山、玉帝殿等数十座山峦组成,占地面积84 905亩。境内植被类型为热带季雨林、次生阔叶林,森林覆盖率91.8%以上。主要地质地貌景观有莲花宝座、观音岩、仙桃石、夫妻岩、观音洞、玉帝殿等,内有景点60余处。1999年5月,获批为国家级森林公园。

蓝洋温泉国家森林公园四周被莲花山等数十座形貌奇特的山峦环抱,峰岭起伏,层峦叠嶂,沟谷纵横,裸露的岩石无不奇形异状、千姿百态。被称为"海南第一洞"的观音洞有上、中、下三层,总长500米,洞中有洞,幽深曲折。该公园境内莲花山中溪泉密布,水潭众多,瀑布气势磅礴。莲花山下的蓝洋温泉有10多个自然泉眼,日流量2 000吨以上,水温40~93.7 ℃。

8. 吊罗山国家森林公园

位于海南岛东南部的陵水、琼中、保亭、万宁4县(市)交接处,总面积67万亩,大部分在陵水县境内,是我国珍稀的原始热带雨林区之一,是海南省东部规模最大的森林公园。森林植被类型为热带次生林、季雨林、常绿阔叶林,森林覆盖率达96.26%。1999年5月,获批为国家级森林公园。2008年1月,经国务院办公厅发文批准为国家级自然保护区。

公园拥有热带雨林大植物奇观和高质量的生态环境,有湖光山色、峰峦叠嶂、飞瀑溪潭、巨树古木、岩洞怪石等众多集原生性、科考性、多样性、趣味性为一体的景观资源。园中有瀑布百余个,其中,枫果山瀑布群落差高达350米,被称为"海南第一瀑"。园内动植物资源极为丰富,记录有植物3 716种,仅兰花就多达250种。脊椎动物36目98科360种,其中,国家一级、二级重点保护动物40种,还有一级重点保护物种金斑喙凤蝶。

9. 尖峰岭国家森林公园

位于海南岛西南部,跨东方市、乐东县两个市县,距三亚南山文化旅游区60公里,距三亚市区90公里,粤海铁路、环岛高速公路横贯其中。林区总面积101.85万亩,主林区面积75.75万亩,森林覆盖率达98%。拥有全国整片面积最大、保存最完好、生物多样性指数最高的原始热带雨林,是全球40个具有世界意义的生态单元之一,享有"海南之肺""热岛凉山"等美誉。1992年,获批为国家级森林公园。

尖峰岭主峰1 412米,林区最低海拔仅112米,千余米高差的复杂地形,形成了七种植物生态体系,其生物多样性指数与南美、非洲、亚洲其他地方的热带雨林相近似,几乎浓缩了世界热带地区所有的植被类型,被誉为"热带北缘的天然物种基因库"。

此区还有与恐龙同时代的"植物活化石"——树蕨(桫椤),几米或十几米高的主干从山涧中昂然挺出。尖峰岭仅蝴蝶就有300余种,可与台湾相媲美。

该园内有卧佛仙山、天池映月、尖峰观日、黑岭望海、银河飞瀑、古道幽洞、三海(云海、林海、大海)奇观、猴王弄观音、元军下马营等景观。园内服务设施齐全,能提供会议中心、宾馆别墅、养生中心等完善的优质服务,是开展休闲度假、探险猎奇、科研科普、商务会议、教育培训、森林养生、军事野营等活动的胜地。

❋ 小贴士 联合国专家认为尖峰岭是联合国"人与生物圈"计划第一项研究最理想、最合适的地方。该园早在2005年即被《中国国家地理》评为中国"最美十大森林"之一。

10. 鹦哥岭国家森林公园

位于琼中县的西南部,是黎母岭山脉的重要支脉,因形似鹦嘴、气势磅礴而得名,是我国华南地区面积最大且连片的以热带雨林为主体的天然林分布区,是中国原始热带雨林保存最完好的自然保护区。2014年12月,经国务院办公厅发文批准为国家级自然保护区。

该园内最高峰鹰嘴峰海拔1 812米,是海南第二高峰,西南角额眉山西侧的南龙河最低海拔为170米,相对高差1 642米。主峰奇特、险峻,可以领略四季不同的景观美;仰望元门红新瀑布的激流,两岸森林景观的变化,能直观体会到人工林演替到次生林的生态变化。登上顶峰可眺望五指山、黎母山,尽览气势磅礴的山景。该区因受地形影响形成典型的热带雨林山地气候,夏无酷暑,冬无严寒,四季长春。园区内山川溪谷纵横交错,天然湖泊星罗棋布,林木葱郁,禽兽出没。山林深处保存完整的热带原始森林,生长与保存着多样的植物群落,蕴藏多种自然资源。

❋ **小贴士**　相传鹦哥岭曾经生活着成千上万只绯胸鹦鹉,人们把鹦鹉叫鹦哥,这片大山就被叫作鹦哥岭。美国传教士香便文所著《海南纪行》一书中记载,1882年,香便文来海南考察旅行,路过琼中的什运乡地区,看到漫山遍野飞舞的绯胸鹦鹉,景象十分壮观。

11. 海南海上国家森林公园

位于儋州市光村镇新盈农场,是以沿海红树林保护、科学研究和开发旅游项目为主的国家森林公园,总面积7 895亩。2005年12月,获批为国家级森林公园。

园内红树林种类繁多,有林榄、海莲、角果木、白骨壤、秋茄、桐花等15科32种以上;海上国家森林公园是鱼虾生长的场所,每当海水退潮时,小鱼、小蟹、贝类和浮游生物滞留海滩,吸引成千上万海鸟前来觅食。

五、海南热带雨林国家公园

❋ **小贴士**　2021年10月12日,习近平总书记在联合国《生物多样性公约》第十五次缔约方大会上宣布:中国正式设立三江源、大熊猫、东北虎豹、海南热带雨林、武夷山第一批国家公园。

1. 涵盖范围

海南热带雨林国家公园,位于海南省中部山区,东起吊罗山国家森林公园,西至尖峰岭国家级自然保护区,南至保亭黎族苗族自治县毛感乡,北至黎母山省级自然保护区。规划总面积640余万亩,约占海南岛陆域面积的12.1%;其中核心保护区占国家公园总面积的54.6%,一般控制区占国家公园总面积的45.4%。

海南热带雨林国家公园涵盖并连通了五指山、鹦哥岭、尖峰岭、霸王岭、吊罗山5个国家级自然保护区和黎母山、猴猕岭、佳西、俄贤岭4个省级自然保护区,尖峰岭、霸王岭、吊罗山、黎母山4个国家森林公园,南高岭、毛阳、毛瑞、猴猕岭、盘龙、阿陀岭6个省级森林公园及毛瑞、卡法岭、通什等相关国有林场。

❋ **小贴士**　自2019年海南开展国家公园体制试点工作以来,修复雨林生态成为首要任务。2020年3月,海南省委省政府印发《海南热带雨林国家公园生态搬迁方案》,东方、五指山、保亭、白沙4个市县的11个自然村被划定在国家公园核心保护区范围内。

2. 生态资源

海南热带雨林国家公园是亚洲热带雨林和世界季风常绿阔叶林交错带上唯一的"大陆性岛屿型"热带雨林,热带植物与动物资源十分丰富。

（1）植物资源

海南热带雨林国家公园森林覆盖率为95.86%,植被有热带雨林、南亚松林、橡胶林、桉树林、马占相思林、加勒比松林等类型。有野生维管植物210科1 159属3 653种,其中国家一级保护植物有坡垒、伯乐树、海南苏铁、葫芦苏铁、龙尾苏铁、台湾苏铁等7种,国家二级保护植物有桫椤、土沉香、降香黄檀、海南紫荆木、蝴蝶树等142种,特有植物有尖峰青冈、霸王玉兰、吊罗山萝芙木、五指山含笑、海南菊、海南翠柏、雅加松等419种。

(2) 动物资源

海南热带雨林国家公园有陆栖脊椎动物5纲38目145科414属540种,其中有国家一级保护动物海南长臂猿、坡鹿、云豹、中华穿山甲、圆鼻巨蜥、海南山鹧鸪、海南孔雀雉、鼋等14种,有国家二级保护动物猕猴、水鹿、黑熊、蟒蛇、小爪水獭、原鸡、白鹇等131种,海南特有动物有海南长臂猿、鹦哥岭树蛙、霸王岭睑虎、海南山鹧鸪、海南孔雀雉、海南新毛猬等23种。

✿ 小贴士　据《人民日报》2022年11月24日11版刊发的报道:生态环境持续恢复,海南热带雨林国家公园新物种频现。据统计,近3年,海南热带雨林国家公园已至少发现28个新物种,包括9个植物新种、6个动物新种和13个大型真菌新种。

3. 核心价值

第一,海南热带雨林国家公园是亚洲岛屿型热带雨林典型代表。海南热带雨林是亚洲热带雨林向常绿阔叶林过渡的代表性森林类型。以五指山为中心向吊罗山、尖峰岭、霸王岭和黎母山辐射,沿海拔梯度发育了较为完整的垂直地带性植被,在植被类型、物种组成和旗舰物种上表现出较高完整性,热带自然生境维持了极高的原真性。

第二,海南热带雨林国家公园拥有全世界、中国和海南独有的动植物种类及种质基因库,是热带生物多样性和遗传资源的宝库。园内野生维管植物种类占全省的77.91%,占全国的11.7%;陆栖脊椎动物种类占全省的77.36%,占全国的18.62%。

第三,海南热带雨林国家公园是海南岛的生态安全屏障。该公园是海南岛森林资源最富集的区域,是南渡江、昌化江、万泉河等海南岛主要江河的发源地。涵盖了海南岛95%以上的原始林和55%以上的天然林,拥有中国分布最集中、保存最完好、连片面积最大的热带雨林,生物多样性特别丰富,是世界热带雨林的重要组成部分,是海南最主要的生态屏障,又被称为海南的"生态绿心",具有国家生态代表性和全球性保护意义。

✿ 小贴士　丰富的森林资源构成热带原始山地雨林奇观,并对维持海南的生态平衡起着重要的作用。海南的山岳最具有特色的是密布着热带原始森林,最著名的有昌江县霸王岭、乐东县尖峰岭、陵水县吊罗山、琼中县五指山等4个热带原始森林区,其中以尖峰岭、霸王岭和吊罗山最为典型。热带雨林的根抱石、高板根、古藤缠树、老茎生花、空中花篮、绞杀六大奇观,均在其中显现。

4. 管理机构与机制

海南热带雨林国家公园由国家批准设立。构建以海南热带雨林国家公园管理机构为主、各级人民政府配合、社会积极参与的协同管理机制。2019年2月26日,中央编办批复同意在海南省林业局加挂海南热带雨林国家公园管理局牌子。该管理局实行扁平化的两级垂直管理体制,下设尖峰岭、霸王岭、吊罗山、黎母山、鹦哥岭、五指山、毛瑞7个分局。

5. 保护对象

——热带雨林、热带季雨林;

——水源涵养区、河流、湖泊、湿地、草地、荒地、滩涂、地质遗迹、矿产资源;

——野生动植物及其栖息地;

——天然种质资源;

——黎族、苗族等少数民族传统文化,文物古迹、特色民居等人文资源;

——其他需要保护的资源。

✿ **小贴士** 海南热带雨林国家公园按照生态系统功能、保护目标和利用价值将园区划分为核心保护区和一般控制区,实行差别化管理。核心保护区内采取封禁和自然恢复等方式实行最严格的科学保护。

6. 允许开展的活动

——核心保护区允许开展的活动;

——经国家公园管理机构批准的标本采集;

——宣传教育、参观、旅游活动;

——在指定区域内或者经国家公园管理机构批准在指定区域外搭建帐篷、宿营;

——考古调查发掘或者文物保护活动;

——拍摄影视作品;

——设立标识、标牌、指示牌等;

——国家有关规定允许开展的其他活动。

第三章

海南人文旅游资源

海南的人文旅游资源，是在土著黎族文化本底的基础上，受不同历史时期汉文化及苗、回等民族文化，以及近现代以来的华侨文化和西方文化等多种文化影响，并经相互碰撞融合、推陈出新，整合生成的一种具有独特思维方式、独特个性的旅游吸引物。由于海南的人文旅游资源极具热带海岛传统特色，吸引了国内外旅游者争相游览观赏。

第一节 移民文化与主要历史名人

一、历代移民简史

❀ **小贴士** 移民开发是海南社会发展的一大特点。海南最初的移民基本来自琼州海峡北岸的岭南地带，后来的移民不仅有部分来自两广沿海，也有部分来自北方中原，其中有朝廷派遣的官兵，也有从事商贸和其他行业的"善人"。再后来，则主要是1988年海南建省办特区以后的"闯海人""候鸟人"。

1. 汉代以前的移民

有关研究习惯上认为，3 000多年前，两广和越南北部的百越的骆越人，是最早迁移到海南岛的居民。

海南设治前，即汉武帝元封元年（公元前110年）前，已从广西、广东移居了黎人、临高人和少许汉族人，约10万户人家。据《琼台外纪》一书记载，"武帝置郡之初，已有善人三万之数"，后汉时，移民渐增，"建武二年（26年）青州人与二子祈、律，家临高之南村，则东汉有父子至者矣"（这是已知的对海南移民具体地域、姓氏和落籍地点的最早记载——编者注）。

❀ **小贴士** 五指山原是海南黎族居住最集中的地区。如今，黎族主要集中在海南白沙县的山区，形成一个完整的方言区，至今仍未分散。相传天上七仙女曾来海南黎母山游玩，其中桃花仙女迷恋此山美丽富饶，认为可以传播人类，便化为金南蛇产下一卵，后经雷公划破，跃出一位少女，号称黎母，从此诞生黎族人。

2. 隋唐宋时期的移民

至隋末唐初，俚人女英雄冼夫人使海南与雷州半岛"千余峒俚人归附"，大陆俚人集群式迁移海南。唐代移民海南以晚唐最盛，这一时期的移民有官员、驻防军人及其家属，又有商人和手工业者，还有因交通贸易或被当地豪强劫持而居留的波斯人。

海南历史上第一次大规模移民出现在宋代，移民有10万之众，源自闽南人的迁居，其成分仍然是征戍者、商人、渔民以及由于政治等原因流落此地的名宦士人。

宋代回族人的迁入，是海南移民史上的大事，他们多次从不同口岸进入海岛，主要聚居在现今的三亚、儋州、万宁以及海口，并不断吸引岛外回族人迁居岛上。

✽ **小贴士** 俚人入居改变了海南人口的地理分布，其聚居的地域除了海南岛西北外，开始延伸至岛的南部和东南部，形成了一个环状地带。唐代移居海南的突出特点是其成分比过去更加复杂化和多元化，高官被贬，也以此时最多。宋代给海南岛带来重大影响的是宋代大文学家苏东坡、政治家李纲以及赵鼎、李光、胡铨等人。

3. 元明清时期的移民

据《元史》记载，海南移民的主要方式是屯田，当时在海南屯兵落籍的就有 1.3 万人，屯户 0.65 万户，主要分布在海南岛的东北部。

明代，海南人口在洪武二十六年(1393 年)已达 29 万余人，较之元代增加了 44%。明万历四十二年(1614 年)，广西苗兵驻防崖州安东营(今海南乐东县)，军队撤防后，苗兵定居海南并逐步发展成为世居海南的苗族，现以琼中、保亭两县最为集中，其他主要聚居在海南乐东等中部和南部山区一带。

清代，海南移民已高达 217 万多人，几乎是明代的 5 倍，按清朝统治时间和人口比例计算，当时平均每年有万人迁居海南。这一时期迁居海南最多的是客家人。

✽ **小贴士** 海南自有人类开发足迹以来，人口长时间主要分布在西部地区，到了明末则是东部人口数超过西部。苗族人原籍主要为湖南、广西、贵州几省区，一部分作为军队调进海岛，还有一部分则是为谋生、避乱而来。

4. 近代的移民

据记载，1902 年至 1911 年，海南迁往新加坡和暹罗(泰国)两地的人口，平均每年达 2.7 万人，同时从两地每年返回的则有 1.2 万人。这一时期，全岛许多小城镇相继衰落，代之而起的是大市镇，人口开始向大市镇集中的地域转移。最明显的是原琼山县城，它历来为琼州府城，明清时代商务旺盛，到咸丰八年(1858 年)海口开埠后，逐渐为海口所取代。

1926 年海口设市，人口已达 4.5 万人，原府城却只有 1 600 余户，不超过 1 万人。抗日战争时期，海南人口 235 余万人，其中来自福建的约 150 万人。

✽ **小贴士** 鸦片战争时期，列强入侵，海南岛人口首次出现了双向移动的情况。一方面，内地居民为躲避战乱继续向海南岛迁居；另一方面，岛内居民向南洋各地流出。内陆汉族人向海南迁居的历史，也打开了海南人向东南亚各国再移民的历史。海南最早向外移民的地方是越南，后来扩展到东南亚，伸延到世界各国，但以东南亚居多。

5. 现代的移民

20 世纪 50 年代的“种植橡胶热”，使大批转业军人、干部、知识分子和海外归侨留在海南；20 世纪 60 年代的“垦荒热”，给海南带来了大批广东及其他地方的知识青年。

20 世纪 70 年代的“三亚南繁育种热”，使国内许多省份的农业科技人员和育种的农民来到海南；80 年代的“建省热”中“十万人才过海峡”和“公司热”为海南带来新的一批移民。

21 世纪以来，越来越多人在海南置办住房，还有一些内陆的老年人来海南过冬，成为在海南长期居住或经常到海南度假的另一种“移民”。

二、琼籍华侨简况

1. 海南是"中国三大华侨之乡"之一

海南华侨数量仅次于广东和福建两省,迁往港澳台的海南人和旅居海外的琼籍华侨、外籍华人有390多万人,分布于世界60多个国家和地区,其中约50%聚居在泰国、新加坡、马来西亚、越南、印度尼西亚等国。截至2022年,海南省内归侨、侨眷有130多万人,主要分布在海口、文昌、琼海、万宁等地。

✻ 小贴士　海南人移居国外始于宋代,兴盛于明清,民国时期达到高潮,中华人民共和国成立后渐趋稳定减少。

2. 海南出洋第一人

据明代海南先贤丘濬的《送林黄门使满剌加国序》记载,明成化十七年(1481年)六月,海南籍人士林荣官至礼科给事中,奉命出使马六甲。林荣从海口乘帆船取道琼州海峡,南下走西贡和曼谷,最后抵达马六甲——林荣是海南人出洋的第一人。

3. 历史上海南人大批移居海外的三次高潮

第一次在明代,郑和七下西洋,南海航线活跃,海南人大批移居海外;第二次在清康熙年后,海南人口繁衍,相当数量的人口开始由海南岛向海外移居,清末,大批无地农民和失业者被迫迁徙南洋;第三次在民国时期,当时社会动乱、经济萧条,大批海南人移居泰国、新加坡等地。

4. 海南人多被贩卖诱骗出洋的历史

清光绪二年(1876年)至1913年的37年间,海南人多被贩卖到南洋。法国、丹麦、奥地利等国的移民公司在琼设立招工馆,在琼办理新加坡、暹罗(泰国)等地的招工,实为诱骗大量海南人出洋,进行转卖。有史学家称,自琼州开埠至1928年,列入海关统计的自海口被贩卖出洋的人数约130万人。

✻ 小贴士　清咸丰八年(1858年),清政府签订了《天津条约》,琼州被开放为通商口岸;清光绪二年(1876年),海口正式开埠设立海关。

5. 海南华侨回琼的历史

抗日战争时期,琼属华侨华人成立爱国抗战组织,发动侨胞捐款献物,不少华侨青年回国返乡奋勇杀敌。琼崖华侨联合总会捐献大批款物给琼崖抗日当局和中共领导的琼崖抗日总队;240多名华侨青年组成琼崖华侨回乡服务团回琼参加抗战,约800名琼侨机工参加了南洋机工回国服务团,战斗在有"抗战输血管"之称的滇缅公路上。

20世纪50年代以后,绝大多数华侨逐渐加入所在国国籍成为外籍华人,华侨只占少数。"琼侨"之称渐被淘汰,一般通称"琼属华侨华人"。1951年10月31日,首批756名归国难侨从广州辗转来到万宁的兴隆,开辟了我国第三个华侨农场。后来借鉴兴隆的经验,海南还创办了琼海彬村山、澄迈、东方、文昌4个华侨农场。兴隆华侨农场,先后安置了来自20多个国家和地区的2万多名侨胞,成为亚、非、欧美等地风土人情的缩影,被誉为"归侨之家"。

✱ 小贴士 20世纪80年代以后,琼属华侨华人由东南亚扩展到美洲、欧洲、大洋洲和非洲的近60个国家和地区。

6. 海南华侨创设社团的历史

1989年海外琼属社团在新加坡举办第一届世界海南乡团联谊大会,成立了相应的组织机构,开展乡团联谊活动。截至2022年,在世界各地的海南华侨华人成立社团组织230个,有佛教、伊斯兰教、天主教、基督教等4种宗教,信教群众有5.6万多人,全省有省、市、县各级爱国宗教团体26个。

7. 海南涉侨品牌活动

近年来,海南省委统战部打造"博鳌亚洲论坛年会·华商领袖与华人智库圆桌会议""世界海南乡团联谊大会"等涉侨品牌,举办自贸港政策云推介会,开展"侨团侨商进园区"活动,筹办"侨海青年发展大会",组织知名侨商参加两届中国国际消费品博览会(简称"消博会"),吸引了众多海外侨胞对海南的关注。

8. 海南华侨研究史料

海南省委统战部深入挖掘海南丰厚的侨乡文化底蕴,收集海南华侨史研究资料,编制出版《侨语云端》等涉侨系列丛书,整理出版《海南英才(东南亚篇)》等书籍,引起海外侨胞的情感共鸣,为海内外侨界群众提供了回忆乡愁的精神家园。

三、历史名人

(一) 南北朝及以前

1. 路博德(生卒年不详)

西汉名将,汉代西河平州(在今内蒙古)人,被汉武帝任为伏波将军。据《旧唐书·地理志》记载:汉武帝时南越丞相吕嘉发动叛乱,杀害汉朝使节和南越王赵兴及王太后,"汉武帝元封元年(公元前110年),遣使自徐闻南入海,得大洲,东西南北方一千里,略以为珠崖、儋耳二郡",实现了中央政权对海南的直接统治。路博德后来因犯事被削爵贬官,以强弩都尉终。

2. 杨仆(?—约公元前108)

西汉宜阳(今河南宜阳)人,曾任御史、主爵都尉。汉武帝元封元年(公元前110年)秋,被封为楼船将军,协同伏波将军路博德率大军平定南越丞相吕嘉叛乱,次年冬平定,被封为将梁侯。据传,文昌北岸的焚楼山是其最初登陆海南岛的地方。道光《琼州府志》卷六《建置·城池》载,汉儋耳郡城为其所建。

3. 马援(公元前14—49)

最著名的伏波将军。字文渊,扶风茂陵人(今陕西兴平市东北),其祖先即战国时期赵国名将赵奢,赵奢号马服君,秦灭赵后,子孙为避祸而以马为姓。

马援在光武帝建武十七年(41年),被任命为伏波将军南征平叛,来往于南海之间,安抚珠崖,建武十九年(43年),重置珠崖县,加强了海南岛与大陆的联系。

马援班师回朝后,朝廷为表彰他的战绩,封为新息侯;建武二十五年(49年),马援在进击武陵"五溪蛮夷"时,在军中病故,后被追谥为忠成侯。

✿ 小贴士　海南各地几乎都有伏波庙和"两伏波"的传说,儋州市白马井镇伏波古庙是现存较大的一座。

4. 冼夫人(约 512—602)

广东高州人,原名冼英,南朝高州太守冯宝妻。冼夫人历经梁、陈、隋三代,对海南影响甚大。《琼台志》《琼州府志》等载,其于"梁大同初,请命于朝,置崖州",率部深入海南,平定叛乱,安抚百姓。隋高祖"赐夫人临振县汤沐邑一千五百户"后,冯冼家族及南越俚人开始大规模移居海南,对海南形成较为安定繁荣的局面影响巨大。

隋文帝敕封冼夫人为"谯国夫人";日本学者小叶田淳在《海南岛史》一书中,把冼夫人的时代称为"海南岛的黎明期",成为第一个高度评价冼夫人的外国人;周恩来总理称誉冼夫人为"我国历史上第一位巾帼英雄"。

✿ 小贴士　在海南,没有一位历史人物的庙宇在数量上可与冼庙相比。2014 年底,海南省报送的"冼夫人信俗"被列入第四批国家级非物质文化遗产扩展项目名录。

(二)唐宋时期

1. 王义方(615—669)

唐泗州涟水(今属江苏省)人,曾任晋王府参军、值弘文馆、太子校书等职,素与刑部尚书张亮友善。唐贞观年间(627—649 年),因张亮被诛,受牵连贬为儋州吉安县(今昌江黎族自治县棋子湾)丞,召集各峒首领商议,创办学校,挑选子弟,亲自为其讲经传学,教授礼乐,一时文风大变。

✿ 小贴士　王义方为史载第一个在海南少数民族地区办教育的人。著有《笔海》10 卷、文集 10 卷等。

2. 韦执谊(764—812)

字宗仁,唐京兆(今陕西西安)人,少年有才及进士第,授左拾遗。唐贞元元年(785 年),为翰林学士,与皇帝李适诗文唱和,深受倚重,后又参与王叔文等人的政治革新运动,成为改革派的核心人物。

永贞元年(805 年),王叔文等人被放逐,同年十一月,韦执谊被贬到崖州(今海口琼山区旧州镇)任参军,居崖州期间教民开垦荒地,兴修水利,对海南开发有所贡献。元和七年(812 年),卒于贬所,墓葬在今海口市琼山区十字路镇雅咏村。

3. 李德裕(787—850)

字文饶,唐赵郡(今河北赵县)人,唐代政治家、文学家,其早年以门荫入仕,历任翰林学士、兵部尚书、中书侍郎、淮南节度使等职。他曾在唐文宗大和七年(833 年)和武宗开成五年(840 年)两度为相,但因党争倾轧,多次被排挤出京。

大中二年(848 年),李德裕被贬为崖州(今海口琼山区旧州镇)司户参军,次年正月,辗转到达崖州,同年底卒于贬所,被追赠尚书左仆射、太子少保、卫国公,今为海口五公祠奉祀的五公之一。

✿ 小贴士　李德裕平生好读书作文,虽处境凄愁仍作《穷愁志》数十篇,又有《次柳氏旧闻》《会昌一品集》行世。居崖州期间曾往祭韦执谊墓,作《祭韦相执谊文》。李德裕死后,历朝历代对他都评价甚高。李商隐在为《会昌一品集》作序时将其誉为"万古良相",近代梁启超甚至将他与管仲、商鞅、诸葛亮、王安石、张居正并列,称他是中国六大政治家之一。

4. 苏轼(1037—1101)

字子瞻,号东坡居士,北宋眉州眉山(今四川眉山市)人,北宋著名政治家、思想家、文学家。其诗清新自然,大巧若拙,题材广阔,风格多样化,是宋诗走向成熟的标志。

北宋绍圣四年(1097年),61岁的苏东坡被贬海南儋耳(今儋州市),视"海南万古真吾乡"(苏诗),敷扬文教,乡人多受其惠。元符三年(1100年)五月,朝廷下诏徙廉州(今广西合浦),他得以迁回内地,但对海南至为留恋,因而写下《儋耳》《别海南黎民表》等诗文,表达欲去还留心情。苏轼北归途中卒于常州(今属江苏省),追赠资政殿士、太师,谥号文忠。

为纪念苏东坡,海南人民在儋州建了东坡书院(后扩建为东坡公园),在海口建造了苏公祠。

❋ 小贴士　苏轼一生著作极丰,后人收集整理其居琼3年的大量诗文,编成《居儋录》(又名《海外集》)一书,该书是研究宋朝海南经济社会状况的重要资料。

5. 姜唐佐(生卒年不详)

字君弼,北宋琼山(今海口琼山区)人,为苏轼居儋州时的学生。宋哲宗元符二年(1099年)九月至次年三月从学于苏东坡;苏东坡"甚重其才",赞扬他的文章"文气雄伟磊落,倏忽变化",言行"气和而言遒,有中州人士之风"。

6. 符确(生卒年不详)

北宋昌化军(今海南东方、昌江、儋州一带)人,北宋大观二年(1108年),参加乡试中第一名举人(解元);次年赴京礼部会试登进士第(贾安宅榜),成为史籍明载的海南历史上第一位进士。

符确官至承议郎,先后任广东韶州和化州(均属今广东省)知州,政绩显著。晚年回乡,购买盐田,建"兴贤坊"(后改为"兴贤堂")兴办教育。

7. 李纲(1083—1140)

字伯纪,号梁溪居士,祖籍福建邵武,后迁江苏无锡,北宋政和二年(1112年)考中进士,南宋建炎三年(1129年)因反对京都南迁避敌而被贬万安军(今海南万安),随后遇赦北归,在琼仅10天,未到万安军。后屡陈抗金大计,均未被采纳,卒谥忠定。

❋ 小贴士　李纲著有《梁溪全集》,180卷,附录6卷。李纲为海口市五公祠奉祀的五公之一。

8. 赵鼎(1085—1147)

字元镇,自号得全居士,南宋解州闻喜(今山西闻喜礼元镇)人,宋代名臣,曾任右司谏、殿中侍御史、左仆射、知枢密院事。他支持岳飞抗金,并荐其为统帅,因反对秦桧投降而数遭贬谪,最后于南宋绍兴十五年(1145年)被贬到海南。赵鼎死后被宋孝宗封为丰国公,赠太傅,谥忠简。

❋ 小贴士　赵鼎被称为南宋中兴贤相之首,善文、诗、词,著有《忠正德文集》《得全居士词》等。为海口市五公祠奉祀的五公之一。

9. 李光(1078—1159)

字泰发,北宋越州上虞(今属浙江省)人,宋代名臣,曾任参知政事,因反对秦桧投降的和议而一再被贬,南宋绍兴十五年(1145年)被贬琼州(今海口琼山区)。绍兴二十五年(1155

年),秦桧死后,李光复职,回京途中死于江州(今江西九江),赐谥号庄简。

✽ 小贴士　李光居琼十余年,虽身处逆境,仍论文考史,著《儒学记》等。年逾八十仍精力不衰,海南亭台楼阁多有题咏。为海口市五公祠奉祀的五公之一。

10. 胡铨(1102—1180)

字邦衡,号澹庵,吉州庐陵芗城(今江西省吉安市青原区值夏镇)人,南宋政治家、文学家,爱国名臣,庐陵"五忠一节"之一。

绍兴十八年(1148年),胡铨因上书高宗,揭露对金国议和阴谋,且请斩秦桧、王伦等被贬昭州(今广西平乐县)等地,后因诬告被贬至吉阳军(今海南三亚崖城镇),居海南近十年。淳熙七年(1180年)卒,赠通议大夫,谥忠简。

✽ 小贴士　胡铨与李纲、赵鼎、李光并称为"南宋四名臣",著有《澹庵集》等文集,今为海口市五公祠奉祀的五公之一。

11. 白玉蟾(1134—1229)

原名葛长庚,字白叟、如晦等,号海琼子、海蟾、琼山道人等,世称紫清先生,琼山县五原都显屋上村(今海口琼山区石山镇典读村)人。

葛长庚6岁丧父,母改嫁澄迈县白家,改名白玉蟾;7岁能赋诗,12岁应童子科落第,16岁时云游养真于儋州松林岭,23岁到内陆各地求师,后入武夷山师从道教,并遵师命至黎母山遇真人授"上注法箓洞法玄累诀",创立道教南宗宗派。

此后,白玉蟾往来于武夷、天台、金华等名山,收徒传道。嘉定年间(1208—1225年)诏入太乙宫中,为皇帝讲道,被封为紫清明道真人,绍定二年(1229年)卒于盱江(今江西省境内,一说卒于今海南定安县文笔峰)。

✽ 小贴士　白玉蟾平生博览群经,无书不读。书法善篆、隶、草,其草书如龙蛇飞动;画艺特长竹石、人物,所画梅竹、人物形象逼真;又工于诗词,文辞清亮高绝,其七绝诗《早春》被收入传统蒙学经典《千家诗》。所著《道德宝章》,文简辞古,玄奥绝伦,独树一帜,被收入《四库全书》。白玉蟾是海南历史上第一位在全国有巨大影响的文化名人。

(三)元明清时期

1. 黄道婆(1245—1330)

女,元松江府乌泥泾(今属上海市)人,幼时为童养媳,因不堪虐待流落崖州(今三亚市崖城镇),居约40年。黄道婆以道观为家,劳动、生活在黎族姐妹中,并师从黎族人学会运用制棉工具和织"崖州被(黎锦)"的方法,总结出"错纱、配色、综线、挚花"的织造技术。

元贞年间(1295—1297年),黄道婆返回故乡,教乡人改进纺织工具,制造擀、弹、纺、织等专用机具,织成各种花纹的棉织品,对促进长江流域棉纺织业和棉花种植业的迅速发展起了重要作用,后人誉之为"衣被天下"的"女纺织技术家"。其卒后,琼、沪两地乡民均立祠奉祀。

2. 邢宥(1416—1481)

字克宽,号湄丘,明琼州府文昌邑水吼村(今海南省文昌市文教镇水吼村)人。其少时勤奋聪敏,明正统六年(1441年)乡试中举。正统十三年(1448年)登二甲进士第,入刑部任职;次年,任四川道监察御史。

天顺四年(1460年),邢宥升任台州(今浙江临海县)知府,能逐一公正审理纷繁案件,民甚信服;天顺七年(1463年)受诬告降职,调任福建晋江县令。成化元年(1465年),邢宥遇赦复职,改任苏州知府;成化六年(1470年)乞归获准,于水吼村后东昆港北湄的山丘上盖"湄丘草亭",自号"湄丘道人",晚年以读书写作自娱,其终卒后,宪宗命礼部备牲仪,翰林院撰文,遣官谕祭。

✵ **小贴士** 邢宥著有《湄丘集》10卷,今存2卷;与丘濬、海瑞并称海南"一鼎三足"。

3. 丘濬(1420—1495)

字仲深,号琼台、琼山、深庵,明琼州府琼山县(今海口琼山区府城街道)下田村人。

明正统九年(1444年),丘濬乡试中解元;景泰五年(1454年),殿试中二甲第一名进士,授翰林院庶吉士,参与编纂《寰宇通志》,书成后任翰林院编修。天顺七年(1463年),丘濬上书英宗请免调琼州卫所官兵参加内地防务,只专门负责琼州治安,使广大琼州军人免除远离乡土之苦。成化二十三年(1487年),丘濬编成《大学衍义补》160卷,受到皇帝嘉赏,称为"治世之文",被晋升为礼部尚书,主编《宪宗实录》。弘治四年(1491年),丘濬被加封太子太保兼文渊阁大学士,参与国家军机决策。弘治八年(1495年)春病逝北京,被追封左柱国太傅,谥文庄,御赐葬于家乡五龙池之源。

丘濬为官近40载,清廉刚直,有"布衣卿相"之誉,被祀为琼州府乡贤,同海瑞并称为"海南双璧",与王佐、海瑞、张岳崧并称为海南历史上四大才子,是海南老少皆知的历史名人。

✵ **小贴士** 丘濬一生著作共有226卷被收入清乾隆《四库全书》,是海南历史上著作入选《四库全书》最多的作者,其中以系统论述其经济思想的《大学衍义补》最为著名。据史可查,丘濬政治和哲学思想多有超越前人之处,是迄今世界上最早提出劳动价值理论的人。

4. 王佐(1428—1512)

字汝学,号桐乡,明琼州府临高县蚕村都(今海南省临高县博厚镇透滩村)人。

明正统十二年(1447年),王佐乡试中举,入国子监读书,在庶吉士丘濬门下矢志攻读,苦心著述,誉满京都;景泰六年(1455年),代宗敕令,为其建立"礼魁坊"以示表彰。成化二年(1466年),王佐出任广东高州同知,成化十年(1475年)改任福建邵武府同知,力主边抚,分化贼势,使两地境内得以安清;成化十六年(1480年),调任福建乡试考官,扩增府、州、县学,注重教化,反对行贿封举,深受生员拥护。弘治二年(1489年),王佐改任江西临江府同知,直至退休。隆庆年间(1567—1572年),琼州商民于海口关厂坊(今海口市义兴街)立西天庙奉祀。

✵ **小贴士** 史载王佐"所至以廉操闻,遗爱于民",并广搜民俗掌故,修成《琼台外纪》一书,被唐胄所编《琼台志》几乎全部引录。其主要著作有《鸡肋集》《经籍目略》《庚申录》《原教篇》《金川玉屑集》《琼崖表录》等。

5. 唐胄(1471—1539)

字平侯,号西洲,明琼州府琼山县东厢(今海口市琼山区攀丹村)人。明弘治十五年(1502年),唐胄考中进士,授户部主事,历任云南金腾副使、广西左布政使、山东巡抚、南京户部右侍郎、北京户部左侍郎等职,政绩显著。

唐胄致力搜集地方文史,撰铭刊书,编成著名的《琼台志》,还创建养优书院,教育后学;嘉靖十七年(1538年),世宗决定以生父"献皇帝"入祀明堂禴礼配上帝,唐胄冒死抗疏,被捕入狱,严刑拷打后革职还乡,卧病不起;隆庆元年(1567年)追赠都察院右都御史,赐谕葬。

✱ **小贴士** 唐胄还著有《广西通志》《江闽湖岭都台志》《西洲存稿》等和选编白玉蟾诗文《海琼摘稿》。后人集其诗文辑成《传芳集》。《明史》称之为"岭南人士之冠"。

6. 钟芳(1476—1544)

字仲实、中实,号筠溪,明琼州府琼山县(今海口市琼山区)人,出生于崖州高山所(今三亚市崖城镇水南村)。

明弘治十四年(1501年),钟芳乡试第二名;正德三年(1508年)殿试赐二甲进士第三名,选为翰林院庶吉士,授编修,"一时名动京师,盖谓丘文庄后又一南溟奇才",时人敬称"钟进士""钟崖州"。钟芳曾任宁国府推官、浙江提学副使、广西布政司参政、江西右布政使、南京太常侍卿、南京户部右侍郎等职,业绩卓著。

嘉靖十三年(1534年),钟芳告老退乡,迁居原籍琼山县,以读书为乐,卒后追赠都察院右都御史,赐葬于今海口琼山区东山镇钟宅坡。

✱ **小贴士** 钟芳著作涉及政治、经济、文化、医学、军事等领域,其中《春秋集要》(12卷)和《钟筠溪家藏集》(30卷)被收入《四库全书》。《广东通志》一书中称钟芳为"上接文庄下启忠介"的"岭海巨儒"。

7. 海瑞(1515—1587)

字汝贤、国开,号刚峰,回族,明琼州府琼山县(今海口琼山区府城街道)人。

明嘉靖二十八年(1549年),海瑞考取举人,历任福建南平县(今南平市)儒学教谕、浙江淳安知县、江西兴国知县、户部云南司主事、兵部武库司主事、大理寺右寺丞、南京通政司右通政等。

万历十五年(1587年)十月十四日,海瑞卒于任上,丧船出行时,长江两岸站满了穿丧服的人群,士民为之祭奠拜哭者百里不绝;朝廷追赠太子太保,谥号忠介,葬于今海口市秀英区滨涯村(已辟为海瑞墓园,成为海南旅游景点),被祀为琼州府乡贤。

✱ **小贴士** 海瑞是我国历代人民津津乐道的"海青天",《海瑞罢官》《海瑞回朝》等书及所编演戏剧,都赞扬了海瑞的事迹和精神。其著有《元祐党人碑考》《淳安政事稿》《兴革条例》《兴国八议》等,其中《元祐党人碑考》(1卷)和《备忘集》(10卷)被选入《四库全书》。其书法甚佳,尤以行书苍劲有风骨而备受称道。后人编有《海刚峰集》《海瑞集》等。

8. 王弘诲(1541—1617)

字绍传,号忠铭,明琼州府定安县(今海南定安县雷鸣镇龙梅村)人。

明嘉靖四十年(1561年),王弘诲乡试第一名(解元),四年后考中进士,选入翰林院任庶吉士,后历任南京吏部右侍郎、经筵讲官加太子宾客、吏部左侍郎、掌詹事府、教习庶吉士、会试副总裁、南京礼部尚书等。万历四年(1576年),王弘诲向朝廷上《奏改海南兵备道兼提学疏》,请求授权广东省驻海南兵备副使兼管科考事宜,允许在琼州单独设立院试、乡试考场,得到万历皇帝的准许,史称"奏考回琼"。万历二十七年(1599年),王弘诲请求致仕,隐居家乡后创建尚友书院,教育后学,还修桥造井,方便乡人。

在他生前,琼州学子已在定安县城建生祠祀之;王弘诲卒后,百姓为之罢市,朝廷追赠太子少保。

❋ 小贴士　著作有《天池草》《尚友堂稿》《吴越游记》《来鹤轩集》《南溟奇甸集》《南礼奏牍》等,其中《天池草》(26卷)入选清代《四库全书》。

9. 张岳崧(1773—1842)

字子骏、翰山,号觉庵、指山,清琼州府定安县(今海南定安县永丰乡)人。

清嘉庆十四年(1809年),张岳崧以一甲第三名进士及第,为海南历史上唯一的探花。初授翰林院编修、国史馆协修官,后历任会试同考官、四川乡试正考官、陕甘学政、江苏常镇通海兵备道、两浙盐运使、大理寺少卿、湖北布政使等职,为官勤政廉明。

道光十八年(1838年),张岳崧在任护理湖北巡抚期间,向朝廷呈上《议查禁鸦片章程》等奏章,提出禁烟的具体措施,并主张对吸、贩鸦片者处以重刑,是以林则徐为首的禁烟运动的积极参加者和组织者之一。

张岳崧曾捐俸修复汉中涅中书院、定安县文庙等,也曾在广州越秀书院、海南琼台书院等处讲学,其一生注重文化教育,功业卓著。其后葬于今海口市琼山区甲子镇毛头村。

❋ 小贴士　张岳崧饱才博学,精通书画、律历、经济、水利、军事、医学,史称其"学问淹通醇粹",著有《筠心堂文集》《筠心堂诗集》《运河北行记》《水利论》《训士录》等。其晚年致力于纂修《琼州府志》,还出资刊印《丘文庄、海忠介文集》。

10. 潘存(1818—1893)

字仲模,别字存之,号孺初,清琼州府文昌县(今海南文昌市铺前镇)人。

清咸丰元年(1851年),潘存乡试中举,不久在户部福建司任职,官至户部主事。光绪九年(1883年),任雷州和琼州两州团练,训练水兵守卫海防,还草拟《琼崖建省理由与建设方案》呈报朝廷,为历史上最早提出"海南建省"意见的人。

潘存在京30年,参加会试10余次未中,于66岁时辞官还乡,迁居白沙园村,致力于兴学育才,曾在广东惠州丰湖书院、海南文昌蔚文书院、琼山苏泉书院任教,创建文昌溪北书院,为发展海南地方教育作出重大贡献。

❋ 小贴士　潘存生平酷爱书法、楹联,作品名扬中外。现存在海口市五公祠楼上的楹联"唐嗟末造,宋恨偏安,天下几人才,置之海外;道契前贤,教开后学,乾坤有正气,在此楼中"和文昌县溪北书院联"学问无他,求益乎身心家国天下;载籍极博,折中于易书诗礼春秋",为世代传诵。其墨宝尤为日本、朝鲜书界所珍爱,不惜重金收藏。遗著有《克己集》《论学十则》《楷法溯源》及诗词《赏花有感》等,后人编有《潘孺初先生遗集》。

11. 王云清(1859—1918)

原名奉三,号月樵,清儋州(今海南省儋州市)人。清光绪十五年(1889年),王云清考中进士(为海南清代最后一名进士),被派往湖北任知县,不久辞官归乡,主讲于丽泽书院和东坡书院,发扬苏轼居儋敷扬教化的传统,传授东坡诗文。光绪二十六年(1900年),趁教书之余编成《儋州志》,惜未付梓而散佚。

❋ 小贴士　王云清编成的《儋州志》现仅存《续修〈儋州志〉前序》《续修〈儋州志〉后序》及《儋耳赋》《劝诸生勤学文》《戒忤文》和七律诗114首。其《戒忤文》抨击不肖子孙,提倡孝敬父母,对当地民风产生良好影响。

(四) 近现代名人

1. 张云逸(1892—1974)

海南文昌市人,中国人民解放军大将。其早年加入中国同盟会,参加过辛亥革命、护国运动和北伐战争,1929年参与领导百色起义。曾任中国工农红军第七军军长、中央军委副参谋长、新四军副军长、华东军区副司令员等职。新中国成立后,曾任广西省委书记,是中共第七届至第九届中央委员会委员。

2. 宋庆龄(1893—1981)

祖籍海南文昌市,生于上海。她对中国革命贡献巨大,曾任中华人民共和国副主席和名誉主席等职,著作有《为新中国而奋斗》《宋庆龄选集》等,被誉为"20世纪的伟大女性"。1981年5月29日,宋庆龄于北京病逝。1985年,文昌县政府仿旧修建宋庆龄祖居,并建展览馆。

3. 陈策(1893—1949)

原名明唐,字筹硕,文昌市会文镇人。陈策早年加入同盟会,参加辛亥革命。1921年任国民政府广东航政局局长,后任国民党广东海防司令;1923年任国民党江防舰队司令,后任国民党海军顾问;1929年任国民党海军第四舰队司令,海军第一舰队总司令及海军学校校长;1938年春,兼任国民党驻港军事代表,曾参加领导保卫香港之战。

1949年任国民党广州绥靖公署副主任,同年8月30日卒于广州。

4. 王文明(1894—1930)

出生于乐会县(今琼海市)益良村。1925年1月,在广州参加筹办琼崖革命同志大联盟;同年10月,任国民革命军第四军第十二师党代表兼政治部主任。1926年1月,率部返琼讨伐邓本殷,历任琼崖特委书记、琼崖工农革命军和工农红军党代表、第一届琼崖苏维埃政府主席、中共广东省委委员。

1928年底,他率部开辟母瑞山革命根据地。1929年夏,在母瑞山组建红军独立团,8月,重建中共琼崖临时特委,11月当选琼崖特委书记。1930年1月17日因病逝世,终年36岁。

5. 王国兴(1894—1975)

黎族革命家,今海南省琼中县红毛峒番响村人。1943年8月12日,王国兴领导黎、苗同胞举行了著名的白沙起义;1949年夏,成为政协第一届全国委员会委员以及中央人民政府民族事务委员会委员。

1952年,王国兴当选为海南岛黎族苗族自治区主席。1955年,自治区改称自治州,王国兴任州长。1953年,王国兴被选为全国人民代表大会代表;5月20日,加入中国共产党。1975年1月7日在海口市因病逝世。

6. 王文儒(1899—1933)

海南澄迈县北雁乡(今文儒乡)人,幼年参加革命,是早期琼崖独立师师长。1925年,王文儒加入中国共产党,次年升任第一营副营长兼第一连连长,并被派到由叶剑英在广州主办的军官教导团学习。1928年春,澄迈大队改编为西路工农红军第一营,王文儒任营长。

1930年8月,王文儒任中国工农红军第二独立师第二团团长,1931年夏,接任师长。1932年7月被捕,次年7月间被国民党杀害。

7. 冯平(1899—1928)

原名冯凤藩,字茂南,海南文昌市东路镇人。1923年赴苏联莫斯科东方大学攻读军事,1924年加入中国共产党,1925年回国,在广东省农民协会工作,参加国民革命军南征。1927年"大革命"失败后,任中共琼崖特别委员兼军事部长、琼崖讨逆革命军总司令、琼崖工农革命军(后称红军)司令兼西路军总司令。1928年5月在澄迈县指挥战斗中不幸负伤被捕,7月4日被国民党杀害于海南澄迈县金江镇,年仅29岁。

8. 杨善集(1900—1927)

出生于琼东县(今琼海市)井堪村。1924年,他被中共组织派往莫斯科学习,12月加入中国共产党。回国后,他历任共青团广东区委宣传部部长、广州地委书记兼宣传部部长、广东区委书记、中共广东区委特派员、中共琼崖特委书记、琼崖军事委员会主席、琼崖工农讨逆革命军党代表等职。

1927年9月,他与王文明等领导全琼武装总暴动,9月23日,他在指挥椰子寨战斗中英勇牺牲,年仅27岁。

9. 周士第(1900—1979)

琼海市人。1924年毕业于黄埔军校,同年加入中国共产党,参加了五四运动、北伐战争、南昌起义,曾任国民革命军第四军第二十五师第七十三团团长、南昌起义军第二十五师师长、红二方面军参谋长、八路军第一二〇师参谋长、晋北野战军第十八兵团司令员兼政治委员、四川成都市市长、中国人民解放军总参谋部顾问。周士第1955年被授予上将军衔。

10. 冯白驹(1903—1973)

今海南海口市琼山区人。1919年参加五四运动,1926年初返琼从事革命活动,是琼崖革命武装和根据地创建人之一,1944年任琼崖人民抗日游击队独立纵队司令员兼政委。海南解放后,曾任海南军区司令员兼政委、海南行政区公署主任、中共广东省委书记处书记、广东省副省长、浙江省副省长。1955年被授予中华人民共和国一级八一勋章、一级独立自由勋章和一级解放勋章。周恩来赞誉冯白驹同志是"琼崖人民的一面旗帜"。

11. 李硕勋(1903—1931)

又名李陶,四川省高县人。1931年8月31日,任中共广东省军委书记,受党的委派,前来海南指导武装斗争。抵达海口后,因叛徒出卖而不幸被捕,同年9月5日在海口市东校场英勇就义。

12. 王白伦(1903—1946)

原名王育才,海南琼山县(今海口市)红旗镇下云村人。1926年加入中国共产党,历任中共乐万县委书记,中共琼崖特委委员、常委、代理书记、组织部部长,中共善集县委书记,琼崖红军游击队司令部政委,琼崖西区、西南区军政委员会主任,琼崖独立总队和独立纵队政治部主任,琼崖西区临委书记,琼崖儋白临委书记等职务。1946年11月在白沙县根据地病逝。

13. 马白山(1907—1992)

澄迈县马村镇人,1927年9月加入中国共产党,1929年底进入南京中央军官学校学习,后在上海从事党的地下工作。1932年返回海南,配合王国兴发动群众开展斗争,参与创建五指山区中心根据地。1950年3月,带领解放军四十军一一八师一个加强团,从雷州半岛潜渡琼州海峡,参加解放海南战斗。1955年被授予少将军衔、中华人民共和国二级独立勋章、一级解放勋章。海南解放后,任海南军区副司令员。1992年8月3日在海口病逝。

14. 李向群(1978—1998)

海口市琼山区人。1996年12月入伍,广州军区某集团军"塔山守备英雄团"九连一班战士。1998年8月5日,他随部队赴湖北荆州抗洪抢险,14日在抗洪抢险一线光荣加入中国共产党。1998年8月22日在公安县南平镇堤段的抗洪保卫战中壮烈牺牲。李向群曾被评为优秀士兵,受过嘉奖,荣立三等功。2006年9月,广州军区某师李向群生前所在九连被军区授予"李向群连"荣誉称号。

四、主要人物故居

1. 宋氏祖居及宋庆龄陈列馆

宋氏祖居及宋庆龄陈列馆是全国青少年爱国主义教育基地,位于文昌市昌洒镇古路园村。管理单位是文昌市宋庆龄基金会。

宋氏祖居为传统的海南民宅建筑,砖瓦土木结构,正屋凹廊布局,设有正屋两间,厨房一间,横屋三间,围墙门两个,建筑面积660平方米,围墙正门横楣上方挂邓小平题写的"宋氏祖居"4个金色大字匾额。

宋庆龄陈列馆建于1985年,位于宋氏祖居的西北侧,祖居和陈列馆相距85米,两者是一个整体,占地面积共93.6亩。陈列馆是一座庭院式建筑,屋顶饰有金黄色琉璃,建筑面积420平方米。馆前有面积达720平方米的两级平面的前庭,门口前庭正中竖立宋庆龄半身汉白玉石雕像,雕像高1.2米,基座高1.7米,宽1.5米。陈列馆院正中庭院竖立孙中山半身花岗岩石雕像,孙、宋两座雕像在同一中轴线上,2个雕像距离40余米。其正门前宋庆龄雕像左侧约70米处竖立有宋耀如先生花岗岩雕像。

宋庆龄陈列馆大门右墙壁上挂着共青团中央制的铭牌,江泽民题写的牌匾名为"全国青少年教育基地"。陈列馆有3个展厅,分为一、二、三馆,馆里以珍贵的史料、照片、图表、绘画和仿制实物等形式,较全面翔实地介绍了宋庆龄光辉的一生。

2. 王文明烈士纪念亭及故居

王文明烈士纪念亭及故居是海南省爱国主义教育基地,纪念亭位于琼海市嘉积镇东风路,故居坐落于琼海市阳江镇益良村。

1985年,琼海县(今琼海市)人民政府兴建王文明烈士纪念亭。纪念亭占地面积0.5亩。亭呈六角形,高5米,顶缀琉璃瓦,六壁缀瓷砖。亭正面上方横梁上镌刻"王文明烈士纪念亭",四周有水泥栏杆。

王文明故居始建于民国初期,被国民党军拆毁。1990年7月,琼海县人民政府在原址按原貌仿建。故居是庭院式的砖瓦土木结构,有正屋、横屋,占地面积0.5亩,建筑面积270平方米,同年11月,时任中共海南省委书记许士杰题写门匾:"王文明故居"。

3. 杨善集烈士纪念亭及故居

杨善集烈士纪念亭及故居是海南省爱国主义教育基地。纪念亭位于琼海市嘉积镇善集路,故居坐落于琼海市井堪村。

1958年4月,琼东县(今琼海市)人民政府兴建杨善集烈士纪念亭,占地面积2.5亩。亭呈轿式四角形,高5米,钢筋水泥结构,建筑面积30平方米。亭正面上方横梁上刻着"杨善集烈士纪念亭"。亭后面有杨善集和林一人夫妻的合葬陵墓,墓前石碑上刻着杨善集的生平、业绩。陵墓占地面积50平方米,四周有水泥栏杆。

杨善集故居曾先后遭国民党军和侵琼日军烧毁。1987年6月,琼海县人民政府在原址按原貌重建。故居是庭院式的砖瓦土木结构,正屋两间,厨房一间,似"同"字形,分二进,占地面积0.5亩,建筑面积240平方米。路门正面门楣上悬挂聂荣臻元帅题写的门匾:"杨善集故居"。正屋内设展厅,展出杨善集的生平、业绩,其内容分为4个部分,共展出历史照片、资料50多张,文物20多件。

4. 冯白驹故居

冯白驹故居是海南省爱国主义教育基地,位于海口市琼山区云龙镇长泰村。

冯白驹故居始建于1922年,1942年冬日军"蚕食""扫荡"时被焚毁,1951年修复,1984年按原貌重建。1990年兴建"冯白驹纪念苑"(已拆除),同时在庭院中央竖立"冯白驹将军"铜像。2003年冯白驹100周年诞辰时由海口市人民政府拨专款对整个故居的场地进行重新布局,进行绿化和园林建设,在故居左侧兴建冯白驹将军生平业绩陈列室,同时对故居正屋等进行修整。

故居由正屋、后屋、铜像和陈列室四部分组成,占地面积6亩。走近故居,首先映入眼帘的是竖立在庭院正中的冯白驹半身铜像。铜像高1米、宽1米,基座高1.9米、宽1.2米,基座正面刻有邓小平同志题写的"冯白驹将军"五字,背面刻有冯白驹生平简介。新建的陈列室为砖木结构的水泥瓦面房子,建筑面积70平方米,陈列着冯白驹的生平业绩和主要革命活动的图片、史料,及其亲属英烈的生平简介,较全面地展现了冯白驹传奇而光荣的人生。整个故居庭院建筑物朴素大方,环境幽雅。

5. 海瑞故居

海瑞故居是海口市重点文物保护单位,地处海口市琼山区红城湖路67号。

海瑞故居始建于明洪武十六年(1383年),1994年重修,2003年再度重修复原并扩建海瑞故居广场等部分项目。故居坐南朝北,由广场、正堂、后屋、书斋、花庭、书童间、杂用间、厨房等单体建筑组成,占地面积49.55亩,其中建筑面积800平方米。

广场前是由四根花岗石柱构架的大门,正门横楣为"南海青天"4个大金字,两旁小门分别为"刚峰"和"忠介"的字样。紧接着是2 000多平方米的开阔广场。广场两旁为增建的长廊式厢房,陈列海瑞生平的碑刻及有关文字资料。庭院中央矗立着高3米的海瑞手执"奏疏"的老年全身雕像,像基高1.5米、宽2.5米,正面为海瑞生平简介,背面为英文版生平简介。在雕像两侧的大门与前堂之间的空地分别植有10棵两两相对的榕树,再接着是海南传统民居土木结构的前堂正屋。在二位一体的堂屋之间是苍翠挺拔的青竹,象征海瑞的刚正和清廉。

6. 苏东坡桄榔庵

坐落于儋州市中和镇南郊,是北宋大文豪苏东坡谪居儋州时同其子苏过住了三年的旧居。

苏东坡父子抵儋之初,为州官张中所敬重,住官房、吃官粮。第二年,即北宋绍圣五年(1098年)四月,湖南提举董必赴广西察访,得知东坡居儋州官舍,便派人将东坡父子逐出。东坡父子无室可居,便在城南桄榔林买地建屋,当地群众都前来帮助,仅一个月时间,就建好3间茅屋。因茅屋处在"竹身青叶海棠枝"的热带乔木桄榔林中,东坡便将茅屋命名为桄榔庵并题《桄榔庵铭》:"东坡居士谪于儋州,无地可居,偃息于桄榔林中,摘叶书铭,以记其处。"现庵内陈列有关苏东坡的历史文物,以再现其父子居儋实状,寄托海南人民对苏东坡永久的缅怀和纪念。

7. 张岳崧故居

位于定安县城定城镇东南20多公里处的永丰乡高林村。

张岳崧故居有两处:一处为出生之祖居,占地1 500多平方米,今仅存正屋一幢;另一处位于出生故居西南面,占地1 200多平方米,四合院式结构,悬山式建筑,为张岳崧居官时所建,今仅存正屋一幢,后屋一幢,两侧横房两幢。故居西侧有张氏宗祠,为张岳崧晚年亲自筹建,有完整的山门、前殿、正殿、廊庑。山门、前殿西厢及东廊庑圮损毁,其余尚存完好。1986年被列为县级文物保护单位,2008年被列为省级文物保护单位,同年被评为海南十大历史文化名居。

8. 王弘诲故居

位于定安县雷鸣镇龙梅村,始建于明嘉靖年间。占地约500平方米,为四合院式建筑,现存大屋两幢,横庑小屋一幢。前后大屋均为一幢三间式砖木建筑,悬山式顶,正脊之鸱尾顶饰已坍坏。前院有照墙,左侧有院门。

王弘诲故居右边为王氏宗祠,系王弘诲明万历年间筹建。王氏宗祠悬山式顶,由山门、八角殿、正殿、两侧庑廊组成;今山门、庑廊已损毁,八角殿明末曾毁于焚烧,清康熙年间重修,为歇山式顶;正殿进深三间,面阔五间,是一座仿古宫殿建筑。祠里存有清代匾额及现代名人题额多块。故居左边为太史坊,始建于明万历二年(1574年)。1994年该故居被列为省级文物保护单位。

第二节 海南主要文明村镇与历史纪念地

一、古人类遗址与古城遗址

(一) 古人类遗址

海南旧石器时代,距今约两三万年,出土文物主要为打制石器。新石器时代文化分早、中、晚三期,石器由打制向磨制发展,经济生活从渔猎向原始农业过渡。

1. 旧石器遗址的发现

1992年,海南考古工作队在三亚落笔洞遗址发现人牙化石,把海南人类历史前推1万多年。

2006年,中国科学院古脊椎动物与古人类研究所研究员在昌江考古发现信冲洞巨猿化石,将海南地质年代前推四五十万年;同年,在昌江燕窝岭发现砍砸器,把海南人类的足迹前推2万多年。

2012年,海南考古工作队昌江王下乡考察并试掘钱铁洞,不仅发现许多石针、石核,还有很多螺壳,与旷野遗址出土之物同属旧石器时代,并再次证明海南先民砸螺为食。

海南旧石器时代旷野遗址出土文物较多的主要是燕窝岭。

2. 海南旧石器时代八处旷野遗址

海南省博物馆内公开的资料表明,目前,海南省发现的200余处石器时代文化遗存,便是先民们留下的幽远足迹。

中国考古界认为,海南在史前考古方面近二十年来颇有收获,其中已发现的旧石器时代的旷野遗址八处,如海南昌江的燕窝岭、混雅岭、石头崖、酸荔枝园、叉河砖厂等。

✿ **小贴士** 燕窝岭旧石器遗址是海南省首次发现的旷野遗址,也是我国最南的旧石器时代旷野遗址。从海南十大旧石器时代旷野遗址中发现的主要是砍砸器和刮削器,砍砸器是以石片、石核或砾石打制而成,个体大而重;刮削器多用小块石片加工而成,是我国旧石器时代文化遗址中常见的石器器型。

3. 新村新石器遗址

位于白沙县阜龙乡新村南面约800米处,属于新石器时代晚期人类的聚落遗址。该遗址处于小河旁的一个山坡台地上,面积约500平方米。新中国成立前在遗址上不断出土肩石斧、石凿等新石器。

1983年3月,白沙县文物普查队在遗址附近居住的群众中征集到许多石器;1985年初,州、县文化局在该遗址又采集到64件陶瓷碎片和一些石器等,其文化内涵十分丰富。

4. 什才村新石器遗址

位于白沙县南开乡什才村西面约50米处,属于新石器时代晚期人类的聚落遗址。该遗址处于南木佬河南岸的一个台地上,面积约200平方米。多年来,什才村群众不断在遗址地表拾到许多有肩石斧、石凿和石材等。

1984年2月,县文物普查队在该村群众家中征集到9件有肩石斧,都出自该遗址;1986年初,州、县文化局等部门又在该遗址采集到一批石器和工具石等,文化内涵极其丰富。

5. 青梯村遗址

位于屯昌县乌坡镇青梯村。据第三次全国文物普查不可移动文物记载,青梯村被确认为新石器时代聚落遗址,对考究该地史前文化具有丰富的历史价值,为屯昌县文物保护单位。

6. 甘泉岛遗址

又称西沙甘泉岛唐宋遗址,位于三沙市西沙区永乐群岛,总面积约0.3平方公里,属于唐宋古遗址,呈椭圆形,南北长700米,东西宽500米。渔民俗称圆峙、圆岛,岛的西北部有中国渔民建造的珊瑚石庙。因岛上有甘泉井水而著名,是西沙群岛中唯一有淡水井的岛屿。

考古专家在该岛的西北部发现我国唐宋时期渔民建造的砖墙小庙1座,珊瑚石垒砌的小庙多达13座;出土了50多件日常生活用的陶瓷器。另外,还出土了铁刀、铁凿等生产工具,收集到几件唐代炊具铁锅残片、宋代泥质灰褐陶擂体残片和几枚宋、明代铜币等遗物。由此,考古专家推断:最早利用岛上淡水的是唐代的先民,使用这些器物的主人也是西沙群岛最早的居民,他们或许就是从广东内地迁去的。

✻ 小贴士　清宣统元年(1909年),广东水师提督李准巡海时发现此岛泉水甘甜可饮用,即称:"已得淡水,食之甚甘,掘地不过丈余耳,余尝之,果甚甘美,即以名甘泉岛,勒石竖桅,挂旗为纪念焉。"甘泉岛因此得名。也正因这一甘泉,甘泉岛在南海诸岛中最为著名。1994年,甘泉岛遗址被海南省政府确定为第一批省级文物保护单位。2006年,甘泉岛遗址被国务院公布为第六批全国重点文物保护单位。

7. 伊斯兰教徒古墓群(藤桥墓群)

位于三亚市海棠区东溪村东3公里处番岭坡海滩沙丘上,其范围东西长约1 000米,南北宽约500米。此墓群于1983年初被发现,由墓葬中的工具、碑文、图案等确定墓群为宋元时期墓葬。古墓均为竖穴土坑墓,上无封土,长1.8～2米,宽0.8～1米,深1.2米。碑首有玉圭、双峰、山字等形状,高36～60厘米,宽35～58厘米。碑上刻圆月、卷云、花朵、生命树等图案。

目前可看清墓碑的墓尚有42座,碑文用阿拉伯文或波斯文阳刻。墓和墓碑均用海边的珊瑚石制作堆砌,排列有序且相对集中,没有葬具和随葬品,遗体安葬是典型的伊斯兰教葬俗。墓葬无封土,只立珊瑚石碑作墓穴标志,不同于我国广州、泉州、杭州、扬州等地的穆斯林墓葬,而近同于东非和阿拉伯半岛的一些穆斯林葬俗,是典型的海洋文化艺术的代表。

✻ 小贴士　1987年三亚市政府曾用100条石柱围栏保护;1994年海南省政府将该墓葬群定为省级文物保护单位,重新划定遗址保护范围为20.21亩。

8. 海底村庄遗址

位于海口市美兰区东寨港至文昌市铺前镇一带的海湾海底,是明万历三十三年(1605年)一次大地震造成陆陷成海所致。这次大地震导致陆地沉陷成海的最大幅度在10米左右,整个沉陷板块垂直下降。原先一条陆上的小河沟,瞬间变成今日的东寨港;原先陆地上的72个村庄,永远陷落大海,成为举世罕见的"海底村庄"。

海底村庄奇观是中国唯一的因地震导致陆地陷落成海的古文化遗址。如今在退潮时,从铺前湾至北创港东西长10公里、宽1公里的浅海地带可见平坦的古耕地阡陌纵横。从东寨港至铺前湾一带海滩上,古村庄废墟遗址隐约可见。透过海水,可见玄武岩的石板棺材、墓碑、石水井和舂米石等有序排列。离东寨港不远的海滩上,有一座以方石块砌成、保存完整的戏台。在铺前湾以北4公里处,有古"仁村"沉陷遗址,透过10米深的海水,当年村庄的庭院、参差的房屋遗迹依稀可辨。铺前湾与北创港之间的海底,一座雕工精细、四柱三孔的贞节牌坊仍竖立于水中。横贯于东寨港海底的"绝尾沟"是地震留下的裂沟,深10多米,宽20多米。沟东的古河道上,至今仍有一座石桥横跨河道两旁。

9. 古白马井遗址

位于儋州市白马井镇,距那大镇50多公里。古白马井遗址主要景观有"白马涌泉"和伏波将军庙。传说汉代英雄马伏波将军南征时,因将军的白马用蹄刨沙涌出清泉而得地名。

后来,人们为纪念这位汉代英雄而造伏波庙设伏波井。于是,“白马涌泉”和伏波将军庙便成了旅游胜地。

白马井镇地处周边“一区三镇”,即洋浦经济开发区(含洋浦保税港区)和新州镇、王五镇、排浦镇的核心位置,东面毗邻新州镇、王五镇,南面与排浦镇、国营龙山农场接壤,西面是洋浦湾,北面与洋浦保税港区仅隔洋浦湾 650 米。

随着洋浦港的开发建设和白马井开发区、白马井边贸市场的设立,白马井镇建起了白马井宾馆、金港大酒店、坤马大酒店等一批上档次的餐食住宿项目,还建成商业街和摩托游艇渡口,为旅游者提供多项旅游服务,国内外游人日益增多。

✲ **小贴士** 郭沫若 1961 年游览考察白马井时写了《白马井港》诗,在诗序中有段关于古迹考证的文字:在港口附近,闻迹有井,有祠祀伏波。传说伏波将军来此时,有白马蹴地得泉,凿井因名“白马”。此望文生训之说耳,实则白马即是伏波,古无轻唇音,伏读如白,波马音亦相近。由此古音,可断定伏波将军确曾前来儋耳。唯不知系路伏波还是马伏波。

(二) 古城遗址

1. 中和古镇

即儋州古州城,距儋州市区 40 公里,距西线高速公路 12 公里。

据《琼州府志》卷六《建置·城池》记载,古镇建于唐代武德五年(622 年);为防海盗骚扰,明洪武六年(1373 年),以石砌城墙,城池周长 472 丈①,宽 1.8 丈,高 2.5 丈,设东、西、南、北 4 个城门(东德化门、西镇海门、南柔远门、北武定门),后在城门外增设月城及筑门垣、楼铺、壕堑、吊桥等设施。

明隆庆年间(1567—1572 年),新建四角楼,城垣因其规模大,号为“天南名镇”。清代康熙至乾隆年间,古镇都有所修缮,最后一次是清代道光七年(1827 年),重修了东、南、北 3 个门和城墙。1920 年,儋县发生动乱,古镇大部分被毁。

古镇现存西、北两城门及瓮城(月城)和两城门相连的城墙,东、南两城门及部分城墙已毁。

✲ **小贴士** 中和古镇是海南年代较早、保存较为完整的古城址,古镇内有保存完好的古街道复兴街和古民居。2006 年,古镇被列为全国重点文物保护单位。

2. 崖州古城

即现在三亚市崖城镇,位于三亚市西 40 多公里处,与南山文化旅游区相邻。该城在宋朝以前为土城,南宋庆元四年(1198 年)始砌砖墙,绍定六年(1233 年)扩大城址,开东、西、南 3 个城门,后经元、明、清三代扩建,成为南疆规模较大的坚固城池。清道光年间,古城建筑基本定形,古城东、西、南、北门分别是阳春门、镇海门、文明门和凝秀门。1920—1921 年,崖县先后拆除东、西城门,修建公路通进城里;1928 年,又拆除一段北门城墙。

新中国成立后,古城城墙基础还可循沿环视;“文革”期间,大部分墙基遭到破坏,现古城仅剩文明门及北门小段城墙。

---

① 丈,古代长度计量单位,各朝代标准有所不同,故不换算为国际单位。

✿ 小贴士　崖城镇现为三亚唯一的历史文化名镇,现存的历史文化遗产众多:省级文物保护单位1个(崖城学官),市级文物保护单位13个(广济桥等),书院、会馆、名人故居和重要古名居50多座(鳌山书院、三姓义学堂等),新石器遗址7个(河头遗址、卡巴岭遗址等),古城墙和历史文化遗迹地20个(鉴真和尚登陆地等),民国时期历史骑楼街区,轿夫、牌坊骑楼街区等,红色历史纪念地(崖城革命历史纪念碑等)。

3. 定阳古城

位于定安县定城镇老城区,古城城楼临南渡江而建,现存西门、北门。

据史书记载,定安古城所在地定城,原名定阳,于明成化二年(1466年)筹备,成化十四年(1478年)建成,城墙周长近1 900多米,高4米多,宽5米有余,垛堞1 192个,最初仅开有东、南、西城门,均建有城楼。明嘉靖二十四年(1545年),副使胡永成命知县徐希朱创开北门,但后因常有寇乱,北门被封闭。至清康熙二十九年(1690年),知县董兴祚重开北门,并建楼其上,古城建造基本完整。2008年,定城镇被评为全国历史文化名镇。2019年,定阳古城遗址被国务院公布为第八批全国重点文物保护单位。

4. 昌化古城

昌化古城是古昌化县的县城,位于昌江县西部滨海,距昌江县城石禄镇50多公里,原址位于现在的昌城村。

古昌化城池始建于明洪武年间。永乐年间,昌化县受倭寇扰乱,便以石砖砌墙,周长2 500米,高6米,厚5米。

明正统十年(1445年),昌化知县周振又在城池外围近墙处开挖5尺宽的深壕沟,昌化城池至此形成了坚固的城防系统。后来因飓风和台风的袭击,城墙几经破坏又几经修缮,现存城墙呈正方形,周长2 000米,墙上有残块城砖,壕沟遗迹清晰可见。

✿ 小贴士　昌化古城依山傍海,风光绚丽。城东南2公里处为旅游胜地昌化岭和棋子湾,当地还有赵鼎(宋代名臣)衣冠墓、治平寺碑、南门园墓群、峻灵五庙遗址等古迹。

5. 乐会古城(乐城)

乐会古城是海南省古时乐会县府所在地,也称乐城,位于琼海市博鳌镇乐城村,距今已有700多年。乐城岛的范围就是整个乐城村,在万泉河下游、博鳌水城上游,一个3平方公里的四面环水渔村。乐城不单有完整的热带植物群落分散在其间的村落里,历史的遗迹也隐约可见。

目前古城内遗存建筑有:城隍庙、青石砖古道、古县衙立柱、古城墙(原长约372丈)等,展现了曾经辉煌的历史。

✿ 小贴士　乐城村历史上建有城隍庙、华光庙、东关庙、石角庙、西关庙等众多庙宇,其中以城隍庙最负盛名。乐城城隍庙始建于明洪武二年(1369年),乾隆四十七年(1782年)重修,后又在1973年被台风吹损,经海外华侨、港澳同胞及乡里民众捐资重建。

6. 琼中明代水会守御所古城遗址

位于琼中北部黎母山镇大保村,距离县城营根镇约40公里,东距镇政府仅1公里。

据载,该城有400余年的历史,为当时中部的交通要冲,城内设有守御所,社学,商贸繁荣,人来人往,成为明清一段时期海南中部的政治、经济和文化中心。现遗址地势较高,处于一片山丘之上,被大面积的橡胶林覆盖,城楼和建筑已然不在,但城墙的轮廓依然清晰可辨,高约1米的土墙一眼望不到边。

2020年12月,海南省文物考古研究所对水会所城址再次进行考古调查和试掘,基本摸清了城址的结构布局和修筑方式,与历史记载相一致,证明水会所城是现今海南岛保存较完好的明代古城遗迹之一,具有极高的学术价值,为研究海南明代卫所制度和海南岛古代城址的发展提供了重要实物证据。

二、古代建筑与新老旅游地标

(一)代表性古代建筑

1. 黎族船形屋

黎族船形屋是黎族民居建筑的一种,流行于海南的黎族聚居区。黎族同胞为纪念渡海而来的黎族祖先,以船形状建造住屋;因其外形酷似船篷通常称为船形屋,并称之为"布隆亭竿""布隆篝峦"(意为"竹架棚房子")。

船形屋是黎族最古老的民居,有高架船形屋与低架(落地式)船形屋之分。其外形像船篷,拱形状,用红、白藤扎架,拱形的人字屋顶上盖以厚厚的芭草或葵叶,几乎一直延伸到地面上。从远处看,犹如一艘倒扣的船,其圆拱造型利于抵抗台风的侵袭,架空的结构有防湿、防瘴、防雨的作用,茅草屋面也有较好的防潮、隔热功能,而且能就地取材,拆建也很方便。

鉴于这些优点,船形屋得以世代流传下来。随着汉族迁徙海南和生产力的提高,黎族的船形屋逐渐发生了变化,由高架变为低架,屋盖斜伸到地。苗族民居大体与黎族的类似,多为船形屋。

❋ 小贴士　黎族船形屋已被列入国家级非物质文化遗产名录。文献记载:"黎人住民,一栋两檐。邻汉人处,则于檐下开门,且编木为墙,涂以泥……如船篷。"随后屋盖起了变化,采用人字顶,茅屋升高。因为海南天气热,人们都喜户外活动,所以爱在房屋前后建廊子。它既是副业生产场所,又可作为晚间乘凉的地方。

2. 黎族寮房

黎族寮房是黎族未婚女子的卧室,也是有情人对歌、玩乐和幽会的场所。寮房一般建在住家近侧,面积为6～8平方米,约2米高。寮房做工考究,尤其是寮门做工精湛,寮门用竹编织成各式各样的图案,有菱角交错的图形,也有波纹形状的图形。寮房里陈设简陋,内置低矮的竹床或木床和一张半平方米大小的木方桌或竹方桌,还有灯、镜、梳子、织具等。

❋ 小贴士　按照黎族的习惯,孩子到十四五岁,便不能与父母同屋而睡。男的要自己上山砍木料盖"隆闺",女子则由父母盖"隆闺"。于是汉族人就把黎族男子住的"隆闺"称为"兄弟寮房",少女住的称为"姐妹寮房"。大的可住四五人,小的仅住一人,住一人的为数较多。

3. 儋州客家围屋

儋州客家围屋主要分布在儋州市东南部的和庆镇、南丰镇区域。其体现了客家人宗教礼制思想,以及防御性极强的民居建造方式。但海南岛内环境优美、民风淳朴,除早期的儋州客家民居呈现防御性外,后期的客家围屋已演变成具有海南地方特色、更适合居住、更为开放的民宅建筑。

拥有开拓进取精神的客家人来到海南岛并居住于此,形成了当地的客家文化,而儋州客家围屋则是这些文化在物质空间上的生动体现。

4. 涅槃塔

位于海口市琼山区石山镇西北约 1 公里的儒符村前面,是一座建于宋代末年历世 800 多年的佛教名塔,系海南省重点文物保护单位。

涅槃塔全用石筑成,古老朴实,巍峨雄伟,石塔通体高 2.6 米,竖置在高 10 余米、宽 7.6 米、长 7.68 米的高大的台基上。塔分 5 层,由 23 层石头筑成,呈四角形。第一层内龛供奉石雕像一尊,檐角飞起,基座为金字形。塔顶设有一亭,亭内陈设着菩萨和武将神像,置覆钵和火焰盘轮等。塔基背面设台阶 25 级,拾级而上,可登上台基顶面,塔的台基全由方块石垒叠而成,颇似金刚塔式"宝座"。

❋ **小贴士** 该涅槃塔造型特殊,艺术精湛,别具一格,在海南独一无双,为全国罕见。

5. 美榔姐妹塔

位于昌江县金江镇美榔村,始建于元朝,已有近 800 年的历史,是全国重点文物保护单位。该塔分姐、妹两塔。姐塔为六角 7 层,现有 6 层,高 13.6 米;妹塔四角 7 层,高 12.55 米。塔身造型美观,匠工精巧,周围林木苍翠,景致优雅。

6. 见龙塔

又名仙沟塔,位于定安县城东南约 7 公里的龙滚坡上。由砖石砌成,共 7 层,高 25 米,每层有 4 个实门、4 个假门,共设有 28 个实门。塔砖有《千字文》的单字印记,底层正面额上刻有"见龙塔"三字。

塔名"见龙",是据《易经》"见龙在田,利见大人"句而命,其本意是祈求出人才,显而易见是风水塔。因它是依易经八卦而设计的,塔为八面体,墙上分别纹印着"日、月、星、辰、天、地、玄、黄"等字,底层正门刻着"风调雨顺,国泰民安"等字,今仍清晰可辨。

据史料记载,见龙塔始建于清乾隆十六年(1751 年),知县伍文运、绅士林起鹤等捐资建筑,因资金缺乏,半途停工,乾隆三十二年(1767 年),知县吴先举邀请绅士捐资续建而成。

❋ **小贴士** 令人称奇的是,见龙塔顶上还设计有一个起避雷作用的半米长的铁物。在古塔上设置避雷物在海南古塔甚至国内古塔建筑中也非常少见,而美国科学家富兰克林发明现代避雷针是 1752 年,建塔时尚未传入中国。1956 年人民政府拨款修整见龙塔,1986 年,定安县人民政府定其为县级文物保护单位,并着手抢救和保护。1996 年,定安县文化馆集资对见龙塔进行修缮,使其保持昔日风姿。

7. 聚奎塔

位于琼海市塔洋镇西南约 500 米处,距离琼海到文昌的公路不到 20 米,是一座八角形、高 21 米的空筒楼阁式砖塔,塔体属于仿唐代建筑,造型古朴别致,也是海南保存最完整的古建筑之一。

聚奎塔以琼海本地烧制的青砖为主材,以糯米米浆加石灰作为黏合剂,再加之独特的设计和建筑技术,在风雨之中矗立了 400 多年。聚奎塔共 7 层,7 层各筑一个真假拱门,塔门额上镶有"聚奎塔"石匾。塔身中空,有盘旋砖梯直通塔顶,塔顶覆盆上横放一木,攀缘上去便可放眼远眺,四周美景尽收眼底。

❋ **小贴士** 据史料记载,聚奎塔为明万历二十七年(1599 年)由知县卢章兴建,属于风水塔。据传在建塔期间的一个夜晚,卢章梦见青衣人站在塔顶念道:"奎塔插天连甲第。"梦醒后便给塔命名为"聚奎塔"。

8. 龙梅村古建筑

龙梅村位于定安县雷鸣镇北部,北距定安县城10公里。

龙梅村是个古老村庄,470多年前,该村诞生了"三朝硕士"王弘诲,经过400多年的风风雨雨,该村至今还保存着较完整的王氏宗祠、太史坊等较古老的建筑物。

王氏宗祠是明万历年间筹建的,由照壁、山门、八角殿等组成,走进山门,迎面而来的便是八角殿,八角殿为王氏宗祠的前殿,整个建筑气势宏伟。王弘诲的故居由三间砖瓦结构的房屋组成,建于明嘉靖年间,中间祖屋比较高大,厅堂屋顶共有19排瓦片。

龙梅村村口保存有一座太史坊。此坊建于万历二年(1574年)孟春,是右副都御史殷正茂和巡抚广东监察御史张守看望国史官王弘诲时所立的纪念物,故称太史坊。太史坊虽然规模不大,但上面留有许多名人的书法作品。

✱ 小贴士　在海南民间有这样的说法:祖屋厅堂瓦片排数越多,说明家里有人当过大官或极其富足,比较富裕的家庭为15排或17排,一般家庭为13排,由此可见王弘诲当时的社会地位。

9. 府城鼓楼

位于海口市琼山区府城街道鼓楼街内的古城垣上,是一座土木结构、古朴大方的城楼,原名谯楼,又称文明楼。

明洪武五年(1372年),由海南卫指挥使王友所建。明清两代多次重修,台基为明成化十七年(1481年)扩建而成。楼内原有明正统元年(1436年)铜禁钟一口,钟铭记述了捐资铸钟情况及祈求国泰民安之意(现存五公祠)。

✱ 小贴士　据《琼州府志》和《琼山县志》载,府城是海南卫的所在地。有东、西、南、北4座城门,鼓楼坐落于城之正中偏南。楼内有重兵驻守,居高临下,以窥城内外动静,卫护治安,是古代一项军事设施。

10. 封平约亭

位于澄迈县大丰镇大丰村内,距老城镇(古县治)约10公里。始建于清康熙六十一年(1722年),同治二年(1863年)重新修葺,保存至今。

封平约亭,坐北朝南,木石结构,一进四合院式布局,前为大门,中为庭院,后为正屋,面阔10米,进深约20米,总占地面积约200平方米。青石板路边还立有集市行界碑,如"肉、鱼、米、油、盐等,均分界买卖,依约交易,童叟无欺",可见当时商贾云集,繁荣之盛。

✱ 小贴士　"封平约亭"意为封平都议事的场所。因其地处当时交通要道,村庄密集,人口众多,商贸物流繁盛而形成了市集,所以又叫"封平多峰铺(市)"。

11. 定安县衙遗址

位于定安县定城镇,为海南省文物保护单位,国家2A级景区,距海口37公里,是海南目前唯一保留完整的县衙建筑。

该县衙是古代官吏办公的场所。衙内保留下来的房屋为明代县衙二堂,其结构为抬梁式和穿斗式相结合,建筑规格较高。建筑木构架雕刻图案内容丰富,有平安、吉祥寓意。同时,县衙内还保存着一批有重要历史价值的文物,如石碑、抱鼓石、石柱础、上马石等。

✱ 小贴士　据《定安县志》记载,该房屋建于明洪武三年(1370年),已有600多年历史,是定安古代文化、变迁史的重要见证,具有较高的保护、参观、研究价值。

12. 海瑞墓园

位于海口市秀英区滨涯村,是海口市优秀旅游景点和国家级重点文物保护单位,已有400多年的历史。海瑞墓始建于明万历十七年(1589年),是皇帝派许子伟专程到海南监督修建成的。

海瑞墓园建筑庄重古朴,正门有一座石碑坊,横书"粤东正气"阴刻丹红大字,花岗石铺成的100多米长的墓道,两旁竖立着石羊、石马、石狮、石龟等石雕。海瑞墓高3米,圆顶,墓前有4米高的石碑,墓室后扩建了"扬廉轩",其亭柱上挂有海瑞写的两副对联,其一是"三生不改冰霜操,万死常留社稷身"。墓园内有海瑞文物陈列室,供人瞻仰。

13. 丘濬墓

位于海口市秀英区丘海大道南段东侧的水头村,始建于明弘治八年(1495年)。主墓石砌,圆顶,高6米,共分6层,16级台阶;底座有八卦,八卦之间有"卐"符号(该符号在古时代表吉祥之意)。

墓前立墓碑一座,高4.4米,上方刻有"双龙飞舞",两旁刻有青松、仙鹤、祥云等图案花纹;碑面上端有"皇明敕葬"四字;正中题"光禄大夫柱国少保兼太子太保户部尚书武英殿大学士特进左柱国太傅谥文庄丘公诰封正一品夫人吴氏墓"(夫妻合葬)。

主墓前有"理学名臣"石牌坊一座,墓道两旁有石翁仲、石羊、石狮、石马等石刻,最前面有石华表一对。整个墓园前临清泉水塘,面对平畴沃野,后枕苍翠小丘,古朴典雅,庄严肃穆。

(二)代表性新老旅游地标

1. 海南骑楼建筑群

海口骑楼老街作为"中国历史文化名街",是海口市一处最具特色的街道景观。其中最古老的建筑四牌楼建于南宋,已有700多年历史。

海口骑楼集中分布在海口市龙华区和美兰区的中山路、得胜沙路、新华路等。柱廊相连、骑楼相依的建筑群占地面积约2.5万平方米,骑楼式建筑达600余座,中山路沿街两旁保留的骑楼样式最多,约有39座。海口老街的骑楼,一般为2~4层,进深约30米,分为廊部、楼部、楼顶三个部分。

文昌市铺前镇胜利街是海南第二大骑楼老街,仅次于海口骑楼老街。这里有100多年历史的骑楼老街,南洋风情的骑楼建筑。鼎盛时期的铺前骑楼老街,南北街长约180米,拥有店铺30多间,东西街长350多米,街宽7米,两旁南洋风格骑楼130多座。沿街铺面楼顶注重装饰,阳台、栏杆各具特色,尤为称奇的是,各建筑的立面、柱体、墙面图案、女儿墙竟无一雷同。

文昌市文南老街形成于清末民初,带有浓郁的中西合璧式南洋骑楼风格,是文城镇商业经济的发源地,也是文城发展的缩影,有着丰富的人文景观和文化内涵,大部分建筑为骑楼,是文城较繁华的商业街,为海南第三大骑楼群。

2. 海口钟楼

为海口市景区建筑,在市区北部长堤路海口儿童公园内,面向南渡江入海口。南面中山横街与中山路相对,北临海甸溪,依街傍水,景致十分幽雅,被列为海口八景之一。

海口钟楼历史悠久,是民国时期为适应对外通商而建,现已成为海口最重要的标志性与象征性建筑物之一。

目前这个新海口钟楼是海口市人民政府于1987年依照旧钟楼原貌改建的,于当年12月15日落成使用。建成后成为海口一大景致,命名为"古钟新声"。它占地面积110.25平方米,建筑占地面积27.56平方米,楼高27.3米,6层钢筋混凝土结构建筑,外貌雄伟壮观。

❊ 小贴士 1928年爱国商人周成梅先生发动海外侨胞捐款集资仿照广州、上海等沿海城市,精心设计,于1929年在遥对入海口的长堤路码头兴建海口钟楼以便统一时间。建成混合结构的大钟楼,高五层,占地面积16平方米,墙体用红砖砌筑,白石灰塞缝。当时的大钟是一个辘轳卷上10多米的钢丝绳,另一端吊上一个大铁碗,利用垂直重量启动行走。吊砣从四楼垂落底层,历时两天。因此,每隔两天必须转动辘轳将吊砣卷上五楼,周而复始,时间较为准确。

3. 海口世纪大桥

世纪大桥地处海口市西北、海甸溪入海口,南起龙华区滨海立交桥,上跨海甸溪入海口,北至美兰区,上跨碧海大道,止于海甸五西路,南接滨海大道、龙昆北路,北沿世纪大道接万兴路,途经该桥主要道路为世纪大道。

海口世纪大桥的主桥为双塔双索面三跨连续预应力混凝土主梁斜拉桥。主桥两端共设4座塔楼,南北两岸设桥头广场。大桥主塔呈钻石状,塔高为106.9米,双主塔通过176根斜拉索承载桥面。主桥下最高水位4米时通航净高为24米,可通行3 000吨级的轮船。

该桥桥面为双向六车道城市主干道,设计速度80公里/小时,两侧设有人行道;线路全长2 663.6米,主桥长636.6米。

该桥景观照明等设施共由4套夜间照明灯光组合而成,装有LDR-6专用雷达,两座主塔顶端分别装有从法国引进的防雷产品。在主桥南北两端4座塔楼里共设8座观光电梯,游客可乘坐电梯至楼顶,俯瞰琼州海峡的美景及世纪大桥周边的建筑风光。

❊ 小贴士 世纪大桥于1998年5月29日开工建设,于2003年8月1日正式开通运营,是海口市境内的跨海通道,是"九五"期间的国家重点工程。该桥也因功能齐全、造型新颖而成为海口市的标志性建筑之一。

4. 海口市民游客中心

位于海口滨海公园内,占地面积近59亩,总建筑面积2.98万平方米,地上建筑分4层,地下有1层。纯木结构屋面,共3层,间隔叠放设置,形成匠心独运的黎族船形屋顶设计,木屋顶面积9 000平方米,是截至2019年亚洲建成的最大的纯木结构屋面。

在其内部空间结构上,汲取了海口骑楼老街建筑元素,形成高低错落的立体空间;墙壁立面大面积使用本土火山岩材料,新建的道路推广生态透水铺装,广泛布局椰子树、大叶油草、三角梅等本地植物,完善了海口城市园林景观。

海口市民游客中心聚集"12345"海口智慧联动平台、旅游警察、数字城管、综治中心等14个单位和部门,集城市形象展示中心、便民利民服务中心、城市综合管理中心三大功能于一体,为市民游客提供城市规划展示、旅游服务咨询、城市综合管理等"最海口"的公共产品。

❊ 小贴士 海口市民游客中心2019年5月正式揭牌,是一个融入公园景观的开放式的"市民游客之家",成为魅力"最海口"椰城新地标。

5. 海口国际免税城

位于海口西海岸新海港东侧，占地面积约675亩，规划总建筑面积约92.6平方米，由6个地块组成，是一个以免税商业为流量入口，"免税＋文旅"双轮驱动、沉浸式的旅游零售综合体，是海口西海岸的新地标。

现整个免税城建筑面积28.9万平方米，是世界最大的单体免税店。地下2层为钢筋混凝土结构，建筑面积约14万平方米，地上4层为全钢结构，建筑面积约15万平方米，为亚洲最大的免税商城。其主体建筑由法国VP建筑设计事务所设计，以"九州祥云，南海之冠"为灵感，巧妙融入了海南本土特有的自然元素与海洋文化元素。造型屋面由5块穹顶、2个冷却塔、绿植墙和外围单双层网壳组成。屋面结构复杂、结构跨度大，穹顶网壳屋盖最大跨度为80米，屋盖最高点为44.5米。

该免税城是世界级的免税购物天堂和崭新的海南城市名片，是海南自贸港建设的标志性项目之一。

✱ 小贴士 2022年10月28日，海口国际免税城正式开门迎客，已有超过800个国际国内知名品牌确认入驻。海口国际免税城，与三亚国际免税城南北呼应，成为海南建设国际旅游消费中心的两极。

6. 海口日月广场

位于海口市大英山新城市中心区国兴大道南侧，北面与海南省政府隔街相望，南面临近红城湖。设有免税店、书城、百货商店、电影院、俱乐部、主题乐园、博物馆、影剧院、文化展览馆、儿童中心等商业购物及文化娱乐设施。

该广场以"一个中央广场、两个文化商业区"的框架结构，结合地段优势打造成了超大城市中心绿地广场。整个综合体规模宏大，新颖酷炫，占地面积超过上海的人民广场。12座商务楼分立东西两侧，分别冠以处女座、天蝎座等12星座名称，东西各6座，6座商务楼地下两层商场是一体连通的，地上三层也是以建筑联体或天桥等连通的。

在东西两侧商务楼之间，是广阔的中心绿地广场，一片园林绿化，有音乐喷泉、儿童乐园等，颇具特色的是园林地下是一个下沉式的地下子广场，有两层商务楼，连接东西两侧的各6座商务楼。

7. 鹿回头雕像

位于三亚市区西南端海河交汇处鹿回头景区内，由我国雕塑家林毓豪先生根据当地黎族爱情神话传说设计，1987年由从福建请来的20多名雕刻技术娴熟的工匠建成。雕塑的体量是高12米、宽4.9米、长9米，占地面积100多平方米。

林毓豪创作这一大型艺术石雕的高明之处在于充分体现了人的情操和人与动物之间、猎手与鹿女之间心灵的沟通。鹿女的额头、鼻眉、眼眶、眼神、嘴唇以及腰身、手臂、腿部曲线和服饰，处处展现着黎族少女美丽动人的神韵。整件作品传递的是大和、大美、大爱的主题，而且把"鹿回头"神话活化了，将文字、口头传说变成了看得见、摸得着、感受得到的大和、大美、大爱的享受。将"鹿回头"所在的天、地、空、海、人、神等各种元素都调动起来，并凝聚到这座雕塑身上，三位一体（坡鹿、猎手、鹿女在一起）的构思，使大型艺术石雕《鹿回头》的创作从此有了灵魂。

为了烘托大型石雕《鹿回头》的艺术效果，林毓豪在石雕下方不远处的山坡上设计修建了一组蘑菇亭。这组蘑菇亭的外形呈伞状，取材于黎族“三月三”节青年男女约会时用的纸伞，让黎族风情和爱的主题得到进一步彰显。这些蘑菇亭既可以让游人在烈日和风雨中站在亭内观赏《鹿回头》，又可以远眺山下的三亚湾、三亚港、三亚河和三亚城。蘑菇亭的实用性和艺术性与大型石雕《鹿回头》融为一体，使鹿回头公园大和、大美、大爱的主题更加鲜明和突出，受到人们的高度赞扬。到三亚的游人，几乎都会到鹿回头公园观赏石雕，鸟瞰南海和三亚。江泽民、胡锦涛、习近平等党和国家领导人都视察过这里，国内外不少名人也来观赏过。

✼ **小贴士** 1987 年 8 月，鹿回头公园主体建筑和配套建筑基本完工。在石雕的基座上，时任海南黎族苗族自治州州长的王越丰题写了“鹿回头”三字，林毓豪题写了创作者的签名。三亚市委、市政府刻了碑记，有意把公园竣工时间写成“1987 年 8 月 1 日”，意含感谢海南榆林军分区为公园建设所做的贡献。

8. 三亚南山寺海上观音

✼ **小贴士** 南山与观音，因缘殊胜。观音菩萨有十二心愿，其第二愿就是“愿长居南海”，故称“南海观世音”。

三亚南山寺海上观音是南山文化旅游区的核心景点，高 108 米，凌波伫立在直径 120 米的海上金刚洲(观音岛)上。像体为正观音的一体化三尊造型，宝相庄严，脚踏一百零八瓣莲花宝座，莲花座下为金刚台，金刚台内是面积达 1.57 万平方米的圆通宝殿。金刚洲由长 280 米的普济桥与陆岸相连，并与面积达 6 万平方米的观音广场及广场两侧主题公园，共同组成占地面积近 30 万平方米的“观音净苑”景区。

南山寺海上观音圣像是世界首尊金玉观音菩萨塑像。一体化三尊造型，从每尊的正面看均为一尊观音圣像，环绕一周方可看清三尊手势各异的观音圣像全貌。三尊观音手中分别持珠(慈悲)、持莲(清净)、持箧(智慧)，各有不同寓意。

南山寺海上观音还充分运用高科技手法，组合运用声、光、电技术进行大型灯光夜景演示，充分展示了“佛光普照”“踏海而来”等观音文化艺术效果。南山寺海上观音圣像造型设计既符合佛教教义，体现了观音无缘之慈和同体之悲的大慈大悲形象；又应信息时代之变，具备当今美学、建筑学、雕塑学、佛像艺术、科学技术的时代特色。

✼ **小贴士** 1999 年，农历九月十九日，南山寺隆重举行了“南山海上观音”敬造工程开工典礼，于 2005 年 4 月 15 日建成、24 日(农历三月十六日)举行开光仪式。南山海上观音圣像敬造工程因其规模宏伟、意义殊胜、佛理底蕴丰富，被誉为“世界级、世纪级”的佛事工程。

9. 三亚凤凰岛建筑群

凤凰岛位于三亚市三亚湾的东南端，是一座在大海礁盘之中吹填出的人工岛。该岛岛体西侧，有五栋类似迪拜帆船酒店风格的椭圆形建筑群，分别为 A 座海洋之月、B 座海洋之星、C 座海洋之梦、D 座海洋之辰、E 座海洋之光。该酒店四面环海，和南山海上观音、鹿回头隔海相望，能够 360 度完美呈现海景，还有配套的大型国际游艇码头和会所。

三亚凤凰岛的建筑设计融合了设计师、工匠、雕塑家、美术家的智慧，注重细节，建造精品，将曲线造型的整体风格发挥得淋漓尽致，引入配套的广场、雕塑、游泳池、喷泉、道路、标识牌、园林小品之中，连铺在地上的游步道及垃圾箱都是曲线造型，匠心独具，令人叹为观止。其中C座海洋之梦、E座海洋之光,曾荣获中华人民共和国住房和城乡建设部、中国建筑协会颁发的2012—2013年、2014—2015年"中国建设工程鲁班奖"。

该建筑群因处于三亚湾度假区"阳光海岸"核心的凤凰岛中心地带,已成为三亚市的地标建筑和城市"名片"。

✽ 小贴士　2017年1月,在2016海南省首届十大建筑系列评选活动颁奖典礼上,三亚凤凰岛国际养生度假公寓建筑群获得"海南十大最美建筑""海南十大海洋文化建筑""海南当代十大建筑"等3项殊荣。

10. 美丽之冠酒店建筑群

✽ 小贴士　"美丽之冠",原本是美丽之冠文化会展中心,是为2003年12月6日在三亚市举行的第53届世界小姐总决赛而专门兴建的比赛会场。后逐渐转型升级,成为综合性、超豪华、超大规模酒店群。"美丽之冠"曾荣获"2015年度中国社会责任年度杰出企业奖"。

美丽之冠酒店建筑群位于三亚吉阳区凤凰路西侧路,总体建筑规模为63万余平方米。共有创造吉尼斯世界纪录的6668间(套)客房,其中包括1座博物馆酒店、1座超豪华酒店、7座豪华酒店,同时拥有七星商业广场、美丽之冠大剧院、9000平方米国际多功能宴会厅、7000平方米国际会议中心、世界美食荟萃的各类餐厅、国际游艇会、国际风情酒吧街等娱乐设施,独特的树形建筑外观使其成为新的世界地标。

目前,美丽之冠大树酒店已建成集超豪华酒店、商业会展、购物广场、休闲娱乐、餐饮美食、旅游文化等为一体的世界规模的酒店综合体。该酒店距海岸直线距离500米,沿临春河入海口距为2000米,南侧则是著名的承办过五届世界小姐选美大赛的美丽之冠大剧院,对岸为三亚市政府。

9座标新立异的大树造型建筑,高百米,白天像一片高耸树林。夜幕降临,这里灯光璀璨,是三亚的地标之一。

✽ 小贴士　美丽之冠品牌标志是一个皇冠造型的大树,其创作灵感来源于世界小姐冠军皇冠,象征着尊贵、典雅与至高无上,又融合了梧桐树与凤凰羽造型,诠释"凤凰来兮,非梧桐不栖"的"德、义、礼、仁、信"与"富强、吉祥、安康"的多重含义。

11. 丝路之塔

丝路之塔位于三亚市崖州区,总占地面积为19727平方米,总建筑面积为8561平方米,由塔楼、裙房、塔前广场、园林绿化等部分组成。丝路之塔主塔高95米,以"樽"为整体造型,寓意"九五之尊"。三亚丝路之塔三面临水,既是一座灯塔,又兼具旅游观光、应急和商业发射塔等功能。

丝路之塔符合三亚市国际旅游岛和自贸港的建设要求,已成为中心渔港地标建筑、崖州新区和海南(三亚)"21世纪海上丝绸之路"名片。

12. 三亚国际免税城

三亚国际免税城毗邻海南G98环岛高速东线,距三亚市中心车程仅30分钟,总经营面积7万多平方米。三亚国际免税城设计灵感来自绽放的海棠花,结合商业购物的五感,即视觉、声音、气味、触摸、品尝,整体项目设计为"海、棠、花、海中瑰宝、大自然"5个主题馆,带给客人丰富的购物享受。

该免税城形式与功能边缘模糊,美丽与情趣融合,其景观设计志在给予来客一系列戏剧性的感官体验,根据建筑室外、半室外、室内三种空间,将各类植物进行分类展示,创造仿若置身于世外桃源的感受。

该免税城引进了近 300 个国际知名品牌,涵盖了化妆品、香水、服装服饰、手表首饰、奶粉保健品、家用电器、糖果巧克力等 45 类免税商品。

❋ 小贴士　免税店所有商品均由中免集团统一从原产地采购,受海关和检验检疫等相关单位全程监管,为消费者放心购物提供有力保障。

三、传统村落与现代乡村旅游名镇名村

(一)中国传统村落

海南省住房和城乡建设厅官网显示:海南入选第一批中国传统村落名录的传统村落有 7 个,第三批有 12 个,第四批有 28 个,第五批 17 个,第六批 12 个;入选中国传统村落名录的传统村落所在市县:海口市、三亚市、文昌市、琼海市、东方市、万宁市、五指山市、定安县、澄迈县、昌江县、乐东县、琼中县、临高县。海南有这么多村落入选,足见海南传统村落的历史价值和文化底蕴。

1. 首批入选中国传统村落名录的村落

(1) 三亚市崖城镇保平村

保平村是中国最南端的古村,古称"毕兰村",位于三亚市崖州古城西南 4 公里,为防水患保世代平安,隶属清代崖州五都的古村,更名为"保平村"。全村居住面积 0.8 平方公里,常住人口 3 800 多人,保平村人世世代代以海为生。

保平村是一个文教昌盛的书香古村,自古就有"保平多贡生"的美誉。明清两代,共有 40 余位贡生从保平走出。保平村是首批国家非物质文化遗产"崖州民歌"的主要发源地和传承地,"张邦玉,保平增生,放达不羁,常著诗歌以训迪弟子"是地方志中关于兴起于宋代、繁盛于明清的崖州民歌的唯一记载。

保平村现拥有海南省保存最完好、规模最大、最集中的明清古民居群,23 处一类历史建筑和 166 处二类历史建筑,堪称海南明清古民居建筑群的"活标本",其中"一剪三坡三檐"的建筑形式为崖州地区所独有。

❋ 小贴士　据《崖州志》记载:"保平港,城西南受宁远水入海,州治要口。"保平港自唐代以来一直是古崖州对外贸易的主要港口,也是古代海上丝绸之路必经的天涯驿站。到了清代,古崖州海防炮台多处设于此,保平村成为海防重地。

(2) 定安县龙湖镇高林村

坐落于海南著名旅游景区文笔峰脚下,定安县与海口市甲子镇交界处,紧邻省级风景名胜区南丽湖,地理位置优越。

高林村建村至今已有 260 多年,也是海南唯一的探花张岳崧的出生地。村庄完整保存了清代建筑风格,房屋坐北朝南,依山傍水,整齐划一、七纵三横的巷道,规划脉络清晰,是古代海南少有的有建设规划的村庄。该村民居 90% 为清代建筑,尤以省级文物保护单位——

张岳崧故居、张氏宗祠为代表，同时还有日月井、古官道、驼峰木雕、匾额、张岳崧手书阴刻葵木楹联等。村里家家户户门口种植黄皮树，附近有近万亩龙眼、荔枝、芒果、柑橘等热带水果林，充满热带田园气息。

高林村是海南省最早入列并获第一批中央财政大量资金投入保护和发展的村庄，也是海南目前唯一一个入列"历史文化""传统村落""旅游重点"三个国家级名录的古村，海南目前唯一一个全国百村社会治理调查基地。

（3）东方市江边乡白查村

白查村是东方市江边乡一个黎族聚居的村寨，已有数百年历史，其三面环山，皆为丹霞地貌。白查村是黎族最后仅存的古村落，原住有71户、350多人。白查村至今依然保存着古老的民居船形屋、原始的谷仓、独木器具、织锦技艺等。白查船形屋在2008年成为国家级非物质文化遗产项目，现保存完好的船形屋有86间，谷仓10间。

白查村现在依然保留着过传统节日"山兰节"的民俗，这个只属于江边乡7个黎族自然村落的节日延续了上千年。在白查村中，至今还延续着婚礼、藤编、织黎锦、民歌民舞和酿酒等传统习俗。其中织黎锦在白查村仍保留着它的原始风采，女孩从小开始，就学会了这种纺织工艺。

❋ 小贴士　白查村的船形屋，屋内泥土地面坚实平整。屋中间立有三根高大的柱子，黎语叫"戈额"，象征着男人；两边立有六根矮柱子，黎语叫"戈定"，象征着女人；意即一个家庭是由男人和女人组成。

（4）文昌市会文镇十八行村

十八行村位于文昌市会文镇的西部，距离会文镇约5公里，总户数66户，人口233人。

十八行村的最大特色是现存古建筑规模大，较为完整，别具一格的民居十八行。村庄里的房子坐南朝北，按十八行建造，寓意"兄弟同心，邻里不欺"。所谓"同心"，是指每行屋子内住的都是由同一房分出去的兄弟辈直系亲属，在"行"的中轴线上，每进房屋的正厅前后大门都要上下对齐，以示"同心"，而"行"与"行"的住宅间，同辈的房屋必须高度相等，以示邻里相互平等。

十八行村的村民大多为林姓。村民介绍，其始祖明代从福建迁来，已有560多年历史。2010年，十八行村被选为第五批"中国历史文化名村"，为海南省首例。

❋ 小贴士　十八行是以十八行、坎头东、坎头西、槟榔园4个村庄的村舍连接而成的十八条民巷，村中呈扇形分布着十八行前后对齐、高低有序、房屋相连的多进院落，这种民居特色彰显了村民的团结与和谐。

（5）海口市琼山区上丹村

海口市琼山区国兴街道上丹村，又称攀丹村，形成于南宋，距今约800年。

上丹村的兴起与琼州被称为"唐氏望族"的家族关系密切，此家族知名人士有唐震、唐舟、唐胄等。其中，唐震是唐氏迁琼始祖，原籍广西桂林府兴安县南乡（今桂林市兴安县兴安镇）人，南宋淳祐年间（1241—1253年）出任琼州刺史。唐震落籍攀丹时，与其子唐叔建"置书书万卷"，修建"攀丹义学堂"，开始"兴礼教，以化黎民"，这个村落曾为海南岛培养了一大批名士贤才。

如今的上丹村内，乡土建筑、旧式民居早已不见踪影，取而代之的是一栋栋水泥建筑，有平房，也有五六层高的板式楼房，倒是重修的唐氏大宗祠古韵犹存。

✿ 小贴士　原来的攀丹村保留了很多人文古迹，现存的仅有由唐胄凿挖及题名的竹根泉。唐氏大宗祠是2004年前后由唐氏后裔集资，在原址上重修。大宗祠是一处三进青砖瓦木结构的徽派建筑群，屋内墙壁彩绘记录着部分唐氏族人的历史故事。

（6）海口市龙华区遵谭镇东谭村

享有"中国历史文化名村"美誉的东谭行政村共有13个自然村，东潭村便是其中一座具有800多年历史的古村庄。明清时期，东潭村诞生了10多位进士、举人，出仕为官者有20余人。

珠崖神庙、古井、神岭、靶台、马棚、古城墙、喷泉等众多遗迹在东谭村随处可见。村里还有明、清两个朝代皇帝下旨所立的11架古牌坊，宋代古墓群、更鼓楼、官道、古宅让人震撼；"五里三进士""十八杰"等文化昌盛的历史让人啧啧称奇。

东谭村的民风淳朴，以"军坡"节为代表的地方风俗活动多彩多姿，以傩戏和金子花舞为代表的地方曲种源远流长。

✿ 小贴士　海口市龙华区遵谭镇东谭村的历史，可以说是"维护国家统一，促进民族团结"的历史。珠崖庙里供奉的是平定珠崖的前伏波将军路博德，抚定珠崖的后伏波将军马援。珠崖庙前方不远处有琼州府五神庙，里面供奉着巾帼英雄冼夫人、李复侯王和蔡九娘，都是当地人耳熟能详的维护琼崖安定和统一的英雄。

（7）海口市龙华区新坡镇文山村

海口市龙华区新坡镇文山村，距海口城区30多公里，是一个具有700多年历史的村庄。

文山村村民以"耕读传世"为荣，产生过周宾等3名进士，周洁等15名举人，贡生、秀才不胜枚举，为了彰扬名仕、激励后人，文山村先后竖立折桂坊、拔尤坊、毓秀坊、登科坊、登俊坊等14座进士、举人牌坊。山拥水环的文山村，自古便以"文山八景"著称，"村成莲花""水环玉带""仙洞聚奇""山城拥障"和"五井饮和"等至今仍为人们津津乐道。

踏入文山村，俯拾皆是数百年来遗留的古迹，随处是祠堂、庙宇、古石碑、牌坊、匾额等，文山村至今仍保存有村头、玉露、厚道、自来、甘泉5口古井，均有上百年历史。

✿ 小贴士　史料记载，文山村古时名为员山里。《琼山县志》记载的一则典故称，明嘉靖初年，谈姓巡抚巡视员山里时，看到"里中士大夫冠盖相见者不下十百"，惊问："此何地耶，人文若此其楚楚耶？"当得知周门一族团居于此，称赞久之，笑曰："吾巡视多矣，未有若员山之文士接踵，官员济济如此里者！"自此，人们便把"员山里"改称为"文山村"。

2. 第三批入选中国传统村落名录的村落

海口市秀英区石山镇三卿村、澄迈县金江镇大美村、澄迈县金江镇美朗村、澄迈县金江镇扬坤村、澄迈县老城镇龙吉村、澄迈县老城镇罗驿村、澄迈县老城镇石石矍村、澄迈县老城镇谭昌村、澄迈县永发镇道吉村、澄迈县永发镇儒音村、昌江黎族自治县王下乡洪水村、乐东黎族自治县佛罗镇老丹村。

✿ 小贴士　海南无村落入选第二批中国传统村落名录。

3. 第四批入选中国传统村落名录的村落

✿ 小贴士　以下名单来自建村〔2016〕278号《住房城乡建设部等部门关于公布第四批列入中国传统村落名录的村落名单的通知》附件。

海口市秀英区永兴镇冯塘村、海口市秀英区石山镇美社村、海口市秀英区永兴镇美孝村、海口市琼山区旧州镇包道村、海口市琼山区红旗镇昌文湖村、海口市美兰区灵山镇道郡村、海口市美兰区三江镇罗梧村、海口市美兰区大致坡镇美篆村、海口市桂林洋农场迈德村、琼海市中原镇仙寨莲塘村、琼海市博鳌镇留客村、文昌市东阁镇富宅村、文昌市文城镇松树下村、文昌市文城镇义门二村、定安县定城镇春内村、定安县新竹镇三滩村、定安县新竹镇卜效村、定安县雷鸣镇龙梅村、定安县雷鸣镇仙坡村、定安县岭口镇皇坡村、澄迈县永发镇美傲村、澄迈县永发镇美墩村、澄迈县永发镇美楠村、澄迈县永发镇那雅村、澄迈县永发镇南轩村、澄迈县永发镇秀灵村、乐东县黄流镇黄流村、琼中县湾岭镇金妙朗村。

4. 第五批入选中国传统村落名录的村落

海口市琼山区三门坡镇晨光村莲塘村、海口市美兰区演丰镇边海村林市村、琼海市龙江镇深造村石头岭村、琼海市龙江镇滨滩村南望沟村、琼海市龙江镇中洞村双举岭村、文昌市文城镇下山村下山陈村、文昌市潭牛镇大顶村仕头村、文昌市铺前镇东坡村美宝村、定安县龙门镇久温塘村久温塘村、定安县龙门镇龙拔塘村、定安县龙门镇红花岭村、定安县岭口镇群山村九锡山村、临高县皇桐镇美香村美巢村、临高县皇桐镇红专居透滩村、乐东县九所镇镜湖村镜湖老村、乐东县佛罗镇佛罗老村、陵水县新村镇疍家渔村（海鹰村、海燕村、海鸥村）。

5. 第六批入选中国传统村落名录的村落

海口市美兰区大致坡镇金堆村、琼海市嘉积镇大礼村、文昌市文教镇加美村、文昌市会文镇冠南村、文昌市会文镇沙港村、文昌市东路镇美德村、文昌市昌洒镇东群村、万宁市大茂镇联光村、万宁市东澳镇分洪村、五指山市毛阳镇牙合村、临高县临城镇昌拱村、临高县皇桐镇居仁村。

（二）现代乡村旅游名镇名村

1. 海南首批全国乡村旅游重点镇

（1）海口市秀英区石山镇

石山镇是海口市秀英区下辖镇之一，位于海口市西北部，距海口市中心15公里，东接永兴镇，东南与东山镇接壤，西、南与澄迈老城镇交界，北靠西秀镇、长流镇，辖区面积120.74平方公里，总人口约4.1万人。东有海榆中线，西有粤海铁路，绕城高速公路途经6个行政村（社区），绿色长廊连接南海大道直达西海岸，交通便利。

石山镇旅游资源优越，有丰富的、具有开发价值的自然景观，如雷琼世界地质公园的火山口遗迹群和千姿百态的溶洞群，其中以马鞍岭、仙人洞、七十二洞最为出名，为海南4A级旅游景点。儒符宋代石塔遗迹、施茶迈宝仙井、邱公楼、美鳌村李氏古墓群、道教南宗五世祖白玉蟾归隐之所玉蟾宫等一系列人文景观尚待开发。

2015年，海南首个互联网农业小镇在石山镇成立，用"互联网＋"的理念、思维和技术，以"1＋2＋N"的运营模式贯穿农业生产、经营、管理以及服务全产业链。如今的石山镇不仅仅是海口旅游的热门景区，还是农业现代化生产的典型示范区。结合互联网，石山镇的许多村落都开始焕发新的发展活力,施茶村就是这样一个典型的村落。

  石山镇先后被授予"海南荣誉文化名镇""海口市旅游风情小镇""海口市教育示范镇"等荣誉称号。石山镇2014年7月被住房和城乡建设部等七部委确定为全国重点镇;2017年8月被住房和城乡建设部认定为第二批全国特色小镇。2021年8月,石山镇入选第一批全国乡村旅游重点镇(乡)名单。

❋ **小贴士** 2018年,习近平总书记视察施茶村时,对施茶村的石斛产业发展大加赞赏,并说道:"乡村振兴要靠产业,产业发展要有特色,要走出一条人无我有、科学发展、符合自身实际的道路。"

(2) 文昌市龙楼镇

❋ **小贴士** 民间传说,清顺治年间(1644—1661年),粤客搭船过琼,被狂风巨浪吹打,船漂到铜鼓岭南尖,即将沉没,船上3位客人求神保佑。此时恰好漂来一条圆木料,3人紧抱圆木漂到岸边,安全登陆。尔后,把这条救命圆木料,刻成神像,名曰"龙流公",立庙拜祭。后人在此盖草寮,开铺子,逐渐形成墟市,称龙楼。

  龙楼镇位于文昌市东部,东、南、北三面临海,西与文教镇相连,北与昌洒镇接壤,西南与东郊镇毗邻。海岸线长28公里,行政区域总面积98平方公里。

  龙楼镇上的居民世世代代以打鱼、种地为生。如今,越来越多在外打工的年轻人回到家乡创业,在家门口端上了"旅游饭碗"。2009年,文昌航天发射场在龙楼镇开工建设,龙楼镇有了一个响当当的金字招牌——航天小镇。龙楼镇的规划目标是建成以航天发射场为带动,以休闲度假旅游业为支柱产业,经济较发达,社会和谐,生态环境一流,风情浓郁的旅游小镇。

  龙楼镇三面环海,有丰富的、具有开发价值的自然景观,如铜鼓岭国家级自然保护区、七洲列岛、大小澳湾、淇水湾、宝陵河、月亮湾、石头公园等。

❋ **小贴士** 龙楼镇曾获得"全国小城镇建设示范镇"等荣誉称号。2021年8月25日,入选第一批全国乡村旅游重点镇(乡)名单。

(3) 琼海市博鳌镇

  博鳌镇因滨琼海市博鳌港而得名,明初称博鳌浦乡,明末改称博鳌乡,居者为疍家人。清袭明制,该名称沿用至1929年。博鳌最早作为一个"浦"的名称,博鳌浦即鱼类丰硕之浦。

  博鳌镇地处南海东部海岸,是亚洲论坛永久会址所在地,距嘉积镇19公里,离省会海口110公里,距三亚160公里,交通便利,区位优越,旅游接待设施完善。博鳌镇辖17个行政村,总人口2.7万人,总面积86平方公里,其中开发区总面积约10平方公里,博鳌亚洲论坛会址占地面积1.8平方公里。

  博鳌镇地处亚太经济圈的中心地带,是万泉、九曲、龙滚三江的入海口,是一个自然生态保护完好的地方,被国外环境专家称为世界河流入海口自然景观保存得最完整的处女地,有着"中国的达沃斯与戛纳""中国外交的又一个阵地"的美誉。

  博鳌镇2005年被国家环保总局授予"全国环境优美乡镇"称号,2017年获得第二届博鳌国际旅游传播论坛"年度文旅小镇"称号,2018年入选"畅游中国100城",2019年入选年度全国千强镇,2020年被全国爱国卫生运动委员会列入2017—2019周期国家卫生乡镇(县城)名单,2021年入选第一批全国乡村旅游重点镇(乡)名单,2021年再次入选全国千强镇。

2. 海南入选首批全国乡村旅游重点村的村落

(1)海口市秀英区永兴镇冯塘村

❋ 小贴士　冯塘村的美景贵在天然,是没有人工雕饰的美。冯塘村通过文明生态村创建,先后被评为"省级文明生态村""海南省卫生村""国家第四批传统村落村庄""第五届全国文明村镇"。

冯塘村是一个具有400年历史的抗日革命老区村庄。村中央有一个约5亩大的石塘,最早迁居于此的是冯宝与冼夫人的后裔。他们围塘而居,以姓氏"冯",加上一个"塘"字作为村名。

冯塘村以火山岩地貌为主,保留有海口最完整的热带丛林,有不计其数的百年老树,有100多亩的橄榄林。

目前,永兴片区乡村振兴示范带项目建设如火如荼,其包含荔枝花海经济旅游带和永兴镇冯塘村乡村振兴示范区。现荔枝花海漫道蜿蜒长达2.8公里,已成为连接扶贫中心与沐心石屋两个核心区域的特色旅游景观道。不久,将成为集电商、集市交易、花海、高品质民宿为一体的特色荔枝花海旅游带。

❋ 小贴士　据查,冯塘村后面的大墩山,与革命根据地儒万山相连,曾经是冯白驹将军和他的战友们的秘密藏身之处。冯塘村也因此成为一个名副其实的"红色"村庄。

(2)海口市美兰区演丰镇山尾头村

山尾头村位于海口市演丰镇东北部,东临东寨港,南倚东寨港红树林保护区,北与文昌铺前、罗豆隔海相望,拥有丰富的物产资料和悠久的历史文化传统。山尾头村人主要从事农业种植业。该村内外有独特的红树林风光,有探险奇妙的野菠萝岛和迷蒙的海底村庄等景观。

目前,山尾头村正逐渐成为一个集旅游、观光、度假为一体的乡村旅游著名景区。

为了推动产业转型,发展乡村,山尾头村在返乡创业的乡贤带领下,已出现"连理枝""世外桃源""枷椗山居"等8家渔家乐民宿。其中,首家渔家乐"连理枝"通过10多年的不断发展,已成为海南省五椰级乡村旅游点,也是当地海鲜餐饮及休闲体验旅游的品牌,具有较强的市场影响力和带动力。

❋ 小贴士　2019年7月28日,山尾头村入选首批全国乡村旅游重点村名单,还荣获"国家首批森林乡村"的称号。

(3)三亚市吉阳区中廖村

中廖村位于三亚市吉阳区,村庄西接224国道,南邻三亚绕城高速和东线高速,交通便利,距海棠湾约10公里,距亚龙湾约12公里,距三亚中心城区约25公里,半小时车程可辐射三亚重要的旅游度假区及中心城区。

已有百年历史的海南省三亚市吉阳区中廖村是一个具有浓郁少数民族风情的黎族村庄。结合本地生态,建设了中廖村黎夫彩园、黎家小院、阿爸茶社以及村上书屋等,让游客在一树一屋、一砖一瓦、一餐一宿、一曲一舞中感受山水黎家风情。近年来,中廖村先后获得"海南省五椰级乡村旅游点"等多项荣誉,成为众多游客争相"打卡"的"网红村"。

❋ 小贴士　中廖村是三亚市第一个"五星级"美丽乡村,曾荣获"2016年中国休闲乡村""第二批中国少数民族特色村寨"等称号。2017年11月,中廖村获评第五届全国文明村镇。2019年,入选首批全国乡村旅游重点村名单、全国乡村治理示范村名单和第一批国家森林乡村名单。2021年11月,入选农业农村部办公厅公布的2010—2017年中国美丽休闲乡村监测合格名单。

(4) 儋州市木棠镇铁匠村

铁匠村原名北岸李村,距离儋州市区43公里,距离木棠镇不足1公里。铁匠村拥有600多年的历史。明清时期,由于土地贫瘠,十年九旱,铁匠村人被迫背井离乡外出谋生,学得打铁技艺后世代相传,逐步发展形成"户户有高炉、人人会打铁"的局面,"铁匠村"的村名由此而来。

现今,已成为"一村一品"的木制手工艺村。该村建有40间商铺,并成为集手工艺品加工和销售于一体的工艺品加工市场,手工项目也由打铁转变成加工牛角、黄花梨、鸡翅木、海南铁树、海柳等多种工艺品,带动了铁匠村的运输、餐饮、住宿、购物等行业发展。

目前,该村规划把铁匠村建设成旅游景区,并与东坡书院、中和古镇、千年古盐田、峨蔓火山海岸串联起来,形成一条集观光、购物、饮食于一体的旅游线路。

❋ 小贴士　2019年7月28日,铁匠村入选首批全国乡村旅游重点村名单。2021年11月,被农业农村部推介为2021年全国乡村特色产业亿元村。

(5) 澄迈县老城镇罗驿村

罗驿村,澄迈县老城镇白莲区下辖自然村,中国传统村落,古时称"倘驿",后改名"罗驿",村域面积10平方公里。

罗驿村建于南宋宝祐四年(1256年),是古代海南岛西线的驿站、海南省历史文化古村、澄迈县长寿之乡。罗驿村保留有明代的牌坊,清代的李氏宗祠、观音庙、步蟾坊、节孝坊等;有环日、月、星三潭而建的火山石屋、古道、老井。罗驿村街巷格局典型,村内建筑遗迹、历史文化遗迹分布集中,颇具规模,风貌较好,周边历史文化资源丰富。

❋ 小贴士　2014年11月17日,罗驿村被住房和城乡建设部、文化部、国家文物局、财政部、国土资源部、农业部和国家旅游局公布入选第三批中国传统村落名录。

(6) 定安县龙湖镇高林村

其介绍参阅本节三(一)。

(7) 琼中黎族苗族自治县红毛镇什寒村

什寒村坐落在黎母山和鹦哥岭之间的高山盆地中,森林茂密,溪流缠绕,有着"天上什寒"的美誉。

除了具有优美的原生态风光的天然优势,什寒村里黎族苗族人民共居,两个民族融合程度之高,是非常少见的。什寒村具有黎苗传统节日"三月三"、黎锦、黎族苗族美食、黎苗歌舞等丰富的乡村休闲旅游特色民族文化,可谓独一无二,引人入胜。

这里居住着苗族同胞300多人、黎族同胞200多人,曾经是琼中最偏远、贫困的村庄之一。近年来,当地黎族、苗族同胞依托黎苗文化特色发展乡村旅游开始吃起了"旅游饭"。如今,什寒村由一个贫困山村,转身成为原生态休闲旅游村,获得了"最美中国乡村""中国最美乡愁旅游村寨""中国最美休闲乡村历史古村""全国乡村旅游重点村"等荣誉称号,不断吸引着众多自驾游客前来感受其独特魅力。

（8）白沙黎族自治县元门乡罗帅村

✿ 小贴士　"罗帅"为黎语音译,"罗"有"老"意,"帅"为"荔枝"意。因此地以野生荔枝林有名,此村便以"帅"为名。

罗帅村距县城牙叉镇约20公里,紧邻仙女溪,青山环抱,空气清新,负氧离子含量极高,是名副其实的热带天然大氧吧,有"雨林山庄"之称。

罗帅村原本是鹦哥岭山脚下的一个贫困小山村,现在是一个联排别墅小村庄,建有"天涯驿站",游客可体验农家生活,感受浓郁的黎族风情。当地注重"发展与保护并重""互助性开发,企业与农户共赢"的开发模式,旅游农庄经济发展迅速。2012年,白沙实施"美丽乡村"计划,罗帅村成为旅游新景点,并成为首批"中国少数民族特色村寨"。

3. 海南入选第三批全国乡村旅游重点村的村落

第三批全国乡村旅游重点村共有199个,海南有琼海市博鳌镇留客村、万宁市兴隆华侨农场57队、儋州市中和镇七里村、昌江黎族自治县王下乡浪论村、文昌市潭牛镇大庙村入选。

四、旅游文化馆与书院寺庙

（一）主要旅游文化馆

1. 中国(海南)南海博物馆

该馆位于琼海市潭门镇,创建于2018年4月,占地面积150亩,总建筑面积70 593平方米,是旨在展示南海人文历史和自然生态,保护南海文化遗产,促进海上丝绸之路沿线国家和地区文化交流的综合性博物馆。2019年,被批准为国家4A级旅游景区;2021年被中央宣传部命名为全国爱国主义教育示范基地。

博物馆分为南北两区,南区是主要的展览区域,有8个室内展厅和一个敞开式室外展廊;北区有2个展厅,主要用于引进临时展览。此外,馆中还建有文物保护和修复中心,以及化学实验室、分析检测室、精密分析仪器室、出水文物保护修复实验室、器物修复室、书画修复室等硬件设施。

截至2019年5月,中国(海南)南海博物馆有藏品78 910件(套)、标本藏品123件、征集藏品1 222件(套)、征集各类标本近900件(套),接收无偿捐赠藏品3 572件(片)。馆内有基本陈列"南海人文历史陈列"和"南海自然生态陈列",专题展览"八百年守候——西沙华光礁Ⅰ号沉船特展""探海寻踪——中国水下考古与南海水下文化遗产保护""做海——南海渔家文化展(海南)"等,充分展示南海人文历史、南海自然生态、南海文化遗产保护等。

✳ **小贴士** 中国(海南)南海博物馆对宣示南海主权、保护文化遗产、促进海上丝绸之路沿线国家文化交流意义重大。该博物馆的建成开放,为发掘、展示、研究、保护中国南海灿烂的历史文化和丰富的史料物证,提供了良好的条件和基础保障。中国(海南)南海博物馆作为4A级景区运行,为琼海市旅游注入了更完整的文化因素,是文旅融合的示范点。

2. 海南省博物馆

位于海口市国兴大道68号,国家一级博物馆,占地面积60余亩,建筑高度25米,建筑面积近43 000平方米,地上3层。展厅数量达20个之多,最大的展厅面积达1 200平方米,最小的展厅面积近230平方米。有近270个座位的学术报告厅,还有对公众开放的休闲公共空间以及280个车位的停车场。

该馆筹建于1984年,2008年11月一期建成并开馆,2017年5月二期全面开馆。一期工程主要包括陈列展厅、文物库房、技术用房、服务设施、办公用房等;二期工程主要依托"华光礁Ⅰ号"沉船的保护修复及沉船中出水的近万件瓷器。截至2019年,海南省博物馆馆藏文物25 287件(套),征集藏品与辅助展品1 424件(套)。

海南省博物馆是海南省"十二五"重大文化建设项目,被评为海南六大最美建筑之一,2015年被授予"全国社会科学普及教育基地"称号;2019年10月成为国家4A级旅游景区。

✳ **小贴士** 2018年4月,中共中央总书记、国家主席、中央军委主席习近平参观海南省博物馆。

3. 海南省图书馆

位于海口市国兴大道36号,建于2003年,建筑面积2.5万平方米,2007年10月正式开放,是全国最年轻的省级公共图书馆。截至2020年,馆藏纸质文献约200.5万册,数字资源总量达90 TB,注册读者22.12万人。

该馆在做好书刊借阅、课题服务的基础上,发挥资源优势,积极开展"椰树下小书屋"、阅读推广等各种读者活动;开展"馆校合作",建立社区书屋;创建主题图书馆(分馆),与社会各界广泛合作建立多种模式的图书流动站。

✳ **小贴士** 2018年8月,海南省图书馆被中华人民共和国文化和旅游部评为"二级图书馆";2020年9月,被海南省妇女联合会授予"巾帼文明岗";2020年12月,被中共海南省委、海南省人民政府授予第六届"全省文明单位"。

4. 海南省生物多样性科技馆

海南省生物多样性科技馆为科普教育基地,位于龙昆南路99号海南师范大学龙昆南校区。科技馆目前展厅面积1 200平方米,包含海兽多样性展厅、龟鳖馆和海南生物多样性展厅三大部分,还配有一个演播厅和一个标本储藏室。

海兽多样性展厅,以标本、展板和图片形式展示了海南海兽的多样性及其保护现状,重点介绍海兽的形态特征、生境、分布、行为、习性以及面临的威胁。

龟鳖馆展出了包括海龟、玳瑁等大型龟类在内的各种龟鳖类标本300余件(这是目前国内收集龟鳖动物种类最齐全,集科研、展示、教学和科普于一体的龟鳖动物博物馆)。

海南生物多样性展厅则分别从遗传(基因)多样性、物种多样性、生态系统多样性3个不同层次和水平展示了海南生物多样性的起源、进化及其保护现状,包括"基因多样性""海洋生物多样性""昆虫多样性"等10个主题单元。

✳ 小贴士　海南省生物多样性科技馆是依托海南省第一个自然科学类博物馆——海南师范大学生物多样性博物馆建设的,2009年5月被认定为海南专业科技馆,对于海南生态省和自贸港的建设具有重要意义。

5. 海南省史志馆

海南省史志馆是海南党史馆、海南方志馆的统称,定位为海南省爱国主义和革命传统教育的重要基地、省情地情展示的重要窗口、红色旅游的重要景点。

该展馆于2013年4月开工建设,2020年4月底开馆,占地面积约4 500平方米,建筑总面积9 160平方米。展馆分地下一层、地上三层。地下一层,主要是党史、地方志、地情资料库,库藏面积约700平方米,现有馆藏约6万册;地上三层为展览区,展馆总面积为4 631平方米,其中一层是地情展,二、三层是党史展。此外,设有临时展厅、贵宾厅、多功能厅、口述史室、观众休息室、阅览室等功能区。

该展馆集收藏、保管、展示、研究、开发利用于一体,充分发挥史志存史、资政、育人、交流等功能,展示海南地情、"二十三年红旗不倒"的光辉历程以及海南解放以来的发展成就。

6. 海南省民族博物馆

海南省民族博物馆位于五指山市泰翡路5号,占地面积50 025平方米,建筑面积4 557平方米,陈列面积2 200平方米,是地方综合性博物馆。

1986年10月1日,广东省海南黎族苗族自治州民族博物馆建成并正式对外开放。1988年4月,海南建省后,升格并更名为海南省民族博物馆。该馆以历史、民俗、工艺美术、宗教类文物为重要展示内容,主要陈列有朱庐执圭、蛙锣、崖州龙被等文物。截至2020年,该馆有藏品33 000多件(套),其中珍贵文物750多件(套)。

该馆内辟有6个主展厅和2个机动展厅以及民族工艺商场和工作室。各展厅分别展出各种文物、民族民俗物品、历史图片和资料,反映了从新石器时期到海南解放的各个历史阶段海南黎族、苗族人民的政治、经济、文化和风土人情,以及他们同汉族、回族人民共同发展、建设海南的历史。

✳ 小贴士　该馆1994年被国家文物局授予"全国优秀地县级博物馆"称号,1997年被海南省定为省爱国主义教育基地,2020年被海南省旅游资源规划开发质量评定委员会批准为国家3A级旅游景区。

7. 冼太夫人纪念馆

位于海口市龙华区新坡镇,由建于明代的梁沙婆(即冼夫人)庙经20世纪90年代初重建、扩建而成。该纪念馆坐东朝西,总占地面积8.33亩,建筑面积1 982多平方米。该馆由大门、广场、两进庙堂、两侧厢房、庭园等七部分组成。

该馆外围大门拾级而上,其横楣上端刻有"冼太夫人纪念馆"红色大字,檐顶为橙黄色琉璃瓦铺筑。广场正中竖立着冼太夫人骑马的飒爽英姿雕像,其基座正面刻着周恩来对冼太夫人的评价"冼夫人是中国历史上第一位巾帼英雄",其雕像两侧后面是两棵古榕。每年都在这里举行庙会"军坡节"活动,热闹非凡。

(二) 代表性书院与寺庙

1. 琼台书院

位于琼山区府城街道中山路8号,是后人为纪念海南第一才子、明朝大学士丘濬而建,始建于清康熙四十四年(1705年)。据传书院得此名是由于丘濬号琼台,人称琼台先生。

琼台书院主楼奎星楼高二层,绿瓦、红廊、白墙,是一座具有民族特色的砖木结构建筑,至今保存完好。魁星楼二楼中梁正中悬挂一匾,上书"进士"二字,字大如斗。这是当年该书院的高才生张日旻中进士后朝廷所赐。楼内雕梁画栋,异常别致;楼前绿树成荫,环境秀丽雅静。

✤ **小贴士** 琼台书院曾是琼州的最高学府,现为琼台师范学院的府城校区,是海南名胜之一,也是海南省旅游涉外定点单位。其中的奎星楼是海南省重点文物保护单位。

2. 东坡书院

原名载酒堂,位于儋州市中和镇,是为纪念苏东坡而修建的,是国家级重点文物保护单位。该院建于北宋绍圣五年(1098年),明嘉靖二十七年(1548年)重修时更为现名,享有"天南名胜"之称,蜚声海内外。

北宋绍圣四年(1097年),苏东坡从惠州贬至儋州,历时三年多,在此居住和讲学,以文会友,传播文化。该书院现占地80余亩,院里古木幽茂,群芳竞秀。书院建筑坐北朝南,面积达3 800平方米。院门轩昂宏阔、古雅别致,门上横书"东坡书院"四字,为清代举人张绩所题。

东坡书院主要景点包括钦帅泉、载酒堂、东坡祠等古色古香建筑。书院内大殿和两侧耳房,展出了苏东坡许多书稿墨迹、文物史料和著名的《坡仙笠屐图》,还展出了300余件郭沫若、邓拓、田汉题咏的诗刻及书画名家的艺术作品。书院自1982年以来进行了数次大规模的维修、扩建,成为海南重要的人文景观之一。2018年,时任中国书法家协会主席苏士澍为东坡书院题字"东坡私塾",悬挂在原来的展厅门头上。

✤ **小贴士** 尽管谪居儋州才三年多时间,但苏东坡对儋州乃至海南的影响绵延千年。受东坡遗风影响,文化持续繁荣,人文渊薮,令人叹为观止。

3. 溪北书院

位于文昌市铺前镇,是海南清末著名书院之一。书院坐北朝南,规模宏大,占地面积20多亩,南开山门,俗称头门,为三开间。

书院于清光绪十九年(1893年)建成,由清末著名书法家潘存发起,在雷琼兵备道朱采和两广总督张之洞的支持下筹资建造。自书院建成后至宣统三年(1911年)间,曾聘任不少学者在此讲学,培养了大批人才。辛亥革命后,溪北书院一直作为学校使用至今,现保存完好,为文昌文北中学所用。

4. 南山寺

位于三亚市以西40公里南山文化旅游区内的佛教文化公园中,是一座融佛教文化、建筑园林、观光休憩于一体的现代佛新兴寺院。

据史志记载,三亚南山即菩萨长居之"布怛洛迦",有"大光明山"之称。三亚南山寺占地400亩,仿唐风格,建有仁王殿、天王殿、大雄宝殿、东西爬山廊、东西配殿、钟鼓楼、转轮藏、法堂、金堂、观音院、悲田院等建筑,总建筑面积5 500平方米,整个建筑气势恢宏,为中国近五十年来新建的最大佛教道场。

南山寺是一座仿盛唐风格、居山面海的大型寺院,左右有山丘环抱,面向南海万顷碧波。其建筑群依山就势,错落有致,庄严肃穆,清净幽雅,入其境若入真观音菩萨说法之道场。

❋ 小贴士　南山寺是已故中国佛教协会会长赵朴初亲临选址,经国家宗教局批准,于1995年11月11日奠基,1998年4月12日建成。

5. 永庆寺

位于澄迈县老城经济开发区盈滨半岛核心区的海南永庆文化旅游区内。该寺始建于唐代,为古澄迈八景之一,是海南历史上有名的禅林圣地,也是琼北地区最大的佛教寺院。

该寺以佛家修心养性与休闲养生为特色主题,形成"宗教祈福—修心养性—度假养生"的全新佛教文化体验休闲与修心养生生活方式综合区,构建了海南"南有南山寺,北有永庆寺"的佛教格局。

永庆寺内的大雄宝殿建筑面积1 200平方米,所供奉的42尊由整块缅甸白玉精雕而成的佛像,乃全国首创,艺术价值和文化价值很高,得到社会各界相当高的评价。

苏东坡于北宋绍圣四年(1097年)六月被贬海南游览永庆寺时,被寺院美景打动,作"幽怀忽破散,咏啸来天风"的诗句。

❋ 小贴士　永庆寺,2009年9月被大世界基尼斯总部评为"供奉缅甸白玉佛像最多的寺院",在央视基尼斯颁证晚会上获得"2010年第十二届大世界基尼斯最佳项目奖",至今已获得了13项"大世界基尼斯之最"的纪录。2013年9月获批为国家3A级旅游景区。

6. 金山寺

位于澄迈县金江镇公园路的金山公园内,为仿古建筑物,建筑在山腰。始建于明洪武年间,解放前夕毁于兵乱,1993年重建。金山寺层层殿宇,规模宏伟,建有钟楼、灵龟池、鼓楼、功德牌、天王殿、大雄宝殿、书画廊等,整个寺院有金像42尊,雕刻工艺精美,各具特色,令游人香客饱尝眼福、流连忘返。

7. 五公祠

位于海口市琼山区海府路169号,国家3A级景区。始建于明万历年间,占地面积100余亩,建筑面积6 800平方米。

海南有为纪念唐朝名相李德裕、宋朝名相李纲、赵鼎、宋朝名臣胡铨和李光5位历史名臣而建的五公祠(海南第一楼),为纪念西汉的路博德、东汉的马援两位战功卓著的伏波将军而建的二伏波祠,为纪念在海南传播先进文化并做出重大贡献的北宋大文豪苏轼而建的苏公祠,也有为教兴后学、交流学术而建的西斋(五公精舍)、东斋、学圃堂、观稼堂等,展现了古代海南较高的建筑艺术水平,是全面了解海南历史、政治、文化及中国古代贬官制度的窗口。目前,还新建了五公祠陈列馆。

五公祠素有"琼台胜景""瀛海人文"和"海南第一名胜"的美誉,是全国重点文物保护单位,是展示中国古代贬官文化、海南历史文化及具有海南特色的古代建筑艺术的文物古迹。

❋ 小贴士　"海南第一楼"楼下大厅楹柱上有两副脍炙人口的对联:"唐嗟未造,宋恨偏安,天地几人才置诸海外;道契前贤,教兴后学,乾坤有正气在此楼中"和"只知有国,不知有身,任凭千般折磨,益坚其志;先其所忧,后其所乐,但愿群才奋起,莫负斯楼"。

8. 崖城学宫

亦称孔庙、文庙,位于三亚市崖州区城内中街,是中国最南端的祭祀孔子的庙宇,也是三亚市境内保存最完整、规模最大的古代建筑群,占地面积 6 798 平方米,始建于宋庆历四年(1044 年),现有建筑布局为清代所建。

崖城学宫占地面积 6 798 平方米,建筑面积约有 1 539 平方米。整座学宫坐北朝南。沿孔庙圣殿中轴线由南向北直线排列的主体建筑,依次为文明门、尊经阁、少司徒牌坊、万仞宫墙、照壁、棂星门、泮池、泮桥、大成门、天子台、大成殿、崇圣祠(后殿)。从学宫中轴线上内外建筑布局特点上看,文明门实则为崖城学宫而开,是崖城学宫整体格局中昭示文教兴旺的标志性建筑。崖城学宫,1988 年当地政府拨款重修;2013 年经国务院批准,被列为第七批全国重点文物保护单位。

9. 文昌孔庙

位于文昌市文城镇文东路 20 号,始建于北宋庆历年间(1041—1048 年),明洪武八年(1375 年)迁于现址,占地面积 3 300 平方米。其前庭中轴线上布有棂星门、泮池、状元桥和孔子全身塑像,后院主建筑为大成门和大成殿。

大成门前立有数米高的孔夫子行教像一尊,大成殿内设孔子神龛、神像、神牌、神位、楹联、祭器齐全。大成殿内还有清代康熙皇帝玺印的"万世师表"、嘉庆皇帝玺印的"圣集大成"、咸丰皇帝玺印的"德齐帱载"、光绪皇帝玺印的"圣协时中"四块涂金描红的巨匾。

庙内诸多建筑上雕刻的花草、鸟兽、历史人物千姿百态,堪称杰作。后院两旁庑殿内,新增了孔子箴言和名家书画、孔子七十二弟子图谱,以及曲阜孔庙、孔府,北京孔庙的图片展览。

文昌孔庙是海南省保存最完整的古建筑群,于 1980 年被确定为省级重点文物保护单位,为中国唯一一座不朝南开大门的孔庙,被誉为"海南第一庙"。它以明清两代建筑工艺和启蒙益智的儒家文化氛围,深深吸引莘莘学子、海外华侨和各界游客。

10. 海南冼夫人庙

冼夫人是 6 世纪时岭南高凉郡人(今广东省茂名市),南越首领,杰出的女政治家。崇拜冼夫人,是海南等地民间信仰文化的主要组成部分,其重要特征之一就是在各城乡墟市建立冼夫人庙(简称"冼庙")。

2011 年,海口市冼夫人文化学会众多冼学研究者,历时一年对全岛冼夫人庙开展大排查,保守估计全岛冼夫人庙有 300 座以上(含与其他人物神灵共祭的)。岛内市县均有分布,汉、黎、苗共奉,覆盖了一半以上琼岛原居民。大部分集中于岛北,其中海口市达 108 座,其密集程度居全国第一。除海口外,密度最大的市县依次是文昌(47 座)、定安(46 座);密度最大的镇是海口琼山区的旧州镇,有 27 座之多。位于海口市新坡镇的冼太夫人纪念馆,由明代进士、湖广巡抚梁云龙所建,是海南岛众多冼庙中规模最大、参拜人数最多的。

★ **小贴士** 自唐以后,海南地区就已出现了冼庙。民国《续修儋县志》卷 4《建置·坛庙》记载:"宁济庙在州署前直街东南坊,祀谯国夫人冯冼氏。……自有唐来已立庙。"但冼夫人庙修建的高潮应在明清时期。

11. 临高文庙

位于临高县城文澜江畔,是海南省现存较完整、规模最大、历史最久的大型古建筑群。该庙始建于北宋庆历年间(1041—1048 年),南宋绍兴年间(1131—1162 年)移建于现址,毁于元代。明洪武三年(1320年)重建于旧址,亦已有近700年历史;明清时与孔庙合二为一,历称学宫,亦称孔庙、圣殿。

文庙历经明清知县和民国初年绅士等人集资大修,重修后的文庙为木石结构,由朱壁、大成殿、崇圣祠、明伦堂、东斋、西斋、东庑、西庑、名宦祠、乡贤祠、节孝祠、忠义祠、祭器室、乐器室、泮池、金水桥、棂星门、礼门、义路等组成,面积3 188平方米。

民国中期,新学勃兴,文庙改为临高乡村师范学校(即今临高中学和临高师范学校之前身)。1992年开始,由中央、省有关部门拨款和临高县人民政府出资再修并对外开放,现为省级重点文物保护单位。

五、全省主要红色文化旅游点

1. 海南解放公园

为庆祝新中国成立71周年、海南解放70周年,政府对临高角解放公园进行整体升级改造,新建了喷泉广场、公园大门,新增渡海登陆作战铜塑像、观海瞭望塔等景点。2021年11月,经过中央有关部门批准,临高角解放公园更名为"海南解放公园",成为海南唯一的解放公园。

海南解放公园占地面积86亩,划分为滨海风景区、热血丰碑广场、历史遗迹保护区、常春亭等区域,建有热血丰碑、解放海南临高角登陆纪念馆、百年灯塔、四十军烈士纪念碑等,并开辟了瞻仰区、观海亭、会议中心、休闲度假中心等若干配套设施,是集红色教育、缅怀先烈、休闲旅游于一体的纪念性公园。

✱ 小贴士　为纪念1950年4月17日中国人民解放军第四十军海南岛战役英勇牺牲的烈士和解放海南渡海登陆战这一壮举,1995年临高县委县政府在临高角登陆点兴建了纪念馆(仅限于静态展览)和解放海南纪念雕像——热血丰碑。2006年5月,临高当地一家公司投资兴建临高角解放公园。

2. 红色娘子军纪念园

位于琼海市嘉积镇万石坡,是全国爱国主义教育基地、海南省爱国主义教育基地、全国红色旅游经典景区。

纪念园由和平广场、纪念广场、红色娘子军纪念馆、椰林寨、旅游服务区等5个部分组成,占地200亩。园里树木成荫,绿草如毯,鸟语花香。2000年5月建成开园供宾客游览。

和平广场位于纪念园的正中前沿,可容纳数千人,正中舞台背景是一巨型雕像。该雕像高8米、长12米、宽4米,由锁链、娘子军竹斗笠、号角以及和平鸽组成。

纪念广场位于纪念园的西北侧,广场上有红色娘子军战士雕像,展现红色娘子军战斗历程的浮雕墙、栽培纪念树的园地与观看红色娘子军战士曲艺表演的场地。旅游服务区位于纪念园的西侧,设有红色娘子军射击娱乐场、海岛服装、土特产销售商场和宾客餐饮场所。

✱ 小贴士　位于红色娘子军纪念馆前的红色娘子军雕像,由花岗石雕刻而成,坐北向南,高3.7米,连底座总高6.8米,占地面积40平方米。现已成为海南省省级重点革命纪念建筑物保护单位。

3. 母瑞山革命根据地纪念园

母瑞山位于定安县南部,山高林密,地势险要,是土地革命时期琼崖特委、琼崖苏维埃政府和红军独立师三大领导机关的驻地。母瑞山革命根据地纪念园就位于山下的中瑞农场。

该园是在原红军操场司令台遗址上建成的。园中央建有冯白驹和王文明铜像,有陈列馆、题词亭、湖中亭等。陈列馆里陈列了海南在整个新民主主义革命时期4个阶段的革命斗争史料及珍贵文物等。

目前,该园已修复了红军操场、红军广场、红军医院、司令台、红军供销社、红军缝衣组和红军交通处等红军遗址,新修建了旅游步道、红军旅馆等旅游设施。另外,纪念园还开发出系列研学旅游、党建教学产品,探索体验式、沉浸式旅游教育新模式;落户了红色书店,设计了"母瑞英魂"主题文创产品,推出了多条以母瑞山为核心的红色旅游路线。

❋ 小贴士　该纪念园于1993年10月开工兴建,1996年8月落成开放,2001年6月被中宣部定为全国爱国主义教育示范基地,是海南省第一家红色旅游4A级景区。

4. 六连岭烈士陵园

❋ 小贴士　党和政府于1961年在六连岭东麓兴建纪念碑和纪念亭;1976年扩建为六连岭烈士陵园;2011年,被列入全国红色旅游经典景区。2015年8月24日,入选第二批100处国家级抗战纪念设施、遗址名录。2021年7月,被评为国家3A级旅游景区。

位于万宁市和乐镇六连村,是全国革命烈士纪念建筑物保护单位。

陵园占地面积242亩,建筑面积1 000多平方米。大门为绿色琉璃瓦顶,上面有海南省委第一任书记许士杰的题字:"六连岭烈士陵园"。大门左上方是朱德题诗"六连岭上现彩云,竖起红旗革命军。二十余年游击战,海南人民树功勋"。大门右上方是董必武题诗"六连岭树红旗日,五指山防白匪时。二十三年根据地,一心革命贵坚持"。

陵园里有赣湘闽粤四省百县青年代表栽下的10多亩成片纪念林,大道两旁椰树挺拔,松柏苍翠,花果琳琅。主要建筑物有纪念碑和纪念亭。

5. 中共琼崖第一次代表大会旧址

位于海口市解放西路竹林里131号,是全国重点文物保护单位和海南省爱国主义教育基地。旧址大院是邱秉衡(著名民主人士,曾任海口市副市长)之父邱爵一于1919年兴建的。

旧址大院是一栋典型的南方住宅,院内有瓦面平房两幢,每幢分隔3间,中为厅堂,两侧各有2个小房。两幢平房的前、中、后各有相应的庭院,东、西两侧是厢房,均为砖木结构,并置有小花园,总占地面积2.69亩。

中共琼崖第一次代表大会旧址于2001年整修,首间平房的厅堂为会址遗物陈设,两侧的厢房墙壁上悬挂中共琼崖"一大"代表的头像及生平简介;后间平房及东、西两侧的厢房为"中共琼崖地方组织的光辉历程"图片展览。

6. 琼崖工农红军云龙改编旧址

位于海口市琼山区云龙镇东北面,于1989年12月建成,由红军战士铜像、接待厅、陈列馆、荡寇亭、凯旋亭和壁廊等几部分组成。整体坐东向西,占地面积7 150.5平方米。

正门右侧大理石柱上刻有马白山(琼纵副司令、原海南军区副司令员)题写的"琼崖红军云龙改编旧址"。距大门正中16米处竖立一尊手握钢枪的独立队战士全身铜质铸像,总高10.4米,其中铜像高4.6米,底座高5.8米。底座正面刻有徐向前元帅的题词"琼崖抗日先锋",背面刻有"云龙改编简介"。铜像的后面是绿色琉璃瓦面的纪念馆,建筑面积320平方米。馆的周围种植23棵青松,象征琼崖革命武装斗争二十三年红旗不倒的光辉历程。馆左侧建有长38米、高3米的曲廊,刻有朱德、陈毅、徐向前、聂荣臻、杨尚昆、彭真、薄一波等老一辈无产阶级革命家的题词。

7. 陵水县苏维埃政府旧址

位于海南省陵水黎族自治县椰林镇中山东路,占地面积1 127平方米,被国务院定为国家级重点文物保护单位。

陵水县苏维埃政府旧址原为琼山会馆,始建于1921年,1927年,大革命失败后不久,琼崖第一个红色政权——陵水县苏维埃政府就在此诞生,重新点燃了全岛革命斗争的火种。新中国成立后,陵水县苏维埃政府旧址被列为省级文物保护单位。

陵水县苏维埃政府旧址是一幢精美的建筑,总体看来是一个祠堂式的多进式院落,分前、中、后三进,每进建筑之间都有天井分隔。一进为单层,二、三进均为二层楼房。

8. 演丰地区人民革命纪念园

位于海口市美兰区演丰墟西北3公里处的流水北坡段,于1996年1月建成。纪念园呈正方形,占地面积9.8亩。

正门顶端横楣是"演丰地区人民革命纪念园"的金字园名,两侧为琉璃瓦面、高低呈波浪形的围墙。进入大门后,一条水泥大道直通塑像与题词壁廊及纪念馆。大道两旁是两座直径3米、高5米的八角亭。在园中央安放徐成章、徐天炳和吴克之三尊半身塑像。

塑像两侧各建有一条长12米、高3.5米的壁廊,并刻有演丰地区民主革命战争时期牺牲的542名革命烈士的英名。塑像后为长17米、宽7米、高7米的纪念馆,墙壁上刻着演丰人民革命斗争简史及中央、省领导人的题词,在馆的两旁还建有两座方圆3米、高4米的凉亭。

9. 崖城革命烈士纪念园

位于崖城镇内,距西线高速公路崖城出口处约1公里,是海南省、三亚市爱国主义教育基地。由三亚市人民政府于2005年12月6日投资兴建,2006年3月28日落成,是一座集纪念、瞻仰、园林和爱国主义教育于一体的综合性烈士纪念园。纪念园整体由大门、围墙、纪念台、纪念柱组成,占地面积3.5亩。

纪念台和纪念柱主要以雕刻工艺为主体,纪念台呈阶梯状,有8级,下宽15.8米,上宽13.8米,高7.6米;纪念台前半部以书形对开雕刻为主体,左边刻有陈英才等37位英烈姓名,右边刻有"崖城革命烈士碑志"。纪念台后半部竖立纪念柱,柱直径为1.2米,高6米,分三部分,上面刻有纪念先烈的图案。

10. 梅山老区烈士陵园

位于三亚市梅山镇石沟溪水库西侧,是三亚市爱国主义教育基地。

崖县(今三亚市)人民政府于1982年筹资建设梅山老区烈士陵园。陵园坐南向北,占地面积45.05亩,1990年扩建石板路364米。陵园内有八角亭、纪念碑、公墓各1座。亭内耸立着1块高1.5米、宽1米的碑记。碑记镌刻"梅山老区烈士陵园碑志"。

该碑志概述了梅山老区人民在党的正确领导下,长期坚持与国内外敌人进行顽强斗争,英勇杀敌,巩固和发展根据地的光辉历史。亭的后面是纪念碑,碑高8米,碑身正面镌刻"革命烈士永垂不朽",基座正面镌刻55位烈士英名。

11. 西沙海战烈士陵园

西沙海战烈士陵园（三沙市琛航岛烈士陵园），位于三沙市琛航岛，是为纪念在1974年西沙海战中牺牲的18位烈士而建，于2016年7月新建，是祖国最南端的烈士陵园。

新建陵园主纪念碑高9.8米，采用汉白玉石制成。在主纪念碑的后侧建造了一面海战介绍墙，以图文的形式展现海战全过程。陵园内还建有6块纪念参战舰艇的石砌铭牌，以及18块纪念烈士的石砌铭牌。

西沙海战中，南海舰队冯松柏、周锡通、曾端阳、王成芳、姜广有、王载雄、林汉超、文金云、黄有春、李开友、郭顺福、郭玉东、杨松林、罗华胜、周友芳、曾明贵、何德金、石造18位军人为祖国、为人民壮烈牺牲。

每逢新兵上岛、干部换班或重大节日，驻岛官兵都会在烈士陵园开展教育活动；每一艘靠泊琛航岛码头的舰艇或上岛人员，都会自发前往祭拜英烈。

❋ 小贴士　西沙海战是一场维护中国领土和领海主权的正义战争，是中国人民解放军的首次海上反侵略作战，是海军联合陆军、空军及民兵在西沙永乐群岛海域为还击南越军队侵略进行的一场联合作战，是新中国成立以来最重要的战争之一。

12. 西沙自卫反击战烈士陵园

位于三亚市红沙镇欧家园，管理单位是中国人民解放军南海舰队，是三亚市爱国主义教育基地。

西沙自卫反击战烈士陵园于1975年由中国人民解放军南海舰队所建，占地面积2.7亩。陵园大门高4米、宽3.9米，大门匾书：烈士陵园。陵园正中为一座6.45米高的纪念碑，碑身正面镌刻"西沙永乐群岛自卫反击战光荣牺牲的烈士永垂不朽"22个大字。纪念碑后面有墓场，墓前都有碑记，纵横有序。

13. 白沙起义纪念园

位于琼中县红毛镇番响村东侧的海榆中线公路160公里处，是海南省爱国主义教育基地。

该园于1987年9月动工兴建，1988年11月竣工。纪念园占地面积20.03亩，纪念碑高17.2米，由碑身、碑座、基座、碑帽组成，各部平面呈方形，碑为花岗岩石条结构。碑身正面镌刻江泽民题写的"白沙起义的英烈们永垂不朽"，碑底部背面镌刻着白沙起义简介。

1943年8月，为反对压迫和剥削，争取自由和解放，黎族首领王国兴等带领当地黎族、苗族群众吹响号角，自发向驻扎在向民村和印妹村的国民党反动派发动进攻，手持粉枪等简陋武器打响了白沙起义第一枪，并取得了最终的胜利。

❋ 小贴士　中华人民共和国成立初期，毛主席对王国兴领导的白沙起义给予了高度评价，赞扬中国少数民族自发起义，主动寻找共产党，王国兴是很有代表性的一人。目前，纪念园已打造成巩固"不忘初心、牢记使命"主题教育成果的重要阵地、党员干部理想信念教育的重要场所和青少年革命传统教育的重要课堂。

14. 五指山革命根据地纪念园

❋ 小贴士　自2021年以来，五指山市积极推动五指山革命根据地纪念园提质升级，创建国家4A级景区，对景区内的纪念碑、广场周边等硬件进行升级改造，并增加了一批国防教育装备等设施，于2022年10月成功获评国家4A级旅游景区。

五指山革命根据地纪念园景区位于五指山市毛阳镇毛贵村,距离市区25公里,占地面积238亩。该景区创建于2001年,是在原琼崖纵队司令部旧址的基础上建设起来的。景区内设有纪念碑、历史陈列馆、英雄广场和小园林等设施,是海南省重要的爱国主义教育基地。

纪念碑高23米,寓意"孤岛奋战,二十三年,红旗不倒",象征着海南二十三年红旗不倒的光辉历史。主碑的造型突出"山"的形状,寓意纪念碑像五指山一样巍峨雄伟。远看纪念碑,像一团火焰,寓意五指山的"星星之火,可以燎原";近观如钢枪,寓意"枪杆子里面出政权"。纪念碑上方的群像象征冯白驹、王国兴等历史人物。基座下方的浮雕,反映了军民一家亲、军政训练、革命斗争和发展经济等图景。

历史陈列馆总面积2 558平方米,共分为5个主题:"白沙起义,曙光初现""挺进毛贵,红霞漫天""三大攻势,旭日东升""解放海南,红日高照""薪火相传,日新月异"。该馆集中展示了1939—1950年,琼崖军民浴血抗战、爆发白沙起义、创建五指山中心根据地、开展三大攻势、配合野战军解放海南等历史事件及解放后海南黎族苗族自治地区的变迁和发展。

❋ 小贴士　纪念园内的五指山革命根据地指挥作战的琼崖党政军主要领导人半身像,左侧是党政领导人:冯白驹、李明、黄康、刘秋菊,右侧为琼纵领导人:庄田、李振亚、吴克之和马白山。

15. 马白山将军纪念园

位于澄迈县马村西面海边上,距马村1.5公里,离金江镇46公里,1997年9月26日建成,占地面积约12亩。

纪念园坐东朝西,面对大海。园中央竖立马白山将军铜像,铜像基座正面镌刻杨成武将军亲笔题写的"马白山将军",背面刻有马白山生平事迹。右边是陈列馆,左边是纪念亭,中间是壁廊,铜像前方是大门,大门前有33级台阶,拾级而上,整个建筑雄伟壮观。

16. 王白伦暨红旗地区革命烈士纪念园

位于海口市琼山区红旗镇土桥墟西北侧海榆东线公路30公里处,是海口市爱国主义教育基地,落成于1994年6月。

纪念园呈长方形,占地面积10亩。正门左侧刻有"王白伦暨红旗地区革命烈士纪念园"的园名。园内正中竖立王白伦烈士半身塑像,像身高1.5米,基座高1.6米。塑像东西侧各建一座凉亭,塑像后面建有8.85米高的两层橙红色琉璃瓦飞檐水泥结构的纪念亭,建筑面积为40.9平方米。

17. 李向群烈士纪念园

位于海口市秀英区东山镇向群小学西侧,是海南省、海口市爱国主义教育基地。该园由海南省委宣传部和海口市委、市政府,秀英区委、区政府及琼山区干部群众捐资建设,落成于2004年3月18日。

该园坐北朝南,总占地面积3亩,总建筑面积500平方米。广场上竖立着李向群雕像,雕像总高4.5米,由两层基座和像身三部分组成。基座正面为江泽民题词:"努力培养和造就更多李向群式的英雄战士",背面是李向群生平简介。在基座上面的是高2.9米、宽2.65米、重2.5吨的肩扛沙袋奋战在抗洪前线的李向群全身青铜雕像。纪念园的两旁是对称排开的行距为18米的20棵绿树,寓意李向群18岁参军、牺牲时年仅20岁。

18. 琼崖公学纪念亭

位于五指山市番阳镇，距五指山市区约 40 公里，是于 1964 年为纪念琼崖公学而建的。琼崖公学于 1940 年夏在澄迈县美合根据地创办，冯白驹将军任校长。1940 年 12 月 15 日国民党制造了骇人听闻的"美合事变"，琼崖公学被迫停办。

1945 年春，琼崖特委建立白沙县抗日根据地，琼崖公学恢复办学，校址设在白沙县阜龙乡。1946 年初，国民党为夺取抗战胜利果实，挑起全面内战，琼崖公学再度停办，培训的学员全部随军作战。1948 年 6 月，琼崖特委胜利建成五指山革命根据地，翌年春，琼崖公学在五指山番阳镇恢复办学。

19. 李硕勋烈士纪念亭

位于海口市海府路五公祠对面，始建于 1986 年 9 月，总体呈长方形，坐北朝南，占地面积 6 亩，由纪念亭、烈士雕像、题词碑廊、陈列馆 4 个部分组成。纪念亭高 6.1 米，横匾上刻有王震将军题写的"李硕勋烈士纪念亭"。

亭前 10 米处，竖立着李硕勋烈士上半身花岗岩雕像，高 1.2 米，基座高 2 米，正面刻有邓小平题写的"李硕勋烈士永垂不朽"，基座两侧分别镌刻李一氓撰写的《李硕勋烈士传略》和李硕勋烈士写给妻子赵君陶的遗书。

纪念亭的后面是一条黄墙绿瓦长廊，嵌着 10 块大理石，分别镌刻朱德、江泽民、聂荣臻、郭沫若、吴玉章、张爱萍、周士第、李一氓、李瑞环、刘华清等缅怀烈士的亲笔题词、题跋。纪念亭西侧是邹家华题名的李硕勋烈士生平业绩陈列室，陈列室内宽敞明亮，布局井然，展出大量的珍贵图片、文献和烈士遗物等。

✲ **小贴士** 该亭是全国重点烈士纪念建筑物保护单位，全国首批 100 家爱国主义教育基地，中共中央宣传部、中央文明办资助修缮的爱国主义教育基地，海南省青少年革命传统教育基地、海南省首批红色地名。1990 年，该亭以"勋亭流芳"美名入选"海口八景"。

20. 苏寻三乡人民革命纪念亭

位于海口市三江镇苏寻三村委会所在地东南侧，于 1991 年建成，纪念亭及附属设施总占地面积为 8 亩。纪念亭为钢筋水泥结构，周围由方形围墙环抱，各种建筑物均以琉璃瓦缀顶。

正门高 4.6 米，宽 4.8 米，横楣上刻着中共海南省委原书记许士杰同志题写的亭名："苏寻三乡人民革命纪念亭"，两边门柱上刻着"革命烈士浩气长存，老区人民功垂千秋"的对联。

进入大门后，有高 3.2 米、长宽各 5 米的四角形英烈亭，英烈亭的左右两侧分别建有高 3 米、底座长宽各 3.5 米的小亭。亭后耸立着琼崖革命先驱李爱春烈士的半身汉白玉雕像，像高 3 米，宽 0.8 米，基座正面镌刻着李爱春烈士生平。雕像东西两侧为长 7 米、高 3 米的壁廊，分别刻着李爱春等 157 名烈士英名和苏寻三乡革命史简介以及原苏寻三乡 50 个革命老村庄的名称。

21. 冯白驹纪念亭

位于海口人民公园路 2 号海口人民公园内，是海南省重点革命纪念建筑物保护单位、海口市爱国主义教育基地和青少年革命传统教育基地。纪念亭于 1989 年 2 月建成，占地面积 7.2 亩，由主亭和 2 座小亭组成，中间有长廊连接，坐南朝北，全部由花岗岩石砌成。

正中为主亭,两翼为六角亭。三亭之间各建 14 米长廊相连,呈弧形状。主亭正前方 20 米处,以 13 块花岗岩大石雕塑五座山峰,象征雄伟的五指山,中峰雕刻了冯白驹将军头像。山峰背后的底层平面的正中位置,安放着冯白驹将军的骨灰,盖面是一块黑色的大理石,上方是冯白驹免冠头像,下方刻有"冯白驹(1903—1973),中国共产党的优秀党员,中国人民的忠诚战士,久经考验的无产阶级革命家,'琼崖人民的一面旗帜'"的题字。

22. 张云逸将军纪念馆

位于文昌市文昌中学南面,1992 年为纪念张云逸将军 100 周年诞辰而建。

纪念馆坐东朝西,高 8 米,宽 12 米,顶分双层,饰碧绿色琉璃瓦。大门和陈列室中间是张云逸全身铜像,总高 8 米,传神的形象尽显其大将风采。铜像后面陈列展出史料照片、图表、绘画书稿等实物,全面系统地介绍了张云逸光辉战斗的一生。

23. 周士第将军纪念馆

位于琼海市嘉积镇不偏岭,是海南省爱国主义教育基地,占地面积 50 亩,建筑面积 650 平方米,钢筋水泥结构。1995 年,琼海市人民政府兴建周士第将军纪念馆。纪念馆的右侧建有一座纪念亭。

馆前庭正中竖立周士第将军花岗岩全身雕像,雕像高 3.2 米,基座正面镌刻杨成武题写的"周士第将军"。馆正面上方镶嵌着江泽民题写的"周士第将军纪念馆",李鹏、刘华清、张震、迟浩田等为纪念馆题词,中共海南省委、省人民政府为纪念馆立碑文。在纪念馆展厅里,展出周士第将军参加革命活动的照片、文献资料和文物 600 多件,形象、生动地反映了周士第的生平和历史功绩。

24. 冯平同志纪念馆

位于文昌市东路镇美德村,是海南省爱国主义教育基地、海南省青少年革命传统教育基地。

纪念馆正门为青砖牌坊,属于传统型门,悬挂黑漆木雕横额,镌刻张爱萍题写的匾:"冯平同志纪念馆"。庭院正中竖立身穿戎装的冯平全身铜像,铜像高 2.5 米,基座高 1 米,上有聂荣臻元帅题名的"冯平同志"。铜像后面是由马白山同志题名的冯平同志生平陈列室。陈列室里的展品主要有反映冯平一生革命活动的数百张照片和史料、文字说明,分 5 个部分 10 个方面。

25. 海南革命烈士纪念碑

位于海口市公园路 2 号海口人民公园内,是海南省、海口市爱国主义教育基地和青少年革命传统教育基地。占地面积 0.8 亩,建筑面积 36 平方米。该碑建于 1954 年 4 月,是为纪念坚持琼崖革命斗争和英勇渡海作战而牺牲的 2 万多名烈士而建。2003 年由地方政府划拨专款重修。

海南革命烈士纪念碑用大方块花岗石砌成,碑四周设有石栏杆,呈四面体,碑总高 14.5 米,碑身高 11 米,碑身正面刻有"革命烈士永垂不朽",基座正面及碑身背面上刻有朱德同志的题词:"长期坚持琼岛革命斗争和英勇渡海作战而牺牲的同志们!你们是中华民族最优秀的儿女。你们的英雄行为,对解放琼岛和全中国起了不可磨灭的作用。烈士们的功绩永垂不朽!"

26. 毋忘九一八国耻纪念碑

坐落于海口市琼山区府城街道中心三角公园内。

纪念碑用钢筋水泥浇铸而成,用中心红色、外圈灰白色圆形水磨石作底座,正中竖立六角形柱体,全高4米;主柱三侧附着了3个形状相同的曲折构件,代表着东北三省。整个碑形巧妙地构成了刚劲有力的"东北"2字,不管从哪个侧面看,主柱三面直铸的"毋忘九一八国耻纪念碑"10个大字都很醒目。

27. 日军侵琼八所死难劳工纪念碑

位于东方市八所港旁的荒滩上,是海南省重点文物保护单位。该碑所在的这片荒滩曾是抗日战争时期日本侵略者屠杀、埋葬近2万劳工的地点,人称"万人坑"。

1988年,海南省文体厅和东方县(今东方市)人民政府在该"万人坑"旁兴建一座30米高的纪念碑,建筑面积86平方米,并勒石铭文,以示千秋。碑身正面镌刻"日军侵琼八所死难劳工纪念碑",碑背面刻有碑文。

28. 白石溪地区革命烈士纪念碑

位于海口市琼山区国营东昌农场东北侧,是海口市爱国主义和革命传统教育基地。

白石溪地区革命烈士纪念碑于1991年落成,纪念碑所在庭院占地面积9.8亩,建筑面积160多平方米。庭院正面外围为拱形门,上方用大理石镌刻着"浩气长存"4个大字,背面上方为大理石装饰,并镌刻有"功德永存"的字样。庭院中央耸立着总高17米的方柱形纪念碑。纪念碑由碑平台、碑座和碑柱三部分组成,下脚长宽各3米,上顶长宽各0.8米,碑的底座长宽各12米,呈方形,钢筋水泥结构。

29. 海口秀英炮台

位于海口市龙华区世贸南路5号,始建于清光绪十七年(1891年)。2021年6月17日,被评为国家3A级旅游景区。

秀英炮台由拱北、镇东、定西、振武、振威五座炮位组成,东西向并列成直线,长约241米。炮门朝北,面临大海,四周是坚固的城垣,中间是一个6 867平方米的大操场。整个炮台连同附属建筑物占地面积约33 000平方米。

✤ 小贴士　秀英炮台是海南古代宏大的军事设施,也是中国古代规模较大的军事设施之一,与天津大沽口炮台、上海吴淞炮台、广东虎门炮台同为清代晚期闻名遐迩的海岸炮台,是我国近代史上重要的海防屏障。

30. 解放海南战役决战胜利纪念碑

位于澄迈县金江镇美亭村。1950年4月,英勇突破"伯陵防线"的中国人民解放军四十三军一二八师主力到达美亭、黄竹地区,在琼崖纵队的接应下,与国民党军队相遇,在美亭展开了海南历史上规模最大、最残酷的决战。

双方先后投入兵力达8万多人,战况惨烈。这场战役的胜利为我军解放海南岛起到了决定性的作用,史称"美亭决战"。解放海南战役决战胜利纪念碑(又称"美亭纪念碑")由原海南军区于1995年4月所建。

31. 玉包港登陆作战纪念碑

位于澄迈县桥头镇,离县城金江镇40公里,占地面积12 000平方米。1989年2月,澄迈县人民政府为纪念人民解放军渡海部队在玉包港登陆作战中英勇牺牲的烈士而修建。

纪念碑高7.2米,底座宽1.6米,碑座高1.5米,花岗岩石结构,四周置有栏杆。碑座正面刻有人民解放军渡海部队在玉包港登陆作战的情况。马白山将军为纪念碑题写碑名。

2010年11月,澄迈县委、县政府拨出专款在原纪念碑旧址上扩建玉包港登陆作战纪念园。新落成的纪念园,除了原碑重建外,还增修休闲长廊、纪念广场、岸线护堤、景观台等设施。

✤ **小贴士** 1949年2月,毛泽东主席命令四野"以四十军及四十三军准备攻琼崖"。继2个先锋营潜渡成功之后,1950年3月27日,四十军一一八师政治部主任刘振华、琼崖纵队副司令马白山,率领一个加强团2 937名指战员在玉包港强行登陆,在当地党政军民配合下,克敌制胜,为主力部队渡海解放海南岛提供有利条件。

32. 美合革命根据地纪念碑

位于澄迈县国营昆仑农场内,离县城金江镇48公里。纪念碑坐东南向西北,碑高6.12米,底座宽2米,碑座高2.74米,碑身雕刻成一面迎风飘扬的红旗。

1941年1月,中共琼崖特委和琼崖纵队总部机关西迁美合地区,建立革命根据地,领导全琼抗日救国斗争,并创办琼崖抗日公学,冯白驹任校长。不久,党校和军政学校相继成立。此外,还设军械所、合作社、小学、夜校、医院、抗日新闻报等机构。美合革命根据地成为当时全琼抗战的总指挥部,被人们誉为琼崖的"小延安"。

第三节 海南主要传统习俗与特色风情

一、大众民俗

(一)主要节俗

1. 公期

"公期"本意为所供奉、拜祭的神灵或者祖先的生日,也有些是当地历史事件纪念日,祭祀神多为南北朝时期的女英雄冼夫人,一般在农历正月上旬至三月中旬举行。

"公期"主要是文昌一带的叫法,海南绝大多数地区一般叫"军坡",民间也称"军期""闹军坡""发军坡""吃军坡"等,以海口市琼山区新坡镇最为隆重。

公期一般分为公期和婆期,指的是公祖或婆祖的生日,一般一个村子有一个"公"或"婆",其实质就是一地之神。公期或婆期时,全村人抬着神祖像在村中挨家巡游,祈求平安,村民则举行祭祀仪式供奉神祖,还遍邀亲朋来家聚餐。

每逢"军坡"活动,人们多模仿冼夫人当年出军仪式,两军对垒,起舞欢歌,纺制当年冼夫人的"百通小令旗",祈求一"令"传下,百事百顺。活动期间,家家户户要吃芋头、番薯、荞菜等农作物,以求做事稳妥、多子多福、长命百岁。活动中除"装军"(扮军演习)、吃军饭外,还开展一些最具海南特色的民俗活动,如过火山、上刀梯、婆祖巡游、舞狮摘青等。

✤ **小贴士** 公期习俗在海南世代相传已有1 300多年的历史,纪念方式历代不变,具有神话色彩,表现了历史人物的丰功伟绩,起到了融合地域、民族文化和各种宗教信仰的作用,这一简单的民俗活动有着深刻的文化内涵。对于公期的来源以及各地存在的习俗差异有着不同的解释。

2. 龙水浴

因有着引人入胜的神话传说,每年端午节前后,澄迈县的群众和三亚、儋州、海口、临高、定安等地的群众,老老少少、男男女女都纷纷涌到该县老城盈滨半岛洗龙水浴。盈滨半岛4公里长海岸线上,人山人海,可见超万人同浴的壮观场面。

起源于澄迈盈滨半岛的盈滨龙水节,自2003年首次举办以来,已经连续成功举办了20余届,节日活动内容也逐步增多——中国龙舟公开赛、国际咖啡师冠军赛、"大海歌曲"创作与演唱电视大奖赛等。

龙水节成为澄迈县挖掘历史民俗文化,以文化活动激活旅游商贸的重要方式,多彩的民风民俗活动和国际赛事引来众多省内外游客,享受这一传统节日带来的无限乐趣。

3. 二月二祭海

海南岛四面环海,居住着众多崇拜、敬畏大海的渔民,他们每逢出海或"二月二"就要祭祀海神,反映出海南沿岸渔民在漫长耕海牧渔生活中创造的独特渔家文化。

每年农历二月初二"龙抬头"节,海南岛上南北中心城市海口和三亚,当日均举行大型祭祀仪式,以传统方式祭拜南海,虔诚祈福。

祭海仪式上,身着道袍的道士引领着逾百米祭祀队伍"抬公巡游",击鼓鸣炮,用庄重的道教仪规"化表谢恩",表达对海洋的敬畏和感恩。24位身着紫色服饰的舞者表演古老的六俏舞,通过龙到人间、迎龙、拜龙、送龙的舞蹈形式,祭祀南海龙王、天后娘娘、水尾圣娘等海神。

海南的"抬公巡游"和祭海仪式已沿袭了上千年,众多外地游客专程赶来观看祭海仪式,感受海南民俗文化。

4. 妈祖祭奠

海南的妈祖文化是随着闽南人开发海南岛带进海南岛的一种海洋文化,经过千年的发展和延续已经成为海南的一种独特的文化象征和代表。

祭典开始前,祈福台前往往摆放好熟鸡、水果等祭品,从福建妈祖祖庙请出来太子殿的妈祖,在身穿祭服的卫士护卫下沿街巡游,八音奏乐。随后,祭典仪式正式开始,信众代表向各地妈祖像行三拜九叩礼,并依序举行迎神上香、诵读祝文、行礼奏乐等庄严的祭典程序。最后在香烟缭绕、钟鼓齐鸣、炮声震天中礼成。

整个祭典过程,雍容肃穆,瑞气氤氲。仪式结束后,妈祖信众们云集妈祖像前,虔诚上香、膜拜、祈福。

目前,海口秀英区西秀镇新海村、琼海潭门镇等地的纪念妈祖诞辰活动规模较大。

❋ 小贴士　妈祖文化历经千年衍播,形成了立德、大爱、行善的精神内涵,以及平安、和谐、包容的文化特征,是中华文化的重要组成部分,是我国海洋文明的重要标志。熟语称"有海水处有华人,华人到处有妈祖",随着时代的变迁,妈祖由航海关系而演变为"海神""护航女神"等,海南妈祖则成为另一种独特的代表。

5. 元宵送灯

元宵送灯是流行于文昌的一项传统项目。农历正月十五夜晚,人们掌着一盏盏花灯,上面有大小红"喜"字和36个"寿"字,由"灯主"领队,排成长龙,敲锣打鼓,燃放爆竹沿村游行,其后到离村不远的公庙,将灯挂于庙的内外,然后人们再蜂拥而上去抢采花灯。

（二）生活习俗

1. 老爸茶店

老爸茶店，顾名思义，便是闲情的"老爸老妈子"们相聚喝茶之地。茶店常设于老城区小街巷中，临街一间铺面，摆放十张八张桌凳即可待客，所用之茶为绿茶、红茶末，或是自制的菊花茶、茉莉花茶、柠檬茶等。

茶客们常常边聊天或看报纸、边喝茶边吃品种多样的小吃。即便是茶客就点一壶几元钱的茶水，也可从大清早一直"泡"到黄昏后，无限制续杯。

老爸茶极具海南生活特点，是海南地域文化的一种反映，是海南特色休闲、热闹、包容、慢情调和海南市井生活的一个缩影。

❀ 小贴士　查阅史料发现，老爸茶店的兴起，与归侨有着密切的关系。19世纪末期，一些琼籍海外乡亲联合在海口中山路附近的得胜沙修建了几条骑楼街道，新街面依长堤码头，得地利之便，商贾云集，很快就成为当时海南的商业中心。一些老华侨便在此处经营起茶店，供来往客商驻足休憩。如今，海口中山路西街口的雕塑《老爸茶》，述说着这段历史。另外，2012年8月间，由几名在读的"90后"大学生"捣鼓"出来的一部长约17分钟的微型纪录片《拾味海南·老爸茶》，被海南本地多家网站转载，并获得了广泛的赞誉。

2. 打边炉

打边炉，实际为"打甂（biān）炉"，北方叫"吃火锅"或"涮火锅"，属于粤菜系，其主要食材是生鱼片、鱿鱼片、生虾片等，主要烹饪工艺是煮。

打边炉的"打"，指"涮"的动作，另据《广州语本字》解释，因置炉于人的左右（即人的旁边），人守在炉边，将食物边涮边吃，所以叫打边炉。

打边炉本与一般的火锅不同：火锅是坐下来吃的，而打边炉是站着吃的；火锅用金属器具，中间烧木炭，打边炉是用瓦罉；打边炉的竹制筷子约比普通筷子长一倍，便于站立涮食。

随着社会文明的进步，现在海南地区打边炉已与普通的火锅没有差别。琼北一带每逢公期时的打边炉最受欢迎、最传统。

3. 文昌木屐

文昌木屐已有悠久的历史。初时，其外形宛若一个用木板钉成的小凳子，上面再接合鞋帮。着地的两只脚称为屐齿，因屐齿接触地面面积小，故能适应雨天及泥泞的路面。后因生活需要，逐渐出现了由整块木料凿成的拖鞋形式的木屐，且种类颇多，有苦楝木屐、苦棠木屐、江斧木屐等。

文昌人素有穿木屐的习惯，尤其是在新中国成立前，木屐更为盛行。新中国成立后，由于人民生活水平的提高，木屐逐渐被淘汰，被布鞋、皮鞋取代，但是在农村地区，当地人仍然喜欢穿着木屐。

随着中外文化交流，文昌木屐远传海外，在日本、朝鲜和东南亚一带，至今尤盛行不衰。

4. 琼海"公道饭"

在海南琼海，吃"公道饭"（又称公道餐）历史悠久，是大多数村庄的食俗。20世纪70年代，物质条件匮乏，为了满足口腹之欲，海南人喜欢邀请关系亲密的邻里好友，几个人凑到一起合资购买"三鸟"（鸡、鸭、鹅）分食。

为体现公平均等的原则，众人决定采用分餐的形式，把煮熟的食物按份数均等切好后当众平分。因为公平合理,十分公道,久而久之,这种特殊的分食方式就被人们称为"做公道"或"吃公道"(也被称为海南最原始的"AA 制"),并逐渐发展成海南尤其是琼海一带特有的饮食习俗。

"做公道"的时候要有"公道头","公道头"根据合资的人数来分食。公道头把切好的等量肉块依次放入碗中后,众人兴高采烈地捧着属于自己的那份围簸箕而坐。簸箕里还放着用鸡汤或鸭汤烹煮的米饭捏成的拳头大小的饭团,琼海人称为"糒拱(bèi gǒng)",其他地区称为"糒公""饭珍""饭贡"。

❋ **小贴士** 按照食物的体积,"做公道"被分为大、中、小三种。大的公道一般是指牛羊等大型畜牧类动物;中的公道以鹅的体积大小来衡量;小的公道则是鸡、鸭等较为小型的家禽动物。

5. 黎苗长桌宴

长桌宴是黎族、苗族宴席的最高形式和最隆重的礼仪,已有几千年的历史。通常用于接亲嫁女、满月酒以及村寨联谊宴饮活动。每逢谁家有红白喜事,长桌宴起,附近十里八村的乡亲不管相识与否,无须设宴者邀请,都会携带酒菜纷纷赶去参加宴席。

长桌宴的桌子、酒杯、筷子等一般以竹子制成。把长方形的桌子排成长列,长长的桌上铺着绿油油的芭蕉叶,芭蕉叶上盛着各种各样原汁原味的特色美食——三色饭、竹筒饭、鱼茶、山兰酒、五脚猪等,以招待最尊贵的客人。

❋ **小贴士** "三色饭",有红、黄、黑三色,分别取色于新鲜植物红葵、黄姜和三角枫。黎家酸菜俗称"南杀",是一道特别有名的黎家小菜。

(三) 汉族婚俗

❋ **小贴士** 民俗学者们在数十年的调查中发现,尽管海南西部、南部的婚俗与琼北、琼东地区有较大差异,但汉族婚礼程序仍几近相似,包括做后生、出命、订婚、行聘、开面、哭嫁等环节。

1. 做后生

旧时,在海南南部和西部的乐东、三亚、东方等汉族地区,农村青年男子求偶的一种方式就是"做后生"。

女子长大成人后,一般会邀上几个要好的同伴,找一户人口少、房子宽裕的人家合住。夜晚,本村或外村的青年男子便会三五成群地到姑娘住处聊天谈笑,相互寻找意中人。如果双方有意,男子便会以"打眼角"、做手势或者写字条等各种方式,暗示女方随他到外头单独谈话,确定双方恋爱关系。

2. 出命

男女恋爱成熟后,男方家会请媒人到女方家提亲,女方家长若有意,就将女儿的生辰八字写在红纸上送给男方,俗称"出命",或者"出年庚"。

男方收到女方年庚后,请算命先生"合命",若双方八字相合便可定命。

3. 订婚与行聘

在海南陵水、三亚、乐东一带,汉族还有"出槟榔"习俗:男方提亲时,用锡盒或者花巾盛好槟榔,送到女方家。若女方家不许,槟榔包就不打开;若应承了这门婚事,则由女方家地位较高的人打开槟榔包,并请亲友邻舍吃槟榔。

男方定命之后,给女方送槟榔或者"乾坤帖",女方收到帖和聘礼后,退回部分礼款,双方就算结成亲家。订婚后,男方每年都给女方"送年"(即送礼)。

4. 开面

行聘后,男女双方就着手筹办婚事。婚前五六天,女方准备糕点来招待亲戚、邻居、朋友;婚前两三天请人整眉、绞面、剪发,俗称"开面"。

婚前,母亲一般会对女儿进行婚前教育,一般是以歌唱的形式进行。

✳ 小贴士 《母教女歌》由此而来:"奉事公姑要和气,室里叔父敬面前,左邻右舍会交合,四亲六情莫见闲……"

5. 哭嫁

哭嫁是海南一些地方特别的婚俗,女方结婚之日,痛哭流泪,以感激父母的养育之恩。

结婚这天,男方通常请乐队吹吹打打到女方家接新娘,当女方家得知迎亲队伍来时,就把大门关闭,不让新郎入门,新郎就要拿出"开门钱";开门后,拜堂时新娘由"全福太太"(有子孙的老阿婆)牵入中堂与新郎举行拜堂仪式。

新娘进房的第一件事就是坐新床。客人走后,新娘、新郎就要一起用预备好的4块砖头将床脚垫高,象征着恩恩爱爱、同甘共苦生活的开始。

✳ 小贴士 在婚后的第三天,夫妻带上糕点回娘家,娘家盛情招待,俗称"回门"或"认路头",文昌一带还有新娘带两棵椰子树到新郎家中种植的婚俗。

6. 疍家人婚俗

海南的汉族婚俗中,疍家人的婚俗是一个特例。疍家人中如果双方父母同意子女的婚事,男方父母要聘请夫妻双全的妇女做媒,在大年初二带上槟榔到女方家提亲。如果女方家答应这门婚事,便用红纸写上女方的生辰八字,由媒人带回男方家"合命",男方家择定吉日再派媒人去女方家"压命",随后择吉日行婚。

疍家迎亲的前四天,男方要给女方行聘礼,聘礼轻重根据男方的家庭情况而定,一般为衣服10套、金戒指2只、金耳坠1对、银项链1条、银头钗2支、玉手镯1对,以及现金若干;送聘礼还要用彩船,并请鼓乐手一路吹吹打打送到女方家。

到了结婚前一晚,出嫁的姑娘在娘家要以疍家人特有的"咸水调"边哭边唱"啼夜"。"啼夜"要哭得悲切,眼睛要哭得红肿,这样才能表达出对娘家的眷恋。

✳ 小贴士 疍家人迎亲的时间多在三更过后,男方乘坐一只披红的小舢板来接新娘。新娘身穿五色衣裙,被接至男方家后要举行拜堂仪式,拜堂仪式后,朋友中有人就用早已准备好的墨汁或者木炭轮流在家翁、家婆的脸上涂抹,新娘得要一遍遍地倒水,用新毛巾给老人洗脸。脸洗的次数越多,表明新娘子越孝敬老人。

7. 万州槟榔定礼

万宁东澳镇民间婚姻的第一步,叫作"定礼"。古万州(今万宁)盛产槟榔,亲朋往来,非槟榔不为礼,至于婚礼更非此物不可。媒人做媒之初,必送槟榔、茶、老叶至女方家。富者盛于银盒,次之盛以锡盒,贫者以彩帕包裹。在说亲过程中,如果女方允诺,则由辈分最长者,首先开盒,手取一枚,即为定礼。俗云:凡女子受聘某家,就叫作"吃某氏槟榔"。

二、黎族苗族习俗

（一）黎族祭祀

1. 万物崇拜

"万物有灵"的观念使黎族社会盛行自然崇拜、图腾崇拜和祖先崇拜。

自然崇拜：直接对自然实物进行膜拜，其等级最高的是石崇拜，如石祖崇拜、灵石崇拜等，其他的还有对天、地、风、树、雷公、山、水、火等的崇拜。

图腾崇拜：每个氏族都有自己崇拜的图腾，黎族的动物图腾崇拜主要有龙、鱼、鸟、狗、牛、猫等，植物图腾崇拜主要有竹子、葫芦瓜等。例如，黎族人认为榕树是有灵性的，它是人类善良的朋友。大叶榕是雨仙，种得越多，这一地区的水量越丰富，也能风调雨顺；小叶榕则被认为是村寨的荫护神仙，它能保护村庄人丁兴旺、丰产丰收和大吉大利。若村寨死了小叶榕树，黎族人相信那是村中德高望重的老人即将去世的征兆，所以严禁砍伐生长在村寨的榕树。

祖先崇拜：各家族的"祖先鬼"是指父氏家族正常死亡的男性祖先。在黎族村子门前或大榕树下，都有用几块石头筑成的小石屋（祭祀的土地庙），庙里设有神位和香炉，只有一块雕刻成类似男性生殖器形状的石头，黎族称其为"石祖"。黎族把"石祖"当作灵魂的具体化身来祭祀。每当农历七月十四和春节前后，村民便置酒摆肉，烧香祭拜祖灵，祈求氏族人丁兴旺、平安、健康长寿。

❀ **小贴士** 黎族人对榕树和石祖的顶礼膜拜属于原始文化的范畴，来源于对祖先的崇拜，与生育的图腾有着密切的联系，他们相信这样做能给人们带来平安幸福，并能满足人们消灾去难的夙愿。

2. "大力神"崇拜

"大力神"，即黎族神话故事里的创世神，黎语称之为"袍隆扣"。流传于乐东、琼中、保亭、陵水、五指山、三亚等市县的黎族聚居区。

"袍"，对黎族来说就是祖宗、祖先；"隆"在黎语中是"大"的意思；"扣"是力量，力的含义里有智慧、有学识。"袍隆扣"是黎族真正的人文始祖。

黎族有一首民歌：有天才有地、有地才有山、有山才有树、有树才有水、有水才有田、有田才能种粮食，有了粮食人才能够生活，才能活下来。没有"袍隆扣"，人类的一切都没有了。

另外，黎族人还认为"大力神"是标准男性和好运气的象征，应是宗教信仰的核心。这一形象在黎族文化中是常见的符号，无论在织锦还是民居建筑中均有体现，如黎锦、槟榔谷黎苗文化旅游区景观建筑等上的纹样符号、色彩符号等，就是对"大力神"特别崇拜的体现。

（二）黎族婚俗

1. 放寮（玩隆闺）

❀ **小贴士** 黎族地区普遍存在着"放寮"习俗。每个村都有一个至几个寮房（黎语称"布隆闺"），女儿长大了便到那里居住。凡是没有血缘关系的男子，都可到寮房通过对歌、弹口弓、吹鼻箫来寻找情人，倾诉爱慕。放寮，黎语"玩隆闺"，体现了黎族未婚青年男女的社交自由。

进入寮房,男子要以歌叩门,女方若同意他进来,就回应一首歌;男子进门后要对唱见面歌和请坐歌才能入座。坐下后,男子要开门见山地表明来意,女子回应是否已有情人;接下来,表达爱情的对歌声、口弓声和鼻箫声就会此起彼伏。

情投意合后,男方就向女方送银圆、铜钱、针、布衫、腰篓、竹笠等物品(往后相互邀约,夜间常来常往)。如果一对黎家情人恩爱难断,需缔结秦晋之好时,他们便把婚事告诉自己的父母,男方家就要选定吉日,带上聘礼,到女方家去提亲。

2. 提亲与订婚

黎家提亲时,男方家人请族内一位亲嫂嫂当媒人,带槟榔、茶叶、烟丝等到女方家;女方本人及家人乐意接受礼品,说明亲事已定;女方一旦吃了男方的槟榔,提亲就基本告成。

订婚日期多选在农历十二个月份中的兔日、蛇日、猴日或鸡日;订婚时,由男方家派出2男4女6个人(父母、哥嫂亲戚或村里善于唱歌、说话、喝酒的人)到女方家商量婚礼日期以及彩礼内容和数量。

3. 婚礼

黎家婚礼仪式为:头天下午村里人劈柴搭灶,杀猪杀鸭,吹拉弹唱,通宵达旦。第二天一早,由8人(新郎、伴郎、4个伴娘及挑聘礼的亲属)组成的迎亲队伍,在八音队的乐曲带动下至村口向"土地公"烧香,并在村口岔路烧稻草、抛鸡蛋;至新娘家村口,八音队吹迎亲曲,新娘家人出迎,村里一位长者拿着一把稻草、少许米饭、一个鸡蛋,点燃稻草,向火堆抛鸡蛋,迎亲队需走过火堆进村。

至新娘家,女方家2个伴娘按礼单清点聘礼,请迎亲队伍进屋就座、喝酒、对歌,然后新郎、新娘互敬槟榔和喜酒;午宴后,迎亲队伍到村口燃放爆竹,再进村入屋,男女双方伴娘交换红线和盛着槟榔、烟丝的双碗,再交换茶,摆上酒菜。

晚宴后,年轻人在八音队的吹奏下开始"逗娘"。次日天刚亮,新娘要到河里挑水,以示勤劳贤惠;上午10时许,新娘要回娘家;伴娘挑着两个小箩筐(一个放有糯米饭和猪肉,另一个放有黑色衣服)走出村口,把糯米饭和猪肉分给路人吃,之后返回婆家;午宴后,八音队进新房吹奏,接着新娘就同女方家人回娘家。过了一两天,男方家择吉日派2个十一二岁的小女孩去接新娘回婆家。

✻ **小贴士** 黎族婚俗喜庆热闹,男女青年经过自由恋爱后,一切均按照黎族风俗提亲、订婚、举行婚礼。按黎族的习惯,村里不管谁家有事全村人都要来帮忙。"逗娘"在黎家婚俗中不是逗新娘,而是逗伴娘;同祖宗姓氏的人是不能逗的,也不能对歌,黎族地区婚后"不落夫家"(生育前仍长居在娘家)的习俗相当普遍,非婚生子女一般不受歧视,离婚和寡妇改嫁比较自由。

(三) 黎族丧葬

✻ **小贴士** 黎族葬俗为土葬,棺有独木棺、竹棺、树皮棺、露蔸叶席棺、陶瓮棺等五种。五指山地区的黎族,以独木棺为主。沿海平原地区的黎族,以厚木板制作棺材。黎族历来以土葬为主,丧葬隆重,但丧葬仪式和禁忌等,各地有异。丧事办理严肃,程序规范不可简略。

1. 丧葬程序

(1) 报丧:死者家属以号哭和鸣枪报丧,并着人传告噩耗,且报丧人员需反穿着衣服。

（2）洁身：亲属用清水给死者洗脸和手脚，梳整头发和穿戴寿服（合亩制地区以及白沙南开地区的黎族，对尚未文身的女性死者，在帮其洁身后，要用木炭在死者脸上按特定的文身部位画特定图案）。

（3）殓仪：合亩制地区及白沙南开、儋州南丰等地区停尸设灵位（死者遗体放在家里，遗体底铺一张露蔸叶席，上盖黄色或灰色毡被，富家盖龙被，即黎锦），琼中、保亭、陵水、三亚、乐东、东方、昌江等地区停棺设灵位（木棺放在死者家厅堂，棺内用草席和黑白布铺底）。

（4）守灵：民间普遍把灵柩放在家里三天。守灵时，死者亲属按照辈分次序坐在灵柩两旁痛哭并呼唱悼歌，参加治丧的众人边喝酒边唱悼歌以追述死者生前功过，远程赶来治丧的亲友，带着猪、羊或米酒和钱等，到灵位吊唁和唱悼歌。

✻ 小贴士　"合亩"，为汉语意译，黎语称"纹茂"，意即家族或氏族，一般叫"翁统打"，即"合伙共耕田地"之义。"合亩"是黎族古代家族公社的一种共耕组织。一个"合亩"就是同血缘或以同血缘为核心的若干农户组成的一个生产单位。合亩制大部分地区处于昌化江的上游，延伸到五指山中部地区，生产力水平比其他黎族地区低。

2. 主要禁忌

合亩制地区黎族丧俗：若有人去世，全村成年男女三天不吃主粮，不做重工，不入田园耕地，只用小竹管吸食糯米甜酒，餐前和餐后唱悼歌。

其他黎族地区的丧俗：治丧期7天，除了不禁忌吃米饭外，其他丧规同合亩制地区。死者如系男人，葬于本村同一血缘集族公墓地；死者如为外村嫁来的女子，则须抬回其娘家，葬于其父方公墓地。

在合亩制地区，死者之妻在给死者送葬当天，由娘家接回去，不享受夫家财产继承权，可带走自己的行李、当年的口粮以及未断奶的婴儿。在其他黎区，死去丈夫的年轻者改嫁，年老的落夫家，后事由子女办理。民间埋葬死者后，要把死者日常使用之物，如衣服、草笠、刀篓、弓箭和纺织工具等，送至村旁大榕树下或坟墓旁。

在合亩制地区杞方言区和白沙县润方言区，人们在孝期反穿衣服，在乐东、昌江等地的哈方言和美孚方言区，人们穿黄色麻衣孝服，在琼中、保亭等地的杞、赛、哈等方言区，人们穿黑色孝服（现部分黎区办丧事戴黑纱）。在哀悼期间，不许换衣服、洗澡、外出参加红事和各种娱乐活动，否则视为对死者不敬。

黎语称非正常死亡者为"勿的"，不准将其埋葬在祖宗墓山，在外面死亡的非正常死亡者就地埋葬，不准把其遗体抬进村。随葬品以竹木具、麻棉织物和陶瓷器为主，忌随葬铁、铜器。在死者墓地禁忌放置死物和新建房子；忌别人公开点死者父母亲的名字，否则视为不吉利。

（四）黎族文身

✻ 小贴士　文身是海南黎族特有的习俗，是世界民族中一种罕见的原创性文化现象。文身，黎语称"打登"或是"模欧"，海南汉语叫"秀面"和"书面"，是黎族人的一种传统习俗，也是黎族氏族的标志和象征，其中包含着祈福、辟邪的意愿和对美的追求。

1. 文身的定制

黎族人文身自古以来都有定制，因为他们把文身看成民族的标志。黎族传统信仰认为如果生时不文身绣面,未文上本家或本支系的特定标志,死后则祖先会因子孙繁多,难以遍观尽祖;倘若"祖宗不认其为子孙,则永为野鬼"。

再则,在上古时代,种族之间常发生互相残杀的悲剧,把俘虏妇女作为战利品。妇女将成年时,务必进行文身,易于辨识,亦借以免为俘虏,所以,"黎家男女周岁即文其身"。

2. 文身的图案

黎族文身常以几何方形纹作为主要图案,文身时不仅图有定形、谱有法制,连施术年龄亦有规定。

各氏族按祖传之图案进行文身,绝不能假借紊乱。例如,美孚黎妇女以几何方形纹、泉源纹或谷粒纹组成文身图案,而润黎则以树叶纹或方块形成文身图案。青蛙是黎族最崇拜的动物之一,黎族文身常以青蛙作为主要图案。

女子只要长大到十一二岁,都毫不例外,必须按照祖先遗留下来的特殊标志接受文身。

✱ **小贴士** 黎族人倘若违背或由于特殊原因不能按时文身,在去世后,亦不可避免地会被族人用木炭按本氏族祖先留下的特殊标志在文身的位置画上图案,才能将遗体置于棺柩之中,如此才有资格埋葬在黎族集体的墓地之中。

3. 文身的过程

一般首先由施术者用树枝草棍或鸡毛蘸染料,在被文者的待刺部位绘好花纹图案,然后进行文刺,也有少数熟练的施术者文前并不绘图案而直接进行。

文刺时,施术者一手持藤刺,一手握拍针棒,沿图案纹路打刺;擦去藤刺刺破皮肤时流出的血水,在创口处立即涂上染料;待创口愈合脱痂后,即现出永不脱落的青色花纹。有的为了纹饰清晰,要重复打刺2~3遍。

4. 文身时间和年龄的选择

黎族人文身多选择在农闲的旱季和节日期间,此时一般气候干燥凉爽,伤口不易发炎溃烂化脓,容易愈合,也不会误工。

黎族妇女文身最早是从6岁开始的,多数是在10~15岁开始的。据不完全统计,40%的妇女是13或14岁开始文身的,近20%的妇女16~18岁开始文身,20岁以后开始文身的比例很小,但无论是哪个年龄段文身的妇女,几乎都是结婚之前文完。

5. 文身的场所和所刺部位

妇女文身没有专门的场所,一般是在女子居住的"隆闺"内或在家中进行。文刺时,除女亲眷或女性朋友外,他人不得在场观看。个别地区也有在门前文刺,不避外人或男性。

文身所刺部位也有一定次序:脸、背、胸前、腿、手,所刺花纹以圆形和曲线形特别丰富为其特色。

从脸到脚的文身过程,都是分别进行的,用几年时间分段进行,缓和或减少痛苦。

(五)黎族服饰

✱ **小贴士** 据历史文献记载,古代黎族先民普遍喜爱穿短衣、筒裙。《汉书》中记载:"自合浦徐闻南入海,得大州,东西南北方千里,武帝元封元年(公元前110年)略以为儋耳、珠崖郡,民皆服布如单被,穿中央以贯头。""贯头"即贯头衣,穿时从服布中的洞由头贯之。汉代儋耳、珠崖郡民穿的贯头衣应是后世黎族筒裙服饰的最初形态。2008年6月,黎族服饰入选第二批国家级非物质文化遗产。

1. 关于品类

黎族服饰的品类有黎锦、黎单、筒裙、头巾、花带等。图案特点是运用直线、平行线、方形、三角形等构成富有装饰价值和独特民族风格的奇花异草、飞禽走兽、人物的图案花纹,有的还嵌缀金丝银箔、云母片、羽毛、贝壳、珍珠、铜钱等。

2. 关于式样

在海南世代而居的黎族人,因各个方言区地域语言、族源、族系、崇拜图腾、祭祀、丧葬以及生活环境的影响,五大支系侾、杞、润、美孚、赛在服饰上有共同点,也有明显的差别。

传统的黎族男性服装式样比较简便,上装无领,一般为棉质、麻质或树皮纤维对襟,下装则因不同方言区而有所区别,主要有犊鼻裤和吊襜(chān,古代围裙),部分美孚黎男子上衣与女子无多大分别。

黎族女性服装式样较多,一般常穿直领、无领、无纽对襟上衣;有的地方穿贯头式上衣,仅在裙尾、裙腰上绣花;下穿长短不同的筒裙,筒裙多织条格纹。不同方言区又有差异。

3. 关于图案

黎族妇女的筒裙由上、中、下三大幅布横向连接起来,三幅布的色彩表现也不一样。上幅布的色彩、花比较简单,常用深蓝、赤、褐三色横花纹织成的几何图案。中幅布最小,但色彩却比上幅布丰富,运用黑、白和深蓝为多,主要是利用黄绿的细线将黑、白、深蓝色的花纹分成方格。下幅布最大,色彩也最多,大都用暖红色为基底,以黑色、银灰色为点缀,也有与红色并排用黄色为基底、以黑色和白色作为点缀的。黎族妇女对色彩的大胆运用,使得明明是深颜色,但色彩强烈对比产生了耀眼的效果。

4. 关于饰品

传统男士的发式髻于前额,头缠黑色或红色头巾,并插上骨簪或银簪。主持祭祀活动的长者还在发髻上插上羽毛,颈部挂上骨质或银质的装饰品。

女性的服装饰品较为丰富,有头饰品、胸饰品、手饰品及脚饰品等,质地有骨、铜、银、锡、玻璃珠等。其中,最为古老的装饰品当属铜制大耳环,它是远古时期黎族先民"儋耳"习俗的历史遗存。

❋ **小贴士** 2022年4月,博鳌亚洲论坛主题公园内举办了"寻觅雨林·万物共生"热带雨林文化展。海南的黎锦技艺,以及黎锦工艺品、银饰、藤编展品和苗绣技艺、各色少数民族乐器等,借博鳌论坛的"东风"在世界舞台上大放异彩。

(六)黎族历法

1. 关于"天"

在天与天的分界中,黎族往往把第一次鸡鸣作为第1天和第2天分界线,即昨天和今天的分界线。以太阳升起、在天空正中和落山作为早、中、晚的标记。

每一天均以12生肖分别命名,顺序为:鼠日、牛日、虎日、兔日、龙日、蛇日、马日、羊日、猴日、鸡日、狗日、猪日。

❋ **小贴士** 黎族没有24小时的概念,但有时段意识,如把一日分为10个时段,主要是以太阳方位、农事活动、作息时间和动物鸣叫等来称呼这10个时段。

2. 关于"月"

黎族一般把1个月计为30天,1个月内天数计算与汉族一样,按顺序初一、初二、初三……,直到三十。在1个月内,黎族也有旬的意识,如有"头月"(上旬意)、"中月"(中旬意)、"尾月"(下旬意)。

月在黎语中称为"南",也有大小月、闰月之分。大月黎语称"南隆",意为"生月";小月称"南度",意为"死月";闰月称"南润";热月份黎语称"南弗",冷月份黎语称"南开";雨季黎语称"南分",旱季黎语称"南丹"。

3. 关于"年"

由于海南岛地处热带亚热带交界处,四季不分明,从气候的变化中黎族有了热月份和冷月份的概念,从雨量的多少中又有了雨季和旱季的概念。从热到冷,从洪涝到干旱,刚好是12个月,年的概念便产生了。

黎语称"年"为"包",一年共有360天,以12年为一个周期,周而复始。

✱ 小贴士　虽然黎族没有四季的概念和划分,但在人们的谈话中也往往涉及四季。如布谷鸟月份(2—4月)、野鸭月份(5—7月)、大雁月份(8—10月)、白鹤月份(11—1月)。又如过去黎族地区山鹿很多,凡打猎的男人都喜欢把2—4月份称作山鹿怀胎月,5—7月份称作出鹿茸月,8—10月份称作山鹿交尾月,11—1月份称作山鹿长细毛月。

4. 关于"方位"

在黎族社会中,"东""西""南""北""中"的意识早就有了,但还没有形成相关的词汇。

人们往往把面对太阳升起的地方称为"日出",即相当于"东";太阳下山的地方称为"日落",即"西";自己的左边则称为"左手边",相当于"北",右边称为"右边手",即"南";自己站的地方是"中"。至于上、下、左、右、前、后的概念,黎语中早已有之。

(七) 苗族习俗

1. 生活起居

海南苗族与黎族同居岛的中南部山区,因为入居海南岛时间较晚,加之人少,往往混住在黎族的居住区里,或生活在深山密林之中,住宅为茅草盖顶的金字形房屋。

海南苗族与黎族同有农历"三月三"节,在"三月三"节庆时家家制作五色饭。

蜡染是苗族古老的印染工艺。头用红绸带,或蜡染,或刺绣花角巾束髻;上身为无领、开右襟的青色上衣,束红绸腰带;下身是短裙,扎有绑腿。

每年"冬至",苗族家家户户都要吃用山兰糯米制成的一种糕粑,以庆祝一年的丰收喜悦。

2. 婚姻形式

苗族婚姻充分体现了男女平等的思想,主要有四种婚姻形式。

(1) 男娶女嫁:同汉族一样,这种形式最为普遍。

(2) "做过世郎"(招郎入赘):这种婚姻形式主要适用于女方家无男嗣,需要男方落户女方家承管家产,而男方无父母或是兄弟较多,且愿意长期入赘的。

(3) "做郎换"(定期入赘):年限多为3~4年,部分长达8年,男方入赘到女方家,待入赘期满后，才获准带妻子离开娘家。

（4）"做娘换"：女方到男方家居住一定时间，一般是3～4年。

✳ 小贴士　"做郎换"主要因女方家弟、妹年幼，且家中缺乏劳动力；"做娘换"主要因男方家劳动力少或弟、妹年幼，需要女方到男方家住一段时间，待期满后，把男方带回娘家居住。

3. "拧捻"习俗

苗族新郎迎娶新娘的当晚，在新娘的授意下，伴娘带领村里的姑娘们，进入新郎暂住的房子里，用手拧捻新郎和伴郎，伴郎也会伙同小伙子们去拧捻新娘。

在迎送新郎和新娘的路上，还往往会遭遇到新郎或新娘过去恋人的袭击（"拧捻"）；当受到以前恋人攻击时，媒人和伴郎或伴娘要尽职责保护新郎或新娘，使其平安通过。

"拧捻"习俗是一种惯例，但在举行婚礼后就不许再发生。

✳ 小贴士　海南苗族的婚恋习俗，是多姿多彩的，他们崇尚男女平等，且同村不同姓或同村同姓不同祖的都可以通婚。20世纪50年代前，一般不与汉族、黎族通婚。现在苗族与汉族、黎族通婚的现象也日益增多。

三、五大宗教文化

✳ 小贴士　以下信息据海南统一战线工作部官方网站（http://www.hntzb.org.cn）2022年2月显示的相关资料整理。

（一）基本情况

1. 信教群众情况

据不完全统计，至2022年，海南省信教群众11.86万人，占全省总人口的1.3%。其中，佛教信众约2.84万人，占信众总数的24%；道教信众约3.2万人，占信众总数的27%；伊斯兰教信众约1.6万人，占信众总数的13.5%；天主教信众约0.3万人，占信众总数的2.5%；基督教信众约3.92万人，占信众总数的33%。

建省以来全省信教人数呈上升趋势，以基督教最为突出。

2. 爱国宗教团体建设情况

海南全省爱国宗教团体共35个。省级宗教团体7个，即省佛教协会（1999年成立），省道教协会（2006年成立），省伊斯兰教协会（2014年成立），省天主教爱国会、省天主教教务委员会（1989年成立），省基督教"三自"爱国委员会、省基督教协会（1989年成立）。市县级宗教团体28个，其中，佛教4个，伊斯兰教1个，天主教4个，基督教19个。

目前东方、五指山、昌江、白沙、保亭、陵水、乐东、屯昌等8个市县尚未成立宗教团体组织。

3. 宗教活动场所情况

海南省依法登记的宗教活动场所142处。其中，佛教20处，分布在海口、三亚、儋州、文昌、万宁、琼海、澄迈、定安、屯昌、陵水等10个市县；道教1处，在定安文笔峰；伊斯兰教7处，其中海口1处、三亚6处；天主教9处，分布在海口、定安、临高、文昌、琼海等5个市县；基督教105处，除陵水、乐东、保亭、白沙等4个县无合法宗教活动场所外，其余均有。

4. 宗教教职人员情况

全省经认定备案的宗教教职人员共 343 名。其中,佛教 136 名,道教 14 名,伊斯兰教 33 名,天主教 5 名,基督教 155 名。

(二) 五大宗教

✳ **小贴士** 在宗教传入之前,海南盛行图腾崇拜、自然崇拜和祖先崇拜,尤其是对祖先信奉更甚,这种崇拜在一些黎族居住地区至今仍然存在。后来,海南岛城市文化里宗教分布不只是中国传统的宗教,更有跟随着探索世界脚步的外籍宗教,它们成为海南文化独特的风景线。

1. 佛教

佛教在唐代就已经"落户"海南。唐天宝七年(748 年),鉴真和尚第五次东渡日本时,就因台风在振州(今三亚)大蛋港登陆,被安排住在振州大云寺,促成大云寺的复兴。

据记载,至清道光年间(1821—1850 年),海南已有寺庵 86 所。新中国成立初期仅海府地区(今海口市龙华区及琼山区一带)尚有寺庵 17 所,僧尼 50 余人。之后,佛教在海南的发展较为缓慢,"文革"期间停止活动。改革开放以后,佛教在海南获得较快发展。

2. 道教

道教是中国固有的宗教,已有 1 800 余年的历史,宋代传入,信徒众多,有较广泛的群众基础,大多数民间信仰都与道教有着千丝万缕的联系。从活动的内容和形式等方面看,海南民间民俗活动,所信奉的神灵,大都源自道教。

新中国成立后,在历次反封建迷信运动中,海南道教受影响较大,呈衰弱之势。2006 年 4 月,定安文笔峰玉蟾宫重建开放,是目前海南唯一合法的道教活动场所。

3. 伊斯兰教

伊斯兰教是在唐宋时期经"海上丝绸之路"传入海南的,已有 1 000 多年的历史。

世居于三亚凤凰镇的回族人,主要是唐宋时期从"海上丝绸之路"途经海南岛因各种原因驻留的波斯、阿拉伯人以及宋元时期从越南占城入居的穆斯林后裔。

散居在海口市的穆斯林大多是改革开放后的外来人口。目前海南省除海口、三亚外,其他市县只有少量穆斯林。

4. 天主教

天主教于明崇祯三年(1630 年)由葡萄牙传入海南,已有 390 多年的历史。天主教在海南传播的历史较长,新中国成立前,群众称之为"洋教",由外籍神父充任主教。

5. 基督教

基督教于清光绪七年(1881 年)传入海南,分别在海口、临高、儋州、琼海等地建立四大教堂。1934 年成立中华基督教海南大会,管辖海南全岛及雷州半岛讲海南话地区的传教。

海南的天主教、基督教界人士积极响应全国宗教界爱国人士的号召,开展了"自养、自治、自传"(简称"三自")爱国运动,摆脱外国教会的控制,1954 年 1 月成立海口市天主教"三自"革新委员会,1954 年 7 月成立海口市基督教"三自"爱国运动委员会。

四、十大旅游地传说

✿ **小贴士** 但凡传说,必有一个无中生有的过程,其生成的土壤也必有浪漫的特质。海南岛的传说是美丽和多样的,大多数是英雄和美丽的象征,带有独特的凄美、浪漫气息,具有海南社会、文化、经济、旅游等多方面的重要价值。

1. 天涯海角

(1) 传说一

一对热恋的男女分别来自两个有世仇的家族,他们的爱情遭到各自族人的反对,于是被迫逃到此地双双跳进大海,化成两块巨石,永远相对。后人为纪念他们的坚贞爱情,刻下"天涯"和"海角"的字样。后来男女恋爱常以"天涯海角永远相随"来表明自己的心迹。

(2) 传说二

清雍正年间(1723—1735年),崖州知州程哲在一海滨巨石上题刻了"天涯"二字,民国时期当地政要又在相邻的巨石上题写了"海角"二字,使这里成了名副其实的"天涯海角"。

✿ **小贴士** 根据历史学家郭沫若点校的《崖州志》记载:"'天涯'石刻,亦在下马岭海滨石上,与'海判南天'相去咫尺。字大三尺许。旁镌'雍正十一年程哲'。字四寸。"程哲,今安徽歙(shè)县人,清朝著名的散文大家、石刻家。雍正二年至雍正六年(1724—1728年)任崖州知州。

2. 鹿回头

(1) 传说一

海南保存最完整、最早的志书《琼台志》载:"(鹿回头岭)状如鹿,至海回头,海为所障。"三亚鹿回头半岛最南端的山脉由东北而来,奔向海边却折西而去,山形仿佛一头金鹿回头凝眸,故而得名。

✿ **小贴士** 其实,鹿回头半岛是由几亿万年来海浪冲击的沙粒不断堆积使之北连陆地而形成的半岛,地理学上称之为陆连岛。

(2) 传说二

远古时,儋州市兰洋镇南部的热带雨林区鹿母湾一带,山高林密,山清水秀,小草丰盛。母坡鹿带着小鹿在此悠闲地生活着。

有一天小鹿独自去觅食,迷失了方向,越走越远,走到了南海之滨。一位英俊的黎族青年猎手发现了小鹿,便拉弓引箭飞步追赶,小鹿胆战心惊,仓皇逃命。青年猎手追到海边的一座大山,前面是茫茫的大海,小鹿无处可走,便顿然回头,目光清澈哀婉,凄美动情。

青年猎手正准备张弓搭箭的手木然放下。忽见火光一闪,烟雾腾空,坡鹿变成一位美丽的黎族少女,两人遂相爱,结为夫妻,在鹿回头这块土地上繁衍生息、耕种、纺织、捕鱼、狩猎、种植椰子树,天长日久形成了一个黎族山寨,海边的大山也因而被称为"鹿回头"。

✿ **小贴士** 据说,此传说中的那只小鹿母亲至今依然在儋州守望着:年年月月,泪水流淌成了水潭,母鹿化作了巨石,卧伏于潭中,被称为鹿母湾。另有一说:古代英俊黎族青年猎手是从五指山翻越九十九座山,涉过九十九条河,紧紧追赶着一只坡鹿来到南海之滨的。鹿回头公园是俯瞰三亚市全景的最佳处,"鹿回头"这个名字就是对这个美丽的故事的浓缩记录。

(3) 传说三

很久很久以前,有一个残暴的峒主,想取一副名贵的鹿茸,强迫其长工黎族青年阿黑上山打鹿。有一次阿黑上山打猎时,看见了一只美丽的花鹿,正被一只斑豹紧追,阿黑用箭射死了斑豹,然后对花鹿穷追不舍,一直追了九天九夜,翻过了九十九座山,追到三亚湾南边的珊瑚崖上,花鹿面对烟波浩瀚的南海,前无去路。此时,青年猎手正欲搭箭射猎,花鹿突然回头含情凝望,变成一位美丽的少女向他走来,于是他们结为夫妻。鹿姑娘请来了一帮鹿兄弟,打败了峒主后,他们便在石崖上定居下来,男耕女织,繁衍子孙,把这座珊瑚崖建成了美丽的庄园。

❈ 小贴士　另有一说:追逐花鹿的不是斑豹,黎族青年阿黑用箭射死的是一只老虎。

3. 亚龙湾

❈ 小贴士　亚龙湾原来的名字叫琊琅(yá láng)湾。在黎话里,"琊"是后辈对长辈或年长已婚妇女的称呼,海南话叫"伯姈",是"大娘"的意思;"琅"是"流落、流浪"的意思,"琊琅湾"就是"伯姈流落到的海湾"。古书《崖州志》里也写作"琊琅湾",这是黎语方言的音译。

(1) 传说一

在很久远的时候,这里已经是一个美丽的海湾,七仙女经常下来游玩。王母娘娘听说七仙女羡慕人间,就严令她们遵守天规,不准下凡。七仙女中的大姐十分喜爱这个地方,担心七姐妹一起下去会惊动王母娘娘,就独自一人悄悄下凡。

一天,十多个黎族人到海湾射鱼,见她生得漂亮,穿衣打扮和本地人不同,便好奇地问起她的来历。她只是说她从很远很远的地方来,流浪至此,觉得这里很好看就不想走了。一个射鱼的小孩叫她"琊",大家也就跟着这小孩叫她"琊"。

一位美丽的"琊""琅"到这个海湾的消息一传十、十传百地传开了,很多人好奇地前来看她,并把这个地方叫作"琊琅湾"。

后来,"琊"爱上了一位黎族射鱼人,两人就在海湾边成家立业。"琊"在人间生活的消息传到王母娘娘那里,王母娘娘便派天神下来带她返回天宫。这时,人们才知道这位"琊"原来是一位仙女。

仙女苦苦哀求天神不要带她走,人们也舍不得她离开,便一齐向天神求情。其实,天神也很喜爱这片海湾,眼见仙女生活得很美满,便动了怜惜之心,答应回去在王母娘娘面前帮她说话。王母娘娘听天神说仙女不愿返回天宫,一怒之下便把仙女点化成凡身。仙女从此自由自在地生活在"琊琅湾"。

(2) 传说二

在很久很久以前,亚龙湾是一片壁立千仞的崇山峻岭,生长着茂密的森林。山下有一个由几十户人家组成的小渔村。村里有一个阿公,得神农之术,靠到山上采药、为村里人治病为生。村里的人没灾没难,过着安居乐业的生活。

一天,阿公上山采药,一群海盗搭乘着几艘小船出现在海平面上,村里的人望风而逃。阿公回到村里后发现老伴被杀死了,孙女也被海盗劫走了,发誓要报仇。于是他躲到深山里,靠着猿攀蛇行的采药功夫,苦练筋骨,能手劈磐石、倒拔巨树。

在山上与阿公朝夕相处的蟒蛇和长牙狼,得知阿公的经历后,都被他感化,决定助他一臂之力,便跟随阿公回到了渔村。海盗听说以后,再也不敢骚扰渔村,并且主动送回了阿公的孙女。经过几年,阿公的孙女出落得越发美丽了。海龙王知道后觊觎阿公孙女的美色。

有一天,海面上突然冒起一股白烟,紧接着一股浊浪直冲云霄,随后火焰从天空翻滚而下——人们知道这是海龙王来了。眼见在劫难逃,阿公忙令村民都逃到山里去,自己则带着蟒蛇和长牙狼坚守在山崖上。

全村人刚刚撤走,只听一声巨响,天地一片昏暗,山为之崩,地为之裂,海水瞬间淹没了小渔村。丝毫不为所动的阿公与海龙王展开了殊死搏斗,蟒蛇缠住了海龙王的身体,长牙狼则用利齿撕咬海龙王。躲在山上的人们一会儿听见好像无数的铙钹齐鸣,一会儿听见好像一万匹马在奔腾,一会儿又听见好像老虎在冲着空谷吟啸。也不知道过了多久,终于安静下来。

人们走出来一看,阿公、蟒蛇、长牙狼、海龙王都不见了。只见刚才作战的地方,多了一道美丽的海湾,沙子细腻得犹如女孩的肌肤,颜色则像满月的光晕一般。从那以后,人们就把这个海湾叫作"牙龙湾"。

4. 五指山

远古时,一对勤劳的黎族夫妇在五指山生活,男的叫阿立,女的叫邬麦。他们生下5个孩子,日子过得十分艰苦。

一天夜里,一位仙翁指点阿立,要他在家近旁的地下挖出一把宝锄和一把宝剑,举起宝锄喊声"挖",荒地便会长出好庄稼;挥动宝剑叫声"砍",参天大树会应声倒地;手擎宝剑大喝一声"杀",坏人的脑袋就会搬家。阿立一家因此兴旺起来。阿立去世后,他儿子把宝剑作了他的陪葬品。

这个消息被坏人亚尾悄悄传给了海盗。于是海盗霸占了阿立一家的土地,还杀死了邬麦,把五兄弟都抓了起来,严刑逼问五兄弟宝剑的埋藏地点。但五兄弟谁也不肯吐露,后来都被杀害。

五兄弟的英勇感动了栖居在这一带的熊、豹、蚁、蜂与鸟。它们见义勇为,成群结队地从四面八方聚拢起来,咬死了亚尾和海盗。又搬来大量泥土和石头,垒起五座高高的坟山,把五兄弟安葬在里面。天长日久,5个坟隆起成五座山峰。

从此,人们便称之为"五子山"。后来人见五峰形似5个手指指向苍天,便又称其"五指山"。

5. 吊罗山与七仙岭

(1) 传说一

有一位父母早逝的黎族小伙子从小就立下远大志向,要让贫苦村民过上美好生活。他射得一手好箭,练就一身武艺,成为村里闻名的人物。

一位老大爷告诉他,对面大山顶上有个叫万界的人,他有两件宝物——一位美丽端庄的女孩与一口宝锣。只要敲响这口宝锣,宝物就会应声而至。勇敢的青年历尽艰险终于攀到了山顶。只见一位妙龄少女正在花丛中轻歌曼舞。两人不禁以歌传情,情投意合。

可是,万界只允许青年选一件宝物下山。青年思量,如果选少女,他自己固然会得到幸福,可这只是一个人的幸福;如果选了宝锣,那就可造福全村。于是,他把宝锣带下了山,贫苦同胞从此由贫变富,家乡从此旧貌变新颜。后来,人们为了赞颂这位高洁无私的青年,把这座山称为"吊罗(锣)山"。

(2) 传说二

相传很久以前,这里住着一对黎族夫妇,他俩非常勤劳,生活安逸充实。他们晚年得两个儿子,起名为兴一、兴二。

两个儿子力大无穷,射箭本领更是无人可比。二人凭借自己的本事分别在东边和西边的风口处筑起比风门岭更高大的岭,以挡住大风以免茅屋掀顶。

一天,夫妇叫两人各用钢箭射对方筑的大岭,看谁造得坚固。兴一先射西边的土岭,只听轰隆一声,土岭中腰断了,剩下砧状的半截。兴二向东岭连发六箭,本以为东岭会崩塌,谁知每一箭只使东岭出现一道裂缝,六箭便出现六道裂缝,使原来的东岭显出七座石峰。夫妇笑着说:"还是石头造的坚固。"西岭似砧板,又坚硬如铁,便命名为"铁砧岭";东岭有七峰,状似掌指,便命名为"七仙岭"。

6. 海棠湾

在很久以前,椰子洲岛附近的渔民连续4个月没有捕到鱼,渔民困惑地向海神求助。当地的王娘母(巫婆)告诉渔民,海龙王的美六(妻子)死了,只要给海龙王送去一个年轻漂亮的佘蕹(shé wèng,未婚姑娘),他就会让渔民过上往日鱼虾富足的日子。

为了渔民的利益,这一带的佘蕹都纷纷自愿献身。最后经大家商定,由王娘母抛槟榔,接住了槟榔的佘蕹就嫁给海龙王。结果,槟榔被一位叫海棠的姑娘接住了。此时海棠已有了一位心上人阿明,但海棠毅然告别心上人,投入海底。就在那一夜,阿明也带着两块石头投身海底,他履行了与心上人海棠姑娘同生共死的诺言。

海棠姑娘投海的第二天,人们果然在这片海湾重新捕捞到鱼虾。为了纪念海棠姑娘,人们就把这片海湾叫作"海棠湾"。

7. 陵水

在很久以前,现在的海南陵水不叫陵水,而是个干旱缺水的重灾之地。由于久旱无雨,河塘干枯,禾苗渴死,田地龟裂,各种作物均颗粒无收。唯一的一口水井,却被当地的财主霸占并以高价卖水,进行敲诈勒索,若有不顺,必伤害人,闹得当地民不聊生,黎民过着极其困苦的日子。

一日,负责巡逻南海龙宫的一只老仙龟获悉此事后,心里很不安宁,决定帮助黎民解除灾难,于是游到分界洲岛上,在岛上挖了一口井,专供当地黎民饮水灌田。但是贪婪的财主不甘心黎民过上好日子,想来霸占新挖成的水井。结果每当他们靠近水井,井口就喷出黑烟和恶心的臭味,财主只好望井兴叹,败兴而去。

而黎民来到井边,看到的依然是清甜沁心的泉水,任由汲取,人们就把这口井水称为"灵水"。久而久之,人们也习惯地把这个地方称为"灵水"("陵水")。

8. 马鞍岭

很久很久以前,有一位仙女下凡,与勤劳朴实的农夫春腾结为夫妻。

凶恶的火神知道了,将仙女劫禁在火山洞里,春腾决心同火神决斗,灭火救妻。他天天在山谷里苦练功夫,呼风唤雨,声音响彻云霄。

春腾的行动感动了玉帝和众神仙,玉帝派神仙教给他对付火神的法术。山岭神用两座大山炼成2个水缸,拔一棵参天宝树炼成一条扁担,一起送给春腾;风雨神给春腾指引水源。

春腾挑回两潭四池的水,来到马鞍岭,火神发觉了,作起法术,使春腾怎么也挑不起两缸水。春腾急中生智,飞脚把扁担踢开,扁担平稳落地,变成像"一"字的山岭,正好压住火神的脖子;另一只脚踢破水缸,顿时风雨大作,降服了火神,救出了仙女。从此,这块地方百里平安,万物生长。后来,两个水缸变成两座山岭,这就是今天的海口石山马鞍岭。

9. 俄贤岭(俄娘九峰山)

相传在很久以前,俄贤岭上有个大石洞,是乌鸦精的老巢。乌鸦精吞吃家禽,糟蹋庄稼,还到处抢掠美丽的少女,弄得周围百姓人心惶惶,不能安居乐业。

一天,美丽的黎族少女俄娘上山采野花,被乌鸦精抓到洞里。俄娘的心上人阿贵悲痛欲绝。这年"三月三",阿贵带尖刀、弓箭上山救俄娘,却被乌鸦精害死了。

俄娘闻讯万分悲痛,趁一天乌鸦精十分疲倦,睡得鼾声如雷时,用自己头发上的锥子,扎瞎了乌鸦精的眼睛,又用阿贵带来的弓箭,一连三箭射进乌鸦精的心窝,为阿贵报了仇,为黎族百姓除了大害。

此后,俄娘终身不嫁,每年农历三月初三这一天,都到俄贤岭上唱她和阿贵恋爱时唱过的情歌。黎族人民为了纪念俄娘,将山取名为"俄娘九峰山"。而之后每年三月三这一天,四周未婚的黎族青年男女,都会精心打扮自己,集会于俄贤岭,唱着情歌寻找自己的意中人。

✱ **小贴士** 海南地方志《琼台志》(明代海南人唐胄撰)载:此山盘旋百里,昔传有仙妇居山洞中,生九子,皆为酋长统九峒。按此传说可理解为:很久很久以前,俄娘九峰山的山洞中,居住着一位美丽的仙娘,她生下9个儿子,长大后都成为黎族的首领。这个古老的传说,现在黎族民间还一直以口头方式流传,而且内容要丰富得多。

10. 西达温泉

相传以往天上一年一度的蟠桃会都是在天宫召开的。一天,南海观音菩萨提议,何不放到具有浓浓热带海岛风情的南海?王母娘娘和玉皇大帝觉得可行,便命天上和人间主管神仙,协同八方土地,一起到南海巡游。游到一处,只见祥云汇集,花香阵阵,瓜果芬芳,烟雾蒸腾,觉得诧异,便问一方土地。土地答道:"此乃琼州一方沃土,叫九乐万果园。花香阵阵,瓜果芬芳,来自万果园;烟雾蒸腾处乃一池温泉热汤……"玉皇大帝于是就定下这一年的王母娘娘蟠桃会设在九乐万果园。

话说众仙准备好了各地时令花果等待玉帝和王母到来,海龙王三太子路过此地,见如此多的珍馐美味,禁不住口水长流,于是趁着众神仙不注意,是又吃又糟蹋,折腾得兴头起还在那些花果上撒尿,然后悄悄溜走……

不凑巧的是,那天孙大圣云游四海刚好经过此地,见下界热闹非凡,不禁按住云头驻足观望,被众神仙发现,都认为一定是孙猴儿干的——和当年大闹天宫,搅乱蟠桃会,还到处撒尿如出一辙——不是他是谁!

"蟠桃会又被孙猴儿搅乱",这把王母娘娘气得半死;南海众仙一状告到玉皇大帝。可怜的孙大圣再度被压在了五行山下。但这里的温泉却名扬天下,南海龙王的几个龙女,经常来洗濯沐浴,乐不思归。

第四节　海南主要特色文艺与节庆赛事

一、地方戏曲与特种器乐

（一）琼剧

1. 形式特点

琼剧，又称琼州剧、海南戏，是海南省的汉族民间戏曲艺术，其历史悠久，和粤剧、潮剧、汉剧同称为岭南四大剧种，属南戏一支。

琼剧是在明代海南流行的杂剧（源于弋阳腔）的基础上，吸收闽南戏、徽调、昆腔、潮州正音戏、白字戏（潮剧）、广东梆黄和海南民歌、歌舞八音、傀儡戏、道坛乐曲等逐渐形成的一个弋阳腔支系的地方剧种。

琼剧主要以海南话为戏曲语言，流行地域不仅限于海南岛、雷州半岛，也为东南亚地区的新加坡、马来西亚、印度尼西亚、越南、泰国、柬埔寨等的琼籍华人、华侨所喜闻乐见。

琼剧的角色行当分为生、旦、净、末、丑五大行。琼剧的音乐唱腔可分为两大类：前期为"曲牌体"，并有帮唱，后期则演化为"板腔体"，原有的曲牌体和帮腔逐渐被淘汰，现在只能在某些戏或程途、中板等板腔中找到痕迹。

2. 剧目种类及代表性作品

琼剧的艺术遗产丰富，它的传统剧目分三部分：文戏（以唱功为主）、武戏（以做功、武打为主）和文明戏。

文戏源于弋阳腔，杂以四平、青阳二腔，属曲牌体制，如《槐荫记》《琵琶记》等 800 多出；武戏剧目有《八仙庆寿》《六国封相》《单刀会》《三国》《水浒》《薛家传》《杨家将》《封神演义》等历史、神话小说戏 400 多出。

新中国成立后经过整理、改编、创作和移植其他剧种的古装、现代剧目共有 1 500 多出，还出现了一批久演不衰的优秀剧目，如《红叶题诗》《张文秀》《搜书院》《狗衔金钗》《红色娘子军》《苏东坡在海南》等，故事动人，唱词通俗易懂，又富有哲理。

小贴士　琼剧的远祖是作斋祭祀文化，其唱腔从斋乐中汲取了很多音乐元素。清咸丰年间（1851—1861 年）至光绪年间（1875—1908 年）是琼剧较繁盛和变化较大的时期。太平天国运动失败后，粤剧艺人受到清政府的迫害，流入海南岛，与琼剧艺人互相拜师结亲，对琼剧的兴盛起了很大的促进作用。2008 年，琼剧入选第二批国家级非物质文化遗产名录。

（二）人偶同台木偶戏

1. 形式特点

海南的人偶同台木偶戏兴盛于临高县，又叫"佛子戏"，已有 300 多年的历史，与其他地方的木偶戏有很大的区别。

演出时采用戏剧大舞台，不设布障，人与木偶同演一个角色，有时以木偶为主，有时以人为主，有时是人偶合作，人要唱念做打，还要操纵木偶和自己的表演协调。

主要唱腔"阿罗哈"和"朗叹",用临高方言念唱;音乐以双唢呐为主,演员擎木偶粉墨登场;表演技巧和程式主要有人偶互补、打虎功、晃"牛耳"(即帽翅)、斩金刚链、拱手作揖、跺脚等8种。

2. 差异性

早期的人偶戏演出,各行当角色的演员均不化妆勾脸,直至20世纪六七十年代后,各角色演员均要化淡妆、俊扮,不勾画脸谱。

临高人偶戏偶像脸谱的样式和种类不多。一般来说,偶像制作完成后,可担任不同剧目中的不同人物,只需行当相同或人物类型相同便可共用。临高木偶戏原来的木偶,只有拳头般大小,造型也不太讲究。1979年以后,对木偶进行了改进。

✱ 小贴士　海南人偶剧《海花》《闹钟爷爷》于1981年赴京演出,获演出奖;《莲花仙子》于1992年进京参加汇演,获音乐创作奖和演出奖。受大型艺术石雕《鹿回头》影响而创作的《鹿回头》,是海南人偶剧的大型代表作。该剧2000年荣获文华大奖、中国艺术节大奖、中宣部"五个一工程"奖等。

(三) 公仔戏

1. 形式特点

公仔戏,又叫"杖头木偶戏""傀儡戏"或"手托木头戏",宋末元初传入海南。

手托木头戏的表演形式被海南人吸收后,以海南方言、民歌、民间器乐曲演唱。演出时,艺人们用竹笼装着道具,手提肩挑地四处奔走,艺人们被叫作"驶公"("公"就是公仔)。

公仔戏早期只演武打"科白戏",只有念白,没有唱腔,伴奏为铜锣。

2. 差异性

琼北一带流行这种戏,其行当、曲词、声腔、乐器、服装和表演等与琼剧表演相同。

文昌公仔戏不但声腔经历了由曲牌体到板腔体的过渡,台词也由中原官话最终过渡为海南的方言俚语。

公仔戏演出内容多种多样,多于生日、结婚、考上大学等喜庆活动中表演。

✱ 小贴士　海南公仔戏,是具有海南地方特色的汉族戏曲表演艺术品种之一。公仔戏在海南流传四五百年而不衰,它先于琼剧出现,曾一度为琼剧师法。其融文学、美术、音乐、戏曲为一体,是汉族艺术的瑰宝,具有较高的审美、娱乐和社会等价值。

(四) 海南八音

1. 八音起源

史书记载,海南八音往上溯,与潮州音乐都源于闽,又与江西及苏浙一带有渊源。海南八音起于唐代,兴盛于明清,并伴随华侨传遍整个东南亚。

2. 八音特色

海南八音源于潮州音乐,又有自己的特色,主要使用的八类乐器是弦(二胡/椰胡)、琴(月琴/扬琴/三弦)、笛(唢呐)、管(长喉管/短喉管)、箫(横箫/直箫/洞箫)、锣、鼓、钹等。

海南俗称的"八音"既包括乐器、乐曲,也包括乐队。大部分的乐器来自汉族民间,为民间艺人所创,具有浓郁的海南特色。如用花梨木制作唢呐,椰子壳制作椰胡,竹管制作春封、调弦、箫、喉管,用木制鼓、梆板等。

3. 八音种类

海南八音按习惯分为大吹打、锣鼓清音、清音和戏鼓四类,收录历史遗传下来的乐曲达500多首,经常演奏的有《海南音乐》《广东音乐》《庆新婚》等曲目。海南八音充满汉唐以来汉族古乐的遗韵,有很高的音乐研究价值。

✿ 小贴士　明代海南琼山县(今属海口市琼山区)出了一位熟操"八音"而闻名京城的音乐家汪浩然。

(五) 海南斋醮科仪音乐

✿ 小贴士　斋醮又称打醮,俗称做道场或做法事。"斋"本义为庄敬洁净,"醮"本义为僧道设坛祈神;斋醮原义指古人祭祀前沐浴更衣,不食荤腥的仪式。斋醮科仪音乐起源于远古的民间巫术。

1. 传入与兴起

斋醮科仪音乐,在宋初随着江南一带的人迁入传至海南,它随民间斋祭活动而繁衍并深深扎根,明代已盛行,是海南省流行很广、影响很大的一种民间音乐。

海南岛的斋醮活动是道教天师道斋醮科仪的承传派生,传至海南后,与本土的原始宗教活动结合,吸纳方言俚语山歌调式演变,并与佛教音乐融会成一种独特的宗教艺术。晚清以后,斋醮科仪音乐又"回流"套用并改革琼剧的曲牌和部分唱腔,丰富了斋坛(场)法事的表现空间,使斋醮科仪音乐艺术含量更加丰富。

海南现有的许多传统乐曲,如《拜八仙》《佛前灯》《香赞》《朝奏》《幽关发》《平安朝》《闹军坡》等,均来自斋祭音乐,至今依然传唱不息。

✿ 小贴士　据史料记载,海南之道教属正一道,亦称火居道。正一道虽侍奉官观,但仍返家居住,经授职箓的"道公"平时也务农事,有斋醮活动就为民间设坛做法事。原始宗教与佛道教的融会而形成海南独特的斋醮科仪,斋醮科仪音乐伴随着斋醮的内容目的和适应行持的程序而融变定形。

2. 内容与特点

海南斋醮科仪从内容上分斋与醮,"醮"俗称清斋,"斋"指亡斋(或称白斋)。清斋是祭祀历史人物(如伏波将军、冼夫人、苏东坡等)和传说的保护神(如天妃娘娘、观音、真武、龙王等);白斋是为济幽度亡,白斋音乐以低沉、稍慢、哀怨的音乐为多,包含有悼念、如诉如泣之调式(借用琼剧板腔除外)。

海南斋乐的演奏乐器基本上依照周代"八音"范畴配置,即"金、石、土、革、丝、木、匏、竹",分为器乐和打击乐两大类。其特点是:声调高、音域宽,诵经念咒与音乐、击乐同步进行,其中诵经念咒语音有官话、粤语、海南话及各种语系,经文的长短句和语音不同致使伴奏经韵虚声衬音多,拖腔拉板长。

海南的斋乐既有天师道斋醮音乐的共性,又具有海南斋醮科仪音乐的个性,独具一格。海南斋醮科仪音乐表现了"天人合一"的理念和对人性的极大关怀,可安抚人心。

✿ 小贴士　《尚书·伊训》说:"敢有恒舞于宫,酣歌于室,时谓巫风。"自北魏道士寇谦将道教斋醮活动诵经方式由直诵改为乐诵以来,斋醮科仪就成为海南宗教活动中一种别具特色的艺术活动。

✿ 小贴士　黎族竹木器乐曲中蕴含着原生态的音乐特征,曲体结构灵活自由,旋律顺畅,音调古朴清纯,它融汇了黎族的传统文化、审美意识、民俗风情等诸多元素,为黎族人民喜闻乐见。2008年6月7日,黎族竹木器乐经国务院批准被列入第二批国家级非物质文化遗产名录。

(六)黎族竹木器乐

1. 种类与渊源

黎族传统乐器一般为竹制乐器,种类不少于40种,传统乐器主要有独木鼓、叮咚、口弓、鼻箫、灼吧等。用于演奏的曲目种类包括独奏乐曲、合奏乐曲、歌舞乐曲、祭祀乐曲和八音乐曲五大类。

黎族传统器乐产生于海南省保亭黎族苗族自治县,宋书《诸蕃志》云:"琼州……聚会椎鼓舞歌。"黎族古民歌传述,远古时候因雷公击倒大树,烧树木成洞,黎族祖先就击木洞呼众围猎,后来人们用牛皮或鹿皮蒙住大洞口,敲起来咚咚作响,以作招众、祭祀和乐器使用。古时,黎族人民砍山种山兰(一种旱糯米稻),山猪经常在夜间出来糟蹋山兰稻,为保护山兰稻,黎族人就在山寮吊起两根木杆,打击后就响起叮咚声,以驱赶山猪,后来发展成为跳舞娱乐用的打击乐器。

黎族传统器乐以清康熙及乾隆年间最为盛行,最早出现的乐器就是上述的独木鼓和叮咚木。

❋小贴士 宋《太平寰宇记》记载:琼州黎人"打鼓吹笙以为乐"。宋《桂海虞衡志》载:黎人"聚会亦椎鼓歌舞"。清张庆长的《黎岐见闻》亦载:"男女未婚者,每于春夏之交齐集旷野间,男弹嘴琴(即口弓),女弄鼻箫,交唱黎歌。"

2. 艺术特色

原生态的黎族传统乐曲产生于原始社会生活中,保留有原始生活的音韵,展现了黎族原始生活的风情。曲牌结构多为单曲体,以一个曲调为基础做多次反复演奏,在反复中仅有速度变化,以反复的演奏方法加深人们对音乐的印象。

调式音阶方面,多为五声音阶为主的徵调式和宫调式,曲调大体是以同度音阶反复和二度音阶为主进行,旋律起伏不大,节奏、节拍一般较为规整。

其乐器和乐曲在我国的音乐殿堂里独具一格,叮咚木、鼻箫、口弓、洞勺(灼吧)等乐器在国内并不多见,许多乐曲也是本民族独具的,代表作品《打叮咚》《相会在山兰园》等饮誉海内外。

3. 代表性特色乐器:鼻箫

(1) 鼻箫的制作

鼻箫是黎族特有乐器,因用鼻孔吹奏而得名,它属于边棱音气鸣乐器,流行于海南黎族,黎语也称其为"虽劳""屯卡""拉里各丹"。

箫管用石竹制作,其长短、粗细规格不一,民间多使用一根无节的细竹管,管长60~70厘米、管径1.6厘米左右,在距两端管口8厘米处各开一圆形按音孔。按音孔既可开在管身一侧,也可开成正反各一。若使用两端带竹节的竹管,需在节隔中心开一圆孔,使用多节竹管制作,则要打通竹节,吹孔在竹管细端。

(2) 鼻箫的特色

演奏时,管身竖置,左手拇指按上孔,右手拇指、食指分别按下孔和底孔,将上端吹孔斜放在右侧鼻孔,靠鼻孔呼气激振管内空气柱而发音,有时也可用手堵住左侧鼻孔吹奏。

鼻箫除吹孔外,连管底口共有3个音孔,可吹出g、a、c1、d1、e1、g1 6个音,音量较小,也可用嘴吹奏,音量略大。鼻箫的音色清幽、低沉,低音犹如洞箫,但更柔和,高音微弱,运用丰富的泛音,能吹出3个八度音域,并能奏出颤音、滑音。

在黎族民间,偶尔也能见到管身很长的鼻箫,其中最长者竟达160厘米,需要躺着吹奏,用脚趾按下面的音孔。

✤ **小贴士** 在黎家青年男女中,鼻箫则多为即兴吹奏,其曲调也因人而异。黎族姑娘也是吹鼻箫的能手,每逢农闲、节日或恋爱时,当小伙子吹起嘟噜(洞箫)时,姑娘则吹响鼻箫对答。鼻箫历史久远,一千多年前已在我国海南岛民间流传。

二、民族歌舞与旅游歌曲

1. 黎苗歌谣

黎苗族歌谣主要是山歌,其题材广泛,内容丰富,形式繁多,曲调优美,而且具有极大的随意性。

题材包括生产和生活中的方方面面,反映本民族的历史,表现劳动、生活以及祭神拜祖等;演唱形式有独唱、说唱、对唱、联唱、合唱和一领众和等;格式有三言、五言、七言、九言和自由体,唱词普遍以四句为一段(首),通称"四句歌子",也有长句多段的抒情歌谣和叙事长歌。

在黎族歌谣"隆调"里,有敲门歌、进门歌、请坐歌、请陪歌、相爱歌、赠礼歌、表忠贞歌、订婚约歌,甚至闩门歌、退礼歌、分离歌等,有的地区在人死后"做七做佛"祭丧时,也要唱歌。

✤ **小贴士** 黎族民歌中用以叙述妇女绣面文身来历的古歌《亚贵和亚贝的故事》和《五指山传》,苗族民歌中的《盘皇歌》《传说歌》等,就是其中的代表作。黎族人生下来听的是摇篮曲,少年时唱牧童谣,青年时大唱情歌,去世后有人唱祭歌。苗族人民在许多场合必定有歌。

2. 儋州调声

儋州山歌格式多为古体诗和七言四句,唱起来腔调婉转。儋州调声从山歌演变而来,但突破了山歌固有的表现形式,曲调层出不穷。

儋州调声分为长调和短调两种,多为一词多唱、复唱,男女两排对垒赛歌;对歌时要以调声为主,双方领歌人负责起调、领唱、指挥和即兴选词,队形可随时变化。

在儋州中秋歌节的调声比赛中,调声不受时间限制,以"唱倒"对方(即对方不能答歌)为止。演唱过场活跃,唱词、唱谱、节奏、旋律以及调式都符合青年的性格特征,为广大青年喜闻乐见。

✤ **小贴士** 儋州调声是海南民间文化优秀遗产,具有独特的地域性,堪称民间优秀文化艺术的奇葩。它最早发源于西汉时期,已有2 000多年的历史,源于海南儋州市北部峨蔓、木棠、兰训、松林、光村一带。儋州调声被国务院列入首批国家级非物质文化遗产名录。

3. 临高渔歌

✤ **小贴士** 据有关学者考证,临高渔歌"哩哩美"萌芽于汉代。其在中国汉族民歌中非常突出,具有鲜明的地方文化色彩和浓郁的乡土气息,不仅是海南省汉族民间歌谣中的典型代表,也是中国最具艺术魅力的渔歌之一。

临高渔歌是流传于海南省临高县渔民中的一种汉族民歌种类,因其多用衬词"哩哩美"和相关传说,也称"哩哩美""哩哩妹"。

"哩哩美"的歌词善用比、兴、叠等直述形式,歌男唱女见景生情地自由抒发,尤其是双关比喻,使其别具艺术韵味。其音乐基本结构独具一格。它由3个乐段组成:第一、二乐段为主歌,第三乐段为副歌,独唱多用主歌,对唱以主歌为领唱,副歌为齐唱,衬托对唱气氛。主要的曲调有唱吉、情歌、猜谜歌、讽刺歌和怨歌5种。"哩哩美"这个衬词贯穿整个基调的全过程,使基本律、变律、衬词有机地融为一体。

在临高的新盈、调楼等传统渔乡,"哩哩美"是青年男女谈情说爱的重要载体。随着时间的推移和生活的需要,"哩哩美"逐渐走进婚嫁、建房、上学、赶考、拜年、迎客和送客等不同场合。

✵ 小贴士　2010年11月,海南临高县渔歌哩哩美研究协会成立。2011年6月,临高渔歌入选第三批国家级非物质文化遗产名录。

4. 黎族老古舞

✵ 小贴士　老古舞早在宋《诸蕃志》中就有记载:黎族"俗尚鬼,不事医药,病则宰牲牮动鼓乐以祀,谓之作福"。清朝张庆长《黎岐纪闻》记:"遇有病辄宰牛告祖先,或于野或于屋,随所便也。"

白沙黎族自治县老古舞,黎语为"闯坎"之义,古籍称"告祖先",源于黎族原始社会的祖先崇拜,其情节一般分为四段。

第一段为"起师":意为告祖先仪式开始,"苟它"(黎语,领舞者)站在祭台前敲大鼓念白,之后,带着众舞者围着4个舂臼绕行,舞者手持鲤鱼灯、灯笼等在前照明带路,请四方祖先神灵归来。

第二段为"开阙":意为活着的亲人迎接祖先神灵归来,"苟它"带舞者绕着6个舂臼转圈,表示迎接的路途长远。

第三段为"挽嚷":活着的人与归来祖先神灵同乐,舞者围着排成两行的12个舂臼追逐玩耍,并表演点种山兰、狩猎(猎人和装鹿者表演)、捕鱼(丑角"批鲁"捕鱼,边放竹篓边漏掉,引人发笑)、丑角"爬秃"(用草绳表现交配动作,追逐女性,意为"我们的后代生生不息")。

第四段为"走洪围":意为送祖先神灵归去,场上燃香,四周烧柴,"苟它"带着众人绕着门字形竹排蜿蜒穿行,最后解开缚在竹子上的绳结,表示祖先神灵已消灾解难,保佑全村风调雨顺,老少平安。

乐队中的乐器种类繁多,有毕达、唢呐、黎鼓、大锣、小镲等传统乐器,均由村人演奏。老古舞,是一项十分古老的舞蹈,场面甚为奇特、宏大和壮观。2011年5月,老古舞被批准列入第三批国家级非物质文化遗产名录。

✵ 小贴士　老古舞主角在黎语中有着特定的称谓——"苟它":头戴方角彩帽,身穿红色长袍,用红布条束腰,左手端一只杯,右手拿一支筷子,在舞中代表男性,是领舞者,位于队伍最前面;"西它":舞队的压阵人,位于舞队的尾端,舞中代表女性的舞者,服饰同"苟它",右手拿一根30厘米的木棍,棍的尾端缚着一束白麻线的拂尘,象征鹿的尾巴。"苟它"领舞,"西它"压舞,一前一后,一男一女,在整个舞蹈中遥相呼应。

5. 黎族竹竿舞

黎族竹竿舞,又名打柴舞。平行摆开两条粗竹或方木作垫架,上横若干手腕粗的长竹竿,持竿者相对地双手各执一条竹竿末端。竹竿与垫架、竹竿与竹竿碰击出的有节奏的声音,称为"打柴"。

持竿者姿势有坐、蹲、站三种,变化多样,在有节奏、有规律的碰击声里,跳舞者在竹竿分合的瞬间空隙中,敏捷地进退跳跃,潇洒自如地做各种优美的动作。当一对对舞者灵巧地跳出竹竿时,持竿者会高声地呼喝出"嘿!呵嘿!"的声音。

6. 黎族舂米舞

舂米舞是黎族的民间传统打击乐和舞蹈,广泛流传于黎族聚居的五指山地区,以五指山市冲山镇什保村世代相传的舂米舞最有特点。

舂米舞来源于古时候黎族妇女的舂米劳动,它以杵和臼为道具,通过杵和臼的击打、杵和杵的击打,发出铿锵有力的音乐节奏,模拟舂米的劳动过程表演舞蹈动作,具有音乐古朴、舞蹈粗犷的演艺风格。

舂米舞由原来的4个人跳发展为6个人跳,由简单的打法演变为多种打法,通过变换动作,敲打舂桶的不同方位,使音乐和舞蹈达到和谐效果。

❋小贴士　海南黎族舂米舞中的打击声音,为探讨和研究黎族远古的打击乐艺术的起源,提供了有力的证据。新中国成立后,舂米舞经舞蹈工作者改造被搬上舞台,作为海南黎族特色的文艺节目,受到社会共同关注。1980年参加全国少数民族文艺汇演获奖。

7. 海南旅游歌曲

1988年建省前,郑南作词、徐东蔚作曲、沈小岑演唱的《请到天涯海角来》,李双江演唱的《我爱五指山,我爱万泉河》以及电影《红色娘子军》插曲《万泉河水清又清》对海南旅游有很大的促进作用。

1995年,陈耀作词、王艳梅作曲、汤有贵和凌萍演唱的《永远的邀请》诞生,推动了海南旅游发展。

《海南恋歌》,由丁于谱曲、郝耀华填词,宋祖英于2010博鳌国际旅游论坛开幕礼晚会上首唱,而后青年歌唱家丁晓红全新录唱,扩大了海南的国际影响。

其他较著名的海南旅游歌曲还有《世界的海南》(陈道斌词/王艳梅曲)、《都说海南好》(弘陶词/王艳梅曲)、《海南之恋》(子川词/曲/唱)、《博鳌圆舞曲》(王艳梅词/曲)、《在北纬十八度等你》(郑海词/蔡先民曲)、《海南,海南》(王生宁词/胡帅曲/徐晶晶唱)、《海南Disco》(海南省旅文厅)、《面朝大海》(陈道斌词/杨一博曲/喻越越、汤俊唱)等。

三、代表性旅游文化节庆

(一) 建省前的节庆

1. 换花节

换花节原是海口琼山特有的民间节日,始于唐贞观元年(627年)。从前换的是香烛,意为香火不绝。

唐代，府城作为琼州府驻地，每年农历元宵总会举行灯会，花灯竞放之夜，成千上万的男女老少便出门赏灯。当时没有路灯，人们为了夜行方便，手里都拿一把点燃的香烛用以照明，路遇没有香烛的人便送他几支，有时偶遇朋友，也用香烛互相交换，互相说几句祝福的话语。由此交换香烛演变成了海南岛上人们表达情感的一种特殊方式。

到了后来，随着电灯的出现，人们渐渐发现花更能代表心意，还能避免在人挤人的情况下被香烛的火苗烫伤，于是就大力提倡用鲜花代替香烛。换花者在行进的路上，若是遇到称心的异性或朋友，或者看中了另外一个人手中的鲜花，就会主动迎上去，与他（她）交换手中的鲜花，相互祝福。

✽ **小贴士** 1984年，府城民间换香习俗改为换花，逐渐成为人们元宵闹春的主要活动，并演变成年轻人追求爱情的新习俗。海南建省后，换花成了凝聚友谊、美好、幸福、欢乐的新的娱乐形式。

2. "三月三"节

"三月三"（农历三月初三）是海南黎族人民最盛大的传统节日，也是黎族青年的美好日子，故也称爱情节，黎族称"孚念孚"。

为了庆祝"三月三"，预祝山兰、狩猎双丰收，大家要提前半个月进行准备：男子上山狩猎，把所获猎物腌好封存，妇女在家舂米、做粽粑，青年男女准备漂亮的服饰和定情的礼物。节日那天，黎族人民集合在一起，老人们携带腌好的山味和酿好的糯米酒，来到村中最孚众望的老人家里，席地围坐，在芭蕉叶和木瓜叶上痛饮。

夜晚山坡上、河岸边，青年男女燃起一堆堆篝火，跳起古老独特的竹竿舞、银铃双刀舞、槟榔舞等富有民族特色的传统舞蹈，互相倾诉爱慕之情。如果双方感情融洽，就相互赠送信物相约来年再会。

✽ **小贴士** 如今，"三月三"成了丰富旅游产品、传播民族文化、促进民族经济的盛会。每逢"三月三"，五指山、琼中、保亭、昌江等少数民族市县都要举行大型少数民族节庆活动，主要内容有少数民族歌舞演出、少数民族体育比赛和各种少数民族文化活动，每年都吸引着众多的国内外游客参与。

3. 冼夫人文化节

每年农历二月初六至十二（当年冼夫人出兵平乱的日子），海口市琼山区新坡镇都会举行"闹军坡"活动。活动期间，还演出琼剧并举行盛大的庙会，有很多人在此期间到冼夫人庙敬拜。

军坡分为"公期""婆期"，主要是祭祀祖先和历史人物的民俗活动，这是海南相传1 300多年的乡情民俗。2002年，海南省旅游局帮助当地政府和有关部门，将"闹军坡"策划和改造为"冼夫人文化节"，剔除活动中的迷信色彩，挖掘其中更多的文化内涵。

✽ **小贴士** 如今的海南冼夫人文化节，有舞龙、舞狮、武术表演、"装军"（扮演故事）游行、琼剧表演和各种民间文体活动。

4. 儋州中秋歌节

儋州中秋歌节由儋州民歌活动演变而来，最初产生于宋代末期，至清代发展为一个较大规模的民间歌节。

每年农历八月十五，儋州市北部乡镇举行中秋歌节。歌节的主要活动内容是儋州山歌、调声对歌比赛和赏月等。歌手们手舞足蹈，男唱女答，以"唱倒"对方（对方不能答歌）为止。

赛歌活动一般在下午3时至6时进行,夜晚则以村为主体举办"中秋情酒歌会",男女歌手对唱情歌,共尝月饼,直至凌晨。2001年国庆"十一"黄金周期间,儋州市举办了首届儋州调声节,受众多游客青睐,并掀起了旅游招商的热潮。随后,儋州市人大常委会决定,以后每年中秋节举办儋州调声节。

(二)建省后的节庆

1. 国家级节庆

(1)中国海南岛欢乐节(海南国际旅游岛欢乐节)

❋ 小贴士　作为新策划的旅游节庆活动,中国海南岛欢乐节特点是"旅游搭台,唱旅游戏",体现了国际性、参与性、欢乐性和艺术性,塑造出了海南"欢乐海岛,度假天堂"的旅游形象,为游客提供了宽松欢快的旅游度假环境。

中国海南岛欢乐节是海南最隆重的节日,2000年11月首次举办,以后每年基本都在11月至12月举办。

节日开幕式当天全省放假,各地在节日期间举办各种文体比赛等,如昌江芒果节、临高渔民节、全民健身业余网球公开赛(NFAT Open)、海南锦·绣世界文化周、"海南献给世界的礼物"文创市集、海南世界休闲旅游博览会、"文昌航天城杯"海南围棋名人邀请赛、越山向海人车接力海南年终巅峰赛等,做到了届届有主题,天天有活动。

2002年以后的海南岛欢乐节,形成了"精彩花车大巡游""国际海上烟花大赛""海南地方特色晚会"三大节目品牌。2003—2005年的欢乐节体现了"欢乐与美丽同行"。2006年,欢乐节首次策划了中国海上国际烟花大赛暨交响音乐会,并确定从2006年开始进行花车环岛千里大巡游。2021年(第二十二届)海南国际旅游岛欢乐节于12月10日开幕,包括开幕式及主要活动、海口主会场活动、市县分会场活动、七大主题旅游线路等四大版块;开幕式由往年的室内举办至室外转移,在户外场地更有利于全民参与。

(2)中国海南七仙温泉嬉水节

海南黎族、苗族自古喜欢泼水、打水仗、打水漂、过浮桥等嬉水活动,为了发掘海南特色文化,2000年由海南省旅游局和保亭县政府共同策划,并由保亭县政府主办的首届保亭七仙温泉嬉水节于11月举行。

2002年,保亭县政府决定将七仙温泉嬉水节的时间改为每年的农历七月初七,主要为结合七夕传统节日,突出本土黎族苗族文化特色。嬉水节活动内容有:大型少数民族主题歌舞演出、开幕式、民俗风情嬉水狂欢大巡游、少数民族传统体育比赛、黎族传统八音比赛、《原色保亭》黎族音乐会、龙舟赛、少数民族美食大展示、踏瀑戏水拓展活动、黎族织锦苗族染绣作品展示和技艺比赛等。

2003年以来,台湾地区的少数民族已经连续10余年组成参访团到保亭参加嬉水节。2011年6月,国台办批准在保亭设立"海峡两岸交流基地"。

❋ 小贴士　该节2010年荣获"2010中国十大著名节庆品牌"称号,2011年被联合国教科文民间艺术组织等评为"中国最具人气的民间节会"。如今,嬉水节已经成为保亭最靓丽的一张名片,是保亭旅游资源、黎苗文化的营销推介载体。

(3) 中国南山长寿文化节

1999年的农历九月初九,海南三亚南山文化旅游区举办了首届中国南山长寿文化节,2000年举办了"南山长寿文化周"活动。

2002年农历九月初九,三亚市政府和海南省旅游局主办、有关单位和媒体协办、南山文化旅游区承办了第二届"南山长寿文化节",并确定从该届开始,"中国南山长寿文化节"定期于每年农历九月初九至十五举行。

该节主要活动项目有大型文艺汇演、老年太极拳表演、评选十佳长寿老人、百岁老人图片展以及游园、放生、撞吉祥钟、植长寿树、猜福寿谜、登长寿谷等。

❋ **小贴士** 南山长寿文化节活动以"生态健康、国泰民安、长寿延生"为主题,生动地展示海南长寿岛、三亚长寿地、南山长寿景区的形象,全方位关注老年人世界,推动了中国长寿文化节和老年旅游事业的发展。

(4) 中国海南万宁国际冲浪节

2010年举行了第一届中国海南万宁国际冲浪节。该节主题为"激情海岸,冲浪万宁",主要环节包括开幕式、世界女子长板职业冲浪决赛、神州半岛世界男子长板职业冲浪决赛、以冲浪运动的文化历史及产业延伸的用品展、中国国际冲浪沙滩宝贝大赛、冲浪文化广场群众创意体验活动以及闭幕式等。

冲浪赛事与活动通过市场运作、企业赞助、社会参与、政府补贴等方式,将冲浪节庆活动转变为冲浪旅游、节庆旅游,吸引游客参与。不论自然环境、海浪条件、周边基础配套设施及交通条件已经获得世界职业冲浪协会(ASP,世界冲浪联盟前身)的官方认可和全球冲浪爱好者的追捧。

❋ **小贴士** 该节首届由国家体育总局水上运动管理中心、海南省旅游发展委员会、海南省文化广电出版体育厅、万宁市人民政府联合主办。

(5) 海南国际椰子节

1992年4月,海南举办首届海南国际椰子节,以后每年一般在3月下旬或4月上旬("三月三"节期间)举办椰子节。

海南国际椰子节是海南大众参与、综合性、国际性的商旅文化节庆,有椰城灯会、椰子一条街、黎族苗族联欢节、民族武术擂台赛、国际龙舟赛、黎族苗族婚礼、祭祖等活动内容。

❋ **小贴士** 时任中共中央总书记、国家主席江泽民亲临1993年第二届海南国际椰子节暨海南建省办经济特区五周年庆典大会,并发表重要讲话。

2. 省级节庆

(1) 海南省艺术节

海南省艺术节是经国务院批准的海南省举办的规格最高、规模最大、影响最广的文化艺术盛会,每三年举办一届。

首届海南省艺术节于2012年9月19—29日在海口举行,并进行了海南省文华奖和海南省群星奖的评奖(前者是海南省专业艺术政府最高奖,后者为海南省社会文化政府最高奖)。

海南省艺术节一般会在海南省歌舞剧院、海口湾演艺中心、海南戏院、海南省文化艺术学校剧场集中展演,展示海南省近年来创作的专业作品和群众文化艺术优秀作品。

除了有各种戏剧、歌舞的大型剧目外,该节还有小戏、折子戏、小歌舞的展演,另外还包括名家戏剧、梨园书画展、戏剧脸谱展、艺术教育成果展、歌舞艺术理论研讨会以及群众性书法、美术、摄影等,成为"琼崖艺术盛会,大众文化节日"的活动。

✻ **小贴士** 此项活动,汇集海南戏曲表演团体和歌舞表演团体,旨在检阅和总结海南省地方艺术的发展成就,奉献高水准、高品位的精品剧目,同时培养优秀的艺术人才。

(2) 海南乡村旅游文化节

2011年,以"椰岛乡村、风情度假"为主题举办的首届海南乡村旅游文化节,向社会各界成功展示了海南乡村旅游产业的发展潜力和独特的乡村旅游产品魅力。

2018年(第六届)海南乡村旅游文化节以"全域旅游、乡遇海南"为主题,开展了海南乡村旅游与休闲农业发展论坛、乡村旅游文化图片展、海南(陵水)旅游美食与商品展销会、"醉美陵水、美丽乡约"陵水房车(自驾车)露营乡村之旅、陵水传统文化系列展演活动、2018海南热带乡村旅游月等九大精彩活动。

如今,海南乡村旅游文化节吸引了越来越多的岛内外游客体验海南乡村旅游,感受海南各市县的独特乡村魅力、生态环境以及特色鲜明的地域文化。

✻ **小贴士** 由海南省原旅游发展委员会牵头主办的海南乡村旅游文化节,自2011年起已成功举办九届,已成为海南不可或缺的经典乡村旅游节庆品牌。通过缤纷多彩的乡村旅游文化节活动,吸引越来越多的游客前来感受海南的绿水青山,体味古朴村落,感受民风民情。

(3) 海南书香节

海南书香节起始于1986年海南省新华书店创办的"琼州书市",2009年改名海南书香节,该节一年举办一届,在推动海南全民阅读活动中产生了广泛影响,已成为海南省文化惠民项目之一,是海南省推动全民阅读活动的品牌活动。

该节以"推动全民阅读,建设书香海南"为理念,多年来,逐渐形成了"活动板块系统化,活动方式便民化"的举办模式,每年在相对固定的时间、地点举办,活动以阅读为主题,辅以丰富多彩的文化活动。

2014年,该节被列为海南重大公益性文化活动、重点文化惠民工程项目,成为推动海南全民阅读的主要载体与重要抓手,也丰富了游客感受海南文化的内容。

✻ **小贴士** 海南书香节已呈现四大特色与亮点:一是活动主题突出,形式新颖;二是点面结合,覆盖范围广;三是活动内容丰富,群众参与性高;四是重视立体宣传,突出媒体倍乘效应。

(4) 海南(儋州)雪茄文化旅游节

2010年9月,全国第一个国产雪茄烟叶种植基地在儋州创建,海南建恒哈瓦那雪茄有限公司生产的雪茄烟叶外包皮烟叶填补了国内空白,品质达到国际先进水平。

作为海南国际旅游岛欢乐节的重点活动之一,2022年第十届海南(儋州)雪茄文化旅游节于11月25日至30日举办。这届雪茄文化旅游节以"十年茄约、燃梦儋洋"为主题,地点设在儋州市滨海新区旅游文化产业园。

✻ **小贴士** 2013年3月29日,光村雪茄种植基地正式挂牌成立"中国雪茄烟叶种植示范基地",雪茄烟叶原料,特别是茄衣系列产品达到国际标准,迈入世界前列,填补了我国烟叶体系中的一项空白。国际上多米尼加大卫杜夫、巴拉圭等知名雪茄厂商已经开始采购海南烟叶。

(5) 海南草莓音乐节

草莓音乐节是国内音乐厂牌摩登天空于2009年创办的音乐节品牌。自2018年开始,草莓音乐节开始在海南设站。2022年1月1日,2021海南·草莓音乐节在万宁日月湾火热开唱。多位知名音乐人轮番登场,打造假日里的视听盛宴。"盘古掌·潮汐集市"也在现场同步开市,不仅有特色摊位展出独特产品,还举行了冲浪心享会、龙板激情接力赛、冲浪划水接力赛等精彩活动。不少观众表示,在享受音乐的同时,还能感受冲浪文化的魅力。

✻ **小贴士** 作为知名的滨海旅游城市和体育旅游城市,万宁向来是进行亲水运动的不二之选。无论是在游艇上惬意出海,还是乘上摩托艇叱咤破浪,都能让人近距离感受到大海的无限魅力。

(6) 海南国际离岛免税购物节

首届海南国际离岛免税购物节于2022年6月28日起在海南全省范围内举办,为期半年,采取"1+N"的形式举行,即举办一场启动仪式和超过50场专场营销活动、品牌活动,以促进离岛免税销售快速增长。针对来琼旅客行前、行中、行后不同的消费场景,海控全球精品免税城还在购物节布置了离岛免税、会员购、跨境电商等多种产品矩阵。

3. 市县级节庆

(1) 三亚天涯海角国际婚庆节/海南婚庆节

1996年11月18日,三亚市政府举办首届中国三亚市天涯海角国际婚礼节(后改名为"婚庆节"),主要接受国内外新婚夫妇报名,也接受结婚数年的夫妇参加。婚礼节中举行一系列婚庆活动,同时举行各种有趣味、有纪念意义的旅游活动。

首届中国三亚市天涯海角国际婚礼节之后,每年的11月三亚都举行天涯海角国际婚庆节。2013年,海南旅游委、海南旅游协会组织成立"海南十全十美婚庆产业联盟",向国内外市场推介海南婚庆节。

✻ **小贴士** 海南婚庆节活动,以"美丽中国,幸福海南——爱你一生一世"为主题,每月在海南不同市县举行,这在全国尚属首例。

(2) 三亚城市旅游节

2022年5月20日晚,由三亚市人民政府主办,三亚市旅游推广局、三亚市旅游和文化广电体育局承办的"心动三亚"2022年(首届)三亚城市旅游节在鹿回头风景区举行。

"心动三亚"首届三亚城市旅游节系列活动旨在通过充分挖掘三亚特色旅游文化、产品资源,以多元化活动形式加大旅游宣传营销,做足"放心消费"文章,拉动暑期旅游市场,进一步释放消费潜力。

(3) 琼海潭门赶海节

首届潭门赶海节是由琼海市政府、原市文化广电出版体育局、原市旅游发展委员会及中共潭门镇委、潭门镇人民政府主办的大众参与的赶海文化主题节日,有融合赶海文化多种时尚元素的专属品牌形象——吉祥物"赶海小宝"。首届潭门赶海节于2015年8月在琼海市潭门镇举办。

该节活动联合中国(海南)南海博物馆、休闲渔业码头、排港村等,共同带来寓教于乐的独特体验,通过科普知识与游玩的结合,涵盖亲子研学、音乐美食、非遗民俗、体育竞技等多样化体验,一站式吃喝玩乐购,从白天"嗨"到黑夜,不仅可以让市民和游客体验到赶海拾贝的乐趣,还可以感受潭门美的风光、美的味道、美的人文、美的生活,共同创造旅游的美好回忆。

(4) 昌江芒果节

1996年6月,首届海南昌江芒果节在昌江举行,举办了芒果观光、采摘和品尝,工农业产品展销、招商项目洽谈等活动。

(5) 陵水欢乐猕猴节

2002年12月3日,海南陵水黎族自治县的南湾猴岛,推出了"欢乐猕猴节"活动,猕猴节中最吸引游客的属大型猴艺表演场。

(6) 那大市民文化节

儋州市那大镇委、镇政府自2004年起,每年举办的那大市民文化节,是目前海南全省乡镇规模最大、内容最丰富、参与面最广、持续时间最长的大型文化活动。

(7) 万宁文灯节

2004年,万宁市成功举办了首届国际文灯节。人们在灯的表面写上心中的愿望,让其与灯一起冉冉升向苍穹,以祈求家庭事业安康平顺。

(8) 临高渔民节

2007年7月30日,海南省临高县首届渔民节在临高体育广场隆重开幕,充分展现了临高渔民打造全国渔业强县的精神风貌。

(9) 官塘温泉文化旅游消费节

官塘温泉历史悠久,有着深厚的历史文化和优质的水源资源。官塘温泉文化旅游消费节以"养生官塘,千年古汤"为主题,至2023年初已成功举办了四届。以其独特的温泉文化和有趣的温泉美食体验,每年都吸引着省内外的游客前来参与。

四、代表性旅游体育赛事

1. 环海南岛国际公路自行车赛

环海南岛国际公路自行车赛创办于2006年,由国家体育总局和海南省人民政府共同主办,是《国务院关于推进海南国际旅游岛建设发展的若干意见》中明确提出重点培育和倾力打造的重大国际性品牌体育赛事。

环海南岛国际公路自行车赛竞赛线路贯穿全海南岛大部分市县,海南岛得天独厚的地理环境,为自行车运动提供了世界少有的天然竞技场。每年汇聚世界各地国际自行车联盟(Union Cycliste Internationale,UCI,前身是成立于1892年的国际自行车运动员协会,现总部位于瑞士洛桑——编者注)职业队、洲际职业队等自行车赛专业人士群雄争霸,令10月的海南成为全球自行车爱好者的应许之地。

环岛赛从2006年开始,经过连续多届的成功举办,2009年环岛赛赛事级别已经从首届的洲际2.2级提升到洲际2.HC级,是继马来西亚环兰卡威赛(1996年创办)和我国环青海湖赛(2002年创办)后第3个亚洲顶级公路自行车赛,仅次于环法国、环意大利、环西班牙等世界职业巡回赛,成为洲际 2. HC 级(亚洲顶级)并以"亚洲顶级、国际一流、每年一届"为办赛目标,具有海南特色的高质量高水平的赛事。

2023 年第十四届环海南岛国际公路自行车赛起点设在琼海市,终点设在三亚市。这届环岛赛历时 5 天,设置 5 个赛段,途经海南 5 个市县,总里程为 789.9 公里。

✤ **小贴士** 经过了十多年的建设和发展,环岛赛影响力逐年扩大。环岛赛以加快普及中国自行车运动为己任,致力推进全民健身政策落地,贯彻落实好海南省"体育+旅游"产业融合发展相关政策,以赛事带动旅游繁荣,进一步助力海南自由贸易港建设。

2. 环海南岛国际大帆船赛(海帆赛)

环海南岛国际大帆船赛是我国航线最长、竞技水平最高的首个大帆船多日拉力赛,也是中国帆船帆板协会重点培育的国际性帆船赛事。2010 年创办,每年一届,首届于 2010 年 3 月 13 日至 17 日举行。比赛共分 4 个赛段,航行路线为海口—文昌—琼海—陵水—三亚,约 228 海里。

该赛事是国际旅游岛建设上升为国家战略之后,海南倾力打造的大型高端国际品牌赛事,旨在进一步推动海南国际旅游岛建设,更好地向世界宣传、推介海南,提高海南的国际知名度,培育打造强势水上运动赛事品牌。历年来,该赛事吸引来自中国、美国、加拿大、英国、法国、澳大利亚、俄罗斯、新西兰、日本、马来西亚等 10 多个国家和地区的数百名水手参加。

3. 海南金椰子高尔夫业余公开赛

于 2009 年创办,每年举办一届。是得到中国高尔夫球协会认可的冠名"海南"的高尔夫球公开赛,是海南省委、省政府确立的,旨在打造海南国际旅游岛高尔夫品牌的重要赛事。

2013 年 9 月,海南金椰子高尔夫球公开赛巡回推广赛经过在大连、成都、北京和上海 4 站的运营和推广,以其独特的品牌魅力在国内外引起众多高尔夫爱好者的广泛关注。

赛事的举办极大地刺激旅游人群在当地的旅游消费,更好地突出了海南"体育+旅游"产业的特色。

4. 万宁国际冲浪赛

2012 年 12 月,国际冲浪协会、国际职业冲浪协会的赛事首次落户海南万宁市日月湾,填补了我国举办国际顶级海上冲浪赛事的空白,也是海南省举办的第一项国际性重大体育品牌赛事,至 2021 年 12 月,已举办了十一届。该冲浪赛一般分为中国冲浪冠军巡回赛、中国桨板锦标赛,总赛程为期近半个月。

万宁国际冲浪赛已经得到了世界冲浪爱好者的广泛认可,每届都有来自美国、英国、法国、西班牙、葡萄牙、澳大利亚、新西兰、南非等国家数百名冲浪选手参加。

5. 海南国际马拉松赛

海南国际马拉松赛定位为以外地、外国游客参赛为主的旅游型、群众性赛事。

2016 年 1 月 19 日,海南国际马拉松组委会正式对外公布了赛事口号"海上丝绸路 绿色天涯行";2 月 18 日,"2016 海南国际马拉松"在北京召开新闻发布会,首次面向媒体发布了具有海南特色的赛事奖牌。

6. 儋州国际马拉松赛

儋州国际马拉松赛是海南从 2010 年开始每年都举办的赛事。

2010 年该赛事只设男子全程马拉松项目,2011 年增设男女全程马拉松项目,2012 年赛事增加了全国男女积分赛。2013 年该赛事获得中国田径协会"铜牌赛事"称号,并迎来了全国马拉松年会的召开,2014 年保持了"铜牌赛事",2015 年被评为中国田径协会"银牌赛事",2019 年赛事获得中国田径协会"金牌赛事"称号。

儋州国际马拉松赛是国际性、竞技性、群众性及社会性的完美结合,既突出了彰显个性的魅力,又展现了社会和谐的完美。

7. 司南杯大帆船赛

司南杯大帆船赛创立于 2012 年,是我国目前唯一拥有西沙航线,且离岸距离最远的专业帆船赛事,由葛卫东、冯晖、吴轶、陈伟晶等一批热爱航海的帆船船东发起成立并亲自参与。

司南是古代重要的航海导航工具,也是中华民族航海文明与历史的象征。司南杯大帆船赛以"弘扬司南精神,复兴中华航海"为目标,沿着司南指引的方向一路向南,重走埋藏着数百年来历代沉船的"香瓷古路",承载了中国航海人复兴中华航海文明的远大抱负。

❈ **小贴士** 司南杯大帆船赛作为三亚唯一的本土帆船赛事,推动了三亚本土帆船文化的发展,促进了城市海洋体育经济形成,带动了城市休闲体育产业以及旅游产业的发展,更是得到了三亚市政府的高度许可和大力支持,曾被三亚市政府副市长誉为"三亚的一张靓丽的航海名片"。

8. 万宁国际海钓精英邀请赛

2010 年 12 月,万宁市在大洲岛成功举办了第一届国际海钓精英邀请赛,得到了国家体育总局以及全国海钓界人士的肯定和好评。2011 年的比赛场地改在更适合开展拖钓的和乐镇港北海域,设矶钓和拖钓 2 个项目,其中的拖钓为国内独家首创,同时还弥补了国内海钓的空白。

2012 年 12 月 6 日,2012 年全国海钓锦标赛(海南万宁站)暨第三届万宁国际海钓精英邀请赛成功落下帷幕。2013 年以后逐渐被分别在山东威海、广西北海等不同地区举办的全国海钓锦标赛取代。

第四章

海南旅游产品

旅游产品,学术上亦称旅游服务产品,其构成要素主要包括旅游吸引物、旅游设施、可进入性和向旅游者提供的用以满足其旅游活动需求的全部服务。

本章仅从旅游项目类产品、旅游线路类产品、旅游购物类产品三个层面,介绍海南的热带海洋游、热带雨林游、康养度假游、海岛婚恋游、环岛公路自驾游,以及热带海岛土特产品、免税购物等知识。总体来看,海南的旅游产品,极具热带海岛特色和黎苗文化个性,具有较强的观赏性和实用性。对于学者来讲,也有很大的研究价值。

第一节 海南特色旅游项目

一、十大新兴旅游项目

(一)海洋旅游

1. 环海南岛魅力特色海岸旅游

沿海南全岛海岸线可以分为东线和西线,东线秀美瑰丽的海湾风景起于海口湾。

沿东海岸线著名的海湾主要有文昌的月亮湾、木兰湾,琼海的博鳌湾和玉带湾,万宁的石梅湾、日月湾,陵水的香水湾、清水湾,最后到三亚的亚龙湾、海棠湾和三亚湾。

西线海岸从三亚的小月湾、红塘湾,乐东的龙栖湾、龙沐湾,东方的鱼鳞洲,昌江的棋子湾,儋州的洋浦湾,最后回到海口,形成一个闭合的椭圆形。

若向往更加纯美的海景,散布于三沙市海域的260多个岛屿、沙洲、礁、暗滩和暗沙更加值得期待。

2. 滨海奢享高端度假酒店旅游

海南有优质、丰富的自然海岸资源。东线海湾秀美瑰丽,西线海岸粗犷豪壮。

已有三亚亚龙湾、海棠湾、三亚湾、大东海,万宁神州半岛、石梅湾,海口西海岸,陵水清水湾,琼海博鳌湾9个成熟的滨海旅游度假区以及18个精品海湾项目。

海南是中国高档度假酒店最密集、国际品牌管理公司最集中的省份。目前,五星级及按五星级标准建成并营业的酒店157家,已有喜达屋、万豪、洲际、香格里拉、雅高等25家国际知名酒店管理集团和61个国际品牌酒店落户海南。中国首家亚特兰蒂斯酒店也选址"国家海岸"海棠湾,并于2018年4月28日盛大开业。

3. 速度激情活力海上旅游

海南作为国内唯一同时拥有两个邮轮母港（海口市、三亚市）的省份，拥有良好的停泊条件，可供国际大型邮轮停靠及上下客。

三亚凤凰岛国际邮轮港建成了目前中国设施最齐备的专用邮轮港口，2014年新建了4个邮轮码头（10万吨泊位一个、15万吨泊位2个和22.5万吨泊位一个），开通了广州、香港至三亚再赴越南的邮轮航线。海口港邮轮码头具备了接待7万吨级大型豪华国际邮轮的基本条件，未来将发展成为国际邮轮母港和游艇帆船基地。

嘉年华、皇家加勒比、丽星等世界知名的大邮轮公司旗下的"天秤星""处女星""海洋航行者"等邮轮已选择在海南开通数条开往香港地区和越南、菲律宾等国家的始发和经停航线。

中国首家国际邮轮公司——渤海邮轮有限公司也正式开通"海南—越南"航线。此外，每年都有前往三沙的邮轮航线，让游客们可以深入感受南海之美。

4. 探秘海南岛周边岛屿旅游

海南岛周边海域大于500平方米的岛屿就有180个，总面积为22.48平方公里，平均每个海岛面积仅0.12平方公里，沿海12市县均有隶属海岛。

除了已开发完备的三亚蜈支洲岛、凤凰岛、西岛和陵水的分界洲岛、南湾猴岛，还有许多神秘的无人之岛有待人们探寻。在海南，冷门小岛探奇已成为资深"驴友"的爱好之一，如大洲岛、七洲列岛、椰子洲岛等已进入游客的视线。此外，三沙市所辖的岛屿更是游客神往的旅游天堂。

（二）康养度假旅游

1. 温泉养生

海南岛地处环太平洋地震带，地热活动活跃，水质类型多样，地热资源密度之高居全国之首，是名副其实的"温泉岛"。

海南岛温泉或依山傍海，或临河分布。海南岛温泉水温高、水质佳，医疗保健价值较高，沐浴其中，不仅对多种疾病有治疗作用，还有保健、护肤的功效。

海南拥有丰富的温泉资源，并已开发出成熟的旅游度假区，比较知名的有海口观澜湖温泉度假区、保亭七仙岭温泉度假区、三亚南田温泉度假区、琼海博鳌水城、万宁兴隆温泉度假区、琼海官塘温泉度假区、儋州蓝洋温泉度假区等。

2. 南药黎医

海南有药用植物资源3 000余种，占全国药用植物的40%，被誉为"天然药库"，所产的槟榔、益智、砂仁、巴戟被称为"四大南药"。海南黎族人民在大约3 000年的生息繁衍中积累了大量经验，黎族民间医生在使用黎药方式上也有着自己鲜明的特色。

目前，海南已经初步形成兴隆南药植物园和琼中世界南药园两大生态型热带中药基地，药、香两用特色的芳香型和药食同源的保健型南药产品正在逐步开发中，海南"香岛"和"健康岛"的品牌将很快造福于国内外游客。

3. 中医疗养

海南的热带湿润气候对风湿、类风湿、肺气肿、哮喘病、气管炎等慢性病有良好的缓解、疏导康养作用。

海南民间荟萃了许多中医名师，通过引入中医养生理念，进行针灸、按摩等中医理疗，以及药物食材结合疗养，可让短期度假的游客达到事半功倍的康养效果。

博鳌乐城国际医疗旅游先行区为海南发展康养旅游注入了新活力。而随着解放军总医院（301医院）海南分院等一批具有国内先进水平的医疗机构以及三亚中医院国际友好中医康复疗养院等特色医疗机构的建成、升级，海南中医医疗旅游示范基地建设不断加快，中医按摩、温泉SPA康养产品正迸发出更大的魅力。

（三）文体娱乐旅游

海南拥有丰富多样的文化资源，许多文化元素都独具特色。热带雨林体验文化、黎苗文化、东坡文化、军坡公期文化、疍家文化、琼侨南洋文化、南山佛教文化、妈祖祈福文化、琼崖红色文化等，都是海南别具一格的特色文化。海南国际旅游岛欢乐节、黎族苗族传统"三月三"节、七仙温泉嬉水节、乡村旅游文化节、婚庆节、冲浪节、草莓音乐节、免税购物节等都是海南本土特色的旅游节庆品牌。

海南空气清新，环境优美，在体育旅游和开展各种赛事方面有着得天独厚的优势，也拥有举办诸如环海南岛国际公路自行车赛、环海南岛国际大帆船赛等众多国际性赛事的良好基础及丰富经验。从1月到12月，每年都有不同的精彩体育赛事在这片热土上相继开展。

（四）会展、会奖旅游

依托得天独厚的优质资源，海南已成为世界各大型机构和会议组织开展会奖旅游的热门选择。

规格高、种类多的会议会展每年轮番在海南举办。如博鳌亚洲论坛、世界旅游旅行大会、国际消费品博览会、海南国际旅游岛欢乐节、中国（海南）国际海洋旅游博览会、海南国际旅游美食博览会、海南世界休闲旅游博览会、海南国际房车露营休闲旅游博览会、目的地婚礼博览会等大型旅游展览，以及世界小姐总决赛、新丝路模特大赛等，为海南会展、会奖旅游提供了很好的基础条件。

海南不仅有多处大型专业级的会展中心，许多大酒店也建有各种规格的会议接待设施；不仅提供了丰富多元的会奖旅游产品，也配备了高水平的会奖旅游服务体系，可以为国际买家、会展和会奖企业提供灵活多样、性价比高的产品组合和采购选择。

✱ 小贴士　截至2023年初，海南拥有相关会奖服务企业约2 800家，每年在海南召开的企业商务会议多达15 000余个。

（五）乡村休闲旅游

✱ 小贴士　作为我国首个全域旅游创建省，海南集中打造了一系列内容丰富、特色鲜明、富有品位的乡村旅游产品；且伴随着乡村旅游基础设施不断完善，依托农村绿水青山、田园风光、乡土文化等资源发展起来的乡村旅游越来越受到广大游客的喜爱。

海南全省乡村旅游资源涉及18个市县。至2023年，海南建成了5个乡村旅游示范县、100个特色旅游风情小镇、100家椰级乡村旅游点、300家金牌农家乐、1 000个乡村旅游点。至2023年8月，海南共有省乡村旅游示范区10家、省椰级乡村旅游点235家和乡村旅游示范点创建单位 134 家,培育了"北仍村""百里百村""奔格内""什寒村"等乡村旅游品牌。

2022 年 10 月,海南省发布了 10 条休闲农业旅游线路,涉及海南 35 个乡村休闲旅游精品景点。这 10 条旅游线路,全面串联起了海南省美丽乡村、休闲农业点等,为广大游客提供了多层次、多业态的乡村旅游产品。

作为海南旅游节庆活动的一个重要品牌以及海南乡村旅游发展的重要媒介和桥梁,海南乡村旅游文化节的举办也很好地搭建起一座宣传和沟通的桥梁,吸引了越来越多的游客前往更多的市县去体验海南的乡村旅游。

(六)热带森林旅游

至 2023 年,海南全省森林覆盖率为 62.1%,森林面积为 72 万亩。全省国家级森林公园 9 个,面积 176.5 万亩;省级森林公园 17 个,面积 76.3 万亩;市县级森林公园 2 个,面积 2.5 万亩。

海南岛热带雨林,可谓海南的生态制高点,十分适合开展登山、露营、漂流、观鸟、科考、研学、拓展、探险、养生等特色化、个性化的森林生态活动。

2021 年 9 月 30 日,国务院同意设立海南热带雨林国家公园。2021 年 10 月 12 日,海南热带雨林国家公园入选第一批国家公园。随之,海南热带森林旅游的发展进入了快车道。

至 2022 年,海南已开发出比较成熟的热带雨林旅游线路主要有五指山原始森林探险游、吊罗山原始森林探险游、白石岭热带原始森林探秘游、保亭生态雨林研学之旅、五指山研学之旅等传统和专项旅游项目。

(七)风情小镇旅游

早在 2014 年 4 月,海南省住房和城乡建设厅就印发了《海南省特色风情小镇建设指导意见》,并通过省、市县两级集中投入,逐年推进,建成了一批功能齐备、设施完善、生活便利、环境优美、特色鲜明、经济繁荣、社会和谐的特色风情小城镇。

至 2022 年 4 月,海南已集中力量规划并陆续建设了一批风情示范小镇:海口演丰湿地文化小镇、海口云龙特色风情小镇、海口观澜湖高尔夫小镇、三亚海棠湾旅游风情小镇、文昌潭牛南洋风情小镇、琼海博鳌旅游小镇、琼海中原南洋风情旅游小镇、万宁东澳燕窝旅游小镇、万宁兴隆东南亚和农业风情小镇、儋州雪茄风情小镇、澄迈福山咖啡文化风情镇、澄迈大丰归侨文化旅游小镇、澄迈地中海文化风情小镇、澄迈台湾风情小镇、乐东九所养生度假小镇、保亭三道旅游小镇等。

海南每个风情小镇均独具个性,使得全域旅游下的海南"处处皆风情"。

❋ 小贴士　2015 年 10 月,海南省政府又印发了关于《海南省百个特色产业小镇建设工作方案》的通知,凸显了海南旅游、热带特色农业小镇和黎苗文化小镇的带动作用,也使海南的生产、生活、生态融合得到强化。

(八)购物旅游

2011 年 3 月,财政部发布《关于开展海南离岛旅客免税购物政策试点的公告》,2011 年 4 月 20 日起,海南省试点执行。2020 年 6 月 29 日,财政部、海关总署、税务总局联合发布《关于海南离岛旅客免税购物政策的公告》,7 月 1 日起,海南离岛免税购物额度从每年每人 3 万元提高至 10 万元,且不限次数。至此,免税购物已成为海南游不可或缺的环节。

（九）产业旅游

❋ **小贴士** 至2022年，工业旅游已成为海口、三亚、澄迈等地区众多旅行社推选的旅游产品。

至2022年初，在紧靠海口市的澄迈县境内已累计注册企业数千家，仅海南生态软件园就有4 333家。这些企业建设了能够提供商务休闲、医疗和旅游观光等系统服务的新型旅游观光基地。中国文昌卫星发射中心成功发射了"长征七号""天舟一号"等运载火箭，让越来越多人关注到海南航天旅游。昌江核电科普工业游是海南省推出的第一个工业游项目，在昌江县当地有旅行社组织参团。昌江核电公司也荣获"全国工业旅游创新单位"。这些项目的诞生和成绩的取得，为海南琼北工业旅游提供了基础条件和创新样板。

2022年7月1日，《海南自由贸易港游艇产业促进条例》正式实施，游艇产业已逐步发展成为海南自贸港建设，尤其是三亚市的先导产业。至2022年下半年，三亚已吸引40多家国内外知名游艇企业入驻国际游艇中心，形成涵盖游艇及水上产品使用的综合体项目。陵水拥有清水湾信息产业园区、国家级农业科技园区和广陵南繁科技产业园、中国电科海洋信息产业基地等，也预示着海南南部地区的产业旅游发展动能越来越强劲。

在海南的东部和中部地区，至2023年初，博鳌乐城国际医疗旅游先行区的品质进一步得到提升，而与康养度假旅游相配套的中医疗养医院等系列高端旅游养生设施等正在逐步完善。另外，在博鳌亚洲论坛品牌效应的带动下，会展、会奖旅游产业在海南得到了长足的发展，一大批国际性、全国性会展、会奖活动落户海南，也进一步带动了海南旅游产业的良性发展，也赋予了海南产业旅游强劲动能。

（十）专项旅游

在海南自贸港建设的背景下，海南的专项旅游发展迅猛。至2022年上半年，海南环岛高铁游、海南环岛公路游、自驾露营游、低空飞行旅游、婚庆旅游、高尔夫旅游、海上豪华邮轮游、美食旅游等专项新型旅游业态已经形成并迅速发展，尤其是婚庆旅游已成为游客最喜爱的旅游产品。以三亚为例：2019年全市接待婚纱摄影客人35万对；2020年，即使受疫情影响，婚纱摄影仍成为恢复最快、增长最快的业态之一，全市接待婚纱摄影客人26万对；2021年，全市接待婚纱摄影客人达到40万对左右。

海南的低空飞行旅游产品形态日益丰富。美亚旅游航空有限公司在海南推出了三亚湾空域游览、西线空中礼佛之旅、三亚至万宁航线等飞行旅游产品，并在三沙市成功进行水陆两用机飞行试验，推动了三沙水上飞机旅游项目建设，促进了三沙旅游发展。

至2023年，海南已相继出台了《海南省人民政府办公厅关于加快发展自驾车旅居车旅游的实施意见》和《海南省人民政府办公厅关于进一步加快旅居车旅游高质量发展的实施意见》等文件，连续举办了两届国际房车（汽车）露营休闲旅游博览会，正在规划建设一批国际化、标准化、生态化的汽车旅馆和自驾车房车露营基地，为海南的专项旅游高质量发展添砖加瓦。

二、八大专项旅游项目

（一）婚庆游

✱ **小贴士** 三亚作为旅游拍摄重地,得益于得天独厚的自然资源优势与婚庆产业基础,酒店、旅行社等涉旅企业开始探索发展"婚庆＋旅游"市场,推动了鹿城婚庆旅游市场越做越大。

1. 滨海景区婚礼

天涯海角游览区,坐落在中国大陆最南端的海边。千百年来,默默相守的"天涯"石和"海角"石,对恋人而言,无疑是爱情盟约最好的见证。

蜈支洲岛旅游区,在被誉为"中国马尔代夫"的蜈支洲岛上,提供超五星级珊瑚酒店、专属豪华游艇拍摄,打造私人定制蜜月式婚纱摄影。

✱ **小贴士** 早在2013年,蜈支洲岛就推出了私人订制"七色婚礼":白色——沙滩,绿色——草坪,蓝色——水下,橙色——岛主别墅,青色——泳池,红色——渔家,金色——观浪亭。

大小洞天旅游区,在静谧的小月湾,丛林木屋间,鸟语花香,在"海天一线"定格爱情甜蜜,为新人留下幸福篇章。

2. 滨海酒店婚礼

海棠湾喜来登度假酒店。位于海棠湾中心地带,与蜈支洲岛隔海相望。新鲜的热带植物、花卉搭织而成的拱门,迎风悬挂的捕梦网下舒展的羽毛,斑斓的光、粼粼的海,给新人一场浸满梦幻滨海情趣的绝美婚礼。

海棠湾开维万达文华度假酒店。私属的海水运河长达1 200米,贯穿酒店主建筑群,新人可乘坐盛装龙船穿过葱郁茂盛的热带花园直抵婚房;木艺术馆是举办小型婚礼和婚宴的绝佳场地;可容纳1 400人的维也纳大宴会厅、4 000平方米的国玺草坪、2 500平方米的滨海草坪,是举办大型婚庆的理想场地。

海棠湾天房洲际度假酒店。内设国内首家酒店式海洋餐厅:270°全海水萦绕,烛光、音乐与鱼、水、天三重空间的完美融合;8 000平方米的草地、1 000平方米穹顶无柱宴会厅及其灵活布局能为新人打造称心如意的婚礼场地。

亚龙湾万豪度假酒店。顶级的海滩草坪和私人海滩,浪漫满屋套餐,海风轻拂,灯影璀璨,与爱侣置身于亚龙湾海天一色的迷人景致之中,品尝极致海鲜美味,尽享浪漫时刻。

金茂三亚亚龙湾希尔顿大酒店。被葱郁的热带园林环抱,有面积达3 000平方米的海滩户外草坪和300平方米的全海草坪,为每一对新人精心搭建椰风海韵之下的婚礼殿堂。

3. 海底世界婚礼

海南独特的热带风光集大自然精华,婆娑的椰林、洁白的沙滩、湛蓝的海水、灿烂的阳光,营造了整个婚礼的时尚背景氛围。比较著名的海底婚礼是三亚的"永驻初恋幸福"和"美人鱼海底集体婚礼"。

分界洲岛"永驻初恋幸福"。分界洲岛是海南最早组织海岛婚礼与海底婚礼的岛屿,每年都会举办很多场海底婚礼,被誉为"永驻初恋幸福的爱情岛"、中国海底婚礼首创地。木屋别墅、餐饮、游艇、海上游玩等一应俱全,成为一些年轻人崇尚的海底婚礼首选地。

南山"美人鱼海底集体婚礼"。集五星国际品牌酒店海景蜜月住宿、海景婚纱拍摄、浪漫草坪婚礼、少数民族婚礼晚宴、生态岛屿海底婚礼、烛光烧烤晚宴、南山景点自由行等系列活动于一体。

4. 邮轮游艇婚纱摄影

邮轮婚纱摄影。以三亚为母港乘坐豪华邮轮，来到如伊甸园般的西沙举行婚礼。

游艇婚纱摄影。目前，海南已有 34 家游艇俱乐部（游艇会），已经建成三亚鸿洲、亚龙湾、半山半岛帆船港、陵水清水湾、海口新埠岛等多个游艇码头，可供新人享受乘风破浪、激扬时尚的游艇生活。

5. 热带雨林婚礼

亚龙湾热带天堂森林公园。其最具特色的是深藏于白云之间、雨林之冠的鸟巢式木屋，两山之间，还有一条"过江龙"的索桥横跨峡谷。

❋ **小贴士** 电影《非诚勿扰2》剧中男女主角感人的爱情故事打动了无数年轻人，"热带天堂"也成为年轻人诠释浪漫和唯美的爱情圣地。

呀诺达雨林文化旅游区。在槟榔树林里接受亲朋的祝福，在"哇爱噜"观海台上大声说出"我爱你"，在"爱情门"下许下生生世世，请黎族长老为新人诚挚祈福。

凤凰岭海誓山盟景区。凤凰岭是三亚市区内最高的山峰，一条长达 1 620 米的空中登山缆车穿越热带雨林直达海拔 400 米的山顶。新人们纷纷来此举行"海誓山盟"婚礼，实现人生中最美好的愿望。

七仙岭温泉度假区。地处七仙岭国家森林公园度假区的各家酒店都倡导以自然之道养自然之身，在世界上稀有的热带雨林环境中，传递一种健康、自然、纯朴的服务理念，让恋爱中的人获得视觉、听觉、嗅觉、味觉、触觉、心觉、时觉等完美的七感体验。

6. 风情小镇婚礼

观澜湖婚纱摄影。海口观澜湖主张贴近自然的户外婚礼，配有高尔夫真草练习场、贵族花园草坪、户外池畔、民国老街及成人礼帐篷等别具特色的婚礼场地，让新人们有更多的选择。作为主题婚纱影拍摄基地，海口观澜湖的火山岩矿温泉 SPA、华谊冯小刚电影公社、高尔夫球场等十二大婚纱照拍摄景点也倍受新人喜爱。

琼海婚纱摄影。田园喜事、小镇婚典、乡村喜礼、农家喜宴、海鲜派对等乡村婚庆产品以及各式特色美景与潭门渔家风情小镇、博鳌南洋风情小镇、塔洋田园风情小镇融合在一起，展现琼海婚庆目的地多元化的资源。

7. 黎苗特色婚礼

在琼中县的什寒村，在保亭槟榔谷黎苗文化旅游区，在海南各个黎村、苗寨，举办一个具有少数民族特色的婚礼——穿着传统的黎苗服饰，在众多"伴郎""伴娘"的陪伴和传统黎苗舞蹈中举行婚礼。下聘、接亲、送娘、迎亲、合配、拦路抢亲、婚宴等环节可以让新人充分体验黎族苗族传统的婚庆习俗。

8. 道教传统古典婚礼

定安县的文笔峰盘古文化旅游区内有中国最大的月老殿、观音殿等一组殿堂。新人们在月老殿结成一生美好的姻缘，在观音殿接受永恒的祝福，在文昌阁踏上事业成功之旅，在碧霞殿求得贵子,在元辰殿圆美好之梦,在财神殿求得财富,在药王殿保佑健康,牵手鹊桥,一生一世永远相拥。

(二) 美食游

海南的美食得益于独特的热带气候、多样的海岛地域、富饶的山野和丰富的海鲜物产,融合了闽粤烹调技艺、南洋风味和海南岛的黎苗食俗,形成了一系列特色鲜明的多元化的美味食谱。

除了有口皆碑的海南四大名菜——文昌鸡、嘉积鸭、东山羊、和乐蟹之外,全岛各市县还有自己的招牌特色美食和风味小吃。根据气候和环境,将食、药,乃至水果结合烹制而成的菜品不难寻见。

此外,海南的美食融合接纳了各地的饮食文化和烹调技艺,在这里不仅可以品尝到全国的各色美味,还可以在大大小小的酒店和餐厅品尝来自世界各地的丰富美食。

(三)"高球"游

海南拥有开展高尔夫旅游不可多得的资源优势,这里有明媚的阳光、湛蓝的海水、迷人的沙滩、清新的空气、宜人的气候。当冬季来临,北方大地已是冰天雪地、草枯叶黄时,海南的高尔夫球场仍是满目青翠,温暖如春、长夏无冬的优越气候条件使海南一年四季都可以潇洒挥杆。

目前,海南共有高尔夫球会 45 家,高尔夫球场 74 个,已经覆盖海口、博鳌、兴隆、三亚、保亭等五大区域。

高尔夫球爱好者可以在海南岛纵情挥杆,从北打到南,体验海滨林克斯、海岛山崖海景型、滨海城市林地型、滨海球场、湖景球场、丘陵球场等各富特色的高尔夫球场。

✽ **小贴士** "林克斯"是英文 links 的音译,是球场的意思。追根溯源,"林克斯"原指苏格兰海边的区域,即从大海向农田过渡的区域。

(四) 环岛高铁游

✽ **小贴士** 2015 年 12 月,海南西环高铁线全线正式运营通车,标志着全球第一条环岛高铁全线贯通。

东部环线。从海口出发,可在文昌铜鼓岭上俯瞰月亮湾,游览琼海的博鳌和潭门小镇,去万宁市日月湾和大花角冲浪,登上陵水的分界洲岛看大鲸鲨,最后一站去三亚感受滨海度假之趣。

西部环线。由三亚出发往海口方向,看东方鱼鳞洲风车海岸,徒步昌江县棋子湾,观赏儋州市石花水洞,到访洋浦区千年古盐田,品尝澄迈福山咖啡文化风情镇咖啡,最后看海口的火山地质公园等,还可去骑楼老街等海口其他美食街品尝海南各地各色风味小吃。

(五) 自驾露营游

海南自驾旅游,中线以民族村寨、旅游小镇、民族文化馆等为载体,突出游客的民族风情、民俗体验;西线以沿途自然风光、历史遗迹、矿山溶洞、水库湖泊等资源为依托,开展自驾观光游;东线突出滨海度假、运动休闲、免税购物、商务会展、航天科技等元素,增强自驾游客体验。

目前,主要露营地有假日海滩房车营地、东郊椰林房车露营地、石头公园露营地、白金海岸露营地、三亚亚龙湾房车营地、海螺姑娘创意文化园房车营地、大东海露营地、悠然帐篷营地、日月湾露营地、临高角露营地、五指山房车营地、木色湖帐篷宿营地等。

(六) 低空飞行游

乘坐直升机、水上飞机或热气球在空中观赏美丽的海南,在感受激情的同时移位换景全方位欣赏海岸线、热带雨林、河流入海口、热带田园、城市风貌等。

目前,海口、文昌、琼海、万宁、三亚均已开辟了空中观光航线,打造了观光、摄影、婚礼、影视、节庆、赛事等各类主题旅游产品。

(七) 海上豪华邮轮游

越南游。海口至越南下龙湾、海防和河内以及海口至越南岘港、顺化,每星期3个航班,中国游客乘豪华邮轮游海南、游越南免办护照,手续方便,境外游客可凭护照上邮轮,还可在香港乘豪华邮轮到海南的海口或三亚旅游。

西沙游。目前,可前往西沙群岛海域旅游观光的岛屿有鸭公岛(位于永乐群岛北部)、全富岛(三座岛中最小)和银屿岛(位于全富岛东方、鸭公岛北方)3个。

(八) 环岛公路游

❋ 小贴士 海南环岛旅游公路被定位为"国家海岸一号风景道",是海南国际旅游消费中心标志性项目,有力助推了海南全域旅游示范省和自贸港建设。

海南环岛旅游公路位于环海南岛沿海,主线规划总里程约1 000公里,设计以旅游功能为主,交通功能为辅。公路全线五分之一路段可看到海景,兼具悬崖、海滩、湿地、沙丘、草原、农田、森林等多种风貌景观,景观多样化程度全国第一。

海南环岛旅游公路项目和沿线旅游驿站项目于2020年开工,2023年12月全线通车。建设了40个具有海南特色、国际领先而又绿色、健康、智慧、人文和低碳的驿站。全程贯穿海口、文昌、琼海、万宁、陵水、三亚、乐东、东方、昌江、儋州、临高、澄迈等沿海12个市县和1个国家级开发区,有机串联沿途9个旅游小镇、37个产业小镇、50余个旅游景区和度假区。

❋ 小贴士 海南环岛旅游公路项目和沿线旅游驿站布局——海口市:东港觅古,文昌市:七星啼翠、木兰波光、五龙戏水、抱虎听涛、铜鼓观日、龙楼揽月、三更菩提;琼海市:流金玉带、青葛龙湾、鱼跃潭门;万宁市:大洲燕呢、花角锦绣、日月逐浪、山钦蓝梦、小海龙舟;陵水县:春澜香水、铜港鱼灯;三亚市:海棠花语、崖州红韵、椰洲鹭鸣;乐东县:岭头揽胜、莺歌唱晚、逐日东栖;东方市:金月彩霞、感恩通天、琵鹭四更;昌江县:峻灵神韵、闲敲棋子、海尾守望;儋州市:叶蓉金滩、沧海盐丁、火山海岸、夕照儋耳、银滩泛歌;临高县:彩桥遗梦、峡角飞渡;澄迈县:头友听涛、薯香桥头、大丰古韵。

三、六大雨林旅游路线

❋ 小贴士 2022年7月28日,由海南省旅文厅主办的热带雨林生态游推广活动在保亭黎族苗族自治县呀诺达雨林文化旅游区正式启动。现场发布了海南六大精品雨林旅游线路。

1. "雨林植趣"自然教育之旅

吊罗山国家森林公园→兴隆热带植物园→M1咖啡奇幻工场→万宁日月湾冲浪。

✳ 小贴士　此线路可使游客感受吊罗山山麓集山水林潭瀑等自然景观于一体的山清水秀,在大里生态乡村旅游点探寻少数民族特色浓厚的黎村之美。探索热带植物的"百科全书",DIY植物标本,了解海南咖啡文化,沉浸式感受侨乡文化和咖啡文化的魅力。

2. "三江寻源"探险科普之旅

海南百花岭热带雨林文化旅游区→琼中黎母山国家森林公园→昌江霸王岭国家森林公园→昌江王下乡→昌江棋子湾度假区。

✳ 小贴士　此线路可让游客认知植物绞杀等十大雨林现象,在雨林之巅一睹神秘的热带雨林全貌。专业导师还可带游客上黎母山认识多样雨林动植物,制作标本。

3. "雨林民族"非遗寻踪之旅

海南热带雨林国家公园五指山片区→五指山水满乡毛纳村→五指山牙胡梯田→五指山漂流→七仙岭温泉体验→保亭七仙岭温泉国家森林公园→保亭呀诺达雨林文化旅游区。

✳ 小贴士　此线路可让游客感受海南独特的少数民族文化、民俗风情和雨林文化,了解黎族历史人文,欣赏原生态的美丽梯田、有机茶园风光等。

4. "有'猿'相遇"自然游憩之旅

昌江霸王岭国家森林公园→昌江"皇帝"洞→东方鱼鳞洲风景区→海南猴猕岭省级自然保护区→东方白查村→东方俄贤岭生态文化旅游区→琼中海南百花岭热带雨林文化旅游区→琼中什寒村。

✳ 小贴士　此线路可使游客与热带野生动植物来一次亲密接触,挖掘雨林生态文化,了解海岛生态。全方位引导青少年亲近自然、拥抱自然、体验自然,从小树立生态环保的生活理念。

5. "海岛绿心"乡情野趣之旅

白沙陨石坑地质公园(白沙茶园)→白沙元门机场→鹦哥岭国家级自然保护区(白沙罗帅村)→保亭槟榔谷黎苗文化旅游区→保亭神玉岛→乐东尖峰岭国家森林公园(观赏最美日出云海)。

✳ 小贴士　此线路可让游客欣赏海南独特陨石坑地貌,了解绿水青山就是金山银山的发展理念,并通过动手体验、溯溪探险等方式,寓教于乐,观赏海南自然风光,了解雨林文化,感受乡村振兴的美好。

6. "醉氧雨林"生态体验之旅

万宁兴隆热带植物园→吊罗山国家森林公园→保亭七仙岭温泉国家森林公园→琼中百花岭热带雨林文化旅游区→琼中黎母山国家森林公园→五指山水满乡毛纳村→海南热带雨林国家公园五指山片区→乐东尖峰岭国家森林公园(天池湖)→东方白查村→昌江霸王岭国家森林公园。

✳ 小贴士　此线路可让游客认知海南热带雨林国家公园的三大核心价值——岛屿型热带雨林典型代表;拥有全世界、中国和海南独有的动植物种类及种质基因库;海南岛生态安全屏障。

四、二十大休闲农业旅游线路

✳ 小贴士　2022年10月28日,海南省农业农村厅、海南省休闲农业协会共同发布10条休闲农业旅游线路,涉及海南35个乡村休闲旅游精品景点;11月25日,又发布10条海南乡村休闲农业精品线路,线路涉及海南10个市县,包含43个乡村休闲旅游精品景点。

1. 屯昌梦幻香山寻香之旅

屯昌县→梦幻香山芳香文化园→榴莲蜜园→翠芦莉花田→柠檬主题园→梦幻花廊→不老泉+水晶爱情坊→加利坡城堡→香立方科普馆→芳香世界。

2. 三亚渔村文化美食之旅

三亚市区→西岛→文门村→港门村。

3. 琼海休闲农业之旅

琼海市区→嘉积大园古村→世界热带水果之窗基地→胜达休闲农业观光园。

4. 儋州嘉禾现代休闲农业观光之旅

永夏广场乘坐观光车→花开瀑布→湖畔舞台→三叠溪、拾景桥(山兰梯田/隆闺)→自然课堂→乐活凤梨园→喜禾市集→莲花平台下车→步行到山顶参观场馆：您好，热带水果主题馆→一杯咖啡的时间→未来田园客厅→海岛印象观景平台→乡村振兴馆→莲花平台观光"打卡"→乘车下山：山兰部落露营地→缅栀花园→黄金椰林→永夏广场下车。

5. 昌江山海黎乡美丽乡村游之旅

霸王岭→王下乡三派村→浪论村→洪水村→棋子湾→聚源花卉基地→和丰花卉基地。

6. 海口红色文化之旅

海口市中心区→陈德华烈士纪念亭→解放海南渡海战斗九名烈士墓→仲恺村→898艺术村(权佣东村)→锦塘休闲农庄。

7. 海口历史文化之旅

海口市区→演丰地区人民革命纪念园→苏民革命史纪念馆→东寨港红树林旅游区→芳园国际艺术村→瑶城村→连理枝渔家乐→豆滕渔村。

8. 保亭生态雨林研学之旅

保亭县城出发→秀丽山庄→呀诺达雨林文化旅游区→槟榔谷黎苗文化旅游区。

9. 文昌航天研学之旅

文昌航天主题乐园(航天科普中心)→春光椰子王国→宋庆龄祖居。

10. 五指山研学之旅

五指山市区出发→海南省民族博物馆→五指山红峡谷文化旅游区→毛纳村。

11. 昌江纯美黎乡之旅

叉河镇排岸村→王下乡黎花里(三派村、洪水村、浪论村)→王下乡大炎村(中国美丽休闲乡村)。

12. 澄迈亲子度假游

洪安蜜柚共享农庄→保良村→福山咖啡文化风情小镇。

13. 东方乡村旅游精品游

东河镇南浪村→海南黄花梨共享农庄→香溪农场(八所镇塘马园村)→三家镇乐安村助村公社。

14. 临高乡野之旅

耕读山房→头洋·海堂→鹭港小站→博纵村。

15. **陵水渔家文化体验游**

光坡镇米埇村(中国美丽休闲乡村)→云上牛岭共享农庄→赤岭疍家故事。

16. **万宁兴隆咖啡文化之旅**

兴隆咖啡谷共享农庄→金叶桃园咖啡休闲农庄→隆苑咖啡庄园→小洋侨共享农庄。

17. **琼中红色之旅**

湾岭镇鸭坡美丽乡村→什寒村(中国最美乡村)→白沙起义纪念园→水央村。

18. **琼海乡村民俗风情休闲垂钓之旅**

大路镇世界热带水果之窗→博鳌镇留客村→万泉镇原乡人咖啡→万泉镇胜达休闲农业观光园。

19. **定安书香探花之旅**

高林村(张岳崧故居)→香草田园共享农庄→皇坡村。

20. **白沙美丽乡村茶韵之旅**

罗帅村(天涯驿站)→向民村→对俄村(中国美丽休闲乡村)→五里路茶韵共享农庄。

✱ **小贴士** 以上休闲农业旅游精品景点线路,突出研学游、亲子游,以乡土乡情、自然科普、农事体验、历史文化、红色文化、避暑纳凉等类型丰富的鲜明主题,全面串联起了海南省的美丽乡村、共享农庄、休闲农业点、休闲渔业点、革命纪念园、历史纪念地等,为广大游客休闲度假提供了多层次、多业态的乡村休闲旅游产品。

第二节　海岛特色土特产品

一、传统工艺品与纪念品

(一) 椰雕/贝雕

1. 椰雕的雕刻手法与花色品种

海南椰雕是用椰子壳、椰棕、椰树木等材料进行艺术加工,已有300年的历史,其雕刻手法有平面浮雕、立体浮雕、通花浮雕、带棕立体雕刻和贝壳镶嵌雕刻等。

如今,海南椰雕工艺品的花色品种已经发展到300多种,主要有餐具、茶具、酒具、烟具、二胡、椰珠项链、奖杯、台灯、花瓶,以及各种类型的挂屏、座屏等,其样式新颖,画面雅致,造型古朴,质地轻巧,美观实用。

2. 椰雕的工艺类型

椰壳雕:基于椰子壳的天然形态,把椰壳和贝壳嵌镶结合,按设计造型拼接成工艺品。产品有椰雕象棋、椰雕树叶香插、椰壳罐子、椰壳香薰蜡烛台、椰碗、椰壳滤酒器、茶叶盒、牙签筒、烟灰缸、花瓶、拼贴工艺画等。

椰棕雕:基于椰棕的自然肌理,采用切、割、烫等方法加工成椰猴、椰猪、椰妹等各种人物、动物造型的工艺品。

椰木雕:20世纪80年代后,工艺厂开始用椰木加工成筷子、发夹等产品。

✱ **小贴士** 海南椰雕有各种具有欣赏性的摆件、吊件和兼具艺术性、实用性的生活用品,近年又产生了椰雕画，其风格之朴、构思之巧、造型之趣，为传统的椰雕又添春色。海南椰雕是国家级的非物质文化遗产项目，相关产品已出口到美国、以色列、日本等20多个国家和地区。

3. 椰雕工艺品部分获奖情况

1984年，海南椰雕工艺品曾获全国旅游优秀作品奖；1987年，椰棕雕四件套获全国旅游产品内销工艺品交易会优秀旅游纪念品一等奖。

1990年，椰棕系列工艺品获中国旅游产品购物节旅游商品天马银奖；1990年，五件套茶叶瓶、烟灰缸等获全国工艺旅游产品奖；1994年，椰雕嵌贝《舞蹈》花瓶，获国家旅游局、国内贸易部、轻工总会、纺织总会颁发的天马银奖。

1999年12月，为祝贺澳门回归祖国，海南省人民政府向澳门特别行政区赠送了一件具有海南特色的礼品——椰雕嵌贝花瓶《椰树传说》和《天涯欢歌》。这对花瓶最大直径0.8米，高1.999米，每只重80千克，用12 000块形状合适的椰壳拼合而成，体现了海南省较高的椰雕工艺水平，堪称椰雕中的精品。

2010年，实用性椰雕工艺品获得中国旅游商品大赛铜奖；2015年，椰雕作品《喜得佳偶》和《三月三的赞歌》荣获中国（深圳）国际文化产业博览交易会"中国工艺美术文化创意奖"金奖。2019年11月，"国家级非物质文化遗产代表性项目保护单位名单"公布，海口市龙华区文化馆获得海南椰雕项目保护单位资格。

4. 贝雕的工艺特色

海南贝雕工艺在明代就有很高水平，并且逐渐和古老的椰雕、玉雕、木雕以及国画等工艺结合起来，洒脱而富有诗意，形成了独特的海南艺术风格。

大凡精制的海南贝雕，都与椰雕拼合、镶嵌而成，或者用椰雕作座架。明丽的贝壳雕与古朴的椰雕对比强烈，色调古典雅致，构思精巧细腻，具有独特的艺术风格和浓郁的海南色彩。

以虫鱼鸟兽以及椰林风光、天涯海角、五公祠、马鞍岭火山口等海南名胜古迹为主题制成的各种小件贝雕画等工艺品，很受旅游者欢迎。

5. 贝雕的影响与价值

海南贝雕以其天然性、精细性、珍稀性，越来越受到现代人的关注与喜爱，渐成世界工艺园地的一枝奇葩异卉，而在国内相关行业中，海南贝雕更是一枝独秀。

海南贝艺在博鳌亚洲论坛年会，以及澳门、沈阳、广州、深圳、北京、上海一些工艺博览会上频频亮相，更成为个人、企业乃至政府馈赠的首选珍品。

"2014老庙·九天名玉第六届上海玉龙奖"珠宝玉器评选活动上，海南砗磲贝雕首次亮相并夺得最佳工艺奖、银奖、铜奖等奖项。香港回归祖国时，海南赠送了巨型砗磲整体雕刻的大型贝雕，其加上底座共有2米多高。

另外，用海南最大的贝壳——砗磲制作的佛雕、"白菜"、手链等工艺品也曾一度受到游客追捧。

❀ **小贴士** 2016年11月30日，海南省人大常委会表决通过的《海南省珊瑚礁和砗磲保护规定》明确规定：从2017年1月1日起，禁止一切买卖砗磲的商业活动。

（二）牛角雕

海南牛角雕刻工艺品采用海南的黄牛角和水牛角雕刻、拼接而成，有动物、刀壳、刀把、顶针、火柴盒、烟盒、茶叶桶和梳子等不同造型，在国内外深受好评。

海南牛角雕以动物造型见长，其中海鱼、鹰、孔雀等造型气韵生动，曲线优美，具有较高的审美价值。

海南牛角雕刻工艺品质地坚硬而细密，有纯黑色、纯黄色的，也有黑色中带黄色纹理或黄色中带黑色纹理（有的纹理宛如龙、山水、日月星辰等，但大多呈鱼子或小米状）。

现海南牛角雕工艺品已达100多个品种，其精美程度常常让游客惊叹。海南省政府也会经常以海南牛角雕作为礼品赠送国际友人。

（三）木雕/根雕

1. 木雕/根雕的特点

采用菠萝蜜格制作的作品占绝大部分，这是海南木雕、根雕用材的一大特点。

海南民间作品大量选用的是当地出产的木材，如榉木、樟木、龙眼木、荔枝木、鸡翅木等；作品一般为佛像、人物、花鸟、山水、动植物、茶（餐）具、佛珠、手链、衣架、枕头等。

祥禽、瑞兽、松梅、花卉组图为海南木雕的常见主题，被广泛运用于建筑构件装饰和其他木质结构物品上。

海南岛独产的黄花梨虽属珍稀木材，但其雕件在海南的传统家具装饰、宗教用品上很常见，存世相对较多，这是海南木雕用材的地域优势。

海南传统木雕、根雕作品集中在海口、定安、琼海、文昌、儋州等地。

2. 木雕/根雕的价值

2012年11月，海南一批黄花梨木雕艺术品出征中国木雕之乡浙江东阳，标志着海南省以海南黄花梨木雕工艺为代表的民间手工艺水平，达到国内顶级水平。

海南木雕不乏精品，存世量也很可观。由于海南岛的特殊地理位置和人文历史文化发展等原因，海南木雕虽没有形成自己的规模与流派，但从传世的木雕风格、材质和题材内容看，极具地方特色。

自2015年开始，海南木雕艺术品在国内备受关注，在海内外收藏界广受欢迎，甚至形成了一股影响行业的海南力量。

✱ **小贴士**　最著名的海南黄花梨根雕作品是标价1 280万元的《中国功夫》，它以54个精选的人物武术动作为主，由海南黄花梨木雕界一位艺术家花了2年时间雕刻而成，其艺术成就令人叹为观止。

（四）木片画/木块画/蝶翅画

1. 木片画/木块画

海南木片画是利用热带原始森林中的天然质变木材的花纹拼贴而成，构思奇特，妙趣天成，贴近自然，质朴可爱。

海南木块画是用高档木材琢磨拼成，造型抽象，有现代气息和浮雕感，特别是对女性人体有独到而奇妙的表现。

2. 蝶翅画

蝶翅画,也称蝴蝶画,是以蝴蝶翅膀为主要材料,利用其独特的花纹,采用特殊工艺拼贴成的有油画、国画、水粉画效果的工艺画。蝶翅画为纯手工制作,原料珍贵,是高档艺术品,有较高的观赏价值和收藏价值,曾被故宫博物院收存馆藏。

目前海南制作的蝴蝶画有200多种规格和品种。海南森林覆盖率62.1%,有500多种不在国家保护品种之列的蝴蝶资源,为海南蝶翅画的创造与生产提供了得天独厚的条件。

✤ 小贴士　另外,海南省的沙画、磨漆画、丝网绣、龙塘艺术陶瓷、墨陶和唐三彩画等工艺品典雅华美,是2015年前后发展起来的非常有特点的工艺品。

(五) 黎锦/筒裙/蜡染/针绣

✤ 小贴士　因黎锦的主材料木棉又名吉贝,故黎锦也叫"吉贝布""崖州被""棉布",远在春秋时期就盛行,是中国最早的棉纺织品。

1. 黎锦

黎锦堪称中国纺织史上的"活化石",历史已经超过3 000年,是中国最早的棉纺织品。早在春秋战国时期即已形成,其纺织技艺领先内陆1 000多年。

宋朝以前,黎族人的棉纺织技术远远领先于内陆汉族,元朝黄道婆将黎族的纺纱、织布等技术加以改进传播到内陆,迅速推动了长江下游棉纺业的发展,海南岛因黎锦而成为中国棉纺织业的发祥地。

黎锦是用天然植物色素作颜料,染成红、黄、蓝、黑、绿五色的自纺棉纱,用由简单的竹、木构成的踞织机织成。黎锦包括筒裙、头巾、花带、包带等,有纺、织、染、绣四大工艺,以织绣、织染、织花为主,刺绣较少。黎锦的图案有马、鹿、鸡、蛇、斑鸠、青蛙、孔雀以及竹、稻、花卉、云彩和星辰等120多种,大多由简单的直线、平行线和方形、三角形、菱形等几何图形构成。

白沙县有一种两面加工的黎族彩绣,制作精良,有苏州双面绣之美,东方、昌江地区黎族创造了扎染与织造相结合的织锦工艺。2006年,黎锦入选第一批国家级非物质文化遗产保护项目名录,2009年10月被联合国教科文组织批准列入首批急需保护的非物质文化遗产名录。

✤ 小贴士　2020海南黎锦及纹样服饰创新设计征集遴选活动颁奖仪式上,《黎绣新歌——全家福》《黎韵·禅心》2个系列作品获得金奖;《清风明月》《黎锦旗袍》《禅茶黎味》《黎梦》4个系列作品获得银奖;《木棉kapok》《天上什寒》《黎锦绣海》等10个系列作品获得铜奖。本次活动,有来自全国12个省市地区46所院校,以及来自美国、英国等的设计稿件522套,共计1 970件,参与选手人数526人。由此,创新性黎锦及纹样服饰渐成海南旅游工艺品市场上的新品。

2. 黎族筒裙

筒裙是黎族妇女最喜爱的服装,民族特色浓郁,在海南中部五指山一带黎族聚集区处处可见。制作筒裙的布料,除极少数是扎染布料外,主要是自织的黎锦布料和单、双面绣布料。

黎族筒裙有长、短之分,其底色有黑、蓝两种,另用各种彩色线织成花、鸟、虫、兽、人物花纹或几何图案,色彩艳丽。按色彩和花纹图案样式,短裙一般可分为4个层序:上端一般用较浅淡颜色或黑、蓝色,花纹图案较纤细,中部至下部,花纹图案粗大显眼;中裙的色彩基调,有较艳丽者,也有整体色彩浅淡或以蓝、黑基色为主者;长裙则多数以古朴端庄为主,用扎染布料制作的筒裙多为长裙。

黎族妇女会在用黎族织锦和单、双面绣布料制作的筒裙上面镶嵌上云母片、贝壳片、银片、琉璃珠等;筒裙规格上也有一定差别。乐东、陵水、昌江、白沙4个黎族自治县的哈方言区和美孚方言区的妇女筒裙多为长式筒裙,白沙县润方言区黎族妇女筒裙,则是所有支系的筒裙中最小、最短的。

❈ **小贴士** 据调查,扎染布料仅东方、昌江的一些地区使用。单面绣、双面绣则在白沙较多使用,而黎锦则在黎族地区普遍使用。

3. 苗族蜡染和针绣

海南苗族蜡染有悠久历史,代代相传,在海南每一个普通苗族家庭里都可以看到精致的蜡染工艺品。海南苗族蜡染的原料为棉布、蜂蜡、大叶青(苗语叫"甘卢",一种含蓝靛的树叶),制作工具主要有铜刀、小竹刀、点笔和划笔等,图案较古朴、简单,通常是树叶、动物等造型。

苗族妇女还在蜡染过的布料和蜡染布裁制成的衣裙、头巾、腰布等服饰品上以变形夸张的手法,用鲜明的色彩线条进行针绣;针绣细致精巧,图案美观大方,题材多样,为当地自然风光、飞禽走兽和奇花异木。

❈ **小贴士** 蜡染和针绣是苗族古老悠久的民间传统工艺。海南苗族人民从不断的劳动中积累了丰富的经验,充分利用和发挥了原材料的特点,通过精心的设计和制作,使得这一蜡染工艺和其他各民族优秀的工艺品一样,受到游客的欢迎。

(六) 金银饰品/珠宝饰品

1. 金饰品

金饰品加工是海南建省后新兴的行业,目前有先进的设备,工艺精美,有几百种不同款式,产品销往香港和其他20多个省市。

在海南,金店珠宝房甚多,游客可尽情选购。自2005年开始,多采用先进设备加工各种首饰。

2. 黎苗银饰品

在海南,特色最鲜明的银饰品当属黎族、苗族的装饰品。海南黎族银饰品分为面饰、胸饰、腰饰以及手足饰品4大类。

黎族银饰的纹饰内容极其丰富,大都具有吉祥的寓意,如凤尾纹饰象征和谐、幸福,云纹、龙纹代表喜庆,缠枝纹寄意团结。黎族银饰的工艺粗犷简单,但很实用,几乎件件都与生活息息相关。至今为止,鎏金银质梳子是独属于海南黎族的一种极为特别的银饰梳子。

海南苗族银饰主要用于妇女的装饰,品种多样,从头到脚,无处不饰,包括头饰、面饰、颈饰、肩饰、胸饰、腰饰、臂饰、脚饰、手饰等,彼此配合,体现出完美的整体装饰效果。

❈ **小贴士** 黎族银饰与黎锦被誉为一对"姐妹花",黎族民族银饰极具收藏价值,它反映了海南黎族艺术的繁盛及独具特色的少数民族风情。海南苗族的银饰,多数是由本民族的银匠制作,富有民族传统特色和民族风格,图案优美、巧夺天工。苗族用银的观念一是审美,二是表示富有并避邪。

3. 珍珠制品

海南岛周边海域海水温度适宜,无污染,海洋生物丰富,为珍珠贝的生长提供了良好的条件。海南的珍珠粒大质优,最大的"珍珠王"直径达15.5毫米。珍珠制品主产地为三亚市和陵水县,所产的白蝶珍珠母贝为我国南海特有。

4. 天然水晶

海南天然水晶主要产地在屯昌县。自2004年开始,海南引进了国外加工设备,将优质天然水晶加工成多种多样的项链、手链、胸饰、耳坠、眼镜和玲珑剔透的水晶工艺品。

海南水晶矿众多,最有名的是屯昌的羊角岭水晶矿,其水晶矿质地优良,纯净莹润,水晶饰品远销海内外,供不应求。

屯昌羊角岭海拔200多米,是我国最大型、最富集的水晶矿区,也是当今世界上超大型水晶矿床的所在地。

在三亚市凤凰镇开发区,有一家目前国内最专业、档次最高、品种最全的集水晶原石展示、加工、销售于一体的民营高新科技企业。

另外,海南所产蓝宝石质量优良,专家评价其优于缅甸、泰国产蓝宝石。

✱ **小贴士** 羊角岭水晶矿在1939年被日军进行掠夺性挖采,新中国成立后由我国有关部门进行开采。羊角岭天池位于屯昌县城南4公里处的羊角岭顶端。天池为采矿挖掘而成,宽约30米,长约70米,深约200米,水清澈透明,夏凉冬暖,常年有游泳爱好者到此尽情畅游。天池附近为701矿部和天然水晶加工场、商场。

5. 贝壳制品

海南的贝壳制品,多种多样,其形状奇特,色彩斑斓。海南以虎斑贝、白玉贝、夜光贝、唐冠螺、五爪螺、猪母螺、猪耳壳、马蹄螺等原始制成的产品,都是深受游客欢迎的工艺品。

1999年,由海南一家工艺品公司率先在全国研制并推出的原贝工艺画,一改中国传统的贝雕工艺画模式,采用精美原贝作为艺术构图主题,以欧美流行的画框进行装饰,从而赋予原贝一种全新的艺术生命力。

如今,海南又出现多家开发原贝工艺画的公司,其产品销售到北京、上海、重庆、成都、深圳等城市,甚至远销欧美。2014年前后,海南贝壳又被制成多种多样的实用工艺品,如酒具、摆件、挂件、项链、胸饰等,精美华贵不亚玉石。

✱ **小贴士** 在海南琼海市潭门镇,有目前中国最大的原贝交易市场,这是中国两家原贝交易市场之一。另一家在广东茂名水东,后者的规模和贝壳种类,比起潭门来要略逊一筹。

6. 海南佛珠

海南产的各种佛珠已成为来海南游客们喜爱的工艺品之一,主要有金刚珠、琼珠、条纹珠、星月珠和黄花梨珠。

金刚珠:采用金刚子加工而成,珠身自然凸凹,状如镂花雕刻,色金黄,有大粒、小粒两种,小粒珠为上品。

琼珠:用桄榔加工而成,珠面光润。

条纹珠:用椰子木加工而成,珠面有椰子特有的条纹,在市场上较为畅销。

星月珠:采用海南岛特产的"红藤子"加工而成,珠面有均匀的点,中间有一下凹的圆圈,状如繁星托月,颜色有白、黄、浅绿、暗红等多种,色白者为上品,被列为世界"四大名珠"。

黄花梨珠：选用上等海南黄花梨精制而成，鬼脸纹理清晰，细腻多变，品相上乘，是难得的修行使用、收藏和把玩佳品。

世界"四大名珠"为玉珠、象牙珠、星月珠和金刚珠，海南产的佛珠占有两席，其中，海南星月珠自打进入国际市场后供不应求。

❋ 小贴士　因生产一种名为"星月菩提"的串珠，2013年前后串珠加工产业在文昌市会文镇逐步兴起。目前，整个小镇一半以上的商铺都在经营、销售串珠产品，被人们称为"佛珠小镇"，每天都有全国各地的经销商来到此地采购，镇上很多厂家也通过电脑网络线上交易将产品销至北京、广州、义乌等地。会文佛珠交易市场于2014年10月正式营业。

7. 海南岛服

人们习惯称海南省最流行的旅游衫为"岛服"。海南岛服以鲜红、明黄、宝蓝、翠绿、橘红为主色，图案以热带植物与海洋生物为蓝本，进行了各种或抽象或具象的变形，其花样全部取材于海南岛的人文风情和自然物产。

海南岛服用料考究，主要为纯棉、进口丝光布，其主要特点是手感柔软、透气、吸汗、折皱性好、不褪色；款式也很多，有短裤、中裤、男上衣、女上衣、九分裤、七分裤、男长裤等。

海南岛服起源于海南旅游企业，起初是作为营造独特文化的工作服。曾经的海南省旅游局借助"岛服"弘扬海南旅游文化，设计一种"岛服"作为海南"导游服"，订制"岛服"作为"促销人员服"，还将"岛服"作为礼品赠送给来海南的官员、专家、记者和旅行商。

岛服是海南自然风光与人类自身相亲相融的一种外在表现形式，散发着热情似火与清凉宜人相互交织的奇妙气息。多方面的示范效应，加上宽松的岛服适合热带海岛度假休闲，其花样体现出独特地域文化，因此引起较大的市场需求。海南省政府将岛服作为省领导会见外宾的礼服，并通过博鳌亚洲论坛将岛服推向世界。最终，岛服成为海南最热门的旅游纪念品。

二、特色名食与风味小吃

（一）海鲜名品

1. 和乐蟹

产于万宁市和乐镇一带海中，因其产地而得名，其膏满肉肥，为其他蟹种罕见，特别是其脂膏，金黄油亮，犹如咸鸭蛋黄，香味扑鼻，营养丰富。与内陆河蟹相比，和乐蟹具有"脂膏几乎覆于整个后盖且膏质坚挺"和"肉质优而量多"两大特点。

2. 曲口青蟹

曲口湾位于海口东寨港，所出产的海鲜以青蟹、血蚶、蚝、对虾为最佳。青蟹一般每只重达0.5千克，似和乐蟹。曲口除8—9月（母蟹排卵期）外，其余10个月均产蟹，尤以清明和冬至前后所产的蟹为最好。

3. 海南花蟹

花蟹因外壳有花纹而得名，海南各地均产花蟹。花蟹有时专指兰花蟹（远海梭子蟹的雄性个体），但因地域之差异，也有称红花蟹（锈斑蟳）为花蟹的。

红花蟹的重量为 0.15~0.75 千克,口感紧致鲜美。人工育苗存在一定困难,故上市出售的个体以野生居多。

4. 光村沙虫

沙虫,又称"海肠子",学名为方格星虫,产于沿海滩涂泥沙之中,6~7 厘米长左右,状若芦芽。

海南儋州光村滩涂资源丰富,盛产沙虫,出产的沙虫以个体适中、肉质肥厚脆嫩而闻名。沙虫做法通常有三种,即爆炒、煮汤和熬粥,其中三色沙虫已经成为海南知名菜肴。

❋ **小贴士**　三色沙虫是海南临高知名的小吃:把青红菜椒和沙虫放在一起爆炒,炒出的菜品红、青、白三色鲜明清雅,嫩滑脆爽,微辣,口感上佳。沙虫也可晒干加工,沙虫干是送礼上品。

5. 三亚梅花参

海南省特有海珍,国内主要产在南海诸岛海域,三亚"三绝"之一,背面有肥大的肉刺花,因像梅花瓣而得名,又因其外貌像凤梨(菠萝),也被称为"凤梨参"。

梅花参生长于热带海洋的珊瑚堡礁和珊瑚礁潟湖带水深几米至几十米的海底,最长可达 1.2 米,重 12~13 千克,故被称为"海参之王"。

6. 西沙鲍鱼

西沙群岛产的半纹鲍、羊鲍,是著名食用鲍,由于天然产量很少,因此价格昂贵。每年 3—9 月是采鲍季节,7—8 月是鲍鱼的繁殖期,其时鲍鱼性腺发达,肉又厚又肥。三亚海域、文昌龙楼镇一带也盛产鲍鱼。

7. 龙楼海胆

海胆表面一般都是深色的,如绿色、橄榄色、棕色、紫色及黑色;其生殖腺即海胆膏味道鲜美,营养价值很高。可生食,也可加工成酒精海胆、盐渍海胆或蒸熟食用。文昌市龙楼所产的海胆比较有名。

8. 海南龙虾

我国产的龙虾至少在 8 种以上,海南主要有波纹龙虾和密毛龙虾两种,分别产于南海近岸区和西沙群岛。在海南,多是生吃龙虾(蘸上芥末和调料),并以虾头、尾、足等熬粥,也有油炸、爆炒、清蒸的吃法。

9. 其他常见贝螺类佳肴

血蚶:生长在我国沿海及东南亚各地近陆的浅海泥沙中。呈心脏形,两壳质厚而隆起,左右同形,表面有垄沟,如瓦屋棱,肉柱紫赤色、多血,味极鲜美。

蚝:在温暖的海域、岛屿周围的海床及岩石上制造、形成礁状物。每年冬春是蚝的收获季节,民间有"冬至到清明,蚝肉肥晶晶"的俗谚。

海南其他常见贝类佳肴还有:扇贝、杧果螺、指甲螺、青口螺、鸡腿螺、剪刀螺、浪花螺、寄居螺、花螺等。

(二) 特色鱼类

1. 后安鲻鱼

后安鲻(zī)鱼,为近海中上层鱼类,喜栖息于浅海或河口咸淡水交界处,盛产于万宁市后安小海,是万宁的特产之一,分为乌头鲻、白宜鲻、赤鱼鲻、青鲻、硬磷鲻 5 种。

后安鲻鱼,体长稍扁,头部平扁,下颌前端有一突起,上颌中央有一凹陷,背鳍2个,臀鳍有8根鳍条,尾鳍深叉形,体、背、头部呈青灰色,腹部白色,外形与梭鱼相似,小的长约10厘米,大的长约50厘米。

后安鲻鱼是高档鱼种、海鲜补品,四季均可捕获,秋冬为旺季,特别是冬至前的鲻鱼,鱼体最为丰满,腹背皆腴,特别肥美,常被作为宾馆酒楼的海鲜佳肴。

2. 万泉鲤鱼

万泉鲤鱼,因盛产于琼海境内的万泉河中而得名。由于万泉河水质优良,河中鲤鱼成群,且体大肉肥味美,营养价值丰富,是当地人招待贵宾的宴上佳肴。

夏秋时节,琼海市嘉积镇的餐厅饭馆中菜单必有万泉鲤鱼。其食法多样,以姜葱清焖鲤鱼为上品,味道鲜美可口,同嘉积鸭一样,享有盛名。

❈ **小贴士** 对于外地游人,素有"不吃万泉鲤,枉为琼海行"之说。

3. 儋州红鱼粽

红鱼粽,又称红鱼筒,作为海南儋州著名的风味腌制品,深受当地人及游客的喜欢。

红鱼粽制作工艺精巧,一般选4千克以内的新鲜红鱼,用海水洗净,用小木棍从鱼口直插到内脏加盐,至鱼肚饱胀止,再将红鱼平铺放在鱼池或鱼桶里,层层码盐,最上层以大石堆压。淡口红鱼粽腌制5~7天,咸口红鱼粽腌制9~10天,之后取鱼,抽出鱼鳃和内脏,并去鱼鳞,用清水洗三次,将草纸塞进鱼口中,用白纸将鱼头包扎好,采用特殊方法晒干即可。

4. 天湖鳙鱼

鳙鱼又叫花鲢、胖头鱼、包头鱼、大头鱼、黑鲢、麻鲢、雄鱼,是淡水鱼的一种,体型侧扁,头部较大且宽,口也很宽大,且稍微上翘。

距儋州15公里的松涛水库素有"天湖"美称,水质纯净,周围群山万谷溪流冲下的微生物,使此地适宜鳙鱼、鲴鱼和白骨鱼生长,此地所产鱼类,肉质嫩,无塘水俗味。

5. 海南罗非鱼

罗非鱼在我国的养殖主要集中在广东、广西和海南等地区,其中海南地区罗非鱼产量约占全国总产量的20%。海南年平均气温23~26℃,雨量充沛,光照充足,罗非鱼全年都可以生长,并可自然越冬。

❈ **小贴士** 从产业发展上看,罗非鱼是海南省主要出口产品,海南罗非鱼及其制品出口量在全国稳居前两名。从促进就业上看,在海南从事罗非鱼养殖、加工、运销等的人员达10余万人。

6. 海南石斑鱼

海南石斑鱼周身布满红、黄、紫、褐、白等色的斑点和不同走向的条纹,体色可随环境变化而改变。天然野生石斑鱼越大肉越嫩,肉细嫩厚实,无肌间刺,味鲜美,常用红烧、爆炒、清蒸、炖汤等方法成菜,也可制肉丸、肉馅等。

东线沿海的文昌、琼海、万宁的水产养殖以池塘养殖为主,浅海鱼排养殖则主要集中在陵水(陵水有全国最大规模的石斑鱼养殖基地)、临高、三亚及洋浦等地。

❈ **小贴士** 海南石斑鱼种苗生产在国内地位重要。无论是华南其他地区均有养殖的青斑,还是主要在海南养殖的老虎斑,其种苗生产都主要集中在海南,比较优势明显。

7. 临高墨鱼

墨鱼属软体动物门,是海南临高著名的海产品之一。墨鱼不但味感鲜脆爽口,蛋白质含量高,具有较高的营养价值,而且富有药用价值。

墨鱼肉、蛋、脊骨(中药名为海螵蛸)均可入药。李时珍称墨鱼为"血分药",是贫血妇女、血虚经闭之人的佳珍。墨鱼干具有壮阳健身,益血补肾,健胃理气的功效。在临高年夜饭的餐桌上,墨鱼必不可少。

✿ **小贴士** 临高话称墨鱼为"hong",发音像"通"。新年吃"通",一年到头做什么事都"通",寓意事事顺利。因此,在正月,临高的墨鱼虽价高但好卖。

(三)特色禽畜类

1. 特色鸡类

(1)文昌鸡

文昌鸡是海南最负盛名的传统名菜,号称"海南四大名菜"之首,是每一位到海南旅游的人必尝的美味。

文昌鸡的特点是个体不大(重约1.5千克),毛色鲜艳,翅短脚矮,身圆股平,皮薄滑爽,肉质肥美。其传统的吃法是白斩(也叫白切),最能保留文昌鸡鲜美嫩滑的原汁原味,同时可配以鸡油鸡汤精煮的米饭,俗称"鸡饭"。

✿ **小贴士** 据传,文昌鸡最早出自该县潭牛镇天赐村,此村盛长榕树,树籽富含营养,家鸡啄食,体质极佳。白斩文昌鸡在海南可作筵席、便餐或作为家庭菜。在香港等城市及东南亚一带备受欢迎,名气颇盛。

(2)霸王山鸡

霸王山鸡也称山栏鸡或原鸡,原产于昌江县霸王岭的深山老林里,是由霸王岭野生红色山鸡经过长期驯化培育而成。

该鸡体型娇小近似家鸡,肉肥而不腻,高蛋白、低脂肪、低胆固醇,具有适应性和抗病力强、成活率高、粗放粗养、采食量少等特点。

霸王山鸡"身似黑珍珠,蛋如绿宝石",最大的特点是肉紧、脂肪低、药膳滋补,食之具有浓厚野香味。不同于文昌鸡白斩的传统做法,霸王山鸡更适合红烧、煲汤、香辣、干锅等。

✿ **小贴士** 霸王山鸡遗传资源已通过海南省畜禽遗传资源委员会专家鉴定,在海南已初步形成"东有文昌鸡,西有霸王鸡"的优势家禽品牌。

(3)五指山野鸡

五指山野鸡是海南省地方特优鸡品种和禽中极品,生长于五指山原始热带雨林山脉,常年在无疫山区生态散养。

该鸡自由觅食,吃虫子和绿叶较多,所产鸡蛋个头比普通的鸡蛋要小,蛋黄比重大且结实,高碘、高硒、高锌,胆固醇含量几乎为零。国内外权威专家一致认为:五指山野鸡具有肉质细嫩、营养丰富、味道鲜美、补肾益血、适应性和免疫力强等显著特征。作为一种肉用特禽,该鸡具有较高的食用性、药用性、经济性和观赏性等多种价值。

2. 特色鸭类

(1) 琼海嘉积鸭

海南四大名菜之一,相传是300多年前由华侨从马来西亚引进的良种鸭,故称"番鸭"。嘉积鸭长相别于本地的草鸭和北京鸭。它形体扁平,红冠黄蹼,羽毛黑白相间。由于嘉积地区饲养番鸭的方法与其他地方殊异,故其脯大、皮薄、骨软、肉嫩、脂肪少,食之肥而不腻,营养价值高,所以人们把嘉积饲养的番鸭称为嘉积鸭。

嘉积鸭有白切、板鸭、烤鸭三种,但白切(俗称白斩)最能保留它的原汁原味,因之最受欢迎。琼海人吃嘉积鸭时喜欢配上由滚鸭汤冲入蒜蓉、姜蓉,挤入酸橘汁制成的调料或者山茶油(亦称山柚油)加细盐配成的调料,蘸一下调料,来一口白斩嘉积鸭,就是这道美味、这种吃法,征服了八方食客。

❉ 小贴士　据测定,嘉积鸭肉含蛋白质34%,比鸡和猪、牛肉的蛋白质含量都高,脂肪则占12%左右,比北京鸭的含量少8%,比鹅和草鸭更少,而胸、腿的肌肉占全部肉量的六成左右。

(2) 乐东黄流老鸭

黄流老鸭是一道色香味俱全的海南菜,源于20世纪80年代的海南乐东黄流镇,到90年代后,黄流老鸭店已开始风靡全岛。黄流老鸭最大特点体现在"老"字上,所选的鸭子,必须是下过蛋而且养了一年以上。其做法一般有两吃:干煸和煲汤。

(3) 海口甲子绿头鸭

甲子绿头鸭,是海口市甲子镇的特色农产品之一。雄鸭头颈为绿色,具有金属光泽;嘴、脚均为黄色;颈部有一圈白色领环,具有特殊的野香味,多生长于甲子镇东南地区。

甲子绿头鸭极具地方特色,肉质紧实、入口即化,鲜红无腥膻,蛋白质含量高,脂肪含量低,较普通鸭子拥有更鲜美的口感,是众多鸭子品种中的高档产品。

❉ 小贴士　甲子镇地势西北高东南低,属丘陵地带。水产和土产资源十分丰富,自然条件得天独厚。2019年8月28日获评国家地理标志证明商标。

(4) 后安野海鸭

万宁市后安小海一带气候温暖,兼有内海、外海海岸线,食物丰富,是野生海鸭冬季理想的繁殖栖息地。1989年,万宁后安野海鸭开始被人工驯化养殖,选用野海鸭繁殖三代以内的种鸭,在水面进行放养,以海藻、小型甲壳类、贝类、鱼类、螃蟹、稻谷等为食,其野性、肉质基本不变,因此万宁后安海鸭也称后安野海鸭。后安野海鸭肉质香嫩,味道鲜美,营养价值高,有丰富的蛋白质,适中的脂肪含量,易于消化。

(5) 临高南宝鸭

南宝鸭主产于临高县南宝镇。饲料以稻谷类精饲料为主,辅以稻田、水塘中的小鱼虾、田螺、小青蛙,以及烂泥中的微生物等,因而生长速度快,羽毛丰满,体大肉肥。同时,具有抗病能力强、骨小且软、肉质香嫩、肉味鲜美等特点。南宝鸭无论是白切还是红烧,味道都极其鲜美,肥而不腻,是宴席上难得的佳肴,而且具有很高的营养价值。

3. 特色鹅类

(1) 琼海温泉鹅

琼海温泉鹅是万泉河沿岸农户饲养的本地杂交鹅,因在琼海市温泉镇(现琼海市嘉积镇温泉村委会一带)养殖,并且温泉镇开了很多温泉鹅肉店而得名。

琼海温泉鹅放养于万泉河边的沙滩上,靠食用生长在河边的鹅仔草、野草,以及农户家中的碎米和萝卜苗长大。待到其羽毛交叉,农户会用家中的米饭、花生饼、番薯和米糠精心地混合填喂,10多天后就成了正宗的温泉鹅。其食法大多以白切为主,也有烤鹅,具有营养丰富、肥而不腻、清淡原味、醇香可口的特点。

❋ **小贴士** 琼海的温泉鹅肉质细嫩,完全没有鹅肉的粗糙感和"木"感,肉质香鲜,蘸着秘制调料吃,风味更佳。2018年9月,被评为"中国菜"之海南十大经典名菜。

(2) 澄迈白莲鹅

澄迈白莲鹅产于澄迈县,因其多为散养,所以肉质上佳,营养丰富,肥而不腻,清淡原味,香醇爽口。白莲鹅的血富含蛋白质及铁、钙、锌、铜等10余种对人体有益的微量元素,多食可提高人体免疫力,预防疾病。

白莲鹅的食法大多以白切为主,也可制成香芋白莲鹅、咖啡白莲鹅、蜜汁白莲鹅、多彩白莲鹅、孔雀开屏白莲鹅等特色美食。

❋ **小贴士** 2007年7月,海南省第一家"白莲鹅"产销专业合作社在澄迈诞生。2009年11月,在海南省农业厅举办海南无规定动物疫病区建设十年成就展上,澄迈白莲鹅与文昌鸡、嘉积鸭产业同列为畜牧生产特色产业。

(3) 万宁东澳鹅

万宁东澳鹅始养于万宁市的东澳镇裕后村。该村早在清朝末年就有"鹅村"之称,至今还留有许多"鹅伯""鹅婶""鹅二代"的传闻,村民的"养鹅经"也逐渐示范和扩大到雷州半岛附近所有村庄。

万宁东澳鹅,因长期啃吃荠草,肉质鲜嫩。加上生长在咸、淡水混交的内海和河汊,故东澳鹅肉质无杂质,不粗糙、不肥腻,吃起来清滑、醇香、可口。

(4) 定安四季鹅

定安鹅是定安县本土家禽品种,以一年四季都能产蛋、自孵而得名。定安四季鹅适应性好、抗病力强、体型大、增重快,觅食力强,消化好,能食用野草、秸秆、遗落稻穗,甚至深埋污泥中的草根、块茎等,饲养耗粮少,成本低,年产蛋量高,肉质好,深受百姓欢迎,是定安农家的当家家禽品种。

4. 特色牛羊类

(1) 海南黄牛

黄牛,在海南又称高峰黄牛。海南黄牛于2003年被列入《中国畜禽品种资源保护名录》。其代表是乐东县的黄牛。

乐东黄牛主要特征是肩峰隆起,外表略似印度瘤牛;头长额短,耳大角小,十字部高,体大尾长,四肢较细,皮肤柔软而富有弹性,体毛短密。乐东黄牛在乐东黎族自治县独特的自然条件下,形成了耐热、耐旱、耐劳、耐粗饲、抗病力强、遗传性能稳定、皮薄、产肉率高、肉质细嫩等优点。

(2) 海南和牛

海南和牛是中国肉牛新品种,以海南黄牛为母本,以优质肉牛为父本,通过人工授精技术,经过两年杂交繁育而成。

海南和牛有多个优点,生长速度快、肉质好、耐热、耐粗饲、抗逆性强,非常适合海南的生态环境。这种牛性情温和,毛色黑黄而有光泽,与本地黄牛明显不同。

目前,饲养海南和牛比较集中且和牛品种改良工作基础较好的地区是海口、定安、澄迈、白沙等有关农场。海南和牛的成功繁育是海南肉牛养殖的历史性突破,海南畜牧业有望形成一个新的支柱。

✱ **小贴士** 和牛(wagyu)是日本从1956年起改良牛中最成功的品种之一,是全世界公认的最优秀也是最贵的优良肉用牛品种。

(3) 海南山牛

海南山牛主产于五指山市和保亭县。此牛是一种黄牛,体形稍小,成群野放于热带山林之中,近似野生,食用前往往需猎杀。

海南山牛最佳烹饪方法:牛肉切块,用热水氽一下捞出,在油锅中将葱姜爆香,再加入辣豆瓣酱,然后放入牛肉块翻炒并加入酱油、糖、胡椒粉、料酒、味精及八角,最后加水浸过牛肉,用小火慢慢煮至汁稠,肉酥香即可。

(4) 东山羊

由于主产于海南万宁东山岭,所以被当地人称为"东山羊"。当地盛产一种叫鹧鸪茶的野生植物,用这种植物制成的茶清香醇厚,是海南的名茶,东山羊就是长期食用鹧鸪茶的叶子,故肉质鲜嫩而没有膻味。

东山羊毛色乌黑,肉肥汤浓、腻而不膻,与嘉积鸭、和乐蟹、文昌鸡一起被人们称为"海南四大名菜"。东山羊在海南全省均有分布,尤以万宁、海口、澄迈县等市县为最多。

✱ **小贴士** 东山羊自宋朝以来就已享有盛名,并成为贡品。民国时期,政府将其列入总统府膳单,而今更是名扬四海。2009年,东山羊被海南省农业厅列入第一批畜禽遗传资源保护品种名录。

(5) 石山壅羊

产于海口市石山地区,因其长期被圈养在火山石垒起的羊宫里,终日不见太阳,故名壅羊。

当地农民砍伐多汁鲜嫩的灌木叶和藤草来喂养壅羊,用火山矿泉来饮养壅羊,待壅羊长到约10千克时就出栏。最佳品质的石山壅羊是出生半个月至20日的羊羔,或是圈养两个月左右、重约15千克的中羊。石山壅羊的最佳食法有汤涮、白切、红焖和药炖,尤以火锅最为有名。火锅佐料十分讲究,除什锦酱外,还加入姜泥、蒜泥、香油、味精、捣碎的炒芝麻或花生以及醋等,其味香甜中略有酸辣。

5. 特色猪类

(1) 临高乳猪

临高乳猪产于临高县,黑背白肚,前额有一白色倒三角形,躯体小,背脊直,长膘快,肉质细嫩,头小皮薄骨小,瘦肉多,是制作烧烤乳猪的上等品。

临高乳猪的出名除了它的品种优良外,还得益于独特的饲料和饲养方式。

临高乳猪养到45天左右即可出栏,此时重量为6千克左右。其最佳屠宰重量为6~

7.5千克——小些,则略嫌奶腥味;大些,则稍有肥腻感。临高乳猪烤、焖、炒、蒸皆爽口,尤以烧烤为最佳,并以皮脆、肉细、骨酥、味香而闻名。

（2）定安黑猪

定安县本地母猪与杜洛克公猪杂交培育出杂交优势显著的商品肉猪,因其具有耐粗饲、抗逆性强、生长快、肉质鲜美的特点,且全身皮毛呈黑色而被人们称为"定安黑猪"。

该猪头大小适中,两耳向前上方直立或平伸,面微凹,额较宽,腹小,背腰结合良好,四肢健壮,腿臀较丰满,体质结实,结构匀称;饲料以玉米、稻谷、番薯、木薯、豆粕、番薯叶等为主。

（3）五指山五脚猪

五指山本地原种猪被称为"五脚猪",亦名"香猪",是五指山地区未经改良的小种猪。该猪像野猪一样脚短小,嘴巴尖长,喜欢在野外到处拱土觅食,走起路来嘴巴贴着地,从后面看像有五只脚,故名。

五脚猪实为家猪,但黎族人饲养过程中未加圈养,一日饲养二至三次后任其在外自由觅食和活动,因而其肉质结实,鲜嫩爽口,味道芳香,多吃不腻,不管是白切、烧烤或火锅,味道俱佳,风味独特。

❋ **小贴士** 五脚猪多分布在海南岛交通不便、比较偏僻的山村。其少量种猪仅分布于白沙县南开公社及东方市公爱、天安、东方公社。

（4）小海海鲜猪

每年随着涨潮退潮,万宁小海边会涌上大量的海藻,沿海村民将海藻收回家,晒干后掺上地瓜干、木薯粉等喂猪,还会把从海里捕捞的小鱼小蟹给猪吃,所以当地把这样养出来的猪,叫作"海鲜猪"。

海鲜猪肥而不腻,上等做法是白灼猪肉,蘸少许酱油或盐巴放入口中,猪肉格外清香细腻。

❋ **小贴士** 有资料称:海鲜猪最早是欧洲探险者带到太平洋岛国汤加的。经过对当地环境长期的适应过程,海鲜猪学会了在海水落潮时迅速涉入浅水捕食蟹类、蚌类、海藻和鱼等,其捕食技巧堪称一流,故汤加人戏称海鲜猪为"库克船长猪"。

6. 其他类

（1）大洲燕窝

大洲岛又叫燕窝岛,位于万宁市东南部的海面上,有2岛3峰,是海南沿海最大的岛屿。唐宋以来,大洲岛一直是航海的标志,也是我国唯一的金丝燕栖息地,大洲燕窝即产于此。

这里出产的燕窝人们习惯上称为万州燕窝,色白透明,富有弹性,营养丰富,药用价值高,它既是宴席上的佳肴美食,又是治病滋补的贵重药材。

（2）红旗乳鸽

红旗乳鸽是海口市红旗镇的特产之一,养殖历史悠久。红旗乳鸽采用高粱米饲养,体态丰满、肉质细嫩、纤维短、滋味浓鲜、芳香可口。同时富含粗蛋白质和少量无机盐等营养成分,矿物元素含量丰富,氨基酸组成平衡,易被人体消化吸收。鸽肉蛋白质含量为24.49%,脂肪含量为0.73%,是高蛋白低脂肪的优质食品。

（四）特色风味小吃

1. 黎家"南杀"

黎族招待上宾的一种制作方法独特的酸菜叫"南杀"：居住山区的黎族群众，采集莉嫩（剥去叶子取幼嫩的茎条）、子温（取幼茎和叶子）等野菜，洗干净后盛入陶罐，倒入凉米汤后密封，保存3个月或更长时间，让其发酵，以此腌制出具有独特味道的酸菜。

而五指山市一带，以及白沙、乐东、东方等地的黎族，把牛的脊椎骨斩碎，加入少许食盐，放入酸菜坛子，封存一年，届时打开即食用。经过长时间腌泡的野菜，酸味浓烈，俗语说："一家吃'南杀'，全村都闻到。"

2. 黎族甜糟

黎族甜糟是用黎族特产山兰糯米发酵而成的一种甜品小吃。

黎族人将山兰糯米饭，拌以黎母山特有的植物做成的酵母，再装到竹篮里用新鲜干净的芭蕉叶盖好，让其自行发酵几天后再密封进坛里，经过半个月时间便成为甜糟。其营养价值高，用来煮鸡蛋更香美。

3. 醉槟榔

槟榔果有生吃（把槟榔果切成小片并将果核和果肉同时嚼吃）、晾干吃（把果子煮熟晾干并保存起来供长期食用）两种吃法。吃槟榔不能直接食用其瓤肉，要与扶留叶（俗称"蒌"）、灰浆（用蚌灰或石灰调制而成）一起嚼食，即所谓"一口槟榔一口灰"。

4. 海南鸡饭

起源于文昌市，是以鸡油和浸鸡水烹煮的米饭，所以在海南岛俗称为文昌"鸡饭"。海南鸡饭随琼籍侨民传到东南亚和世界其他许多国家，已成为西餐主食的一种选择。新加坡海南鸡饭是由早年逃荒到新加坡的海南文昌人稍做改良后创作出来的。由于当时在新加坡文昌这个地名没多少人知道，所以，"文昌鸡饭"更名为"海南鸡饭"。

❋ 小贴士　2004年，新加坡拍了喜剧电影《海南鸡饭》，吸引了不少游客到该国品尝海南鸡饭。

5. 海南粉

海南粉按制作方式分为腌粉、汤粉和炒粉三种；按地区及特色分为抱罗粉、澄迈粉、陵水酸粉、嘉积牛腩粉等多种；按其宽窄形状分为粗粉和细粉两种。

海南粉通常指的是"腌粉"，其食法类似于北方人的"凉拌"，即在制好的米粉上加上油炸花生米、炒芝麻、豆芽、葱花、肉丝、香油、酸菜、香菜等，最后再加上一勺香醇浓郁的汁。无论哪一种海南粉，吃时习惯加上一碗用海螺煮的清汤。

海南粉中，腌粉以陵水县酸粉最为著名，汤粉以万宁市后安镇的汤粉为代表，炒粉以琼海市塔洋镇最为出色。

6. 海南粽子

海南粽子与大陆粽子不太相同，它由柊叶包成方锥形，重约0.5千克，糯米中有咸蛋黄、叉烧肉、猪肉、猪蹄、咸鱼等，热粽剥开，先有柊叶和糯米的清香，后有肉、蛋的浓香。

海南虽也有碱水粽、白糖豆沙粽等粽子，但海南人最喜欢的、最推崇的还是用海南岛产的海南柊叶（民间一般俗称茄柊叶、冬叶或粽叶）包裹的蛋黄猪肉馅料的咸粽子。

海南岛各地端午节都会包粽子,以三大名粽,即儋州(洛基)粽、定安粽、澄迈(瑞溪)粽最为闻名。

7. 锦山煎堆

煎堆又叫麻团、珍袋、麻球,汉族小吃,流行于全国大部分地区。煎堆在海南俗称"珍袋",是一种油炸米制品,色泽金黄,外形浑圆中空,口感芳香酥脆,体积膨大滚圆,表皮薄脆清香而柔软粘连,馅香甜可口。

海南煎堆以文昌锦山镇的鉴光珍袋店最为正宗,已历经四代,传承逾百年。文昌各地制作的珍袋主要有三种:珍袋块、珍袋球和珍袋粽(有柚子般大小,文城镇以南地区才有,且主要用于宗教祭祀)。

8. 东山烙饼

东山烙饼是 2010 年前后发展起来的一种兼有海南特色和北方风味的面食,以万宁市东山岭宾馆特制的东山烙饼最负盛名。

东山烙饼是由精面粉、发酵粉、鸡蛋等主料和精盐、味精、胡椒粉、蒜蓉等辅料做成的,其皮薄层多、外酥内软、咸淡适口、香味奇特的特点让很多游客及当地人回味良久,所以当地也叫它"奇味千层饼",有人誉之为"海南第一饼""天下第一饼"。海南各地多家宾馆、酒店均有出品,均受欢迎。

9. 椰丝糯米粑

椰丝糯米粑是海南省常见的风味小吃。用糯米粉做皮,填以新鲜椰肉丝、芝麻、碾碎的炒花生、白糖等配成的馅,以椰子树叶包成 5 厘米左右的圆粑,蒸熟趁热吃;其糯米皮柔软,滑而不黏,内馅香甜,椰丝清香,风味独具特色。

10. 竹筒香饭

竹筒香饭为海南黎族传统美食,其做法是用山兰稻舂的"香米"并配肉类,放进新鲜的粉竹或山竹锯成的竹筒中,加适量的水,再用香蕉叶将竹筒口堵严,放炭火中将绿竹烤焦即可,用餐时破开竹筒取出饭。

竹筒饭有四种:野味饭、肉香饭、黑豆饭、黄肉饭,其中最佳者数野味饭。适合做野味饭的几种肉是鹧鸪肉、山鸡肉、山猪肉、蛇肉、黄肉(又称黄臁肉)等,以黄肉做出的饭味道最鲜美。其特点:米香、豆香、肉香混合,满口清香,充满海南黎族风味。

11. 苗族五(三)色饭

五(三)色饭是海南中部山区苗族的传统小吃,在农历三月初三民间节庆之时,苗寨几乎家家制作。

五色饭有红、黄、蓝、白、黑五色,作法为分别用红蓝藤叶、黄姜、山兰糯米、桑叶、椰浆、小山粽叶等独特植物汁液作为天然色素拌在米中,并放进特制的木蒸笼中蒸成。其色彩鲜艳,清香可口,是开胃去火的清凉佳食。

如今苗家五色饭已改为三色饭,有红、黄、黑三色,分别取色于新鲜植物红葵、黄姜和三角枫,三种天然颜色相映成趣,有药味甘香,饭团甜滑,形态美观。三色饭具有节令性,其馨香给旅游者以独特的感受。

✳ **小贴士** 五色饭的寓意源自阴阳五行相生相克的说法,五色意即使五行达到平衡,给人们精神上的鼓励,战胜夏天高温高湿的不利影响。

12. 椰子船饭

椰子船饭,是一种极为独特的食品,是由海南优质糯米、天然椰肉和椰汁一同蒸熟而成,是海南传统农家小吃。

古传的椰子饭,是放在烧石灰的窑中焖制而成,制作流程烦琐。椰子饭在《本草纲目》及食补的民间偏方中都有记载,具有补肾壮阳、温中理气等功效。

在文昌等地,此种以椰子肉为底的船形小食品,是当地人民祈求幸福的象征,也是宴请贵宾和亲朋好友的上等佳品。

13. 琼式月饼

琼式月饼,饼身匀称饱满,饼面金黄有光泽,图案清晰,皮与馅配搭相宜,结合紧凑,利咀嚼,耐寻味,香甜适口。琼式月饼由苏式月饼演变而成,是苏式月饼(苏州)与广式月饼(广东)相结合的产物。它利用广式月饼的糖浆皮突出一个"软",包入苏式月饼油酥心产生一个"酥",成为琼式月饼流派。

琼式月饼品种主要有:白莲蓉月饼、红莲蓉月饼、豆蓉月饼、五仁椰蓉月饼、蛋黄莲蓉月饼、叉烧月饼、火腿月饼等。

❋ **小贴士** 琼式月饼经过几百年锤炼,不断改进,形成海南鲜明地方特色:松、酥、软。2017年琼式月饼技艺被评为海南第五批省级非物质文化遗产。

三、特色饮品与热带水果

(一) 特色酒品

1. 山兰酒

山兰酒被称为黎族的"茅台",黎语为"biang",系采用黎族所居山区一种旱糯稻——山兰稻米和黎母山特有的植物,运用自然发酵的办法制作而成。

山兰酒度数不高,味道甘醇甜美,酒浆很稠,乳白色中微微泛黄,入口很有质感。该酒消食去滞,数饮愈伤生肌,常饮有驻颜的功效,营养价值高。当地女人坐月子,往往用山兰酒煮鸡蛋来滋补。

❋ **小贴士** 饮酒时,"席间置biang一坛,插小竹管两支",两旁宾客轮流吸饮,颇有兰亭曲水流觞之韵致,难怪古人用"竹竿一吸胜壶觞"来感叹这种情趣。

2. 鹿龟酒/海马酒/坡马酒

鹿龟酒:由海南著名中医贡献秘方,是以海南特产鹿和海龟为主要原料,加多种中药精制而成的低度补酒,其色泽红亮,味美醇香,在国内外多次获奖。

海马酒:用海南的海洋动物、名贵中药——海马和其他中药材同地瓜酒经特殊工艺精制而成,该酒补虚养颜抗衰老。

坡马酒:用海南特有的动物、名贵中药——坡马和纯糯米酒、优质矿泉水经科学配方及特殊工艺精制而成,属低度高级补酒,含有人体必需的多种营养物质和生物活性物质及其他药物成分。

3. 槟榔酒/咖啡酒/香兰酒

槟榔酒:一种新型的低度保健酒,以优质槟榔、黎族特产山兰糯及人参等多味名贵中药、优质矿泉水,经科学方法酿制而成,其口味芳香醇厚,具有驱虫固齿、理经通脉、益精壮阳、行水下气等功能。

咖啡酒:是采用海南产优质咖啡生产的低度酒,呈咖啡色,兼具酒和咖啡双重香味,风味特别,可谓酒中奇品。

香兰酒:是以海南省产香荚兰为主要香源、以纯粮为原料研制而成的低度利口酒,香气纯正,风格独特,极具补肾壮阳和舒经活络之功,可作为餐前开胃酒、餐后爽口酒饮用。

(二) 特色茶品

❋ 小贴士 海南茶历史悠久——1 000多年前,宋代大文豪苏东坡谪居海南时写道:"海南多荒田,俗以贸香为业。"《琼台志·土产》中就有海南早期茶事的记载。当地黎族同胞很早就有采集野茶的习惯,水满茶便是其代表,早在清代就被定为"南荒"贡品。

1. 水满香茶

野生五指山茶,生长分散,零星分布在五指山区各县境内,约有3 000多亩,其中因产于五指山水满村而得名的水满茶("水满"在黎语中是"古老、至高无上"之意),早在清朝就被定为贡品。

据专家研究,水满香茶属于特种高香型茶,其独特的质量,与当地独特的水土关系密切。在海南名茶中,若以民族特色和历史传承来论,除了火山岩苦丁茶外,当数水满香茶最具代表性。

该茶属阿萨姆品系的大叶形品种,能与任何一种茶叶混合冲泡,味道独特,其特点是茶风味独特,条索紧结、乌亮、汤色清绿、口感苦中有甘,先苦后甘,回甘持久。用其加工生产的五指山红茶,香气清爽,滋味芬芳浓郁,可与印度、斯里兰卡的红茶媲美,享誉海内外,畅销世界10多个国家和地区。

❋ 小贴士 据说当五指山茶样品在广州交易会上陈列展出时,以名牌红茶著称的斯里兰卡和印度的商人误认为该茶不是我国出产的。为了证实此事,海南曾专程将几株海南五指山茶树送北京有关部门验证。从此,海南的五指山茶叶名声大振,海南的茶叶生产从此走上了稳步发展的道路。

2. 五指山金鼎红茶

五指山金鼎红茶选用单芽或一芽一叶鲜茶,经独特工艺发酵制作而成,比单纯用海南大叶或单纯用云南大叶型种制作的红茶更有特色。

经过精制后,成为供出口的金鼎红茶,包括叶茶、碎茶、片茶、末茶4个花色,可直接冲泡,也可包成袋泡茶后连袋冲泡,然后加糖加乳,饮用十分方便。

五指山金鼎红茶叶底红匀,条索粗壮紧实,色泽乌黑油润;汤色红亮,香气浓而持久,其味浓强鲜爽并富有刺激性。2012年"金鼎牌"红茶获得"国饮杯"一等奖。

3. 白沙绿茶、红茶

它们是白沙黎族自治县境内的国营白沙农场特产,中国国家地理标志产品。因海南中部适宜的气候与白沙陨石坑地区独特的土壤条件,白沙绿茶、红茶品质优良,营养成分高。

白沙绿茶主要采摘海南和云南大叶、福鼎、水仙、福云6号等茶树。该茶外形条索紧结、匀整、无梗杂、色泽绿润有光,香气清高持久,汤色黄绿明亮,叶底细嫩匀净,滋味浓醇鲜爽,饮后回甘留芳,连续冲泡品茗时具有"一开味淡二开吐,三开四开味正浓,五开六开味渐减"的耐冲泡性。

白沙红茶"红一号""特红""红条茶"等三款是白沙绿茶的姊妹茶。除了吸收了陨石坑的丰富矿物质之外,白沙红茶也自带红茶类的丰富功效与作用。白沙红茶汤色清亮,色若红酒,喝罢唇齿留香,余味袅绕。

4. 白马岭红茶

该茶由名贵品种海南原生态野生山茶第二代、福鼎大白、祁门的芽尖,经科学调配加工而成,是海南省琼中县国营乌石农场生产的红茶品牌,已经成为海南红茶领域新的聚焦点。

白马岭红茶产自五指山腹地,绿色无污染。其有汤色橙黄明亮、口感佳、原生态、味甘爽、耐冲泡的品质特征。

❈ 小贴士　2012年白马岭茶通过了GB/T19001—2008和ISO9001—2008质量管理体系认证,并被中国绿色食品发展中心认定为绿色食品A级产品。

5. 万宁鹧鸪茶

鹧鸪茶又名山苦茶、毛茶、禾茶,属野生灌木,主产于海南万宁东山岭。茶叶香气浓烈,并有好闻的药香,冲泡后汤色清亮,饮后口味甘甜,余香无穷,是具有解油腻、助消化、利胆、降压、减肥、健脾、养胃之效的保健饮料。

鹧鸪茶树高可达3米以上,最高甚至达到10米。叶片呈圆状卵形,叶片长5～15厘米,背面有少数透明脉点。如今,海南鹧鸪茶已成为具有浓郁地方特色的旅游商品,受到世界各地游客的欢迎。

❈ 小贴士　鹧鸪茶,被历代文人墨客誉为"灵芝草"。我国著名诗人、戏剧家田汉当年登东山岭曾写下"羊肥爱芝草,茶好伴名泉"的诗句。

6. 农垦"瑞军潭"茶

"瑞军潭"系列茶产品的茶叶均产自山高雾浓、雨量充沛的海南母瑞山地区标准化茶园基地,是种植两三年的茶树开采的第一批茶叶,分绿茶和红茶两种。绿茶汤色黄绿明亮,口感清爽顺滑;红茶滋味浓郁醇厚,芳香悦鼻。

该茶的命名与包装凸显了海南母瑞山革命根据地的红色文化特色,不仅具有海南茶共同的优良品质,还具有"香入水,水融香"的特色。"瑞军潭"系列茶产品由海垦母瑞山茶业公司于2019年6月全新投产的加工厂生产并于同年8月全面上市。

7. 琼海辣木茶

琼海辣木茶主产于海南琼海市的博鳌镇、嘉积镇、石壁镇、潭门镇等地。琼海辣木茶外形翠绿、茶色均匀、卷曲紧实、无杂质,茶汤黄绿清亮,茶性温和,滋味醇厚滑口,有典型的青草香味。

琼海辣木茶富含蛋白质、膳食纤维、胡萝卜素、多种矿物质、氨基酸以及钾、铁、锰、硒等微量元素,具有排毒、加速人体新陈代谢、活化细胞、增强人体免疫力等作用。

8. 海南野生苦丁茶

该茶主要分布于海南五指山区热带丛林中,属冬青科的苦丁茶冬青种。

不同于四川、贵州、云南等地出产的属于枸骨刺种的苦丁茶,其体形十分高大,最大胸径达2.5米,高达50～60米,树龄近千年,其枝繁叶茂,华盖四蔽,叶面蜡味苦味淡而回甘浓,是一个开发价值极高的苦丁茶品种。

❋ 小贴士　苦丁茶一般加工成条状,质优者先苦后甘,一次仅用一条即可。由于许多人喜欢将苦丁茶加到其他茶中饮用,故又被称为"茶胆"。

9. 海南香兰茶

香兰茶,是海南岛最具特色的天然添香茶,它是我国添香茶类中一枝独秀的奇葩。香兰红茶香气清甜纯正,滋味浓郁爽口,汤色红艳明亮,加入牛奶口感更好,冷饮效果尤佳。香兰绿茶香气鲜纯隽永,汤色黄绿明亮,滋味醇厚回甘,加入冰块更为爽口。

❋ 小贴士　海南岛1993年以前没有香兰茶。1993年,由海南香圣天然食品有限公司与西南农业大学(今西南大学)食品科学学院合作创新发明,并于同年6月通过了由海南省科学技术厅主持的"海南省香兰茶成果鉴定会"的香兰茶科技成果暨国家级星火项目鉴定。

(三) 热带水果

❋ 小贴士　资料表明,海南岛栽培和野生的果树有29科53属,400余个品种,为世界上其他果区所罕见。属本岛原产的果树品种有龙眼、荔枝、芭蕉、桃金娘、锥栗、橄榄、杨梅、酸豆、油甘子、野无花果等。从外地引进的品种有榴莲、人心果、腰果、油梨、番石榴、甜蒲桃、菠萝蜜、杧果、山竹、红毛丹等。近年,海南又引进和栽培出火龙果、百香果、大青枣等。

1. 椰子

椰子遍布海南全岛,栽培已有2 000年以上历史,以东南沿海一带为多,其中文昌市享有"文昌椰子半海南"之美誉。

椰子是典型的热带经济作物,也是热带地区风景植物之一。椰树四季花开花落,果实不断,一株树上同时有花朵、幼果、嫩果、老果,可谓"四世同堂"。

另外,产于海口市甲子镇、万宁市兴隆镇等地的红椰,较之普通椰子更为硕大,形状近似橄榄球,外表与普通椰子的青绿色不同。甲子红椰呈焦糖色,口感甜中带涩,有独特的清香气味。

2. 金菠萝(香水菠萝)

乐东县金菠萝是海南菠萝的一个新品种,其果形端正,清甜肉滑,含糖量高,营养丰富,每年大量销往北京、广东、江苏、浙江等内地市场,深受食客喜爱。金菠萝属多年生单子叶常绿草本果树,乐东所处区位和土壤以及气温非常适合金菠萝的种植。

昌江县香水菠萝是由我国台湾新引进种植的热带名优水果。其外形美观,果色鲜黄诱人,营养价值丰富,果肉脆爽,果汁香甜可口,香气浓郁,风味独特。产品主要销往日本、韩国等国家及国内北京、上海、广州等大城市。

3. 菠萝蜜

菠萝蜜也叫"树菠萝""木菠萝",被誉为热带"水果皇后",每年春天开花,夏秋间果熟,成熟时香气飘溢。

菠萝蜜原产于印度、马来西亚,传入海南岛已有数百年历史,全岛普遍种植,在陵水分布广,其中以陵水县的隆广菠萝蜜最为出名。其果实结于树干或主枝上,硕大无比,重者有20~25千克。菠萝蜜分为干包和湿包两类,有30多个品种。干包果肉厚,甘甜爽脆;湿包果肉湿软,蜜甜香滑。

4. 荔枝

荔枝有"百果之王"美誉,在海南岛栽培历史悠久,主要分布在海口市琼山区的永兴、石山等多个乡镇和陵水等县。品质较好的品种有海口市琼山区羊山镇的鹅蛋荔、无核荔、黄皮丁香、蟾蜍红,陵水县的妃子笑、白糖罂、三月红等。

✿ 小贴士　陵水的鲁宏荔枝有多个品种,妃子笑、白糖罂、三月红,果皮鲜红,饱满诱人,皮薄、多汁、浓甜如蜜,营养丰富,被评为"全国优秀荔枝产品"。

5. 龙眼

龙眼又称桂圆,是海南岛著名的珍果之一,它皮薄肉脆味甜,果形圆,大的如拇指,小的如食指。海南龙眼品种繁多,产地主要在海口市琼山区的永兴地区。

6. 阳桃(杨桃)

阳桃在海南的栽培历史已逾千年,主要产地有三亚、陵水、琼山、文昌、万宁、琼海等市县,其品种有10多种,有甜阳桃和酸阳桃之分,是海南省闻名的佳果。

甜阳桃多作水果生吃,酸阳桃除用来煮鲜鱼汤,使其味道更加鲜美外,一般多用来做蜜饯。海南的阳桃脯、阳桃干等畅销海内外。

✿ 小贴士　需要在此说明的是:出现在2021年12月海南冬交会上的"杨桃瓜",长相如阳桃,但不是阳桃。其学名叫西非牡蛎瓜(*Telfairia occidentalis*),俗称"凹槽南瓜",长度16~105厘米,重量2~10千克。西非牡蛎瓜原产西非尼日利亚南部,2020年前后由琼海世界热带水果之窗试种成功。

7. 昌江芒果

海南昌江有芒果品种40种,果肉清香爽口,味道清甜,营养价值丰富。较为畅销的芒果品种主要有水仙杧、椰香、吕宋、白玉、黄玉、金煌、象牙、台农一号等,尤其以水仙杧畅销全国各地大中城市。

昌江县的芒果历史悠久,素有"中国芒果之乡"的美称。2018年,"昌江芒果"被国家工商行政管理总局商标局(现国家知识产权局商标局)核准注册,成为昌江第一个获颁的地理标志证明商标。

8. 洋蒲桃(莲雾)

洋蒲桃原产于印度和马来西亚地区,后移植于海南岛各地,在台湾和海南地区也被称作莲雾。洋蒲桃夏季果熟,浆果呈椭圆形、矩圆形,紫色或黑色,嚼后口腔及唾液皆染成紫色,果肉味甜,吃时撒上少许细盐味道更佳。

海口市云龙镇的火山岩富硒土壤肥沃,还有优越的自然条件,全年雨水充沛,所产云龙莲雾,果实爽脆,是当之无愧的"果中佳人"。

✿ 小贴士　云龙莲雾中的"黑金刚""中国红"曾获北京交易会"优秀参展奖"、海南优质农产品等多种奖项。2018年获国家地理标志证明商标。乐东莲雾于2015年入选"海南省优质水果"。

9. 红心木瓜

又称番木瓜、乳瓜、万寿果。为热带、亚热带常绿软木质大型番木瓜科多年生草本植物。花果期全年。果皮光滑美观,果肉厚实细致,香气浓郁,甜美可口,营养丰富。

木瓜原产于美洲,流传到海南岛等地后得到广泛栽种,是海南人喜吃的果菜兼用的珍贵植物。海南种植木瓜已经有200多年历史,其品质优良,皮薄肉厚,汁多味甜,清香沁人。木瓜用途广泛,青木瓜可作蔬菜食用,成熟的木瓜果肉鲜红,并具有多种水果风味,药用价值也很高。

10. 番石榴

番石榴,枝繁叶茂,树态优美,花色鲜丽。番石榴果皮黄中带白,白里透红,因品种而异。番石榴汁多味甜,营养丰富,有健胃、提神、补血、滋肾之效,可鲜食,也可加工为高级饮料,还可入药。

11. 榴莲

海南于20世纪50年代从东南亚引种榴莲。其果实呈椭圆形,满身长着硬刺,呈黄色或黄绿色。榴莲果一旦成熟就掉在地上,果肉暴露在空气中一段时间,气味臭,但味极甜美,营养价值高。若将其果肉拌大米饭食用,别有风味(榴莲含火气,不可过量食用)。

12. 红毛丹

红毛丹是1960年从马来西亚引进海南的,每年6—8月果实成熟,果实呈球形、椭圆形或长卵形,并有软刺,成串生在果梗上,看似小刺猬。红毛丹果肉为白色,脆爽而柔软,味道甜酸可口,清香胜过荔枝。

13. 陵水火龙果

陵水素有"天然温室""热作种植宝地"之美称,是海南冬季瓜菜生产的主要基地之一,这里也盛产火龙果。陵水火龙果色泽艳丽,果肉细腻,饱满多汁,口感清甜可口,甜而不腻。

14. 乐东百香果

百香果原产安的列斯群岛,现广泛种植于热带和亚热带地区,最适宜的生长温度为20~30 ℃,年平均气温18 ℃以上时易获得丰产,在中国主要种植于南方温暖湿润的地区。

海南乐东拥有国家一流的瓜菜南繁育种基地和海南省南部典型冬种瓜菜示范基地。与其他产区不同,乐东百香果主要反季节供应,产季始于每年12月份,结束于次年7月份,填补了市场供应期的缺口。

15. 美月西瓜

产于海南陵水县,是早熟小果型西瓜。陵水美月西瓜利用无土栽培技术,生长于盆装的椰糠、有机肥等混合而成的基质之中,藤蔓悬挂空中,小小西瓜,被丝网套住,挂在瓜架上。采摘前20天,不使用农药,其肉质细腻无纤维,瓜瓤鲜红,色泽均匀,皮薄肉甜,口感极佳。陵水美月西瓜被评为"2016年海南省名牌产品"。

16. 山口无籽蜜柚

产自世界长寿之乡——海南省澄迈县金江镇山口站善井村龙凤长寿岭,这里的土壤含有丰富的抗癌元素——硒。产地阳光和雨水充足,施用的是当地发明专利专用有机料肥。山口无籽蜜柚属无公害绿色产品,品质上乘。

四、特色土特产品与伴手礼品

(一)特色土特产品

1. 椰子系列食品

独特的经纬度、温湿的海洋性气候,加之四面环海的地形环境,使得海南椰子饱汲大自然之精华,有种别具一格的风味和口感。

海南椰子食品主要有各种椰子糖果、椰丝、椰蓉、椰糠(花卉)、椰子糖角、椰子糕、椰子酱、椰子油等。

2. 热带水果干/果脯

菠萝蜜干通常选用新鲜菠萝蜜果肉制成,在将鲜果制成干品的过程中,不添加任何色素、香精,并以特殊工艺保留果实的原有品质,保留了蔬果中原有天然成分,其口味酥脆爽口,香而不浊,是海南当地最时尚的休闲食品之一。

芒果干的制作方法有多种,有直接硬化干燥处理的,也有添加了蔗糖或淀粉糖浆的,消费者可根据自己的喜好选购。

椰子片、香蕉片、圣女果干、龙眼肉干、木瓜干、益智脯等,也都是受欢迎的海南热带果干系列。

3. 海南系列咖啡

力神咖啡:精选海南和云南优质咖啡豆精制而成,具有"浓而不苦,香而不烈"的独特品质,在世界咖啡品牌中具有独特的竞争优势,先后在国内外获得50多项大奖。

兴隆咖啡:以其精湛的烘焙工艺、芳香醇久的独特口味,曾接待了多位国家领导人、著名影视明星以及大量的海内外游客,先后获得"海南省著名商标"等多项殊荣。

福山咖啡:曾多次参加省、国家级食品、饮料展销会,荣获"优质产品""最佳产品"称号,1988年在中国食品博览会上荣获银牌奖。

侯臣咖啡:原产自埃塞俄比亚,一万多年前火山喷发形成的富硒红土地造就侯臣咖啡小粒种优质品种。目前,该品种咖啡正逐渐被广大咖啡爱好者青睐。

森谷咖啡:主要产品有森谷福山、森谷兴隆、森谷香醇、森谷水果咖啡等,特别是水果味咖啡,为国内首创,供不应求。

4. 海南胡椒

海南胡椒碱含量一般在5%左右,基本上与世界胡椒主产国的胡椒碱含量一致。海南胡椒有白胡椒、黑胡椒和野胡椒之分。野胡椒比人们种植的胡椒粒要小,呈浅褐色,一般认为野胡椒纯属天然,其香味更为浓烈。

海南作为国内主要的胡椒种植地,年产量达2.3万吨左右,占全国产量的90%以上。

5. 海南黄辣椒酱

海南黄辣椒酱采用黄帝椒精制而成。黄帝椒只在海南南部生长,椒色金黄,状似灯笼,故也被称为"黄灯笼"。黄帝椒辣度达15万辣度单位,在世界辣椒之中位于首位,是真正的"辣椒之王"。

黄帝椒相对其他品种辣椒营养更为丰富,特别是钙、铁、胡萝卜素、纤维素、蛋白质的含量远远高于其他辣椒。

6. 海南腰果

腰果是海南特产,系50多年前从国外引种。腰果仁是世界"四大干果仁"之一,盛产于东方市的八所镇、感城和乐东县的佛罗镇、九所镇(乐东县被称为"腰果之乡")。

腰果可炒食、油炸,亦可与鸡肉或猪肉同炒,香酥可口。

7. 清补凉

海南清补凉，是夏天清热祛湿的佳品。其食材并不统一，或以健脾去湿为主，或以润肺为主。配方通常以绿豆、红豆、淮山、莲子、芡实、薏米、西米、百合、红枣和南北杏为主，并加入西瓜、菠萝、龙眼等水果做成糖水；或是以黄芪、党参、淮山、莲子、麦冬、云苓、蓝枣、无花果、猪腱肉制成老火汤。在海南，不同地区不同店家在售卖清补凉时，常常会根据不同人群的临时需求做配料调整。

清补凉，多以糖水及老火汤的形式出现，不同地区的清补凉有其独特的风味和食疗效果。经过改良，清补凉除了原先的糖水和老火汤以外，还有的加入椰子水、椰奶，增加了冰沙和冰激凌等不同吃法。

8. 南药

南药，药材统称，本指长江以南、南岭以北地区所产的地道药材，渐渐发展为"南方药材"的简称。海南植物药材资源丰富，有"天然药库"之称。海南4 000多种动物中可入药的约有2 000种，占全国的40%，药典收载的有500种，经过筛选的抗癌植物有137种。

海南动物药材和海产药材资源有鹿茸、海龙、海马、海蛇、珍珠、海参、珊瑚、蛤壳、牡蛎、海龟板等近50种。最著名的四大南药：槟榔、益智、砂仁、巴戟，其主产地在海南，产量占全国产量90%以上。

2012年建成的中国最大的南药园，即琼中世界南药园，已建起珍稀濒危南药引种区和海南特色药、原生态药、进口南药等园区，成为我国收集保存南药资源最多的研究机构之一，南药品种已达1 800多种。

✤ 小贴士　2007年1月，由中国医学科学院药用植物研究所海南分所编著的《南药园植物名录》显示，至2006年该所建所46年来共引种、驯化成功的药用植物达1 598种，其中岛内药用植物958种，其他没有记载但民间使用的海南特有植物94种。

（二）特色伴手礼品

1. 海南伴手礼品的分类

海南目前所有能批量生产和经营的伴手礼，基本分为生活用品、消耗品、纪念品三大类。

生活用品：印制海南景色素描画的杯子、海南景点标志T恤、海南岛服、手绘地图等。

消耗品：茶叶、咖啡、椰子糖糕、手工肥皂、精油皂、椰油制品等。

纪念品：明信片、钥匙扣、手链、项链、小摆件、小把玩等。

2. 海南伴手礼品的特色

以"快闪"方式呈现：海口美兰国际机场候机楼B区的安检通道，有一家充满"海南味"的店铺，是2015年7月引进的首批"快闪"店之一，各种商品均限时限量售卖，而且同城同价，不比海口市内的特产店、超市贵。

内容与形式越来越丰富、上档次：从早年贝壳、珍珠、热带水果、茶、咖啡、糖糕制品、椰雕，到贵重一点的黎锦、花梨木，从原样封装，到火山石、火山灰、兰花、花梨木加工、创意贝壳手链、骑楼老街彩绘款马克杯、手绘海南明信片素描本、周游海南系列礼包等。

地域特色非常明显："海南菠萝酥"和"椰香牛轧糖"等结合海南本地特色食材的各式美

味糕点、"哆咪吧×号店"等用海南方言命名的店铺、内附一句"普通话＋海南话"的礼包形式等，无不体现海南本土元素，彰显海南文化特色。

第三节　海南离岛免税购物

一、离岛免税购物政策

1. 政策含义

离岛免税政策是指对乘飞机、火车、轮船离岛（不包括离境）旅客实行限值、限量、限品种免进口税购物，在实施离岛免税政策的免税商店（简称离岛免税店）内或经批准的网上销售窗口付款，在机场、火车站、港口码头指定区域提货离岛的税收优惠政策。离岛免税政策免税税种为关税、进口环节增值税和消费税。

2. 政策发展

2011年3月24日，财政部发布《关于开展海南离岛旅客免税购物政策试点的公告》，2011年4月20日起试点执行，海南岛成为继日本冲绳岛、韩国济州岛和我国台湾马祖、金门两岛之后，全球第4个实施离岛免税政策的区域。此后海南离岛免税政策共经过八次调整，购物限额、种类和件数等限制性条件也在稳步放宽，免税购物额度从最初的5 000元逐步调整至目前的100 000元人民币，免税商品种类从18种增至45种，在免税门店持续增多的同时，购物对象也从最初的乘机离岛旅客扩大到乘渡轮、火车、飞机离岛乘客。

✿ **小贴士**　2020年，在海南启动自由贸易港建设背景下，国家及海南省免税支持政策频出，海南离岛免税政策迎来了史上最大调整。6月29日，财政部、海关总署、税务总局联合发布《关于海南离岛旅客免税购物政策的公告》，规定自7月1日起，海南离岛免税购物额度从每年每人3万元提高至10万元人民币且不限次数，离岛免税商品品种由38种增至45种，纳入了手机等电子消费类产品，同时取消了单件商品8 000元人民币免税限额规定。

3. 实施效果

截至2023年11月，海南离岛免税店总计12家。从所处城市看，三亚总计4家，海口总计6家，琼海1家，万宁1家。

据海关数据，从2011年到2021年，海南11年间的离岛免税购物销售额分别为9.86亿元、23.67亿元、33亿元、43.3亿元、55.4亿元、60.7亿元、80.2亿元、101亿元、134.9亿元、274.8亿元与495亿元人民币，增速惊人。

在2020年免税政策调整和新冠肺炎疫情下旅游人数逐渐恢复的情况下，2021年海南免税购物人次达到672万人次，较2020年增长50％。2020年6月，海南免税商品限购数量和年度限购额调整后，海南免税店总销售额有较大的增长幅度。2021年全年免税销售额达到495亿元，同比增长80.1％。

✿ **小贴士**　总体上，2022年海南旅游业受疫情影响较大，旅游总人次还未恢复至疫情前水平，但是免税业发展势头仍然非常好。

二、离岛免税购物指南

✻ 小贴士　截至2023年11月,海南共有12家免税购物店。其名称与地址详见附录4。

1. 购买流程

离岛旅客在国家规定的额度和数量范围内,在离岛免税店内或经批准的网上销售窗口购买免税商品,免税店根据旅客离岛时间运送货物,旅客凭购物凭证在机场、火车站、港口码头指定区域提货,并一次性随身携带离岛。

2. 谁可以买

年满16周岁,已购买离岛机票、火车票或船票,并持有效身份证件(国内居民持居民身份证、港澳台旅客持旅行证件、国外旅客持护照),离开海南本岛但不离境的国内外旅客,包括海南省居民。

3. 能买多少

离岛旅客每人每年的免税购物额度为10万元人民币,不限购物次数。在45个离岛免税商品品种中,单次限购数量为:化妆品30件(套装商品按包装内所含商品的实际件数计算数量);手机4部;酒类合计不超过1 500毫升;其他品种不限件数。超出免税限额、限量的部分,照章征收进境物品进口税。同一旅客在同一年度内乘飞机、火车和轮船免税购物金额合计计算。

4. 提货方式

(1) 即购即提

离岛旅客每次离岛前购买清单所列免税品时,对于单价不超过2万元(不含)的免税品,可以按照每人每类免税品限购数量的要求,选择即购即提方式提货。离岛旅客支付货款后可现场提货,离岛环节海关不验核实物。

✻ 小贴士　以即购即提方式提货的离岛免税商品主要包括化妆品、香水、服装服饰、婴幼儿配方奶粉等15项。单次离岛即购即提限购数量为1至5件。

(2) 担保即提

离岛旅客凭有效身份证件和离岛信息在离岛免税购物商店(不含网上销售窗口),购买单价超过5万元(含)的免税品,可选择担保即提方式提货,除支付购物货款外,按照商品的进境物品进口税预付相应的担保金后现场提货。此方式下所购免税品不得在岛内使用。旅客离岛时应主动携带尚未启用或消费的商品至口岸隔离区免税品提货验核点,并提交免税品购物凭证和本人有效身份证件或旅行证件。经海关验核实物无误,且旅客离岛后,海关监管系统凭旅客的离岛成行数据完成自动核销。

(3) 隔离区提取

旅客在室内离岛免税店购买的免税品,凭本人有效证件、离岛行程凭证(机票、火车票、船票)在海口美兰机场、三亚凤凰机场、琼海博鳌机场,海口火车站、海口新港提货点提货,并一次性携带离岛。

(4) 邮寄送达

旅客在离岛旅客免税购物商店(含经批准的网上销售窗口)购买免税品时,在提交订单的过程中还可以选择邮寄方式,输入个人的收货地址,即可将商品寄送到海南省外地址。

✽ **小贴士** 选择邮寄送达方式提货的,收件人、支付人和购买人三者一致,应为购物旅客本人,且收件地址在海南省外。

(5)返岛自提

岛内居民离岛前购买免税品,可选择返岛自提,返岛提取免税品时须提供本人有效身份证件和实际离岛行程信息,在离岛免税商店设立的返岛旅客提货点提取免税品。岛内居民包括持有海南省身份证、海南省居住证或社保卡的中国公民,以及在海南省工作生活并持有居留证的境外人士。

5. 常见问题

(1)离岛日期延期或改期后如何提离

离岛旅客在隔离区提货后,因航班(车次、航次)延误、取消等原因需要离开隔离区的,应当将免税品交由离岛免税店(包括提货点)代为保管,待实际离岛再次进入隔离区后提取。

离岛旅客购买免税品后变更航班(车次、航次),变更后的航班(车次、航次)时间为原离岛日期之后30天内的,可联系免税店客服办理相应的延期提货手续。超过规定时限的,应当办理退货手续。特殊情况下,海关会视情况临时调整该政策以确保购物旅客正常提货。

(2)退换货如何处理

离岛旅客购买免税品后退票的,应当办理免税品退货手续。离岛旅客提货后退货的,应联系离岛免税店退货。因退货原因需要退税的,自缴纳税款之日起1年内,由离岛免税店或者离岛旅客向海关提出申请。离岛旅客提货后需要换货的,应联系离岛免税店换货。

(3)旅客涉及超额或超件未核销,该如何处理

可联系购物免税店客服,由免税店核实超额超限原因,向海关缴纳相应税款后由海关予以人工核销,也可拨打0898—12360海关热线,由海关协调购物免税店进行核实处理。

(4)购买免税品离岛后如产生异常数据如何处理

如搭乘火车、九元航空、春秋航空离岛,可直接拨打0898—95198,核实确认离岛信息后由离岛口岸海关进行人工核销。如是飞机机组或加机组人员可直接向免税店提交飞行任务书,由免税店向现场海关提交申请。如搭乘其他交通工具离岛,可拨打购物免税店的客服电话处理,也可直接拨打0898—12360海关热线核实处理。

6. 海关提醒

已经购买的离岛免税品,属于消费者个人使用的最终商品,不得进入国内市场再次销售。离岛旅客有下列情形之一的,由海关按照相关法律法规处理,且自海关作出处理决定之日起,3年内不得享受离岛免税购物政策,并可依照有关规定纳入相关信用记录:

——以牟利为目的为他人购买免税品或将所购免税品在国内市场再次销售的;

——购买或者提取免税品时,提供虚假身份证件或旅行证件、使用不符合规定身份证件或旅行证件,或者提供虚假离岛信息的;

——其他违反海关规定的。

第五章

海南当代旅游发展轨迹

从旅游的功能属性层面讲,海南当代旅游的发展,最早始于1956年,其标志是海南第一家旅行社——海南华侨旅行服务社的诞生。而1974年海南中国旅行社的成立,才被普遍认为是海南当代旅游业萌芽阶段的正式开始。此后,经历了1956—1987年萌芽期和1988—2000年起步期。值得一提的是,在起步期的第一阶段,即1988—1997年,海南旅游产业规模、接待人数的急剧扩张,迅速扩大了旅游的外延,标志着海南旅游业第一次本质上的飞跃。

2001—2005年,海南当代旅游进入新世纪的探索发展期。这一时期,海南旅游把建设具有国际水平的海岛休闲度假旅游胜地作为战略目标,提出了"国际旅游岛"的建设蓝图和发展新思路。这在一定程度上,开始引领着中国旅游的新兴市场。

2006—2010年,旅游业成为海南第三产业的龙头产业,海南旅游对外开放的力度不断加大。但这一时期海南旅游行业面对来自国内外激烈的竞争和自身存在的诸多发展问题,海南旅游行业创造性的突围,使海南当代旅游具备了一些产业升级的条件。

到了2011—2015年,海南当代旅游已从传统观光游,逐渐向"观光+休闲度假"的方向转变,进入了转型发展期。这一时期,旅游新业态、新产品层出不穷,滨海旅游、游艇旅游、热带雨林旅游等逐渐形成品牌;而从2011年开始的离岛免税政策,更是赋予海南旅游业强大的发展动能。

在经受住2015年海南经济下滑、电力缺乏和持续高温、台风等严峻考验后,海南当代旅游进入2016—2023年的升级发展期。这一时期,海南以党中央要求的创建全国首个"全域旅游示范省"为契机,开启了高质量发展模式,进入了真正的升级发展期。这一时期,海南旅游业发展势头良好,产业结构愈发优化,"旅游+消费""旅游+会展""旅游+康养""旅游+体育""旅游+工业""旅游+文化"的发展新格局、新路径不断为海南旅游业提供发展新动能。

第一节 海南旅游的萌发与起步

一、萌发期(1956—1987年)

旅游供给和旅游活动包括膳食、住宿、购物和交通等诸多因素。海南水陆空交通不便,旅游成本高;经济欠发达,旅游项目开发基础弱;本地人口规模较小,旅游开发能力有限……导致这一时期的海南旅游供给和旅游产业发展严重不足。

1. 1956—1977年海南当代旅游业出现萌芽标志

1956年,海南第一家旅行社——海南华侨旅行服务社成立,为华侨提供探亲服务,一定程度上体现了现代旅游的功能。1958年,三亚市兴建鹿回头宾馆,为三亚旅游市场提供了第一个高规格的接待设施。

1960年,海口市兴建华侨大厦,海口有了一定规格的接待酒店。1963年,海南枫木鹿场在屯昌县建成,后来成为海南首批正式命名的涉外旅游接待单位。1965年9月,中国人民解放军侦察兵9人,武装负重泅渡琼州海峡获得成功,引起了人们对琼州海峡相关赛事及旅游的特别关注。

1974年,海南中国旅行社成立(一般观点认为这是海南当代旅游业萌芽阶段到来的标志——编者注),开始有组织地接待华侨和国内外旅游团。1976年前后,陵水南湾猴岛等一批自然保护区陆续建立,海南旅游资源开发力度开始扩大。

2. 1978—1980年海南旅游资源被再认识

1978年12月中共中央十一届三中全会之后,改革开放的春风为海南旅游业带来了发展机遇,国内外人士到海南的考察、旅游日益增多。人们在海南从事各类经济活动的同时,对海南得天独厚的区位优势和旅游资源潜力加深了认识,为日后海南当代旅游发展奠定了一定基础。

3. 1981—1983年海南旅游有了政府指导下的发展方向

1981年底,广东省委、省政府决定加快海南岛开发建设,同时海南区旅游工作会议决定将海口和三亚冬泳度假区作为旅游重点项目进行先行建设。1983年2月21日,第一个横渡琼州海峡的正式纪录诞生。1983年3月,中共中央、国务院批转《加快海南岛开发建设问题讨论纪要》,作出加快海南岛开发建设的决定,指出"海南岛有条件逐步建成国际避寒冬泳和旅游胜地,要把海口古迹、兴隆温泉、陵水猴岛、三亚海滨浴场、通什民族风情、松涛水库、那大热带作物园等旅游点建设好,连成旅游线,使之各有奇景,各具风格,富有吸引力",使海南当代旅游有了政府指导下的发展方向。

❋ 小贴士　通什(zá),即今五指山市;那大即今儋州市;松涛水库,即今松涛天湖(儋州市境内)。

4. 1984年定点接待景区(点)开放,正式设置旅游管理机构

1984年1月,邓小平南方谈话之后,中央即决定开放沿海14个城市,比邻香港和深圳的海南理所当然地成为开放的重点区域。同年,天涯海角、大东海、东山岭等首批对外开放的旅游景区(点),获得国家旅游局颁发的定点许可证,具有了接待涉外旅行团的资质。海南行政区开始设立旅游管理机构,成立各类经营旅游业务的企业。

❋ 小贴士　1984年,海南开始着手旅游景区(点)的建设,开发旅游基础设施和旅游服务设施,并开始有组织、成规模进行有针对性的旅游宣传工作。

5. 1985年海南旅游基础设施增加,旅游产值加大

1985年1月,时任国务院总理万里视察海南,对海南的旅游资源做了充分的肯定。同年2月,海口机场经过扩建后恢复通航;8月,红色娘子军纪念雕像在琼海落成;11月,海口宾馆落成,当时因其相对豪华、上档次,被称为海口的"绿岛白宫"。1985年,海南接待国内外

游客 23.7 万人次,地区生产总值 43.26 亿元,比上一年增长 12%,其中第三产业(主要是旅游服务业)增长 17%。

6. 1986 年海南被列为全国重点旅游区

1986 年 1 月,全国旅游工作会议宣布将海南作为中国 7 个重点旅游城市和地区之一,海南作为全国的重点旅游区还被列入国家"七五"计划。到 1986 年底,全区旅游饭店已有 24 家。

7. 1987 年接待能力与产业效益凸显

1987 年,中央在海南筹备建省和兴办中国最大的经济特区,这一重大的事件对海南旅游业发展起到了极大的促进作用,海南接待国内外游客数猛增到 75 万人次;其中,国际游客 17.3 万人次,一年超过前 7 年的总和。1987 年,海南地区生产总值 57.28 亿元,比上一年度增长 19.26%;同年 6 月,海南东线环岛高速公路开建,为海南南北两端的旅游交通开启了快速通道。

✻ **小贴士** 海南建省前夕,海南虽然兴建了海口琼苑宾馆、兴隆温泉宾馆、五指山度假村、海口泰华酒店等旅游性质的接待设施,但基本上均以政府接待性质为主。旅游景区(点)虽有五公祠、海瑞墓、火山口、琼台书院、东山岭、南湾猴岛、天涯海角、东坡书院、海南民族博物馆等,但接待规模小、档次低,其他旅游配套设施匮乏。

二、起步期(1988—2000 年)

1988 年,海南建省办特区。建省初期,海南旅游业发展与海南特区的总体开发建设一样,也存在开发建设资金严重不足的困难,各项基础设施和旅游服务设施的条件较差,酒店住宿和进出岛交通紧张成为制约海南旅游发展的主要因素。但是,在经济特区改革开放和率先实行社会主义市场经济的条件下,旅游发展的制约因素又反过来成为刺激国内外投资者开发海南旅游的动力。根据旅游发展的主要特征,可将这一时期分为两个阶段。

(一)第一阶段(1988—1997 年)

✻ **小贴士** 1988—1997 年,海南旅游业发展受特区开发的高、低潮波动的影响较小,年年再上新台阶,成为海南经济发展的推动力量和热点。旅游业持续快速发展,由一个微不足道的小行业成为海南经济发展的龙头产业和支柱产业,带动了各相关行业的发展,"度假休闲在海南"开始被人们认同。这一阶段,海南旅游产业规模、接待人数的急剧扩张,迅速扩大了旅游的外延,标志着海南旅游业第一次本质上的飞跃。

1. 1988—1991 年主要措施

1988 年 2 月,海南省政府协办了由共青团北京市委组织的北京 5 名游泳者横渡琼州海峡的活动,在一定程度上扩大了海南冬泳活动的影响。同年,海南省政府委托上海同济大学风景旅游研究中心专家拟定了《海南省旅游发展战略及风景区域规划》,为海南旅游提供了发展战略与发展方向。

此外,由《羊城晚报》《衣食住行》栏目、珠江经济广播电台《星期俱乐部》和广州羊城旅游公司合办的全国最佳旅游线路评选活动中,海南环岛 5 日游线路位居榜首,荣获"1988 龙年全国最佳旅游线路"称号。1991 年,海南省政府重新组建省旅游局,体现了省委省政府对旅游业的重视,使旅游部门地位得到显著提升。

2. 1988—1991年旅游创汇高潮不断

1988年海南出现了有史以来的第一个旅游接待高峰,当年接待国内外游客人数达118.5万人次,其中接待国际游客19.8万人次,旅游创汇4 094万美元。

1990年,海南迎来有史以来旅游接待的第二个高峰,接待国内外游客人数再次突破100万人次大关,达到113.4万人次,其中国际游客18.8万人次,旅游创汇6 159万美元,一年就达到国家旅游局提出的"旅游创汇3年恢复到1988年最高历史水平"的目标。

1991年,海南接待国内外游客人数达到140万人次,比上年增长23.4%。其中,国际游客27.72万人次,旅游创汇6 384万美元,超额完成各项旅游主要指标。

✱ 小贴士　1991年,海南旅游硬件条件初步改善,旅游酒店达65家,进出岛交通紧张的状况也有所缓解。

3. 1992年全社会共办大旅游

1992年,三亚亚龙湾经国务院批准成为中国唯一具有热带风情的国家旅游度假区,不仅是海南省当年旅游业的重点项目,也是促进海南经济腾飞的重要一环,受到海内外的热切关注。同年,海南省旅游局组织制定了《海南省旅游发展规划大纲》,提出"全社会共办大旅游"的旅游发展方针。

4. 1993年海南逐渐掀起第一波旅游项目开发热潮

江泽民同志在海南视察时亲手写下"碧海连天远,琼崖尽是春"的重要题词,并指出要加快海南的开发建设,必须大力发展旅游业。此外,《海南省旅游发展规划大纲》获省政府通过并发布,明确了"热带海滨度假休闲"的海南旅游发展主题。在对外宣传方面,海南省旅游局通过《人民日报》《中国旅游报》等各大报刊,面向全国征集海南旅游主题口号和海南旅游标志,应征"主题口号"达1 000多条,"椰风海韵醉游人"入选,成为海南旅游市场使用频率最高的宣传语。1993年,海口至广州数字微波、海口至广州海底光缆和海口卫星地球站三大通信工程完成,通信装备和网络技术跨入全国先进行列,使游客的通信往来有了保障。社会各界投资也纷纷向旅游倾斜,近200项旅游重点建设项目陆续建成开业。

5. 1994年多项措施促进了海南旅游的快速发展

1994年4月,《海南旅游》杂志创刊,海南有了展示旅游形象、助推旅游产业发展的专属期刊。秋季,海南航空公司先后引进7架"美多"23小型客机,往返于海口、三亚、湛江、广州,为游客提供了交通上的方便。海南开发了诸如三亚南田国际热带风情旅游城等国内外一流的旅游观光胜地,促进了海南旅游的快速发展。

✱ 小贴士　1992—1994年,是海南旅游业发展的"阵痛期"。旅游管理部门结合宏观调控,对盲目性投资、开发行为进行了遏制,对旅游行业秩序进行了调整和规范,使旅游业的发展稳步前进,进入由数量扩张型向结构优化型转变的调整提高阶段。

6. 1995年海南旅游迈入规范化轨道,并开展相应活动

1995年,海南省人大通过并颁布实施我国第一部地方性旅游法规《海南省旅游管理条例》,使海南旅游迈入法制化、规范化的发展轨道。海南省3类旅行社由审批制改为直接登记制,旅行社数量短期内剧增,据不完全统计最多时达900多家。

此外,海南省旅游局迎接和举办了一系列国际性和全国性的重大旅游活动,如承办

"'95中国国内旅游交易会",大大提高了海南旅游业在国内外的知名度。1995年前后,为迎接"'96中国度假休闲游重点在海南"活动,投建了海口桂林洋海滨旅游区和海南百莱玛度假村等一批旅游设施。

✿ 小贴士　1995年建设的海口市桂林洋海滨旅游区内设海滨游泳场、国际体育村、泰国花果园、阳光度假村和世界漫步公园,是当时规模较大、较有影响的旅游设施建设项目,但1997年后因种种原因衰落。

7. 1996年拉开了第一次转型升级的序幕

1月1日,在三亚亚龙湾举办'96中国度假休闲游开幕式,正式拉开了中国旅游从观光向度假休闲转型的序幕,也为海南旅游业在新世纪能够实现跨越式发展打下了坚实基础。

2月,海南省一届人大四次全会通过的《海南省国民经济和社会发展"九五"计划和2010年远景目标纲要》,明确提出"一省两地"的产业发展战略,进一步确立了旅游业在海南经济发展中的支柱地位,为海南旅游业的快速发展创造了基本条件。

8月,我国第一个五星级度假型酒店——三亚凯莱度假酒店在海南亚龙湾开业,开启中国旅游度假酒店发展新时代。

在香港国际旅游交易年会上,海南获得"最有希望的新的旅游目的地"的称号。

✿ 小贴士　"一省两地"的产业发展战略,即"努力把海南建设成为中国的新兴工业省、中国热带高效农业基地和中国度假休闲旅游胜地"。

8. 1997年全面规范旅游市场,并取得良好成绩

1997年前后,海南旅行社之间的竞争开始加剧,出现了一些不规范经营现象。针对旅游市场无序竞争的情况,省人大在征询多方意见的基础上,开始制定《海南省旅游市场管理规定》,对旅行社、景区景点、导游、旅游车司机、旅游业务经营者等均制定了较为详细的行为规范,以期全面加强旅游市场的管理力度。在香港国际旅游交易会上,海南获得"最佳休闲产品奖"的称号。

1997年,海南旅游接待国内外游客790万人次,超过了全省的总人口数,旅游总收入61.52亿元人民币,占全省地区生产总值的14.75%,约占全省第三产业收入的35%,国际游客超过40万人次,旅游外汇收入突破1亿美元。

✿ 小贴士　海南旅游发展起步期第一阶段,旅游管理部门加强了对旅行社的整顿和旅游从业者的素质培养,对从业者进行诚信引导,进而建立了一种成熟的诚信机制,并通过规范市场运作、引进一批素质高的大企业等一系列办法,营造健康、安全的市场环境,把海南省旅游业引上可持续发展的轨道,提供了建设热带海岛度假旅游胜地的基本条件。

(二)第二阶段(1998—2000年)

✿ 小贴士　1998—2000年,是海南旅游发展起步期的第二阶段,也是海南旅游在新世纪实现跨越式发展的关键时期。但是,这一阶段出现了"低价格竞争,低质量服务,低素质从业,低水平管理,低效益运营"的"五低"问题,严重地制约了海南旅游业的健康发展,损害了海南旅游的良好形象,并由此引发优质旅游资源廉价售卖,旅游行业"旺丁不旺财"等一系列问题。与此同时,由于总体经济实力弱,地方财政收入少,对旅游业发展在资金上的支持只能维持在相对较低的水平。

1. 1998年旅游市场管理被正式纳入法制轨道

1998年,海南省人大和省政府先后颁布重新修订的《海南省旅游管理条例》和新制定的

《海南省旅游市场管理规定》两个旅游法规。海南省旅游局改革管理体制,下放管理权限,试行旅游分级管理,制定了一系列管理规章,加强旅游市场的监督,并聘请新闻监督员,建立旅游新闻发布会制度。同年,海南编印了《海南省旅游法规政策汇编》,对旅游管理干部和从业人员开展专题培训。此外,海南首次编印《海南导游基础知识》《海南省导游手册》《海南省导游资格等级考试手册》等,规范导游行业秩序。

❋ 小贴士　以上措施,加强了海南旅游宏观管理的力度,整顿和规范了旅游市场价格秩序,有效遏制旅游企业低价竞销、高额回扣等行为。

2. 1998年确定了第一批全国优先发展旅游项目

1998年12月,时任国务院总理朱镕基在海南考察工作时强调,要充分利用海南得天独厚的热带风光,大力发展旅游业。面对东南亚金融危机和国内特大洪涝灾害给旅游业带来的负面影响,海南省政府突出重点,积极主动地开展多种形式的旅游宣传促销活动,使"冬季到海南来戏水"专题旅游口号深入人心。海南省政府联合《海南日报》《中国旅游报》,组织游客和全省旅游企业,分别评选出20个优秀景区(点)和20条旅游线路。国家旅游局将三亚亚龙湾、三亚南山、万宁兴隆热带花园、文昌铜鼓岭、琼海博鳌等5个项目确定为第一批全国优先发展旅游项目。

❋ 小贴士　1998年,海南省政府通过推动创优工作,使海口、三亚双双获得首批"中国优秀旅游城市"荣誉称号。

3. 1999年多方位拓展旅游市场

❋ 小贴士　1999年,海南旅游业抓住庆祝中华人民共和国成立50周年、中国生态旅游年,以及海南建设生态省、澳门回归等机遇,多方位拓展旅游市场,培育旅游业新的增长点,使海南旅游业形成"淡季有热点,旺季有高潮"的局面。

海南省旅游局组织德、俄等欧洲国家旅行商来琼考察,加大对韩、日的专项促销,促使韩国至海南的旅游包机复航,协助新加坡丽星邮轮"狮子星号"开通香港至海南的航线,组织香港警官团队海南自驾游,并且策划和举行了"'99中国生态环境游"海南系列活动。此外,还邀请中央电视台拍摄了《文昌椰风海韵》;举办海南省首届导游知识电视大赛和首届海南旅游暨旅游商品交易会;组织参加全国首届旅游歌曲大赛,海南旅游歌曲《永远的邀请》获作曲单项奖。这些举措起到了很好的宣传效果。

另外,还实施了一系列质量提升措施。正式实施《海南省旅游行业分级管理办法》,开通全省统一的免费旅游投诉热线电话,推行导游员统一着装上岗;鼓励企业申报环境和质量管理认证。其中,南山文化旅游区、宝华海景大酒店、第一百货商场分别获得ISO1400和ISO9000环境质量认证和质量管理认证。

❋ 小贴士　海南旅游市场整治、旅游教育培训、旅游市场专题调研和定期旅游统计分析、旅游信息等方面的工作得到了国家旅游局的通报表扬。

4. 2000年整改创优,并探索节假日旅游新路

海南省政府呼应国家旅游局大力整治出境旅游市场的行动,对旅游市场进行了力度空前的全面整治,在全国也引起很大的反响,受到国家旅游局的肯定和社会各界的支持。同

时,大力开展系列"整改创优"活动,继续开展创建中国优秀旅游城市工作,海口和儋州荣获第二批"中国优秀旅游城市"称号。

此外,旅游景区(点)质量等级评定工作取得新成效。亚龙湾国家旅游度假区、南山文化旅游区和天涯海角游览区荣获国家4A等级。

全年共培训旅游管理和从业人员近万人次,组织旅游行业全国性资格认证考试,旅行社经理资格及格率为历年之最;组织参加饭店职业英语标准测试,获得证书总数居全国第二名。并且成立了海南省假日旅游协调机构,对全省假日旅游信息统计及预报体系进行统一协调,积极探索发展节假日旅游的新路子。

5. 2000年为20世纪的海南旅游画上比较圆满的句号

全年接待国内外游客突破1 000万人次大关,达1007.57万人次,其中入境游客48.68万人次,旅游外汇收入10 882.94万美元,旅游总收入78.56亿元人民币(创历史最高水平),相当于全省地区生产总值15.2%(高于全国平均水平10.2个百分点)。

年末,全省共有星级酒店58家,比上年增加2家,其中五星级4家,增加1家;四星级9家,减少1家;三星级31家,增加3家;直接从事旅游业者约10万人,占城镇就业人口的8.9%。

✱ **小贴士** 2000年标志性事件:海南省旅游发展"十五"计划和中长期规划编制完成;省政府就编制《海南省旅游发展总体规划》与世界旅游组织签订了协议,并且成功举办了首届中国海南岛欢乐节,使全省旅游酒店开房率结束多年徘徊在50%的局面,一举突破60%;举办了第四届"岛屿观光政策论坛"会议;承办了由世界旅游组织和联合国环境署联合主办的"亚洲—太平洋地区岛屿可持续旅游业国际会议";举办中国横渡琼州海峡大奖赛;中国新丝路模特大赛永久定址海南三亚。

第二节 海南旅游的探索与创新

一、探索发展期(2001—2005年)

进入新世纪,海南旅游发展迎来了新机遇和新挑战,提出了新的战略目标,即努力把海南建设成为具有国际水平的海岛休闲度假旅游胜地。这一时期,海南"热带海岛,度假天堂"的旅游新形象开始频频出现在国内外大型旅游交易会上。海南提出"国际旅游岛"建设新思路,倡导海南旅游八大体验,不断推出健康旅游、自驾车游、高尔夫游、购房游等产品,不断激发游客旅游海南的动机,在一定程度上引领着中国旅游的新兴市场。

1. 2001年从深层次解决旅游市场问题

2001年,海南省旅游局认真落实时任国家领导人江泽民对海南旅游的重要指示,转变观念,以新的思路进行创造性的工作。

3月,举办世界太极拳健康运动会,树立海南"健康游"理念;8月,在国内首次以旅游大篷车的形式促销旅游产品,从中国最南端一路演示到中国最北端(31天内沿途经过十几个城市,全程1万多公里),宣传海南丰富的热带海岛旅游产品;年末,《琼州海峡旅游度假区规划》和《海南省旅游发展总体规划》初稿通过评审,初步构起东起海口东寨港,西至澄迈花场港的"大海口旅游圈",并阐发了一系列发展海南旅游的新理念、新办法等。

4月,海南建立完善了旅游企业行业自律机制,成立了海南省旅游商品企业协会,三亚还成立了潜水企业自律协会、旅游购物守信自律协会等;从4月起,对导游执业者进行计分制管理,5月又在全国率先颁发首批新版导游证,7月全省启动导游IC卡管理,初步形成了对导游动态量化管理的格局;5月,试行"百分制""公示制",规范对旅行社的管理;6月,在全国率先建立实施了旅游佣金制,从源头上解决旅游市场存在的收受回扣的突出问题;年内,还建立了旅游行业"经济户口"制度,严把旅游市场主体的准入关,2001年11月,完成旅行社名称核准和规范登记。

除此之外,通过省与市县旅游部门、旅游企业与社会培训机构相结合以及省内培训与组织出国培训相结合的不同形式,共培训和考核各类旅游从业人员近40 000人次,促使管理水平和服务质量全面提高。

✱ **小贴士** 海南旅游宣传促销成效显著:旅游旺季延长,淡季不"淡",旅游总收入和接待人数同步增长,特别是外国游客人数大幅度增长,使2001年前的几年"旺丁不旺财"和外国游客增长缓慢的现象得到改变,全省接待国内外游客1 124.76万人次,旅游总收入87.89亿元人民币,比上年分别增长11.6%和11.8%。

2. 2002年出台新的管理条例和发展规划

为了适应新时代、新形势,海南省人大于2001年底通过了新修订的《海南省旅游条例》,2002年3月1日起开始实施。取消了"定点管理制度",逐步放开旅游市场;允许外省市旅行社直接组团到海南进行旅游活动,打破了旅行社地方保护;加大了旅游规划管理力度和对旅游资源的管理及保护,体现了旅游行政主管部门在旅游开发活动中的重要地位。

同年,海南制定了一系列区域旅游规划和旅游区规划:《陵水南湾猴岛旅游景区规划》《三亚西岛建设规划》通过专家评审,《五指山生态旅游发展总体规划》《五指山生态旅游示范总体规划》以及与欧盟合作编制的《五指山环境改造促进旅游开发项目规划》分别出台。

✱ **小贴士** 新《海南省旅游条例》的制定,借鉴了世界上许多旅游发达国家的经验和做法,彻底打破了我国旅游者实行地接的传统做法,在全国率先做出开放市场的法律承诺。

3. 2002年提出建立"国际旅游岛"新思路

2002年3月8日,为给海南省委、省政府提供决策参考,海南省社科联在中国(海南)体制改革发展研究院举行了"加入WTO与海南的对外开放理论"研讨会。会上,中国(海南)体制改革发展研究院提出和论述了"建立海南国际旅游岛"的战略性建议。此建议侧重政策创新,成为新世纪海南以产业开放带动区域开放、以旅游产业的创新促进全省经济跨越式发展的比较完整的新思路。

4. 2002年旅游业成为海南经济发展支柱产业

2002年,海南拥有酒店、宾馆、招待所723家,客房5.04万间,床位9.52万张,分别比1997年末增长38.8%、50.4%、45.6%。同年海南全省旅游总收入95.38亿元人民币,与1987年相比增长82.7倍,年均增长34.3%。全省旅游接待人数达1 254.96万人次,与1987年相比增长15.7倍,年均增长20.65%;其中外国游客16.52万人次,首次超过接待香港游客数,显示了海南的境外游客结构正在改变。2002年,全省接待国内游客人数、旅游总收入等,均继续保持快速增长的态势;海南旅游业作为第三产业的龙头产业的地位更为明显,成为海南经济发展的支柱产业。

✲ **小贴士** 三亚市承办了第五十三届世界小姐总决赛,这是海南旅游业对外开放的一个标志性事件。

5. 2003年优化旅游产业结构效果明显

"非典"期间,海南注重发展度假休闲旅游并开发度假休闲旅游产品。尽管受到"非典"的影响,但海南全省接待国内外游客总人数仍维持在1 222.09万人次的较高水平上,海南"无疫区"和"健康岛"品牌效应日益凸显。

另外,通过改善旅游产品结构、改变客源结构和优化产业结构,2004年海南国内外过夜游客接待总数达1 402.89万人次,旅游总收入突破100亿元人民币,达111.01亿元人民币,比上年增长16.4%,国内旅游外汇收入8 160.17万美元,旅游总收入的增长比旅游接待总人数的增长高达五个百分点。

6. 2003年有效地净化了旅游市场环境

自2003年底,海南省旅游局与省发改厅联合下发了《关于公布我省旅游接团政府指导价标准的通知》《关于贯彻实施旅游接团政府指导价标准的紧急通知》等文件,并采取相关措施进行配套管理。

此外,省旅游局联合相关部门开展"春雷"行动和旅游市场专项治理活动,对"黑社""黑导""黑车""黑店""黑办事处"等进行了集中打击。依法查处旅行社超范围经营和违规增设部门对外承包,导游人员擅自更改行程、服务质量低劣以及私拿回扣、旅游企业降低服务标准等问题。

7. 2004年"三位一体"全方位宣传海南旅游

2004年,海南省政府邀请中央及"北上广"等重点客源地多家媒体,制作了"海南旅游系列""海南逍遥游"和"海南环岛行"等专题节目,并完善机场、自驾车公司和主要星级酒店的旅游信息架宣传品配送,免费向游客提供海南旅游信息资料,扶持旅游企业推出"纯玩团",并倡导由"纯玩团"向"精玩团"转变,大力组织家庭度假、自游人、会议团、高尔夫团等,优化旅游产品结构。

省旅游局在北京首届国际旅游博览会和"海南岛旅游风情月"期间,推出一组海南岛旅游新线路。同年,海南参加中国国内(杭州)旅游交易会,以"健康岛"为主题形象,展现热带海岛度假胜地"新、奇、特、野、绿"特色(获得"最佳展台奖"第1名);参加首届泛珠三角区域经贸洽谈会,进行26个项目的招商。

此外,结合国家旅游局推出的"中国百姓生活游"主题年活动,海南成功举办了一系列具有浓郁热带风情的旅游节庆活动:第五十四届世界小姐总决赛、世界小姐万宁行暨2004年万宁国际文灯节、首届中国青年欢乐节暨第五届中国海南岛欢乐节等;并主办和参与了韩国美食文化节,琼海旅游新线路、新产品座谈会暨第八届海南旅游宣传促销研讨会,香水湾旅游发展研讨会等。

✲ **小贴士** "三位一体"营销:即新闻、行业、社会三方联合全方位进行宣传报道。据不完全统计,2004年在海内外新闻媒体发表和播发的海南旅游稿件和节目达8 000多篇(件)。

8. 2004年开展了创新性工作

2004年,海南省旅游局编写了《2003年旅行社发展状况》《2003年星级饭店发展状况》

和《2003年旅游景区（点）发展状况》3个白皮书，首次正式发布旅游产业发展信息，引导投资者和经营者按照市场经济的规律有序发展旅游业。同时，在全国率先提出"常居型旅游"的新型度假旅游概念，大力推出"海南岛购房游"；在全国率先推出诚信机制建设，印发《海南省旅游业诚信机制建设暂行办法》和《海南省旅游业诚信机制建设方案》，开通了"海南旅游诚信网"。

此外，海南建立了诚信信息报送队伍，聘请部分省人大代表、省政协委员和媒体记者作为特邀诚信监督员；除完成旅行社业务年检之外，对旅行社内设部门进行登记备案，并于年底开始清理违规承包和挂靠等问题。采取银行金穗通宝卡、导游证和上岗证等证（卡）合用的手段，清除了一大批以假充真的"黑导"。

2004年，首次组织评选海南"十大名菜"和"十大旅游土特产"；重新组建省、市两级星级评定机构，加快旅游酒店评定星级和星级酒店复核步伐，全年新增星级旅游酒店23家；认真开展工农业旅游示范点评定工作，指导兴隆热带植物园和海南农垦万嘉果农庄获得首批"全国农业旅游示范点"称号等；连续三届举办世界小姐总决赛以及举办第十三届中国金鸡百花电影节等赛事会议。

《海南岛旅游》杂志重新出版；海南省旅游协会官方网站正式开通；部分旅行社开始把婚庆蜜月团作为主打开发产品，参加了4月份的国内旅游交易会；加入"泛珠三角"（含闽、赣、湘、粤、桂、琼、川、黔、滇9省区和港、澳2个特别行政区，简称"9+2"）协作圈，签订琼桂两地"旅游交流与合作协议书"，推出5条跨省区的旅游精品线路。

❋ **小贴士** 琼桂两地推出的线路：南宁—海口—万泉河—博鳌—兴隆—三亚；海口—北海—南宁—柳州—桂林；桂林—三亚—兴隆—博鳌—海口；海口—北海—防城港—越南下龙；红色旅游和民族文化旅游线路。

9. 2004年海南省旅游局旅游培训再上新台阶

2004年，海南省旅游局对全省原6 400多名导游进行全员培训，重新审核、登记和建档。全年举办酒店经理培训、导游年审培训、导游资格考试培训、外语学历培训、导游实用技能提高等各类培训班42期，培训人员8 619人次，并且与国际知名品牌企业——凯莱酒店管理有限公司联合举办酒店管理人员培训，组织31名酒店企业经营管理人员赴澳大利亚、新西兰、泰国等国进行短期培训，培训期数和人数均创历史新高。

10. 2005年海南旅游市场实行"户口"管理

2005年6月，海南出台《关于加强旅游市场规范管理工作的意见》，对旅游市场实行经济户口管理制度，以保护旅游消费者合法权益。

工商部门对旅游市场监管的重点是针对游客强买强卖、利用包厢销售商品合伙欺诈游客、虚标商品产地等情况，要求所有经营旅游商品的企业和个体户须建进货台账，销售贵重旅游商品的还要建立销售台账，进货时必须索证索票备查。同时规定旅游消费服务要实行明示制度，旅游合同必须明确规定价格、时间、线路、用餐标准、住宿标准、购物点和自费娱乐消费点名称、地址等内容。

11. 2005年海南旅游业实现增加值57.42亿元人民币

2005年，海南旅游业实现增加值57.42亿元人民币，全省接待旅游过夜人数1 516.47万人次，"十五"期间平均每年递增8.5%，其中，接待海外旅游者43.19万人次，接待国内旅游者1 473.28万人次。全年旅游总收入125.05亿元人民币,"十五"期间平均每年递增9.7%;其中境外旅游收入10.49亿元人民币,国内旅游收入114.56亿元人民币。

❋ 小贴士　2005年,在保持上一年度旅游产品组合连续性的基础上,海南根据国内外旅游市场的变化进行调整,继续推出10项主要旅游产品——滨海度假休闲游、海岛温泉度假游、自驾观光休闲游、特色高尔夫旅游、海南会议奖励游、海南度假购房游、海南节庆活动游、热带雨林探奇游、健康岛旅游专列游和豪华邮轮度假游,为海南旅游产业转型升级作好了产品准备。

二、创新发展期(2006—2010年)

❋ 小贴士　从旅游业成为海南第三产业龙头产业的2006年开始,到国际旅游岛建设上升为国家战略一年后的2010年,海南旅游"大产业、小管理"的被动局面得到一定程度上的改变。海南旅游对外开放的力度不断加大,旅游管理与服务质量不断提高,旅游市场占有率和影响力也进一步提高和扩大。这一时期,海南旅游行业面对来自国内外激烈的竞争和自身存在的诸多发展中的问题,面对社会各方面的高期望,励精图治,创造性地工作,使海南旅游具备了产业升级和创新发展的条件。

1. 2006年海南旅游转入长效管理状态

2006年5月,海南省政府以政府令的形式签发《海南省人民政府关于建立旅游市场长效监督管理机制的若干规定》,从6月底起,用半年时间开展旅游市场"零负团费"的专项整治工作,从产业内部矛盾继续净化旅游空间。

省发改、工商、旅游、交通等部门具体制定的旅游市场长效监督管理机制实施办法出台,对规定一一进行分解,明确相关部门职责:

——省发改厅规定旅游黄金周期间,根据市场供求变化对星级酒店客房限定最高指导价,商品价格是实际成交价的3倍以上属价格欺诈;

——省工商局规定旅游经营者违法违规扣分公示,建立旅游经营者信用监管制度,及时将旅游经营者违法违规情况如实录入经济户口档案;

——省旅游局要求实行旅游标准化管理制度,通过量化指标优胜劣汰;

——省交通厅规定对新增进入市场从事旅游车客运的企业和车辆,采取以服务质量为主要竞标条件的招投标办法实施行政许可,并建立旅游车客运企业年度质量信誉考核制度。

2. 2006年专项整治旅游环境并持续完善旅游项目

据不完全统计,通过"亮剑""天网"和"阳光"专项整治三大行动,截至2006年10月底,海南省共查处138个"黑社",处理186名"黑导",查处219个旅游购物点(店),处理420辆旅游"黑车",9处"野人谷"被全部取缔。

管理部门根据市场变化和竞争需要,继续充实和完善"蓝色浪漫之旅""绿色神奇之旅""潇洒高尔夫之旅""风情温泉之旅"和"民族文化之旅"海南五大特色系列旅游产品组合。同时,持续推出多种形式的度假游、高尔夫旅游、自驾车游、自助游、商务会奖游,旨在提高观光旅游质量,在海南"纯玩团"的基础上开发高附加值的"精玩团"。

❋ 小贴士　专项整治三大行动:"亮剑"行动整治旅行社低成本组接团;"天网"行动整治旅行社、导游以"零负团费"方式买团卖团;"阳光"行动整治旅游景区点、购物点、餐饮点等的商业贿赂。

3. 2006年旅游业已成海南第三产业的龙头产业

2006年,海南共接待过夜游客1 600多万人次,其中海外游客62万人次,同比增长43%;旅游创汇2.3亿美元,同比增长17.4%。全省旅游业实现总收入141.43亿元人民币,比1998年增长了111.22%,占全省GDP的13.43%。

尽管与20世纪相比,旅游业总收入在国民经济总量中所占比重有所下降,但仍然是海南国民经济的支柱产业(按国际标准,大于8%即为支柱产业),占第三产业总产值的比重更是达到了33.63%,说明旅游业已成为海南第三产业的龙头产业。

4. 2007年确定琼北湛江区域旅游合作组织的目标

2007年11月,琼北海口、文昌、琼海、儋州、定安、澄迈、临高7市县正式与广东湛江、雷州、徐闻3市县成立"琼北湛江区域旅游合作组织",琼粤两省之间跨区域旅游合作掀开了新的篇章。参与合作的市县计划在未来五年致力于打造八大旅游胜地和一个特色旅游产品:

——八大旅游胜地包括雷琼世界火山文化旅游胜地、世界高尔夫休闲旅游胜地、亚洲会议商展旅游胜地、中国热带海岸温泉旅游度假胜地、南中国滨海都市旅游胜地、南中国渔家乐旅游胜地、南中国滨海自驾车旅游胜地、南中国滨海避寒旅游胜地;

——跨琼州海峡特色旅游产品为跨琼州海峡热气球观光、跨琼州海峡游艇观光、跨琼州海峡帆船帆板海上运动、解放海南岛渡海作战航线游、汉代丝绸之路始发港考察等。

5. 2007年接待入境游客和外国游客增幅居全国首位

2007年,海南省先后成立省旅游联合执法办公室和省旅游发展管理委员会,强化对旅游市场的依法监管和对海南旅游业发展中重大问题的议事协调,一定程度上加快改变了海南省旅游业"大产业、小管理"的被动局面。

这一年,海南接待游客总数1 846万人次,其中国际游客75万人次,同比分别增长15%和22.08%;旅游总收入171.37亿元人民币,旅游创汇3.02亿美元,同比分别增长21.17%和31.3%。

✱ 小贴士　2007年,海南接待入境游客数和外国游客数的增幅在全国各省市中居首位。

6. 2007—2008年专项促销活动形式多样

2007—2008年,海南省旅游局不断推陈出新,在旅游产品专项促销方面做了一系列有针对性的活动:

——同香港旅发局联合组织驻外办事处考察海南旅游活动,联合对全球推出香港加海南、商务加度假的"一程多站"旅游产品;

——结合俄罗斯"中国年"活动,举行两轮对俄罗斯的大型宣传促销;组团参加德国柏林旅游展(由三亚市政府牵头,重点推介三亚旅游)、法国巴黎旅游展,开展以"中国热带海岛、东方度假天堂"为主题的系列宣传促销活动;

——与中央电视台合作,拍摄海南旅游专题片;成功承办国家旅游局召开的2007年全国入境旅游工作会议,并举行"2007海南旅游宣传促销年"启动仪式。

此外,成立海南旅游宣传促销媒体合作体;积极参加第十届海峡两岸旅游业联谊会;在日本、韩国及我国北京、上海、广州、台湾等地，开展"中国热带海岛，东方度假天堂"专项促销活动。

✿ **小贴士** 海南省将2008年确定为"旅游宣传促销年"和"旅游优质服务年"，并首次开通海口至台北的航线，并做了大量的前期准备工作。

7. 2008年国务院同意海南建设"国际旅游岛"

2008年3月5日，国务院办公厅就海南省申请设立国际旅游岛，正式函复海南省政府和国家发改委，原则同意海南省进一步发挥经济特区优势，在旅游对外开放和体制机制改革等方面积极探索，先行试验；同意在海口、三亚、琼海、万宁四市各开办一家市内免税店，销售提货点设在口岸出境隔离区内。

4月25日，海南省政府召开新闻发布会，发布《国务院办公厅关于支持海南旅游业有关问题的函》和《海南省国际旅游岛建设行动计划》。

6月，为服务海南国际旅游岛建设，构建独具海南特色的旅游文化体系，实现全省公共文化服务均等化和无缝覆盖，海南省委宣传部牵头，会同省社科联、省发改委等相关部门以及省内专家、企业界人士，正式启动了《海南省文化建设中长期规划（2009—2020年）》编制工作。

9月20日，省委、省政府联合下发《中共海南省委、海南省人民政府关于加快推进国际旅游岛建设的意见》。

9月23—28日，全国政协组织部分全国政协委员、专家学者和国务院15个部委有关负责同志来海南就国际旅游岛建设进行专题调研，并形成重要成果。

11月6日，海南省旅游局组织有关专家、学者创新编制《海南国际旅游岛总体建设规划纲要》，于11月中下旬在媒体上向社会公开征求意见。

✿ **小贴士** 2008年4月，时任国家领导人胡锦涛在海南考察时指出：要从海南实际条件和长远发展出发，积极发展服务型经济，尤其要加强旅游服务设施建设，提高旅游业国际化程度，提升旅游业档次和水平，规范旅游市场，努力使旅游业成为海南的支柱产业。

8. 2009年海南国际旅游岛建设上升成为国家战略

2009年1月12日，海南省政府向国务院呈报《海南省人民政府关于海南国际旅游岛建设有关问题的请示》，请求国务院对海南国际旅游岛建设予以政策支持。

3月1日，海南国际旅游岛形象广告在中央电视台第一套节目首播；3月5日，国家旅游局局长参加海南团审议时表示，国家旅游局完全支持海南创建国际旅游岛。

5月22日，海南省旅游投资控股集团有限公司揭牌；5月28日，海南省旅游发展委员会正式挂牌，原省旅游局更名为省旅游委，并列入政府组成部门。

6月22日，由中央财经领导小组办公室主任，国家发改委党组副书记、副主任率队的国家联合调研组，对海南国际旅游岛建设进行为期一周的考察和调研。

12月31日，《国务院关于推进海南国际旅游岛建设发展的若干意见》发布，将国际旅游岛建设上升为国家战略。

9. 2009年落实温家宝总理考察海南重要讲话精神

2009年4月，时任国务院总理温家宝考察海南时强调重点抓好五件事：一是加快旅游基础设施建设,推动旅游业转型升级;二是建设特色优势旅游精品景区,完善旅游产业体系;三是调整旅游市场发展战略,吸引更多的国内外游客;四是统筹区域旅游协调发展,加快旅游市场一体化;五是完善旅游服务体系,全面提高旅游服务水平。

4月28日,海南省委召开常委会,深入学习温家宝总理考察海南重要讲话精神,会议提出,举全省之力推进国际旅游岛建设。

✱ **小贴士** 2009年,受金融危机、甲型H1N1流感疫情等不利因素的影响,海南国际旅游市场萎缩,加之世界各国和地区越来越重视旅游业,纷纷加大对客源市场的争夺,竞争激烈,海南省接待境外游客人数出现大幅下滑。

10. 2010年实现国际旅游岛建设的良好开端

3月,在三亚市举行的2010博鳌国际旅游论坛上,来自50多个国家和地区的代表共同发表了《海南旅游宣言》;11月《海南省游艇管理试行办法》正式颁布实施,在15项游艇管理政策上实现突破,标志着海南国际旅游岛建设又迈出了坚实的一步。

11. 2010年其他主要旅游事件

2010年4月,近150个参展商和近5 000名观众参加的第一届"海天盛筵"盛大开幕,促进了世界高尚生活品牌文化传承与发展,加强了海南乃至中国与世界文化经济的交流。

✱ **小贴士** "海天盛筵"是汇集全球公务机、游艇及配套产品、高级轿跑车、珠宝精品、生活艺术品等世界顶尖品牌于一身的高尚生活方式展。该展会至2015年已经连续举办5届,得到了政府的大力支持,汇聚了世界各国政商界巨鳄。

12月30日,东环高铁通车运营,将东部6个市县串联起来,真正实现了90分钟南北交通圈。除此之外,海南省加强旅游公共服务体系建设,在交通枢纽、景区、城市广场等游客较集中场所设立旅游咨询服务中心。

在对外宣传方面,海南省利用组团参加国际大型促销活动、邀请旅行商来海南考察踩线、与国际旅游组织合作等多种形式全方位宣传海南国际旅游岛,积极落实免签新政,各项工作取得了一定的成效,入境旅游市场呈现恢复性加快增长态势。

〰 第三节 海南旅游的转型与升级

一、转型发展期(2011—2015年)

2011—2015年,海南省按照《国务院关于推进海南国际旅游岛建设发展的若干意见》《海南省旅游业发展"十二五"规划》和国家旅游局"全域旅游"建设的总体要求,积极响应国家建设"21世纪海上丝绸之路"的战略布局,扎实推进海南旅游基础设施建设,取得了令人瞩目的成绩。这一时期,海南旅游新业态、新产品层出不穷,邮轮旅游、游艇生活、直升机旅游等开始进入大众市场;以热带滨海旅游为基本特色的蓝色浪漫之旅,在海南热带生态基础上开发的森林探奇、热带植物园和海岛乡村游的绿色神奇之旅等海南五大特色旅游产品逐渐在国内外旅游市场形成品牌。

(一) 2011 年海南旅游

❋ **小贴士** 2011全年接待海外过夜游客81.46万人次,同比增长22.8%;国际旅游收入实现24.57亿元人民币,同比增长11.6%;国内过夜游客2 919.88万人次,同比增长15.8%;实现国内旅游收入299.47亿元人民币,同比增长27.1%。2010年海南省旅游总收入257.63亿元人民币,同比增长21.7%,全年共接待旅游过夜人数2 587.34万人次,同比增长15.0%。其中,接待国内过夜游客2 521.03万人次,同比增长14.8%;接待过夜游客66.31万人次,同比增长20.2%,共实现旅游外汇收入22.02亿元人民币,同比增长16.49%。旅游酒店客房开房率达60.4%,同比提高1.5个百分点。

1. 全年围绕旅游业发展预期目标重点做了六项工作

2011年全年,海南完善了旅游规划体系,避免产品同质化和无序竞争;抓好政策落实,形成海南旅游业核心竞争力;推动项目建设,打造旅游精品;开展"创先争优"活动,提高旅游行业服务质量;加强行业管理,提高旅游管理科学化水平;整合营销资源,塑造海南国际旅游岛整体形象。

2. 政府出台新的旅游政策法规

2011年,省政府根据加强国际旅游岛的建设需要,上半年集中出台了一批新的政策法规:

1月14日,海南省第四届人民代表大会常务委员会第十九次会议审议通过了《海南国际旅游岛建设发展条例》《海南省旅游景区景点管理规定》《海南经济特区旅行社管理规定》《海南经济特区导游人员管理规定》和《海南经济特区旅游价格管理规定》5部旅游法规,并于2011年2月1日起实施。

3月,中共海南省委发布《关于海南国际旅游岛先行试验区管理体制与运行机制若干问题的决定》。

4月20日,海南离岛免税政策正式实施,成为世界上继日本冲绳岛、韩国济州岛和我国台湾马祖、金门两岛后第4个实施这一政策的地区。

❋ **小贴士** 原本一直是海南旅游业发展短板的"购物",随着海南国际旅游岛离岛免税政策的实施,从2011年开始成为推动旅游业发展的强大动力。

3. 政府举办相关旅游活动提升海南知名度和旅游吸引力

2011年,政府组织的相关活动,扩大了海南的影响,增强了海南旅游的吸引力:

5月,海南省旅游委举办"阳光海南、度假天堂——2011海南国际旅游岛旅游线路创新设计大赛"大赛获奖旅游线路产品成为海南2011年以后开拓海内外市场的主推产品,也是引导旅游消费和市场趋向的重要产品。

10月,举办旅游行业"创先争优"活动,涵盖了旅行社、旅游酒店、旅游景区、高尔夫球会、旅游购物商店、旅游餐饮点、旅游客运企业、邮轮游艇企业等八类旅游企业。

成功举办了2011"海天盛筵"会展活动、"中国旅游日"主会场活动、2011年中国体育旅游博览会、2011海南国际旅游商品交易会、2011年中国森林旅游博览会、2011世界厕所峰会暨博览会、2011中国(海南)国际度假休闲博览会、2011中国(海口)游艇经济论坛暨国际游艇展览会等多个高规格、高级别的会议论坛和展览活动,提升了海南作为会展旅游目的地和经济文化交流平台的形象。

依托海南特色自然资源和民俗风情资源,举办了2011首届海南乡村旅游文化节、中国(海南)第九届盈滨龙水节、2011保亭七仙温泉嬉水节、2011海南黎苗"三月三"、2011(第十二届)中国海南岛欢乐节等精彩纷呈的节庆活动。

此外,整合资源、创新思路,举办了"国际旅游岛杯"海南景观楹联海内外征联活动、第二届"第一美差"选拔活动、中华易经文化与海南国际旅游岛建设主题讲座、2011年海南万宁国际冲浪节、2011观澜湖高尔夫世界杯等一批文体赛事和文化活动,有效提升海南的知名度和旅游吸引力。

4. 2010—2011年海南国际旅游岛建设十大成果

经过不懈努力,海南省在2010年和2011年取得了非常有助于发展国际化旅游的十大成果:

① 东环高铁开通运营;② 重大对外开放政策落地实施;③ 基本公共服务均等化加快推进,民生显著改善;④ 机场旅客吞吐量和旅客过夜人数创历史新高;⑤ 金砖国家领导人第三次会晤在海南举行;⑥ 全省GDP突破2 500亿元,人均GDP超过4 000美元;⑦ 洋浦重大项目建设加快推进;⑧ 第五十六届观澜湖高尔夫世界杯赛在海南成功举行;⑨ 成功举办博鳌国际旅游论坛;⑩ 海南农垦管理体制改革初见成效。

5. 2010—2011年海南旅游业发展呈现七大特点

① 旅游业呈加速发展态势;② 入境旅游发展迅速,俄罗斯游客成为入境游的主力军;③ 三亚、海口、万宁等重点旅游市县是全省旅游发展的重要支撑;④ 旅游购物成为旅游消费一大亮点,海口、三亚南北两大免税商场的开业,吸引了大批游客;⑤ 旅游宣传促销成效显著;⑥ 旅游会展节庆活动提升人气;⑦ 邮轮等新产品、新业态带旺海南旅游市场。

(二) 2012年海南旅游

✱ **小贴士** 2012年,海南旅游经济继续保持了两位数以上的增长,有力推动了海南国际旅游岛建设的进展,取得了较好的成效。全省接待过夜游客人数3 320.37万人次,同比增长10.6%,实现旅游总收入379.12亿元,同比增长17%。在全年来琼游客中,国内过夜游客达3 238.80万人次,同比增长10.9%。海外过夜游客81.56万人次,同比增长0.1%。来自台湾的旅游者17.77万人次,同比增长68.6%,是所有来琼旅游客源地中增幅最高的地区。

1. 旅游规划进一步完善

2012年,海南的旅游规划得到进一步的完善:

1月,《中共海南省委海南省人民政府关于海南国际旅游岛先行试验区管理体制与运行机制若干问题的决定》的实施细则印发,决定成立海南国际旅游岛先行试验区。

4月,海南省旅游委完成并印发了《海南省旅游业发展"十二五"规划》,对"十二五"期间海南旅游业的发展提出了切实可行的目标、思路和实施办法。

9月,为推动三亚邮轮旅游的发展,三亚市政府常务会通过了《三亚市邮轮旅游发展专项规划(2012—2022)》。

10月,《海南国际旅游岛先行试验区总体规划(2012—2030)》正式公示,计划用10年左右时间将先行试验区建设成国际旅游岛建设先导区、中国最大的文化产业集聚区、滨海城市示范区及世界一流的度假胜地。

12月,《海南省乡村旅游总体规划》通过专家组评审,明确海南省乡村旅游的整体空间结构为"两带、三道、八区"。

✲ **小贴士**　《海南省乡村旅游总体规划》中的"两带"即环海口乡村旅游发展带和环三亚乡村旅游发展带;"三道"即昌化江乡村风景道、万泉河乡村风景道和南渡江乡村风景道;"八区"则为火山地质观光休闲旅游集聚区、滨海传统生产文化旅游集聚区、热带山地乡村休闲旅游集聚区、热带平原乡村休闲集聚区、东寨港热带湿地观光休闲旅游集聚区、兴隆热带植物观光休闲旅游集聚区、环大广坝民俗生态旅游集聚区、热带山地乡村度假旅游集聚区。

2. 重点旅游项目建设推进力度加大

2012年4月,"椰香公主号"邮轮从三亚起航前往西沙,联合香港、新加坡等邮轮母港以及广东、广西等地,以现代版的"海上丝绸之路"推动海南对外开放。

10—11月,海口观澜湖华谊冯小刚电影公社举行奠基仪式;海南航天发射场配套项目合作签约仪式在北京钓鱼台国宾馆举行,这标志着海南文昌航天发射场配套项目进入全面建设阶段。

12月,集极地海洋馆、渔人码头、红石滩公园、度假公寓、体育公园等5大功能区于一体的大型综合性旅游项目——极地海洋世界举行奠基仪式;旅游服务设施建设如旅游厕所、旅游宣传牌位置建设进展顺利。

3. 首创"三合一"旅游产品促销方式

2012年6月7日,海南省召开全省国内旅游市场促销工作会议,部署下半年国内旅游市场促销工作。这次会议部署了下半年旅游、旅游房地产、农产品联合在全国巡回促销的任务,同时决定采取省市县联动、企业唱主角的模式共同构建海南省科学营销体系,首创了海南旅游、房地产和农产品"三合一"式的旅游产品促销方式。

同时,设立海南省海南国际旅游岛旅游营销中心,推进"一程多站"联合促销机制;增加香港和澳门直飞海南航班数量,将航空公司与琼、港、澳三地旅行社联合进行促销。

4. 旅游促销手段明显增强

2014年,在"三合一"式的旅游产品促销理念的主导下,海南省旅游发展委员会根据客源地市场,推出相应旅游线路,提供有针对性、特色的旅游产品,整合营销新机制。

4月,在日本东京世界旅游旅行大会上,省政府与市县旅游部门、旅游企业和航空公司联手推广海南国际旅游岛;5月,在第六届台北国际观光博览会上,以独立展台的形式参与推介"阳光海南,度假天堂"。

依据高尔夫已确定重返2016年巴西奥运会的事实,开始借助12月召开的中国(海南)国际高尔夫旅游文化博览会,进行海南高尔夫、旅游和会展的联合营销。

省旅游委、省旅游协会还举行了海南国际旅游市场振兴联盟成立大会暨第一旅游网海南频道上线仪式,构建了"政府主导、协会组织、企业参与、各方支持、社会监督"的整合营销新机制。

海南省旅游委、海口市政府联合主办首届iF海南国际旅游产品创新展系列主题活动,以"文化＋旅游"为主导,以"创意带动产业、创新提升旅游"为主题,引入德国 iF 国际旅游产品研发设计平台。

✤ **小贴士** 海南国际旅游市场振兴联盟的成立暨第一旅游网海南频道的上线,在社会上引起极大关注,人民网、新华网、中新网、第一旅游网、大公网、《海南日报》、中国旅游新闻网、新浪、搜狐、网易、腾讯和南海网等媒体纷纷聚焦报道了这一盛事。

5. 继续深入开展旅游环境综合整治

2012年全年,针对游客投诉的重点问题、舆论关注的焦点问题进行重点整治,海南先后处罚了违规旅行社18家、违规导游36名,旅游违规行为得到有效遏制,旅游市场明显改善,旅游服务品质全面提升。

5月,在全国率先启动旅游风险保障体系,游客可根据旅游天数进行购买,留岛时间1～5天(含)的保费为10元/人/次,每个被保险人的理赔给付累计最高为100万元(目前国内乃至国际上最高赔付标准);来自海南13家旅行社的代表,签署"全国散客旅游接待"诚信自律公约(自6月1日起实施)。

8—11月,为更好地维护游客知情权、消费选择权和安全保障权等,首批旅游放心卡发放;海南全省各市县旅游委(局)分管旅游执法工作的负责人、市县旅游质监所所长和有关旅游质监执法人员等120多人参加专项培训。

6.《琼北"7＋1"旅游合作与发展宣言》发表

2012年5月28日,海口市政府召开省会经济圈盘活琼北旅游促进会,省相关部门领导、琼北各市县分管旅游的副市(县)长、旅游主管部门负责人、专家学者、企业代表以及新闻媒体等100多人参加。

会上,海口、文昌、琼海、儋州、定安、澄迈、临高、屯昌8市县旅游部门联合发表了《琼北"7＋1"旅游合作与发展宣言》,并正式启动了琼北旅游官方微博,标志着琼北旅游的发展走上了新的台阶。

✤ **小贴士** 经过多年的努力,琼北8个市县旅游设施逐渐完善,接待能力逐步增强;形成了由海口火山群世界地质公园、澄迈福山咖啡文化风情镇、定安飞禽世界、儋州东坡书院、琼海万泉河峡谷景区、文昌八门湾旅游绿道等代表景区构成的旅游圈。

7. 7个村庄入选首批中国传统村落

2012年,中华人民共和国住房和城乡建设部、文化部、财政部决定将第一批共646个具有重要保护价值的村落列入中国传统村落名录,海南省7个村庄入选(详见上编第三章第二节之三)。

✤ **小贴士** 这7个村庄有着丰富的历史和文化景观,在海南占有较重的文化分量。海南省启动了修缮保护工程,此举将有助于保护和发展海南省传统村落文化,留住传统的根,建设美丽海南。

8. 2012年海南旅游界取得的主要成绩

1月,中国就业培训技术指导中心(CETTIC)全国首期游艇经纪人培训结业暨游艇职业人才实训基地签约仪式举行,亚龙湾游艇会成为全国首家游艇职业人才实训基地。

3月,海口市被国家旅游局列为全国第二批旅游标准化试点城市。之后,海口市印发了

《关于加快推进旅游标准化建设的意见》和《海口市创建旅游标准化示范城市工作方案》。

5月,在义乌举行的第四届中国国际旅游商品博览会上,海南省参展团荣获最佳组织奖、最佳展台奖、交易成果奖。

6月,国际著名运动娱乐品牌进驻海口观澜湖兰桂坊(这是国际顶级娱乐品牌首次落户海南岛)。

9月,世界旅游组织在伦敦举办《海南旅游经济发展报告书(英文版)》全球首发仪式,海南省在莫斯科举办该书俄文版首发仪式,在全球旅游业界引起巨大反响。

另外,海南省旅游团队电子行程管理系统正式上线试运行;调整离岛免税政策,免税限额及限制条件进一步放宽。

作为海南"十二五"期间交通基础设施建设重点工程的旅游公路建设全面启动;海口观澜湖度假旅游区成功入选首批"全国低碳旅游示范区"共建景区。

海关部门全年共监管出入境邮轮172艘次,监管出入境人员26万人次,比上一年分别快速增长89%、85%,并连续两年增幅超过85%,居全国首位。

✱ 小贴士　海南离岛免税政策从2012年11月1日起进行调整,离岛免税限额及限制条件进一步放宽,增加3种进口商品,同时购物限额提高至8 000元人民币,政策适用对象由原来的年满18周岁降低为年满16周岁。

(三) 2013年海南旅游

✱ 小贴士　2013年,海南旅游市场呈现明显的散客化、碎片化趋势。海南旅游行业认真贯彻落实党的十八大、省第六次党代会和习近平总书记视察海南时重要讲话精神,依法加强旅游市场监管,加大旅游宣传促销力度,完成了全年旅游工作的各项目标任务。全年接待过夜游客人数3 672万人次,同比增长10.6%;实现旅游总收入428亿元人民币,同比增长12.8%。

1. 中国《旅游法》正式实施,海南建立长效管理机制

2013年,在中国《旅游法》正式实施的背景下,海南建立了旅游管理长效机制:

1—3月,海南省旅游协会团队购物分会成立,实行质量保证金制度;博鳌乐城国际旅游医疗先行区于2月28日获国务院批复,并被给予了9条为海南量身定做的支持政策;《海南经济特区旅馆业发展规划(征求意见稿)》编制完成,进入征求意见阶段。

4—5月,海南省第一部关于旅游法律、法规的汇编——《海南国际旅游岛旅游法律总览》发行;以奖代补扶持展会项目,扶持2012年成功举办的10余个展会项目。

6—8月,《三亚市家庭旅馆发展规划(2012—2020)》经审议后通过;8月1日起,《海南出入境游艇检疫管理办法》施行。

2014年10月1日,中国首部《旅游法》正式实施。海南省以多种形式宣传和实施《旅游法》,开展"2013海南旅游市场整治年活动",依法整治和规范旅游市场,建立长效管理机制。同时,依据《旅游法》的内容要求,海南省抓紧修订《海南省旅游条例》《海南国际旅游岛建设发展条例》《海南经济特区旅行社管理规定》等地方性旅游法规。

✱ 小贴士　《海南出入境游艇检疫管理办法》是国家质检总局继对深圳后第二个针对地方发布的相关检验检疫工作的部门规章,其法律效力仅次于国家法律和行政法规,对海南游艇产业乃至旅游业发展产生了积极的促进作用。

2. 借"海洋年"东风政策落地,海南领跑我国邮轮旅游

2013年是中国海洋旅游年。1月1日,在由国家旅游局、海南省人民政府主办的"美丽中国,幸福海南"2013中国海洋旅游年启动时就已明确,要加快起步邮轮、游艇旅游发展。三亚市政府紧接着审议通过《三亚市邮轮旅游发展专项规划(2012—2022)》,计划把三亚打造成世界一流邮轮母港基地、国际知名邮轮旅游目的地和我国邮轮旅游发展试验区。

国务院印发的《全国海洋经济发展"十二五"规划》提出,"十二五"期间,要规范中沙和西沙群岛旅游开发活动,建设热带海岛风情休闲度假基地。

1月26日,内地首艘豪华邮轮"海娜号"首行三亚凤凰岛,标志着民族品牌正式进军邮轮旅游市场,打破了境外邮轮公司在我国市场的垄断局面。

4月28日,西沙邮轮旅游航线开通。游客乘坐"椰香公主号"邮轮,经海口→北礁→西沙永乐群岛,抵达西沙海域。2013年,西沙邮轮旅游取得了突破性进展,共接待游客2 000余人次。

5月,福建、广东和海南成立"中国东南金三角游艇联盟"。该联盟的成立,旨在加强交流与合作,推进创新共赢模式,促进中国游艇产业的健康发展,统筹规划,发挥区位优势,实现差异化发展。

据统计,2013年前三季度出入境邮轮180艘次,同比增长66.7%,邮轮旅客9.3万人次,同比增长37.2%。

❋ 小贴士　在我国邮轮旅游版图中,海南邮轮旅游正占据着越来越重要的地位。虽然海南邮轮产业发展优势明显,前景广阔,但由于产业相关政策、规划、管理支撑不足等因素,2013年的海南邮轮产业发展仍面临着不少难题,如邮轮港配套设施不齐全、停靠邮轮班次较少、产业人才匮乏等。

3. 创造了国家级一个"唯一"、两个"第一"

2013年,在服务业标准化、文明旅游和保护游客权益上,海南创造了国家级一个"唯一"、两个"第一":

——呀诺达服务业标准化试点工作(国家级)暨标准编写培训会召开,正式确立呀诺达景区为海南唯一一家国家级服务业标准化试点景区;

——由海南省旅游协会、海南省品质旅游促进会、《海南日报》等联合发起"文明旅游五大行动"旅游倡议,海南成为全国第一个发起实行文明旅游行动的省份;

——8月,海南省首批旅游放心卡开始发放,这是全国第一个创设的集宣传推广海南旅游、尊重和维护游客权益、规范旅游市场秩序等功能于一体的"海南旅游护身符"。

4. 重点打造了3个特色风情小镇

2013年,按照海南省委第六次党代会关于"打造一批特色风情小镇,省财政每年重点支持2~3个小城镇"的指示精神,海南省住建厅综合考虑了小城镇的交通区位、基础设施、经济基础、特色内涵、市县重视程度、群众支持等因素,经反复研究和认真筛选,确定了2013年省本级小城镇专项资金和省地债资金支持的6个特色风情小镇名单和建设项目。2013年重点打造海口的云龙、文昌的龙楼、定安的龙门3个特色风情小镇。同时,拿出一部分资金用于继续支持前几年已经支持过,并且已初具规模的小镇,如潭牛、邦溪、博鳌风情小镇等,以最小的投入带动市县和社会的投入,全面提升以上小镇的整体形象。

5. 蜜月婚庆旅游产品形成体系

"中国海疆旅游万里行"首站采风活动暨丽星邮轮南海丝路浪漫婚庆之旅活动于2月举行,有70多名媒体记者参与,并且成立了"海南岛十全十美婚庆产业联盟"(由旅游、婚庆和相关产业的企业和机构组成),宣读了《爱你一生一世——海南岛幸福宣言》。

2013年6月,海南省首个主题婚纱摄影基地——观澜湖·海口婚纱摄影基地落成,并发布了下半年6个主题婚庆月的相关活动。

11月,蜈支洲岛为客人举行私人订制"七色婚礼"。12月,由中国旅游报社、海南省旅游协会、海南省旅游发展研究会联合创办的2013首届中国婚庆旅游产业品牌峰会在三亚开幕。另外,省政府指导成立了三亚市旅游协会婚庆旅游专业委员会,建立婚庆旅游行业规范,整合形成了以婚庆为主线,滨海游、温泉游、森林游、民俗游等为主题的蜜月婚庆旅游产品体系。

6. 海洋景观/热带雨林旅游成为新业态

2013年,外省游客在琼选择游玩消费的景点项目时,有58.31%的游客选择海洋景观游(含潜水),50.07%的游客选择热带森林游,30.14%的游客选择风情小镇游,29.94%的游客选择温泉养生游,还有超过15%的游客选择历史遗迹游、民俗文化游、登山探险游和农家生态游。

从年龄层次看,16~40岁的游客首选的消费项目是海洋景观游,41岁以上的游客首选的消费项目是热带森林游。从地域看,华北、华东、华南、西南地区游客首选的消费项目是海洋景观游,东北、西北地区的游客首选的消费项目是热带森林游。

另外,有53.56%的外省来琼游客选择自助游与自驾游,比重高于参团游25.8个百分点。随着自由行、半自由行的持续升温,"机票+酒店+当地参团"成为2013年冬季海南旅游市场的新业态。

❋ 小贴士　2013年,来自海南省旅游协会旅行社分会的数据显示,2013年国庆假期期间,海南旅行社行业共接待旅游团队1 624个,日均接待团队232个,累计接待团队游客40 752人次,每天平均5 000余人次。另据该会相关负责人介绍,2013年国庆黄金周全省散客与团队游客的比例接近8∶2,海南旅游已进入散客时代。

7. 中外刮起"海南旋风"

2013年4月,在由中共海南省委宣传部指导,海南省旅游委、南海网主办的庆祝建省25周年百家网媒看海南大型采访活动中,来自全国门户网站、全国及各省市区重点新闻网站和港澳部分网络媒体人50余人采访海南。

5月,由俄通社、塔斯社、日本读卖新闻社等23家海外媒体组成的采访团开启"外媒看海南"之行。

6月,在加拿大海南文化节暨旅游文化交流活动中,《人民日报》、新华社等境内主流媒体和凤凰卫视以及加拿大媒体等共20多家传媒机构记者前来报道,夏威夷中文电视台董事长到三亚热带天堂森林公园参观考察,并"支招"三亚旅游发展,哈萨克斯坦国家电视台摄制组一行到亚龙湾热带天堂森林旅游区拍摄外景。

7月1日,香港启动"最喜欢的海南旅游产品"评选活动。此外,三亚与英国广播公司世界电视台(BBC,世界最大新闻广播媒体之一)合作的旅游宣传片在BBC平台上连续播放。

9月,海南省文体、旅游等部门以及省非物质文化遗产中心、三亚市艺术团等组成代表团,在新加坡举办了民俗手工艺展、旅游和非物质文化遗产图片展以及招商推介活动,并演出海南青春鹦哥岭歌舞剧《执着》。

11月,旅游卫视"有多远走多远"栏目组走进呀诺达取景,青海卫视和时尚传媒集团共同打造的电视化周刊节目《时尚旅游》到槟榔谷取景。另外,《全景中国·三亚周》全球首播仪式举行的当天起,中国国际广播电台所属媒体以专题系列报道、平面杂志、多语种网站等播出方式对三亚进行集中呈现。

12月,海南宣传片《海南深呼吸》亮相纽约时报广场,引起了全球包括彭博新闻社、美国广播公司、《美国城市周报》等数百家媒体的关注和报道。除此之外,海南旅游形象宣传片《爱TA就带TA到三亚》12月正式在中国中央电视台综合频道(CCTV-1)、综艺频道(CCTV-3)和新闻频道(CCTV-13)黄金档播出。

✲ **小贴士**　《中国之窗·全景中国》是中国唯一全球覆盖、国内与国外同步播出的广播节目。2013年7月《全景中国》推出大型策划"全景中国·城市周",以多媒体、多语种的方式对主题城市进行全方位呈现。在美国纽约时报广场播出海南形象宣传片的巨型电子屏,是美国目前唯一一块由中国官方传媒机构运营的电子屏,被国内外媒体称为"观察中国的窗口"。

8. 学术成果聚焦助力海南国际旅游岛建设

2013年,海南集中出现了一批有关国际旅游岛建设的学术成果,这是海南旅游发展史的首次:

——由海南海世界工艺品有限公司董事长李恒编著,海南出版社出版的国内首部砗磲(双贝类中个体最大的贝类——编者注)专著《国宝砗磲》正式出版发行。海南省旅游委联合推出的《海南日报·旅游周刊》创刊。

——海南省第七次社会科学优秀成果评奖结果中,集中出现了一批有关海南国际旅游岛建设的学术成果:海南师范大学王明初、陈为毅的《建设国际旅游岛——实现海南绿色崛起》(论文一等奖);海南省委党校彭京宜、傅治平等的《建设国际旅游岛背景下的三亚行动纲领——争当建设国际旅游岛的排头兵》(研究报告二等奖);海南省旅游委陈耀等的《海南省乡村旅游研究——创新中国乡村旅游模式　发展海南特色乡村度假》(研究报告二等奖);中国(海南)改革发展研究院苗树彬、夏锋的《海南国际旅游岛大趋势》(编著二等奖)及该院海南研究所的《海南国际旅游岛政策需求与体制安排》(研究报告三等奖);海南经贸职业技术学院黄景贵、毛江海和省旅游委傅君利主编的《国际旅游岛　新版海南梦——海南国际旅游岛内涵建设与发展模式国际比较》(专著三等奖)。

9. 相关活动展示了海南旅游文化独特内涵

2013年,海南省《关于加快推进文化改革发展的决定》发布,带动了一批"海南符号"十分明显的旅游文化活动:

——由共青团中央、中共海南省委联合主办的海南鹦哥岭青春歌舞剧《执着》汇报演出在北京人民大会堂举行。另外,用现代思维诠释、升华打造全新的《琼花》和《红色娘子军》等原创音乐剧。

——由中国旅游景区协会主办的"呀诺达杯——让美丽中国更美丽"首届中国旅游景区

摄影大赛评审专家组及国内优秀摄影师一行走进呀诺达雨林文化旅游区。

——海南省旅游委召开国际旅游岛宣传媒体联盟工作会议；2013大学生海南休闲旅游线路设计大赛表彰会隆重举行；以"国际旅游岛建设与美丽中国海南篇章"为主题的海南省首届学术年会第二场专题论坛讨论会举行。

——由中国国际广播电台联合海南省委宣传部、海南广播电视总台共同策划推出的"新海上丝绸之路"全媒体国际文化交流系列活动暨"发现亚洲之美"全球影像大赛启动。

——海南各市县旅游委（局）、省旅游委机关各处室及直属单位、有关高校旅游学院、省旅游协会各旅游行业分会代表召开《海南省志·旅游志》编纂工作会议。

✤ **小贴士** 《关于加快推进文化改革发展的决定》明确了海南文化产业差异化发展的布局：依托海口和三亚等中心城市，构建起"一区三带九重点"，南北互动、东西相融、差异化发展的产业格局。《海南省志·旅游志》涵盖海南旅游发展史、海南自然与人文资源、旅游规划、旅游开发、旅游管理、旅游人才、旅游行业、旅游研究、附录等9大部分的内容。

10. 旅游与电影跨界合作的"海南模式"渐入佳境

2013年6月24日，海南电影《黎歌》入围第16届上海国际电影节影展多元化视角单元，并赢得了不少国内外片方导演的关注。

11月，在定安县文笔峰盘古文化旅游景区拍摄的微电影《就业那年》正式上线开播；海南本土电影《三六巷》首映式在海口举行——作为献礼海南建省25周年的电影，这部电影反映了海南自1988年建省至建设国际旅游岛以来的快速发展和巨大变化。

12月，由三亚市海棠湾开发建设有限公司自编、自演，中国国际广播电台协助拍摄制作的微电影《海棠之旅》，成功入围"2013年中国国际微电影大典"评选；贺岁片《私人订制》在国内各大院线上映，电影部分取景于海口观澜湖；历时半年的"最美陵水"微电影大赛落幕，《天蓝蓝海蓝蓝》夺冠。

✤ **小贴士** 2013年前后，从电影《非诚勿扰2》到电影主题旅游项目"冯小刚电影公社"，再到当年热映的《私人订制》，海南旅游业与影视业的合作日趋成熟。随着《爸爸回来了》《非诚勿扰2》《爱情睡醒了》等众多影视节目的热播，三亚蜈支洲岛、定安文笔峰等海南景区也成为热门景点，启发海南旅游业界积极与影视业进行跨界合作，海南旅游与电影跨界合作的"海南模式"渐入佳境。

11. 鹦哥岭动植物博物馆项目开始首期建设

2013年，《光明日报》刊登了《选择一种有远见的生活方式》，《青春鹦哥岭》和《青春守护美丽中国》在央视热播，27名大学生组成的鹦哥岭青年团队执着追求，献身鹦哥岭保护大山的精神得到全社会广泛关注。9月，长江商学院海南校友会、成美慈善基金会、海南第一投资集团、四川奥地建筑设计等单位共同发起并捐款500万元，用于鹦哥岭动植物博物馆项目的首期建设。

12. 2013年其他部分标志性、创新性旅游建设工作

2013年，海南向国内外高尔夫球友发行以"打遍海南"为主题的"海南高尔夫护照"。

韩国至海南包机航线开通，实现了韩国市场持续增长，韩国旅琼人数同比增长52.83%。

观澜湖、海棠湾、电影公社等一批重点旅游项目相继竣工或顺利推进，新增4A和3A级旅游景区各3家。

从 5 月份开始,海南各市县 A 级以上景区基础设施建设项目、乡村旅游项目、旅游新业态等三类旅游项目可申请 2013 年旅游发展基金。

国际旅游岛商报社与海南拍拍看网络科技有限公司联合出品的"掌上海南"应用软件(测试版)上线运行,填补了海南本地客户端资讯的空白。

海南省《旅游购物点质量等级划分与评定》(DB46/T64—2013)地方标准从 8 月 1 日起实施,将海南旅游购物场所划分为 3 级,从高到低依次为金椰级、银椰级、绿椰级。

海南省首家导游协会成立,海口市近 5 000 名导游注册;海南省旅游协会旅游团队购物分会成立,会员单位实行经营质量保证金制度,列入海南省旅游团队购物电子行程单序列;三亚迎接"美丽中国之旅——2014 智慧旅游年",推出 6 个语种的远程翻译模式。

(四) 2014 年海南旅游

✤ **小贴士** 2014 年,尽管面临着经济下行和两次超强台风袭击造成的严重自然灾害带来的压力和挑战,海南旅游依然实现了过夜游客人数和全年旅游总收入的两个突破。全年共接待国内外游客 4 789.08 万人次,比上一年增长 10.6%;其中,接待过夜游客首次突破 4 000 万人次大关,达到 4 060.18 万人次,比上一年增长 10.57%。全年旅游总收入达到 485 亿元,比上一年增长 13.2%;旅游接待总人数及旅游总收入两项指标增速均高于全国旅游业平均发展水平。

1. 旅游改革创新取得新进展

2014 年,海南继续推进旅游行业协会改革,成立了海南省旅游工会和具有独立法人资格的海南省旅游景区协会、省旅行社协会和省旅游饭店业协会;省旅游委与人社厅联合下发了《关于进一步加强导游劳动权益保障的指导意见》,为维护导游人员合法权益提供保障。同时,出台《海南旅游咨询与投诉一体化管理制度》,建立了旅游投诉的分办、查办、督办等工作制度。

1 月 21 日,三亚正式发布我国首个旅游旺季度假舒适度预测指数,从自然环境舒适度、社会人文环境舒适度和旅游服务舒适度三方面综合评定。

1 月 26 日,海南正式启动"2014 智慧旅游年"行动计划,主要围绕 15 项工作开展智慧旅游建设。

9 月,交通运输部正式确定在闽、琼等省和津、沪等市,开展邮轮运输制度创新试点示范工作。

✤ **小贴士** 2014 年 2 月 9 日开幕的海南省第五届人民代表大会第二次会议确定了 2014 年海南省将深化旅游管理体制改革路线:加快修订旅游地方性法规,依法兴旅、依法治旅。

2. 旅游法治和规划建设取得新成果

2014 年,海南在认真贯彻《中华人民共和国旅游法》的基础上,修订了《海南省旅游条例》,经省人大常委会审议通过并于 11 月 1 日起施行。

制定了《旅行社等级划分与评定》(DB46/T248—2014)、《漂流旅游服务规范》(DB46/T287—2014)等标准,并开展推广和评定工作。

启动了《海南省旅游发展总体规划》的修编工作,并组织编制了《海南省民俗旅游发展总体规划》《海南省旅游商品开发规划》《海南省国民旅游休闲示范基地实施方案及相关配套成果》。

三亚、儋州、文昌等市县也相继启动了乡村旅游发展专项规划编制工作。

完成了电子行程管理系统建设,实现对旅游活动全要素、全过程的监管;建立了旅游信息公示和电子认证制度。

3. 旅游新产品、新业态得到新发展

2014年,海南旅游的新产品、新业态层出不穷,各有特色:

——乡村旅游:重点推进全省134家乡村旅游示范单位创建工作,评定18家椰级乡村旅游点。全年接待游客600.46万人次,实现乡村旅游收入17.75亿元,带动社会就业2万人。

——邮轮、游艇旅游:2014年,三亚凤凰岛、海口秀英港2个港口出入境邮轮229艘次、游艇97艘次,共接待旅客19.23万人次,同比增长32.1%;西沙邮轮旅游共开行23个航次,同比增长76.9%,接待游客4 178人次。

——婚庆旅游:掀起了婚庆蜜月旅游热潮,以"天大喜事"为品牌,全年各市县举办大型婚庆旅游主题活动共23场,近1 500对新人参与;发布了20多条蜜月婚庆旅游线路,有超过30万对岛外游客到海南省拍摄婚纱照、度蜜月。

——旅游产品:"海南绿道游""海南高铁游""海南体育休闲游"成为新时尚;以家庭小包团为主个性化订制旅游开始走俏,家庭客人中的40%~60%通过网络预订海南旅游产品。

——海洋游成新业态:随着"2014海天盛筵"和一系列海上品牌活动和赛事的举办,一张崭新的海洋文化名片正在生成,助推海南游艇游、帆船游、低空游等新业态形成。

✱ **小贴士** 早在2010年,海南的游艇进口量就已跃居全国之首。到2014年3月,海南已有游艇制造企业6家,游艇销售和服务企业70余家,游艇俱乐部(游艇会)39家。游艇码头建设能满足需求,全省已建成运营的游艇泊位超过1 000个,在建泊位上千个。

4. 旅游宣传促销进一步强化

2014年,海南旅游宣传片《请到海南深呼吸》整体形象营销获得全国关注。同时,创新旅游营销模式,开展"到海南深呼吸"及"最美海南旅游微笑大使"等大型网络宣传活动。借助中央电视台、凤凰网、搜狐网、俄罗斯、东南亚国际主流旅游网站和脸书(Facebook)、推特(Twitter)等大型社交平台以及微博、微信等媒介开展营销。CCTV拍摄播出《江河万里行》海南篇30多集,有效地宣传了海南的旅游资源,收获国际赞誉。

在2014世界旅游旅行大会期间,举办"中国智慧旅游国际研讨会",推进智慧旅游的国际交流与合作。

海口美兰机场设置旅游文化长廊,通过仿真浮雕、实景彩绘、三维视频等形式展现海南旅游形象和文化元素。

进入旅游旺季时,借海南环岛大帆船赛、环岛自行车赛和海南高尔夫公开赛等高端体育赛事提升海南旅游形象和知名度。

2014年,集会员申请、预订、了解资讯、互动、维权功能于一体的"海南幸福家园旅游网"正式上线。

✱ **小贴士** 2014年,海南全省共组团赴省外(含港澳台)举办促销活动达38场,先后5次组团分赴俄罗斯、新加坡、澳大利亚等客源国举办旅游宣传活动。另外,2014年,海南举办了20项高规格的赛事,把世界的目光汇集到了海南。

5. 对外旅游交流迈出一大步

2014年,海南举办2014世界旅游旅行大会,共有62个国家和地区800多名旅游界知名人士和媒体代表参加大会,并发行了融入海南椰风海韵特色的邮资明信片。

与我国香港、台湾以及菲律宾联合实施"亚洲邮轮专案",共同推广海上邮轮旅游航线。邀请俄罗斯、韩国共17批次约200名旅行商和媒体记者到海南各市县采访和考察踩线。

组建赴美海洋旅游综合开发专项培训团,到佛罗里达与当地旅游部门、专业机构和行业组织交流。

举办中国(海南)国际高尔夫旅游商品展览会暨2014体育旅游产业展览会和2014世界游艇盛典海口招商推介会;举办第七届世界酒店论坛——亚龙湾鸟巢峰会;参加在马来西亚举行的亚太城市旅游振兴机构(TPO)的第六届(旅游)论坛暨2014年度工作会议。

6. "智慧旅游年"15条行动计划得到有效推进

2014年1月26日,海南"智慧旅游年"行动计划启动,围绕提升海南旅游服务水平、强化海南整体营销能力、发展智慧旅游产业3条主线展开。

——完善国际旅游岛旅游门户网站建设,强化旅游公共信息服务、旅游资源展示等功能,并且在现有"海南省旅游电子行程单系统"的基础上完成升级改造任务。继续推进旅游公共服务体系建设,建成14家旅游咨询服务中心,使全省旅游咨询服务站(亭)达50家。

——完善"12301旅游服务热线"系统,充分发挥其旅游咨询、投诉、救援、保障的作用。加强智慧旅游基础设施建设,积极推进"智游海南"——海南旅游综合云平台建设。

——完善海南旅游电子商务平台,发行海南旅游卡,为游客提供全方位的智能服务;推进海南3D旅游景区景点建设和北斗导航系统在海南旅游行业的民用服务落地。

7. 规划中西部文化旅游线路

2014年2月9日,"重走史图博之路——中德摄影作品展暨拓展海南学术文化旅游线路研讨会"在海口骑楼街区中山路35号召开。活动主办方于2月15日组织旅游学、文化学界的专家学者、主流媒体记者、企业负责人重走"史图博之路"。通过实地考察活动,规划海南中西部文化旅游路线,用文化主题带动海南中西部旅游的振兴发展。

规划中的主题旅游线路设计时长5天4晚,行程为:海口—儋州中和镇、南丰镇—昌江七叉镇、王下乡—乐东佛罗镇—三亚—保亭槟榔谷—五指山—白沙—屯昌—海口,共经历海南中西部9个市县,所涉及地区绝大多数为海南黎族聚居地。

✱ **小贴士** 1931年和1932年,上海同济大学生理学教授、人类文化学家、德国人史图博先后2次深入海南岛中西部地区开展文化人类学的田野调查活动,对海南黎族4大分支的服饰、生产活动、交往方式、宗教、语言、工艺、食物和教育等进行系统全面的调查。史图博的著作《海南岛的黎族》被国际学术界认为是研究海南岛黎族的权威著作,海南黎族也因此被认为是国内55个少数民族中唯一一个被系统研究过的民族。史图博当年考察的线路被称为"史图博之路",也成为海南文化研究的一个重要对象。

8. 打造"海陆空"立体化旅游产业体系

随着亚龙航空和美亚航空等企业低空旅游项目的正式运营，低空旅游成为2014年春季以来海南旅游的一大亮点。

海南发展低空旅游有得天独厚的资源优势，年可飞行日、可供空中游览景观活动时间为全国之首，每年可飞天数约为340天。独特的地缘、地貌、气候为海南建设水上飞机旅游等低空旅游项目及其综合开发提供了得天独厚的区位和环境条件。

海南省"十二五"规划提出，以"空中海南"为品牌，充分利用海南开放1 000米以下低空空域管理改革试点的机遇，打造一个海南"海陆空"立体化的旅游产业体系。

9. 首创跨省市、跨行业携手合作发展婚庆旅游产业新范例

2014年9月19—22日，海南旅游组团参加了在天津举行的2014（第六届）中国旅游产业博览会，以及同期同馆举办的第十九届中国北方十省市旅游交易会。借组团参会的契机，海南省联合北京、天津、河北、安徽等省市和海航集团、天津航空以及5省市旅游界、婚庆界，共同成立"天大喜事"婚庆旅游合作组织。

✱ 小贴士　海南等5省市互为婚庆旅游目的地和客源地，共推"一程多站"式婚庆旅游系列产品，实现旅游转型升级过程中的互利共赢，这也是国内首创跨省市、跨行业携手合作，做大做强婚庆旅游产业的新范例。

10. 2014海南10大最美小镇和最美乡村出炉

最美小镇：琼海市博鳌镇、万宁市兴隆华侨旅游经济区、琼海市潭门镇、澄迈县福山咖啡文化风情镇、海口市云龙镇、昌江黎族自治县七叉镇、白沙黎族自治县邦溪风情小镇、吊罗山森林旅游风情小镇、五指山市水满乡、海南省国营八一总场。

最美乡村：琼海市嘉积镇礼都文明生态村片区、琼中黎族苗族自治县红毛镇什寒村、海口市秀英区石山镇美社村、儋州市木棠镇铁匠村、白沙黎族自治县细水乡老周三村、万宁市长丰镇文通村、定安县岭口镇皇坡村、乐东黎族自治县佛罗镇丹村、澄迈县金江镇美榔村、文昌市东路镇葫芦村。

✱ 小贴士　海南"寻找最美村镇"活动是海南传媒史上首次大规模、系统性对近年海南村镇建设情况的一次摸底调查，活动自2014年3月14日启动，以"发现美、展示美、推广美"为主旨，历时10个月，历经全民推荐、记者寻访、媒体推介、网络投票、专家走访等阶段。

11. 2014年海南旅游业凸显四大趋势

（1）景区管理与营销模式转变

开始从移动互联网时代OTA（在线服务商）模式转到OTO模式（线上线下一体化），散客市场营销方式也由传统的碎片化营销转变为模块化营销。

（2）高校开始重点培养国际型服务人才

4月15日海南外国语职业学院与北京相关企业签协议，合作培养国际空乘及国际邮轮乘务等服务型人才；4月19日，海南大学旅游学院铂兰葡萄酒培训基地举行挂牌仪式；5月4日，游艇行业"巨头"会聚琼州学院探讨游艇人才培养。

（3）各市县纷纷建自行车特色绿道

已建成使用的总长有250多公里，且体现出不同特色——海口演丰红树林绿道乐享"海底森林"风情，文昌八门湾绿道游览红树林风光，琼海旅游慢步绿道感受田园城市风光，万宁

兴隆绿道品味侨乡万种风情,定安百里百村绿道尽赏百村风貌。

(4) 房车旅游、教育旅游逐步形成新的旅游消费热点

首个房车、自驾车露营地落户亚龙湾,建成20个自驾车、房车项目配套用房,10个进口拖挂式房车、30个帐篷露营位;全省设立研学基地和夏令营基地16个,每年参加活动的学生人数40万人次。

(五) 2015年海南旅游

❋ **小贴士** 2015年,是海南经济社会发展经受严峻考验的一年。面对经济下行、电力短缺、持续高温、台风等不利影响,在不少行业出现增幅放缓的情况下,海南旅游业依然保持强劲增长,呈现非常好的发展态势。2015年,海南全省接待游客超过5 335万人次,同比增长11.4%,实现旅游总收入超过572亿元,同比增长13%。抓住省域"多规合一"试点,六大旅游园区进入海南省总体规划,旅游业也位居12个重点发展产业之首。

1. 在全国首创旅游警察支队

2015年10月,三亚市在全国率先设立了旅游警察支队,并设立了工商局旅游分局、旅游巡回法庭,在全国引起了强烈反响。

"旅游警察"的设立,有效震慑了海南旅游市场乱象,符合国家综合行政执法体制改革的方向,成为海南旅游市场向好转变的有力保障,可视为海南旅游行业探索的改革成果之一,荣获"2015中国十大社会治理创新奖"。

2. 创新旅游治理机制

2015年,海南省进一步调整了旅游市场综合整治工作领导小组成员单位并完善其相应职责,出台了联合执法和联合打击"五黑"等具体举措。同时,启动导游员工化和导游公司实体化改革,并推动海南省旅游协会重组,进行整合和优化,新建10个旅游行业协会,促其做强做大,发挥更大作用。

在全省范围内选聘了312名社会监督员作为海南省首批旅游服务质量社会监督员。在"阳光海南网"建立了旅游企业和从业人员信息公示平台,将旅游企业的基本信息、行政处罚等信息向社会公布,接受公众的监督。

另外,为进一步提升海南省公共旅游咨询服务能力,海南省旅游发展委员会联合共青团海南省委发起了海南青年旅游服务志愿者活动。

3. 完善旅游政策法规

2015年,海南开始实施《海南省旅游安全管理规定》。同时直面入境旅游市场出现下滑的严峻形势开展深入调研,海南省政府于1月份印发了《海南省提高旅游国际化水平和促进入境旅游发展实施方案》。并于9月修订了《海南经济特区旅行社管理规定》和《海南经济特区导游人员管理规定》。

此外,《海南省旅游发展总体规划(2015—2025)》正式发布。历时半年时间研究起草了《海南省人民政府关于提升旅游产业发展质量和水平的若干意见(送审稿)》。

❋ **小贴士** 因2016年不但是"十三五"建设的开局之年,也是国际旅游岛建设最后五年冲刺的第一年,一系列规划、调研和政策法规体系赶在2015年完成,为海南未来旅游业发展注入了强劲的动力。

4. 接轨国际旅游标准

海南省旅游发展委员会联合省质监局，共同启动省级旅游标准化试点工作；确定11家省级旅游标准化试点企业；指导三亚市和呀诺达雨林文化旅游区、康泰国际旅行社等4家企业争创全国旅游标准化示范单位或服务质量标杆单位；完成了《旅游景区从业人员行为规范》(DB46/T285—2014)、《经济型酒店等级划分与评定》(DB46/T329—2015)等6项地方标准的制定和修订工作。

5. 建成55个旅游咨询服务中心

2015年，海南整合了阳光海南网旅游资源、海南旅游电子行程管理系统、12301投诉咨询等数据平台，建成海南旅游综合云平台并正式投入使用，推动全省游客免费Wi-Fi建设，全省建成旅游咨询服务中心55个。同时，持续推进市县旅游信息化建设评估工作，以评促建，以评促用，提高市县旅游信息化水平。

6. 开动"丝绸之路旅游年"船舵

2015年2月7日，由海南省旅游发展委员会、琼海市人民政府主办，海南省旅游协会、琼海市旅游发展委员会、潭门镇人民政府承办的"美丽中国·2015丝绸之路旅游年"海南启动仪式在千年渔港、丝路古镇——琼海市潭门镇举行。

在"2015丝绸之路旅游年"活动中，省旅游发展委员会按照不同主题首批推出7条海南南海丝绸之路旅游线路：海南南洋文化之旅、海南老商埠行踪之旅、三沙邮轮之旅、海南岛西海岸探秘之旅、海南美食品尝之旅、海南寻宝之旅、潭门丝路古镇体验之旅等。

"丝绸之路旅游年"海南启动仪式和丝路主题线路，从文化、建筑、港口、美食等方面向广大游客展现立体、多样、丰富和深厚的海南南海丝路历史和魅力。

7. "三沙旅游"成为媒体报道热词

2015年全国"两会"期间，"三沙旅游"成为全国人民关注的热点和媒体报道的热词，共有10多家知名媒体就此专访并播发、刊登有关稿件28篇。其中，新华社刊发《三沙今年将推出更多旅游产品》，中央电视台《朝闻天下》和《新闻30分》分别就此播发新闻，《光明日报》刊登《期待三沙邮轮游扩围》，《海南日报》刊登《丰富产品 提升岛礁旅游质量》等，均产生了广泛的社会影响。

8. "旅游特区"成为海南升级目标

2015年3月28日，国家发改委、外交部、商务部联合发布的《推动共建丝绸之路经济带和21世纪海上丝绸之路的愿景与行动》，在第六章"中国各地方开放态势"中，对各省份在"一带一路"规划中的定位予以明确，其中要求"加大海南国际旅游岛开发开放力度"。

4月，在博鳌亚洲论坛2015年年会即将召开之际，中共海南省委提出，抢抓"一带一路"建设重大机遇，从实施国际旅游岛国家战略出发，把聚焦点、着力点放在打造中国的旅游特区，打造"世人青睐的休闲天堂、人居天堂、购物天堂、美食天堂、医疗天堂、养生天堂、娱乐天堂、特色文化天堂"，建成世界一流的精品旅游目的地上。海南开启了国际旅游岛建设升级版的新征程。

9. 发布海南省"旅游十互联网"行动计划

2015年6月，海南省政府召开专题会议，研究分析加快发展互联网产业等12个产业课题,探讨优化产业结构、培育新的经济增长点的工作措施,并把旅游业和互联网产业列入全省12个加快发展的重点产业。

12月,海南省旅游发展委员会在海口举办了2015海南"旅游＋互联网"大会,发布了海南省"旅游＋互联网"行动计划,并与海南电信、海南移动、海南联通三大运营商以及天涯社区、海航云科技、阿里旅行、马上游、同程网等企业分别签署了"关于共同推进"旅游＋互联网"战略合作协议"。

✱ 小贴士　本次大会主题为以"旅游＋互联网"发展大趋势、大机遇,推动海南旅游产业大变革、大融合、大发展,迎接海南"旅游＋"新时代,主要任务是深刻认识"旅游＋互联网"的时代背景和战略意义,共同谋划未来一段时期海南旅游业与互联网融合发展的总体方向和工作重点,迎接旅游与互联网融合发展的新潮流。

10. 新增5个全国特色景观旅游名镇名村

2015年8月,住建部、国家旅游局公布了第三批共计337个全国特色景观旅游名镇名村示范名单,海南省共有3个镇和2个村入选。

海南省入选第三批全国特色景观旅游名镇的为琼海市中原镇、博鳌镇和潭门镇;入选名村的为保亭黎族苗族自治县三道镇什进村、琼中黎族苗族自治县红毛镇什寒村两个少数民族村寨。加上此前入选的万宁市兴隆华侨农场、五指山市水满乡,海南省全国特色景观旅游名镇名村数目已达7个。

11. 规划温泉旅游发展布局

2015年10月12日,海南省温泉旅游协会举行成立大会,对海南温泉旅游发展战略提出了"七个要"方针(要提高队伍素质、要提高温泉质量、要大力发展会员、要加强市场营销、要创办海南温泉协会会刊、要开展温泉企业评星活动和要定期举办博鳌国际温泉论坛)。

海南温泉旅游发展布局概况为"一坛两点三镇四区"。一坛即博鳌国际温泉论坛,两点即海口观澜湖温泉、喜来登温泉,三镇即保亭温泉镇、兴隆温泉镇和官塘温泉镇,四区即三亚珠江南田温泉度假区、三亚海韵半岭温泉旅游度假区、万宁太阳乐园温泉旅游度假区和三亚凤凰观海温泉旅游度假区。

✱ 小贴士　据了解,2014年海南温泉企业一共接待游客780多万人次,销售收入近6.5亿元人民币,其产业链产值为30多亿元人民币。到2015年,温泉旅游度假、温泉旅游养生等系列温泉旅游产品已成为海南旅游的一大竞争性品牌产品。

12. 海南与东南亚联动成新趋势

2015年,随着直航航班三亚—广州—大阪、三亚—上海—莫斯科、三亚—新加坡、三亚—芽庄、三亚—槟城—吉隆坡、三亚—普吉、三亚—岘港、三亚—曼谷、海口—曼谷、海口—澳门、海口—香港(并在4月恢复三亚—首尔航线)的陆续开通,以及"机票＋酒店＋高尔夫"套餐产品等旅游产品的有效供应,越来越多的境外游客选择"冬季海南游""周末海南游"成为新常态。

2015年,三亚飞往东南亚地区的国际航线占新增国际航线的75%,海口开通的多条国际航线的目的地大多为东南亚地区,在东南亚航线网络覆盖形成后,继续拓宽与"一带一路"沿线国家的合作,使新的国际旅游产品极具竞争力。

✿ **小贴士** 2015年,开拓国际市场成为海南旅游的重要工作,在继续巩固俄罗斯、日本、韩国等传统境外客源市场的基础上,海南省正逐步加大对欧洲市场的开拓力度,重中之重的则是航线的开辟。

13. 海南旅游呈现三大新特点

"南热北暖"发展格局基本形成:三亚在保持旅游热度的同时,海口的游客量以及旅游收入继续保持大幅增长,琼北旅游越来越"暖"。

海南旅游渐入"智慧时代":国内第一个实现跨境移动支付的产品——海南的"阳光翼行"、全国首例综合性旅游维权执法手机微信平台——"海南旅游投诉"手机微信平台、中国工商银行"融e购"海南旅游商城、景区门禁快速通道系统、旅游电子行程终端系统以及旅游目的地市县的微博、微信等,开始被广泛使用。

直升机低空观光旅游助推琼东旅游新业态:6月29日,博鳌直升机低空观光旅游项目在博鳌亚洲湾酒店成功首飞,这是海南继三亚、海口后第3个开通低空旅游项目的城市,此项目还为琼东地区增加了民间空中救援力量。

✿ **小贴士** 这一时期,虽然海南越来越多的市县和涉旅企业已经意识到了"微平台"的重要性,但目前很多推广海南旅游的微信、微博大部分仍然停留在初级应用阶段,基本上只能做一些简单的文字处理、图片处理和最普通的数据报表处理,远远没有发挥出应有的优势。

14. 旅游界获得的部分殊荣

2015年1月,在由携程旅行网发起的中国首届十大城市旅游素养大"PK"暨中国旅行者大会上,三亚荣膺最佳亲子游目的地之首;在第四届中国旅游产业发展年会上,琼海喜获"美丽中国"十佳旅游县称号,海南呀诺达雨林文化旅游区董事长兼总经理张涛入选2014中国旅游产业影响力人物前10。

1月,农业部与国家旅游局公布了2014年全国休闲农业与乡村旅游示范县和示范点名单,琼海市被认定为示范县,三亚市亚龙湾国际玫瑰谷、万宁市兴隆热带花园、琼海市博鳌美雅乡村公园被认定为示范点。

8月,在全国乡村旅游提升与旅游扶贫推进会上,北仍村获评首批"中国乡村旅游创客示范基地"。

11月,在全国社科联第十六次学会工作会议上,海南省旅游发展研究会等93家学会荣获"全国社科联先进学会"称号。第十届全球人居环境论坛落幕,海口观澜湖华谊冯小刚电影公社获"全球文化旅游产业范例"荣誉。

15. 2015年其他旅游主要事件

1月,由海南省旅游发展委员会主办、省旅游协会承办的大型旅游专刊《海岛旅游(试刊)》1月2日发行;海口、文昌、琼海、儋州、定安、澄迈、临高、屯昌等琼北8市县旅游部门推出的《琼北旅游圈》周刊1月27日正式开刊;在"2014年寻找海南最美村镇"颁奖晚会上,海南公布十大"最美村镇"。

3—4月,海南鹦哥岭动植物博物馆建设顺利推进,并启动项目二期建设;2015中国国际露营大会在万宁开幕;由中国度假发展专业委员会主办的2015年中国度假产业发展暨旅游度假地产论坛在海南举行。

11—12月,2015海南国际房车露营休闲旅游博览会在海南国际会展中心举行;海南环岛高铁西段正式开通运营，成为全球首条环岛高铁；三亚凤凰机场 T2 航站楼正式启用，智能机器人上岗；海南再添 5 个省级文明乡镇和 35 个小康环保示范村。

二、升级发展期(2016—2023 年)

2016 年 1 月 29 日，全国旅游工作会议在海南海口召开，提出了"全域旅游"的工作思路，海南被确定为首个"全域旅游创建示范省"，海南省省长致辞，提出要把海南建设成为一个"日月同辉满天星"的大景区，即"海口—澄迈—文昌一体化"的综合经济圈和大三亚旅游经济圈，以及首批推出的百个特色产业小镇和千个美丽乡村。至此，海南开始探索新一轮的跨越式旅游发展模式，标志着海南旅游发展进入快速升级发展时期。

(一) 2016 年海南旅游

✳ **小贴士** 2016 年，海南全省实现旅游业增加值 310 亿元，占全省 GDP 的 7.7%，比上年增长 10.9%，对 12 个重点产业总体增长的贡献率约为 11.4%。全省接待游客 6 023.59 万人次，比上年增长 12.9%，实现旅游总收入 672.10 亿元人民币，比上年增长 17.5%，入境游下降势头得到遏制，其中接待入境游客 74.89 万人次，同比增长 23.09%，旅游外汇收入 3.5 亿美元，同比增长 41.13%，增速创五年新高。

1. 全面推进全域旅游建设布局

2016 年初，针对全域旅游建设，海南省人民政府提出 5 个方面的意见：① 加快转型升级，构建富有海南特色的旅游产品体系；② 完善旅游基础设施，提升旅游服务水平；③ 优化旅游发展环境，提高旅游服务质量；④ 深化改革开放，增强旅游业发展动力；⑤ 强化保障措施，加大政策扶持力度。

海南全省旅游工作会议 3 月 11 日召开，省委省政府领导分别就会议作出批示，要求全面推进海南全域旅游建设，进一步提升海南旅游产业发展质量与水平。

3 月 25 日，组织抵琼参加亚洲博鳌论坛全域旅游与媒体融合峰会的近百名嘉宾在海口东寨港红树林、观澜湖度假区、琼海龙寿洋万亩田野公园、新型城镇——大路镇、美丽乡村——北仍村等地参观交流。

5 月，海南省旅游发展委员会组织全省各大景区举行全域旅游背景下景区的创新发展座谈会，探索全域旅游背景下，景区该如何实现转型升级。国家旅游局在包括三亚在内的全国多地启动线上线下导游自由执业试点工作。

9 月、10 月，《海南省旅游景区管理规定》《海南经济特区旅游价格管理规定》分别施行。

12 月《海南省旅游业发展"十三五"规划(2016—2020)》出台。

✳ **小贴士** 2016 年 3 月 1 日《人民日报》第 16 版刊登题为《点线面推进 发展全域旅游》的文章；3 月 19 日晚中央电视台综合频道《新闻联播》以《海南：全域旅游"崭露头角"》为题，报道了海南省通过挖掘生态潜力和本土民俗文化，创建全国首个"全域旅游示范省"，探索生态保护与新型城镇化相得益彰的发展模式。

2. 加快推进体制机制建设

2016 年 2 月 25 日，三亚市第六届人民代表大会第七次会议提出以"旅游质监局＋旅游巡回法庭、工商局旅游分局和旅游警察"为代表的"1＋3"全域旅游综合治理模式。

4 月，为贯彻落实国务院《关于促进旅游业改革发展的若干意见》和《国务院办公厅关于进一步促进旅游投资和消费的若干意见》，海南省委、省政府从构建富有海南特色旅游产品体系、完善旅游基础设施、优化旅游发展环境、深化改革开放等4个方面提出20条具体意见。

8—12月，三亚通过《三亚市推进导游自由执业试点工作实施方案》。省政府办公厅下发《海南省旅游扶贫三年行动实施方案》，提出到2018年底通过重点扶持45个旅游扶贫重点村和其他特色村镇发展旅游业，带动10万以上贫困人口增收脱贫。省旅游发展委员会印发《海南省导游管理体制改革实施方案》，正式启动海南省导游管理体制改革。

3. 部分市县、景区开始探索发展全域旅游

琼海市按照"一镇一特色、一镇一风情、一镇一产业"的思路对全市12个镇进行三年的建设，已基本形成了一个没有边界、没有围墙、没有门票，主客共享、旅居相宜、农旅相融的全域5A级大景区。

三亚天涯海角游览区从2015年起采用"景区＋社区＋居民"的模式，使周边村民可以直接分红，实现了多赢的局面，不仅改善了景区的门票比重，也大大减少了投诉，改善了三亚的旅游形象。

4. 跨区合作全域旅游态势初露苗头

海南省主要市县强化合作，借助高铁的便捷优势，推出系列多样优惠的度假产品。

——三亚至五指山的一日游专线，游客可在三亚享受蓝色海洋旅游后前往五指山感受绿色旅游的特色。

——万宁推出"春暖花开·福满万宁"四大精品旅游产品，即三亚至万宁奥特莱斯专线游、美丽乡村逍遥自驾游、散拼团休闲游和高铁休闲游。

——首届海南国际旅游岛三角梅花展在海口启幕；海口万绿园和骑楼老街成为市民与游客共享的万人景区。

——琼海各大景区公园推出异彩纷呈的各项旅游节庆活动，吸引了大批岛内外游客。

——三亚天涯海游览区、南山文化旅游区、蜈支洲岛和亚龙湾热带天堂森林旅游区等传统热点景区依然游人如织，全岛滨海型、海岛型、生态类景区深受游客青睐。

——全岛国际品牌酒店的入住游客以家庭化为主，全岛自驾车辆进一步呈现出全国各省广泛分布的态势。

✱ **小贴士** 为让游客舒心旅游，海南涉旅商家针对市场热点推出多样旅游产品，不断丰富旅游市场供给。游客分布从传统的"南热北冷"进一步向全岛辐射，海南全域旅游态势初露苗头。

5. 成立海南省旅游标准化技术委员会

2016年4月，海南省旅游发展委员会联合省质量技术监督局成立了由省旅游委、省质监局、行业协会、各主要旅游企业高层管理人员及海南大学旅游学院等高校专家组成的海南省旅游标准化技术委员会，负责全省旅游标准的推广及指导工作。

6. 公布《琼海共识》

2016年3月，在琼海博鳌召开全域旅游与媒体融合峰会。此次峰会主题为"全域旅游——愿景 创建 参与"，国内部分全域旅游示范区创建单位负责人、旅游界及高校专家学者、部分中央媒体及省级党报负责人等嘉宾围绕"全域旅游的创建与合作""媒体如何参与和助推全域旅游创建"等重大议题进行深入交流和探讨。

大会达成并公布了重要成果《琼海共识》。《琼海共识》指出,全域旅游是着眼于大众旅游全域推动、综合产业协调推进的创新之举,在发展理念、开发模式、行为方式和根本途径等多方面具有深远意义。

✽ **小贴士** 海南省是全国旅游业改革开放先行试验区,省委、省政府的顶层设计,市县和旅游等相关部门的积极探索,尤其是琼海市在全域以5A级标准打造"田园城市,幸福琼海",从理论和实践上为探索全域旅游作出了贡献。

7. 全省旅游厕所建设进一步推进

2016年,海南省政府下达全省旅游厕所建设任务数为319座,其中新建215座,改建104座。截至12月31日,全省建设完工320座旅游厕所,其中新建220座、改建100座,完成省政府全年319座任务数的100.31%。

8. 成立海南省中职学校重点特色专业导游服务公共实训基地

2016年5月13日,"海南省中职学校重点特色专业导游服务公共实训基地"正式在海南省旅游学校挂牌成立。这是海南省教育厅经过多年考核和严格遴选后,设立的国际旅游岛专业人才培养和训练基地。

9. 签署多份旅游类合作框架协议

2016年7月23日至24日,在北京市举办婚庆旅游推介活动,三亚市婚庆旅游行业协会与中国社会工作协会婚庆行业委员会、北京婚俗婚庆文化协会分别签署战略合作协议,多方合作打造三亚婚庆旅游目的地。这些合作为协约各方与北京和三亚的会员单位婚庆服务商搭建沟通与服务平台,积极开展资源共享,努力推进三亚婚礼业务。

12月20日,海南省旅游发展委员会与海航旅业集团有限公司在海口签订旅游产业战略合作框架协议,双方将从做大入境旅游、开发三沙游等方面携手推进海南旅游业发展。根据合作协议,双方按照全方位、多层次、分步骤推进的原则,推进旅游产业国际化、标准化、信息化建设,包括:积极开拓加密入境旅游航线,联合做大入境旅游;合作开发三沙旅游资源,打造海南旅游新增长点;携手整合升级海南景区资源,打造特色精品旅游项目;联合推广海南国际旅游岛旅游目的地;建设全域旅游产品及服务网络;打造智慧化的国际旅游服务体系及国际旅游金融服务体系等。

10. 多个文旅盛会助力全域旅游建设

2016年3月26日,2016海南国际旅游贸易博览会在三亚举行;6月8日,2016(第四届)海南乡村旅游文化节暨海南(定安)端午美食文化节开幕;11月26日,2016年(第十七届)海南国际旅游岛欢乐节在海南会展中心开幕;12月10日,2016中国(海南)国际高尔夫旅游文化博览会开幕;12月24日,第四届海南(儋州)雪茄文化旅游节成功举办;12月31日,2016海南世界休闲旅游博览会在海口成功举办。

11. 2016年其他主要旅游事件

1月6日,三亚市政府常务会审议通过《三亚市旅游行业诚信"红黑名单"制度(试行)》。根据规定,旅游行业诚信"红名单"的对象是遵守法律法规、规范诚信经营,受到市级或以上行政机关、社会团体表彰或奖励,行业内具有示范带头作用,对旅游诚信建设有积极推动作用的旅游经营者及旅游从业人员。

10月,三亚旅游警察与泰国旅游警察建立了互访沟通机制,这是自俄罗斯旅游警察之后,与三亚建立互访机制的第二个国外旅游警察机构,旅游市场监管的国际合作,为三亚旅游警察持续壮大奠定了基础。

11月14日,琼海市博鳌乐城国际医疗旅游先行区拆迁安置区建设项目举办开工仪式,标志着博鳌乐城国际医疗旅游先行区的建设取得重大突破,进入新里程。

✤ 小贴士　旅游行业诚信"黑名单"是指具有违反法律法规、不履行法定义务、违背诚信守诺原则、弄虚作假等行为,并在社会上造成不良影响的旅游经营者及旅游从业人员。

12. 2016年海南旅游界获得的部分殊荣

——国家旅游局对100家入选旅游行业全国文明旅游先进单位的企业名单进行公示,海南三家企业入选:海南椰晖旅行社有限公司、三亚维景国际度假酒店、呀诺达雨林文化旅游区;

——我国开展首批全域旅游示范区创建工作,海南省被确定为首个全域旅游创建省,享受到国家旅游局推出的多项措施支持。

——在海南国际会展中心举行的首届"全球旅游目的地盛典"颁奖典礼上,海口、三亚获2016年"国内十大旅游目的地"推荐。

——海南省共有22个旅游项目入选国家旅游局公布的《2016全国优选旅游项目名录》,数量居全国前列。

——在中国"互联网+旅游"高峰论坛上,海口入围2016中国"互联网+旅游"十大优秀城市。

——在2016数字话旅游——中国目的地旅游与国民形象论坛上,海南收获了两项荣誉:三亚市、海南航空分别入选"2016中国旅游城市数字资产榜前10""2016最受消费者好评国内航空公司前10"。

——在第三批"全国旅游标准化示范单位"城市名单中三亚榜上有名;同时,三亚两个旅游相关单位还荣获"全国旅游标准化示范企业",进一步促进了三亚旅游行业标准化打造。国家旅游局公示了拟推出的首批40家国家旅游示范基地名单,亚龙湾名列其中,成为海南省唯一上榜的旅游目的地。

✤ 小贴士　全球旅游目的地盛典是以海口市人民政府、中国旅行社总社为发起机构,由海口市会展局、中旅国际会议展览有限公司承办,多家战略合作伙伴共同构建的旅游资源宣传及合作平台。

(二) 2017年海南旅游

2017年,海南省旅游经济整体呈现"旺丁更旺财"的大好局面,旅游人数和旅游收入均超额完成任务。据旅游卫星账户测算,2017年旅游业对海南全省国民经济的直接和综合贡献度分别达到12%和28%。截至2017年底,全省住宿酒店4 085家,按五星级标准建设开业的134家,已有25家国际知名酒店管理集团、61个酒店品牌进驻海南。海南省A级旅游景区54家,旅行社351家,执业导游5 000多人。

✤ 小贴士　2017年,全年接待游客6 745.01万人次,同比增长12%,实现旅游总收入811.99亿元人民币,同比增长20.8%。入境游提前3年完成接待百万人次的目标,全年接待入境游客111.94万人次,同比增长49.5%,旅游外汇收入6.81亿美元,同比增长94.6%。

1. 进一步完善旅游法制规定

2017年6月,海南省旅游发展委员会和省财政厅出台《海南省入境旅游市场开拓扶持办法(试行)》,对海南省旅行社、会展公司、旅游饭店等旅游企业及有关旅游行业协会进行奖补,原《海南省入境旅游市场开拓扶持办法(试行)》同时废止。新版办法在入境旅游市场开发活动以及酒店入境游客接待奖励等方面做了完善,更加注重海南省在入境旅游中的区域均衡化发展。

8月,中华人民共和国国家旅游局出台了《旅游经营者处理投诉规范》《旅游民宿基本要求与评价》,对旅游民宿在安全管理、环境和设施、卫生和服务等方面都做出了具体的要求。

9月,三亚出台了《三亚市水果店、海鲜排档、旅游购物点优化升级工作实施方案》,推进旅游市场标准化建设,对水果店、海鲜排档、旅游购物点进行优化升级,打造一批精品示范点,进一步提高旅游服务质量。

12月,三亚市人民政府印发《三亚市旅游诚信机制建设实施方案》,创新旅游市场监管体制机制,加强旅游行业诚信机制建设,打造"信用三亚",全面提升三亚旅游国际化水平。

2. 多家旅游综合体加快建设

(1) 三亚·亚特兰蒂斯

三亚·亚特兰蒂斯由复星旅游文化集团投资建设,由科兹纳国际控股公司经营管理。项目坐落于海棠湾,占地面积达54万平方米,设计风格融汇东西方特色文化以及琼岛本土文化,是集度假酒店、娱乐、餐饮、购物、演艺、物业、国际会展及特色海洋文化体验8大丰富业态于一体的旅游综合体。2017年完成了主体设施建设,并于2018年上半年正式运营。

(2) 海口长影环球100奇幻乐园

2017年10月30日,长影海南文化产业集团召开"百日会战"攻坚誓师大会,加快部署完成长影海南"环球100"项目,作为纪念海南建省和海南经济特区成立"双30周年"献礼工程,力争2018年2月27日前完成项目体验区建设任务。

3. 成立多个旅游联盟

(1) 海南国际旅游岛智库联盟

2017年3月14日,海南国际旅游岛智库联盟在海口正式成立,同时发布19项年度招标课题。联盟以推出精品成果和服务决策为目标,侧重应用对策研究,重点研究海南改革发展的重大理论和现实问题,研究南海政策法律与社会文化发展问题,为海南全面建成小康社会、全面建设国际旅游岛、"一带一路"建设,也为省委、省政府科学决策提供理论咨询服务。

(2) 海南省旅游人才培养创新联盟

为紧密对接海南省十二大重点产业发展人才需求,有效解决海南省旅游人才不足的问题,6月18日,海南省旅游人才培养创新联盟成立大会在海南大学旅游学院召开。联盟的成立是海南旅游人才培养和教育迈出的一大步,标志着海南集政、产、学、研于一体的旅游人才培养平台初步形成。

(3) 海南入境旅游市场促销联盟

2017年6月13日,海南省旅游发展委员会在海口举办入境旅游市场开拓扶持办法培训大会,并宣布海南入境旅游市场促销联盟正式成立。据了解,联盟成员单位涵盖了全省旅游协会和旅游企业,包括全省主要旅行社、酒店、景区等。

4. 三亚市旅游基地建设取得新成绩

(1) 鹿回头风景区成为国家4A级旅游景区

2017年8月29日,依据我国旅游景区质量等级评定等相关规定,经三亚市旅游发展委员会推荐,海南省旅游资源规划开发质量等级评定委员会组织评定,三亚市鹿回头风景区达到4A级旅游景区标准的要求,批准为国家4A级旅游景区。

(2) 被列入第一批健康旅游示范基地名单

国家卫生计生委会同国家发展改革委、财政部、国家旅游局、国家中医药局于9月13日在北京召开会议,全面启动第一批健康旅游示范基地建设工作。海南三亚市、贵州遵义市桃花江等13家单位被列入第一批健康旅游示范基地名单。

5. 多语言版本旅游资讯官网上线并投入使用

2017年12月,海南省多语言版本旅游资讯官网上线并投入使用。该网站已上线繁体中文、英语、俄语版本,年底实现了简体中文、繁体中文、英语、俄语、日语、韩语、阿拉伯语7种语言版本功能,在提升海南世界能见度的同时吸引了境外客群。

6. 多个文旅盛会为"会展+旅游"增添竞争力

2017年1月12—15日,2017(第二届)海南国际旅游贸易博览会在三亚举行;3月21—22日,2017中国(海南)旅游大数据发展论坛在三亚成功举办;6月10—11日,首届国际旅游岛医美峰会在琼海成功举办;10月26—29日,第二届中国海上丝路国际健康产业高峰论坛在陵水举行;11月7—18日,第67届世界小姐全球总决赛在三亚举行。

11月18日至12月30日,举办了第十八届海南国际旅游岛欢乐节,来自世界35个国家和地区的500余名海外嘉宾出席欢乐节各类活动,海外嘉宾的层次和人数创下新高。其中,包含了2017第二届海南世界休闲旅游博览会、2017第三届海南国际旅游美食博览会两个大型旅游博览会,以及"欢乐海南"大型旅游推介会、欢乐节专场文艺演出、首届琼港澳旅游商大会、活力澳门推广周活动、第三届海口蓝色国际电子音乐节等主体活动,还有同期配套举行的博鳌国际旅游传播论坛、海南国际竹竿舞邀请赛等活动,广泛邀请了国际展商、境外游客、境外旅行商、国际旅游行业专家以及国际演出团队参与。

12月1—3日,2017年海南国际咖啡大会暨咖啡及饮品展览会以及首届中国咖啡行业年会于海南国际会展中心举行。

✱ **小贴士** 2017年海南全年国际国内会展、赛事不断,举办千人以上会议107场,比2016年增长30.5%,会展业增加值80亿元,比2016年增长15.4%,发展质量和效益不断提升,并极大地促进了会展业和酒店餐饮业深度融合,促进酒店餐饮企业迅速发展,为海南的"会展+旅游"增添了强大的竞争力。

7. 出台《海南省全域旅游建设发展规划(2016—2020)》《海南省旅游发展总体规划(2017—2030)》

2017年3月,海南省政府发布《海南省全域旅游建设发展规划(2016—2020)》,绘就海南省全域旅游建设五年蓝图。提出:2020年,初步建成世界一流海岛休闲度假旅游目的地,成为开放之岛、绿色之岛、文明之岛、和谐之岛;在"点、线、面"建设、体制机制改革创新等领域为全国“国家全域旅游示范区”的建设提供经验；全省旅游业与互联网达到全面融合，3A级以上景区建成“智慧旅游景区”，四星级以上酒店建成“星级智慧酒店”；景区、餐饮点、购物场所、娱乐场所实行消费支付电子化，重点公共场所 Wi-Fi 全覆盖，基本建成智慧国际旅游岛。

11月，海南省政府办公厅印发《海南省旅游发展总体规划（2017—2030）》，提出：至2020年，基本建成国际旅游岛；至2025年，建成世界一流的海岛休闲度假旅游胜地；至2030年，建成世界一流的国际旅游目的地。

8. 合力打破发展瓶颈

海口—圣彼得堡、三亚—伦敦、海口—悉尼、海口—古晋等国际航线有了更加开放、更大力度的政策支持。2017年，海南省按照2020年开通100条国际航线的目标来倒排工期，不断加密空中“丝路”，逐步打破钳制入境游发展的交通瓶颈。

9. 2017年其他主要旅游事件

3月23日，海南省政府与国家质检总局在博鳌签署合作备忘录，共同促进海南创建全域旅游示范省。

7月，海口、澄迈、乐东、白沙4个市县被全国爱国卫生运动委员会评选为国家卫生城市（乡镇），海南省国家卫生城市（乡镇）累计达7个。

9月25日，海南大学亚利桑那州立大学联合国际旅游学院在海口举行揭牌仪式。该学院是海南省首个中外合作办学机构，也是我国首个旅游类中外合作办学机构；由海南大学和美国亚利桑那州立大学联合举办的国际旅游研究中心也在同天宣告成立。

10月，国务院印发的《中国（海南）自由贸易试验区总体方案》提出，依托博鳌乐城国际医疗旅游先行区，大力发展国际医疗旅游和高端医疗服务。业内人士表示，拓展医疗旅游，顺应中国消费转型趋势，也将有助于海南在医疗旅游方面与境外旅游目的地竞争。

11月22日，第十六届全国旅游城市旅游质监执法互动协作会议在三亚举行，本届会议聚集了来自全国近30个城市的260名旅游质监等涉旅工作人员，共同交流探讨旅游质监执法经验，以推动旅游市场健康发展。

（三）2018年海南旅游

2018年，在旅游、文化和体育领域，国家赋予海南一系列对外开放政策和特殊措施。在建设自由贸易试验区和中国特色自由贸易港的背景下，建设国际旅游消费中心成为海南的新使命。海南以更加开放的姿态、更具活力的机制、更加务实的举措，大力拓展旅游发展新局面，不断提升旅游国际化水平。

✲ **小贴士**　2018年，海南省接待国内外游客7 627.39万人次，同比增长13.1%，其中海外过夜游客126.36万人次，同比增长12.9%；实现旅游总收入950.16亿元人民币，同比增长17%。

1. 国家层面重要文件发布

2018年4月10日，中共中央总书记、国家主席习近平在博鳌亚洲论坛2018年年会开幕式上发表主旨演讲，提出“探索建设中国特色自由贸易港”。

4月13日，习近平总书记在庆祝海南建省办经济特区30周年大会上郑重宣布，党中央决定支持海南全岛建设自由贸易试验区，支持海南逐步探索、稳步推进中国特色自由贸易港建设,分步骤、分阶段建立自由贸易港政策和制度体系。

4月14日,《中共中央国务院关于支持海南全面深化改革开放的指导意见》正式发布,要求以供给侧结构性改革为主线,赋予海南经济特区改革开放新使命,建设自由贸易试验区和中国特色自由贸易港。

10月16日,国务院印发了《中国(海南)自由贸易试验区总体方案》,明确提出要加快服务业创新发展和国际旅游消费中心建设;推进海南自由贸易账户体系建设,高起点建设海南特色国际贸易"单一窗口"管理制度等。

11月5日,首届中国国际进口博览会在上海开幕,国家主席习近平出席开幕式并发表主旨演讲,指出,"中国将抓紧研究提出海南分步骤、分阶段建设自由贸易港政策和制度体系,加快探索建设中国特色自由贸易港进程"。

国家发改委12月28日公布《海南省建设国际旅游消费中心的实施方案》,在"拓展旅游消费发展空间,构建丰富多彩的旅游消费新业态""提升旅游消费服务质量,创建国际一流的旅游消费环境""推进旅游消费国际化,建设世界知名的旅游消费目的地"等三方面公布建设国际旅游消费中心的27条措施,其中包括实施更加开放便利的离岛免税政策、拓展邮轮旅游、壮大健康旅游消费等。

2. 省级层面重要方案出台

2018年1月26日,《海南省人民政府办公厅关于进一步扩大旅游文化体育健康养老教育培训等领域消费的实施意见》正式发布,目标是着力推进旅游消费提质扩容、创新发展文化消费、大力促进体育消费、培育发展健康消费、全面提升养老消费、持续扩大教育培训消费、培育壮大绿色生产生活消费、强化综合保障八大方面。

10月,《海南省"信易游"工作试点方案》正式发布。该方案提出,要依托海南自由贸易试验区信用信息共享平台,创新运用信息技术,试点开展旅游行业守信激励信用应用,为诚信游客提供涵盖住宿、交通、餐饮、购物等领域的便利优惠,促进服务提供方与消费方的诚信互动,营造守信有益、信用有价的价值导向。

12月,海南省人民政府办公厅关于印发《海南省全面提升公民外语水平行动方案》的通知中提出,要开展公共场所外语标识专项整治工作。在旅游、商业、文化、体育、道路、医疗等重点公共场所启动规范外语标识工作,到2020年,完成重点公共场所外语标识设施的改造。

3. 离岛免税"新政"激发海南旅游潜能

作为国家赋予海南含金量最高、影响最广泛的政策之一,离岛免税购物政策已然成为海南旅游的一张"金名片",离岛免税销售增长迅猛。2018年1—10月,售出离岛免税品991.25万件,同比增长32.1%,购买人数205.10万人次,同比增长22.2%;销售金额71.56亿元人民币,同比增长24.5%。

2018年12月1日,海南离岛免税购物政策进行了第5次调整:将年度离岛免税限额由1.6万元人民币增加至3万元人民币,不限次数,且对岛内外居民、旅客实行相同免税购物政策。在离岛免税商品清单中增加了部分家用医疗器械商品,包括视力训练仪、助听器、矫形固定器械、家用呼吸支持设备,每人每次限购2件。2018年12月28日起,将乘轮船离岛旅客纳入海南离岛旅客免税购物政策的使用对象范围。

4. 实施59国人员入境免签政策

经国务院批准,自2018年5月1日起,海南省实施59国人员入境免签政策,进一步支持海南全面深化改革开放。此次实施的入境免签政策包含三方面的主要内容:

一是扩大免签国家范围:适用入境免签政策的国家由26国放宽到59国,有利于鼓励更多的外国人赴海南旅游,形成更加开放的格局;

二是延长免签停留时间:免签入境后停留时间从15天或21天统一延长至30天,促进入境旅游市场更加活跃;

三是放宽免签人数限制:在保留旅行社邀请接待模式的前提下,将团队免签放宽为个人免签,满足外国游客个人出行的需要。

5. 积极推进邮轮旅游合作

2018年4月9日,在博鳌亚洲论坛2018年年会"中国-东盟省市长对话"活动中,海南与会各方代表签署共同倡议,同意成立21世纪海上丝绸之路沿线邮轮旅游城市联盟,开展全方位邮轮旅游合作。

此外,为便捷高端旅游出入境服务,海南实施外国旅游团乘坐邮轮15天入境免签政策,并简化琼港澳游艇出入境(港)手续。

6. 积极谋求国际合作,旅游主体市场不断丰富

伦敦当地时间7月13日晚,海南省旅游发展委员会与全球领先的旅游集团托马斯·库克正式签署合作备忘录,结成战略合作伙伴关系。根据协议,复星旅游文化集团与托马斯·库克合作在三亚注册了海南省首家中外合资旅行社——酷怡国际旅行社(三亚)有限公司,通过建立国际合作关系,共同促进海南入境旅游和国际化水平的提升。

双方在以下多个领域内开展合作:开展营销活动,提高海南特别是三亚在欧洲主要出境游市场作为旅游目的地的知名度;为欧洲游客开发、推广和销售创新旅游产品;改善海南当地旅游服务以达到国际标准等。

7. 海南省旅游和文化广电体育厅正式挂牌成立,年内招商工作成果丰硕

2018年9月29日,海南省旅游和文化广电体育厅正式挂牌成立(简称"省旅文厅"),旅游和文化体育进一步融合。组建后的省旅文厅整合旅游、文化、体育职能,服务海南全域旅游发展。海南省旅文厅成立后,大力推动旅游与文化、体育等领域的融合发展,加快了海南建设具有世界影响力的国际旅游消费中心的步伐。

2018年年内,中免集团(海南)运营总部、中国旅游集团国内总部等7家企业在海南注册落户总部、文旅总部或区域总部;中国旅游集团、融创中国等25家企业与海南方面签订合作协议,在谈的具体项目包括凯蒂猫主题乐园、乐高主题乐园、探索极限主题公园等;成功引进国际沙滩半程马拉松赛、三亚体育产业园等14个文体项目。

海南省旅文厅项目招商落户海南的"海南速度"让业界更加看好海南旅游。

❖ 小贴士 省旅文厅的成立,是海南省委、省政府着眼于加强党对一切工作的领导和适应国际旅游消费中心的建设要求、服务全域旅游发展的需要,是建设自由贸易试验区和中国特色自由贸易港、加快建设美好新海南的需要,也是满足人民日益增长的美好生活需要的重要举措。

8. 多个文旅盛会在海南召开

2018年海南共举办百人以上会议约2万场,其中千人以上会议125场;举办展览155场,展览面积165万平方米;会奖业接待过夜人次2 250万人次,会奖业收入达200亿元人民币。

部分代表性展会活动有:1月12日,2018海南国际旅游贸易博览会在三亚成功举办;三亚国际音乐节分别于3月和12月在三亚海棠湾成功举办;9月30日,2018年(第三届)海南国际旅游岛购物节开幕;2018首届海南国际旅游岛休闲体育大会于11月20日在海口开幕;11月24日,2018年(第十九届)海南国际旅游岛欢乐节在海口开幕;11月25日,世界旅游投资大会在海口成功举办。

9. 新开、加密和恢复航线35条

2018年,全省共执飞入境航线74条,新开、加密和恢复航线35条,超额完成2018年海南省政府工作报告中要求的"新开通境外航线16条以上"的工作任务。这些航线的开通,有效保障了海南省入境游客的逐渐增多和可持续增长。

国际航线大量增加,以及旅游营销模式"全面开花",使得高尔夫、医疗等产业纷纷加强与旅游产业互动,发力入境游市场,以期有效改善旅游客源结构,拉动产业经济增长。

10. 2018年其他主要旅游事件

1月,《全国旅游资源规划开发质量评定委员会公告》发布:三亚市亚龙湾旅游度假区作为海南省唯一入榜的旅游度假区,经评定被确定为国家级旅游度假区。

4月,在海南省隆重庆祝建省办经济特区30周年之际,由复星旅游文化集团投资过百亿元建造、全球知名休闲酒店品牌运营商柯兹纳国际管理的三亚·亚特兰蒂斯正式开幕。三亚·亚特兰蒂斯将重新定义休闲度假概念,推动三亚旅游进入3.0时代,助力海南自由贸易试验区、自由贸易港建设和中国旅游业的转型升级。

5月,海南省政府启动2018中国(海南)自由贸易试验区(港)百日大招商(项目)活动,向全球投资者发出共建自由贸易试验区和中国特色自由贸易港的邀请。

8月,海南省旅游发展委员会与融创中国控股有限公司签署战略合作框架协议。

12月,长影环球100奇幻乐园试营业。它是海南目前独具特色的电影主题公园,作为海南省文化产业重大工程,积极推动海南自贸区、自贸港的建设,以国际的视野,深挖中国文化,积极打造"世界的海南岛",引领海南经济转型,成为海南产业升级的新引擎。

(四)2019年海南旅游

2019年,围绕国际旅游消费中心建设,海南不断提升旅游国际化水平。海南国际旅游消费年启动以来,共举办节庆会展、体育赛事、文化演艺等各类活动超过500项,极大带动了旅游消费,推动旅游和文化体育产业融合发展。

❈ **小贴士** 2019年,全省共接待国内外游客8 314万人次,同比增长9%,实现旅游总收入1 050亿元人民币,同比增长11%。海南旅游总收入突破千亿大关,海南省旅游产业正式加入"千亿元产业俱乐部"。

1. 国家层面政策支持

2019年1月23日,中央全面深化改革委员会第六次会议审议通过《海南热带雨林国家

公园体制试点方案》。4月1日,海南热带雨林国家公园管理局揭牌成立。7月15日,国家公园管理局印发《海南热带雨林国家公园体制试点方案》。

5月,中共中央办公厅、国务院办公厅印发《国家生态文明试验区(海南)实施方案》。

2. 不断夯实与自由贸易港相匹配的制度、规划和政策体系

2019年,海南省旅文厅以制度创新为突破口,推出"以海南旅游卫星账户构建旅游统计新体系""创新导游管理机制,规范旅游行业秩序""境外电视频道传送审批及监管新模式""率先建立帆船运动旅游管理专项制度"4项制度创新案例,出台《海南省海洋旅游发展总体规划(2018—2035)》《海南省邮轮旅游发展规划(2018—2035)》《海南省乡村旅游总体规划(修编)》3个规划,不断夯实与自由贸易港相匹配的制度、规划和政策体系。

3. 体制机制创新举措

2019年3月,海南旅游仲裁中心揭牌仪式在海口举行。该中心由海南国际仲裁院、海南省旅游和文化广电体育厅协商设立,旨在建立旅游业纠纷仲裁解决机制,优化海南旅游消费和投资环境,打造人民群众更加满意、放心、舒适的诚信旅游环境,助力海南自由贸易试验区和国际旅游消费中心建设。

5月,三亚成立了全国第一家旅游行业协会联合会——三亚市旅游行业协会联合会,以及首个市级旅游品质保障委员会,形成了"旅游行业协会联合会＋16个专业协会＋品质保障协会"的"1＋16＋1"综合旅游行业协会管理机制,构建"一部文件做保障""一套体系为依托""一股合力为支撑"的旅游治理新模式,形成规模适当、覆盖广泛、分布合理的旅游行业协会新格局,构建与国际通行规则相衔接的行业协会运作新机制,建立与三亚作为具有世界影响力的国际旅游消费中心引领区地位相适应,实现市场化运作、规范化服务、国际化拓展的旅游行业协会新体系。

5月,《海南省旅游电子行程监管服务平台管理办法》出台,以加强海南旅游电子行程监管服务平台的管理,保障旅游者和旅游经营者的合法权益,维护旅游市场秩序,促进海南省旅游业健康发展。

7月,海南省旅文厅以海南旅游卫星账户构建旅游统计新体系。此体系以海南旅游卫星账户体系为基础,借鉴了世界旅游组织的推荐框架,引入了海南旅游特色,形成了国际横向可比、产业深度监测、富有海南特色的旅游统计新范式,对海南科学、有效地推进国际旅游消费中心的建设具有重要意义。

10月,海南省旅游消费纠纷人民调解委员会在海口揭牌成立。海南首批旅游消费纠纷人民调解员由旅游专业律师、退休法官、旅游专家、行业协会负责人以及旅游企业一线员工等35名人员组成。

4. 强化博鳌乐城国际医疗旅游先行区建设

4月4日,《海南博鳌乐城国际医疗旅游先行区管理局设立和运行规定》出台,要求乐城管理局在省政府的直接领导下,坚持企业化、专业化运作和与国际接轨的基本原则,统筹规划,整体推进乐城先行区国际医疗旅游和高端医疗服务的高标准、高质量发展,实现医疗技术、装备、药品与国际先进水平"三同步",将乐城先行区打造成海南自由贸易试验区和中国特色自由贸易港建设的重要先行区。

9月10日,《关于支持建设博鳌乐城国际医疗旅游先行区的实施方案》出台。该方案提出,坚持改革创新、先行先试,坚持以深化供给侧结构性改革为主线,对标国际最高标准,以高水平开放推动国际医疗旅游和高端医疗服务发展,打造海南国际旅游消费中心建设的重要支撑平台,并提出了4个方面的重点任务。

❋ **小贴士** 《海南博鳌乐城国际医疗旅游先行区管理局设立和运行规定》于2019年3月19日在第七届海南省人民政府第24次常务会议上审议通过。

5. 设立海南省旅游投资发展有限公司

11月29日,海南省委常委会会议审议并原则通过了海南省旅游投资发展有限公司组建方案。会议指出,组建海南省旅游投资发展有限公司是推动海南省旅游产业健康发展的重要举措。

6. 建立海南旅游消费研究院

12月8日,海南旅游消费研究院揭牌仪式在三亚学院举行,来自美国华盛顿州立大学、北京第二外国语学院、中国社会科学院等高校、研究院的专家学者,以及知名旅游企业代表等齐聚鹿城,探讨国际旅游消费中心的建设内涵、内容和路径。

7. 推介海南旅游力度加大

2019年,三亚围绕大产品开发、大媒体宣传、大渠道对接、大平台交流、大航线开通等五大营销策略,不断提升旅游国际化水平。在印度尼西亚、马来西亚、日本、印度、俄罗斯、韩国、北欧及中国台湾等地设立了8个三亚境外旅游推广中心;与欧洲新闻电视台(Euronews)、英国广播电视台、《人民日报》、《中国旅游报》等境内外媒体平台加强合作,加大旅游宣传力度。

9月28日,以"深玩大三亚,旅游更精彩"为主题的首届"大三亚"旅游产品创新设计大赛颁奖大会上,揭晓了获奖的50条符合市场需要、引领现代休闲度假旅游消费潮流的"深玩大三亚!"精品旅游线路。三亚市政府对50条获奖精品线路产品推出涉及6个方面的3年扶持鼓励计划。

10月,为期一年的海南国际旅游消费年活动启动。海南国际旅游消费年活动从2019年10月持续至2020年9月,为期一年,将组织千场各类促消费和扩消费活动,形成季季有优惠、月月有主题、周周有活动的大旅游氛围,广泛吸引游客到海南旅游,以进一步扩大海南旅游的知名度和美誉度,培育旅游消费新热点、新业态,拉动旅游消费增长。

11月22日,"欢乐海南"大型旅游专场推介会在海南国际会展中心举行,向全国20余个省市旅游行政部门负责人、外国驻华使馆代表、国际友城代表及重点旅游企业代表近400人推介海南旅游新业态。

11月23日,2019海南入境会奖旅游交易会在海南海口举行。此次交易会吸引了来自国内和美国、加拿大、俄罗斯、意大利、荷兰等35个国家的买家,海南企业、旅文部门和旅游行业协会代表等逾400人参加洽谈。本次交易会达成合作意向超过300个。

11月24—25日,国内外买家前往海口、博鳌、三亚等地考察踩线,进一步了解海南会奖旅游资源,寻求更多合作。

12月26—27日,文化和旅游部批准主办的第七届中国旅游产业发展年会上,隆重发布"2019年中国旅游产业影响力风云榜",三亚"发现最美旅游人"主题推选活动光荣上榜,进入"文明旅游 为中国加分——2019文明旅游宣传引导优秀实践案例"名单。

8. 依法保护和运用旅游商标共同宣言达成

2019年6月27日,海南省社科联2019年社团活动月系列主题活动之"保护和运用知识产权,服务海南国际旅游消费中心建设研讨会"在海口举办。会上,海南省旅游发展研究会、海南省知识产权协会、三亚市旅游行业协会联合会、海南师范大学旅游学院、海南职业技术学院旅游研究所、海南省旅行社协会、海南省旅游景区协会、海南省旅游商品与装备协会、北海国际仲裁院海南庭审中心、海南东方国信律师事务所等10个单位达成《依法保护和运用旅游商标"金钥匙",开启海南旅游创新和高质量发展之门共同宣言》。

9. 文旅盛会蓬勃发展

2019年8月,2019博鳌旅游发展论坛暨旅游商品博览会在博鳌亚洲论坛国际会议中心开幕。

10月,第四届海南新能源车展在海南国际会展中心召开。

11月,首届海南岛国际图书(旅游)博览会在三亚海棠湾成功举办;2019年(第二十届)海南国际旅游岛欢乐节盛大启幕。

12月,海南(第四届)国际旅游岛购物节成功开幕;第七届中国旅游产业发展年会在三亚市举行。第七届中国旅游产业发展年会以"融合驱动创新 传播赋能升级"为主题,梳理和总结2019年度全国旅游产业发展成果,展望2020年产业发展趋势,力促各界深入交流合作,助推了海南自贸港文旅融合高质量发展。

10. 2019年其他主要旅游事件

2019年5月,交通运输部发布《关于推进海南三亚等邮轮港口海上游航线试点的意见》;三亚市旅游景区协会正式成立,该协会通过整合景区旅游资源,规范旅游市场管理,全面提升旅游服务水平,促进三亚旅游产业升级转型。

6月,海南省委深改委第8次会议暨自贸区(港)工委第6次会议审议通过《海南省重点产业园区高质量发展的若干意见》以及博鳌乐城国际医疗旅游先行区、洋浦经济开发区、海口江东新区、三亚崖州湾科技城等园区"一园一策"方案;海南省政府印发《中国(海南)自由贸易试验区琼港澳游艇自由行实施方案》,在海南自贸区实施琼港澳游艇自由行,探索港澳游艇在出入境管理、监管查验、码头设置、牌照互认等方面的政策。

7月,三亚市发布了《"金融+旅游"助力三亚国际旅游消费中心建设实施意见》的"金旅十三条"措施,推动金融和旅游产业融合发展。

8月,三亚市政府与三沙市政府在三亚签署旅游合作框架协议,双方将紧紧围绕海南"三区一中心"战略定位,充分发挥三沙市得天独厚的旅游资源优势和三亚市在国际旅游消费中心引领区建设中的成功经验,共同构建海洋旅游合作与发展新格局。

12月28日,万(宁)洋(浦)高速公路正式建成通车,标志着海南"田"字形高速公路网全面建成,并朝着建设"丰"字形高速公路网的新征程迈进。这是海南"五网"现代化基础设施提质升级的又一重大成果。

2019年,海南新增2家4A级旅游景区:海南省博物馆、中国(海南)南海博物馆。旭阳·日月泉温泉度假中心酒店项目、兴隆咖啡生产休闲融合发展示范园——标准化种植示范区建设项目开工。

2019年,海南首家中韩合资旅行社三亚丽德国际旅行社落户三亚。

2019年,海南新开通国际(地区)航线21条,加密国际航线3条,正在执飞的国际(地区)航线达41条,构建起4小时、8小时、12小时国际航空旅游网络。

(五) 2020年海南旅游

2020年,在海南自贸港建设开局的历史性机遇以及遭遇新冠肺炎疫情的历史性考验的背景下,全省旅文系统以推进海南自贸港建设为主线,国际旅游消费中心建设取得重要进展,为全省经济社会发展作出了贡献。

❋ **小贴士** 2020年,海南全省共接待国内外游客6455.09万人次,实现旅游总收入872.86亿元人民币,成为疫情影响下我国旅游恢复情况最好的地区之一。

1. 海南自贸港建设进入全面实施阶段

2020年1月19日,海南省委深改委第16次会议暨自贸区(港)工委第14次会议召开,研究部署海南自贸试验区和自贸港建设2020年度工作计划和分季度工作安排。其中,6月16日,海南省六届人大常委会二十次会议审议通过第一部海南自由贸易港园区单行条例——《海南自由贸易港博鳌乐城国际医疗旅游先行区条例》。之后,围绕海南自贸港建设的制度建设以及相关系列活动相继展开,并取得阶段性成果(详见上编第一章第二节)。

2. 政府出台政策以应对新冠肺炎疫情对旅游业的冲击

2020年2月9日,海南省政府印发《海南省应对新型冠状病毒肺炎疫情支持海南旅游企业共渡难关六条措施》,从实施援企稳岗、延长办理社保业务期限、减免房屋租金、降低运营成本等6个方面出台具体措施,支持海南旅游企业积极应对疫情带来的生产经营困难,促进海南旅游业健康有序发展。

3月22日,海南省政府发布《海南省旅游业疫后重振计划——振兴旅游业三十条行动措施(2020—2021年)》,以千方百计帮助旅游企业渡过难关,全力以赴促进旅游经济全面恢复和高质量发展。

3. 国际人才引进方案和离岛免税政策进一步优化

2020年9月21日,海南省委人才工作委员会印发《关于开展海南自由贸易港国际人才服务管理改革试点工作的实施方案》,部署开展国际人才服务管理改革试点,聚焦人员进出和就业执业自由化、便利化,在国际人才引进使用、培养评价、工作居留、激励保障上大胆创新,建立起与国际接轨、体现中国特色、符合海南定位的国际人才服务管理体制,助力海南自贸港建设。

9月29日,国家税务总局印发《海南离岛免税店销售离岛免税商品免征增值税和消费税管理办法》。其目的是为增强离岛免税政策效果,推进海南国际消费中心建设,进一步加强和完善海南免税店增值税和消费税管理,完善免税店税收管理制度。

❋ **小贴士** 《海南离岛免税店销售离岛免税商品免征增值税和消费税管理办法》自2020年11月1日起施行。

4. 提出国家体育旅游示范区发展规划

2020年4月6日,海南省政府正式印发《海南省国家体育旅游示范区发展规划(2020—2025)》。该规划围绕海南的战略定位,力图充分发挥生态环境、经济特区、国际旅游岛等优势,创新推动海南国家体育旅游示范区建设,以体育活动为要素,通过"体育旅游化"和"融体于旅"两大路径,重点打造体育旅游示范项目,为探索中国特色体育事业改革发展新路径提供可推广、可复制的先进经验。

该规划的主要具体目标:在政府主导下,充分释放社会、市场活力,通过国际化、特色化、市场化、产业化的方式,引入国际国内资本,逐步在全岛打造"同城一体、多规合一、一核多点、一城一品、一馆多场、体教融合、体医结合、配套完善、错位发展"的体育业态,逐步形成集体育、旅游、教育、文化、康养为一体的融合型体育发展模式,逐步把海南打造成为国家级、国际级的体育训练基地和赛事中心。

❈ 小贴士　国家体育旅游示范区立足于回应国家体育事业重大需求,立足于海南自由贸易港发展愿景,从健康中国、体育强国、海南自由贸易港建设等方面做好顶层设计,从战略高度、客观维度、视野广度定位体育发展,坚持走政府主导、企业主体、市场驱动、社会参与、专业运营的体育产业发展道路。

5. "智游海南"取得新进展

2020年,"海南旅游旗舰店"在携程平台正式上线。3月携程发布的"目的地旅游心愿指数"和"国内景区复兴指数"榜单显示,海南位列"最佳旅游购物地"榜首,三亚成为"旅游心愿目的地"以及"国内景区复兴指数""双料"冠军。

7月,推进海南全面深化改革开放领导小组办公室印发了《智慧海南总体方案(2020—2025年)》。

为更好地满足"数字时代"到访海南游客的新需求,海南省旅文厅携手腾讯公司打造海南旅游官方助手"智游海南"App,并于11月20日正式上线试运行。

❈ 小贴士　"海南旗舰店"综合展示海南旅游政策、热门景区、精选酒店、游记攻略等内容,并打造线上交易平台,将海南特色产品线路(包括自由行、跟团游、主题游、当地玩乐等产品)进行集中展示,部分产品提前开通预售,以优惠促销的方式引导销售。

6. 首次联合大型电商平台举办全网直播活动

2020年7月30日晚在杭州阿里巴巴总部举行的"聚划算百亿补贴·汇聚海南"上线仪式中,海南省旅文厅副厅长直播"带货",为全国游客推介了海南的自然环境和旅游文化资源,并介绍了全新的离岛免税政策。本次活动是海南省旅文厅首次联合大型电商平台举办的全网直播活动。

7. 进一步推进自贸港"零关税"政策落地实施

2020年12月30日,为贯彻落实《海南自由贸易港建设总体方案》,做好海南自由贸易港"零关税"进口交通工具及游艇的管理工作,海南省政府根据《财政部　海关总署　税务总局关于海南自由贸易港交通工具及游艇"零关税"政策的通知》(财关税〔2020〕54号),制定并印发了《海南自由贸易港"零关税"进口交通工具及游艇管理办法(试行)》。

该办法特别强调:"零关税"进口交通工具及滑翔机、悬挂滑翔机、气球、飞艇及其他无动力航空器、巡航船、游览船、渡船、娱乐或运动用的充气快艇、划艇及轻舟、帆船等仅限在海南省内使用。

8. 成立自贸港旅游发展重要机构

(1) 海南省旅游投资发展有限公司

2020年4月13日,由海南省政府出资成立的旅游重点产业国有独资公司——海南省旅游投资发展有限公司在海口成立。该公司定位为海南国际旅游消费中心建设投资发展运营商,专注于旅游业全产业链的投资开发和旅游消费全要素整合,引领落实海南国际旅游消费中心发展战略,培育旅游消费新业态、新产品,提升旅游服务质量和国际化水平;致力发展成为具有国际竞争力和示范性的旅游龙头企业,成为国际旅游消费中心的投资引领者、全省旅游产业链的整合者、先导性旅游项目的创新驱动者、重要旅游服务设施的建设者和国际化旅游产业建设的合作平台。

(2)三亚国际资产交易中心有限公司

2020年11月1日,三亚国际资产交易中心有限公司开门营业,推出跨境资产转让和旅游消费积分交易两大创新产品线,拟通过提供创新有效的金融供给,对内满足扩大内需战略,对外进一步深化改革开放,连接国内金融机构与境外资本,结合数字经济与金融科技服务实体经济,促进国内和国际两个市场的人流、物流、资金流、信息流在海南聚集。该公司有望成为三亚把握发展新机遇、构建发展新格局、推进高质量发展的重要引擎。

(3)三亚市旅游推广局

2020年12月,三亚市旅游推广局成立,拟通过构建国际化、市场化、专业化运营机制,积极探索开放型旅游推广新机制、新模式、新途径,使三亚旅游业成为高效服务海南自贸区、海南国际旅游消费中心建设的重要平台。

(4)海南博鳌乐城国际医疗旅游先行区医疗药品监督管理局

2020年1月11日,海南博鳌乐城国际医疗旅游先行区医疗药品监督管理局正式揭牌。这是全国首例由卫生部门和药监部门共同设立的医疗药品监管机构,创新实施了"卫生+药品"一体化监管模式。

(5)三亚市旅游餐饮集团

2020年8月24日,三亚市海鲜餐饮协会联动当地知名海鲜餐饮企业共同成立三亚市旅游餐饮集团。旨在通过科学整合行业资源、联合采购原材料、加强旅游行业体系化建设等多举措,进一步降低经营成本,提高行业总体抗风险能力,组织餐饮企业有序恢复生产经营,助力旅游餐饮行业升级转型。

❋ **小贴士** 以上组织机构的成立,是海南省委、省政府贯彻落实习近平总书记"4·13"重要讲话和中央12号文件精神,加快建设海南自由贸易港的重要措施和具体行动,是建设国际旅游消费中心的重要载体,对带动发展海南特色旅游产业集群,培育旅游新业态、新模式、新产品,推动旅游业转型升级,创建全域旅游示范省具有重要意义。

9. 新增6家离岛免税店

2020年12月28日,经国务院批准,财政部、商务部、海关总署、国家税务总局等四部委正式批复海南省新设立6家离岛免税店。

新增的6家离岛免税店中3家位于三亚、3家位于海口。其中,中免集团的三亚凤凰机场免税店、海南旅投免税品有限公司的三亚海旅免税店、中国出国人员服务有限公司的三亚国际免税购物公园3家离岛免税店于12月30日正式营业,其余3家于2021年春节前开业。

10. 海南环岛旅游公路正式开建

2020年12月31日,海南环岛旅游公路正式开建,实现了从概念规划到落地实施。海南环岛旅游公路贯穿海口、文昌等沿海12个市县和洋浦经济开发区,将有机串联起沿途的特色海湾、特色海角、特色小镇和旅游景区、滨海度假区等,对改善海南旅游产品供给、推进全域旅游具有重要意义。

海南环岛旅游公路被定位为"国家海岸一号风景道",是海南国际旅游消费中心标志性项目,也是海南全域旅游迈上新台阶的重要一笔。

✤ 小贴士　该旅游公路设计全长约1 000公里,以旅游功能为主,交通功能为辅,全线约五分之一路段可以看海。

11. "文化+展会+旅游"项目丰富多彩

9月,2020年博鳌旅游发展论坛暨旅游商品博览会在博鳌亚洲论坛国际会议中心开幕。

11月,2020年(第六届)海南国际旅游美食博览会在海口成功举办,海南锦·绣世界文化周在海口骑楼老街开幕,海南首届温泉文化旅游节暨海口旅游消费季在海口观澜湖旅游度假区启动,TGC腾讯数字文创节海南站在海口万绿园成功举办,2020年海南草莓音乐节在雅居乐清水湾成功举办,第二十一届海南国际旅游岛欢乐节成功举办。

12月,2020年中国(海南)国际热带农产品冬季交易会在海口举行。

12. 2020年其他旅游主要事件

7月9日,海关总署发布公告,对海南岛全岛范围内自驾游进境游艇,游艇所有人或其委托的代理人免于为游艇向海关提供担保。

11月19日,首艘免担保自驾游艇在三亚入境。

12月5日,第三届海南岛国际电影节在三亚开幕。

12月22日,长征八号运载火箭在文昌航天发射场成功发射。

(六) 2021年海南旅游

2021年是海南全面深化改革开放、加快自由贸易港建设的关键之年。这一年,海南"四梁八柱"政策框架体系初步建立。《中华人民共和国海南自由贸易港法》颁布实施,首批15件自由贸易港法规配套制定。

✤ 小贴士　2021年,海南全省共接待国内外游客8 100.43万人次,同比增长25.5%,恢复至2019年的97.5%。实现旅游总收入1 384.34亿元人民币,同比增长58.6%,两年平均增长14.4%。

1. 海南自贸港建设有序推进

自2021年1月至12月,在交通工具及游艇"零关税"政策、立法建设、鼓励类产业目录、新型离岸国际贸易、跨境服务贸易、免税购物失信惩戒、原辅料"零关税"政策等方面的建设性工作有序推进,并举办了四批海南自贸港建设项目集中开工活动(以上相关内容详情,见上编第一章第二节)。

2. "3+1+1"现代化产业体系初步构建

2021年5月10日,海南省人民政府办公厅印发《海南自由贸易港投资新政三年行动方案(2021—2023年)》,在发展旅游业、现代服务业和高新技术产业三大主导产业基础上,将热带特色高效农业和制造业纳入鼓励发展的范畴,构建"3+1+1"现代化产业体系。为海南当代旅游业注入新的发展动能。

3. 持续推出规范性文件,为特色旅游项目保驾护航

2021年5月10日,海南省人民政府办公厅关于印发《海南自由贸易港投资新政三年行动方案(2021—2023年)》的通知提出:围绕旅游业、现代服务业、高新技术产业三大主导产业以及热带特色高效农业、制造业,"五网"基础设施,民生公共服务,社会投资等重点领域,高度聚焦投资效益与质量,每年完成投资增速不低于10%。

9月27日,三亚市政府发布《三亚市水上旅游项目促进和管理办法》,11月12日发布《三亚市潜水旅游服务规范》《三亚市冲浪旅游服务规范》等制度性规范文件,为水上运动及娱乐保驾护航,建成游艇旅游综合服务平台,为游艇监管提供智能化手段和系统性规范,推动游艇等海上旅游高质量发展。

11月1日,由三亚市旅游和文化广电体育局提出立项、海南省旅游和文化广电体育厅归口管理、海南省市场监督管理局发布的《非公路用旅游观光车安全管理与服务规范》开始实施。

4. 首次发布旅游人才培养白皮书

2021年7月14日,第二届世界研学旅游大会在海口举行,世界研学旅游组织与海南日报智库共同编制的《海南省研学旅游发展白皮书》正式发布,充分展示了海南研学旅游发展成果,阐述了海南研学旅游发展政策及举措,并为海南研学旅游发展提出了建议和意见。

8月30日,旨在更好培养旅游业人才的《海南省"旺工淡学"旅游业人才培养项目白皮书》发布。这标志海南建立了以员工自学为主、院校辅导为辅、工学结合及校企联合培养的教育培训新机制,为着力打造特色化、规模化的旅游业基础人才提升工程奠定了稳定基础。

5. 出台"十四五"海南"体育+消费中心"规划

2021年7月9日,《海南省"十四五"旅游文化广电体育发展规划》印发。该规划提出:到2025年,国际旅游消费中心、文化强省、智慧广电、国家体育旅游示范区建设取得阶段性成果,旅游文化广电体育成为推动经济社会发展、支持海南参与国际高端竞争的强大力量,为海南自贸港建设打下良好基础。该规划对旅游、文化、广电、体育分别提出了发展目标,并明确部署多项重点工作,还明确了15项海南省"十四五"旅游文化广电体育标志性工程。

10月26日,海南省政府出台《海南省"十四五"建设国际旅游消费中心规划》。该规划指出:到2025年,国际旅游消费中心基本建成;到2025年,旅游产业体系基本形成,旅游设施、服务质量、经营管理国际化水平进一步提升,高端旅游消费初具规模,旅游消费业态更加完善,旅游消费体制机制与国际接轨,旅游消费内容日益多元化、高端化、国际化,旅游消费品牌更加丰富,免税购物、国际医疗、留学海南三大品牌建设加快推进;到2025年,吸引境外就医回流50万人次,吸引国际教育消费300亿元,回流5万人,离岛免税品贸易实现倍增。

6. 海南热带雨林国家公园成为首批国家公园之一

2021年10月12日,国家主席习近平以视频方式出席在云南昆明举行的《生物多样性公约》第十五次缔约方大会领导人峰会并发表主旨讲话,宣布正式设立海南热带雨林国家公园等首批5个国家公园。

近年来,海南不断推进热带雨林国家公园建设,从成立海南热带雨林国家公园管理局,到出台《国家生态文明试验区(海南)实施方案》,从加大热带雨林生态修复力度,到实施核心保护区生态搬迁工程,在省委、省政府以及各方力量不断努力下,海南热带雨林保护和生物多样性保护成效不断显现。

❋ **小贴士** 海南热带雨林国家公园建设是我国生物多样性保护成就的一个缩影,折射出我国生物多样性保护取得了扎实成效。建设海南热带雨林国家公园也是海南推进国家生态文明试验区建设的标志性工程。

7. 旅游新产品、新业态得到新发展

2021年3月15日,万宁市举行"飞跃山海、活力万宁"新闻发布会暨万宁高空跳伞首飞仪式,引进旅游打卡新项目"特色高空跳伞",构建立体式旅游格局。

10月29日,文化和旅游部公布第一批国家级夜间文化和旅游消费集聚区名单,海昌海洋公园旗下项目——三亚海昌梦幻海洋不夜城成为海南省唯一一个项目。

12月22日,海南省游艇旅游协会正式成立。该协会的成立引起了国内游艇旅游业界的广泛关注,标志着海南游艇旅游产业进入了一个新的发展阶段,对进一步推动海南省游艇旅游产业健康发展,打造游艇旅游的示范效应具有重要意义。

8. 高规格会展力推专项旅游发展

由商务部、海南省人民政府主办的首届中国国际消费品博览会(简称"消博会")于2021年5月7日至10日在海口成功举办。这是海南自贸港建设总体方案中提出的、全国首个以消费精品为主题的国家级展会。

❋ **小贴士** 国家主席习近平向首届消博会致贺,表示"中国愿发挥海南自由贸易港全面深化改革和试验最高水平开放政策的优势,深化双边、多边、区域合作,同各方一道,携手共创人类更加美好的未来"。

第二十二届海南国际旅游岛欢乐节、第二十五届中国·三亚天涯海角国际婚庆节分别在海口、三亚成功举行。

首届中国(海南)体育用品和装备进口博览会、第二届海南国际旅游装备博览会、第六届海南世界休闲旅游博览会、第七届海南国际旅游美食博览会、第五届海南国际健康产业博览会在海南国际会议展览中心举行。

博鳌亚洲论坛2021年年会、中国种子大会暨南繁硅谷论坛、第二届海南康养医疗旅游发展高峰论坛在博鳌举行。

另外,由中国酒业协会、中国酒类流通协会、中国轻工企业投资发展协会主办,云酒传媒、智海王潮传播集团联合主办的全球首个酒业创新与投资大会等多个展会活动也在海南成功举办。

9. 旅游战略合作关系进一步加强

2021年10月27日,"大三亚"旅游营销联盟在三亚市旅游推广局揭牌成立。该营销联盟的成立,旨在进一步促进"大三亚"旅游经济圈高质量发展,提高"大三亚"旅游目的地区域品牌的知名度和影响力。

11月18日,海南省旅游投资发展有限公司与海南优客工场企业管理有限公司强强联手,共同成立海南省旅游投资创新孵化基地,旨在为建设海南国际旅游消费中心战略、为海

南自贸港汇聚全国旅游产业链创新发展企业、进一步提升海南自贸港影响力服务。

12月30日,海南省人民政府与中国中信集团有限公司在海口签署战略合作协议。根据此次签署的协议,双方将在综合金融、农业渔业、通用航空、环保、大健康、旅游、城市更新等领域开展深入合作,建立合作共赢的全面战略合作关系。

10. 海南铁路旅游化改造项目日渐成型

(1) 高端旅游专列

2021年12月30日,海南省旅文厅召开座谈会,专题研究打造海南旅游列车项目及海南铁路的旅游化改造计划。改造计划分为近期、中期和远期3个阶段。

近期,向国内、国际一些已经建成的顶级铁路旅游项目看齐,充分利用好现有的铁路旅游资源,将其打造升级成为代表海南最高品牌形象的火车旅游产品;中期,持续做好优化升级工作,充分保障"点对点"铁路旅游项目的出行体验,为提升海南铁路旅游整体品质打下坚实基础;远期,海南将参考借鉴目前中国最新型豪华旅游专列"新东方快车"号,打造一条从北京、长三角、珠三角等地一路畅游到海南的"一线多游"高端旅游专列,以吸引国内中高端旅客群体来琼旅游消费,拓宽海南旅游市场。

(2) 公交旅游化城际轻轨铁路

海南西环公交旅游化铁路,也称三亚至乐东公交旅游化城际轻轨铁路,项目于2019年12月获得中国国家铁路集团批复同意建设,与规划中的三亚至陵水铁路等城际铁路连接,共同组成"大三亚"旅游经济圈城际铁路网。

该项目线路包括:西环高铁三亚至乐东(岭头)段,长约103公里;西环货线天涯海角至崖州段,长约31公里;以及相关联络线及扩建工程。根据规划,西环高铁正线维持不变,对部分既有车站改建并加设站点。

11. 2021年其他旅游主要事件

2021年1月,海南省三沙市、儋州市、五指山市、文昌市、万宁市被正式命名为国家卫生城市。至此,海南国家卫生城市覆盖率已达88.9%。

2月,财政部、海关总署、税务总局联合发布的《关于增加海南离岛旅客免税购物提货方式的公告》提出:离岛旅客购买免税品可选择邮寄送达方式提货;岛内居民离岛前购买免税品,可选择返岛提取方式提货。

4月,国务院批复同意在海南等地开展服务业扩大开放综合试点,试点期为自批复之日起3年;博鳌亚洲论坛2021年年会开幕式在海南博鳌举行,国家主席习近平以视频方式发表题为《同舟共济克时艰,命运与共创未来》的主旨演讲;商务部印发《海南省服务业扩大开放综合试点总体方案》,提出围绕旅游、交通运输、金融、商务服务、技术服务、医疗健康、教育、文化娱乐等重点领域,全面有效推进海南省服务业扩大开放综合试点工作。

8月,文化和旅游部、国家发展改革委确定了第三批全国乡村旅游重点村名单和第一批全国乡村旅游重点镇(乡)名单(海南省5个村和3个镇分别入选);交通运输部发布《交通运输部关于海南省开展环岛旅游公路创新发展等交通强国建设试点工作的意见》。

9月,以"共享自贸港新机遇·共谋旅游业新篇章"为主题的2021年博鳌旅游发展论坛在博鳌亚洲论坛国际会议中心开幕。全国医疗健康、文化旅游、传统文化、会议会展、招商引资五大板块专家云集博鳌,面对面进行交流分享,为论坛注入动力,为产业创新引入新的增长因子。

12月,中国旅游集团旗下海口美兰机场T2航站楼免税店开业,海口美兰机场免税店营业区域由T1航站楼拓展到T2航站楼,实现海口美兰机场全覆盖。海口市湿地保护管理中心推出了5条湿地主题旅游路线,分别为:滨海湿地红树之旅、寻梦江东"湿"意之旅、美舍河湿地之旅、登山观海之旅、"潭丰洋"之旅。

海南离岛免税购物已经成为海南旅游的重要一环,在2020年免税政策调整和旅游人数逐渐恢复的情况下,2021年海南免税购物人次达到672万人次,较2020年增长50%。

(七) 2022年海南旅游

受疫情持续影响,国际环境复杂严峻,国内疫情多点散发,2022年上半年海南旅游市场数据整体欠佳。进入2022年下半年,国家卫健委进一步放宽了入境隔离政策、通信行程卡取消"星号"标记、跨省旅游熔断机制的调整精确到县、暑期的来临等国内旅游业复苏的利好消息接踵而至,一定程度上增强了出游信心。海南在纾困政策与措施、旅游产品创新与推介、私设"景点"问题专项整治等方面助力旅游行业加快复苏,以此提振了海南旅游经营主体信心,激发了海南旅游市场活力。在"五一"、中秋、国庆等节假日的加持下,海南下半年旅游市场恢复势头良好。

✱ 小贴士 据海南省旅文厅网站2023年1月17日公布数据:2022年1—12月,海南接待游客总人数6 003.98万人次,与上年同期对比,减少25.9%;旅游总收入1 054.76亿元人民币,与上年同期对比,减少23.8%。

1. 2022春运收官——海南机场运输旅客超500万人次,同比增长31%

海南两大机场均恢复至疫情前同期7成以上,三亚机场起降航班量已高于2019年同期水平。2022年1月,海口机场和三亚机场旅客吞吐量均超170万人次。海口机场客流量与航班量已恢复至2019年同期的73.12%和91.67%;三亚机场客流量已恢复至2019年同期的83.88%,运输起降航班量已超0.95%。

2. 海口首次进入全国旅游热度城市前五名

中国旅游研究院(文化和旅游部数据中心)4月发布的"2022年第一季度旅游客流数据"报告显示:2022年一季度,不少游客正在从传统的热门旅游目的地向一线城市和省会城市转移,一季度一线城市和省会城市在全国总游客量中占比优势明显。其中,海口旅游热度居全国第五,前四位分别是一线城市深圳、上海和厦门、广州。

3. 疫情下负重前行,政府、企业携手促进旅游消费

2022年5月,海南省旅文厅发布《促进旅游业恢复重振超常规措施》,实施精准纾困、精准营销、精准防疫,并集中在6、7、8三个月在岛内外旅游市场强力推出十大主题活动,带旺市场。十大主题活动主要围绕消费回流、教育回流、医疗回流等"三大回流"举办。围绕消费回流推出"我和海南的约'惠'""旅游消费嘉年华"等活动;围绕教育回流推出"莘莘学子畅琼游""文化古迹研学游"等。同时,还专门推出"抗疫英雄游海南""海南人'嗨游'海南"等活动。围绕海南省举办的赛事、演出等活动,推出"邀您来琼看赛事""文艺演出助游琼"等主题活动。

6月,海南省印发《海南省超常规稳住经济大盘行动方案》,随后海南省旅文厅发布《海南省旅游企业纾困解难稳定旅游消费市场工作实施方案》,对受疫情影响较为严重的A级旅游景区、椰级乡村旅游点、旅行社、星级饭店、乡村民宿等旅游企业给予纾困补助,促进旅游消费市场有效复苏。

4. 创新假日旅游产品

"五一"期间,海南省旅文系统精心部署,在严格执行常态化疫情防控措施基础上,积极创新假日旅游产品、完善假日旅游服务、加强假日旅游监管,旅游市场运行平稳有序。

海南旅文厅开展2022年第二季健康游欢乐购——"我和海南的约'惠'"联合推广活动,联合各市县旅文局、金融机构、免税店、涉旅行业协会、新媒体平台、在线旅游(OTA)、航司、港口、涉旅企业等通过推出特色旅游线路产品,举办种类繁多的福利活动,向游客介绍海南本土小众、有趣、新鲜的玩法,适当刺激疫情常态化下游客的旅游消费需求,满足人们对美好生活的向往,提振文旅消费。

5. 创新康养等专项旅游产品及其推介形式

2022年6月,海南省旅文厅面向国际社会推出的海南旅游课程"阳光海南 度假天堂——遇见不一样的中国热带海岛"正式上线中国旅游课程网站(course.chinaculture.org),向世界展示海南特色自由贸易港魅力及丰富的旅文资源,加强与海外旅游客源市场国家的同业交流。

6月11日,是2022年"文化和自然遗产日",海南旅文厅以"迎接党的二十大"为主线,紧扣"连接现代生活,绽放迷人光彩"主题,设立海口、三亚、儋州3个片区会场,全省组织开展160余项"非遗"宣传展示活动,进一步传承弘扬优秀传统文化,丰富了海南专项旅游文化主题。

为加快推动旅游产业重振复苏并实现高质量发展,遵照"艺术与旅游"融合发展规律,锚定"文化+旅游"的融合点,找准"演艺+旅游"的衔接点,充分发挥海南旅游资源禀赋优势和自贸港政策红利,海南省旅文厅于7—9月举办了2022年"文艺演出助游琼"系列演出活动,刺激旅游消费,全力"引爆"海南"观演+旅游"新业态发展。

9月22—24日,海南省旅文厅率团参加第十届澳门国际旅游(产业)博览会,通过黎锦服装秀、海南话教学等多种形式,宣传海南购物旅游、医疗康养旅游、海洋旅游、文化旅游、体育旅游等五大旅游产品,以及会展旅游、环岛公路旅游、主题乐园及景区旅游、生态雨林旅游、邮轮游艇旅游、城镇旅游、乡村旅游、婚庆旅游等八大特色旅游产品。

2022年,海南省旅文厅"精准营销",相继在长沙、广州、深圳、昆明、武汉、成都、重庆、杭州、南京、北京、上海等主要客源地城市,开展海南旅游消费嘉年华活动,重点推介海南十大主题旅游项目。

✹ **小贴士** 以上活动,展示了海南旅游的新业态、新产品、新气象,吸引了全国游客关注海南、走进海南、爱上海南,积极促进了旅游市场有序复苏,引导了境外消费回流,促进了"双循环"格局快速形成。

6. 海南解放公园实现重大升级

2022年6月14日,海南省旅游资源规划开发质量评定委员会发布2022年第2号公告。海南解放公园被确定为国家4A级旅游景区。7月1日,海南解放公园国家4A级旅游景区揭牌仪式在临高县临城镇临高角举行。

❈ 小贴士　海南解放公园(原临高角解放公园)位于临高县北部海滨,距离临高县城11公里,是解放海南渡海登陆战主要登陆点之一。

7. 推出创新性旅游项目线路

(1) 六大精品雨林旅游线路

2022年7月28日,由海南省旅文厅主办的热带雨林生态游推广活动在保亭黎族苗族自治县呀诺达雨林文化旅游区正式启动。现场发布了海南六大精品雨林旅游线路:雨林植趣自然教育之旅、三江寻源探险科普之旅、雨林民族非遗寻踪之旅、有"猿"相遇自然游憩之旅、海岛绿心乡情野趣之旅、醉氧雨林生态体验之旅。

(2) 二十大休闲农业旅游精品线路助力海南乡村休闲旅游

10月28日,海南省农业农村厅、省休闲农业协会共同举办海南省休闲农业旅游精品景点线路推介活动,会上发布了海口红色文化之旅、琼海休闲农业之旅、文昌航天研学之旅、保亭生态雨林研学之旅等10条休闲农业旅游精品线路及35个乡村休闲旅游精品景点。

11月25日,省农业农村厅主办的"海南美丽乡村休闲旅游行"精品景点线路发布会在琼海世界热带水果之窗举办,会上发布10条海南乡村休闲农业精品线路,线路涉及全省10个市县,包含43个乡村休闲旅游精品景点。这是2022年海南发布的第二批乡村休闲农业精品线路。据介绍,本次发布的线路是在农业农村部评选出的休闲农业示范县、中国美丽休闲乡村当中,遴选出天蓝、地绿、水净、安居、乐业的自贸港美丽休闲乡村。全部线路及景点将在"乡约海南"小程序中面向社会全面推广。

❈ 小贴士　以上精品旅游线路详情,见上编第四章第一节之五。

8. 发布《生态研学旅游专题报告》

7月6日,在2022年海南国际研学旅游创新发展大会暨"莘莘学子畅琼游"联合推广活动启动活动中,《生态研学旅游专题报告》正式发布。这是世界研学旅游组织与海南日报智库对生态研学旅游资源进行调研梳理后共同撰写的。

这份报告对如何定义生态旅游,以及生态旅游在国际及中国的发展进行了系统研究,分析比较了资源较为相似的马来西亚与海南在生态研学旅游方面的发展优势及现状,并对发展生态研学旅游提出了4个方面的倡议。

海南拥有丰富的旅游资源,是研学旅游资源富集区,具有较高的研学旅游价值和国际研学吸引力,生态研学正逐步成为海南旅游的重要名片。

❈ 小贴士　生态研学旅游正成为一种全球趋势。生态研学旅游是基于研学旅游传统以及生态旅游客观发展要求逐步发展起来,成为生态旅游和研学旅游有机深度融合发展的有效形式。它包含了研学体验者在自然之境中的生态体验、人与大自然之间关系的领悟、人与人之间的交流与合作三大核心内容。

9. 推动海南研学游 IP 升级

7月25日,"踏浪而来,琼岛寻文——海南文化古迹研学游"启动仪式在海口市五公祠内举行。由海南省旅文厅策划推出的文化古迹研学游活动,通过专家学者采风、实地打卡、讲解直播等多种形式,开展"东坡文化古迹研学游""华侨文化古迹研学游""黎苗文化古迹研学游""桄榔庵考古直播""东坡汉服国潮之旅"5个文化古迹研学游活动,旨在依托海南独有的文化古迹资源,培育旅游消费热点,打造文化古迹研学游目的地,不断提升海南研学游的内涵品质,进一步丰富海南省暑期旅游市场产品供给,推动海南研学游 IP 升级,让文旅产业释放蓬勃活力。

10. 建立省市联络机制,及时统筹处置滞留旅客的诉求

8月7日,海南省新冠肺炎疫情防控工作指挥部举行第 41 场新闻发布会,介绍疫情防控工作相关情况,并回应社会关切。至此,海南已建立省市联络机制,以及时妥善统筹处置各类滞留旅客的诉求。成立了由海南省委常委、常务副省长任组长,由海南省委宣传部、省卫健委、省旅文厅及相关市县人民政府共同组织的工作专班,启动退订专线电话简化退订流程,打击哄抬物价等扰乱旅游市场秩序行为,加强值班值守,组织志愿者抗击疫情。

11. 启动热带雨林生态、海南红色文化专项旅游项目推广活动

2022 年 6—8 月,海南省旅文厅联动海南热带雨林国家公园范围涉及的 9 个市县,集中在岛内外旅游市场强力推出"热带雨林生态游推广活动"等十大主题活动,以构建丰富多元的旅游产品体系,推动海南热带雨林旅游创新发展,鼓励大众走进雨林动植物世界,增强生态保护意识,实现旅游消费转化。

6月29日,以"重走琼崖红军之路,追逐百年红色足迹"为主题的 2022 年海南红色旅游文化系列推广活动暨"海南人嗨游海南"推广活动在五指山革命根据地纪念园正式启动。在启动仪式现场,2022 年海南红色之旅精品线路及采风活动成果展同步开展。

12. "体育+旅游"建设项目上升至国家层面

2022 年 6 月 26 日,中国足球(南方)训练基地授牌仪式在海口观澜湖国际足球训练基地举行。该基地的挂牌成立,标志着海南建设国家体育训练南方基地再添新成员,海南足球冬训热潮将再次掀起,为海南打造冬训天堂提供强大的支撑,助推海南创建国家体育旅游示范区,助力海南自由贸易港建设。

6月28日,国家潜水南方训练基地揭牌仪式暨加井岛潜水启幕活动在万宁石梅湾旅游度假区举行。当天,国家潜水南方训练基地正式揭牌,标志着国家潜水南方训练基地正式落地海南万宁石梅湾。同时,国家体育总局水上运动管理中心宣布将每年 6 月 28 日定为"中国潜水日"。

13. 举办首届海南国际离岛免税购物节

6月28日,首届海南国际离岛免税购物节、第四届中免海南离岛免税购物节在中免集团三亚国际免税城正式启动。购物节期间,在全省范围内举办了超过 50 场专场营销活动和品牌活动,中免集团携手海南区域各门店共同参与。首届海南国际离岛免税购物节,通过政企联动的形式,同邀消费者共享"来海南,购世界"的免税购物盛宴,进一步提振了疫后免税消费信心,助力海南免税消费市场升温。

14. 全球通讯社联盟发布《中国锦绣魅力绽放海南自贸港》

6月28日至7月1日,2022年(第二届)海南锦绣世界文化周在海口会展工场举办。文化周围绕"黎族传统纺染绣技艺""黄道婆"两大主题 IP,集中展示了全国"非遗"精品,融静态展览、动态展示、活态展演、现场展销为一体,专题化、情景化、体验式呈现。

该文化周吸引了 10 多个国家超 400 家媒体聚焦,为建设海南自贸港营造了良好的文化氛围。文化周期间,全球通讯社联盟以英语、韩语、日语、马来语等多种语言发布文章《中国锦绣魅力绽放海南自贸港》(Chinese Brocade and Embroidery Blooms Charmingly in Hainan Free Trade Port)。

❈ **小贴士**　本次活动促进了黎族苗族文化与世界其他文化的交流,让来宾共赏非物质文化遗产盛宴,乐享"阳光海南　度假天堂"的"诗与远方"。

15. 在全省范围内开展私设"景点"问题专项整治工作

2022年9月12日,海南省召开全省私设"景点"问题专项整治工作电视电话会议,深入贯彻落实文化和旅游部私设"景点"问题专项整治工作视频会议精神,部署在全省范围内开展私设"景点"问题专项整治工作,以进一步规范旅游市场秩序,推动旅游业高质量发展,以实际行动迎接党的二十大胜利召开。

16. 各省文旅新媒体国际传播影响力:综合影响力指数海南排名第一

9月8日,由凤凰网、五洲传播有限公司以及中国传媒大学旅游传播研究中心联合成立的海外新媒体国际传播影响力指数实验室发布了2022年第1期《全国省级文化和旅游新媒体国际传播影响力指数报告》。报告显示,综合传播影响力指数,海南省、江西省、浙江省、陕西省、江苏省位列前五,且明显优于其他省份。

❈ **小贴士**　该报告监测和采集各省级文化和旅游新媒体账号在脸书、推特、照片墙(Instagram)及油管(YouTube)四大海外社交媒体平台的数据及内容,参考拉斯韦尔5W模型,建立基于5W模型的结构框架和指标体系,通过模型系统计算得出各省的四大平台单项排名和综合排名。

17. 海南"旺工淡学"政策加码

根据《海南省稳经济助企纾困发展特别措施(2.0版)》工作安排,为有效满足旅游各业态从业人员对于学历和能力提升的迫切期望与多元化需求,快速培养自贸港建设背景下的旅游从业人才,海南省旅文厅、省教育厅、省财政厅、省人社厅联合发布《关于扩大海南省酒店业人才培养实施方案招生范围的通知》,明确2022年"旺工淡学"旅游业人才培养项目招生范围进一步扩大至旅游业八大业态,分别为酒店、旅游景区、旅游餐饮、旅行社、免税、旅游商品和装备、乡村旅游和高尔夫旅游企业从业人员。

❈ **小贴士**　"旺工淡学"项目于2019年正式启动,2020年入选"海南自由贸易港首批制度创新案例",2021年荣获中共海南省委、省政府海南省改革和制度创新奖,得到国家发改委、文化和旅游部、商务部等部委关注,并作为优秀案例向国办、中办报送推荐,在全国推荐复制推广。

18. 体育赛事带动海南旅游市场

6月,2022"中国平安"中超联赛在海口市五源河体育场开幕;第六届海南亲水运动季在海口市国家帆船帆板基地公共码头开幕。

7月,2022中国儿童滑步车超级联赛海南站暨海南省儿童滑步车超级联赛三亚站在三亚市大东海广场举行;历时一个多月的2022中超联赛第一阶段海口赛区迎来收官;2022年全国沙滩排球巡回赛平潭站比赛于7月17日收官;海南省第六届运动会冲浪比赛在万宁日月湾国家冲浪队训练基地开赛;"中国体育彩票杯"2022海南SUP桨板公开赛在海口帆船帆板训练基地圆满落幕;"精彩省运,魅力儋州"海南省第六届运动会群众赛事活动暨第十四届海南省全民健身运动会在儋州启动。

8月8日,为期6天的2022年"海南·琼中杯"全国青少年女子足球邀请赛落下帷幕并举行颁奖仪式。

10月7日,"风从海口来 逐梦朗姆路"暨海口号挂帆仪式成功举办。

12月1—4日,2022年全国沙滩排球巡回赛总决赛在海口市举行。

12月10—14日,海南省第六届运动会在儋州举行,共有19个市县代表团的4 016名运动员参加16大项竞技体育项目,参赛人数创历史新高。

12月8—13日,"中国体育彩票杯"2022年全国跳伞冠军赛在海南省万宁市成功举办。

❈ **小贴士** 以上体育赛事,大大带动了疫情期间海南尤其是活动所在地周边旅游市场的回暖。

19. "跟着名导游海南"活动助推海南旅游业加速回暖

由海南省旅文厅主办、海南旅游协会承办的"2022年美丽中国·美好生活——跟着名导游海南"的旅游推广活动,以"正能量、讲解佳、形象好、有流量"为标准,遴选20名优秀导游作为"跟着名导游海南"活动的最佳代表,从11月8日起走进海南各旅游点拍摄视频,紧紧围绕海南购物旅游、医疗康养旅游、海洋旅游等13大旅游产品,通过微博、抖音、快手、阳光海南网视频号等平台进行推广,展现海南各大旅游目的地及旅游产品线路的丰富玩法。

此外,活动组委会最终还对参与活动的20名优秀导游录制的小视频进行评选,结合参赛视频的质量、创意度、点赞量、曝光量等指标,评选出了"海南旅游推荐官"。

❈ **小贴士** "跟着名导游海南"活动,一方面在全国旅游业低迷之际通过这些优秀导游的示范引领,鼓励广大导游顺应新媒体传播时代发展潮流,拓宽职业发展空间,提振行业士气;另一方面经过前期精心铺垫、云端全方位种草,为海南冬季旺季旅游市场引流,推动海南旅游业快速重振及高质量发展。

20. 研发《2022海南国际旅游消费中心招商引资项目手册》

该手册是由海南省旅文厅联合省发改委,在各市县和相关部门的积极参与下,于2022年11月规划的一批国际旅游消费中心招商引资项目,遴选了47个符合海南国际旅游消费中心建设要求、覆盖全省各市县的代表性项目,力争引进一批引领性强、带动性广、成长性好的重大项目,为国际旅游消费中心高质量发展提供招商项目支撑。

21. 就十方面做好旅游文体产业重点招商

一是重点推进全域旅游示范省建设,围绕旅游产业园区、精品旅游城市、旅游综合体、旅游度假区、景区景点、特色风情小镇、乡村旅游点、特色街区等八类旅游"点"的建设开展招商;

二是把环岛旅游公路打造成传世之作,重点提升环岛旅游公路沿线的景观和旅游配套;

三是把热带雨林国家公园打造成具有海南特色的重要旅游目的地,探索推进雨林探险、攀岩运动、定向运动、野外生存与国家级健身步道等项目建设,打造海南森林康养旅游天堂等;

四是围绕美丽乡村建设,重点对旅游小镇、乡村旅游点和乡村民宿开展招商;

五是围绕"3个旅游消费回流",做好吸引境外高端购物、医疗和教育这三篇消费回流文章;

六是传承发展优秀传统文化、黎苗文化和海洋文化,保护和利用好东坡文化,擦亮四张文化名片;

七是用好海南琼崖纵队纪念场所、红色娘子军纪念园等红色资源,重点实施红色文化和廉政文化弘扬传承工程;

八是高标准建设图书馆、博物馆、科技馆、美术馆等一批公共文化服务项目,重点推进省会城市十大公共文化设施和基层文体公共服务设施建设;

九是重点建设国家对外文化贸易基地和国家文化出口基地;

十是推进体育旅游示范区建设,开展群众体育活动,大力发展帆船、帆板、冲浪等特色水上运动,擦亮"琼中女足"品牌。

22. 大力激活和推广海南环岛旅游公路旅游文化资源

至9月初,海南环岛旅游公路项目累计完成投资80.63亿元,占预算总投资143.9亿元的56.03%;完成土石方87%,涵洞、桩基95%。

11月5日,为打造海南省环岛旅游公路旅游视觉文化符号,海南省旅文厅面向社会各界公开征集海南省环岛旅游公路旅游形象标识(logo)及宣传标语设计方案。

11月30日,由海南省旅文厅主办的2022年第二季健康 欢乐购——"我和海南的约'惠'"推广活动之"最美海岸 诗意漫游"海南环岛旅游公路漫游季系列活动圆满闭幕。本次活动将"慢游"理念与海南旅游公路"国家海岸一号风景道"深度融合,活动线上征集有关环岛旅游公路的人文风情摄影、绘画、诗歌、短视频等作品;线下开展露营节、乡村音乐节、最美海岸艺术联展等丰富多彩的活动,全面激活和推广海南环岛旅游公路旅游文化资源。

❋ **小贴士** 据阳光海南网不完全统计,此项活动期间,海南环岛旅游公路漫游季短视频在抖音、小红书、快手播放阅览量为1 304万余次,线上艺术展阅览量为169.67万余次,活动图片直播阅览量约30.95万人次,以及40多家媒体参与宣传报道,还有近百位海南旅游达人、自媒体等扩大传播,全网点击率高达1 500万余次。为全面推进全域旅游提质增效,提升环岛旅游公路影响力,打造国际"漫游岛"品牌,推动海南国际旅游消费中心和自由贸易港建设迈入新时代、新征程书写壮美篇章。

23. 2022年其他旅游主要事件

6月,五指山市水满乡成功获批"水满乡雨林茶园特色产业小镇"。当地政府围绕资源禀赋,打造一批茶博物馆、茶加工体验区、茶文化休闲区、茶产品展销区等综合体,借助"茶文化+旅游"的融合发展,让茶文化与旅游资源形成良性互动。

7月8日,"走进课堂"西沙研学、"生态雨林"科考研学、"黎乡寻踪"民俗研学等海南十大研学旅游路线正式在携程、美团、途牛、去哪儿、同程、原美等旅行商平台上线。

7月16日,《旅读海南》第一期节目在海南文旅频道上线。

7月26日,由海南省旅文厅联合海南国际经济发展局主办的2022年海南自贸港政策说明会暨旅游文体产业招商推介会在海口举行。推介了海南自贸港资源优势、政策优势和区位优势,以及海南旅游文体产业的十大重点招商方向。

8月16日,文化和旅游部公布第二批国家级夜间文化和旅游消费集聚区名单,海口市观澜湖新城和三亚市三亚千古情2个风景区入选。

7—8月,琼海市海南白石岭旅游区被确定为国家4A级旅游景区;三亚国家海岸海棠湾旅游度假区达到省级旅游度假区标准要求,被确定为省级旅游度假区。

11月21日,"魅力花梨、活力东方"非遗文化展演和沙滩运动会暨海南花梨谷文化旅游区国家4A级景区揭牌仪式在东方市海南花梨谷文化旅游区举行。

11月21日,文化和旅游部公共服务司发文公布了"中国民间文化艺术之乡"建设典型案例名单,海南省儋州市光村镇、五指山市和琼中黎族苗族自治县分别以调声、黎族传统纺染织绣和黎族民歌入选典型案例名单。

11月27日,海南学习宣传贯彻党的二十大精神"新时代新征程新伟业"系列主题新闻发布会(第二场)——"加快推进国际旅游消费中心建设"专场在海口国际免税城举行。

12月1—4日,由海南省旅游和文化广电体育厅主办的2022年(第七届)海南世界休闲旅游博览会、2022年(第八届)海南国际旅游美食博览会、2022年(第三届)海南国际旅游装备博览会三大展会在海口同期开展,集贸易、交流、体验于一体,为省内外文化旅游产业相关企业创建了一个业务拓展、业态交流、集中采购的优质平台。

12月2日,聚"会"海南自贸港——2022中国(海南)会奖产业峰会在海口举行,是海南省旅游和文化广电体育厅根据省委省政府关于"高效统筹疫情防控和经济社会发展"要求,推出的促进旅游业恢复重振超常规措施之一。

12月4日,海南省旅文厅在博鳌国际潮团总会第21届国际潮团联谊年会"共享海南自贸港新机遇"大会上,推介海南旅游文化。会上,还向参会嘉宾发放了《2022海南国际旅游消费中心招商引资项目手册》。

12月初,海南旅游行业发力"禁塑",扎实推进低碳旅游。

12月23—30日,2022年(第二十三届)海南国际旅游岛欢乐节以开幕式及闭幕式、海口主会场活动、市县分会场活动、九大主题旅游线路等四大版块展现,进一步丰富了市民游客旅游生活体验,拉动海南旅游旺季消费,促进消费回流,将进入旅游旺季的海南岛打造成为一个欢乐旅游岛。

12月29日,国家体育总局、文化和旅游部发布《关于认定北京世园公园等14家单位为国家体育旅游示范基地的公告》,万宁市华润石梅湾旅游度假区入选。

(八) 2023年海南旅游(截至11月底)

2023年,海南旅游市场全面加快复苏,实现疫情后旅游业恢复振兴。节假日旅游旺季市场火爆,传统淡季也人气高涨。海南"旅游+"融合演艺、体育、研学、免税购物,推出一系列体验丰富、备受游客青睐的新业态、新产品,助力全省旅游市场保持"高开稳走、加速回暖"的态势。

❋ 小贴士 2023年1月至10月,海南全省接待游客总人数7 193.27万人次,与上年同期对比,增长47.9%。实现旅游总收入1 447.34亿元人民币,与上年同期对比,增长62.5%。

1. 积极拉动旅游文化市场元旦"开门红",各地旅游消费业态复苏态势明显

元旦假期,海南成了许多游客"避寒游"的首选,海南各大火车站客流量在持续上升中,1月1日进出岛旅客列车发送近6 000人次,与上年同期对比,增长36.6%。假日期间,全省旅游接待游客101.68万人次,实现旅游总收入15.03亿元人民币。旅游景区接待游客45.19万人次,其中,A级旅游景区接待游客34.84万人次。去哪儿网数据显示,2023年元旦期间,三亚、海口、陵水、万宁等地,连住 3 天以上的酒店订单占比接近三成,还有不少市民游客把旅游出行计划延长至元旦假期后。从出游趋势来看,2023 年元旦已然成为长线游小高峰。

元旦前夕,省旅文厅联合中国银联海南分公司、携程、飞猪、同程、途牛、马蜂窝、去哪儿等企业,在海南国际旅游岛欢乐节开闭幕式当天,先后投放海南旅游消费券 1 000 万元和 100 万元,优惠范围覆盖 A 级旅游景区和 1 349 家酒店,成为拉动旅游文化市场消费的重要引擎。同时,针对海南冬春旺季市场特点及需求,省旅文厅创新推出九条主题旅游线路,涵盖红色、购物、乡村、康养、会展、海洋、研学、雨林、体育等九大主题,让游客畅享美景,欢乐玩岛。

2. 工作总体部署,强化旅游管理三个工作重点

1 月 11 日,海南省旅游和文化广电体育工作会议部署了 2023 年旅游、文化、体育及公共服务等方面主要工作。其中,旅游方面:以建设国际旅游消费中心为重点,从全力帮助企业纾困解难、精准开展旅游宣传营销、开展招商引资和项目建设三方面加快推动旅游业快速发展。同时,将以建设全域旅游示范省为重点,着力打造全域旅游生动局面。

具体抓好三方面工作:一是实施全域旅游创建三年行动,指导更多市县早日达到创建全域旅游示范区门槛;二是制定省级生态旅游示范区评定办法,引导中部市县在热带雨林国家公园及周边区域重点发展生态旅游业态,创建 5 家省级生态旅游示范区。推进乡村振兴,支持定点帮扶村发展乡村旅游、生态旅游,探索打造以五指山水满乡毛纳村片区为主要区域、以黎苗风情为主要特色的乡村文化旅游区;三是研究制定《海南省高端旅游产品业态培育管理意见》,推进高端旅游业态发展梯队建设,推动景区、旅游度假区等创建培育工作"滚动式"持续开展。积极开展国家级景区建设,力争在国家 5A 级景区、国家级旅游度假区、国家级夜间文化和旅游消费集聚区等打造上实现全面新突破。

3. 春节旅游市场加速回暖,旅游消费住宿餐饮全面火爆

春节期间,海南各地依托"旅游＋节庆""旅游＋文化"的文旅融合思路,共推出上百项特色"文旅年货",丰富文化旅游市场供给。全省旅游接待游客 639.36 万人次,与上年同期对比,增长 18.2%;实现旅游总收入 92.98 亿元人民币,与上年同期对比,增长 23.5%。旅游景区接待游客 448.86 万人次,与上年同期对比,增长 56.0%,其中,A 级旅游景区接待游客 308.42 万人次,与上年同期对比,增长 61.1%;椰级乡村旅游点接待游客 79.12 万人次,与上年同期对比,增长 45.9%。离岛免税、住宿、餐饮等领域市场较去年春节假期实现不同程度的增长。全省经营性旅游住宿单位客房平均入住率 72.9%。其中,三亚海棠湾酒店平均入住率达到 90%,部分度假需求转向三亚其他湾区。全省年夜饭营业收入比 2022 年春节增长 35%,同时各大商贸综合体、景区组织丰富多彩的促销和文化娱乐活动,带旺了餐饮市场,省商务厅监测的 20 家重点餐饮企业春节期间收入增长约 32%。

❀ **小贴士** 海南 12 家离岛免税店携手通过"线上＋线下"形式为消费者送上春节消费"大礼包",推出丰富的主题活动、大力度促销活动。据省商务厅统计,春节假期,海南离岛免税店迎来高人气,全省 12 家离岛免税店总销售额 25.72 亿元人民币,日均超 3.6 亿元人民币,比 2022 年春节假期增长 20.69%,比 2019 年春节假期增长 329%。

4. 首届中国(海南)东坡文化旅游大会召开

2月18日至3月21日,首届中国(海南)东坡文化旅游大会在海口、儋州两地召开,其间开展了七大活动,包括开幕式、高端论坛、精品展览、文艺精品演出季、东坡文化美食荟、东坡文化古迹研学游和苏东坡诗酒文化鉴赏游园会,推动苏学研究与旅游、餐饮、文创、研学等产业融合发展,为海南旅游注入强劲的东坡文化内涵。

5. 离岛免税购物新增"担保即提"和"即购即提"提货方式

3月21日,海关总署、财政部、税务总局发布《关于增加海南离岛免税购物"担保即提"和"即购即提"提货方式的公告》,明确增加海南离岛旅客免税购物提货方式的有关事项,自4月1日起执行。

离岛旅客凭有效身份证件或旅行证件和离岛信息在海南离岛免税商店(不含网上销售窗口)购买免税品时,除在机场、火车站、码头指定区域提货以及可选择邮寄送达或岛内居民返岛提取方式外,可对单价超过5万元(含)的免税品选择"担保即提"提货方式,可对单价不超过2万元(不含)的清单所列免税品选择"即购即提"提货方式。

✱ **小贴士** 使用"担保即提""即购即提"方式购买的离岛免税品属于消费者个人使用的最终商品,应一次性携带离岛,不得再次销售。

6. 海南"入境游"重启,市场快速恢复

3月15日零时起,我国正式恢复包括驻外签证机关审发外国人各类赴华签证,恢复海南入境免签等多项入境免签政策。4月10日晚,35名柬埔寨游客顺利抵达海口,是3月31日我国正式恢复旅行社经营外国人入境团队游以来海南接待的首个柬埔寨入境旅游团。4月13日中午,23名新加坡游客顺利抵达海口美兰国际机场,是恢复入境团队游以来,海南省接待的首个新加坡入境旅游团。

7. 2023年海南"十佳"旅游主题系列名录发布

4月21日,海南省旅游协会发布了2023年海南"十佳"旅游主题系列名录。2023年海南"十佳"旅游主题系列活动项目共计10个,涉及海南"十佳"旅游商品、非遗美食、旅游景区、和美乡村、旅游线路、"网红打卡"点、特色民宿、旅游酒店、体育旅游目的地和康养旅游基地。

8. 多措并举加强市场监管,护航旅游市场健康发展

4月19日,省旅游协会联合省旅行社协会、海口市旅行社协会结合全省各地旅游实际情况,向全社会公开发布《海南旅游产品参考价格》,要求各企业认真以参考价格为参照依据设计旅游产品,主动提升服务品质。

4月25日,省旅游市场综合整治工作领导小组办公室印发《关于进一步加强"五一"假日旅游市场监管的通知》。"五一"假期期间,省旅游市场综合整治工作领导小组组织3个执法检查组赴市县开展假日旅游市场执法检查,及时查处各类欺客宰客、违法违规行为;同时还委托第三方机构组成3个暗访组,以普通游客的身份赴市县餐饮、住宿场所针对消费价格及服务质量开展"体验式"暗访。

5月4日,省旅游市场综合整治工作领导小组视频工作会议在海口召开,对"五一"假日旅游市场综合整治工作情况进行总结并部署下一步旅游市场监管工作。

11月25日,全省旅游旺季市场综合监管及2024年宣传推广电视电话会议在海口召开,要求各单位提高政治站位,巩固旅游市场整治成效,保持高压态势,严厉打击旅游市场各种违法违规行为。要加大重点领域监管力度,以科技手段护航旅游旺季市场,在全省总结推广"三个一"(一户一码、一秤一员、一业一标)+云监管+"红黄牌"信用监管新模式,进一步优化先行赔付平台。

9. 文化和旅游部、海南省人民政府共同主办"艺海流金·阳光海南"活动

"艺海流金"是文化和旅游部倾力打造的对港澳文化交流重点品牌项目,也是内地与港澳文化旅游交流合作的重要平台,旨在让港澳同胞深入体验海南特色文化和旅游资源,加强琼港澳三地文化和旅游界思想交流,增进港澳文化界人士对海南的认识与了解,推进以旅游为支撑、以文化为内涵的交流平台和沟通机制的建设。"艺海流金"活动自2005年起至今已成功举办16届。本届"艺海流金·阳光海南"活动主要包括开闭幕式、海南文化和旅游推介会、"艺海潮声"文化艺术交流会、"艺海观澜"旅游交流会等活动。此次交流活动于5月8日至11日举行,由文化和旅游部、海南省人民政府共同主办,国务院港澳事务办公室支持,海南省旅游和文化广电体育厅承办,在为期三天的时间内,先后参访海口、三亚、琼海、五指山等市县的文化古迹、民俗村落、发展成果。

10. "5·19中国旅游日"分会场活动在海口举行

2023年5月19日是第13个"中国旅游日",以"美好中国 幸福旅程"为主题,按照"主题月－主题周－主题日"的形式开展系列活动。海口市作为2023年"5·19中国旅游日"五大主要分会场之一,以"绿色旅游"为主线,以"青春新绿·活力海口"为主题,辐射带动澄迈、文昌、定安、琼海、屯昌、五指山六市县,构建"海、陆、空"立体旅游产品体系,开展分会场主题日活动、"海口+6"主题周配套活动以及主题月文旅活动,为中国旅游日宣传助力,促进海南旅游产品提质升级。

11. 150余场"线上＋线下"非遗宣传活动精彩纷呈

海南以"加强非遗系统性保护 促进可持续发展"为主题,在6月10日"文化和自然遗产日"前后开展150余场"线上＋线下"非遗宣传系列活动,充分宣传展示海南非遗保护成果。

活动主会场设在海口,举行2023年"文化和自然遗产日"海南省非遗宣传展示系列活动,以线上＋线下形式开展,注重联动性及创新性,通过多平台联动助力非遗保护传承。在非遗购物节上进一步促进非遗与电子商务创新融合,带动品牌消费和品质消费。开展"文化进万家"活动,围绕《中国非物质文化遗产法》和《海南省非物质文化遗产规定》开展宣传普法活动。

12. 围绕"酷酷的海南"主题,实施"让海南旅游淡季旺起来"行动

5月19日,第十八届海峡旅游博览会和2023第八届中国(厦门)国际休闲旅游博览会在厦门开幕,海南省旅游和文化广电体育厅组织海南各市县旅文局、三亚市旅游推广局以及海南涉旅企业等近20家单位参加了本次展会。

6月9日至7月14日,省旅游和文化广电体育厅主办的"阳光海南 品质旅游"2023年海南旅游六省巡回推广活动成功在北京、广州、重庆、西安、长沙、上海等地举行,每一站都针对不同城市客源特点,设置不同宣传主题,充分展示海南丰富的旅游资源,共吸引观众约

5万人次,辐射百万人群,助力海南"暑期档"旅游经济热度。

6月30日至7月2日,由国家文化和旅游部支持,澳门特区政府旅游局主办的第十一届澳门国际旅游(产业)博览会在澳门威尼斯人金光会展中心举行。海南馆以全新主题——"酷酷的海南欢迎您"亮相旅博会,将海南"春赏木棉紫荆,夏纳雨林清凉,秋听椰林涛声,冬享海岸暖阳"的四季美景展现给澳门民众。

8月1日,由海南省旅游和文化广电体育厅主办的"酷酷的海南 欢乐的暑期"2023暑期旅游联合推广活动在三亚天涯海角游览区举行。

13. 中秋国庆双节旅游火爆,回归疫情前盛况

中秋、国庆8天假期,全省累计接待游客426.86万人次,与上年同期对比,增长181.5%,比2019年同期增长2.8%;实现旅游总收入64.88亿元人民币,与上年同期对比,增长256.2%,比2019年同期增长24.0%。据携程发布的《中秋国庆旅游总结报告》,目的地为海南的"超级黄金周"整体旅游订单量同比增长212%,跨省订单占比超七成,跨省游订单量同比增长245%,客源地前五的城市分别是北京、上海、成都、广州、长沙。具体到市县,目的地为海口的整体旅游订单量,同比增长132%,跨省订单占比近七成,跨省游订单量同比增长157%;目的地为三亚的整体旅游订单量,同比增长273%,跨省订单占比超八成,跨省游订单量同比增长286%。

2023年双节期间海南旅游市场人气旺盛,文旅活动遍地开花,凸显"文化+""生态+""非遗+""乡村+"等旅游特色,旅游消费场景创新、旅游产品供给丰富,处处彰显着经济发展的活力。

(九) 2023年其他旅游主要事件

1月18日,省自然资源和规划厅、省财政厅、省旅文厅联合印发《关于加强海洋旅游业用海要素保障和服务管理的若干意见》。这是目前全国第一个专门从用海要素保障和活动规范层面支持海洋旅游业发展的政策文件。

1月11日,海南全域旅游示范省创建工作推进大会在海口召开,同时启动三年行动计划。在总结过去全域旅游建设经验的同时,大会对未来三年推进全域旅游示范省创建工作进行了再动员、再部署。

2月3日,《文化和旅游部 人力资源社会保障部国家乡村振兴局关于公布2022年"非遗工坊典型案例"的通知》发布,五指山市黎族传统纺染织绣技艺非遗工坊"黎族织锦:传承传统技艺助力乡村振兴"案例上榜。

2月6日,交通运输部、商务部、海关总署联合印发《关于推进海南邮轮港口海上游航线试点落地实施的通知》,推进海南邮轮港口海上游航线试点工作落地实施。

2月8日,海口美兰国际机场T2航站楼国际区域正式对外启用。

3月3日,2023年海南省创建国家体育旅游示范区工作推进大会在万宁召开。

3月18日海关总署、财政部、税务总局发布《关于增加海南离岛免税购物"担保即提"和"即购即提"提货方式的公告》。

4月10日至15日第三届中国国际消费品博览会在海口举办。本届消博会主题为"共享开放机遇,共创美好生活",展览面积12万平方米,主宾国为意大利。

5月8日,全国旅游标准化技术委员会公布第二批国家级文明旅游示范单位名单,海南三亚银泰阳光度假酒店和海口观澜湖旅游度假区入选。

6月10日,2023年"文化和自然遗产日"主题宣传活动在海口举办,这是国家林草局首次在海南举办"文化和自然遗产日"主题宣传活动。

7月12日,海南新增儋州市海花岛·环海艺术美食街、定安县丁湖路田园社区文化旅游街区两家省级旅游休闲街区。

7月,国家市场监管总局通报了2022年全国公共服务质量监测情况,在全国31个省(区、市)公共文化服务质量满意度得分中,海南得分88.85,排名全国第一;在全国120个城市公共文化服务质量满意度得分中,海南纳入监测范围的4个城市,海口排名全国第一,三亚、屯昌、临高也名列前茅。

9月1日,由文化和旅游部、天津市人民政府共同主办的第十三届中国旅游产业博览会开幕式在国家会展中心(天津)启幕。海南荣获5金6银11铜的佳绩,金奖总数并列全国第四;获奖总数达22件,名列全国前五。其中,骑楼·生椰饮品系列、中国(海南)南海博物馆·鲸喜首饰系列、普莱赞·热带风味生巧克力、旅游岛·绚丽三亚旅拍服饰系列、伩兰·文昌鸡创意毛绒玩具等5件商品斩获金奖。

9月20日,由共青团中央联合22家全国创建青年文明号活动组委会成员单位共同开展的"第21届全国青年文明号"评选活动结果揭晓,海南蜈支洲旅游开发股份有限公司三亚蜈支洲岛旅游区标准化办公室被认定为"一星级全国青年文明号"。

10月12日,文化和旅游部、交通运输部、国家铁路局等单位共同遴选出第一批交通运输与旅游融合发展十佳案例10个、典型案例36个。海南两个案例入选典型案例,分别是"三亚市旅游经济圈城际旅游公交"案例、"西沙海上旅游航线"案例。

10月14日,2023年(第五届)美丽海南乡村主题游活动在乐东黎族自治县大安镇西黎村举办。

10月20日,2023年海南百个"网红旅游点"评选结果新闻发布会在海口举行,2023年海南百个"网红旅游点"名单正式对外发布。

10月26日至20日,2023年日本国际旅游博览会在大阪国际会展中心举办。海南展位重点展示了滨海风光、热带雨林、高尔夫运动、少数民族等四大旅游板块,全面展示海南旅游资源和特色文化。

10月30日,国家体育总局体育文化发展中心公布"2023中国体育旅游精品项目"名单,海口观澜湖旅游度假区、海口假日海滩旅游区名列其中。

11月1日,文化和旅游部公示第三批国家级旅游休闲街区名单,儋州市环海艺术美食街区入选。

11月8日,由海南省旅游和文化广电体育厅指导,海南省博物馆、临高县人民政府主办的2023年海南自贸港文创大赛暨琼博"南溟子"文创季在海口启动。

11月26日,欢乐节重点预热活动"欢乐驿站"在海口云洞图书馆举行"欢乐节倒计时5天暨欢乐驿站启动仪式"。

下编

海南五大功能旅游区概览

据海南省人民政府官网介绍,截至2022年12月,海南省共有27个市、县(区)。其中,4个地级市、5个县级市、4个县、6个民族自治县、10个区,218个乡镇(含街道办事处)——其中21个乡、175个镇、22街道办事处。地级市为海口市、三亚市、三沙市、儋州市;县级市为五指山市、文昌市、琼海市、万宁市、东方市。

2018年4月,《中共中央 国务院关于支持海南全面深化改革开放的指导意见》发布;同年5月,国务院又同意了《海南省总体规划(空间类2015—2030)》发布。两个指导性重要文件开启了海南省空间类新规划的大幕。为响应党中央、国务院的号召,2018年5月13日,《中共海南省委关于深入学习贯彻习近平总书记在庆祝海南建省办经济特区30周年大会上的重要讲话精神和〈中共中央国务院关于支持海南全面深化改革开放的指导意见〉的决定》提出:落实全省一盘棋理念,按照东、西、北、南、中五大行政区域进行整合,形成"南北两极带动、东西两翼加快发展、中部山区生态保育"的全省总体空间格局;结合经济社会、人口地理、资源禀赋、历史人文、民族区域自治等因素,推进行政区划改革创新,优化行政区划设置和行政区划结构体系。最终,海南省将27个市、县(区)整合优化为五大功能旅游区:

——北部确定海口(含江东区)、澄迈、文昌、定安为休闲观光旅游区;

——南部确定"大三亚"(含三亚、陵水、乐东、保亭)、三沙为浪漫度假旅游区;

——东部确定琼海(含博鳌区)、万宁为健康养生旅游区;

——西部确定儋州(含洋浦区)、东方、临高、昌江为人文探秘旅游区;

——中部确定五指山、琼中、屯昌、白沙为生态保育旅游区。

此次五大功能区的规划,是放在开展海南省域"多规合一"的改革背景下,坚持把海南作为一个大景区来统一规划的,已与海南探索中国特色自贸港建设齐头并进。

本编遵循以上五大功能旅游区划构建思路,结合现阶段海南旅游在自贸港建设中呈现的实际情况,按照北部休闲观光旅游区→南部浪漫度假旅游区→东部健康养生旅游区→西部人文探秘旅游区→中部生态保育旅游区的顺序排列,以旅游者的视角,介绍海南所有市县的地理、气候、历史、交通及主要景区(点)知识,并对其作出简要评价。

第一章

海南北部休闲观光旅游区

北部休闲观光旅游区,以海口市为中心,包括文昌、定安、澄迈3市县,面积7 965平方公里,占海南岛面积23.37%。

北部依托海澄文(包含海口、澄迈、文昌)一体化综合经济圈,重点发展旅游、现代金融、航天科技、信息技术、数字创意、现代物流、低碳制造业、教育科技、文化体育、医药等产业,定位为总部经济区、高新技术产业基地、现代服务业集聚区、国际会展中心、国际离岸创新创业示范区。

第一节 海口市

海口,又称椰城,海南省辖地级市、省会,国家"一带一路"和"21世纪海上丝绸之路"战略支点城市,是海南自由贸易港核心城市。同时,海口还是海南自由贸易港建设的政治、经济、文化、交通中心,是海南省委、省政府全方位支持的"首善之城"。

海口市自1992年以来,先后荣获全球首批"国际湿地城市"、国家历史文化名城、国家园林城市、国家环境保护模范城市、全国卫生城市、中国优秀旅游城市、全国十佳城市、全国十佳会展城市、最具创新力国际会展城市、中国康养旅游城市、全国创建文明城市工作先进市、全国城市环境综合整治优秀城市、世界健康试点城市等荣誉。

一、市情简况

海口市地处海南岛北部,东邻文昌市,南接定安县,西连澄迈县,北临琼州海峡与广东省隔海相望,东、西海岸线长达131公里。总面积3 126.83平方公里。其中,陆地面积2 296.83平方公里,占73.46%;海域面积830平方公里,占26.54%。

海口,古称白沙津、海口浦和海口都、海口所城等,因地处南渡江入海之口,故得名。海口汉代即为珠崖郡玳瑁县一部分,唐代已成为琼州城的外港,宋元时期设水军镇,南宋曾设神应港和白沙街,明洪武二十八年(1395年)筑海口城,明清以后逐渐形成市镇。第二次鸦片战争期间的《天津条约》,规定琼州海口为通商口岸,称"琼州口岸"。

1926年12月9日,海口正式设市。1931年撤市划归琼山县,1950年海口解放并恢复设市,1956年被划为广东省的地级直辖市。

1988年4月,海南建省,海口成为省会城市。2002年10月,以原琼山市和海口市原秀英区、新华区、振东区的行政区域组成新海口市,设立秀英、龙华、琼山、美兰4区。2018年6

月,设立海口市江东新区。

2022年末,海口市有汉族、黎族、苗族、回族、满族、瑶族、蒙古族、朝鲜族、土家族、布依族、傣族、侗族、壮族等49个民族,其中汉族人口占98.61%,少数民族人口占1.39%,常住人口293.97万人,其中,秀英区58.02万人,龙华区81.61万人,琼山区67.07万人,美兰区87.27万人。

二、主要景区(点)

(一)旅游度假区

1. 假日海滩旅游度假区

位于海口市西海岸滨海大道旁。该度假区北邻琼州海峡,沿着滨海大道两侧呈带状伸展,东起西秀海滩,西至贵族游艇会,长约7公里,占地面积495亩,距市中心11公里,绿地率达86%。

该度假区内有9个景点:碧海林涛、千帆竞秀、轮滑天堂、温泉遐思、海滩晚霞、城郭远眺、沧海明月、假日情怀和野炊之梦。区内主要活动项目及设施有:海岸温泉、温泉鱼疗、养生水疗、标准游泳池、轮滑景观道、国际轮滑赛场、滨海自行车车道、生态健康步行木栈道、国际标准沙滩排球赛场、帆船帆板训练基地等;此外还有椰林烧烤园、自驾露营地、钟楼观景台及冲浴房、换衣间和其他服务设施等。其中,具备国际水准的帆船帆板训练基地已经建成了亚洲迄今规模最大的帆船帆板公共码头——海口市国家帆船基地公共码头。其用海面积26.9万平方米,陆域面积4.39万平方米,建设停靠泊位610个。

假日海滩旅游度假区是海南第一个不设门票的4A级旅游景区。于1995年7月建成,并成功地举办了"'95中秋十万市民沙滩赏月"活动,由此揭开了该区开展各种大型活动的序幕。如今,该度假区在规范的景区管理和建设中,成为动感、时尚的开放式运动主题公园,也成为眺望市区建筑群和世纪大桥的最佳地点:游人驻足东望,可见高楼林立的海口市犹如浮在海面上的海市蜃楼。

✱ **小贴士** 该度假区还有美视五月花国际高尔夫球会、贵族游艇会、观海台、海口会展中心、粤海铁路南港码头、粤海铁路海口火车站等景点以及喜来登等数家高等级度假酒店。

2. 海口观澜湖旅游度假区

位于海口绕城高速公路往洋浦方向约3公里处的观澜湖大道,距离美兰机场20公里。该度假区是一个集运动、赛事、保健、养生、文化、娱乐、商务、会展、培训、居住为一体的大型休闲产业群聚集地,而且已成为海口市旅游休闲的新地标。

观澜湖新城,致力于带给游客全新的娱乐式零售体验。作为海口观澜湖旅游度假区之"核",观澜湖新城是在公众高尔夫球场的大环境映衬中,建立了一个城市综合体(HOPSCA)概念:酒店(hotel)、办公空间(office)、公园(park)、购物(shopping mall)、会议展览(convention)、居住(apartment)。

该度假区包括10个高尔夫球场、1个全球最大规模的温泉、4家顶级酒店、1个观澜湖新城,以及观澜湖华谊冯小刚电影公社等游览项目。

海口观澜湖华谊冯小刚电影公社,是全球第一个以著名导演命名,集实景旅游、实体商业、影视拍摄三位于一体的大型电影主题景区,呈献20世纪百年间中国城市街区的光影变迁。该公社包括1942街、老北京街、南洋街、教堂广场区、集合冯氏贺岁电影经典场景的园林景观区、影人星光大道,以及包含全球最大的8 000平方米影视基地在内的摄影棚及配套服务区。

该度假区中的华谊冯小刚电影公社先后获得"椰城最受欢迎旅游景点""海口市旅游标准化示范单位""国家AAAA级旅游景区""人居环境文化旅游最佳范例"等荣誉。2012年10月,吉尼斯世界纪录组织宣布海口观澜湖为"世界第一大水疗温泉度假区"。2022年8月,该度假区被文化和旅游部确定为第二批国家级夜间文化和旅游消费集聚区。

✾ 小贴士　海口观澜湖度假区不是单纯的高尔夫球场项目,而是世界级的综合休闲胜地,形成了海南体育、经贸、文化的国际交流平台。

3. 长影环球100国际文化旅游度假区

位于秀英区西海岸,总占地面积6 191亩。该旅游度假区的设施和旅游产品主要如下:

三个大型主题公园——欧洲100影视公园、中国100影视公园、美洲100影视公园;

三大节庆会址——国际乡村电影节、国际乡村音乐节、国际特效电影节;

四大主题酒店——电影主题酒店、节庆展演会议酒店、火山温泉度假酒店、幻灯精品酒店;

"五名"影人工作室——世界名导演、名演员、名编剧、名制片人、名经纪人工作室;

六大影视基地——国家级的动漫产业基地、农村题材电影创作基地、特效电影产业基地、电影摄制基地、微电影基地和电影教育基地;

四大主题分区——丝路探险、光影奇境、魔幻谷、梦幻童世界。

该度假区四大主题分区的大型游乐项目,采用创新影视技术与量身定制的世界先锋娱乐设备相结合,创造出超越电影、令游客身临其境的奇妙幻境。该主题分区还拥有独特的建筑艺术景观、高科技大型旅游设备以及"三全"休闲娱乐产品,即全年龄层适宜的游乐项目、全天候多国风情互动的演艺节目和全口味时尚健康的特色美食。

✾ 小贴士　由长影集团参与投资建设的"环球100"电影主题公园项目,2010年12月被确定正式落户海南,它是一个能够为游客提供全方位服务的旅游度假区。该电影主题公园定名"环球100"——"环球"的内涵是指该项目是全球的、世界的,凝聚全球影视之力打造的世界级电影娱乐王国;"100"的内涵是指50部世界著名电影和50部中国著名电影的荟萃,过去50年和未来50年电影的发展,以及新中国成立100年的辉煌。

4. 鹤舞九湖生态乡野慢行休闲度假区

位于美兰区三江镇苏寻三革命老区。该休闲度假区以东坡湖、仙鹤、仙山、龙门、博布、东田等6个特色精品文明生态村为基础,涵盖了13个自然村。该度假区内的村庄已建设村道和巷道20公里长,其中包含长5.7公里、宽2.5米的绿色乡村休闲慢行道及总长658米的木栈道。

生态绿色的慢行道与木栈道,把片区内的村庄、湖泊和特色吸引物串联成53个景点,由红色追忆、绿道漫游、鹤湖仙境、农家乡味4条主题旅游线组成。沿途设有3个慢行驿站,配备自行车等休闲娱乐设施,可为游客提供一站式服务。

✣ **小贴士** 据了解,为了突出乡村旅游点的特色,美兰区政府积极引进社会资金开发特色旅游项目,在该度假区内的乐群村引进企业,把200多亩的废石坑改造成了赛车场。

(二) 特色生态公园

1. 中国雷琼世界地质公园(海口园区)

✣ **小贴士** 中国雷琼世界地质公园(海口园区),是在海口石山火山群国家地质公园的基础上发展起来的世界级旅游品牌。全新世(Holocene),是最年轻的地质年代,从11 700年前开始。其名称源自希腊语,意为"完全新近的"。

位于秀英区石山镇,距海口市中心约15公里,总面积186平方公里。西线高速公路转绿色长廊可到达该地,绕城高速公路穿过园区。该地质公园属地堑—裂谷型基性火山活动地质遗迹,也是中国为数不多的全新世火山喷发活动的休眠火山群之一,具有极高的科考、科研、科普和旅游观赏价值。

中国雷琼世界地质公园(海口园区),是我国唯一的热带海岛城市火山群地质公园,也是海南省第一家由联合国教科文组织确认具有突出而重要价值的世界级旅游景区。该公园已成为青少年科普教育基地、地球活动日的重要场所,也是香港生态旅游专业培训中心在境内的首家培训基地。

该园区内火山群面积约108平方公里,分布着近40座环杯锥状火山口地貌遗址和30余条熔岩隧道。该园区的主要景点有马鞍岭、双池岭、仙人洞、罗京盘等。其中,马鞍岭火山口海拔222.8米(琼北最高峰),内口直径130米,深90米。园区内玛珥火山规模大,保存完整,弥足珍贵;双池岭为并列的2个孪生玛珥火山,火口垣为凝灰岩环;罗京盘玛饵火山,内径达1 000米,形态完美的圆形低平火口呈放射状与环梯状田园映衬,景色十分宜人。园区内的熔岩隧道最长达2 000余米,其内部形态与景观丰富、奇妙,为国内外所罕见。

该园区内保存有千百年来人们利用玄武岩所建的古村落、石屋、石塔和各种生产、生活器具,记载了人与石相伴的火山文化脉络,被称为中华火山文化之经典。

✣ **小贴士** 该园于1991年开始兴建,最早称其为琼山县火山口公园;1996年承办了"世界旅游日"主会场活动,受到20多个国家专家和旅游界官员的高度称赞;2004年1月获准建立海口石山火山群国家地质公园;2006年9月获联合国教科文组织批准为世界地质公园。

2. 桂林洋国家热带农业公园

位于海口市江东新区桂林洋开发区,是国内最大的一个按国家5A级智慧旅游景区标准建设的国家热带农业公园。该公园一期项目于2018年2月开园。

桂林洋国家热带农业公园建设规划定位:国际理念的共享农庄示范区、国际水准的热带农业交流博览区、国际视野的热带农业风情体验区。目前,已形成"一心一带、一园两翼"的局面——"一心"即热带农业国际会展中心,"一带"即共享农庄带,"一园"是田园牧歌农乐园,"两翼"为共享农庄配套区。

截至2022年,该农业公园已建成一个占地面积约425亩的乡村旅游示范点、一个占地面积7 700平方米的雪山之王乐园等。作为桂林洋国家热带农业公园的配套项目——高山村乡村旅游示范点,已被打造成具有海南农村特有风貌和地域特色、布局合理、村貌整洁、配套完善、环境优美、设施完善的旅游目的地。目前,桂林洋国家热带农业公园内代表性景点主要有:农业梦工厂游客中心、育苗区、采摘区、鲜花餐厅、生态热带新果园、高山村游客中心、西入口游客中心、九牧湖鱼趣桥与老水车、雪山之王乐园假山瀑布及其观赏鱼池、雨林索桥、雨林剧场等。

❋ 小贴士　该农业公园是海南省"十三五"重大规划项目,居海南省农垦改革"八八"战略八大园区之首,是海南省"农高区"核心园区。项目以"立足海口、辐射海南、服务全国、对接国际"为定位,全力打造"三区一中心",即国家级热带农业示范区、热带农业休闲旅游体验区、农垦改革试验区和热带农业国际合作中心。

3. 五源河国家湿地公园

位于秀英区,总面积约 19 509 亩,主要包括永庄水库、五源河及五源河河口海域 3 个湿地单元,是海口城市"绿肺"、天然氧吧。

❋ 小贴士　该湿地公园的生态多样性、稀缺的动物栖息地和植被生境等知识详见上编第二章第二节之三。

4. 美舍河国家湿地公园

位于琼山区,总面积 7 026 亩。该湿地公园实现了水生态和水休闲功能相统一,同时带动了水系周边土地的综合利用以及价值提升,实现了生态效益、社会效益、经济效益的有机结合,充分体现了以人民为中心的发展思想。

❋ 小贴士　该园的湿地面积、生态科普馆等知识详见上编第二章第二节之三。

(三) 珍稀动植物公园

1. 海南热带野生动植物园

位于秀英区东山镇东山湖畔,距市中心 27 公里,1995 年建立,是我国首家以热带野生动植物博览、科普为主题的社会公园,也是中国第一家全景式展现岛屿热带雨林生态系统、浓缩海南岛动植物精华的天然博物馆,还是全国科普教育基地、海南省旅游重点企业和知名景区。

该野生动植物园设有车行观赏区、步行观赏区、湖边度假区、中心服务区等,占地面积 2 000 余亩(其中仅动物观赏区面积达 1 300 亩),现有各种珍禽异兽 200 余种、4 000 余只(条),珍稀植物 280 科 1 000 多种,森林覆盖率高达 99%,是以珍稀野生动植物科普博览、保护繁殖、观光旅游、休闲度假为主题的 4A 级国家旅游景区。

该野生动植物园特色景观有:狮虎兽—快乐营、亚洲大狮谷、亚洲大猴山、鳄鱼潭。

另外,该野生动植物园的黑熊寨、欢乐大象岛、长颈鹿乐园、恐龙ם、熊猫馆、海南坡鹿场、河马池、百鸟苑、和谐东山湖、热带果蔬圃、绿色雨林走廊、植物大观园、橡胶文化园、奇趣动物照相林、游客风情馆、休闲中心湖、绿色主题餐厅(火烈鸟餐厅)、风情香樟林、景区大道场等,可让游客身临生态胜境,发现野生之美。

该园莽莽林海和茂密的植物为动物营造了良好的野生环境,而人工开辟的丛林小径和种植的各种奇花异草,又使游客犹如置身于生机盎然的大自然中。

❋ 小贴士　狮虎兽是这里的大明星。雄狮小二黑和雌虎欢欢在 2005 年生下 3 只健康的小狮虎兽后,又在 2006 年 3 月 23 日产下 4 胞胎狮虎兽,创造了 4 只狮虎兽出生并健康存活的世界纪录。

2. 海南热带森林博览园

位于海口市滨海西路黄金海岸花园对面,总用地面积为1 095亩,长99.99米的大门是海南最大、最具现代气魄的钢架结构建筑。

该博览园内的生物科技馆,建筑面积2 335平方米,利用声光电等现代科技手段,在一片片"热带森林"中,模拟鸟兽鸣叫,再配上栩栩如生的鸟兽标本,参观者仿佛走进了真正的热带雨林。

园内的生态博物馆建筑面积2 488.8平方米,分主展厅、动物展厅、植物展厅等;园内的音乐喷泉,占地面积2 200平方米,包括210平方米的旱地喷泉,是目前海南最大的音乐喷泉。园内的海南特有树种种植园、木棉种植园等10个种植园,不乏一些珍贵稀有国家级的保护树种,譬如直径2米多的千年油衫王、海南花梨、见血封喉等。整个博览园从霸王岭、吊罗山和尖峰岭移植了总计600多种树。

另外,该博览园内还有海南省林业植物组培中心等6个研究、培训中心和1个兰花生产基地,共有主要用于基因保存探研的兰花200多种;其中,海南的安若兰、象牙兰等占70多种。

✽ **小贴士** 该博览园是涵盖海南热带珍奇植物种质资源保护与繁殖、热带林业生物技术科研与开发、热带森林生物多样性展示与生态科普教育、参观游览与休闲保健等多功能的热带滨海城市森林公园。

3. 海口天鹅湖动物乐园

坐落于美兰桂林洋开发区内桂林洋大道旁、华侨城西侧,是集珍稀动物养殖繁育、旅游观光为一体的现代生态公园。园区总占地面积120亩,由水面、小岛、半岛组成一个供游客游览的区域。

该动物乐园中的水面名为天鹅湖。湖面上散养着不同产地的以天鹅为主体的大型水禽。其中,有疣鼻天鹅、黑颈天鹅、黑天鹅、大天鹅、小天鹅、扁嘴天鹅和黑嘴天鹅7种天鹅,包含了天鹅的全部种类;另有斑头雁、夏威夷雁、加拿大雁、蓝鹤、赤颈鹤等多种珍稀禽类。

该动物乐园中的小岛及半岛划分为狐猴岛、陆龟天地、火烈鸟谷、鹦鹉世界、猫鼬水獭水豚区、羊驼矮马斑马区,以及以美洲红鹮、彩鹮、粉红琵鹭等为中心的飞鸟世界。

(四)特色文化公园

1. 海南比干妈祖文化园

✽ **小贴士** 据林乐志《比干后裔》记载:比干,子姓,比氏,名干,沫邑(今河南淇县)人。商代帝王文丁的次子,帝乙的弟弟,帝辛(商纣王)的叔叔。

位于海口琼山区府城街道儒传村口,琼州大道360号附近,占地面积8 800平方米。该文化园以宋代建筑风格为主,具有浓厚的东南亚特色。文化园建有比干文化纪念馆、妈祖庙等旅游点,还有供奉天下林氏太始祖比干公及各时期渡琼林氏列祖列宗的宗祠——忠孝堂。

此外,园内还建有功德榜——九龙壁,以及弘扬中华传统文化、人文始祖、古今圣贤、林氏先贤、二十四孝等人文历史的文化长廊。在该文化园中的单体建筑妈祖庙中,供奉着妈祖圣像,该像高2.53米,重1.5吨,是目前亚洲最大全木雕刻,也是妈祖祠庙有史以来开光最大的一尊。

海南比干妈祖文化园于2008年12月25日奠基,2009年3月31日动工兴建,2013年3月1日正式对外开放。该文化园不仅打造成为海南特色的文化观光游览园,而且弥补了海南在妈祖文化建设方面的空白。

❋ **小贴士** 海南妈祖信仰悠久,自宋朝起,妈祖信仰文化就随着闽南人渡琼传播至海南岛。2012年,第一座从"妈祖出生地"福建莆田妈祖祖祠分灵到海南的妈祖像安座于海南比干妈祖文化园。

2. 万绿园

坐落在海口龙华区的东部,地处滨海大道中段。它南与金融贸易区隔滨海大道相望,北向琼州湾,东依海口体育馆,西邻高档商住区。万绿园总面积1 070亩,于1994年兴建,1996年1月完工开放,是海口市最大的开放性热带海滨生态园林风景区。

万绿园,原为填海区,经过近三十年的建设、养护,已呈现出绿草如茵、花木茂盛的景象。数百个景点和配套设施,尤其是其中的亭、廊、榭、阁等游憩类建筑,占公园陆地面积的2.6%,既是风景的观赏点,又是被观赏的景点。

万绿园以公共绿地为主,分为大门区、内湖区、儿童游乐区、草坪区、热带观赏植物区、观海区、高尔夫球练习场等16个区,还有领导贵宾植树区、社会性会团体植树区和公民个人植树区。园中栽种了近万棵以椰子树为主的热带和亚热带观赏植物品种达数百种。

在这块千亩黄金地里,自然环境和人文景观相得益彰。大海为前景,摩天楼群为背景,蓝天、白云、绿水、灰房互为衬托;小桥流水、音乐瀑布、假山名石、曲径亭榭形成仙境,成为都市中一道迷人的风景线,且独具热带滨海特色和生态风景园林特色。

3. 海口人民公园

即东湖公园,总占地面积440多亩。该公园顺着大英山的山势而建,坐西朝东,是一个综合性、开放性公园。

全园按功能分区划分为东西湖游览区、烈士纪念区、热带植物标本区、安静休息区、兰圃、动物区及生活区等。公园内实有绿化面积258亩,园内绿树成荫,花木繁茂,现有热带、亚热带植物167科1 000余种,大小乔灌木5万多株,绿地面积占公园陆地面积的87.2%,可谓一个热带植物园。

公园正门前有东、西二湖,东湖呈椭圆形,西湖呈短脖葫芦状。14.5米高的海南革命烈士纪念碑竖立在公园正门入口处,是1954年为纪念长期坚持琼岛革命斗争和英勇渡海作战而牺牲的烈士而建的,当年朱德的题词铜牌嵌于碑上。公园内还建有冯白驹将军雕像和冯白驹纪念亭,雕像基座正面刻着邓小平书写的"冯白驹将军"5个金字。此外,该公园内还建有影视场、歌舞厅、保健室、儿童游乐场等娱乐设施。

❋ **小贴士** 大英山有"四庙三庵七井五桥",文化底蕴丰厚。另外,海口人民公园的东、西湖是目前海口市中心范围内唯一的大型人工水体。

4. 金牛岭公园

❋ **小贴士** 相传很久以前,有一年大旱,天上的一头神牛经过这儿,看到满山草木和庄稼枯焦欲焚,老百姓面黄肌瘦,于是生起恻隐之念。在夜间,它四蹄用力踏地,昂首向东呼风唤雨。此后,这山便年年林木苍翠,花香果累,庄稼丰收。为了对神牛表示感谢,老百姓便把这山命名为"金牛岭"。

位于市中心城区海秀大道中段南侧,占地面积1 575亩,地面绿化率达96%,属大型园林景区。

该公园的主要景点有金牛湖(金牛瀑布)、动物园、白鸽园和烈士陵园;另有蝴蝶园、竹园、槟榔园、热带亚热带果园、健身广场等游览区和服务设施。

从金牛湖往南和往西,分别是热带亚热带果园和动物园。果园占地面积53亩,种植着人心果、荔枝、阳桃、菠萝蜜等果树。动物园,占地面积近105亩,建有欧亚园林风格的猴山、象馆、熊馆、斑马馆、鹿馆、小型动物馆、世界名犬区、百鸟园等游览点,共有动物9大类、500多种、3 000多头(只)动物,是海口市目前规模最大、档次最高、品种繁多的综合性动物园。处于公园中心地带的白鸽园,饲养着1 000多只法国广场鸽,每天吸引着不少游人驻足观看、嬉戏。

烈士陵园,位于公园中部绿树环抱之中,安葬着1950年为解放海南岛在首批渡海登陆作战中光荣捐躯的人民解放军渡海先锋营官兵。陵园内还建有烈士纪念堂、烈士事迹陈列室等,供游人瞻仰。

✱ **小贴士**　金牛岭公园是海口人民保护生态环境的一项杰作,自1996年开放以来,天天游人如潮。它以新鲜奇特、丰富多彩的观赏内容、特有的生态环境,以及公园工作人员热情、周到的服务而闻名海南。

5. 白沙门生态公园

位于美兰区海甸岛北部滨海地带,北临琼州海峡。该园占地面积约910亩,于2009年1月正式对外开放,是一个开放性的市级休闲娱乐公园。

白沙门生态公园的整体设计,遵循"城市公园与旅游产品统一、教育生态公园与休闲娱乐胜地统一"的指导思想,以儒家文化为核心统摄释、道等诸传统文化,以传统文化为背景吸纳现代科技文化和流行文化。其具体设计项目涉及海口年轮、欢乐海洋、夕畔海岸、城市驿站4大旅游主题片区及配套基础设施,为游客带来了城市公园的新体验。

✱ **小贴士**　该生态公园,挖掘海口地域、人文精神内核,展现了诸如白沙津、妈祖神庙、解放战争等海南历史文化,营造了和谐统一、风情浓郁的海滨休闲大环境。

6. 世纪公园

位于龙华区世纪公园路,是一个以大众休闲健身活动为主题的市级综合性运动休闲文化公园和对市民全面开放的康体、健身主题公园。

该公园的规划结构为"一轴九区"。"一轴"是指贯穿用地南北的世纪大桥空间景观轴;"九区"分别为文化休闲观光区、水上运动娱乐区、体育运动健身区、公共服务中心、青少年户外活动区、大型休闲健身馆、体育文化雕塑园、风情酒吧街和滨海休闲商业区。

位于世纪公园北部临海处的休闲文化广场,于2013年9月建成,占地面积约126亩,配有临海绿地和配套公用设施,具有演艺功能,还设有座位、停车位等设施,是海口市目前面积最大的市民休闲文化广场。

7. 滨海公园

坐落于龙华区滨海大道泰华路口的西南,甸昆路口的西北,依傍大海,毗邻金融贸易区。因其前临滨海大道,背靠琼州海峡,故名滨海公园。该公园占地面积730万亩,集园艺、旅游、娱乐为一体,是一座大型现代化综合性游乐公园。

该园内设有中西餐厅、歌舞厅、婚纱摄影区、蜜蜂王国等游览区。公园内的绿化面积很大,已种植草坪 16 万平方米,乔木 9 508 株,花灌木 6 000 平方米。园内还设有人工湖、假山、喷泉,以及和平鸽广场、划船区、半岛饮品园、烧烤园、溜马场等各种游乐设施和项目。

❈ 小贴士　该公园在 1991 年开始建设前为一片海滩,唯一建筑物是一个古炮台。全园区均为填海造园,1995 年 10 月正式对外开放,1996 年 5 月园内的梦幻乐园开始接待游客。

(五) 地方文化游览点

1. 海口骑楼建筑历史文化街区

❈ 小贴士　2022 年 1 月,根据中华人民共和国旅游行业标准《旅游休闲街区等级划分》(LB/T082—2021),该街区被文化和旅游部确定为海南唯一的入选首批国家级旅游休闲街区名单的街区。

位于海甸溪南岸,长堤路以南,龙华路以东,和平北路以西,解放西路、文明西路以北,地处旧城区中心地带,主要是得胜沙路、博爱北路、中山路、新华路、长堤路等五条老街,是海口城市的重要发源地。

海口骑楼建筑群(详见上编第三章第二节之二),初步形成于 19 世纪 20—40 年代,有 100 多年历史,其中最古老的建筑四牌楼建于南宋,有 700 多年历史。1924 年,海口拆墙扩城,城区面积扩大。于是,"商贾络绎,烟火稠密"。城市马路的形成、沿海贸易的繁荣、城市功能的不断完善,使这一带成为海口的闹市区。

该街区积淀了大量的历史文化遗迹,历史人文色彩丰富多样:有历史上 13 个国家的领事馆、教堂、邮局、银行、商会,有中国共产党琼崖一大会址、中山纪念堂,有西天庙、天后宫、武胜庙和冼太夫人庙,还有当时华侨富商为家乡建起的家族式连排骑楼等。

2009 年 6 月 10 日,首届"中国历史文化名街评选推介"活动在北京举办,海口骑楼老街榜上有名。海口骑楼老街以其唯一性、独特性荣获首批十大"中国历史文化名街"称号。

❈ 小贴士　据记载,20 世纪 30 年代,海口已有 35 个行业 572 家商铺,如梁安记、远东公司和广德堂等。著名旅店或综合性娱乐场所,如五层楼、大亚旅店、泰昌隆等许多大商号都在该街区的骑楼里。

2. 海口骑楼小吃风情街

坐落于大同路 2 号,占地面积 8 666 平方米,能同时容纳 3 万多人就餐,于 2010 年 12 月 31 日正式开业。2013 年 7 月,该风情街被批准为国家 AAA 级旅游景区,成为海口第七家 A 级景区以及海南省第一家以特色餐饮为主题的 A 级景区。

该小吃风情街为展现海南黄花梨文化,采用"一棵千年花梨打造一条小吃街"的理念。其正门广场横卧了一个千年花梨木的树干,长达 30 米,直径 2.16 米,需五六位成人方能环抱。

骑楼小吃风情街融合骑楼、黄花梨、琼剧、黎锦、海捞、海南小吃等海南独特文化元素,成为海口市民和各地游客了解海南饮食文化和品尝海南美食的好去处。

3. 琼洲文化风情街・海南花卉大世界

❈ 小贴士　为全面提升景区旅游设施档次、品位和服务功能,海口市旅游发展委员会于 2012 年开始大力推动 A 级旅游景区创建工作,制定并下发《关于推进 A 级旅游景区创建工作实施方案》,鼓励、支持并指导全市具备条件的景区积极创 A,并成功创建琼洲文化风情街。

位于琼山区新大洲大道南渡江旁花卉大世界,街长500米,处于美兰机场与海口市区连接的核心位置,是一条集旅游、休闲、餐饮、购物、学术与文化传承、研究于一体的文化主题风情街。

该街区兼具琼崖文化、生态文化、旅游文化、餐饮文化四大功能,内设海南旅游商品展示区、东盟旅游商品展示区、国际风味餐饮休闲区3个功能区。

该街区以极具黎苗风情的30座造型各异的建筑为核心,以"天涯织女"黎锦馆、"海螺姑娘"贝艺馆、沉香博物馆、海上丝绸之路博物馆、东盟旅游商品展馆等古朴生态的大型展馆为主体,依托园林景观、假山树石、小桥流水,形成海南最大的旅游商品展示基地及海口市非物质文化遗产和林业产品展示基地。

✽ **小贴士** 琼洲文化风情街填补了海南省生态文化风情街的空白。2012年,"首届海南东盟国家旅游商品中国巡回展"曾在此举办,当年入驻境外商家约30户。

四、江东新区简况

✽ **小贴士** 由海口市规划委组织编制的《海口江东新区总体规划(2018—2035)》,于2019年1月27日通过了专家评审。

1. 成立时间与所处区域

2018年6月,应海南自贸港建设需要,海南省政府决定设立海口市江东新区。2020年6月3日,海南自由贸易港海口江东新区正式挂牌。

该区位于海口市东海岸区域,东起东寨港(海口行政边界),西至南渡江,北临东海岸线,南至绕城高速路(二期)和212省道,总面积约298平方公里,分为东部生态功能区和西部产城融合区。

2. 地位与作用

海口江东新区地处海口市主城区与文昌木兰湾之间,是海口市"一江两岸,东西双港驱动,南北协调发展"的东部核心区域;同时也是"海澄文一体化"的东翼核心。

3. 建设目标

——2020年,与全国同步实现全面建成小康社会目标,生态和美丽乡村建设成效显著,自贸试验区建设取得重要进展,国际开放度显著提高。

——2025年,自由贸易试验区建设取得重要进展,经济社会发展质量和效益显著提高,自由贸易港制度全面建立。

——2035年,建设成为具有鲜明热带海岛特色,全方位践行中央新发展理念的对外开放国际化新区,为全球未来城市建设树立"江东样板"。

4. 总体与生态格局

江东新区着力构建"山水林田湖草"与"产城乡人文"一个生命共同体的大共生格局;形成"田做底、水理脉、林为屏;西营城、中育景、东湿地"的总体格局。

构建"一区映两心、三水纳九脉"的生态空间格局。一区:指东寨港国家自然保护区;两心:包括桂林洋热带农业公园、滨海河口湿地带为节点的生态绿心;三水:包括南渡江、琼州海、东寨港大湖;九脉:包括潭览河、迈雅河、南岳溪、道孟河、芙蓉溪、演丰西河、演丰东河、罗雅河、演州河等九条河流及沿河流两侧建设的多条绿色生态脉络。

5. 已取得的成果

从2020年6月至2023年9月,江东新区聚焦打造海南自由贸易港集中展示区和现代服务业示范区,围绕基础设施建设、重大项目落地、招商引资引智等方面全面加速,高质量、高标准推动园区开发建设,新区面貌日新月异,发展成果突出。

经济指标——固定资产投资从2019年的149亿元增长到2021年的313亿元,年均增长44%,占全市比重从13%增加到24%。

营业收入——从2020年的1 108.23亿元增长到2021年的2 272亿元,再到2022年的3 116亿元,年均增长67.7%。

税收——从2019年的7亿元增长到2020年的15.52亿元,再增长到2022年的57亿元,年均增长185.3%。

引进外资——从2020年的8.11亿美元增长到2021年12.69亿美元,年均增长56.5%,规模连续两年位居全省重点园区首位。

园区注册企业——截至2023年6月,江东新区累计注册企业28 616家。

产业发展——截至2023年11月,累计招引重点企业375家,其中世界500强企业40家。

总部经济区——以离岸贸易、大宗商品贸易、服务贸易和银行、证券行业为重点,辅以贸易配套产业保险、保理、供应链金融等,截至2022年6月,总部型企业累计落地46家。

临空经济区——截至2023年9月,已招引中州航空、华龙航空、中航租赁等53家企业,部分产业已初具雏形。

第二节 文昌市

文昌市自然风景优美,文化底蕴深厚,是海南闽南文化发源地,有"一里三进士"的说法,并享有"九乡"的美誉,是海南省乃至全国有名的文化之乡、华侨之乡、排球之乡、椰子之乡、国母之乡、航天之乡、将军之乡、书法之乡、长寿之乡和宋氏三姐妹故里。

文昌市也是中国第四座航天之城、中国特色魅力城市、全国科技进步示范市、全国文化先进市、海南省三沙市后勤补给基地、海南省拥有海岸线最长的城市、省级园林城市。文昌市还是南中国海重要港口枢纽,琼北重要的经济、文化、交通、旅游区域中心之一。2016年、2020年连续两次荣获"全国双拥模范城"称号。

2021年7月,文昌市政府有了新规划:抓好以"一核两带"为空间布局的海南文昌国际航天城建设。"一核"即海南文昌国际航天城;"两带"即以海南文昌国际航天城为发展引擎,激活文昌发展的消费人气,带动辐射文昌东部沿海,形成由龙楼镇向南至文城清澜港,重点发展航天科技产业园、航天主题旅游、航天科普体验等产业的"滨海航天科技产业经济带";以及由龙楼镇向北延伸至铺前镇木兰港,重点发展滨海度假、生态康养、休闲旅游产业的"滨海旅游康养产业经济带"。

✱ 小贴士　为加快区域协调发展,文昌市早在2018年6月就印发了《文昌国家海岸公园建设工作方案》,明确以海岸带生态保护和修复为基础,积极打造对接国际标准、承担国家职能、彰显文昌特色,集生态度假、养生运动、绿化美食、科教观光于一体的国家海岸建设示范区、文化展示区、生态保护区。

一、市情简况

文昌市位于海南岛东北部,东、南、北三面临海,南北长95公里,东西宽65公里;环疆总长285.1公里,陆地总面积2 488平方公里,海岸线长289.82公里,海域面积5 245平方公里,是海南海岸线最长的城市。

文昌市已有2 100多年历史,是海南三大历史古邑之一,也是海南闽南文化的发源地。

西汉元封元年(公元前110年),文昌为紫贝县。隋大业三年(607年),在紫贝县故墟上置武德县;唐武德五年(622年)改名为平昌县,贞观元年(627年)取"偃武修文""修明文教"之意更名为文昌县。

1995年11月7日,国务院批准撤销文昌县,设立文昌市(县级),其管辖范围不变,由海南省直接管辖。

2022年末,文昌全市常住人口56.87万人,常住人口城镇化率为61.61%。文昌人杰地灵,120多万名文昌籍同胞侨居世界60多个国家和地区。

二、主要景区(点)

(一) 主题园区

1. 海南航天主题公园

✱ 小贴士　该公园与"文昌国际航天城"的互补内容,另见上编第一章第二节之四。

海南航天主题公园是文昌国际航天城航天发射场配套区的核心项目,位于文昌市东郊镇滨海地区。

2010年12月5日,海南航天主题公园奠基仪式在文昌市东郊镇隆重举行,主要项目于2015年底建成。据新海南客户端、南海网、《南国都市报》2022年6月28日消息:文昌国际航天城将打造融太空体验、科普教育、航天研学、国际会展为一体的航天旅游新业态,建设一个"中国唯一、国际一流""充满航天科技文化和海岛特色"的新主题公园。

该航天公园目前主要功能:航天科普和科技展示、航天主题娱乐、发射场参观、实时观看火箭发射;已建有的主要设施和游乐项目:4D动感影院、IMAX球幕影院、发射模拟器、中国航天展示馆、航天名人馆、中心发射塔(中心标志塔)、月球前哨、月球高尔夫、月球之旅、流星冲击波、嫦娥奔月之旅、吴刚伐木、月球探险影院、太阳之旅、银河推进器、空中湍流、重力摇臂、太阳之梦、火星洞穴、火星采矿车、火星前哨、红色火星幽灵等,以及夜间表演和太空巡游。

✱ 小贴士　新的海南航天主题公园建成后,将填补我国乃至亚洲地区航天旅游空白,对海南旅游转型升级和推进海南自贸港建设产生重要影响。

2. 清澜港观光区

清澜港,位于文昌市东南方,从文城镇坐中巴车可到清澜镇,距海口市90多公里,是文昌市人民政府驻地。

清澜港,位于八门湾(也称后港湾)的西岸,水域宽阔,面积达 12 万平方米,港内风浪小,回淤较少,是一个自然条件优越的港口。港内长年大小渔船密如繁星,生产繁忙。港岸椰林成带,郁郁葱葱。自古以来,清澜港就是海南岛东海岸的重要商港,有"琼州之肘腋""文昌之咽喉"的美称,建港至今已有 600 多年。

清澜港的中心区域有风韵独特的东郊椰林、历史悠久的文笔塔、沙柔浪静的高龙湾、浴场神奇迷人的后港湾红树林;往东北数公里有遐迩闻名的宋氏祖居,十多公里处有蔚为壮观的铜鼓岭,往西北千余米有文城古镇、文庙、张云逸大将纪念馆等,是海南五大滨海旅游区之一。

✱ 小贴士　明洪武元年(1368 年),清澜港就形成了渔商小港,而现在这里已是海南东部水运物资集散地,是沟通西沙群岛、中沙群岛和南沙群岛的重要枢纽。

3. 春光椰子王国

位于文昌市龙楼镇,国家 3A 级旅游景区,总占地面积 60 亩,现建有椰王宫、椰美食制程廊道、椰艺阁、椰之春、椰膳苑和御椰园六大特色景点,是一座集科普参观、研发生产、旅游休闲、体验购物为一体的"旅游+观光"工厂。

春光椰子王国内展示了大量与椰子相关的民风民俗、椰壳椰雕工艺品。同时还布展了现代化的椰子产品加工生产线、椰子特产展销区等一系列有趣、有料的内容。它不仅仅是海南椰文化输出的"巨型窗口",更是一个动手体验椰子美食制作的好去处。

"文化体验感+高度参与感"的景区模式,使其有别于其他传统景点,游客在此会有不一样的游玩体验。

✱ 小贴士　春光椰子王国于 2018 年 9 月 9 日开园,这是中国首座以椰子为主题的观光工厂。

4. 椰子大观园

位于文昌文城镇文清大道 502 号,国家 4A 级旅游景区,毗邻东郊椰林风景区,占地面积 816 亩。该园是一个以椰林为主体背景,集科学研究、科普教育、旅游观光、休闲娱乐为一体的具有浓郁椰子文化特色的生态景区。

该园是 1980 年农业部中国热带农业科学院椰子研究所在原有椰子种子资源库的基础上改建而成的。园区内分为解说中心区、椰林观赏区、棕榈观赏区、湖滨休闲区、产品开发区和科技研发区 7 大功能区。

该园内共收集了国内外椰子品种 17 个,各品种椰子或高或矮,或红或绿,形态各异,极具观赏价值。该园汇集 200 多种棕榈植物和 130 多种海南特色的树种,是我国目前保存棕榈植物品种最多的植物园区。

✱ 小贴士　该园承担着国家、农业部、科技部、海南省及国际合作等数十项科研项目,并获得多项科技成果,为我国椰子产业的发展和海南椰区农民脱贫致富奔小康做出了积极贡献。

5. 铺前骑楼老街

铺前镇,原名溪北镇,始建于清末,到民国初期已初具规模。铺前老街,一般指现在的胜利街和渔港南街交叉的十字街。

胜利街长约400米,呈S形,两旁建筑是清一色的南洋骑楼,充满异国风情。胜利街是海南第二大骑楼老街,仅次于海口骑楼老街。

❋ 小贴士　铺前骑楼老街曾是《南海潮》《解放海南岛》以及香港回归十周年纪念剧《五星大饭店》等几十部影视剧的拍摄地。

6. 文南老街

文南老街是文城镇商业经济的发源地,也是文城发展的缩影,有着丰富的人文景观和文化内涵。其大部分建筑为骑楼,是文城较繁华的商业街,为海南第三大骑楼群。据史料记载,1920年始,一大批侨商回到文城投资建楼,从南到北沿着文昌河建起一间间高二三层的骑楼。文南老街侨商众多,开办各色各样的商店,使文南老街成为文昌主要商业街之一。

(二)生态旅游景区(点)

1. 铜鼓岭国际生态旅游区

❋ 小贴士　2021年12月12日,铜鼓岭国家4A级旅游景区揭牌。该景区按照文昌市政府专题会批准的《铜鼓岭5A级景区—核三线概念性旅游规划》,继续在生态保护的前提下进行建设。

铜鼓岭,位于文昌市龙楼镇,距文昌市区40公里。铜鼓岭处在海南岛最东端,三面环海。其绵亘20多公里,地貌奇特,植被繁茂,主峰海拔338米,素有"琼东第一峰"美誉。在岭上顶峰,可观东方日出,可看云海晚霞;距铜鼓岭17海里的七洲列岛,时隐时现,蔚为奇观。

铜鼓岭国际生态旅游区,以铜鼓岭为中心,主要由月亮湾、石头公园、云龙湾、大澳湾、淇水湾、宝陵河等组成。分别有以下游览要素:神庙、和尚屋、尼姑庵等古迹;仙殿、仙洞、风动石、飞来佛、银蛇石、海龟石等奇岩异石,以及红树林生态修复园、观海长廊、揽月台、望京亭、祈福林、文佛庙、伏波古道、绿岭精灵、明珠金顶、云顶驿站等人文景观。

(1)月亮湾

在铜鼓岭下,沿着自西向东的宝陵河,绕过无数虾塘,到出海口,那里就是月亮湾——25公里长蜿蜒曲折的海岸线,如同一钩明亮的弯月;南海层层叠叠的滔滔白浪又如一条条银白色的缎带,涟漪万千;海中一座座小岛、礁石好似中流砥柱迎接着海浪的拍击。

(2)大澳湾

从铜鼓岭主峰下山向南走,在到达南端的石头公园之前,大澳湾是必经之地。大澳湾两端是葱郁的山峰,中部是只有1公里多的白色沙滩,U形海湾中,浪如花涌。

(3)石头公园

位于云龙湾和铜鼓嘴之间的铜鼓角山下。诸多依附于铜鼓岭的石头,是地球深部玄武岩浆沿断裂带上升喷溢地表而形成的玄武岩,被海浪和风雨侵蚀得如鬼斧神工般形态各异,颜色不一。

(4)铜鼓嘴

在石头公园入口外的荒坡顶,有一处被遗弃的军事地堡和一个灯塔。站在灯塔下,面向大海方位左手方向,有一条800米长,被热带灌木、藤类植物遮掩的小路。路的尽头便是200米悬崖——铜鼓嘴山顶,悬崖下面便是无际的大海。也许,海南岛最具有震撼力的海边景观就在铜鼓嘴了。

(5) 云龙湾

云龙湾的奇异不在海上而在海底。几公里长的海湾下面,分布着100多种保护完好的珊瑚资源,以及依赖珊瑚礁栖息的海草和400多种珊瑚礁鱼类。有的胶质状蜂窝珊瑚面积达一二十平方米,有的形如锅盖,有的状似牛粪。形态各异、大小不一的珊瑚布满海底礁岩。海底缓坡和巨石崖壁上,还生长着摇曳漂浮的海草,海草丛中是四处游弋的海贝、螃蟹和五彩缤纷的小鱼。

✿ **小贴士** 铜鼓岭国际生态旅游区,还为游客提供了希尔顿、文昌天福云龙湾、文昌豪峰等酒店设施和文昌最负盛名的"龙楼四宝"——海胆、鲍鱼、龙虾和海白(贵妃蚌)等美食佳品,以及水疗SPA等康养项目。

2. 七洲列岛观光区

位于文昌市东部海域,属龙楼镇管辖,由南峙、对帆、赤峙、平峙、狗卵脖、灯峙、北峙等7个岛屿组成。七洲列岛自南向北七峰突起,呈一条曲线排列,长13.2公里;南北两部分相隔6.5公里,对立相望,各形成一个整体。文昌渔民称其为"七洲峙",它自古名列文昌八景之一。

七洲列岛所在海域被称为"七洲洋",是一个海产丰富的天然渔场。这里鸥鸟成群、云遮雾绕,还有神秘的海上洞穴、斑斓的海底世界,是令人神往的"海上仙山"。

七洲列岛有一种世界罕见的地质奇观:海蚀隧道。此处几乎每一座岛屿都有一两个这样的洞穴,尤其是双帆岛和灯峙岛,洞穴穿透整座岛屿,形成了小舟通行的隧道。七洲列岛的另一个显著特点就是到处都是鸟,可谓名副其实的"鸟的天堂"。

✿ **小贴士** 文昌海洋局提供的资料显示:北峙海拔146米,是七洲列岛中面积最大(0.4平方公里)且唯一有淡水的地方;南峙为第二大岛,面积0.35平方公里。

3. 清澜高隆湾旅游区

位于文昌市清澜港西南侧,离文城镇12公里,距离文昌卫星发射场直线距离10公里,是一个优良的热带天然泳场。其附近海域海草丰茂,是海南海藻最多的地方之一,被誉为"海底草原"。

该旅游区现已建成休闲区、海边浴场、海上娱乐区、安置区等功能区,旅游项目开发日臻完善,相继建成多个大中型酒家、度假村及中小型高级别墅,还有大型淡水泳池及其他旅游服务设施等,为中外游客提供游泳、划船、帆板、潜水、摩托艇等多种休闲娱乐服务。随着清澜港的深度开发,高隆湾日益繁华热闹,是观光旅游、健身娱乐的好去处。

✿ **小贴士** 每年冬季,高隆湾会云集参加冬训的国内各省市的沙滩排球队。

4. 东郊椰林观光区

位于文昌东郊镇椰林路海滨,在绵延十里的建华山海岸线上,距文城镇17公里,过清澜大桥即到。

该观光区占地面积26.5平方公里,椰树成片,椰姿百态,有红椰、青椰、良种矮椰、高椰、水椰等品种,共50多万株,属典型的热带海滨椰林风光。区内大小、高矮、直弯、斜曲的椰树参差错落,自然成林。葱翠的椰林,组成一条一望无际的林带,形成海岸线上一道天然绿色屏障。林下路随树转,曲折盘旋。

东郊椰林观光区的主要景点：椰林长廊、"椰子王"树、椰林里风情小木楼、椰园小村、红树林、水尾圣娘庙、革命烈士纪念亭、椰子工艺厂及椰子系列产品加工厂、椰子产品一条街等。

❈ **小贴士** 1999年，中国和古巴联合发行了一套邮票，东郊椰林作为中国的风景被印上邮票这一"国际名片"之上。1989年，东郊椰林作为海南第一个开发起来的旅游胜地，十分走俏；1995—1997年为东郊椰林旅游发展鼎盛期。

5. 铺前木兰湾旅游度假区

位于文昌北端铺前镇，隔海与大陆相望。其海岸线长25公里，与七星岭相连，与海口市海上直线距离49公里，陆路距离90公里。

该度假区年平均日照2 000小时以上，年平均气温23 ℃，森林覆盖率为80%。铺前木兰湾腹地开阔平缓，保持着良好的生态环境。自然景如诗如画，绿色草坪犹如天然高尔夫球场。

距木兰湾3公里处是木栏头，由7个具有独立性的月牙形沙滩、怪石区和约6平方公里的尖三角形陆地组成。木兰港所处的地区是锥形半岛状向琼州海峡凸出，三面环海，自然形成一个相对独立的半封闭式区域，其东南面是沙质细柔的沙滩带。

铺前木兰湾水深浪平，岸边海底基础为石质，可停万吨巨轮，距国际航线3海里，条件成熟时，可辟为深水港。目前，该湾已开发为以综合游乐运动为主要特色，集旅游、度假多种功能于一体的旅游度假区。

❈ **小贴士** 木兰湾之南角，有海拔97.2米的航标灯塔（木栏头灯塔），堪称亚洲第一。灯塔建筑高度72.12米，沿海24海里范围内均可看到。2006年5月22日，国家邮政局发行《现代灯塔》特种邮票一套，其中一枚主图为文昌市铺前镇木栏头灯塔。

6. 会文冯家湾旅游区

位于文昌市会文镇冯家湾海滨，距文城镇约30公里，海岸线长8公里。

冯家湾，湾外绿树环抱，巨石突起；湾内海水清碧，海滩坡度平缓。湾外西边的毛陆岭仪态万千，其间的三更峙从海中突兀隆起，登上峙顶可尽览湾内秀色；湾内海滩200米以内海水深度不超过2米，且有丰富的海底珊瑚礁和水下动植物资源。滩上的石头颇具特色：石头之间波平浪静，大的如屋，小的如拳，形态多样，错落有致。

冯家湾岸滩绵长，宽阔平坦，茂密的椰子树、荫翳蔽日的木麻黄林带，是夏日时节天赐予游人的"太阳伞"。碧海、银波、平沙、椰林、巨岩、小石构成冯家湾特有的迷人景观。

❈ **小贴士** 此处历来是文昌人民和外来游客观海游泳的好去处，特别是在端午节、中秋节等节日期间，海湾内人山人海，游泳弄潮者众多。

（三）生态公园与人文景区

1. 八门湾绿道公园

位于文昌河、文教河、横山河等八条大小河在清澜港北侧汇合处，是在建设八门湾绿道的基础上打造建设的国家湿地公园。

该园以八门湾四面滩涂为中心，辐射文昌河、文教河等河流上游数公里，其范围包括文城、清澜、头苑、东阁、东郊、文教等6个镇，面积达3万亩。一期建设总长54公里，其中主线为45公里，支线为9公里，途经22个行政村。

绿道按照沿途景点特色划分为"一带五区",设置一级服务点1个,二级服务点19个。绿道串联湾区特色景观资源,以红树林景观绿道、沿湾生态休闲绿道、农家人文休闲绿道、史迹文化体验绿道、乡村郊野景观绿道、渔村风情体验绿道、椰海风情绿道为7大主题的八门湾绿道,引人入胜,令人流连忘返。

八门湾绿道体现了自身特有的海、河、港、湾、林自然资源和以侨乡风情为主体的人文旅游资源特色。

✱ 小贴士　2011年8月,文昌市政府宣布:在建设八门湾绿道的基础上,打造建设5A级八门湾红树林国家湿地公园,与航天主题公园、宋氏祖居文化园、孔庙等文昌市一批重点旅游景区相互辉映,相互拉动。

2. 龙泉乡园

2019年底获批项目,位于海口与文昌交界的东路镇葫芦村,海文高速大致坡出口处,占地面积44.42亩,停车位108个。龙泉乡园是一个因地制宜引进经济作物、航天育种,发展高效农业(种植业),并配套住宿、餐饮、观光、采摘、休闲、旅游、会务、康体等的综合性园区。

其间的特色民宿整合了文昌的建筑风格、乡村风光、民俗文化等要素,突出了文昌乡村饮食文化的风格,并通过农耕工具、豆腐制作工具、灶火小调、琼剧文化表演等体现最原始的文昌农家味道和乡村文化气息。

✱ 小贴士　龙泉乡园还充分利用地处"文昌鸡之乡""琼剧之乡"等优势,努力办成宣传文昌鸡、琼剧文化的重要平台,同时与海南大学园艺学院、文昌市中等职业技术学校等建立合作关系,为园林园艺、酒店餐饮等专业的学生开办实习基地。

3. 霞洞湖休闲公园

位于文昌文城镇,占地面积105多亩,集入口景观区、水上游览区、水上娱乐区、湿地景观区、岸边休闲区于一体。该园有中心休闲广场、亲水平台、假山瀑布、生态岛屿,并配套相关健身、休闲、服务设施等。这里碧波荡漾,美人蕉、再力花、菖蒲等水生植物环绕,俨然是个集生态、景观、休闲、健身于一体的市民休闲公园。

✱ 小贴士　霞洞湖是典型的城镇内河湖,湖水水质达到可排放Ⅴ类(五类),已稳定达标,并于2020年7月荣获海南"最美家乡河"称号,成为文昌开展黑臭水体治理、改善生态环境并取得成效的一个典型。

4. 宋氏祖居

位于昌洒镇古路园村,始建于清嘉庆元年(1796年),距海口约80公里,距文昌市中心30公里。

为纪念宋庆龄及其家庭在历史上所做的贡献和深远的影响,文昌市人民政府于1985年修复宋氏祖居,并在宋庆龄基金会和海内外友好人士的支持下相继兴建宋庆龄陈列馆、宋庆龄植物园、宋庆龄汉白玉雕像。

修葺一新的宋庆龄祖居为当地传统的农家宅院,由2间正屋、2间横屋、2间门楼和4道院墙组成,占地面积1 500平方米,建筑面积198平方米。陈列馆设在其中,馆内分别陈列着宋庆龄青少年时代、革命战争年代和从事世界和平事业以及国内外各界人士对她的深切怀念的史料、照片、图表、绘画、仿制实物等。

宋氏祖居景区深入发掘宋氏家族教育精髓及红色爱国主义基因,以"文化＋旅游＋城镇化"创新发展模式,致力于打造以红色教育、文化研学、艺术展示、亲子度假为主要功能的文旅融合示范区,家国文化传承研学基地。同时,文昌宋氏祖居景区还通过开展"永远和党在一起"宋庆龄史迹展活动,结合多媒体互动技术重现历史,再现了大量珍贵影像资料。

❋ **小贴士** 2014年2月,在海口召开的宋氏祖居文化园项目规划建设咨询会启动了宋氏祖居文化园项目,并于当年开始动工建设。2021年11月,宋氏祖居入选海南省委党史研究室公布的第三批党史教育基地。2022年1月,文昌宋氏祖居获评国家4A级旅游景区。

第三节 澄迈县

澄迈县,是海南的休闲旅游县,是世界长寿之乡、世界富硒福地、中国绿色名县,因古县治老城有"澄江"和"迈岭",故取山水名之首定县名为"澄迈"。澄迈县南部为低山、丘陵和台地,中部和北部为宽广的海积平原,发展农业极为有利,历来是海南粮、蔗、猪、牛的商品生产基地。该县盛产的高峰黄牛是我国十大良种牛之一,因此该县被农业部定为"全国商品牛基地"。

澄迈县依托历史文化、生态文化、佛教文化资源,大力发展特色休闲低碳旅游业,入选2022年全国传统村落集中连片保护利用示范县,打造福山咖啡文化风情小镇和琼北最大佛教寺院永庆寺等2个国家3A级旅游景区,建成18家椰级乡村旅游点和4家省级共享农庄,罗驿村、大丰村、洋道村、新兴苗村等荣获国家级荣誉的美丽特色乡村旅游景点,侯臣村成功入选第四批全国乡村旅游重点村名录,形成了咖啡之旅、历史文化之旅等九大系列旅游线路,成为琼北旅游新热点。

一、县情简况

澄迈县位于海南岛的西北部,毗邻省会海口市。东接定安县,南与屯昌县、琼中县相连,西与临高县、儋州市接壤,北临琼州海峡。东西宽56.25公里,南北长70公里,陆地总面积2 067.6平方公里,海域面积477平方公里,海岸线长114公里。

澄迈县前身为苟中县。西汉元封元年(公元前110年)设立,属珠崖郡,县治那舍都(今美亭乡东北隅)。西汉初元三年(公元前46年)废苟中县。隋大业三年(607年),在原苟中县地设立澄迈县,县治设在澄迈村,后移至澄江坡(今老城墟)。清光绪二十一年(1895年),县治迁至金江镇至今。1958年12月1日,澄迈和临高两县合并,初称金江县。1959年3月22日,正式改称澄迈县。

至2022年末,澄迈县户籍人口57.55万人,其中城镇人口26.67万人,占比46.34%,乡村人口30.88万人,占比53.64%。有35个民族,其中汉族人口占98.03%。

❋ **小贴士** 2009年5月,澄迈县成为海南省第一个、全国第10个"中国长寿之乡",2012年11月荣获"世界长寿之乡"称号。

二、主要景区(点)

(一) 风情小镇

1. 福山咖啡文化风情镇

位于澄迈县福山镇环岛高速公路南侧,是环岛高速公路与福桥路的交汇点,225海榆国道、环岛西线高速公路贯穿境内。该风情小镇距省会海口市约49公里,离澄迈县城金江镇约18公里。

福山咖啡文化风情镇面积76平方公里,区内建有地方特色的家庭旅馆,是集世界咖啡种植文化观赏、咖啡交易中心、世界咖啡口岸、咖啡制作观摩品尝区、陶艺制作创意体验区、休闲娱乐度假于一体的特色风情小镇。

该镇中心区是国家3A级景区,其建筑采用古朴的地中海式与浓郁的咖啡风情相结合的风格,外观装修以浅米黄色和浅米白色为主色调,配以国际流行的浅咖啡色饰纹砂浆,局部采用本地火山岩体现地方特色。

✤ 小贴士　福山咖啡文化风情镇中心区是2010年(第十一届)中国海南岛欢乐节主会场,2012年12月被授予海南"旅游刷卡无障碍优秀示范景区"和"中国咖啡第一镇"称号。

2. 台湾风情小镇

位于澄迈福山镇敦马路1公里处,占地面积2 830亩,建筑总面积约150万平方米。

该风情小镇总体规划为阿里山、妈祖庙、蝴蝶谷、日月潭等四大风情园和十大景区。其中,包括两岸发展交流会议中心、两岸文化会展中心、妈祖文化风情园等主要景区,成为一座集两岸高层会议、会展、文化、演艺、旅游、休闲和农业观光于一体的多功能大型台湾风情旅游小镇,是琼台合作基地的重要组成部分。

✤ 小贴士　台湾风情小镇是琼台两地文化交流的永久性会址,是世界瞩目的又一个"博鳌",是海南文化旅游的新地标。

3. 海南地中海文化风情小镇

位于澄迈老城开发区太阳湾旅游景区跨海大桥、东环铁路及西线高速公路的交汇处,即西线高速573公里三林出口处,是一个充分利用开阔的红树林区域、原生态湿地滩涂景观、恬美的内海湾而规划建设的国际标准、世界一流的热带滨海旅游度假住宅区。

该风情小镇具备生态景观、体育运动、度假居住三大核心动能,已重点开发出富力红树湾与陇海太阳湾两大项目。

富力红树湾近万亩红树林旅游度假区项目,设置了红树林湿地公园、国际标准高尔夫球场、国际游艇会、红树林生态度假屋、高尔夫景观度假屋、五星级度假酒店以及商业配套等。

红树林湿地保护公园,是利用得天独厚的内外双海湾与2 200亩天然红树林,按照国家4A级标准进行建设的,2014年8月23日开园。该园以生态和谐为主题,适度结合旅游、科普等公共活动,保护和恢复湿地生态系统,形成一个集科普、环保、旅游、观光、度假于一体的休闲景区。园内有全长4.2公里的原木栈道,已开放了湿地体验馆,引进了水上画舫、绿地慢跑、绿野仙踪、嘟嘟乐园、火烈鸟特色餐厅、火烈鸟岛、红树林风情集市等游乐项目。

❋ **小贴士** 地中海文化风情小镇项目,不仅满足了人们居住舒适、生活便利等基本生活要求,而且营造了旅游生态地产的和谐居住氛围,使消费者在运动、休闲、健康等方面享受居住的乐趣。

4. 海南欧洲文化风情小镇

地处澄迈大丰镇金马大道88号,紧靠省会海口市西部,占地面积12 000亩,是澄迈县产业发展战略"一都二中心三区四镇"(即金江休闲娱乐之都,金马现代物流中心、粤海铁路南站物流中心,盈滨半岛国家4A级休闲度假旅游区、海南老城经济开发区、加笼坪热带季雨林旅游区,福山咖啡文化风情镇、海南欧洲文化风情小镇、海南地中海文化风情小镇、台湾风情小镇)重点之一。

海南欧洲文化风情小镇的建设定位——高端度假旅游区。该项目于2011年12月27日启动,规划建设"西班牙安达鲁西亚小镇""法国维希小镇""德国拜恩小镇""英国维多利亚小镇""意大利锡耶纳小镇"等5个旅游度假小镇;规划建设三大主题公园:安徒生童话主题公园、凡尔纳科幻探险主题公园,以及白鹭生态保护景区。另外,配套建设3个18洞国际标准的高尔夫球场。

2012年,第一个18洞高尔夫球场于12月试开业;旅游度假"西班牙小镇"一期、"意大利小镇"一期工程已封顶,旅游地产建筑面积10万平方米,已开工6万平方米。

❋ **小贴士** 海南欧洲文化风情小镇项目,以打造原味欧洲庄园生活为出发点,不以建筑本身而存在,旨在从建筑升华到人与自然浑然一体的精神生活。

(二) 庄园与寺庙

1. 红坎岭陶艺园

位于澄迈县桥头镇红坎岭,占地面积500亩。该陶艺园分为工作区和生活区2个大的区域,均掩映在郁郁葱葱的林木之中。

生活区有大型的堆花陶缸、粗犷的大型陶柱、浑厚质朴的各种陶罐,以及风格迥异的人物陶塑。工作区旁一大一小两个湖泊波光粼粼,各种水鸟栖息游弋其中,成为园区内一道靓丽的风景。五孔仓式窑,在宽大密棚的阴影中显得古朴而神秘;密棚一旁的青砖灰瓦陶艺工房宽敞而明亮(内部面积达1 000多平方米)。

2. 辉隆生态休闲庄园

位于澄迈县金江镇大拉基地路67号,总建设面积14.9万平方米;其中,种植、养殖、水面、绿化占95%。

该休闲庄园有绕水餐厅、畔水别墅、艺术陶窑、森谷咖啡、园林观景等接待设施,能够提供休闲垂钓、棋牌娱乐、田园采摘、农活体验、浅湾戏水、丛林游戏等休闲娱乐服务,以及自种自养的中华鳖、福寿鱼、青草鲤、嘉积鸭、白莲鹅、文昌鸡、野山鸡,还有各种时令蔬菜、瓜果等绿色无公害食材。

辉隆生态休闲庄园还为游客提供水上高尔夫练习服务,以及海竿、竹竿、鱼饵、渔具、暂养、代加工等服务。该庄园是一处自然、和谐、美观、"农意浓浓"的生态休闲庄园。

3. 棕王园休闲农庄

位于澄迈县金马大道8公里处,内进800米,占地面积200亩。已成为集农业观光、花卉、盆景艺术制作、休闲、文化娱乐、餐饮等于一体的现代旅游休闲度假胜地。

棕王园休闲农庄空气清新,溪水潺潺,果树飘香,奇树异木,鸟语花香,是天然氧吧。奇特的竹子分叉、油棕分叉、海藻分叉为该农庄一大标志性特色。游客可在农庄附近的山上亲手采摘百香果、野菜、菠萝蜜;也可以对鸡、鸭、鹅等动物进行野外放养;更可以在农家院里享受干煸鹅、炸牛排、鱼骨汤等该农庄的招牌菜。

4. 九乐宫温泉度假山庄

位于澄迈县西南部西达农场境内,九乐山北侧。九乐宫温泉日喷水量5 460立方米,水温57.1 ℃,含氟量高,有良好的医疗保健功效,被当地群众誉为"洁身龙水"。

九乐宫温泉度假山庄由公共服务中心、旅游度假区、综合旅游区、热带果园区、景观保育区五大部分组成,并以温泉热带风光为特点,以旅游度假、康复保健、疗养为核心,是健身休闲、旅游度假胜地。

5. 侯臣咖啡文化村

位于西线高速公路福山桥头出口处,占地面积2万余平方米,拥有中餐厅、咖啡厅、咖啡种植园及农家果园等。

侯臣咖啡文化村环境优美,风景秀丽,有超大的户外咖啡长廊、香醇的福山侯臣咖啡、诱人的自制农家糕点、豪华的棋牌包厢等,是休闲旅游、朋友聚会、家人郊游、商务活动的首选场所。该文化村的侯臣酒家以畅销自养的果园走地鸡著称,拥有豪华包厢十余个,可同时容纳300人用餐,是一家颇具规模的农家餐厅。

✲ **小贴士** 侯臣咖啡文化村是一家以倡导咖啡文化为主,休闲娱乐餐饮为辅的休闲旅游场所,拥有多家连锁企业,曾接待过多位国家领导人。

6. 永庆寺

永庆寺位于海南永庆文化旅游景区内。该景区位于澄迈县老城经济开发区盈滨半岛核心区,三面环海,距海口市中心约18公里。

永庆寺始建于唐代,以其高品质定位影响力越来越大,为古"澄迈八景"之一,是海南历史上有名的禅林圣地,也是琼北地区最大的佛教寺院。该寺以佛家修心养性与休闲养生为特色主题,形成"宗教祈福—修心养性—度假养生"的全新佛教文化体验休闲与修心养生生活方式综合区,并构建了海南"南有南山寺,北有永庆寺"的佛教格局。寺内主要建筑有天王殿、大雄宝殿、藏经阁、观音殿、文殊殿、普贤殿、方丈室、禅堂等。

(三)其他旅游资源

1. 热带季雨林资源

加笼坪热带季雨林旅游区是澄迈县其他旅游资源之一。该旅游区位于澄迈县西南端,总面积32 800亩,范围为东与屯昌县交界,西靠临高县、儋州市,南与琼中县为邻,距县城金江镇约50公里。

该旅游区为原始热带雨林区,拥有胭脂、坡垒、青梅、榴果等珍稀树种及水鹿、猴子、巨松鼠(藤狸)、穿山甲、蟒蛇、原鸡、山鹧鸪、金钱龟等珍稀野生动物。

该旅游区林海莽莽,还有山间瀑布、林间小溪、奇峰怪石、山顶天塘,加之鸟鸣兽跃、落英缤纷,构成一幅完美的生态图。

✵ **小贴士**　此处曾是当年琼崖纵队革命根据地、全琼抗战的总指挥部原址,具有优越的生态旅游价值和革命史教育意义。

2. 工业旅游资源

工业旅游是澄迈县近年来新兴的旅游资源。在海南自贸港建设的背景下,截至2022年初,在澄迈县境内累计注册企业数千家,仅位于海口西侧老城经济开发区美仑河畔的海南生态软件园就有4 833家。其中,大多数均已成为新型的旅游观光基地。

在澄迈县投资的许多企业,兴建了一大批生态智慧城、产业基地、研发中心等产业载体,如有较大规模的京东澄迈电子商务产业园及运营结算中心、苏宁海南电商运营中心、华为海南云计算数据中心、新加坡丰树集团澄迈金马物流综合产业园、中国智力运动产业基地、中航特玻高端特种玻璃材料研发中心、中国游戏数码港等。

这些载体以企业服务为入口,引入共享汽车、自行车,建设自行车道、跑步道,提供办公、生活、商务休闲、教育、医疗和旅游观光等完整的系统服务,打造了"15分钟生活圈,实现事业、家庭、健康平衡新主张"的新型旅游观光基地,为海南尤其是琼北工业旅游提供了基础条件和创新样板。

第四节　定安县

定安县具有临空型、临海型地理位置,具有发展热带高效农业、高科技产业、仓储业、商住业和贸易项目的优势,是琼剧的发源地,名伶辈出,素有"无定安不成剧团"的民间流传。

定安县境内集雨面积100平方公里以上的河流有10条,海南母亲河南渡江主干流经定安18公里;富硒资源独特珍稀,全县富硒土地面积600多平方公里;县内"一树之大可成林"的亚洲最大榕树王、"一泉之冷世无双"的热带富硒冷泉、"一湖之美芳姿艳"的南丽湖国家湿地公园等自然美景构成了一幅静美的山水画卷。

定安县先后被授予"省级卫生县城""全省社会管理综合治理优秀市县""中国民间文化(琼剧)艺术之乡""全国农产品加工业示范基地""中国热带火山冷泉之乡"等荣誉称号,并入选全国休闲农业与乡村旅游示范县、全国电子商务进农村综合示范县。

一、县情简况

定安县位于海南中部偏东北的丘陵地带,南渡江中游。其东临文昌市,西接澄迈县,东南与琼海市毗邻,西南与屯昌县接壤,北隔南渡江与海口市相望。定安东西宽约45.5公里,南北长约68公里,全县面积1 196.6平方公里。

定安县,西汉时属珠崖郡,唐代为琼山县地域,元至元二十九年(1292年)置定安县,县名取"境地安定、黎庶安宁"之意。

元天历二年(1329年),定安升为南建州,明洪武二年(1369年)知州王官的儿子王廷金叛乱,后被平息,从此废南建州,置定安县。1912年,属琼崖绥靖委员会公署,县政府驻定城。1958年12月,定安、屯昌合并为定昌县,县政府驻原屯昌县城。1961年5月撤销定昌县,恢复原定安县,县政府驻定城至今。

至2022年底,全县28.77万人,住有汉、苗、黎、回、白、布依、满、侗、瑶、土家等族居民,汉、苗族为世居民族,分别占总人口97.63%、1.04%。

✽ 小贴士　定安县北距省会海口市中心28公里,被誉为海口市的"后花园"。

二、主要景区(点)

(一) 主题园区

1. 文笔峰盘古文化旅游区

文笔峰又名文豪岭,位于定安县中部,主要由玄武岩和片理岩组成。山上植被茂盛,山顶常有云雾缭绕。2006年,在文笔峰山麓开辟建了文笔峰盘古文化旅游区,其前身为海南文笔峰道家文化苑,是集观光、休闲、娱乐、养生、文化研究于一体的大型文化景区。

文笔峰盘古文化旅游区,占地面积千余亩,秉承"大道和谐、尊道贵德"的宗旨,以南宋建筑风格为基调,环文笔峰而建。众多仿古建筑殿宇,雕刻精妙绝伦,错落有致地分布于山体周围,使得整个旅游区气势恢宏、壮观古朴、气韵万千。

该文化旅游区内的玉蟾宫是道教在海南唯一的合法庙宇,也是道教南宗实际创始人白玉蟾的最终归隐之地,被道教奉为"南宗宗坛"。玉蟾宫建筑群由近20座殿堂组成,主要的有慈航殿、月老殿、元辰殿、文昌阁、药王殿、财神殿等。这些建筑结构完整,风格鲜明,系统、完整地突出了道教主题文化特色,是目前中国最大的仿古建筑群。其中,主殿堂玉蟾阁敬奉南宗五祖白玉蟾,基本造型为八角形楼阁,其飞檐、重檐如道经所述天宫"八角垂芒",风格为玉蟾宫主体建筑的特色代表。

✽ 小贴士　文笔峰与南丽湖山水相依,形意相生,自古被视为"龙首龟背"的宝地,是海南历史上唯一被封为"皇家园囿"的禁地。千百年来这里积淀了丰富的文化内涵,诞育了许多闻名遐迩的贤德雅士,众多美丽神话传说、民间故事广为流传。

2. 南丽湖旅游风景名胜区

✽ 小贴士　南丽湖,1988年被列为海南省重点旅游开发区;2010年被国家林业局规划为国家湿地公园,规划区面积30.67平方公里,其中水面面积12.67平方公里;2016年被国家林业局确定为国家湿地公园(详见上编第二章第二节之三)。

位于定安县中部偏东,距省会海口约61公里,总面积46平方公里。南丽湖平均水深12米,常年水温22~23 ℃。

南丽湖是海南北部地区最大的淡水湖,号称"海南岛的掌上明珠、日月潭的姐妹之湖"。湖区周围森林覆盖率超过80%。湖湾长达138公里,有16个左右的大小岛屿错落有致地嵌于湖中。

南丽湖的湖水终年清澈,碧波荡漾;鱼翔浅底,鸟翱蓝天;绿染湖滨,清风习习。湖中有方、圆、长状的各形状小岛,岛上野花争艳,林木竹丛苍翠,林间小鸟欢歌、野兔蹦跳。目前,沿湖有高尔夫球场、酒店别墅、钓鱼俱乐部、休闲中心、鸵鸟农场、欣乐鹿场、寄宿学校、丽湖水庄等度假休闲设施,能为游客提供游、玩、住、吃的配套齐全的系列服务,使得南丽湖及其周边成为一个理想的旅游度假名胜风景区。

✻ **小贴士** 南丽湖所处之地,原来是低谷、高山、岩岭。1958年,定安人民在这里修起南扶水库,于是低谷积水成湖。

3. 包蜜园乡村旅游度假公园

位于定安黄竹镇南海农场场部东面,距海榆东线约800米,距黄竹镇约1.5公里,交通便利。

包蜜园乡村旅游度假公园,是定安县创建的集采摘、垂钓、农耕等于一体的乡村休闲度假项目。该度假公园依托包蜜园村周围数千亩热带特色果园而建,分为热带果园区、烧烤区、蔬菜种植、休闲公园、垂钓中心、野外露营区、生态公园以及木屋度假中心,是一个设施设备非常齐全的乡村旅游度假区域。

该度假公园所处的包蜜园村,盛产菠萝蜜,村里有大片的果林;整个包蜜园村的槟榔林里,到处散落着木质的房屋。这些木屋的客厅、卧房、露台搭配着木质或藤编的简单家具,颇有欧美休闲风格。

✻ **小贴士** 包蜜园乡村旅游度假公园,是定安县"能让游客住农家屋、吃农家饭、干农家活、享农家乐"的6个省级乡村旅游示范点之一。

4. 冯白驹将军抗日驻地

位于定安县雷鸣镇南曲村之西北的居禄山坡,占地面积17亩。这是琼崖国共联合抗日的一个重要遗址,由冯白驹将军抗日驻地遗址展览室、将军井、雷鸣乡抗倭殉国忠烈官兵纪念碑、月塘等8个项目组成。

冯白驹住过的老屋于1971年倒塌,2013年冬重建为展览室,在定安县政府和南曲村民的支持下,定安县委党史研究室负责设计了"古色南曲""红色南曲""现代南曲""档案资料""艺术欣赏"等八大板块,重点展示南曲人的爱党故事、抗日英烈、古代历史、民国人文以及社会主义建设的事迹。

✻ **小贴士** 该遗址所在景区自2007年初由村民集资和政府投资共同建设,2015年4月第一期8个项目工程竣工。

(二)珍稀动植物园

1. 居丁珍稀动物园

位于东线高速公路海南定安居丁分道口旁,离南丽湖不远,依居丁河两岸而建。

该动物园以海南黑熊、四川黑熊、海南水鹿、东北梅花鹿为主,汇集海南各类名鸟和大多数种类蝴蝶,并设有熊鹿园、蛇园、蝴蝶展示厅以及蝴蝶苑等设施,具有驯养、科普、欣赏观光、旅游购物等综合功能。

2. 海南热带飞禽世界

地处定安县塔岭开发区,是目前国内最大的鸟文化主题公园,占地面积466亩。该公园展示着300余种30 000余只各式热带飞禽,涵盖了海南鸟类的绝大多数;其中,有50余种鸟类属于海南独有的鸟类或亚种,一般游客难得一见。

整个海南热带飞禽世界,分成6大鸟类观赏区和3个专项鸟类表演场:世界名鸽广场、鹦哥语廊、鹦鹉广场、鸟雨林（采用声、光、电、色等手段模拟热带雨林的地形特征及热带雷雨）、沙漠鸟园（采用情景模拟方式展示沙漠鸟）、浴龙潭（海南最大的人工瀑布）以及飞禽明星剧场、猛禽表演场、斗鸡表演场等。

❋ **小贴士** 海南热带飞禽世界自2005年2月正式营业以来，以其强调人与自然和谐统一独特的生态展现方式，别出心裁地推出"飞禽王国奥运会""孔雀东南飞"和"鸡王争霸赛"等令人耳目一新的节目，深受游客的好评。

3. 黄竹万嘉热带植物园

位于东线高速公路62公里出口处，占地面积500亩，是一个以热带果树生产、农垦系统特色产品销售和果园观光旅游为主的观光型主题果园。

该植物园内种有多种热带果树和观赏花卉及观赏树木，具有极高的生产价值和观赏价值，包括"热带果王"榴莲、"热带果后"山竹、极其珍贵和神秘的见血封喉树等。园内还建有各种样式的休闲娱乐设施，如歌舞厅、咖啡厅、钓鱼台、假山、兰花棚、南海观音庙、动物园等。

第二章

海南南部浪漫度假旅游区

海南南部浪漫度假旅游区,包括三亚、三沙、陵水、乐东、保亭5个市县,面积6 965平方公里(不含三沙200万平方公里海域面积)。

依托"大三亚"(包含三亚、陵水、乐东、保亭)旅游经济圈,重点发展旅游、海洋科技、热带特色高效农业、医疗健康、现代金融等产业,定位为国际热带海滨风景旅游城市、海上旅游合作开发基地、文化旅游总部经济集聚区、邮轮母港、国家深海基地、南繁育种基地。

第一节 三亚市

三亚市位于海南岛的最南端,别称鹿城,因三亚河在靠近入海口处分成东河、西河,其流入大海处形状呈"丫"字形,本地方言"丫"与"亚"同音,故得名三亚。

三亚是中国最南部的热带滨海旅游城市,也是中国空气质量最好的城市、全国最长寿地区,居民平均寿命80岁,被联合国誉为"世界上最适合人类居住的城市"。

三亚位居中国四大一线旅游城市"三威杭厦"之首,拥有全岛最美丽的海滨风光。三亚还是海南接待人数最多、度假酒店及旅游景区最为集中的城市,也是首批中国优秀旅游城市、首批国家生态示范区、国家园林城市、全国卫生先进城市、全国城市环境综合整治优秀城市、中国最佳特色魅力城市、全国双拥模范城市、第三届中国十大休闲城市;还获得过中国最佳人居环境奖等奖项。

一、市情简况

三亚位于海南岛最南端,东邻陵水县,西接乐东县,北毗保亭县,南临南海及三沙市;陆地总面积1 919.58平方公里,海域总面积6 000平方公里,是汉、黎、苗、回等多民族聚居的地区。

三亚市东西长91.6公里,南北宽51公里,全境北靠高山,南临大海,地势自北向南逐渐倾斜,形成一个狭长状的多角形。境内海岸线长209.1公里,有大小港湾19个,有大小岛屿40个,主要岛屿10个。

三亚市北靠高山,南临大海,主要港口有三亚港、榆林港、南山港、铁炉港、六道港等,主要海湾有三亚湾、海棠湾、亚龙湾、崖州湾、大东海湾、月亮湾等。

三亚市区三面环山,北有抱坡岭,东有大会岭、虎豹岭和海拔393米的高岭,南有南边岭,形成环抱之势;同时,山脉的延伸也将市区分成了若干青山围成的空间,使得三亚的不同地区各有特色的自然景观。山、海、河、城巧妙组合、浑然一体,构成了三亚市区独特的环境特色。

三亚,古属"崖州""崖县"。西汉元封元年(公元前110年),序列于中国版图。清光绪三十一年(1905年),升崖州为直隶州,1912年废直隶州设崖县,1950年4月崖县解放,成立县人民政府;1984年5月设立三亚市(县级),1987年9月升格为地级市,1988年5月成立河东、河西区;2014年2月撤6镇、新设4区,分别为吉阳区、天涯区、海棠区、崖州区。

截至2022年,三亚市聚居了汉、黎、苗、回等20多个民族,常住人口106.59万人,比2010年第六次全国人口普查增长了近51%。

❋ 小贴士　现存的文献中,最早记载"三亚"的是明正德十六年(1521年)刊行的《琼台志》。作者唐胄在《琼台志》卷十二"乡都"章中记载:"崖州当时县级以下的行政区划为四厢、二乡、一都、十四里。'三亚里'名列十四里之首。"

二、主要景区(点)

(一) 旅游度假区

1. 亚龙湾国家旅游度假区

亚龙湾位于三亚市东南28公里处,是海南南端的一个半月形海湾,全长约7.5公里,是海南名景之一。

亚龙湾沙滩绵延7 000米且平缓宽阔,浅海区宽达50～60米,沙粒洁白细软,海水清澈洁莹,能见度7～9米;年平均气温25.5 ℃,海水温度22～25.1 ℃,终年可游泳,海水浴场绝佳,被誉为"天下第一湾"。

度假区面积18.6平方公里,是一个拥有滨海公园、豪华别墅、会议中心、高星级宾馆、度假村、海底观光世界、海上运动中心、高尔夫球场、游艇俱乐部等国际一流水准的旅游度假区。

❋ 小贴士　整个亚龙湾度假区内著名的景点主要有:亚龙湾图腾柱、亚龙湾海底世界、亚龙湾爱立方滨海乐园、亚龙湾蝴蝶谷、亚龙湾玫瑰谷、太阳湾、亚龙湾热带天堂森林公园等。

(1)亚龙湾图腾柱

图腾柱位于亚龙湾中心广场的最高点,是亚龙湾的标志性建筑。其高26.8米,由200多块巨大的花岗石和铝合金柱组成;上面刻有龙、凤、鸟、鱼以及风雨雷电四神的图案,图腾和雕塑群浑然一体。

(2)亚龙湾海底世界

亚龙湾海底世界不仅拥有中国最迷人的海湾、沙滩,而且在其附近海域有世界上最大、最完整的软珊瑚族群以及丰富多彩的硬珊瑚、热带鱼类等海洋生物,是中国乃至世界开展海底观光旅游的最佳景区之一。

该区已有娱乐项目:海底世界半潜观光、美人礁水肺潜水、海底漫步、深海潜水摩托、香蕉船、拖曳伞、徒手潜水、玻璃观光船、快艇观光、摩托艇、冲浪飞车、沙滩摩托车、沙滩浴场等,还有与之配套的海上娱乐酒店。

❋ 小贴士　由日本进口的3 800吨大型客轮改装成的目前中国规模最大的海上娱乐酒店,能为游客提供客房、餐饮、娱乐、游戏、购物等各种游乐服务设施。

(3) 亚龙湾爱立方滨海乐园

亚龙湾爱立方滨海乐园是对亚龙湾原中心广场、贝壳馆、滨海公园、蝴蝶谷进行升级改造后的综合度假区,于2016年元旦开业,是截至2022年三亚海岸线上休闲项目最全的度假综合区。

该乐园按照5A级的建设标准建设,集休闲度假、海上娱乐、海底探幽、特色美食、冰上表演、欢乐大世界于一体。目前已开放冰雪零度乐园主题公园、潜水基地、滑水运动区以及天下第一湾、图腾水景广场、光阴流转隧道、海上婚纱摄影基地、百岁阶、蝴蝶谷、蝴蝶博物馆、蝶茧树屋、树梢行走等景点。

该乐园海底餐厅被颜色艳丽的珊瑚暗礁环抱着,各种海洋生物在珊瑚礁间穿梭往来,顾客在餐厅品尝美味时可观赏缤纷绚丽的海洋世界。

✿ **小贴士**　爱立方滨海乐园以滨海旅游为主题,不但补充和丰富了餐饮、娱乐等各项业态,而且拥享世界级热带海岸、雨林风光,汇集"山、海、湖"三大资源,成为亚龙湾集旅游度假、海上娱乐、观光游览、冰上表演、特色美食、绿色农庄等多元游乐要素为一体的欢乐世界。

(4) 亚龙湾蝴蝶谷

距离亚龙湾中心广场约2公里,依山脚自然生态而建,占地面积22.5亩,由标本展览馆、网式生态蝴蝶观赏园、蝴蝶工艺品制作室、蝴蝶繁殖园和蝴蝶文化商场五大部分组成,是中国目前最大并且配置最完美的生态蝴蝶公园,是以蝴蝶文化为主题,集科普、观光、休闲于一体的生态旅游景点。

此谷鸟唱蝉鸣,还自然生长着龙血树、黑格、水翁和奇特的古榕树等珍稀植物。谷内每一处建筑都巧妙地利用了这里的原始山水及植被,使原始生态资源得以充分利用和保护。

该谷内的小桥、流水、幽谷、鲜花和翩翩起舞的彩蝶以及各类粗犷的原始植被,构成了一个幽静、自然的世外桃源。游客可以置身于千万只蝴蝶之间,仿佛"香妃引蝶",别有一番情趣。

✿ **小贴士**　亚龙湾蝴蝶谷入口处是标本展览馆,汇集了中国和世界各地名蝶500余种,其中金斑喙凤蝶海南亚种,是国家一级保护动物,也是中国的国蝶。此谷还有我国最大蝶金裳凤蝶、我国最小蝶福来灰蝶等。

(5) 亚龙湾玫瑰谷

占地面积2 755亩。该谷以"玫瑰之约•浪漫三亚"为主题,将农田、水库、山林的原生态要素融为一体;以"美丽•浪漫•爱情"为主题,建有热带花卉区、向日葵、格桑花区、千亩玫瑰区、大花紫薇区、三角梅区等美丽观赏区域,更有不少娱乐项目,如品玫瑰花茶、自制玫瑰露等,以五彩缤纷的玫瑰花为载体,集玫瑰种植、玫瑰文化展示、旅游休闲度假于一体。

✿ **小贴士**　亚龙湾玫瑰谷是亚洲规模最大的玫瑰谷,也是玫瑰的海洋、摄影的天堂。

(6) 太阳湾

位于亚龙湾西端白石岭山麓,因海拔379米的白石岭上有一块长100米,宽、高各50米的"太阳石"而得名。

该湾三面环山,一面向海,湾长约2公里,年均水温26.4 ℃,年均气温28 ℃。湾内水面平静,海水清澈见底,海沙细软,洁白如银,海岸奇峰林立,怪石嶙峋。

此处海水比亚龙湾还要清、还要蓝,最佳横向能见度可达18～30米,站在沙滩上都能隐约看到海底的珊瑚礁。因此,它被大自然保护组织认定为目前国内除西沙群岛和南沙群岛之外的顶级潜水区域。

(7) 亚龙湾热带天堂森林公园

位于三亚亚龙湾国家旅游度假区两侧山体,总面积22 590亩,分东园和西园。其森林植被类型为热带常绿性雨林和热带半落叶季雨林,有植物133科1 500余种,森林结构复杂,季相变化明显。

亚龙湾热带天堂森林公园有哺乳类动物30余种,两栖类和爬行类动物60多种,鸟种100余种,主要有野猪、猕猴、蟒蛇、小灵猫、变色龙等。此外,该公园还分布着20多种色彩缤纷的蝴蝶。

该公园与亚龙湾国家旅游度假区形成强烈的差异、互补和互动,是亚龙湾由滨海向山地、由海洋向森林、由平面向立体、由蓝色向绿色的重要延伸,使亚龙湾真正形成了大景区的概念。

❋ **小贴士** 公园内的飞来石、盘龙洞、千里亭、飞龙石、升官石、发财树、龙门石、仙人脚、荔枝园、穿空索桥、雨林栈道、空山亭等数十处新奇景观已开发完成。而森林公园内建的五星级鸟巢度假村热带天堂,共有独栋别墅及客房210间套。其度假村建造的风格独具,配套设施设备完善高端。

2. 国家海岸海棠湾旅游度假区

海棠湾,实际上是一个"半湾",地处三亚市海棠镇与陵水黎族自治县英州镇交界处。因为行政区划的原因,本来一个完整的海湾一分为二,属于三亚境内的一半取名海棠湾,属于陵水境内的那一半海湾名称为土福湾。两处"半湾"岸线合计总长25公里,海棠湾19公里长,与亚龙湾、大东海湾、三亚湾、崖州湾并列为三亚旅游区的五大名湾。

海棠湾度假区距三亚市中心40公里、三亚凤凰国际机场38公里,东北与陵水县接壤,西北与保亭县毗邻,西南以仲田岭、回风岭、竹络岭、琼南岭群山为界,构成自然的海湾区域,总面积384.2平方公里,海岸线总长19公里。

海棠湾南面与亚龙湾国家旅游度假区相邻,集碧海、蓝天、青山、银沙、绿洲、奇岬、河流于一身。湾内的自然景观主要有南田温泉、铁炉港、伊斯兰古墓群、蜈支洲岛、椰子洲岛等美景、古迹、名胜。

海棠湾区域总体定位"国家海岸"——国际休闲度假区,核心功能是建设3大国家级和世界级品牌:国际顶级品牌滨海酒店带、世界级的游艇休闲社区和国家级医疗及健身疗养基地,是国家级海洋科研、教育、博览基地的综合体,也是一个多元化、世界级的旅游度假天堂。

❋ **小贴士** 现阶段,整个海棠湾度假区比较著名的景点主要有:蜈支洲岛、水稻国家公园、海昌梦幻海洋不夜城、亚特兰蒂斯水族馆、椰子洲岛等。

(1) 蜈支洲岛

位于海棠湾内,紧邻海南东线高速公路。岛上自然风光绮丽,已建各类度假别墅、木屋及酒吧、网球场、海鲜餐厅等配套设施;已有海上和沙滩娱乐项目:潜水、半潜观光、海钓、滑水、帆船、帆板、摩托艇、香蕉船、独木舟、拖曳伞、蹦跳船、沙滩摩托车、水上降落伞、沙滩排球、沙滩足球等30余项。

该岛东、南、西三面漫山叠翠,85科2 700多种原生植物郁郁葱葱,临海山石嶙峋陡峭,直插海底,惊涛拍岸,蔚为壮观。

该岛的中部山林草地起伏逶迤,绿影婆娑,北部滩平浪静,沙质洁白细腻,恍若玉带天成;四周海域清澈透明,海水能见度6~27米,水域中盛产夜光螺、海参、龙虾、马鲛鱼、海胆、鲳鱼及五颜六色的热带鱼。

✿ **小贴士** 蜈支洲岛南部水域海底有着保护很好的珊瑚礁,是世界上为数不多的没有礁石或者鹅卵石混杂的海岛,是国内最佳潜水基地。

(2) 水稻国家公园

是三亚市的农旅融合旅游区,是三亚市海棠湾国家海岸的组成部分,距三亚市区半小时车程,距海岸线5公里,是海棠湾的"后花园"。

该公园一期项目占地面积2 800亩,其中种植面积约2 100亩,以农业生态、农业观光、农耕文化、南繁水稻科研、稻作文化、科普教育、民俗风情等主题,打造中国农旅融合示范区、水稻科学博览基地、稻作文化体验基地、种业交流展示基地,建设"大型国际化农旅观光体验休闲度假区"。

截至2022年初,该公园已建成的项目有:袁隆平杂交水稻试验基地、南繁水稻试验基地、全球首个中国恐龙科普教育基地、大型山水实景演出、稻田盛宴大型餐饮系统、共享农庄"村人易物"线下展销体验基地、果蔬采摘园、亲子乐园、稻田温泉景观、房车营地体验区、三亚十大婚纱摄影基地、"禾下乘凉"游客中心等。

✿ **小贴士** 三亚水稻国家公园遵循"区域生态化、景区科普化、农田景观化、景观产品化、产品体验化"的发展理念,积极探索农旅融合文化旅游和研学旅游新模式,填补了国际国内稻作文化旅游空白。

(3) 海昌梦幻海洋不夜城

位于海棠湾园区内,一期占地面积23.25平方米,于2019年盛大开业,是海南省重点旅游项目。2022年初,已作为三亚旅游"夜经济"的代表,成为海南唯一荣获全国首批国家级夜间文化和旅游消费集聚区的项目,以多元化业态融合发展的新模式,点亮了三亚夜间旅游新活力。

该项目整体涵盖了文化旅游、休闲度假、娱乐体验、创新商业等业态,以"海上丝绸之路"为主题,已经建设"海棠湾""非洲海""波斯湾""孟加拉湾""爪哇海""南中国海""滨水长廊"和"梦幻海洋剧场"8大主题区,13大娱乐项目,2大剧场秀,50余场环球风情演艺,8大主题餐厅,现有50余家特色餐饮以及30余家主题商品商铺,以及引进的海狮、海象、海豚等280余种海洋生物。

✿ **小贴士** 三亚海昌梦幻海洋不夜城把握景区夜游优势,通过一系列活动和产品升级,依托本地特色内容和线上流量,提升游客对三亚的消费感知,以新场景、新空间、新体验营造"沉浸感",精准抓住游客"嗨点",不断拓展夜经济消费领域的广度和深度,加深了"日夜潮玩"的品牌影响力,助推了三亚夜经济持续发展。

(4) 亚特兰蒂斯水族馆

处在海棠湾拥有1 314间特色全海景客房的亚特兰蒂斯酒店内,有一座全世界最大的天然海水水族馆。

该水族馆有 86 000 只海洋生物,馆中共有超过 270 种生物,来自世界各地,包括极地、温带、亚热带和热带等海域的白鲸、伪虎鲸、瓶鼻海豚、太平洋白边海豚、所罗门海豚、海狮等海洋生物,那些只出现在《国家地理》(National Geographic)和动画电影里的神奇海洋生物都汇聚在这里。

值得一提的还有亚特兰蒂斯水上乐园。整个水上乐园是以雅典神话故事为背景,依据古希腊哲学家柏拉图的著作《对话录》中的描述,复原了传说中的亚特兰蒂斯的原貌。设计以双塔"海神塔"和"公主塔"为故事核心,以漂流河串联了一系列水上项目,让游客置身其中,随着雅典神话故事主线展开一场别开生面的神秘探险之旅。

✻ 小贴士　亚特兰蒂斯酒店有大中华区独一无二的五间水下套房,另有约 1 000 间高层酒店式公寓和低层独栋酒店。

(5) 椰子洲岛

位于海棠湾镇藤桥东西两河的入海口处,由 17 个岛屿自然形成,面积 4 798 亩。因为岛上长满椰子,人们便称之为椰子洲岛。

整个岛上有约一万余株椰子树。椰树的年龄多为几十、上百年,一年四季挂果,有金色的"金椰",青葱的"青椰",面带红晕的"红椰",它们与蓝天、碧水、银滩构成一幅绝美脱俗的画卷。

椰子洲岛给人印象最深的是纯净湛蓝的海水、千姿百态的椰树以及登上小岛高处向南眺望到的顶风搏浪、相依相靠的双女石。在离岛不足百米处,还有座古庙,四季香火鼎盛,热闹非凡。

潜水爱好者还可潜入深海观赏绚丽多彩的珊瑚。目前,前往椰子洲岛唯一的交通工具是渔船。

3. 三亚宋城旅游度假区

位于三亚市迎宾路 333 号,是一个综合性旅游度假区。目前,该度假区内建有宋城三亚千古情景区、宋城冰雪世界、宋城浪浪浪水公园、宋城彩色动物园等主题公园;另外还建有三亚云曼酒店、宋城公馆等配套设施。

(1) 千古情景区

规模最大的千古情景区建有南海女神广场、崖州古城、爱情广场、高科技体验馆、千古情大剧院、千古情客栈、大象谷、名人山、黎村、苗寨等十余大类主题项目。

这些主题项目又分别建有南海女神像、图腾大道、暴风眼、神秘街、居士府、爱情广场、爱情街、椰风街、衙前街、黎苗街、月老祠、黎苗市集、妈祖广场、小吃广场、大云寺、崖州府衙、财神殿、泼水广场、崖州历史文化展馆、山兰酒坊、黎锦坊、隆闺房、苗王殿、鼓楼、钟楼等数十个子项目。

其中,千古情大剧院是世界最大的剧院之一,有座位 4 700 个。剧院入口处高 23 米、宽 60 米的巨型主题雕塑墙,以冼夫人骑着大象完成岭南统一的传说为创作元素。剧院为三亚千古情景区量身定制世界最先进的灯光、音响、舞美、特效以及 390 多套舞台机械,共同演绎《三亚千古情》的精美绝伦。300 位演员、360 度全景演出、上万套舞台机械、4 700 位观众互动,综合舞蹈、杂技、声光电等高科技,用炫目的特技、上天入地的空间创意,完全打破了艺术类型的界限,让每个角落都充满艺术的张力,撼动观众的视觉和听觉神经。

另外,该景区内《黎寨招亲》《黎苗庆丰收》《苗族盛装》《斗舞快闪》《柔女转盘》《奇幻泡泡秀》等演艺秀轮番上演;高科技舞台大制作的实景体验剧《大地震》以及亲子秀《WA!恐龙》让游客身临其境,感受刺激。

✱ **小贴士** 该景区的主秀之作——大型歌舞《三亚千古情》,演绎了三亚的历史与文化传奇,是获得海南省"五个一工程"奖的旅游演艺作品。该景区2022年8月,被文化和旅游部确定为第二批国家级夜间文化和旅游消费集聚区。

(2) 冰雪世界/浪浪浪水公园/彩色动物园

——宋城冰雪世界主要由北欧乡村小镇、冰原魅影、滑冰道、滑雪场、冰雕观赏区、戏雪区等主题区和配套项目构成。

——浪浪浪水公园有浪迹天涯、三亚号角、山涧穿越、鸳鸯滑道、彩虹滑道、丛林漂流、弄潮儿等数十项风靡全球的水上游乐设备及其项目。

——宋城彩色动物园内有羊驼、浣熊、亚达伯拉象龟、袋鼠、火烈鸟、红嘴巨嘴鸟、红绿金刚鹦鹉等热带动物,是集动物观赏互动、科普教育、动物保护等多种特色和功能于一体的综合园林动物园。

✱ **小贴士** 三亚宋城旅游度假区内集主题公园、文化演艺、娱乐休闲、酒店人居于一体,成为旅行者的乐园、优美人居的典范。

(二) 主题文化游览区

1. 大东海·滨海长廊

位于距三亚市中心3公里的兔子尾和鹿回头两山之间,是个月牙形的海湾。大东海三面环山,海湾长约2.9公里,四季如春,阳光、蓝天、碧水、白沙滩、绿树构成美丽的热带海滨风光,博得海内外游客的赞叹。海湾冬季水温18~22 ℃,是冬泳避寒胜地和度假休闲者进行海水浴、阳光浴的理想之地。

该区1985年对外开放,1988年海南建省办特区后迅速建起一批档次不同、形式各异的度假酒店和度假公寓。

该区海滨度假旅游设施集中而配套,有嬉水乐园、旅游潜艇码头、潜水和跳水基地等,可常年进行多种水上活动、沙滩活动。滨海开放式的度假休闲长廊,有各式餐馆、排档、酒吧,提供海鲜和多种美食,具有浓郁的热带滨海风情。

✱ **小贴士** 三亚大东海旅游景区,是三亚首家零收费、开放式景区,是三亚一处标志性旅游点,1991年被国家旅游局评为"中国旅游胜地四十佳"之一。

2. 天涯海角·山海情缘

✱ **小贴士** "天涯海角",自古至今是无数游客拥有的"山海情缘"。

天涯海角位于三亚西南23公里处,陆地面积10.4平方公里,海域面积6平方公里,背靠马岭山,面向南海。

天涯海角游览区在体现人文历史基础上,主要呈现三重自然景色之美:南天海景(百川归海、烟波浩渺)、沙滩石景(奇石磊磊、沧海泛波)和滨海林景(海水澄碧、椰林婆娑)。

天涯海角游览区内海湾沙滩上大小百块奇石耸立,其中,"日月石(爱情石)""天涯石(平安石)""海角石(幸运石)""南天一柱石(财富石)"和"进步石"突兀其间,最为有名。

该游览区除了摩崖石刻群外,还有黎族风情园、历史名人雕塑园、笆篱凝霞景区、海天自然景区和"天涯路"等几大游览区,均以原始、自然、古朴为主要特色。

天涯海角游览区各种奇石异木、高山流水、百川归海等园林景观营造的生态氛围和文化意境令人流连忘返。

✳ **小贴士** 天涯海角游览区最早的石刻"海判南天",是清康熙五十三年(1714年)钦差官员(苗受、绰尔代、汤尚贤)所勒,也是为绘制《皇舆全览图》而测量该区时留下的中国陆地版图最南极的地标。"天涯"二字,为清雍正年间(1723—1735年)崖州知州程哲题刻。"海角"二字,据说是清末文人题写(另一说为抗战时期琼崖守备司令王毅题写)。高约7米的圆锥形巨石"南天一柱",其字为清宣统元年(1909年)崖州知州范云梯题刻。"天涯海角游览区"7个大字,是现代诗人郭沫若于1961年题写。

3. 南山·南海佛缘

三亚南山,是我国最南端的山,为热带海洋季风性气候,其空气质量和海水质量居全国首位,森林覆盖率为97%。

南山文化旅游区位于三亚南山,距市区40公里,游览区以北有255国道和海南环岛高速公路通过。该区是依托南山独特的山海天然形胜和丰富的历史文化渊源开发建设的全国罕见的超大型生态和文化景区。

该区共分为三大主题公园:南山佛教文化园、中国福寿文化园和南海风情文化园。

南山佛教文化园,是一座展示中国佛教传统文化的园区,其主要建筑有南山寺、南海观音佛像、观音文化苑、天竺圣迹、佛名胜景观苑、十方塔林与归根园、佛教文化交流中心、素斋购物一条街等。

中国福寿文化园是一座集中华民族文化精髓,突出表现和平、安宁、幸福、祥和之气氛的园区。

南海风情文化园,是一座利用南山一带蓝天碧海、阳光沙滩、山林海礁等景观的独特魅力,突出展现中国南海之滨的自然风光和黎村苗寨的文化风情的园区,主要建筑有滑草场、滑沙场、黎苗民族风情苑、神话漫游世界、黄道婆纪念馆、海洋公园、花鸟天堂等。

南山文化旅游区是新中国成立以来中央政府批准兴建的最大的佛教文化主题旅游区,其最受欢迎的景点有不二法门、心经石刻、八宝莲池、福寿文化园、吉祥如意园、海上观音圣像、三十三观音堂、鳌山、长寿谷(鳌山寿谷)、南山寺院、南山文宝院、大钟楼、敕建极乐寺、梵钟苑、慈航普度园等。

✳ **小贴士** 南山文化旅游区是国家重点风景名胜区、全国文明风景旅游示范区、中国佛教名山胜地,1993年开建,2005年4月建成。

4. 大小洞天·海山奇观

✳ **小贴士** 三亚的"大小洞天",又称"海山奇观"。小洞天是南宋吉阳军知军周康发现的,后来由郡守毛奎建成。那里有很多的摩崖石刻,其中有当年毛奎所刻的"海山奇观"4个大字,在这块石壁下还刻有《大小洞天诗》。

三亚大小洞天旅游区位于三亚市以西40公里处的南山西南隅,总面积为22.5平方公里。

大小洞天旅游区,与南山佛教文化苑相邻,面临崖州湾,背靠鳌山,为崖州古城之南面屏障。自宋代吉阳军的知军周康发现以来,至今已有800多年,因其自古奇特秀丽的海景、山景、石景与洞景,被誉为"琼崖八百年第一山水名胜"。

大小洞天旅游区以道家文化为主题,分为洞天福地、南极寿谷、南海龙宫、摩崖题咏、山海奇观、自然博物馆等六大游览区域。

大小洞天旅游区有大型花岗岩群雕。其中"鉴真欲海",叙说的是唐代高僧鉴真率众僧五次东渡日本时遭遇台风漂流至此并修建大云寺传播佛教文化的历史故事。区内至今仍有"小洞天""钓台""海山奇观""仙人足""试剑峰""古寿碑"等历代诗文摩崖石刻。

该旅游区内建有沿海环山石径和"还金寮""岩瞻亭""独占鳌头""海龙王塑像",以及6 000年的"南山不老松"(龙血树)等景点;还建有小月亮湾休息区、沙滩吧、木屋别墅、野营帐篷、海上娱乐设备等度假游览设施,是度假住宿、婚纱摄影、婚庆蜜月的浪漫之地。

❋ **小贴士**　1962年,诗人郭沫若游至三亚大小洞天,在诗中赞誉此地为"南溟奇甸"。1993年,时任国家主席江泽民视察海南至此,赠诗两句:碧海连天远,琼崖尽是春;1994年,中国佛教协会会长赵朴初为大小洞天景区题词:福如东海,寿比南山。

5. 凤凰岭·海誓山盟

❋ **小贴士**　凤凰岭是三亚城市生态旅游核心,据三亚古籍《崖州志》记载,凤凰岭海拔394米,为三亚市区的最高峰。因此,凤凰岭,是领略三亚全貌的绝佳之处,更是恋人们海誓山盟的好去处。

凤凰岭,位于三亚市区东部,东西宽约5公里,南北长约7公里,由凤凰岭、海螺岭、会岭等主要山峰组成,总体规划面积17平方公里,景区开发重点项目汇集在凤凰岭。

该景区由大门景观区(青龙潭风水池、凤凰树、槟榔园)与山顶景观"四湾八景"观赏区、海誓山盟广场、水晶圣殿爱情主题森林景观区等组成。

"四湾八景"观赏区与水晶圣殿爱情主题森林景观区的红杉木栈道和九曲桥组成了长达3公里的观光栈道。游客踱步其中,会在"都市森林"中回归自然,感受返璞归真的乐趣。

值得说明的是,水晶圣殿爱情主题森林景观区是以植物间相互缠绕的生存关系展示人生爱情轨迹,而位于该区最高点的水晶圣殿,是这一区域景观的点睛之作,同时也是海南三亚最高、最具自然浪漫情调的山顶水晶殿堂。

❋ **小贴士**　"四湾"即亚龙湾、榆林湾、大东海湾、三亚湾;"八景"即三亚八景:东海晨曦(以大东海为中心的旅游区)、平沙弄潮(三亚湾海上旅游区)、天涯飞雪(天涯海角游览区)、椰庄夏荫(鹿回头椰庄度假村)、落笔生花(落笔洞游览区)、洞天观海(大小洞天、海山奇观野营度假区)、波浮双玳(东西玳瑁洲海上风景区)、翠映三湖(福万、半岭、汤池3个水库的湖山胜景)。

6. 三亚兰花世界·兰心放歌

地处三亚西部的天涯镇,距离三亚市中心30多公里,位于南山风景区、大小洞天、天涯海角等著名旅游风景区的中心,是全球最大的兰花主题公园,中国唯一的国家级热带兰花示范基地。

该兰花世界占地面积接近400亩,已开发125亩。内有国内外各种兰花品种3 000多种,200多万株;其中,有300多种世界珍稀的野生兰花品种。

三亚兰花世界的观赏区分为兰花博览中心、岩生兰花、地生兰花、兰花种植、野生兰谷、兰花文化长廊、树生兰花等多个景观区域,使游客在不同的场景下观赏到不同品种的兰花。

✽ **小贴士** 三亚兰花世界,运用先进的园林建造理念和技术,通过上千种中外名贵热带兰花品种的艺术组合,使人感受到"芝兰生于深林""绿玉丛中紫玉条"的兰花生态古典意境,是游客"兰心放歌"的好地方。

7. 京润珍珠博物馆·珍珠别恋

位于三亚市凤凰机场路口,占地面积38亩,总建筑面积4 472平方米。该博物馆成立于1999年12月,是中国第一家大型珍珠博物馆,名列世界三大博物馆之一。

京润珍珠博物馆配有大型珍珠展销厅,销售由京润珍珠自主设计、开发研制的珍珠饰品、珍珠保健品、珍珠化妆品。此展销厅也是中国最大的销售高档珍珠的商场。

该博物馆展出的品类共分六大部分:设计草图的原件、珍珠养殖场模型、珍珠名人墙、珍珠交响曲、现代珍珠饰品、珍珠化妆品等。无论是文字说明、图画展示,还是实物或标本陈列、场景缩微模拟,抑或是声光电等高科技手段应用,都翔实、直观地再现了珍珠的形成、养殖与加工过程,生动、真实地介绍了珍珠的历史文化、珍珠的识别与鉴赏、珍珠的饰品与时尚演变、珍珠的药用与保健作用等知识,让每一位参观者受益匪浅。

✽ **小贴士** 该博物馆的珍珠墙,是中国唯一由42万粒直径12毫米的工艺珍珠灌制而成的展馆墙体。"海南京润珍珠博物馆"9个字,由来自新西兰的深海鲍鱼贝拼制而成。2008年,CCTV《财富故事会》播出了海南京润珍珠博物馆的专题采访片《珍珠别恋》。

8. 三亚海螺姑娘创意园·螺娘致爱

✽ **小贴士** "海螺姑娘",是海南首家海洋螺贝文化创意品牌,是围绕三亚当地流传的南海海螺姑娘传说而精心打造的文化符号,也是"螺娘致爱"的艺术园。

坐落于三亚市吉阳大道219号,该项目总占地面积53亩,总投资1.2亿元人民币,分两期建设完成。

一期为海南省螺贝科技馆,占地面积22亩,建筑面积约4 500平方米,是国内首个濒危保护动物、室内驯养与研究基地,设有螺贝馆、淘贝馆、螺贝宴餐厅和海螺姑娘雕塑广场4个功能区域。

二期为海螺姑娘国际艺术家公社,占地面积31亩,设有艺术家会馆、艺术家创作室、艺术画廊和海洋艺术酒店4个功能区域,是集文化艺术创作、交流交易、观光休闲于一体的艺术家交流平台。

9. 鹿回头公园·鹿城回眸

✽ **小贴士** 鹿回头,是中国一个经典的情爱文化载体,也是海南黎族爱情文化发祥地,更是"鹿城回眸"最深情的制高点。

位于三亚市区南边3公里处,是一座三面环海的海边小山,主峰海拔275.1米。这里山岬角与海浪辉映,站在山上可俯瞰浩瀚的大海,远眺起伏的山峦,三亚市全景尽收眼底。

鹿回头公园内情爱文化景点错落有致,主景点就是根据海南黎族传说在山上雕塑的一座高15米、长9米、宽4.9米的巨型鹿雕像,三亚市也因此被人们称为"鹿城"。

其他情爱文化景点还有"爱"字摩崖石刻、"永结同心"台、"连心锁"、"夫妻树"、"仙鹿树"、"海枯不烂石"、"月老"雕像、"爱心永恒"石刻等。鹿回头还是著名的"黎族圣山"和"生态之山"。

鹿回头公园开辟有黎族民俗文化长廊、黎族村寨风格的"玫瑰抱"和黎族歌舞表演场,以及"丰收图"等黎族图腾石刻,展示着黎族人民多姿多彩的风土人情。

鹿回头公园同时也是三亚市区热带植被和生态保护最好地点之一,有数十种珍稀保护动物和500多种植物,包括100多种国家及省级保护植物,生活生长其间。作为海南唯一的山顶公园,鹿回头还是登高望海和观赏海滨城市景色的唯一佳处,山上艺术夜景灯光系统的开放,又使其倍添迷人风采。

❋ **小贴士** 仙鹿的一回头,回出了人性,回出了对生命的渴望与留恋。有关鹿回头的精彩传说,详见上编第三章第三节之四;有关鹿回头的雕像知识,详见上编第三章第二节之二。

(四) 特色文化园区

1. 凤凰岛旅游区

❋ **小贴士** 三亚凤凰岛的建设目标是建设以邮轮产业为依托,集邮轮主题休闲港、丝绸之路自贸区、海洋亲水旅游湾、健康度假养生地、文化演艺娱乐岛等五大主题于一体的高端旅游度假综合体。

凤凰岛位于三亚湾度假区"阳光海岸"的核心区,是在大海礁盘之中吹填出的人工岛。其始建于2002年,共计1 258.8亩,距三亚市繁华商业主路解放路垂直距离小于1 000米。该岛四面临海,由一座长394米、宽17米的跨海观光大桥与三亚湾路及光明路相连,其南侧临鹿回头公园,东南侧临三亚河入海口,西侧为东、西玳瑁岛,北侧濒临17公里长的三亚湾海滩。

在凤凰岛及其周边开发出来的凤凰岛旅游区,三面依托山景,拥有得天独厚的山海天旅游风光,具备海上娱乐、水上运动和全季候度假旅游的条件。该旅游区主要包括七大项目:超星级酒店(含酒店及国际会议中心)、国际养生度假中心、别墅商务会所、热带风情商业街、国际游艇会、奥运主题公园和凤凰岛国际邮轮港。

截至2022年,凤凰岛旅游区打造成了滨海公园,引入了私人沙滩俱乐部、沙滩足球、沙滩排球、沙滩音乐节等尽享私属沙滩狂欢项目;还引入了海上飞机、海上滑翔机、海上摩托艇、海上高尔夫等特别项目,以及帆船、游艇、冲浪等一般性海上娱乐项目,为游客创造了全方位体验海上"狂欢"的条件。

❋ **小贴士** 2013年4月10日,习近平总书记曾来到三亚市凤凰岛视察。

2. 西岛海洋文化旅游区

位于三亚湾国家自然保护区内,面积2.8平方公里,距三亚市区8公里。

西岛海洋文化旅游区是主要依托西岛旖旎的自然风光、独特的生态资源和浓郁的岛屿风情开发建设的大型海岛休闲度假胜地和观光景区。

西岛的全岛被绿色覆盖,植被多为台湾相思树、小叶桉及少量的麻黄、椰树等热带乔木,以及相思豆、三角梅、草海桐、仙人掌等灌木;西岛的南部山上,有以食虾蟹为生的野生猕猴,有省级保护的金丝燕,并盛产海岛珍品——燕窝。

该旅游区自2001年开业迎宾以来,历经多年打造已初具规模,总体空间构成和核心吸引物大致可以概括为"一港两岛,五部十景"。"一港两岛"是该区的总体空间构成,即肖旗港客运码头、西岛海上游乐世界、牛王岛(与西岛几近相连的袖珍小岛)游览区。"五部十景"是该区的核心吸引物,即潜水、海上运动、拖伞、海钓、沙滩五大休闲运动俱乐部,以及海角金沙、金牛望海、海誓山盟、开天辟地、灵龟奇石等十大核心景观。

❋ **小贴士** 1952年10月,西岛开始驻军,隶属当时的中国人民解放军海南军区榆林指挥部管辖。著名的西岛女民兵连创建于1959年,曾受刘少奇、叶剑英等党和国家领导人的检阅,"八姐妹炮班"一度名扬全国。

3. 鸿洲国际游艇会

位于吉阳区榆亚路鸿洲时代海岸(三亚港),是海南首个国际游艇出入境专业码头。该游艇会(码头)软硬件设施配备较齐全,也是目前国内最先进的游艇出入境查验口岸之一。

鸿洲国际游艇会(码头)紧邻市中心,东临大东海,西沿三亚湾,并与"情人山"——鹿回头隔河相望,地理位置优越,更是拥有绝无仅有的热带海洋资源及游艇服务配套资源。

鸿洲国际游艇会(码头)2005年开始筹备,2008年建成,2009年投入使用,共有72个游艇停靠泊位。其中,国际游艇停靠泊位达16个,并安装了全区域视频监控系统,可满足口岸各单位实施监管监控的需求。此处游艇、帆船数目都很多,有许多游艇观光的精华路线可供选择,也拥有丰富的水上玩乐项目,如潜水、海钓、海上SPA等,更有海上求婚、婚纱摄影等私人定制项目。

❋ **小贴士** 2010年国家海事局出台《游艇安全管理工作实施意见》放宽了6项管理政策,主要涉及海南注册登记、检验发证、驾驶员考试发证、外籍游艇的航行及监督管理、游艇机电设备认可、境内制造游艇出口查验等方面。这些具体政策为鸿洲国际游艇会带来了难得的发展机遇。

4. 美天涯热带海洋世界

位于三亚天涯镇,与天涯海角游览区由林中石路相连,居于椰林、白沙、碧波之间,占地面积50余亩。

该海洋世界内建有热带海洋水族馆、海鸟园、鳄鱼馆、灵龟馆等8个观赏游乐项目。

热带海洋水族馆展示豹纹鲨、白鳍鲨、燕鱼和活体珊瑚等热带海洋生物400多种。海鸟馆、灵龟馆、鳄鱼馆分别展示我国南方数种珍禽以及几十种鹦鹉、多种珍贵海龟和从泰国引进的湾鳄。该馆内每天都进行海豚、海狮、鳄鱼和海鸟等娱乐表演。

5. 槟榔河乡村旅游区

位于三亚市凤凰路以北1公里处,南抵西线铁路,北达水源池水库,地处水源池水库下游、槟榔河两岸。

该旅游区总规划面积9平方公里,分布有15个纯黎族自然聚落,人口达5 000余人,是海南黎族五大方言中哈方言一支所居地。槟榔是该地的主要象征,也是该地居民的主要经济来源。

槟榔河乡村旅游区,一直致力于打造"没有围墙的黎家自然村落",通过黎家自然景观、民族博物馆、织锦表演、休闲果园等吸引世界各地游客。

根据"一廊七区"的规划格局,槟榔河乡村旅游区内建设了亲水休闲长廊(即黎人大道)、黎族文化体验区、国际乡村养生度假区、槟榔河登山乐园、现代农业观光区、农家乐体验区、槟榔河山地运动区等游览场所和设施。

从2010年开始,三亚槟榔河乡村旅游区着力深度开发农业旅游和黎族民俗文化,以"槟榔河之夜"为突破点,打造具有独特乡村风光、鲜明民俗特色的农业乡村旅游区。

✿ **小贴士** 三亚槟榔河乡村旅游区在改造过程中实现了农民零迁出,社区居民可最大化地参与旅游。这极为少见。

6. 南天生态大观园

位于三亚天涯镇塔岭,东邻天涯海角,西接南山寺,园区规划总面积2 575.2亩,集农林科普教育、园林生态旅游和休闲度假观光于一体。

南天生态大观园现已开放的主要人文景点有:兰花大世界、奇瓜异果园、仙人植物园、热带百果园、无土栽培园、海洋馆、儒学文化园、道家文化园(用几亿颗海螺塑造)、海螺博物馆、佛教文化园、种子博物馆、南天香茶坊、兰花工艺坊、植物克隆室、品茗园;该大观园的自然景观主要有"南天瀑""不老松""天缘树"等。

目前,该大观园每天都有规模较大、特色鲜明的黎、苗风情歌舞表演项目——"民俗风情苑"上演。

✿ **小贴士** 该大观园景观填补了海南的多项空白,被三亚市列为高科技示范园。气势磅礴的立体式植物大门及用植物塑造的生态传统文化均堪称世界首创;仙人植物园、奇瓜异果园都是海南省绝无仅有的景观,多项景观获得国家专利。

7. 三亚红色娘子军演艺公园

位于天涯区黎韵路槟榔河东侧。

该演艺公园对海南本地的历史文化、民风民俗特色、人文内涵进一步挖掘,打造了影视特技特效实景体验剧《琼州阻击战》和大型实景演出《红色娘子军》两台剧目。其中,《红色娘子军》大型"椰海青春"实景影画是公园最重要的演艺项目。

全剧以真实山体为背景,以红色精神为魂,融合海南特色民俗风情、人文地理,通过现代艺术表现手法,并以高科技手段实现电影化实景场景转换;观众座席跟随剧情发展需要移动,将话剧、电影、舞蹈、特技等艺术元素融于一体,打造了科技与艺术结合、历史与文化共融的实景大剧,真实呈现了琼崖大地巾帼英雄们青春激荡的红色岁月。

✿ **小贴士** 大型椰海实景演出《红色娘子军》是国家实景演出标杆《长恨歌》的姊妹篇。由300名专业演员真情演绎,再现了20世纪30年代海南革命中一群花季少女浴火重生,成为热血巾帼英雄的传奇故事。

8. 三亚抱龙国家森林公园

位于天涯区凤凰镇抱龙林场,是三亚市现存最大的国家热带天然森林保护区、国家级森林公园(详见上编第二章第二节之四)。

9. 三亚河国家湿地公园

位于三亚市区中部,由东河片区和西河片区构成,面积2.76万亩(详见上编第二章第二节之三)。

(五)主要历史遗迹

1. 崖城学宫

位于三亚市崖州区城内中街,是中国最南端的祭祀孔子的庙宇,也是三亚市境内保存最完整、规模最大的古代建筑群(详见上编第三章第二节之四)。

2. 三亚疍家文化陈列馆

位于天涯区南边海路120号,2015年9月28日开馆。展馆分为"沧桑岁月""生产生活"

"民俗服饰""咸水歌"等8个疍家文化展区,陈列了捕捞工具、渔船模型、渔民服饰等上千件藏品。

该文化陈列馆内展示的文物、图片,不仅荟萃了疍家人传统文化中的精华,而且折射了疍家人沧桑岁月的历史,反映了疍家人与天地斗、与风浪斗的大无畏拼搏精神,凝聚了疍家先辈们在三亚港耕海作业的汗水、泪水和智慧,体现了疍家文化历史的演变与精髓。

第二节　三沙市及南海诸岛

一、市情简况

三沙市战略位置十分重要,地处太平洋与印度洋之间的咽喉,素有"世界第三黄金水道"之誉,是古代"海上丝绸之路"的必经之地,历来是我国人民开展贸易和生产活动的重要场所。三沙所在的南海海域是个巨大的"聚宝盆",海岛植物资源繁多,海洋生物资源丰富,海域能源资源蕴藏量巨大。

三沙的群岛散布于热带海洋之中,在自然因素的综合作用下,形成了得天独厚的热带海洋海岛自然景观。岛上陆地与附近海域非常洁净,热带海岛风光绮丽,完全具备"阳光、空气、沙滩、海水、绿色"五大旅游要素,是大陆和近海任何海岛无法替代和比拟的自然资源,发展热带海洋海岛旅游业潜力极大。

目前,三沙市已开始规划适应海南自贸港建设不断深入拓展的旅游范围、航线和旅游产品,并着力提高服务保障能力。

三沙市北靠三亚市,东临菲律宾,南接印度尼西亚、文莱等国,西邻越南,由280多个岛、沙洲、暗礁、暗沙和暗礁滩及其海域组成,陆地面积约13平方公里,海域面积约200万平方公里。

三沙市在全国解放后曾被称为西南中沙工委,县级编制,所辖西沙、中沙、南沙诸岛。

2012年6月21日,中华人民共和国民政部公告宣布,经国务院正式批准,撤销海南省西沙群岛、南沙群岛、中沙群岛办事处,建立地级三沙市,政府驻西沙永兴岛。2012年7月24日,三沙市正式成立。

2020年4月,国务院批准海南省三沙市设立西沙区、南沙区。三沙市西沙区管辖西沙群岛的岛礁及其海域,代管中沙群岛的岛礁及其海域,西沙区人民政府驻永兴岛。三沙市共设有4个工委、管委会,10个社区居民委员会。

截止到2022年底,三沙市常住人口约0.22万人(不含驻市部队官兵),户籍人口620余人。

❋ **小贴士**　三沙市是中国地理位置最南、总面积最大(含海域面积)、陆地面积最小且人口最少的地级市。

二、主要景区(点)

1. 一个移动景点("南海之梦"邮轮)

2017年3月2日,西沙生态旅游航线新型邮轮"长乐公主"号在三亚凤凰岛国际邮轮码头开启首航之旅。2016年12月21—24日,"南海之梦"号邮轮自三亚起航赴西沙开展海上邮轮旅游活动。至此,三沙市有了一个移动的景点和特别的旅游项目。

"南海之梦"号邮轮,隶属于中国旅游集团有限公司、中国远洋海运集团有限公司、中国交通建设股份有限公司三家央企合资成立的三沙南海梦之旅邮轮有限公司。船上设置豪华VIP套房、电影院、茶室等,最大载客量721人,初期计划每月运营4~6个航次。

一般情况下,邮轮之旅需要4天。第一天下午在三亚凤凰岛码头办理登船手续启航前往西沙集合;第二、三天游览西沙全富岛、银屿岛后启航返回;第四天早上抵达三亚凤凰岛码头,结束西沙之旅。

航线中除了沿途海上和岛礁观光外,还在全富岛、银屿岛2个岛礁上组织开展一些活动,如百米长卷签名、升国旗等。游客可在邮轮上唱KTV、看表演、观海上日出,邮轮上还将举行"海南四宝"展示会等活动。此外,游客还可在西沙银屿岛游泳,探秘原生态海底世界。

2019年12月21日,"南海之梦"号邮轮与中国(海南)南海博物馆签订合作协议,在邮轮上成功举办中国(海南)南海博物馆"海上流动博物馆"揭牌仪式,成为全国首家海上流动博物馆。

2020年6月16日,三亚市委宣传部在三亚市红色娘子军演艺公园举办揭牌仪式,南海博物馆海上流动博物馆被命名为三亚市爱国主义教育基地。

2021年10月25日,海口海事法院在三亚凤凰岛举办海南自贸港邮轮旅游全时空海事司法服务机制启动仪式暨首次随船法治服务活动,挂牌成立"南海之梦"号邮轮巡回法庭及法治服务点。

✦ **小贴士** 2018年9月8日,中央电视台少儿频道录制节目《西沙群岛上的"南海之梦"》。2018年10月1日,中央广播电视总台银河少年电视艺术团登上"南海之梦"号邮轮,前往西沙群岛,为祖国献上了一份特别的礼物。

2. 一个3A景区(永兴岛)

2013—2014年,三沙市在永兴岛填海造陆,与石岛连成一体,使永兴岛面积由2.13平方公里扩大到2.6平方公里。2015年7月24日,三沙市永兴码头配套设施主体工程竣工。

2015年,三沙市政权建设稳步推进:成立永乐群岛、七连屿等4个基层人民武装部;完成永兴岛综合码头一期工程等一批基础设施建设;建设岛礁电力系统、永兴学校、应急物资储备中心等公共设施;海水淡化、垃圾转运等生态环保设施建成使用。

永兴岛上的主要景点有西沙海洋博物馆、西沙将军林、收复西沙群岛纪念碑、守岛部队军史馆等。经过多年建设,永兴岛的环岛公路、机场、码头、办公楼、邮电局、银行、商店、气象台、海洋站、水产站、仓库、发电站、医院等生产和生活设施十分完备。

✦ **小贴士** 永兴岛是南海诸岛中面积最大、人口最为集中、开发利用强度最高的海岛,是三沙市人民政府和西沙区人民政府驻地,为重要的国防用途海岛,被称为"南海枢纽"。

3. 四个岛礁

(1) 石岛:由黑色生物砂岩构成的石岛,是西沙群岛中历史最久、海拔最高的岛(最高处海拔13.8米),原与永兴岛有一海堤相连,也是南海诸岛中地势最高的岛。石岛由黑色的珊瑚礁石构成,海蚀现象明显,礁石形态奇特,具有较高的观赏价值。

(2) 鸭公岛：是一座只有0.01平方公里的珊瑚岛，有渔民常驻，有着震撼人心的海水颜色，根据天气的不同海水会在蓝绿之间变化。

(3) 全富岛：与鸭公岛不同，它绝对是真正意义上的无人海岛，这座海岛不大但也不算小，围岛走一圈需要半个多小时，是三沙邮轮行程中海水最美的一个岛。

(4) 银屿岛：是一个小沙洲，位于一座长15公里、最宽处1.4公里的新月形礁盘上，有草无木，不时有海鸟栖息，海拔只有2米，涨潮时岛的大部分会被淹没，再加上沙洲的地形很容易被改变，可以说它是一座随时会"消失"的小岛。

✡ 小贴士　西沙群岛中大多数岛是由珊瑚、贝壳等生物砂砾堆积而成，岩质比较松散，唯独石岛是由某些层状生物砂岩构成，岩质非常坚硬，而且它与别的层状生物砂岩的构造也有不同。一般的层状生物砂岩是底部比上部年代更久一些，石岛却截然相反。石岛的这种现象至今在科学上仍不能找到合理的解释。

4. 两个纪念碑

海军收复西沙群岛纪念碑：树立在永兴岛亭中，纪念碑说明中详尽地叙述了当时收复西沙群岛的情况。

中国南海诸岛工程纪念碑：1991年4月由中国人民解放军树立，是一座淡灰色大理石碑。其前面用白色的大字详尽地叙写了西沙、南沙、中沙、东沙群岛的历史沿革、疆域面积等，背面是一幅《中国南海岛图》。

5. 两间博物馆

在永兴岛上的西沙海洋博物馆和守岛部队军史馆，均是驻岛官兵自己动手创办的。其中，西沙海洋博物馆既是我国最南端的海洋博物馆，也是我国唯一一个由军人创办的海洋博物馆。两间博物馆是人们了解海洋、了解西沙、了解西沙官兵的重要场所，也是对官兵进行海洋知识教育和爱国教育的课堂。

6. 一片"将军林"

将军林位于永兴岛西部，是一片绿影婆娑的椰林，这里的每一棵树上都写着栽种者的名字。

该林起种于1982年元月，时任中国人民解放军总参谋长的杨得志上将来西沙部队视察时，为了勉励守岛官兵扎根西沙，爱岛建岛，同时也为改善西沙的自然条件，美化营区，亲手在西沙海军招待所院内种下了将军林中的第一棵椰子树。

此后，每位来西沙视察和看望驻岛官兵的党和国家领导人、将军以及国务院有关部委，各省、自治区、直辖市的有关领导都在西沙部队营区种下椰子树以作纪念，天长日久，就形成了今日的西沙将军林。

✡ 小贴士　中共中央原总书记、原国家主席、中央军委原主席江泽民，全国人大常委会原委员长乔石，全国政协原主席李瑞环，中共中央原总书记胡耀邦，原国家主席杨尚昆和中央军委原副主席刘华清上将、张震上将、迟浩田上将，原总参谋长傅全有上将，原总政治部主任于永波上将等党和国家领导人先后在将军林中栽种有椰子树。

7. 一个烈士陵园

西沙海战烈士陵园（三沙市琛航岛烈士陵园），位于三沙市琛航岛，是为纪念在1974年西沙海战中牺牲的18位烈士而建，于2016年7月新建，是祖国最南端的烈士陵园（详见上编第三章第二节之五）。

三、南海诸岛旅游资源简介

南海诸岛为南海中中国许多岛礁的总称,属海南省和广东省,包括广泛分布的200多个岛、礁、沙滩。按其分布位置,分为4群:东沙群岛、西沙群岛、中沙群岛、南沙群岛。据中国地名委员会1983年发表的公告,南海诸岛被标准化处理的岛、洲、暗沙、暗礁、滩共252个,其中被称为岛的有25个。

南海诸岛自古就是中国领土不可分割的一部分。1988年4月13日第七届全国人民代表大会第一次会议批准设立海南省,将西沙群岛、南沙群岛、中沙群岛的岛礁及其海域划归海南省管辖。东沙群岛归广东省汕尾市陆丰市管辖,实际由中国台湾高雄市旗津区控制。

南海诸岛位于太平洋和印度洋之间,正当广州、香港和新加坡、马尼拉三角航路的中途,是邻近各国航空运输的必经之地。南海诸岛是中国最南的领土,对巩固海防和维护海洋权益具有重要作用。

1. 西沙群岛

西沙群岛位于南海中部、海南岛东南方;古称"九乳螺洲""千里长沙""七洲岛",是由珊瑚岛、礁构成的海洋岛屿,陆地面积约8平方公里,海域面积50多万平方公里,由40多个岛、洲、礁、沙、滩组成,海岸线长达518公里。北礁是一个大环礁,是渔民进入西沙群岛的第一个岛礁,也是必经之路。

永乐环礁上发育有金银岛、筐仔沙洲、甘泉岛、珊瑚岛、全富岛、鸭公岛、银屿、银屿仔、咸舍屿(已没入水下)、石屿、晋卿岛、琛航岛、广金岛等13个小岛,盘石屿环礁和中建岛台礁的礁坪上各有1座小岛。

西沙群岛属热带海洋季风气候,炎热湿润,但无酷暑,海洋动植物十分丰富,主要有鱼类、甲壳类、软体类、爬行类动物,其中经济价值较高的鱼类约200多种;海水透明度达20~30米,珊瑚礁连绵数公里,是海底潜水观光的最佳场所。

✻ **小贴士** 西沙群岛作为中国大陆到东南亚和印度洋海上航线的必经之路。千百年来满载陶瓷、丝绸、香料、胡椒等货物的商船经此驶过,这一航线又被冠以"海上丝绸之路""陶瓷之路""香料之路"和"香药之路"美称。

2. 中沙群岛

中沙群岛古称为"长沙""红毛浅""石星石塘"等,位于南海中部海域,西沙群岛东面偏南,距永兴岛约220公里,西北距三亚榆林港570多公里,在南海诸岛中位置居中,海域面积60多万平方公里,岛礁散布范围之广仅次于南沙群岛。

中沙群岛由30多个暗礁、暗沙、暗滩和黄岩岛组成,除黄岩岛外,是一个几乎全部隐伏在水中尚未露出海面的群岛。

该群岛大部分海区位于热带中部,是我国南海台风的发源地,是穿越南海航道的必经之地,也是我国东南沿海渔民祖祖辈辈耕海牧鱼的佳处。

✻ **小贴士** 据不完全统计,中沙群岛小于20米水深的礁滩面积约350平方公里。每逢1—4月,海面风浪不兴,海温趋暖,海水清澈之时,渔民们几艘、几十艘渔船成群结队前往中沙群岛捕捞,主要是垂钓名贵鱼类和捕捞海参、龙虾等,往返一趟十天半个月,就可满载而归。

3. 南沙群岛

南沙群岛古称"万里石塘",北起礼乐滩北的雄南礁,南至曾母暗沙,东至海马滩,西到万安滩,水域面积约82万平方公里,共有230多个岛、洲、礁、沙、滩,露出海面的约占五分之一。其中,曾母暗沙是中国领土的最南点。

南沙群岛是岛屿滩礁最多、散布范围最广、每个岛礁面积最小的一组珊瑚岛群。其西北与越南遥遥相对,东北与菲律宾隔海相望,南部水域与印度尼西亚、马来西亚、文莱等国相接,北距西沙群岛的永兴岛750公里。

南沙群岛地处低纬度,南部距离赤道更近,气候终年高温,四时皆夏,年平均气温27.9 ℃,年降雨量为1 842毫米,雨季达7个月。

✿ **小贴士**　2016年1月6日,我国政府征用的两架民航客机先后从海口美兰机场起飞,经过近2小时的飞行平稳降落南沙永暑礁新建机场(又称永暑岛机场)并于当日下午返回海口,试飞成功。永暑礁机场位于我国南沙永暑礁上,是我国目前最南端的一座机场。

第三节　陵水黎族自治县

陵水县为"天然温室""热作种植宝地",是我国最早的南繁育种基地,也是海南冬季瓜菜生产、海水养殖珍珠主要基地之一。

陵水县旅游资源十分丰富,种类齐全,质量很高,其中最具优势的是热带海滨、热带森林、动物观赏、温泉、岛屿、潟湖、人工湖、珊瑚礁、瀑布等自然资源以及黎苗、疍家特色历史人文资源。

自然资源方面,陵水县域内有地文景观类、水域风光类、生物景观类、天象与气候景观类、遗址遗迹类、建筑与设施类、旅游商品类、人文活动类等8大类,28个亚类,65个基本类型的旅游资源。

2020年前后,陵水不断增加旅游新业态,为游客提供多样化选择。该县通过国家全域旅游示范区、国家海洋经济发展示范区和国际教育创新试验区"三区并创",实现旅游引领海洋、教育、森林、农业、体育、文化、地产和医疗等多业态融合发展,打造了吊罗山国家森林公园、国家现代农业科技示范基地、热带水果采摘基地、海洋主题公园、游艇码头、艺术中心、婚拍基地、滑翔伞基地等系列旅游新业态产品,先后获得"国家森林旅游示范县""最美中国目的地城市""中国滨海休闲度假旅游最佳目的地""中国最美外景地""中国最具网络人气体育旅游胜地"等荣誉。

2020年底,陵水旅游行业终于迎来"大丰收",相继获得两项"国字号"荣誉:2020年12月17日,文旅部办公厅公布第四批全国旅游标准化示范单位名单,陵水成功入选;2020年12月18日,文旅部发布《关于公布第二批国家全域旅游示范区名单的通知》,陵水榜上有名,成为该批次海南省唯一入选市县。

一、县情简况

陵水黎族自治县位于海南岛的东南部,东北连万宁市,北部与琼中县交界,西北与保亭县接壤,西南与三亚市毗邻,东南濒临南海。海岸线长57.5公里,东西宽32公里,南北长40公里,总面积1 128平方公里。

西汉武帝元封元年(公元前110年),陵水属珠崖郡山南县。唐武德五年(622年),属振州,宋绍兴六年(1136年),改属琼州。绍兴十三年(1143年),还属万安军,元因之。明洪武三年(1370年),升琼州为府,陵水县属琼崖绥靖处。1913年,陵水县属琼州镇宗府。1950年4月,陵水解放,1951年8月成立陵水县人民政府。1958年被合并,1961年6月,恢复陵水县建制。1987年12月,陵水县改称陵水黎族自治县。

陵水县是个以黎族、汉族、苗族人口居多的"大杂居,小聚居"的市县。据陵水县政府网站数据:2022年末,全县人口37.57万人。其中,农业人口和非农业人口分别占61.14%和38.86%;汉族人口、黎族人口、苗族人口及其他少数民族分别占42.5%、56.89%、0.23%和0.38%。

陵水县的少数民族主要是黎族和苗族。黎族主要聚居在提蒙、本号、群英、文罗、隆广、英州等6个乡镇。苗族聚居在本号镇白水岭苗村、什巴苗村、提蒙乡小喃平苗村等3个村。

✻ 小贴士　清朝以前,陵水黎族社会组织机构名为"峒"和"弓"。"峒"是黎族较早的血缘与地缘关系结合的地域组织机构,一般都是世袭制;"弓"是封建社会进入黎区后的代管机构。

二、主要景区(点)

(一) 海岛与海湾

1. 分界洲岛旅游区

✻ 小贴士　分界洲岛,是度假休闲、静心养神的"心灵的分界线""心灵的分界岛""坠落红尘的天堂""一个可以发呆的地方""一个浮在南海上的美丽遗世孤岛"——近年来游客如是说。

分界洲岛,中国首个海岛型国家5A级旅游景区,位于东线高速公路牛岭出入口。分界洲岛因特殊的地理位置、气候特征、海岛地形、地域文化等,有"美女岛""分界岭""马鞍岭""观音岛""睡佛岛"等之誉。

分界洲岛,距最近海岸约1.2海里,面积约0.34平方公里,最高海拔为99.5米,是海南南北气候的分界线,也是陵水县与万宁市的行政分界线,还是海南岛内黎族、苗族、回族等少数民族区域与汉族区域明显的人文分界线。

分界洲岛东、北和南部怪石嶙峋,悬崖壁立,其近海平均水深约15米,岛的西部是洁净平缓的沙滩,退潮时宽约85米。岛上灌木丛生,也有高大乔木,木棉、刺桐、三角梅和走马滕花竞相绽放,四季鸟语花香。

岛上辟有"鬼斧神工""大洞天""刺桐花艳""世界钱币博览路"等20多处自然和人文景观,并有峭壁潜水、沉船潜水、海底漫步、珊瑚观赏船、海上拖曳伞、海上摩托艇、香蕉船海钓、户外拓展等娱乐项目和酒店、别墅、潜水训练地等休闲度假配套设施。

该岛有美到极致的大海,拥有我国唯一一个自然海域驯养海洋动物的海豚湾,世界最大的可同时观看活体珊瑚与珊瑚标本的珊瑚馆等,是我国"海底婚礼"的首创地,还是三亚、海口及周边市县婚纱摄影机构推荐的婚纱拍摄基地,是海南特色婚庆浪漫型景区。

✻ **小贴士**　关于分界洲的最早史料记载,为乾隆五十七年(1792年)潘廷侯、瞿云魁纂修的《陵水县志》:"加摄屿,在城东四十里加摄洞外,为大海中一岛,高三十余丈。"其中"加摄屿"指的就是现在的分界洲。分界洲在古代是兵家要塞,也是商人行船避风的地方。

2. 南湾半岛生态旅游区

位于陵水县南约14公里的南湾半岛,是我国也是世界上唯一的岛屿型猕猴自然保护区。它依山傍水,三面环海,形状狭长,总面积为10.2平方公里,大小12个山头连绵起伏。山上大小岩洞无数,奇岩怪石嶙峋。

南湾半岛生态旅游区的景观资源主要包括南湾猴岛、疍家渔排和呆呆岛。

(1) 南湾猴岛

南湾猴岛上的动植物物种种类繁多,森林覆盖率达95%,生态资源极为丰富。岛上生活着近1 500只活泼可爱的猕猴,属国家二级保护动物。

该区具备优质的阳光、海水及滨海沙滩旅游资源,同时拥有独特的新村渔港和水上疍家等特色民俗风情旅游资源。该区还获得"国家4A级景区""海南省十佳景区""海南文明旅游风景区""海南省著名商标"称号并确立了在海南省旅游市场中的精品旅游景区的品牌地位。

在新村与猴岛之间架设的一条2 138米的全国最长的跨海观光索道,将南湾猴岛、热带港湾、呆呆岛沙滩、疍家民俗区、渔港风情街等串成一线,使游客可饱览海上风光和绿岛美景。岛上猴子的表演项目有走钢丝、吊环、群猴赛车等,尤其是超长距离的猴子高空骑单车、过跷板表演更是国内首创。

南湾半岛南端,新开的"浪漫天缘"景区以观光和表演为主,游客乘坐观光电瓶车欣赏几十米落差悬崖峭壁下的大海、小岛(呆呆岛、白排礁)、沙滩和大型水上摩托艇特技、花样滑水表演、水上飞碟等。附近新村港疍家人的"海上渔排"是吃海鲜大餐的极佳之处,其独特文化吸引了众多游客和媒体。

(2) 疍家渔排

位于陵水县新村镇新村港,是由疍家人在海面上的众多木屋和大小船只排成的"村庄"。通过南湾猴岛景区的跨海观光索道,可在高空俯瞰一幢幢小木屋在海上漂浮着,绵延内海湾。房子的四周被网状的木板固定住,犹如路上的阡陌。那些被横竖拼成的网格则被疍家人用来做养殖,而大大小小的船只在狭窄的水域上穿梭着;渔排连成一片,延伸至宽阔的海面,形成了一道壮观而独特的风景,被人称作"海上村庄"。

疍家人水居,以船为室,每艘船住着一家人或一个小家族,或采珠,或捕鱼。疍家世代相传的是口头文学,并较多地保留了古代北越人的风俗。其图腾为蛇,称蛇为龙种。这些构成了疍家特有的社会与民俗文化。

✻ **小贴士**　南湾猴岛的疍家来自福建泉州和广东顺德、南海等地,有渔排460余个,从事海水养殖和捕捞业。

(3) 呆呆岛

位于南湾半岛西南部滨海区域,西与清水湾度假区相邻,南与蜈支洲岛隔海相望。其沙滩海岸线全长5.9公里,被一块巨大的名为"神鳌探海"的绝美礁石天然地分割为"南海湾"和"呆呆岛沙滩"两大区块。

南海湾有富含钛、锆等贵重金属的黑沙滩,有疍家人祈福延寿的疍家禁地——海龟乐园,有疍家青年的爱情宣誓地——海枯石烂,有疍家妇女守望亲人归来的望海台,还有二战时期日军留下的战争铁证——藏艇洞以及幽深玄妙的海底牧场。

呆呆岛沙滩呈半月形,纵深达280米,海岸线长达1.1公里,岸线是绵延不绝的椰林。在这里,有近50艘大小不一的各式古船和近百张七彩沙滩椅、圆顶床、篮式秋千、太阳伞,将整个沙滩装点得浪漫多姿;宴船(疍家海鲜)、禅船(茶船)、宝船(微博物馆)、客船(接待中心)、三棵树、情人桥、藏艇洞等各项服务设施造型奇特而功能齐备。游客还可体验沙滩摩托车、海上自行车、冲浪板、海上三轮车、疍家射箭、独木舟、思维车等十几项各式海上及沙滩游乐项目。

✳ **小贴士** 有人说,呆呆岛沙滩是上帝遗落在人间的天堂一隅。作家冯唐曾说:"这里是中国最美的无人沙滩。"

3. 香水湾

位于陵水县东部光坡镇,距县城18公里,与万宁市的石梅湾相接,因香水岭流来的泉水注入海湾而得名。

香水湾海水能见度深达18米,可见海底五彩斑斓的热带鱼和各类珊瑚。海岸边,椰林青翠,空气清新。近处银色沙滩,低处若毯,高处成丘,酷似沙漠景观;远处怪石嶙峋,巨浪拍岸,宛如一幅山青水碧的画卷。

香水湾顶端是牛岭,对岸是分界洲岛;北端是一片礁岩海滩,在礁岩上可垂钓;中部,有一碧绿的小湖,小湖外围以一条银色的沙滩同大海分开,小湖内又被沙滩和草地分割成无数形状各异的水面。

香水湾的铜岭脚下有"擎天石"、供人观赏日出的"石亭",海滩上屹立着一座"龙王椅",传说是海龙王的专用御座。

值得一提的是:香水湾边有口"仙人井"非常奇特:距海边仅几步之遥,石缝间冒出甘甜的泉水,即使天干地旱,泉水也不干涸。当地农民中流传一句谚语:饮了仙人井的泉,能"香三年,白三年,平平安安过三年"。

香水湾旅游景区总体规划面积7 000亩。目前,长达12公里的原生态海岸线上已有6余家高档酒店,并拥有2座高尔夫球场,平均海岸景观线占有率为海南首位。

✳ **小贴士** 地理坐标为北纬18°26′6″,东经110°8′24″,位于香水湾风景区内的双帆石屿,是1996年我国向世界公布的领海基点之一。

4. 清水湾

位于陵水县东部沿海,跨越英州、新村2个乡镇,海岸线长约12公里。清水湾是海南省政府1993年3月批准、2005年修编的《陵水海滨风景名胜区总体规划(2005—2020)》中"一城两区"之赤岭景区中的滨海旅游景区,是陵水新崛起的一个旅游休闲度假新城,并已渐成名副其实的国际游艇特色小镇。

清水湾的海水质量达到国家一类海洋水质标准,能见度高达25米,沙滩平缓涉水200米远,水深也不过2米,是世界顶级的天然海滨浴场。

由于海沙极细腻,走在沙滩上发出银铃般清脆的"唱歌声",故清水湾的沙滩被誉为"会唱歌的沙滩"。一位外籍专家称,世界上只有3个地方拥有这样的沙滩:美国的夏威夷,澳大利亚的黄金海岸,还有就是中国的海南清水湾。

另外,在清水湾可同时观赏到清水、白沙、奇岭、怪石,最奇妙的是,其弧形海岸一半是礁岩,一半是沙滩,集合了海南东、西两地截然不同的景观。

清水湾有12公里长的清水湾景观大道,高星级国际品牌酒店、滨海高尔夫球场、海洋体验展览馆、世界风情商业街以及雅居乐海上艺术中心、雅居乐游艇会等度假配套设施一应俱全。景区东邻的南湾猴岛及新村港,也是大型游艇俱乐部和户外俱乐部。

另外,自2015年至2022年连续数年在清水湾举办"雅航盛世——海洋休闲生活博览会""清水湾海上艺术节"等一系列文旅活动,已使清水湾较好地按照国际游艇特色小镇的定位发展,以"旅游+体育+艺术"的融合,提升海南休闲文化旅游、水上特色运动的吸引力。

❋ 小贴士　清水湾作为国际游艇特色小镇,已向行业领袖、百家世界知名企业、玩海游客等展示了海南乃至中国的海洋文化,并以"全民航海时代"为主题,让宾客共同参与、体验了海洋休闲生活的无限魅力。

5. 新村红树林国家湿地公园

位于陵水县新村镇新村港,总面积1.44万亩。该园红树林、滩涂、水面构成湖光山色,潟湖景观资源罕见,疍家人文资源独特(详见上编第二章第二节之三)。

(二) 人文景观

1. 海南富力海洋欢乐世界

坐落于陵水县黎安港畔,占地面积约2 000亩,经由黎安景观大道直通环岛高速,交通便捷,配套完善,距三亚市约80公里,距海口市约200公里。2021年12月22日开园;2022年10月,被确定为国家4A级旅游景区。

海南富力海洋欢乐世界是一个以海洋主题公园为核心的大型旅游综合区,园区规划参照国际领先的主题乐园发展模式,由三沙之城、探索港湾、冒险海洋、生态海岸以及富力水世界等五大分区构成。

海南富力海洋欢乐世界的项目一期为度假区,拥有蓝海保育救护中心、南海秘境馆、海龟馆、鳐鱼馆、极地奇遇、海豚湾、桑妮剧场、海南生态海岸等8大场馆;同时拥有5大酒店,近4 000间客房,10余家特色美食餐厅,拥有"瞰海塔""南海之眼摩天轮""铁锈山激流""暴风海神湾"等40多套国际顶级游大型娱乐设施设备;同时,还有"南海美人鱼传说""欢乐海狮小课堂"等精彩主题演艺活动。

园区内的蓝海保育救护中心是国内首个南海海洋生物救助保育中心,目前已经成为周边具有专业水平及救护条件的动物保育基地。此外,富力海洋欢乐世界还致力于黎安潟湖海草床的保护与恢复,良好的生态环境建设,吸引了白鹭、池鹭、海鸥等鸟类来此聚集。

富力水世界是一个以热带海洋为主题而打造的全时、全季、全龄水上乐园。此处,配置了大型戏水娱乐设备16套,4 000多平方米的大型造浪池,可同时容纳2 000余人体验。高达1.5米的巨浪以及2间主题餐厅和特色商店等各类功能齐全的游客服务设施,带给游客刺激、惊险、释放天性的奇妙体验。整个水上乐园的场馆设计以生态环保理念为指引,在全球热带地区唯一的极地动物展馆，在国内最大水体海豚表演互动馆，游客可沉浸式体验南海生态之美，发现南海生物奥秘。园区内的南海秘境馆，总水体量超13.5万吨（为亚洲最大），拥有1 500多种、40 000余尾海洋生物，绝大多数来自中国南海。

✱ **小贴士**　海南富力海洋欢乐世界是富力集团用十年匠心打造的第一个文旅产业度假区，是海南省重点规划项目。

2. 椰田古寨景区

位于陵水县境内东线高速英州出口处，距三亚市20多公里，占地面积上百亩；与蜈支洲岛、南湾猴岛等风景区隔海相望、交相辉映。

该景区现已建成古老文化区、奇特风情区、椰风飘香区、神秘傩（nuó）蛊区、小锤叮当区五大游览区和一台欢乐苗家歌舞演出。

——古老文化区：以图文实物、造景的不同方式展示海南苗族迁徙路线、服饰、食宿、农耕、狩猎、医药、工艺美术、岁时节令等古老文化。

——奇特风情区：通过百年谷仓、晒谷场、吊脚楼、图腾广场等，使游客感受苗家青年男女待客的热情和宗教信仰等习俗。

——神秘傩蛊区：表现苗家万物有灵、相生相克的自然崇拜观念。

——小锤叮当区：展示苗家手工银器的加工方法和技艺。

该景区是海南省新兴的展示苗家文化风情的窗口，展示了海南苗家原生态的生活场景。

3. 黎锦广场

位于陵水黎自治县县城文化公园的东北角，面朝陵河，是从海南东线高速路进入城区的必经之地，占地面积2 100平方米。

广场中央，矗立着一组雕像。其主体铜雕是一位手捧黎锦站立的黎女形象；左右两侧依次安放纺女、染女、织女、绣女4个圆雕，分别体现黎锦制作的四道工序。

整组雕塑人物体态自然、神情恬静、动作娴熟、表情专注，透出一种淳朴、祥和的美。服饰上5个黎女身着黎族哈、杞、润、赛、美孚五种服装，背景浮雕的设计主要以黎锦图案为装饰，再配以文字说明，展现出世界非物质文化遗产——黎锦的神奇色彩和黎族文化的博大深远。

第四节　保亭黎族苗族自治县

保亭黎族苗族自治县历史文化积淀深厚，黎族民间故事、黎族藤竹编织技艺、黎族独木器具制作技艺等被列入省级保护项目，黎族钻木取火技艺、黎族树皮布制作技艺、黎族传统竹木器乐等被列入国家级非物质文化遗产名录。一年一度的海南七仙温泉嬉水节，跻身中国十大著名节庆品牌，入选"中国最具人气民间节会"。

境内主要的旅游景区有海南呀诺达雨林文化旅游区、槟榔谷黎苗文化旅游区、七仙岭温泉国家森林公园和神玉岛旅游区、茶溪谷景区、布隆赛乡村文化旅游区。保亭红毛丹、保亭什玲鸡、七仙岭山竹、保亭山兰米、保亭树仔菜等地理标志品牌农产品在岛内外负有盛名，备受青睐。

保亭获得国家卫生县城、国家园林县城、全国文明县城、中国最佳文化生态旅游目的地、中国最佳绿色旅游名县、中国最具民俗文化特色旅游目的地、中国最美休闲旅游城市、全国休闲农业与乡村旅游示范县等荣誉,是全国唯一以少数民族交流为特色的海峡两岸交流基地,也是中国民间文化艺术之乡,拥有世界最大面积热带喀斯特地貌——仙安石林。

一、县情简况

保亭县位于五指山南麓,南接三亚市(76公里),北连五指山市(39公里)。县境东西宽49公里,南北长54公里,总面积1 153.2平方公里,占海南省陆地面积的3.26%。

保亭县名来源于明代"宝停司",清代改称"宝亭营";另有一说是清末冯子材(宫保)征黎时带兵驻此,建亭一座,后人称为"冯宫保亭",日久简称"保亭",县以亭名。

1935年3月正式设立行政县,由崖县(现三亚市)的不打等七区,陵水黎族自治县的六弓等九区,分界岭吊罗山,万宁县的税司等四区,乐会县的竹根峒等四区以及定安县的船埠、南引图、母端山等地组成。

1948年2月11日,保亭解放。1987年12月,撤销海南黎族苗族自治州,成立保亭黎族苗族自治县,隶属海南行政区。1988年4月,隶属海南省。

截至2022年末,全县常住人口15.71万人,黎族、苗族为世居民族,其中黎族占全县总人口的62.4%,苗族占4.5%,汉族占30.2%,其他民族占2.9%。

二、主要景区(点)

1. 呀诺达雨林文化旅游区

✻ 小贴士 "呀诺达",是形声词,在海南本土方言中表示一、二、三。该景区赋予它新的内涵,"呀"表示创新,"诺"表示承诺,"达"表示践行,同时"呀诺达"又被理解为"欢迎""你好",表示友好和祝福。

位于保亭县三道镇,海榆中线三亚至保亭方向18公里处,距三亚市区35公里。该景区始建于2005年,集热带雨林、峡谷奇观、流泉叠瀑、黎峒风情、热带瓜果、南药、温泉多种旅游资源于一身,是中国唯一地处北纬18°的真正热带雨林,是海南岛五大热带雨林精品的浓缩,是最具观赏价值的热带雨林资源博览馆。

(1) 呀诺达景区主要景观

观景台——穿过雨林谷半圆形的天然榕树拱门,即到达观景台。此处有八棵榕树,可眺望海棠湾、蜈支洲岛、南湾猴岛,形成了与众不同的区位优势。

雨林谷——以展现原生态的热带雨林景观为核心,汇集参天巨榕、百年古藤、黑桫椤、仙草灵芝、见血封喉、野生桄榔以及"高板根""根抱石""空中花园""老茎结果""植物绞杀""藤本攀附"热带雨林的六大奇观。其游览通道由木栈道、野趣石阶、吊桥组成,长达3.5公里,分为大、中、小3个环行线路。

三道谷——全长约3公里,水深约30多米,河面宽30~40米,峡谷两岸的山峰海拔为270~380米,整条峡谷有瀑布、奇石、巨树、龙潭、泻泉等景观。此地有不同的地质构造和药材资源,石头样式多样,河水比较清澈。

梦幻谷——热带雨林中沟谷瀑布的极品代表,在纵深1.2公里、落差200米的热带雨林沟谷内,迎宾瀑布、天门瀑布、连恩瀑布3个水位、落差各不相同的瀑布在沟谷中穿越,与巨树、怪石、溪流等构成一个探奇地带。在梦幻谷栈道上可观瀑布飞泻,听鸟叫蝉鸣。

雨林酒店——坐落在呀诺达雨林文化旅游区核心区域雨林谷内,其设计理念以尊重自然为原则,低碳环保节能为导向,有23间(套)豪华客房;配套有中西餐厅、棋牌室、户外泳池、多功能厅等。

(2) 呀诺达景区特色景点

桐亭、幸福天道——桐亭是因亭子附近有三棵黄桐树而得名。桐亭周围挂满由黎族阿婆用观音草编制而成的风铃,风铃上独特的图案是黎族的守护神大力金刚神,该图案由牛头和青蛙上下2个部分组成。桐亭与幸福天道相连,幸福天道上有四道门:友情门、爱情门、亲情门和幸福门。

兰花溪——将中国传统造园技巧与热带雨林文化进行美学意义上的结合,造就别有天地的意境。其附近有花草、茅草屋、徒步小道,长藤下分布有树桌、树椅。

千年夫妻榕——两棵黄葛榕,树根(即板状根)呈八字形,形如板墙,向四周延伸,如拥抱在一起,被称为"夫妻树",游客到此可欣赏"空中花园""藤本攀附""高板根"等现象。该树底有一道"树门",因榕树的"榕"与神龙的"龙"谐音,因此俗称"龙门"。

野生桄榔林——在呀诺达景区的野生桄榔林区,不足4 000平方米的地方有数百株桄榔树。其中,有些区域桄榔树占全部树种的90%以上,周边溪流贯穿。

千年根吊石——雨林谷的吉祥梯向上走可见如同巨伞、浑身挂满红布条和小木牌的大榕树,高约40米,树龄超过一千年,根系将中间的石头团团抱住。树下长着众多的莆葵和海芋,都被大榕树伸出的枝条"揽"在怀中,当地人称其为"峒主神树"。

中国石——天然石头,似中国版图,其上自然形成有黑龙江、西藏、台湾和海南岛的地域轮廓。其中间有一根藤蔓自上而下直垂下来,如同铁路运输中枢京广线。

藤龙闹海——在该区雨林谷中,一根根、一条条的藤本植物交织在一起,盘根错节,密如蛛网,其间分布的几株榕树,如定海神针般地插在其中。

(3) 呀诺达景区其他景点和体验项目

呀诺达雨林文化旅游区海有雨林一号度假酒店、那香山雨林度假酒店、鸟语花香体验区、萌宠科普乐园、威亚(雨林飞仙)、雨林拓展、魔鬼秋千、高空滑索、悬崖观海秋千、攀岩、黎家宴、鹦鹉表演、踏瀑戏水、哇哎噜(海南方言"我爱你"之意)玻璃观景平台等景点或体验项目。

✤ 小贴士　呀诺达雨林文化旅游区先后获得的荣誉称号:全国休闲农业与乡村旅游五星级景区、中国十大文化生态旅游景区、海南省文化产业重点项目、海南省文化产业示范基地、中国十大文化生态旅游景区、全国国土空间优化发展实验(园)区、全国生态旅游示范区、国家文化产业示范基地、全国中小学生研学实践教育基地、全国森林康养基地建设示范单位、全国生态文化示范基地、海南省青少年学生生态环境保护教育基地、海南生态博物馆等。

2. 槟榔谷黎苗文化旅游区

位于三亚市与保亭县交界处甘什岭自然保护区境内,距三亚市区28公里。由于该旅游区位处甘什岭自然保护区,两边森林峻峭,中间是一条连绵数公里的槟榔谷地,故称槟榔谷。

该旅游区占地面积369亩,由非遗村、甘什黎村、雨林苗寨、梦想田园四大板块组成,是集观光游览、休闲娱乐、文化展示于一体的多元型复合式旅游风景区。

该旅游区主推项目包括大型实景演出《槟榔·古韵》、《热带风暴》体验馆、《刀山火海》表演、田野卡丁车、飞林探巢、空中小火车、水陆越野车、山地滑车、高空滑索;此外,游客还可在"波隆人家"餐厅品尝到地道的黎族特色美食,在兰花客栈及田园客栈领略风景秀丽的热带雨林。

该旅游区还展示了10项国家级非物质文化遗产,其中黎族传统纺染织绣技艺被联合国教科文组织列入急需保护的非物质文化遗产名录。

槟榔谷还是海南黎、苗族传统"三月三"及"七夕嬉水节"的主要活动举办地之一,文化魅力十足,是海南民族文化的"活化石"。谷内的黎族传统文化博物馆里,珍藏着整个海南岛最齐全、最珍贵的黎族各种民间文物、见证黎族发展历程的种种器皿和图片,是一部生动恢宏的"黎族人历史教科书"。

✤ **小贴士** 槟榔谷黎苗文化旅游区,不仅以其宏大的规模、优质的服务和丰富多彩的民间娱乐项目赢得了八方游客的口碑,更以其独具韵味的原住民风情、神秘迷人的原始雨林风光风靡整个海南岛乃至全国全世界,被评为海南省"游客满意十佳景区"及"十大最佳特色魅力旅游风景区"之一。

3. 七仙岭温泉国家森林公园

距保亭县城12公里。该公园中的七仙岭奇峰,由七座峭立的花岗岩组成,突兀于山峰之上,远看挺拔隽雅。该公园地貌景观壮观生动,水文、植物、气候旅游资源俱全,还有众多的人文旅游资源等,是一处集奇峰、温泉、风情、田园、气候、森林于一体的大型生态旅游区。

✤ **小贴士** 该公园自然景观及其特征,详见上编第二章第二节之四。

4. 布隆赛乡村文化旅游区

✤ **小贴士** "布隆",是黎族语"槟榔"的意思,槟榔在黎族文化中代表着吉祥、丰顺;"赛"是黎族五大方言之一,意思为"美好、幸福"。

位于保亭县三道镇,距离呀诺达雨林文化旅游区仅500米,是2020年全新开发的旅游区。

该旅游区开发项目涉及保亭县三道镇110平方公里,49个传统农业村的旅游综合改造和一批集度假酒店、体育休闲、旅游小镇、主题景区于一体的复合型社区建设。

目前,该旅游区内一栋栋两层别墅别具特色。楼内宽敞明亮,楼顶是黎族特色的"船形屋"构造。该旅游区现包含了度假别墅、商业街、插秧、种菜、垂钓和烧烤等休闲度假设施和娱乐项目。

由于三道镇具有黎族风情旅游区位优势,正在逐步将什进村等49个村庄开发成旅游区,农民其实生活在景区里,同时又是景区的重要组成部分,其独特的生产、生活方式均是景区的"立体式道具"。

✤ **小贴士** 保亭黎族苗族自治县三道镇什进村,原是一个传统的黎族自然村,全村共有65户224人,曾是保亭贫困村庄之一。2010年北京春光集团海南三道湾大区小镇旅业有限公司进入什进村,打造首个新村,并开发了什进村布隆赛乡村文化旅游区项目,农民以土地入股的形式参与乡村旅游开发。经过十余年的努力,全村走上了共同富裕之路。

5. 神玉岛旅游区

神玉岛,号称"神仙居住的地方"。其地处海南岛五指山南麓,位于保亭县响水镇。该岛海拔 400 米以上,属海南热带生态雨林腹地。该岛拥有山地湖泊、原始热带生态雨林、千年荔枝树、森林溪谷、亿万年活化石——桫椤丛林和桃花水母等自然奇观。

神玉岛旅游区,就位于响水镇神玉岛的毛真水库(碧玉湖)区域,是一个以中华玉文化和生态文化为主题,融合文化生态旅游景区、健康养生度假基地和主题精品酒店集群三大业态的世界级文化旅游度假区,也是全球首家以山水玉林为展厅的中华玉器艺术馆。

该旅游区紧紧围绕玉文化的特色景点是长寿玉文化栈道、神玉艺术馆、神玉宝塔、玉笏桥等。

长寿玉文化栈道——以碧玉湖为中心,长 3.3 公里。栈道景致清幽,花红草绿。途中乐寿宫、须弥灵境、如意桥、神玉宝塔、神玉艺术馆等景点,可让游客体验一次玉文化学习之旅。

神玉艺术馆——馆内摆放了 23 件从北京请来的一批玉雕稀世珍品。而且,该馆采用当代最先进的展陈技术,使每一位参观者都能体验到高科技展陈、艺术品鉴、媒体展映、动漫互动等特色内容。

神玉宝塔——占地面积 7 110.9 平方米,位于碧玉湖一方小岛上。其以神玉艺术馆珍藏的青玉覆钵式宝塔为设计原型,塔高 19.51 米。宝塔外立面采用汉白玉丹巴整体雕琢覆盖,基座及塔身遍琢吉祥纹饰及咒语,眼光门内为阿弥陀佛铜塑,塔顶摩尼宝珠为熔金所制。

该旅游区另有归乡岛、马上封侯厅、须弥灵境、如意桥、圆满桥、万寿亭、乐寿亭、万寿云庭(高空栈道)等景点和设施。

另外,神玉岛旅游区目前已建成多种具有独特体验的旅游配套设施,包括玉酒店、神玉书院、湖心岛三大酒店集群。

✿ 小贴士　据说,该度假区的神玉宝塔内摆放着一件清代的翡翠净瓶大观音像,而该物曾藏于圆明园大佛堂内,供皇家礼佛之用,具有极高的文物价值和收藏价值。

6. 仙安石林

位于保亭县西部毛感乡与三亚市接壤的仙安岭上,南去保亭县城约 40 公里。

仙安石林是世界最大面积(600 亩以上)热带喀斯特地貌,集山、石、洞、崖、林、溪于一体,是热带风雨溪流镂雕的艺术精品。1992 年该石林被发现并命名。

该石林占地面积约 585 亩,其溶沟似刀劈斧砍,一般深 5～10 米,最深达 25 米。此处石芽一般高 3～4 米,有些高达 10～15 米,最高的达到 35 米,百余尊大小石芽形态各异,宛如仙女、骆驼、雄鹰、恐龙、虎豹、乌龟、海马等,栩栩如生。

该石林丛中有小千龙洞、仙女洞和蟠龙洞,各洞大小不等,形态各异,洞中有洞,洞中之河可行木舟。该石林海拔 700 米,四周悬崖峭壁,有古树相围,与周围相对高差达 150 多米,天然植被覆盖率 70%,呈现出热带低山雨林景观,填补了我国热带岩溶石林地貌的空白,富有重要的科研及观光价值。

✿ 小贴士　2000 年 4 月,云南石林牵头以"中国南方喀斯特"为名向联合国申报世界自然资产,在申报附件的录像中,仙安石林成为介绍的重点。这表明,仙安石林在被发现后不久,其在我国石林中的地位已仅次于云南石林。

7. 常青茶溪谷景区

✱ 小贴士 茶溪谷景区项目是2008年海南农垦系统改革招商项目,2010年立项,2012年开发以来连续被列为海南省重点项目,2015年被列为海南省"十三五"发展规划重点项目,2016年被选入全国优选旅游项目名录。

位于保亭县金江毛岸镇,距五指山市区14公里、三亚市中心70公里。该景区是一个以茶文化和旅游居住地为重点、以养老养生为中心的旅行目的地。

茶溪谷景区生态环境极佳,各种乔木、灌木、溪流、花鸟鱼虫等形成了一个天然的负氧离子空气场。茶溪谷地处五指山茶场,椰树挺拔,槟榔林立,芭蕉遍野,绿茶飘香,小鸟啁鸣,溪流飞溅;远处的群山云游雾绕,宛若人间仙境。

茶溪谷对外开放的游览项目有茶园基地、原始热带雨林景观区、军事营房、茶溪谷彩虹滑道、月牙湖栈道、四级攀爬线路等。

军事营房是茶溪谷富有军旅特色的文化体验区。20世纪60年代在此修建了军事工程,并建有6幢部队营房,山顶还有两条1 000多米的战备坑道设施。现已将原来的营房改造成客房,共有70多个床位,有营、师、军部等豪华套房24间。

该景区有一架运输机、一架战斗机、一辆坦克和火箭炮车。目前,营房区住宿、餐饮、野营基地、军事拓展区、餐厅、小卖部等设施俱全,可同时接待150位来宾,适合假期亲子游、公司员工拓展游、学校或单位开展爱国主义教育游以及红色体验游等。

另外,该景区已建的茶溪谷彩虹滑道全长200米,项目惊险刺激,是一个将滑雪大众化、平民化的利民游玩项目。雨林栈道更是被称为沐浴栈道,不管是拾级而上,还是穿越神秘原始的热带雨林,都令人心旷神怡。景区大门入口—月亮湖—战备营房—军事坑道的四级攀爬线路,全长25公里,这在全国很少见,在海南更是独一无二。

✱ 小贴士 常青茶溪谷倾力打造北纬18°雨林仙境5A级景区,将以万亩茶文化、深山月亮湖、水月秘境、鸟巢度假酒店、水仙班、总统豪华私密养心区、战备营房等7种居住形态喜迎游客、留住游客,颠覆以门票收入的传统旅游模式,让不同的游客以不同的居住形态参与进来,是一处低收费、高享受的原生态旅游景点。

第五节　乐东黎族自治县

乐东县,是海南省少数民族市县中土地面积最大、人口最多、文化较发达的县份,是海南首个国家现代农业示范区以及重要的南繁育制种基地、冬季瓜菜生产基地和粮油、香蕉、蜜瓜、杧果、槟榔、橡胶、兰花生产基地。

乐东县的热带盐、气、山、水、海和黎族文化等旅游资源丰富。有我国南方最大的盐场——莺歌海盐场,神奇独特的自然景观——毛公山、莺歌海油气田、尖峰岭国家森林公园、佳西岭自然保护区。境内还有昌化江、望楼河等内陆水系以及已作为稀缺资源进行储备的龙沐湾、龙栖湾、龙腾湾3个优良海湾。

乐东县曾被评为"中国香蕉之乡""中国果菜无公害十强县""全国香蕉产业化十强县""中国优质果品十强县""国家级香蕉标准化生产示范区""中国香蕉无公害科技示范区"等。乐东县2017年还被全国爱国卫生运动委员会命名为"国家卫生县城";2019年被海南省住建厅命名为"省级园林县城"。

一、县情简况

乐东县位于海南西南部,靠山临海,国土面积2 765.5平方公里,海域面积1 726.8平方公里,海岸线长84.3公里。由东至西分布有龙沐湾、龙腾湾、龙栖湾3个天然港湾。西南部为滨海平原,中部、北部、东南部为山区,海拔千米以上的山峰有23座,森林覆盖率达62.95%。

乐东县出土文物汉代银印"朱庐执"鉴证表明早在两千多年前,黎族先民就在乐东土地上劳动生息。

隋大业三年(607年)隶属崖州;明万历四十四年(1616年),曾在抱由峒瑞仙芝山营建乐安城,并屯兵戍守。清康熙二十八年(1689年)在抱由峒设立崖州乐安城军事据点。

1935年3月始建乐安县,9月改名为乐东县。1948年6月,乐东县全境解放,建立县人民政府,县城设抱由镇(今址),隶属琼崖特委。1988年4月,改为乐东黎族自治县至今。

截至2022年末,全县总人口47.03万人,其中汉族33万余人,黎族20万余人,苗族3 000余人,壮族1 900余人,其他民族620余人。

二、主要景区(点)

(一)尖峰岭旅游区

1. 尖峰岭国家森林公园

是海南热带雨林国家公园的一部分,始建于1992年,地处海南岛西南部,跨东方、乐东两市县,距三亚南山文化旅游区60公里,距三亚市区90公里,粤海铁路、环岛高速公路横贯其中,其资源特点及游览价值详见上编第二章第二节之四。

2. 天池旅游区

位于尖峰岭海拔800米的高山盆地,与北部湾相隔25公里。天池为600亩的高山湖,最深水位8米,四周是常绿的热带雨林,环境优雅、空气清新,是著名的避暑胜地。该旅游区的主要景点是南天池、鸣凤谷、虎啸龙吟和紫荆瀑布。

南天池——位于尖峰岭国家森林公园海拔800米的高山盆地,与北部湾相隔25公里,年均气温19.7 ℃,四周雨林常青,涧水带蓝,有18座绿浪接天的千米奇峰环抱,600亩高山生态湖碧波荡漾,一尘不染。

鸣凤谷——位于尖峰岭国家森林公园天池核心景区,有典型的热带山地雨林植被,全长1.96公里,因孔雀雉、凤头鹰、黄嘴白鹭、原鸡等众多鸟类栖集此地而得名。谷内林冠重叠,枝叶茂密,古木参天,藤树环合,荟萃了"大板根""绞杀现象""根帘""独木成林""空中花园""滴水叶尖"等雨林奇观;有逍遥桥、听泉、鸣凤石、鸟语林、石洞等多处奇景,为罕见的热带雨林生态画廊。

虎啸龙吟——位于天池河中段,植被属沟谷雨林。该区溪潭淙淙,怪石林立,林木茂密,水质清澈,有硅石、龟石、虎石、龙石等天然石雕,情态万千。

紫荆瀑布——瀑布从密林深处飞泻而下,形成深潭,幅宽和落差近10米,雪白晶莹,飞珠溅玉,宛若玉屏;此处空气负氧离子每立方厘米高达 80 000 个(是一般城市的 100 倍),有良好的森林保健功能,最适宜品氧洗肺,是天然热带雨林浴场。

✿ **小贴士**　天池旅游区,是尖峰岭国家森林公园的主要景区。清华大学作的《尖峰岭国家森林公园总体规划》和海南省旅游发展研究院作的《尖峰岭热带雨林旅游区旅游发展规划纲要》中,都把天池作为公园建设的启动区。

3. 毛公山景区

位于保亭县保国农场东侧,距县城 26 公里,距三亚天涯海角游览区 42 公里,与省道公路相连。毛公山景区为国家 AA 级旅游景区、爱国主义教育基地。

毛公山,原名保国山,长约 4 000 米,峰峦连绵起伏,中部突起一座高 630 米的花岗岩山。1989 年,这块岩石的自然造型被发现"酷似已故毛泽东主席仰卧于苍穹之下"。于是,1992 年经有关专家学者评议确认,改称"保国山"为"毛公山"。

毛公山,呈东北一西南走向。形似毛泽东的山峰"头部"长 185 米,宽 56 米,"面部"为草皮覆盖,"头发"为 1 米多高的灌木丛,"眼""眉""下巴"为露出地面的岩石。

在毛公山的东面有一黎族村寨,名东方红村。其西北面有解放村,东南面有从共村,南面有抗美村;毛公山的海拔高度为 834.1 米。

✿ **小贴士**　毛公山自然景观,除了地貌造像外,整条山体结构雄浑,群峰起伏,堆青叠翠。山下的雅亮河与南文河清澈见底,河滩布满斑驳陆离的五彩奇石。山水互相辉映,使毛公山显得格外雄伟且瑰丽。

4. 龙沐湾国际旅游度假区

龙沐湾,地处乐东县西南海岸线,港湾全长 33.7 公里,北面邻近淡水河,南面是白沙河,东靠海南三昌铁路和海榆西线高速公路,西临北部湾,新建的岭头渔港就在龙沐湾境内。

龙沐湾国际旅游度假区建设地点在佛罗镇太阳城。该区整体规划面积 34.16 平方公里,距离尖峰岭热带原始森林自然保护区仅 10 公里。

龙沐湾国际旅游度假区于 2009 年 11 月动工,2016 年初已先后建成龙沐湾大道、度假公寓、海水运河、渔人码头商业街、温德姆至尊豪廷花园酒店、八爪鱼超五星级酒店、洲际酒店等旅游设施。2021 年 2 月,位于该度假区内的龙沐湾滨海乐园开业营运。

龙沐湾滨海乐园主要由沙滩运动项目区和海上娱乐项目区两大游乐板块组成,主打为游客提供海滨观光、海上运动和沙滩娱乐体验服务。

龙沐湾国际旅游度假区的续建项目有 45 洞连片高尔夫球场、五星级金融会所和社区、体育运动公园公寓、观霞海滨浴场及商业中心区、SPA 城与康复医疗中心、文化演艺与高级商务培训中心、火车站、长途客运站、污水厂、燃气站、园林景观等基础设施。

该度假区依托龙沐湾落日海滩、尖峰岭热带雨林和黎苗族地域文化,拟建成以"山海互动、旅居合一"为特点的、具有浓郁地域特色的生态型、中低密度、国际一流、国内领先的旅游度假胜地。

✿ **小贴士**　未来,该乐园将陆续打造水上运动主题酒店、滨海不夜城海上项目、青少年海洋研学培训基地、大型海上声光表演秀、海上滑索、夜游龙沐湾等主题内容的旅游产品。

(二) 其他主要景区(点)

1. 西山岭景区

西山岭,原名白石岭,因位于海南岛西部,与东山岭、南山相对应,故称西山岭。西山岭位于九所新区东北方向,距西线高速公路9公里,距九乐二级公路3公里,距县城41公里。景区开发范围约10平方公里,主要由三座石山组成。

西山岭景区内自然景观奇特,有求雨石屋、求寿石屋、仙居洞、大龙门、小洞天、增寿门、一线天、将军岩、侧身隙、坐石奇榕、神龟石、骆驼石、鲤鱼石、猕猴石、蛇王石、飞来石等;山中林郁苍茏,藤蔓交织,凉气爽人。该景区附近还有古海遗迹、抵石中流景观、地下温泉、木棉树景观和纯黎族村寨民族风情等。

2. 佳西岭自然保护区

该自然保护区东连莺歌岭省级自然保护区,西与尖峰岭国家森林公园一江相隔,北接霸王岭国家级黑冠长臂猿自然保护区,南距乐东县城13公里,土地总面积12.49万亩,其中热带原始雨林9.08万亩。

该自然保护区山势巍峨壮观,1 000米以上有名的山峰共10座,最高的猴猕岭海拔1 655米,年均温度20 ℃,年降雨量2 000毫米左右,高处常年云雾缭绕。由于山高谷深,人迹罕见,森林植被仍保留着热带原始雨林特有的自然景观。

西岭自然保护区生物物种丰富,计有植被4 500多种,主要珍贵树种有坡垒、子京、花梨、乐东木兰、南亚松、竹叶松等,尤其是翠柏与五针松混交分布,是海南全岛绝无仅有的。主要珍稀动物有长臂猿、巨蜥、蟒蛇、水鹿、猴子、黑熊和孔雀雉等100多种。

✱ 小贴士 该保护区中的红水河谷,长不过1万米,落差竟然高达1 500多米。河谷两岸陡坡峭壁,长有雨林树木;河底遍布石头,石面平滑光洁,石间山泉潺流,多有池潭瀑布。

3. 白沙河谷本土文化园

位于乐东县佛罗镇白沙河大桥北桥头225国道海榆西线312公里处,距龙沐湾国际旅游度假区1公里,距尖峰岭国家森林公园景区8公里。

该文化园极具区位优势:2公里范围内已建成或在建的五星级酒店有温德姆至尊豪庭花园酒店、洲际酒店、八爪鱼七星酒店等高星级接待设施,而且还较为完整地形成了一条从龙沐湾经白沙河谷本土文化园到达尖峰岭国家森林公园的旅游线路。

该文化园现已建成海南本土文化博物馆一座,主要以私人博物馆的形式展出黎、苗、汉族文物几千件;另建文化生态植物园一个,园内种植了200余棵成年黄花梨树,以及300多种珍贵的本土树木、草本。

白沙河谷本土文化园的自然景观主要有2个池塘、1个凉池、1眼冷泉等。此外,该文化园还建设了本土文化人文景观多处,有"南海神针"图腾柱、黎族母系青蛙屋、干栏式木楼、水车、仿古木桥、木船、北宋遗址甘泉驿等。

4. 莺歌海盐场

位于莺歌海镇,面临大海,背靠尖峰岭林区,东距三亚天涯海角游览区90公里。场区内有专用铁路27.2千米,与粤海铁路相通。

莺歌海盐场，是一片 30 多平方公里的滩涂地带。这里有一望无垠的银白色盐海，渠道纵横有序，盐田银光闪闪，景象十分美丽。莺歌海盐场建在海山之间，尖峰岭的连绵群山挡住了来自北方的台风云雨，使这里长年烈日当空，有充分的光热进行盐业生产。加之这里的海水含盐度高，便造就了得天独厚的海盐生产条件。在该盐场内，游客可观赏到富有意趣的制盐工序和盐场每天下午开始的收盐过程。

莺歌海除了盛产优质盐外，还有着美丽的海滨风光，新月形的海湾吸引来众多游人，因而当地的旅游接待设施也较为齐备。2022 年，莺歌海渔港正在建设中，2023 年建成使用。另外，盐场通航飞行旅游项目也正在建设中。

✤ **小贴士** 莺歌海，其盐场早已闻名海内外，如今又以其近海丰富的油气资源而传扬名天下。莺歌海，是我国南海已知的油气资源储存量十分丰富的 3 个大型沉积盆地之一。1962 年 2 月，大诗人郭沫若访莺歌海时，不禁为莺歌海数万亩盐田的壮美景观而激动不已，他挥毫写下了充满革命浪漫主义色彩的诗篇："盐田万顷莺歌海，四季常春极乐园。驱遣阳光充炭火，烧干海水变银山。"

5. 乐东腰果场

处于尖峰岭与莺歌海之间的广阔丘陵地带，占地面积 49 500 余亩，是我国第一个腰果场种植园。

走进腰果场种植园，可见高树绿荫如盖，遮天蔽日，矮树干横枝展开，伏地而生；树无论高矮，皆阔叶肥枝。在腰果场，游人还可以品尝酸甜适口的红色、橙黄色的果梨，也可以尝一尝甜美的新鲜腰果，领略一份独特的热带园林风光。

第三章

海南东部健康养生旅游区

海南东部健康养生旅游区,包括琼海、万宁两市,面积 3 576 平方公里,占海南岛面积 10.49%。以琼海博鳌为中心,重点发展旅游、会展、医疗健康等产业,定位为国际经济合作和文化交流平台、国家公共外交基地、国际健康医疗旅游目的地、农业对外开放合作试验区。

《海南省康养产业发展规划(2019—2025 年)》将琼海、万宁定位为东部医疗康养高地。其建设目标是:借助博鳌乐城国际医疗旅游先行区的差异化发展和高端要素集聚优势,建设国际医疗康养中心和康养专业人才聚集区,发展国际领先的生物医药产业,走高端康养项目开发之路,与周边区域对接,医疗和康复服务优势辐射周边区域、全省至全国;依托兴隆温泉和南药优势,打造南药特色疗养目的地。重点面向国内外亚健康和愈后康复期的人群,建设集医疗、康复、休闲、旅游于一体的医疗康养高地,将先行区打造成为全球领先的康养中心、康养人才聚集区和世界一流的康养服务区,带动全省康养产业高水平发展。

第一节 琼海市

琼海市历史悠久,民风淳朴,风景秀丽,矿产丰富,温泉众多,港湾优良。海岸线长 43 公里,沿海有龙湾、潭门、博鳌、青葛 4 个港口。龙湾港正在加快建设成为岛东国际商贸中转港,潭门港被列为国家重点渔港。

琼海,已在 21 世纪初推进城市化进程以及海南国际旅游岛和海南自贸港建设中崛起为海南第三大城市。

近年来,琼海市紧紧围绕"打造田园城市、构建幸福琼海"的发展思路,加快推进特色城镇化建设步伐。根据各个镇的人文特点、产业特色和自然禀赋进行个性化的规划设计,逐步把 12 个镇打造成"一镇一特色、一镇一风情、一镇一产业"。努力实现"城在园中、村在景中、人在画中",让市民感受乡村田园气息,让农民享受城市生活品质。

一、市情简况

琼海市地处海南岛东部,南距万宁市 60 公里,西连定安、屯昌两县,东濒文昌清澜港,总面积 1 710 平方公里,现辖嘉积、中原、博鳌、潭门、长坡、万泉、塔洋、大路、阳江、龙江、会山、石壁 12 镇,嘉积城区为市府所在地。

琼海,汉朝属珠崖郡之玳瑁县,三国时属珠崖郡的朱卢县,晋朝属合浦的玳瑁县,南北朝先后属越州、崖州、珠崖郡的朱卢、珠崖县,隋朝属珠崖郡的颜卢县,唐贞观十三年(639 年)

属容琼县,宋后复归琼州府管辖,元代成立会同县,明、清两代属琼州府。

1914年改称琼东县,1958年琼东、乐会、万宁三县合并为琼海县,建治嘉积镇,一直沿用至今。1992年11月撤县设市。

2022年末,第七次全国人口普查全市总人口为53.60万人,琼海籍海外华侨、华人和港澳台同胞约有55万人,分布在世界五大洲28个国家与地区。

另外,早在宋代,博鳌镇就有疍家人居住和繁衍生息。宋天圣元年(1023年),疍家人集资在博鳌建起三江庙,此时在博鳌居住的疍家人已有一定数量和规模。

二、主要景区(点)

(一)博鳌旅游景区(点)

1. 博鳌水城

位于博鳌琼海万泉河的出海口。其自然风光优美:婆娑的椰林,洁净的白云,金色的沙滩,各具神韵的江、河、湖、海、泉,令游客陶醉。在山岭、田园的怀拥下,有水面生态保护完美的沙美内海。万泉河、龙滚河、九曲江三河交汇;东屿岛、沙坡岛、鸳鸯岛三岛相望,金牛岭、田涌岭、龙潭岭三岭环抱;两道天然沙堤犹如巨臂总揽一怀秀色。此外,博鳌水城还建有天然海边浴场、度假村、博鳌国际高尔夫球场,是休闲度假的好去处。

博鳌水城的主要自然景观是万泉河出海口、玉带滩和红石滩;主要人文景观是博鳌亚洲论坛成立会址、博鳌亚洲论坛永久会址、南强·大路坡美丽乡村、博鳌东方文化苑。

(1)万泉河出海口

该景观既有海水、沙滩、红礁、林带,又有明媚阳光、新鲜空气、清柔流泉,是世界河流出海口自然风光保护最好的地区之一。万泉河出海口处的沙滩洁白、柔细,每当夕照,沙滩上人潮如涌,人山人海。

❋ 小贴士　万泉河有两源:南支乐会水为干流,长109公里,发源于五指山林背村南岭;北支定安水,源出黎母岭南。两水在琼海市合口嘴汇合始称万泉河,经嘉积镇流至博鳌镇入南海。

(2)玉带滩

是博鳌水城内一条自然形成的地形狭长的沙滩半岛,又名金沙滩,全长8.5公里,沙十分粗大。其外侧南海烟波浩渺,一望无际,内侧万泉河、沙美内海湖光山色,内外相映,构成了一幅奇异的景观,滩上生活着国家二级保护动物玳瑁。

玉带滩地形地貌酷似澳大利亚的黄金海岸和墨西哥的坎昆,在亚洲区可谓仅此独有。其北部于1999年6月被上海大世界基尼斯总部以"分隔海、河最狭窄的沙滩半岛"认定为"吉尼斯之最"。

❋ 小贴士　玉带滩前不远处,有一个由多块黑色巨石组成的岸礁,屹立在南海波浪之中,状如累卵,突兀嵯峨,那便是"圣公石"。传说它是女娲补天时不慎落下的几颗砾石。千百年来,任凭风吹浪打,它自岿然不动,一直和玉带滩厮守相望。

(3)赤石滩

位于离万泉河入海口不远处的海滩上,它因海滩上红色的石头而得名。赤石滩位于潭门海和博鳌海之交界处,往北为潭门,往南为博鳌,这一片赭红礁石也就成了博鳌海和潭门海的天然分界线。

✽ 小贴士　也许是这里的石头太过艳丽,海浪太过轻柔,曾有人把这片海比喻为女性的海。

(4) 博鳌亚洲论坛会址景区

✽ 小贴士　博鳌亚洲论坛(Boao Forum For Asia,BFA)由菲律宾前总统拉莫斯、澳大利亚前总理霍克及日本前首相细川护熙于1998年发起,2001年2月成立。它是第一个总部设在中国的国际会议组织。论坛的使命,是为亚洲和世界发展凝聚正能量。

位于博鳌水城中心位置,是博鳌文化的集中诠释。其东临南海,空气清新,年平均气温约24 ℃。交通非常便利,海口、三亚至博鳌都有高速公路,海口至博鳌约需1.5小时到达,三亚至博鳌需2个小时到达。

景区内有宏伟气派的现代建筑、智能化的会议设施、动静相宜的高尔夫球场、河海交融的旖旎风光、古老动人的美丽传说,演绎着人与自然的和谐。该景区先后被评为"海南省十佳旅游区""海南省优秀涉外旅游参观点""海南文明风景旅游示范点"。

景区内最著名的景点是博鳌亚洲论坛的两个会址:论坛成立会址和论坛永久会址。

① 博鳌亚洲论坛成立会址。

博鳌亚洲论坛成立会址,建筑风格独特,通体乳白,锥形,挺拔而富有动感,会场内配有4种语言的同声传译、现场投影成像、音响系统、临时宽带系统等。会场顶部由8块钢膜材料拼接而成,是目前国际上广为流行的开放式、三面透风的澳大利亚风格。

博鳌亚洲论坛在海南成功召开并永久落户于博鳌,使博鳌这个名不见经传的小渔村成为亚洲的博鳌、世界的博鳌,已承接博鳌亚洲论坛成立大会和首届年会的膜结构主会场见证了博鳌亚洲论坛的成立和首届年会召开的历史性时刻。

② 博鳌亚洲论坛永久会址。

博鳌亚洲论坛之永久性会议场所——博鳌亚洲论坛国际会议中心,坐落在博鳌东屿岛上,总面积37 000平方米,共分3层。博鳌亚洲论坛年会的主会场,位于会议中心第二层,主色调为黄色;配有6+1同声传译系统和360度高分辨率摄像、放像系统;会场墙壁采用最优良的吸音材料,使会场没有半点回音。会场中部还配备活动隔离墙,可根据会议需要将会场隔离成两部分。

③ 论坛属性和作用。

从2002年开始,论坛每年定期在此召开年会。作为一个非官方、非营利性、定期、定址、开放性的国际会议组织,博鳌亚洲论坛以平等、互惠、合作和共赢为主旨,立足亚洲,推动亚洲各国间的经济交流、协调与合作;同时又面向世界,增强亚洲与世界其他地区的对话与经济联系。

✽ 小贴士　该景区主要景点还有:世界上保护最完好的河流入海口——万泉河入海口、海南首个可以近距离观赏一流高尔夫球场景观的景区、博鳌地区唯一收藏博鳌亚洲论坛各种珍贵纪念品和图片的展览馆——博鳌亚洲论坛展览馆、海南绝无仅有的神奇去处——龙颈穴等。

(5) 南强·大路坡美丽乡村

位于博鳌镇朝烈村,紧依博鳌水城,是一个集参观文明生态村与水上娱乐为一体的生态旅游景点。

2021年4月博鳌论坛年会期间,作为论坛"美丽乡村会客厅"之一的南强·大路坡美丽乡村分担起重要接待任务,开展了近20场会外活动,与会嘉宾们围绕话题,共商共融、共话愿景,让这个充满田园风光的会客厅不断刷新国际知名度。与会嘉宾对"小而美"的会客厅感到惊喜,纷纷称赞南强村是一处会务、休憩的私藏宝地。

小小乡村不仅给海南旅游带来新的特色和空间,更因舒适休闲、田园风光等特质化身国际大舞台,成为与会嘉宾及国内外游客喜爱的热门"打卡"地,成为展示中国特色、海南风情的重要休闲外交地基,成为讲好中国乡村振兴故事的新载体。

✽ 小贴士　琼海借助论坛永久会址的优势,把优越的自然生态和秀美的田园风光发挥到极致。绿色、生态、田园的乡村底色,使得琼海市将外事会见、洽谈签约延伸至会场外成为可能。

(6) 博鳌东方文化苑

位于博鳌水城内,与博鳌亚洲论坛永久会址隔水相望。其总建筑面积6万平方米,主要有博鳌禅寺、东方文化主题公园、禅寺素芳斋、莲花馆、七宝莲池、风调雨顺坛、天门、九九归一、万泉归海、独点鳌头等景点,注重游客的参与性和娱乐性。

该文化苑有7个大小不一的莲花池和百米荷花长廊。莲花池里共种植培育了67种名贵荷花与睡莲,其中包括由两千多年古莲子培育出来的大贺莲、孙文莲和中日友谊莲。

苑内的博鳌禅寺,是一座体现明、清两代传统建筑特色的佛教禅宗寺庙。三面环水、一面靠山,莲花锦簇,绿树成荫。其方丈由中国佛教协会常务副会长、福建南普陀寺方丈出任。寺内供奉着由尼泊尔国王赠送的佛祖释迦牟尼金身佛像及世界最大的铜制千手千眼观音。

苑内的汉白玉石雕《独占鳌头》,描述的是在海南民间脍炙人口的观音降鳌故事,直观演绎出"博览天下、独占鳌头"的博鳌精神内涵,成为现代博鳌的标志性人文景观。

✽ 小贴士　博鳌东方文化苑总规划面积300亩,地处海南博鳌特别规划区内中心地带,是一个综合性的,以弘扬和展示佛教文化内涵为主旨的大型旅游项目。

2. 博鳌乐城国际医疗旅游先行区旅游点

位于嘉积镇城区和博鳌亚洲论坛核心区之间的万泉河两岸。该区生态环境优美,气候宜人,壮美清澈的万泉河在此流经,形成了"水—岛—林—田"独特的景观,是休闲康养旅游的最佳场所。

该旅游点距离博鳌机场约7.3公里,距离博鳌动车站约3.7公里。其周边有省道、国道、高速公路等区域性交通设施,被琼海市的嘉积城区、博鳌特别规划区、中原镇区环抱,提供城市服务支撑。

围绕乐城岛,整个示范区南岸规划设计以"保健养生"为核心,布有传统医学中心、亚健康疗养中心、整形美容中心、老年健康养护中心、慢病康复中心等五大功能中心;北岸则以"医学治疗"为核心,引进世界先进医疗设备和技术,与发达国家知名医疗机构合作,建成具有国际一流水平的,集医疗、科研、教学于一体的产学研基地,开展特色治疗、医学研发与教学。

到2023年底,乐城大桥建成通车,乐城先行区和嘉积镇直接连片。同时,上海交通大学医学院海南国际医学中心建成投入运行,乐城先行区将成为琼海新城区的最主要辐射带动区,全方位提升琼海市区的承载力和发展潜力。

✻ **小贴士** 被李克强总理称为"博鳌亚洲论坛的第二乐章"的乐城先行区,是国务院批复的、全国唯一的国家级产业园区。有关该区的发展目标、产业定位和主要特色项目内容,详见上编第一章第二节之四。

3. 博鳌其他旅游景点

(1) 蔡家大院(蔡家宅)

位于博鳌镇莫村村委会留客村,是由留客村旅居印度尼西亚的富商蔡家森等四兄弟在1934年共同回乡建造的一个具有浓郁南洋风格的中西合璧式建筑群落。

蔡家大院坐东南,朝西北,为砖、瓦、木、水泥钢筋混合结构,占地面积400多平方米,建筑面积1 200多平方米。整个大院是一座庞大而完整的二层三厅四合东西式楼房建筑,共有50间房、80道门、116扇窗户,天井2个。宅院两侧有横廊楼阁多间,四周有厨房、柴房、卫生间、浴室、猪舍等。

蔡家大院共包括四座宅院,建筑风格相似。其中,以长兄蔡家森的住宅规模最大(占地600多平方米),保存最为完整,是海南侨乡民居的突出代表,被称为"海南侨乡第一宅"。

该大院四通八达,上下连通,堂屋、横屋以及前后井庭相互环抱,结构紧凑牢固,整幢建筑高大森严,气势非凡。院内楹联、图片、家具等物品,记叙了海南人"下南洋"的艰辛故事。

✻ **小贴士** 中西合璧,是蔡家大院最为突出的建筑风格。其建筑的主体部分沿袭了传统的中式风格,二层廊道部分的装饰风格则以西式为主。2006年5月蔡家大院被国务院公布为第六批全国重点文物保护单位。2013年3月,编制完成蔡家大院的维修方案。

(2) 博鳌乡村公园

位于博鳌朝烈村。朝烈村共有8个村小组,280户,总人口1 280人,村域面积约3平方公里。

该乡村公园串联起了朝烈村辖区的朝烈、美雅、岭头、南强、大路坡等5个自然村,形成了由"枕水朝烈""听风美雅""觅景岭头""拾巷南强""寻味大路坡"等主题组成的游览格局,为游人提供了一个感受乡间风情、体验小镇休闲的完整线路。

(3) 博鳌海滨酒吧公园

处于琼海热带滨海国家农业公园核心区,占地面积25.14亩,交通便捷。

该公园共建有16间以博鳌特色为主题的酒吧,分别是海的故事、老房子咖啡村落、般若海、爱情海、博鳌时间等。其中,坐落在博鳌海边的"海的故事"海洋文化主题酒吧,很有民俗个性和地域特点:渔网、渔灯、木船、漂流瓶、海浪、沙滩等,无处不体现海的主题,大数的家具、饰品由沉船木和陈旧的船上用品制作,曾一度成为博鳌镇的文化地标。

(二) 观光度假区

1. 特色风情小镇与公园

2020年以来,琼海深入践行"绿水青山就是金山银山"理念,坚持走生态优先、绿色发展的可持续发展道路,不大拆大建,利用原生乡野风貌,注入文化灵魂,一个个既体现乡愁又充满浪漫的风情小镇在琼海诞生。500公里骑行栈道串联起散落在乡间的12个小镇,一镇一风情、一镇一特色。中原南洋风情小镇、万泉水乡风情小镇等,以及龙寿洋国家农业公园、热带滨海国家农业公园、万泉河国家农业公园三大农业公园镶嵌其中,城乡无界,城乡一体,带动休闲旅游效益显著。

(1) 万泉河国家农业公园文曲起步区(万泉水乡风情小镇)

位于琼海市万泉镇的水乡风情小镇区域内,万泉河、文曲河、沐皇河三河交汇于此。

万泉水乡风情小镇被定位为"万泉水乡、河畔人家"。该旅游景区占地面积 161 平方公里,总人口约 3.2 万人。万泉镇的水乡风情小镇沿岸自然生态良好,村庄古朴宁静,景色灵动秀丽,是嘉积中心城区天然"后花园",被评为全国"美丽宜居小镇"。目前,该风情小镇中的文曲特色商业街、万泉味道美食街、原乡人咖啡屋、车模培训基地、文曲河水上旅游娱乐及万泉河游轮等项目相继开业运营,游客纷至沓来。

万泉河国家农业公园文曲起步区是对万泉水乡风情小镇的万泉河绿道、文宗渡口、中水侯王庙、旅游服务驿站及休闲业态进行升级改造后所形成的一个琼海本地要素突出的游览区。

万泉河绿道始于文宗渡口,是一条通至西河村委会红群水库的生态绿道,全长约 15 公里。绿道由水泥、木板、青砖、碎石等 6 种不同路面和 1 座特色石拱桥构建而成。为突出地域特色,设计风格大量融入琼海本地元素,道路建设与路旁农家美景、地方历史文化深度交融。沿着这条绿道骑行,不仅可以欣赏到美丽的万泉河,还可以体验万泉河沿岸淳朴的风土民情以及丰富的物产。

(2) 龙寿洋国家农业公园

距离博鳌镇约 15 公里处,覆盖嘉积、塔洋两镇,面积达 40 平方公里,建设面积达 30 000 余亩。

该公园依托龙寿洋、打犁洋、鱼良等村镇现有的"种植业+养殖业""农产品+工业""种养殖业+工业"等多种业态,以"大区带小镇、小镇带乡村"的发展模式,按照国家 4A 级旅游景区的标准和要求,重点打造了民俗体验、观光旅游、都市休闲、户外运动、康体健身、疗养度假、农业加工七大功能区,形成了"城在村中,村在城中"的琼海特色田园城市样板工程。

公园内的龙舟广场、儒家文化广场、大棚瓜菜基地、兰花基地、草莓基地、千年稻田、东方红(毛泽东主席)纪念馆、经典牌匾、田野回阵、芳草地、农家旅馆、儿童游乐园等 17 个项目早在 2016 年前已开始运行。

该园内还开设了绿道、旅游道、入口停车场、特色餐饮区组屋、特色餐饮区、花卉基地、礼都陶艺吧、农家小吃街等 10 余个旅游项目。有黄、红两条观光路线,黄色路线是"龙之路",红色路线是"寿之道",游客可乘坐电瓶车、骑自行车或漫步游览。

❋ 小贴士　龙寿洋国家农业公园是琼海市"打造田园城市,构建幸福琼海"发展战略的重要载体。2014 年,该公园并被评为"中国美丽田园"。

(3) 热带滨海国家农业公园

该公园是琼海市三大国家农业公园之一,以海洋文化、渔业文化为主题,建设范围涵盖潭门、博鳌、中原、长坡 4 个镇。

热带滨海国家农业公园围绕"海洋文化、渔业文化"主题,加快发展海产品养殖、捕捞、加工等产业,主题酒吧公园、滨海酒店度假等新业态逐步形成。

❋ 小贴士　截至2022年,琼海市重点加强潭门、博鳌、中原3个风情小镇区域的建设,围绕帮助农民、渔民增产增收的核心目标,大力推进以海贝加工业为主的加工制造业向集约型产业的转变。

2. 海南白石岭旅游区

位于琼海市西南12公里处,从岛东高速公路白石岭出口西行仅6公里,距海口市92公里;总面积约16.24平方公里,由公子岭、衬布岭和登高岭三岭组成。

白石岭旅游区,由"神秘谷"(土人部落)、人文景区(共18处景观)、白石岭(龙头山)热带原始森林自然风景区(共20处),以及现代休闲游乐场——滑草场和绿色空中游索道共四大板块组成。

登高岭是该景区最高峰,海拔328米,山状变化万端。山下怪石嶙峋,千姿百态,石洞幽深,神奇莫测。该岭有1 308级登山石阶贴崖而上,登之可观石柱擎天、金钟驾驰、青狮眺目、翠屏拥月、崆峒筛风、苍牛喷雾、花岗蔚彩、碧沼储云等"白石岭八景",饱览万泉河风貌。此处已建森林公园,并建有"永结同心""巨星笑佛"等一批景点。

❋ 小贴士　2022年8月,经琼海市旅游和文化广电体育局推荐,海南省旅游资源规划开发质量评定委员会组织综合评定并完成公示,确定海南白石岭旅游区为国家4A级旅游景区。

3. 万泉河神鳌峡谷风景区

位于万泉河上游峡谷区。万泉河上游两岸,热带雨林未遭人为破坏,自然状态保存良好。其中,河西岸的绿色覆盖率在95%以上。万泉河上游水清澈纯净,可直接饮用,是国家一级水源;河道内空气清新,氧气充足,无任何工业污染,素有"天然大氧谷"之美誉。

万泉河上游两岸山峰绵延起伏,气势磅礴。典型的热带雨林地貌,处处清幽,奇险兼备。峡谷幽洞、奇石怪壁、叠泉飞瀑、险滩激流、瀑布清潭等自然景观,美不胜收。

万泉河神鳌峡谷漂流区,长约15公里,用时1.5~2小时。整个漂流过程由激流勇进、雨林穿越、悬崖速降、峡谷溯溪、深潭跳水、高山瀑降等项目组成。漂流中会遇到9个险滩:浅滩、清滩、水秧滩、长滩、白沙滩、玉芳滩、拉蓬滩、高镰滩、加秀滩。

该景区内有13个自然景点:八戒石、猴壁、鹰壁、母亲岭、青蛙塘、虎门关、八仙湾、石狮、天泉瀑布、石龟卧河、石虎护河、琼崖纵队医院、苗寨。该景区除了漂流、探险、探秘及夜漂项目外,还有垂钓、露营、篝火晚会、山野大餐等休闲项目。

❋ 小贴士　万泉河两岸有原始、自然的热带丛林和淳朴、敦厚的民族风情。名歌《我爱五指山,我爱万泉河》《万泉河水清又清》,一部名剧《红色娘子军》,使该区美名远扬,成为来琼中外游客必游之地。

4. "七星伴月"旅游景区

位于琼海东部的历史名镇、农业重镇——塔洋镇。该景区以一片天然水塘为中心,用一条2.5公里长的骑行栈道,把沿岸7个村庄、果园有机地串联起来,农业与旅游业相融合的新业态已经形成。

目前,该景区内建有三环休闲骑行漫道、湖畔垂钓、农业体验、风情乡村、生态农家乐等多种娱乐休闲项目。另外,该景区还成立了全民性的休闲合作社,负责管理和经营,从而不断发展乡村旅游新业态,促进全景区经济、生态协调发展。

✿ 小贴士 2016年3月19日,中央广播电视台综合频道新闻联播《海南:全域旅游"崭露头角"》的报道,以"七星伴月"景区为切入点,报道了海南省通过挖掘生态潜力和本土民俗文化,创建全国首个全域旅游示范省,探索生态保护与新型城镇化相得益彰的发展模式。

5. 多河文化谷景区

位于琼海市兴海路勇敢村(琼海市区往博鳌方向老路),该景区按原国家旅游局3A级标准耗巨资建造,占地面积160余亩。该景区始建于1986年,曾被评为"2011年度海南10家特色景区""海南千里环岛文化示范点",是海南唯一一家以海南母亲河万泉河本土文化为主题的景区。

多河文化谷景区看点:万泉河农居博览馆、青梅广场、蓝色博物馆、民俗演绎中心、多河儿女广场等。

该景区是展示琼海万泉河流域本土、本真地方文化的景区。在多河文化的主题框架内,该景区从绿色农耕生态文化、红色人文文化、蓝色海洋华侨文化三种文化色彩上诠释描述海南母亲河——万泉河文化,也称"多河文化"。

✿ 小贴士 "多河文化"中的"多河"是万泉河的原名。史载元朝武宗皇帝的二太子图贴睦尔,因宫廷内乱被流放到海南居住于多河河畔,并与当地美丽才女青梅一见钟情,结为夫妻。在太子流放期间深受当地百姓照顾,与当地百姓产生浓厚的感情。在元正中元年(1324年),图贴睦尔被召归,在离别多河宁静美丽的乡村家园时,百姓们夹岸欢送,挥拳齐呼"太子万全""一路万全"。太子感动之极,挥手泪别,乘航出海,一路"万全"到京都,当上了元朝第十一位皇帝文宗皇帝。登基后第三年,元至顺元年(1330年),文宗皇帝不忘多河河畔百姓万全之恩,将"多河"命名为"万泉河",以此报答多河两岸的百姓送他"万全"的款款深情,万泉河由此而得名。

6. 万泉湖旅游度假区

位于万泉河上游的牛路岭库区。湖面宽阔,岛屿众多,两岸群峰叠起,怪石嶙峋,原始热带雨林茂密,鸟语花香,青山碧水。

万泉湖旅游度假区景色迷人,空气清新,气候宜人,是一座天然氧吧。湖区有石片沟、怪石群、乳泉谷瀑布、仙人峡、百岛群、十里峡谷、二龙潭、天池等景观。

其中,石片沟是度假区内最著名的景点,是湖区上游的一个峡谷,全长约3 000米,地处白马岭山麓,与琼中黎族苗族自治县毗邻。石片沟集奇岩、险崖、幽谷、悬瀑于一体。登高俯视,石和水构成一幅幅意境各异的画。

该度假区内有中高档客房、会议室、餐厅、歌舞厅、健身俱乐部等,已成为老年人休闲度假,中、青年人观光探险,学生野炊探秘的旅游胜地。

✿ 小贴士 二龙潭是石片沟峡谷中的精品景点。相传古时南海龙王二子(大龙、小龙),沿河游览于此,迷人的景色令其流连忘返,二龙沉浸于此,各据一景,均造一潭,故而得名。二龙潭水清、洞幽、壁奇,游人乘舟缓缓入潭,会顿感身临仙境,产生无限的遐想。

7. 官塘温泉度假区

位于琼海西南部白石岭山脚下,距市区8公里,总面积20多平方公里。区内环境优美,风光宜人,是以温泉文化为主的综合性、国际性旅游度假康乐胜地。

区内已建造了多家温泉度假型酒店:官塘温泉休闲中心、富海温泉度假村、官塘温泉度假山庄、财建温泉宾馆等。其中,官塘温泉休闲中心规模最大,它面向风景秀丽的万泉河,背靠雄伟奇特的白石岭,地处官塘热矿水区域腹部,整体设计独特,风格浪漫,建筑环抱着一个曲线流畅、宽敞别致的中心温泉游泳池,并以中国式庭园廊道,将主楼、客房、别墅、保龄球馆等亭台楼阁有机连成一体,绿草如茵,环境典雅,是旅游度假、疗养休闲的人间仙境。

官塘温泉休闲中心拥有128间客房,中西餐厅、保龄球、网球等系列配套齐全,特别是面积达2 700平方米的全循环天然温泉露天泳池堪称全省之最。

❋ **小贴士** 据说,20世纪30年代南洋巨商、万金油大王、爱国侨领胡文虎先生曾投资开发过官塘温泉,使其在东南亚一带有一定影响。

8. 春晖椰子加工观光基地

创建于2005年1月,位于海榆东线高速公路琼海市万石出口处,占地面积30多亩,其中生产车间面积约3 000平方米,展销中心面积约2 500平方米。

该基地厂区园林化设计,鸟语花香、椰树婆娑、环境优美。其封闭式全空调车间严格按国家的标准设计装修,严格执行食品安全卫生标准,是可全透明观摩的现代流水线。基地已开发出9大系列200多种椰子加工产品,游客可在透明的车间外观看、了解椰子去皮、定型、挤压等加工过程。

春晖椰子加工观光基地是海南著名企业文昌市春光食品有限公司设在琼海的对外旅游窗口企业。基地以椰子文化为主体,以红色文化为主轴,给游客一个全新的感觉,从而全面领略海南文化、椰子文化及红色文化。

为提升旅游购物平台,春光食品公司还投巨资设立琼海、三亚2个集椰子加工观光于一体的海南特产旅游购物基地。

❋ **小贴士** 该基地在全国首创利用椰子树根、椰子树桩等来做一些旅游工艺品,如用椰树头做成的椅子等,引起了一些媒体的关注,并促使该基地对系列产品进行包装整合,进而推向全国甚至全世界。

9. 中国(海南)南海博物馆

位于琼海市潭门镇,2019年被批准为国家4A级旅游景区,是旨在展示南海人文历史和自然生态,保护南海文化遗产,促进海上丝绸之路沿线国家和地区文化交流的综合性博物馆(详见上编第三章第二节之四)。

10. 潭门渔港观光区

潭门渔港,地处琼海东部沿海的潭门镇,距离嘉积城区20公里,国家一级渔港,是海南通往南沙群岛最近的港口之一,也是西、南、中、东沙群岛作业渔场后勤给养基地和深远海鱼货集散销售基地。

潭门,是南海渔港的第一大门。一千多年以前,渔民们就在此生存劳作,从最初的水上渔家,进而形成了渔村,一代一代地发展成为今天能停靠上千艘大小渔船并有"南海之门"美誉的潭门渔港。潭门镇,是继博鳌镇之后,第二个完成立面改造的风情小镇。2021年前后,琼海市委、市政府正式提出:依托潭门千年渔港独特的生态、区位、人文等特色资源,把潭门镇改造成一个旅游风情小镇。

从潭门镇入口处,沿着渔港走向大海,有500多米的长路,满眼排开的渔船,颇为壮观;

长路尽头,一条海堤直直地伸入南海。曾经的老码头现在成了流动的船上海鲜贸易市场,每天都有很多居民或游人,翘首等候赶海归来的渔船。船一靠岸,人们排着队上船选购,一时人声鼎沸,好不热闹。

沿着港口街道漫步,海鲜餐馆鳞次栉比,路上随处都有海货地摊,出售来自南海的美味干货和别具特色的海洋工艺品。

第二节　万宁市

万宁市享有许多美誉:世界冲浪胜地、中国槟榔之乡、中国书法之乡、中国武术之乡、高尔夫天堂、温泉之乡、南药之乡、植物王国、佛教圣地、美食之都等。

近年来,通过成功举办中非合作圆桌会议、国际冲浪赛、中华龙舟大赛、环岛自行车赛等一系列重大会议和品牌体育赛事,对外发布"多彩多情、万福万宁"的城市名片,城市美誉度和知名度得到显著提升。

在万宁的旅游业态转型升级的进程中,体育和旅游融合,是未来旅游业发展的必然趋势。万宁围绕精品体育旅游城市的精准定位,坚持以体育打造形象、旅游落地发展的目标,依托优势资源和厚重文化,积极引进、举办各类国际知名品牌赛事,深耕"文体旅"目的地。

目前,秘境探幽、学习技能体验和文化体验是万宁三大文旅产品。万宁还集浓郁的儒家文化、佛家文化、兴隆华侨文化和咖啡文化于一身。未来万宁将重点打造日月湾冲浪胜地、神州半岛帆板胜地的"体育＋旅游"品牌,让新兴潮流沙滩水上运动项目,成为大众休闲娱乐的健康生活方式,引导体育旅游消费,为建设海南国际旅游消费中心和国家体育旅游示范区作出贡献。

一、市情简况

万宁市位于海南岛东南部沿海,东濒南海,西毗琼中,南邻陵水,北与琼海接壤。南距三亚市112公里,北离海口市139公里,处于东线高速公路中部。

万宁总面积为4 443.6平方公里,其中陆地面积1 883.5平方公里,海域面积2 550.1平方公里。109公里的海岸线上有10多个优质海湾、2个神奇内海、7个岛屿和半岛,可发展养殖的海岸带和淡水水面约30多万亩。

万宁在汉代属珠崖郡紫贝县地,唐贞观五年(631年),以文昌县拆置万安县,隶属琼州。至南宋绍兴六年(1136年),始设万宁县。明洪武元年(1368年)改称万州,直到1914年复改为万宁县。1996年8月撤县设市,政府驻地为万城镇。

2022年末,万宁全市总人口55.60万人,城镇人口30万余人,乡村人口25万余人。有黎、苗等18个少数民族。

✽ **小贴士**　2021年1月,万宁市荣获中国帆船帆板运动协会颁发的"2020年优秀帆船城市奖",万宁市旅游和文化广电体育局荣获"2020年全国帆船竞技体育赛事贡献奖"。2021年4月10日万宁登上央视《中国地名大会》。

二、主要景区(点)

(一)石梅湾旅游度假区

✻ **小贴士**　万宁石梅湾位居"海南十大最美海湾"榜首。以石梅湾为中心30平方公里的范围分布有海南兴隆侨乡国家森林公园、兴隆温泉、兴隆热带花园、兴隆热带植物园、太阳河、神州半岛、大洲岛、日月湾、万宁首创奥特莱斯、兴隆国家绿道、永范花海、兴隆三角梅公园、杨梅湾等几个已开发和待开发的旅游区。

石梅湾位于东线高速兴隆出口的万宁东部海滨,滨海沙滩长6公里,近百米内水深不过3米,由2个形如新月的海湾组成,三面环山,一面向海,山形秀美。近年来投入使用的日月湾冲浪、石梅湾游艇、港北龙舟、港北海钓、水上飞机5大基地,备受国内外赛事的青睐,更是国内外游客享受海上运动的极佳去处。

石梅湾省级旅游度假区内旅游资源包括8个主类、19个亚类和71个基本类型,拥有"海南最美书店"凤凰九里书屋、M1咖啡奇幻工场、中国书画艺术馆、石梅湾国际游艇会等特色旅游景点,具有一定的规模,其中热带滨海气候和青皮林属于特品级旅游资源,石梅湾、加井岛、石梅溪、梅田溪等属于优良级旅游资源。

该湾海滩两端,各向海中伸出两座峰峦。湾内植被繁茂,有大片椰林、橡胶等热带作物,椰树槟榔,相映成趣。沿海湾绵延数十公里的茂密青皮林带,是从清朝就立碑保护的、目前世界上发现的第二个也是面积最大的海滩青皮林,至少已有4 000年历史,现为省级自然保护区。此外,散落在景区内的农舍多为黎族村落,世代以耕作和捕鱼为生,民风淳朴,至今仍保持着海南特有的原始生活风貌。

✻ **小贴士**　据传,石梅湾中的"石",源自"乌石姆"(海南话:黑色的石头);"乌石姆"散落于石梅湾东侧的海域,常有海浪拍击礁石浪花飞溅的美景。青皮又名青梅,石梅湾中的"梅"源于此。湾中青皮林带狭长蜿蜒,沿着海滩绵延几公里,呵护着两弯新月形的海滩。石梅湾由此得名。

(二)日月湾渔村文化旅游区

位于万宁加新、田新二管区之间,从东线高速公路日月湾入口进入景区仅200米,是目前海南唯一以渔民和冲浪文化为主题按5A级标准打造的旅游景点。

日月湾西连陵水县,以牛岭为界,是个半月形的海湾,素有"海南黄金海岸"之称,也是万宁市一处具有特色海洋景观(海门奇石)和海湾风情文化相结合的旅游景区。游览区分为海门公园和台海民俗文化游览区两部分。

海门公园主要景观和配套服务项目有海门奇观、椰林休闲广场、龙王鼎、沙滩娱乐、海边骑马等。

台海民俗文化游览区内,在一条蜿蜒小河的主线的牵引下,将"天长地久"大拱门、"清水造雾"、"外婆家"、"千人锅"、台海兰苑、高山乐园、"高山民居"、"盘古掌(天掌)"、人造瀑布、快活椰林、风情演艺、中华龙和"海誓山盟(情侣石)"等旅游物要素有机地联动起来。台海民俗文化游览区内有观海长廊、大型停车场、游客中心、南海龙王、渔家院子、海上丝绸之路博物馆、耕海牧渔文化馆、珊瑚馆、倭寇海盗船、海防长城、海上民兵连、妈祖庙、渔人码头、海产品加工厂、渔民集市、非物质文化展示基地、南海珍宝馆、冲浪广场、海钓俱乐部、露营基地、海鲜餐厅、婚纱摄影基地等。另外,该区还天天上演国家非物质文化遗产"哩哩美"渔家歌舞并举行大型"祭海开渔"活动。

✤ **小贴士** 万宁日月湾每年会举行各种国内国际高水平冲浪赛事,包括 WSL(世界冲浪联盟)女子长板冲浪冠军赛、WSL 男子长板冲浪冠军赛、ISA(国际冲浪协会)中国杯男女短板赛、ASP(职业冲浪协会)男子短板海南精英赛、WSL 女子短板冠军选拔赛、冲浪海南公开赛等。WSL、ISA 两大世界冲浪权威组织的精品赛事齐聚万宁日月湾和石梅湾,汇集了世界众多顶尖冲浪选手,让其成为世界冲浪的聚焦点。

(三)神州半岛旅游区

位于海南东线高速 G98 兴隆/神州半岛高速路口 3 公里处,距兴隆华侨经济旅游区 10 公里。半岛三面环海,一面接陆,面积 24 平方公里,东南长 8.7 公里,西北宽 2.7 公里。

该区东依牛标岭,南濒南海,西靠老爷海港口,北临东澳港;其南面,由东至西排列着东渥湾、沁宁湾、圆石湾、金沙湾、乐涛湾 5 个美丽的海湾。除东部牛标岭海拔较高以外,其余地形平坦,皆沙土,少植被。

离海岸几十米远的石岛,是大自然鬼斧神工的杰作——公鸡石、钓鱼石、观鱼石、乌龟石等等,随着潮涨潮落,变化万千。

神州半岛海湾碧波映照,轮廓柔和宜人,沙白滩阔,加之奇岩怪石的点缀,景色格外迷人。半岛背部为风平浪静的内海,其海岸线曲折,狭宽不一,沿岸植物郁郁葱葱。

该区已建有我国首家复合式酒店、超五星级酒店、海南首家聘请国外顶级海上运动管理公司管理的沙滩俱乐部等旅游基础设施,内含逾 4 万平方米滨海商业街、41 洞传统海滨式高尔夫球场以及 3 座天然内海游艇码头。另外,还发现岛上有 8 处泉眼。

神州半岛的海景秀柔,山景神奇壮观。其中,半岛上最大的山脉牛标岭,海拔 218 米,犹如一条巨龙盘旋在半岛上。《万州志》记载:"此岭形如覆釜,为儒学案山的刘知州改为龙标岭。"

✤ **小贴士** 神州半岛最高处牛标岭上有一巨石,被当地人称为"皇帝殿"。据说古时此处海盗横行,民不聊生。后在牛标岭下出一奇人,其年方五岁,登石挥扇,最终击退了海盗船队,拯救百姓于水火之中。此孩童遂被当地百姓称为皇帝,巨石被称作"皇帝殿"。

(四)南燕湾旅游度假区

位于礼纪镇南沿海,与石梅湾相连。由于此处是燕窝鸟和春燕度寒栖身之地,故得名(一说此处海边山崖形如一巨燕浮于水,才得此名)。

南燕湾旅游资源丰富,山峰石崖高耸,清泉飞瀑长流,巨洞阔大,沙滩洁白,绿树葱茏,天青海碧,水产丰富。近年来,该湾区的高端旅游设施和娱乐建设突飞猛进,已建有一座直升机停机坪,两家豪华游艇俱乐部,众多国际高端酒店、国际购物城,以及众多的潜水、海钓、冲浪、高尔夫球俱乐部等。

该湾区酒店、购物城,往往位于两山夹角之间,背依青山,面朝大海,以生态型度假休闲旅游居住为特色,集高尔夫运动、山地休闲探险、滨海度假居住、高端商务往来与娱乐购物于一体。

该湾区高球会所属设施包括国际标准的18洞高尔夫球场、练习场、高尔夫专卖店、欧美风格的高尔夫会所等,能够为来海岛打球的高尔夫球手提供称心服务。18个球洞的设计各具特色和魅力,且前9洞葱郁幽静、山峦起伏,给人无限的挑战;后9洞海风习习、碧浪撩人、视野开阔,予人一种粗犷的感觉。

❋ **小贴士** 2015年9月开工的华凯南燕湾悬崖酒店(二期)占地面积500亩,建筑面积12万平方米,容积率不足0.29,坐落于60~80米的悬崖之上,俯瞰浩瀚南燕湾,将周边高尔夫球景、海景、山景与建筑自然完美融合在一起,度假资源得天独厚。

(五) 山钦湾风景区

山钦湾是万宁最北的海湾,位于龙滚镇东北沿海,比邻博鳌镇。

山钦湾与万宁其他海湾迥然不同,其中的古庙、黑礁石、燕鸟栖息是山钦湾最特别的景观。

山钦湾内,在茂密的海防林掩映下的古庙矗立了超过百年,香火兴盛。因刚刚进行了修缮,古庙的外观看起来气宇轩昂。附近沿海的渔民每次出海前都会来到古庙祭拜祈祷,以期神灵庇护,保佑出海平安。

矗立在山钦湾沙滩上的黑礁石,有四五米之高,形状并不规则,整个礁石群绵延数百米之长。除了集中的礁石群,沿着沙滩还有小簇的礁石。最让人称奇的是黑礁石的形状,远远望去,或像乌龟,或似狮子,或如鲸鱼,其中玉兔礁最为形象、最为灵动。岸边的黑礁石与大海融合得十分紧密,在海南众多的海湾之中,山钦湾算是独树一帜。

在山钦湾沙滩上,火山石熔岩形成的各种洞穴是燕鸟群栖息的地方。每年秋冬季节,上万只燕鸟就会飞来山钦湾越冬。

(六) 春园湾风景区

位于万城镇东12公里处,是个理想的旅游度假胜地。春园湾东面是省级自然保护区大花角,东南面是"海南第一岛"——燕窝岛(亦称大洲岛),北面是"宝岛第一潟湖"——万宁小海。沿岸五岭横陈,岭间形成3个新月形海湾,春园海位于中间,东有大长岭,西有大小乌场岭,南有甘蔗岛。

春园湾海岸线长达4.2公里,海湾海域面积近2.5平方公里。这里四季如春,阳光充足,年平均气温24.5 ℃,水温25~30 ℃,岸滩宽度适中,滩坡平缓,沙质洁净,水无污染,无水草,透明度达15米,不仅可游泳,还可开展潜游、帆板冲浪、沙滩拉网、礁盘垂钓等综合性水上活动。

❋ **小贴士** 春园湾最突出的特点是"乖巧"玲珑,小而不俗,娇而不媚,蕴含着很深的文化内质和"香湾"潜质。

(七) 东山岭风景区

位于万城镇以东2 000米处,因三峰并峙,形似笔架,历史上又叫笔架山,最高海拔184米。该风景区于1981年开建,是海南开发较早的旅游景点之一,曾与五公祠、鹿回头、天涯海角等景点齐名,素有"海南第一山"之称。

东山岭景区大小石景有一百多处,处处神奇,石石苍劲,洞洞莫测。岭上最著名的佳景有8大处,分别是七峡巢云、正笏凌霄、仙舟系缆、华封岩洞、海烟流丹、瑶台望海、碧水环龙、冠盖飞霞。

另外,该区内现存多处古代建筑遗迹,堪称"洞天世界"的神奇三十六洞、方丈洞和七曲洞有"海外奇观"之誉;岭上有潮音寺、东灵寺等寺庙,还有高达4.2米的宋代名相李纲的花岗石雕像。其中,华封岩洞为一天然岩石洞,高、宽各4.4米,长7.7米,"华封岩"三字刻于宋宣和四年(1122年),乃岭上最早石刻。

东山岭风景区内设有东山宾馆、水上餐厅等,游客可饱尝万宁的东山羊、和乐蟹、鹧鸪茶,还有港北对虾、后安鲻鱼等佳肴。

(八)大洲岛

即燕窝岛,位于万宁东南部的海面上,是海南沿海最大的岛屿,距万宁市区15公里,与乌场港隔海相望。

大洲岛又称独洲岭,也叫独珠岭,有二岛三峰,面积4.36平方公里,主峰高289.3米,唐宋以来,一直是航海的标志。岛上有山薯(淮山)、金不换、龙血树和野胡椒等植物;有毛鸡、四脚蛇和各种各样的鸟类,资源十分丰富。

燕窝岛还是一个赏海观景旅游胜地。此岛分为北小岭、南大岭,中间有一长500米的沙滩。该岛石奇海美,不仅可以观山赏石,眺海揽秀,还可以潜水旅游。

燕窝岛周围海域海水清澈,一般水下可看5～10米远。海底生物多姿多彩,很适宜水下捕采和摄影。潜入海底,色彩斑斓,美不胜收。

岛上燕窝洞府,古木葱郁,怪石嶙峋,尤其是那两峰对峙、两港相望的"峙峰倒影山浮水"幻景,还有微风鼓浪、水石击搏所出现的"碧水泻玉、银练抛空"景观,都让人赏心悦目。

每年的11月至次年的5月是大洲岛最好的旅游季节,气候温暖、干燥,成群的金丝燕飞到大洲岛筑巢避冬。游人既可登高观日出日落,又可尽情领略热带海上旅游的情趣。

❋ **小贴士** 大洲岛为我国唯一的金丝燕栖息地,"东方珍品"大洲燕窝就产于此。1990年,这里被批准为国家级海洋生态气候自然保护区。

(九)兴隆华侨旅游经济区

❋ **小贴士** 1951年成立以来,兴隆华侨农场时刻得到党和国家的关怀。全国人大常委会原副委员长何香凝亲自为兴隆题写了场名。刘少奇、周恩来、朱德、邓小平、叶剑英、江泽民、李鹏、乔石、朱镕基、李瑞环、胡锦涛等党和国家领导人都曾视察过兴隆。

创建于1951年,原名为海南兴隆华侨农场,是中国最大的华侨农场。2011年3月,万宁市机构编制委员会决定成立万宁市兴隆华侨旅游经济区,设立万宁市兴隆华侨旅游经济区工作委员会,隶属万宁市委、市政府,为副处级事业单位。该委员会加挂万宁市兴隆华侨农场牌子,实行"两块牌子,一套人马",于2011年12月28日挂牌成立。

兴隆华侨旅游经济区位于万宁东南部,东面与礼纪镇、东和农场接壤,西面与南桥镇、南林农场等以及琼中县的长沙、长兴等村庄交界,南面与礼纪镇新梅毗邻,北面和三更镇、长丰镇牛漏等地相依。

兴隆华侨旅游经济区内硬化道路纵横便捷，主要有兴梅大道、莲兴大道、温泉大道、迎宾大道、康乐大道、惠康大道、工业大道和长春路、金新路、明珠路、剧场路，以及四座太阳河大桥等。该区内，已有一批具有热带风光、东南亚风情的景观、文化设施供游客观赏和娱乐，如热带植物园、热带药用植物园、巴厘村景区、温泉度假区、天涯雨林博物馆、侨乡国家森林公园、国家绿道等。

兴隆华侨旅游经济区还有由康乐园温泉高尔夫球会、太阳河高尔夫球会、橡树林高尔夫球会等构成的占地面积6 000多亩的54洞高尔夫球场等。

兴隆依托东南亚归侨文化资源，总体定位是：以温泉为主题，热带植物、东南亚风情为特色，集旅游观光、康体疗养、休闲度假、旅游服务于一体的综合性大型旅游度假区，打造独具特色的风情小镇。

✤ **小贴士** 近年来，万宁市委、市政府把兴隆华侨旅游经济区作为万宁"一带两区"发展战略中的一个重点发展区域，专门规划90多个建设项目来全面加强和改善经济区基础设施。如今，已有老榕树山顶温泉度假村、高尔夫公寓、木棉花五星级酒店、热带雨林养生谷、太阳新城太阳谷、兴隆百果园、石梅山庄等一批项目相继落户规划、动工建设。

1. 兴隆热带植物园

始建于1957年，是海南最早对外开放参观的热带植物园。位于兴隆温泉旅游区内，距海口市163公里，距三亚市97公里。这里东临南海（距海边约10公里）、三面环山，日照充足，长夏无冬，湿度大，雨量充沛而均匀，属典型热带季风气候，适宜于各种热带亚热带植物的生长发育。

兴隆热带植物园划分为五大功能区：植物观赏区、试验示范区、科技研发区、立体种养区和生态休闲区；收集了12类植物：热带香辛料植物、热带饮料植物、热带果树、热带经济林木、热带观赏植物、热带药用植物、棕榈植物、热带水生植物、热带濒危植物、热带珍奇植物、热带沙生植物、蔬菜作物等。

由于兴隆独特的地理位置和气候条件，1957年中国热带农业科学院香料饮料研究所选定这里作为收集、保存国内外热带亚热带作物（植物）种质资源的重要基地，为此建立了兴隆热带植物园。

植物园依山傍水，风景秀丽，葱葱绿海，幽幽果香，喁喁鸟语，清新世界，令人心旷神怡，流连忘返。"到海南必到兴隆，来兴隆定去植物园"道出了兴隆侨乡这颗绿色明珠的奥秘。

✤ **小贴士** 经过六十多年、两代科研工作者的努力以及"科学研究、产品开发、科普示范三位一体"改革模式的发展下，兴隆热带植物园已收集保存有2 300多种独具特色的热带亚热带作物（植物）种质，并已成为一座集科研、科普、生产、加工、观光和种质资源保护于一体的综合性热带植物园。

2. 兴隆侨乡国家森林公园

2013年11月下旬设立，包括凤凰岭和热带花园2个景区。区内森林覆盖率达85.10%，占地面积42 230余亩，有种类丰富的热带植被和珍贵的树种、野生药材及经济林木等（详见上编第二章第二节之四）。该公园的主要景点为爱情瀑布、热带花园和三角梅主题公园。

（1）兴隆热带花园。

✤ **小贴士** 1992年，爱国华人郑文泰先生个人出资，自己规划设计，在一处既有老化橡胶园，有丢荒耕地，同时又有残留沟谷雨林的土地上，开始了兴隆热带花园的建设历程。

位于万宁市兴隆温泉旅游区7公里的南旺水库区,与东线高速公路连接。以南旺水库为中心,占地面积6 000亩。该花园融自然、人文、农艺、园林与环境生态保护为一体,是一个集观光、休闲度假和科研科普之大成的现代化植物园,是热带雨林和人工造园的极佳结合。兴隆热带花园还是海南最早对外开放参观的热带植物园。

该公园植物品种1 200多个,汇集了咖啡、胡椒、香草兰、可可等热带经济作物和榴莲、山竹等名优稀特果树;保存了见血封喉等野生植物资源和珍稀物种。

兴隆热带花园从2014年9月开始不断从国外引进1 000多个珍奇兰花品种。既有保存物种的功能,又为园区增添了亮色。园区还特别邀请来自台湾等地的景观艺术师设计布展,用插花艺术的方式展示兰花的美。

❋ 小贴士　兴隆热带花园的建立被确定为"九五"全国旅游重点建设项目之一,被海南省科技厅、环境资源厅确定为青少年生物知识科普地、海南省生物多样性保护基地及青少年环境知识教育基地,也是我国政府确认的四大环境教育基地和物种基因库,并于1997年由中国政府作为"全球环境500佳"评选项目向联合国推荐。2014年底,热带花园获评全国休闲农业与乡村旅游示范点。

(2) 兴隆三角梅主题公园。

位于兴隆热带花园入口处及主干道南北两侧,规划面积1 500亩,目前已建成600多亩,拥有三角梅40多种,其中不乏重瓣、橙色花、渐变色花等珍贵特色品种。

3. 兴隆热带药用植物园

建于1960年,由中国医学科学院药用植物研究所海南分所引种建设。海南分所是海南省唯一从事南药的资源保护、引种栽培和开发利用的国家级研究单位,坐落于兴隆旅游区内。

兴隆热带药用植物园占地面积200多亩,园区引种栽培植物有201科1 600多种,是目前我国收集热带药用植物种质资源最多的园区。

该园引种保存的国家一级珍稀濒危保护植物有黑桫椤、海南苏铁等6种;国家二级珍稀濒危保护植物有土沉香、海南粗榧、云南石梓、福建观音座莲等26种;国家三级珍稀濒危保护植物有海南大风子、云南肉豆蔻、海南地不容等10种;从马来西亚、越南、泰国、缅甸、柬埔寨、加纳等地引种栽培的珍稀药用植物22种。这些珍稀濒危保护植物具有极高的观赏游憩价值和科学价值,为我国南药植物发展提供了完整的药用植物科研成果。

目前,兴隆热带药用植物园内已建立起了珍稀濒危南药引种区、海南特色药园区、原生药园区、进口南药园区和一个3 000多平方米的科普展馆——海南省南药科技馆。

❋ 小贴士　原产热带美洲的可可是世界三大饮料作物之一,中国唯在海南有小面积种植,植物园接待区后面有一大片可可林。一般情况下,游客可看到树干上缀满如苦瓜大小的可可果。植物园的科技产品展销中心,出售植物园自己种植、加工的可可系列、咖啡系列、香草兰系列、苦丁茶系列、胡椒系列特色产品,以及其他旅游产品。

4. 兴隆巴厘村景区

位于兴隆镇华侨农场工业大道合口旅游区1号。从前,该区是黎族聚居地,后来汉族和黎族通婚慢慢形成黎汉同居地,主要由南洋文化馆、归侨生活区、南洋风情街、归侨根缘馆和产品体验区5个功能区组成:

——南洋文化馆通过图片和文字翔实记载南洋归侨回国的真实情况。

——归侨生活区通过以3个不同年代最有代表性的归侨家居为背景再现一幅真实画面。

——南洋风情街在景区花梨山搭建一个有东南亚特色的舞台。

——归侨根缘馆利用现有根艺馆,讲述南洋归侨与兴隆的情缘故事。

——产品体验区以南洋文化为底蕴,以南洋风味为基石,经营南国"老归侨"系列特色产品,领略南洋风情。

另外,兴隆巴厘村景区内有通天门(印度教辟邪门)、通天塔、鸟巢、大象、印尼爱神像、可可树、咖啡园以及印尼风情建筑和到处可见的各种热带植物,还有民族歌舞表演等观光项目。

✲ 小贴士 巴厘村以兴隆南洋归侨文化为背景,通过南洋"风情""风俗""风光""风味"将兴隆南洋归侨回国后的生活串联起来,是海南岛唯一没有重复主题的归侨文化景区。另外,万宁还拥有海南最为多彩多姿的风情村点,如文通村、竹埔村、大园村、溪边村、橄榄树山庄等。

5. 兴隆温泉度假区

占地面积10平方公里,坐落于兴隆太阳河畔,以其独特的自然风光、东南亚归侨文化风情和水质一流的温泉疗养而闻名。

兴隆温泉度假区共有十几个泉眼,水温长年保持在60 ℃左右,水中含有丰富的矿物质,蒸腾的水汽带有淡淡的清香,对皮肤病、关节炎和神经衰弱等有治疗作用。

该度假区内的酒店非常多,游客的选择多,从高档的五星级到大众消费的三星级都有,而且在这里住宿,可以免费泡温泉。

✲ 小贴士 兴隆温泉附近有兴隆热带花园、热带植物园和东南亚风情村等休闲观光点,已成为吃、住、玩、浴多功能相配套的,具有相当规模的旅游度假胜地。

6. 兴隆国家绿道

✲ 小贴士 2019年7月,在由《人民日报》客户端和人民文旅研究院共同发起的"寻找你身边的新美步道"征集活动中,专家评出10个中国新美步道,万宁兴隆国家绿道入选。

万宁兴隆国家绿道始建于2012年,于2014年建成,规划总长138公里。绿道周围环境优美,道路两旁种满了椰子树。绿道"穿梭"于越南村、马来村、印尼村、泰国村等归侨村落,独具特色。兴隆的咖啡与温泉齐名,在漫步或骑行途中,游人可以了解咖啡的种植和烘焙,还可以泡温泉,感受兴隆的慢生活。

目前,兴隆国家绿道有三条线路:

线路一:以热带花园三岗为起终点,沿线经过越南村、南旺路口、印尼村、铜铁岭,以相思湖为节点分A/B两线,分别前往相思湖沿线和兴隆56队,在兴隆57队会合,经过神龟山庄、花园中心驿站返回三岗,全程约13公里,骑行约60分钟。

线路二:以热带花园三岗为起终点,经越南村、陈家槟榔园、陈家庄,由花园中心驿站旁返回三岗,线路全程5公里,骑行约30分钟。

线路三:线路A以热带花园三岗为起点,经过越南村、花园西路转盘、侨乡驿站、兴隆53队、兴隆有机咖啡园、兴隆32队、兴隆美丽春天、美食老街、乐金宵酒店、惠康假日酒店、忆云山水酒店、太阳岛酒店、兴隆温泉宾馆、兴隆美食购物街、康乐大剧场、月亮河广场,最后抵达兴隆旅游咨询服务中心,全程13.5公里,骑行约60分钟;线路B以三岗为起点,经过越南村、花园西路转盘、侨乡驿站、兴隆53队、兴隆有机咖啡园、兴隆32队、长春城,最后抵达兴隆旅游咨询服务中心,全程约10公里,骑行约45分钟。

❈ **小贴士** 兴隆国家绿道1号、2号、3号线路的全面配套建设,主要包括总图标识牌4个、立体指示牌45个、自行车标识喷漆220个、地面喷漆画线32公里、防护篱笆2公里、线路手绘地图3万份等。

(十) 万宁首创奥特莱斯文化旅游区

地处万宁莲兴大道1号,位于环东线高速公路中部,商业面积10万平方米,分为室内精品购物街区和室外休闲购物街区。

室内精品购物街区以奥特莱斯名品折扣店为主,分一期、二期;室外休闲购物街区是极具东南亚风情的海韵街,以旅游配套品牌店为主。名品折扣店,已引进近百家国内外一线品牌入驻。该文化旅游区户外美食步行街(海韵街),汇集了东南亚风情、意大利风味、纯正海南味道、北美风格等各地特色餐饮美食以及海南特色礼品专卖店、进口百货专营店等近20余家商铺。

万宁首创奥特莱斯是海南省规模最大、业态最丰富、知名品牌最多、最具价格竞争优势的首家旅游奥特莱斯。2014年8月该区被评为国家3A级旅游景区。

❈ **小贴士** 奥特莱斯,英文是outlets,原意为"出口、出路、排出口",在零售商业中专指由销售名牌过季、下架、断码商品的商店组成的购物中心,因此也称为"品牌直销购物中心"。其最早诞生于美国,迄今已有近百年历史,但真正有规模的发展是从1970年左右开始的。

(十一) 永范花海

位于万宁市东山岭脚下的永范村,是村民们自筹自建的千亩花海基地。为了发展乡村旅游,永范村村民自筹500万元资金,以土地、实物、投工投劳等方式入股。利用紧挨东山岭景区的优势,请来设计师进行设计,保留乡村园林意趣,营造静谧娴雅气息。

这里的花种于原来的农田上,面积达上千亩,蔚为壮观。有三角梅、菊花、荷花等上百种花卉,微风吹来,绿色的枝叶动如海波,紫色、黄色、粉红的花儿十分艳丽地随风摇曳,花香遥送,沁人心脾。游人可在2公里长的木栈道上近距离观赏,也可在山体的木屋上纵览,更可在咖啡驿站点上一杯咖啡,慢慢品味。

第四章

海南西部人文探秘旅游区

海南西部人文探秘旅游区,包括儋州、东方、临高、昌江四市县和洋浦经济开发区,面积 8 407 平方公里,占海南岛面积 24.66%。

西部以儋州—洋浦为中心,重点发展航运物流、油气产业、海洋渔业、热带高效农业,定位为建设国际航运枢纽和物流中心、国际能源和大宗商品交易中心、南海资源开发服务保障基地、国家战略能源储备基地。

需要特别介绍的是,近年来,儋州、洋浦发展均取得积极进展,综合实力稳步提升,在海南统筹区域协调发展格局中的地位日益凸显。为此,中共海南省委、海南省人民政府于2022年5月9日发布了《关于支持儋州洋浦一体化发展的若干意见》。该意见明确指出了儋州洋浦一体化的发展定位:海南自由贸易港政策压力测试区、西部陆海新通道国际航运枢纽、临港经济引领区、海南自由贸易港区域中心城市。推进儋州洋浦一体化发展,是海南省委、省政府着眼于海南自由贸易港建设全局、统筹区域协调发展作出的重要战略决策。

第一节 儋州市及洋浦经济开发区

一、市情简况

儋州市是海南西部经济、交通、通信和文化中心。海南洋浦经济开发区和中国热带农业科学院、海南大学儋州校区(原华南热带农业大学)均在其境内。

儋州市旅游资源丰富,有山、海、江、河、湖、泉等优势旅游资源。如峨蔓火山海岸、新英湾、松涛天湖、百年橡胶园、光村银滩等保护完好的优质资源,以及东坡书院、蓝洋温泉、千年古盐田、万年石花溶洞、热带植物园等潜力优势资源。

儋州市先后获得了"全国双拥模范城""全国农业百强市""全国文明示范市""全国城市环境综合治理优秀市""全国诗词之乡""中国楹联之乡""全国民间艺术之乡""中国书法之乡""全国园林绿化先进市"等荣誉称号。儋州市2014年被列为首批国家新型城镇化综合试点市,2017年初被国家《北部湾城市群发展规划》确定为面向东盟开放合作的重要节点城市。

2022年下半年以来,在海南省委、省政府统筹区域协调发展的决策下,儋州和洋浦一体化的发展目标十分明确:

——到2022年,儋州洋浦一体化发展的管理体制机制基本形成,实行高位推动、管理下沉、机构融合,完成各级机构人员整合、空间规划一体化,实现儋州洋浦优势互补、互利共赢。

——到2025年,地区生产总值突破1 500亿元,常住人口城镇化率达到60%,现代化产业体系基本形成,初步形成现代化滨海产业新城框架,打造成为海南自由贸易港西部地区现代化产业中心。

——到2035年,参与国际分工、集聚全球资源的整体竞争力大幅增强,在支撑国家重大战略实施中发挥更大引领作用,基本建成国际化滨海产业新城,生态环境、营商环境达到国际一流。

儋州市地处海南西北部,濒临北部湾,北至省会海口市130多公里,南距三亚市280多公里。土地面积3 398平方公里,约占全省1/10;海岸线长307公里,约占全省的1/6,在全省市县中土地面积最大、海岸线最长。儋州市港湾众多,浅海和滩涂面积达30万亩,海洋资源丰富。

❋ 小贴士　《汉书》云:"儋耳者,大耳种也。"《山海经·海内南经》注:"锼(sōu)离其耳,分令下垂以为饰,即儋耳也。"《儋县志》载:"其人耳长及肩。"郭沫若在《说儋耳》一文中说:"儋耳可省言为儋,则耳殆助语,有音无义,故儋耳并非垂大之耳。"

儋州,秦朝为象郡之徼外,又为离耳国,一名儋耳。汉武帝元封元年(公元前110年),海南岛置珠崖、儋耳两郡,这是海南岛上最早同时出现的行政建制,后各朝代相继变更为昌化军、南宁军等,在唐武德五年(622年)改郡为州,将儋耳郡改为儋州,明清仍沿用儋州。

1950年海南解放至1992年,儋县建制没有改变,1993年撤县设市(县级市),2015年2月,设立为地级市。儋州市政府驻地在那大镇,辖有16个镇、292个村(居)委会、4个地方国营农场、一个地方国营林场。2009年1月6日,儋州市滨海新区管理委员会正式挂牌成立。

滨海新区规划总面积46.42平方公里,计划建成一个人口规模25万、面向东南亚的对外开放门户和新兴城市。新区委托国际设计机构进行概念规划,是海南岛发展MICE商务会奖旅游唯一的国际性规划。

2020年,儋州市紧紧围绕海南省委加快推动"儋(州)洋(浦)经济圈"发展,创建自贸港的港、产、城融合发展先行区、示范区的工作要求,加快了儋洋一体化进程。

2022年5月9日海南省委、省政府发布的《关于支持儋州洋浦一体化发展的若干意见》,进一步推进了儋洋一体化发展。

至2022年末,儋州全市总人口98.15万人,仅次于海口和三亚市居全省第三位,有汉族、黎族、苗族等20多个民族,其中汉族人口约占93%,主要方言有儋州话、军话、客家话、临高话、黎话、广东话、海南话等。

❋ 小贴士　目前,儋州正在努力实现"儋州因洋浦而更加开放、洋浦因儋州而更有深度"。

二、主要景区(点)

1. 蓝洋温泉国家森林公园

位于儋州蓝洋农场境内,1999年建园,面积为84 905亩。该森林公园内被称为"海南第一洞"的观音洞有上、中、下三层,总长500米,洞中有洞,幽深曲折,奥妙无穷。该公园还有热带百果园、蕉排岭、莲花岭、观音岩、狩猎场、玉帝殿等6个景区,内有景点60余处。

✽ 小贴士　该园有关温泉和石洞的知识分别见上编第二章第一节之四。

2. 海垦莲花山文化旅游景区

位于蓝洋温泉国家森林公园中的配套功能区内,由五个福文化组团构成:

百福百寿文化园——有福公山和寿星林(毛泽东主席铜像坐落在福公山毛公亭里),上百根乌木和一千尊用乌木雕刻的罗汉,蔚为壮观。

五福临门文化园——"福禄寿喜财"五福民俗文化,加上儋州的调声及琼剧,构成了"五福临门"大景观。

博览群书文化园——苏东坡的"博览群书"与人文学子的"金榜题名""高人指路""独占鳌头"等多个景点与自然山体浑然一体。

十全十美文化园——共有10个不同的文化项目,如九龙莲池、《金刚经》《吉祥经》《心经》大型雕刻墙、波音747飞机酒店、时光火车站等,与"五福临门"相呼应,有"见者有福"之寓意。

孝行天下文化园——将新、老"二十四孝"相结合,彰显了传统文化的魅力和与时俱进的时代精神;同时,该文化园还修建了文昌塔,将慈孝文化及家风、家训文化融入其中。

在这五个文化团中,贯穿几十个互动性娱乐项目,如七彩旱滑、水怪表演、森林过山车、丛林飞龙、玻璃吊桥、高空攀岩、高空滑索、步步惊心及"网红"桥等;其中,世界上最大的矿坑剧场有火山爆发表演,有水上表演,有沉浸式光影秀。矿坑剧场连同整个景区构成一个欢乐的海洋,游客可以感受满满的福文化,祈福迎福心有所依。

✽ 小贴士　该景区中有四个世界之最:(1)最大的硅化木展示区(387根2.3亿年前的硅化木占地面积200亩,被列入世界纪录大全);(2)最大的户外《金刚经》雕刻(上千平方米);(3)氡含量最大的热氡泉(实时监测平均含氡量为660贝可勒尔/升);(4)最大的矿坑剧场(6万多平方米)。该园另有七道福门:长寿门、爱情门、欢乐门、状元门、悟道门、慈孝门和招财门。

3. 海南热带植物园

位于儋州市那大镇西郊宝岛新村,是海南大学儋州校区(原华南热带农业大学)、中国热带农业科学研究院的植物标本园,占地面积约500亩,于1958年建立。

中国热带农业科学院隶属农业农村部,是我国唯一的国家级综合性热带科研机构,被联合国粮农组织授予热带农业研究培训参考中心。该植物园被确定为全国青少年科技教育基地、全国科普教育基地和海南省青少年科技教育基地等。

该植物园还先后建立了中国热带农业科学院科技成果展览馆、热科院历史展览馆和热带植物科普展览馆、旗岭·福安南药科技园等,建有南药种植和娱乐配套设施。海南热带植物园建设,是打造集南药加工、生产与休闲游乐农业于一体的综合体项目。

整个植物园区设有经济林木区、棕榈植物区、热带果树区、香料植物区、药用植物区、观赏花木区、木本油料区、水生植物区以及南药园、创业纪念公园等10多个游览区。园内荟萃了来自世界40多个国家和地区的2 000多种热带、亚热带珍贵植物,其中被列为国家保护的珍稀濒危植物有数百种。

✤ **小贴士** 该植物园是在周恩来、王震同志的关怀下建立起来的。建园至今,先后接待过我国历届国家领导人和许多国际友人以及众多游客。该园山水交错,空气清新,草木葱茏,鸟鸣啁啾,一派生机勃勃的景象。

4. 八一石花水洞地质公园

地处北纬18°,位于儋州雅星镇八一农场的英岛山下,距市区28公里,北临海南热带植物园景区,南临著名热带雨林尖峰岭景区,也是目前我国成功开发的纬度最低的天然溶洞景区。

八一石花水洞地质公园,由地上石林景点、地下溶洞与地下河景点,以及热带水果园景点组成。三大景点各具特色、相辅相成,构成一个集科学考察、旅游观光、科学教育于一体的综合性园林景观。

八一石花水洞地质公园的溶洞由旱洞和水洞组成,总长约5公里,其中旱洞长约2 000米,已开发650米;水洞长约3公里,已开发350米,洞内洞道系统复杂。旱洞内有石钟乳、石笋、石瀑布、石舌等极具观赏和科研价值的地质景观和遗迹,尤其是洞内发育生长的"一石二花"的卷曲石、文石花、方解石晶体花及其组合堪称国家级珍品和"世界一绝"。水洞内的洞道主要沿岩层的倾向和走向两个方向发育。水洞主洞道一般宽3~7米,洞高一般3~6米,水洞最深处17米,进洞口不远处有一天窗通达地表。地下水位以下洞穴位于石花水洞旱洞南端,与洞外的英岛湖连通。

目前,八一石花水洞地质公园常年定期开展地质科普教育实践活动,研学游场所达6 000平方米,有研学多媒体课室、博物馆、科普广场、游客中心、医务室等设施。还开设了地质科普、生物科普以及实验实践课程等,寓科普教育于旅游,寓知识传播于休闲。

八一石花水洞地质公园还新建了彩虹滑道、粘粘墙、套娃娃、石林歌舞等游乐设施,推出游乐新项目,改变了景区景观单一、缺乏游乐项目的格局。另外,八一石花水洞地质公园还与北京、深圳、广州等地的旅游专业策划机构合作,将黎族苗族文化、传统文化融入景区,规划建设海南岛实景文化园、《山海经》主题园、汽车旅馆等,并组织创作景区主题曲,筹备景区实景文化演出节目。

八一石花水洞地质公园区位优势十分突出、交通十分便利,往西水路可达南丰旅游码头(28公里),往北16公里与蓝洋温泉度假村、莲花寺相邻,往东分别是鹿母湾以及琼中黎母山国家森林公园,往南40公里可到达白沙县城、红坎瀑布、鹦哥岭风景区。

5. 松涛天湖风景区

位于儋州市区东南14公里处,南渡江上游,跨儋州、白沙和琼中3个市县,是海南人民的生命之源,全国十大水库之一,享有"宝岛明珠"之美誉。

松涛天湖风景区十分广阔,四周群山环抱,遍布莽莽苍苍的原始森林,它不仅兴农、渔、工之利,而且是海南岛消暑、度假、旅游观光的好地方。

松涛天湖风景区中的云雾谷区,旅游资源十分丰富,著名的旅游景点有凌云山、情人谷、抱子石、松涛云雾、松涛大坝、溢洪道、导流洞(八一洞)、三雅瀑布、番雅瀑布等。

✤ **小贴士** 1958年秋,被列入国家发展"二五"规划的大型建设项目松涛水库破土动工。1960年2月,周恩来总理题写了"松涛水库"4个苍劲有力的大字。到1969年,松涛水坝开始产生效益。

6. 云月湖旅游风景区

位于儋州西南 6 公里处,毗邻洋浦经济开发区,紧靠儋州那大镇,方圆 15 平方公里。云月湖是海南西部一朵奇葩,具有地理位置优越、人文景观独特、风光旖旎等诸多优势,与儋州的海花岛相呼应,与周边松涛天湖、八一石花水洞地质公园、蓝洋温泉等旅游点构成极具西部特色的旅游区。

云月湖四周青山环绕,林木叠翠,山川逶迤。该区山脚陡斜,凹落成天然的低洼山谷大盆地,盆地荡漾着波光粼粼的湖水,湖畔有大片橡胶林、木麻黄林,山绿水绿。

早在 2016 年初,儋州市人民政府就同意将儋州云月湖景区打造成海南旅游超市,将"城(那大城)、湖(云月湖)、林(鹿母湾森林)、园(东坡文化园)、岛(海花岛)"连为一体。该风景区已兴建了歌舞厅、餐厅、亭台水榭、临水别墅、风情木屋和高尔夫球场等旅游度假别墅新村及各种娱乐设施。

✱ 小贴士 传说云月湖是嫦娥梳妆之宝镜,黎母凤冠之明珠,龙女相思之泪潭,神仙沐浴之瑶池。

7. 峨蔓火山海岸

位于儋州市峨蔓镇西海岸,是 100 万年前火山喷发后由火山喷发或喷溢出的物质堆积而形成的海岸。由北向南绵延 4 公里,最高点 39 米。

峨蔓火山海岸具有多个时期的火山喷发和熔岩流入海景观,兼具火山岩地层剖面、熔岩流构造遗迹和古生物遗迹。其中,火山地貌和水体景观遗迹为公园内最重要的特色地质景观。

在海岸上看龙门山峭壁和海滨礁石,只见嶙峋的怪石千姿百态、妙趣横生:有如莲花、菊花、鸡冠花等各自奇葩斗艳的,有如雄鹰、狮子、犀牛等兽类般逞强争雄的,也有如珍珠、玛瑙、美玉般静处蛰伏的。石的颜色则五彩缤纷,或殷红,或黝黑,或洁白……令人惊叹大自然的鬼斧神工。

峨蔓港湾西北伸向大海的岩石形成的"龙门激浪"是儋州旧八景之一。山岩的嶙峋怪石中,有通山的龙洞(元帅洞)、通海的拱门(龙门——据史载:昔日有蛇伏期间,化龙而去,故名龙门);龙门之南有高约 100 米的悬崖,海潮涌来,触石澎湃,声如吼雷;山顶上建有高约 50 米的灯塔一座。站在龙门之上,海天一色,碧波万顷,怪石嶙峋,绵延数里。

8. 光村雪茄风情小镇

位于儋州市光村镇,紧邻环岛西线高速公路光村立交和西环高铁,距离高铁光村站不足 1 公里,地理位置优越,交通便利。

光村雪茄风情小镇分为养生度假区、鲜花风情区、雪茄博览区三大主题区,总占地面积 2 000 亩。目前,该小镇已初具规模,设置了雪茄吧、雪茄作坊、雪茄文化展览、特色餐饮、特色住宿和商业等场所。

该风情小镇建筑以西班牙风格为主,多采用混搭模式,造型各异,并加入海南本土建筑元素,展现出文化的开放性与包容性。小镇周边已建成海南首个大面积种植雪茄烟叶的基地,3 000 多亩雪茄烟叶已开始采摘。

✱ 小贴士 以雪茄文化和雪茄风情作为主题的光村雪茄风情小镇,是一个集养生休闲、旅游、购物于一体的中国首个雪茄风情旅游小镇,为儋州旅游业发展注入新的活力,成为海南自贸港的一张新名片。

9. 光村银滩

位于著名的海鲜产地——儋州市光村镇北部沿海,濒临北部湾,与光村雪茄风景小镇相距 13 公里,距洋浦千年古盐场 38 公里。光村镇有海南西环高铁银滩站和海南西线高速入口。沿海沙滩长达 8 公里,最宽处 1.7 公里,最窄处亦有 300 米,总面积达 7 320 亩;沙质洁白细腻柔软,海水湛蓝清澈,四周树影婆娑,绵延十几公里,在阳光的照射下,晶莹剔透,银光闪烁,非常美丽。

除了美丽的景色,光村有度假村,也有丰富的娱乐活动,还提供租赁游泳圈、烧烤炉等海边游玩工具等服务。沙滩上还有许多小螃蟹的洞穴,游客漫步在海边时,还可以抓一抓小螃蟹。

10. 鹭鸶天堂景区

位于儋州那大镇屋基村,距城区约 15 公里。三四层楼高的三棵大榕树和成片的茂林修竹,是屋基村独特的资源和良好的生态环境,也成为万只白鹭生活的天堂。白鹭群栖于屋基村已有多年,每年临近清明成群结队飞来,12 月份以后分批离去,在此生活八九个月之久。

鹭鸶天堂景区绿荫环抱,山明水秀,绿树成荫,田园阡陌。为便于观鸟,该景区内修建了 6 层高的观鸟塔楼。随着人类环保意识的增强,着重绿色生态环境的鹭鸶天堂景区生态旅游被越来越多的人认同。

✤ **小贴士** "鹭鸶天堂"是人鸟同乐、人与自然和谐共处的典范和缩影,并成为城市人摆脱喧嚣、回归大自然的理想场所;同时也是海南省唯一的人鸟共处的生态旅游景点。

11. 百年橡胶园

位于儋州市那大镇西联居一带,现存面积 127 亩,橡胶树 1 620 株,平均树龄 110 年,是目前全国面积最大、保存最完好、橡胶树数量最多的橡胶园。

1907 年,爱国华侨潘宝任、曾金城、蔡季沄等从东南亚引进橡胶,在今儋州市那大镇西联居一带创办橡胶园。经过培育、试种成功后,逐步向岛内外推广。这里历经百年沧桑,见证了中国橡胶的辉煌历程。

1951 年 8 月 31 日,中央人民政府政务院做出《关于扩大培植橡胶树的决定》,1952 年 1 月 1 日,华南垦殖局海南分局成立,随后儋州创建了十大国营农场,以发展橡胶为主,为大规模发展我国橡胶事业打下了良好的基础。

✤ **小贴士** 2022 年 10 月 18 日,儋州市人大常委会调研组深入西联农场公司百年胶园进行调研,旨在结合具有华侨文化的百年胶园及其周边自然与人文环境资源、农垦企业文化等要素,将儋州百年橡胶园打造成为海南农垦具有可持续的、有趣味性的、可参观的中国橡胶历史文化公园。

三、洋浦经济开发区

洋浦经济开发区是邓小平同志亲自批示,国务院于 1992 年批准设立的我国第一个外商投资成片开发、享受保税区政策的国家级开发区,是西部陆海新通道和 21 世纪海上丝绸之路的交汇点。

近年来,开发区先后被评为国家首批新型工业化产业示范基地、循环化改造示范试点园区、首批绿色园区和石化产业外贸转型升级基地、港口型国家物流枢纽承载城市。如今洋浦已建成一批技术先进、附加值高、高环保水平的重点项目,成为海南实体经济的重镇和对外开放的前沿。

党中央、国务院高度重视洋浦开发开放。在海南自贸港建设新时代,洋浦被海南省委、省政府赋予建设自贸港先行区示范区、全省高质量发展增长极的重要使命,明确了西部陆海新通道国际航运枢纽、先进制造业基地、大宗商品集散交易基地、新型国际贸易创新示范区等四大产业定位。"一线放开,二线管住"的货物出境管理制度,加工增值超过30%(含)的货物免征关税等自贸港政策率先在洋浦落地。

2022年11月,商务部、发展改革委、财政部、海关总署等8部门决定,在全国增设29个国家进口贸易促进创新示范区,海南洋浦经济开发区入选。

❋ **小贴士** 洋浦经济开发区自成立之时起,一直得到中央领导的亲切关怀和深情厚望,历任党和国家领导多次亲临洋浦视察指导并作出重要指示,为洋浦发展指明了方向。

——2008年4月8日,时任总书记胡锦涛同志亲临洋浦视察,并作出重要指示:"要积极参与中国—东盟自由贸易区建设和环北部湾的经济合作,以洋浦经济开发区为龙头,努力打造面向东南亚的航运枢纽、物流中心和出口加工基地。"

——2008年4月25日,时任国务院副总理的李克强同志亲临洋浦视察,要求:"抓住洋浦经济开发区、保税港区等关键节点,突出其核心功能和辐射作用,不断更新、创新,努力形成对外开放新格局。"

——2010年4月12日,时任国家副主席的习近平同志亲临洋浦视察,并指示:"要坚持走新型工业化道路,积极发展科技含量高、带动能力强、污染排放低、综合效益好的产业,实现工业跨越式发展。"

——2013年4月,习近平总书记在海南考察工作结束时的重要讲话中,多次提到洋浦,强调:洋浦经济开发区是海南发展的一张独特的靓丽名片,蕴藏着深厚的发展潜力,孕育着重要的发展生机,可以做出一篇大文章、好文章,要在多年开发积累的基础上继续办好。

(一)区情概况

洋浦经济开发区地处海南西北部的洋浦半岛上,规划面积达到120平方公里,三面环海,海岸线长度为24公里。

洋浦经济开发区位于泛北部湾中心地带,是连接大中华地区和东南亚国家的关键节点,是中南半岛货物经海上运输进入中国大陆的必经之地,可以直接辐射环北部湾、东南亚两大市场,是"一带一路"重要支点。洋浦与周边国家和地区20多个港口直线距离不超过200海里,也是中东和非洲油气资源进入中国的第一个石化产业基地。

洋浦经济开发区是国务院1992年批准设立的享受保税区政策的国家级开发区。1994年以后,国家实行宏观调控政策,洋浦优惠政策部分被相继取消,此后,洋浦开发主体发生几次变化。自2004年开始,在国务院的支持下,省委、省政府对洋浦的开发主体实施了三次重组。

2007年,实现了政府主导开发的重大转变,国务院批准设立洋浦保税港区,面积约9.21平方公里。2010年3月,经海南省委、省政府批准,洋浦管理局更名为洋浦管理委员会,将控股公司成建制并入洋浦管委会,建立了集经济、社会、行政于一体的党政企联席机制。

2011年12月26日,海南省委五届十二次全会讨论通过《海南省委省政府关于全面加快洋浦开发建设的决定》,该决定明确:省政府授权开发区管委会行使省级行政管理权。2013

年10月,经省委、省政府批准,儋州市三都镇整建制划入洋浦管辖。2016年,洋浦经济开发区管辖干冲区、新英湾区和三都区。2020年省委、省政府将东方临港产业园(39.4平方公里)、临高金牌港开发区(20.1平方公里)并入洋浦管理。

洋浦现规划控制面积114.7平方公里。截至2021年9月,洋浦实际常住人口9.36万人,流动人口3.01万人,实有人口约12.3万,以汉族为主。

✽ 小贴士　《海南自由贸易港洋浦经济开发区条例》已由海南省第六届人民代表大会常务委员会第三十二次会议于2021年12月30日通过,自2022年1月1日起施行,洋浦将以制度集成创新为核心,率先实施和创新海南自由贸易港政策制度。

(三) 主要景区(点)

1. 中国海南海花岛

海花岛是一座人工岛,位于洋浦港与儋州排浦港之间的海湾区域,南起排浦镇,北至白马井镇,距离海岸约600米,总跨度约6.8公里,填海面积约8平方公里;因规划平面形态为盛开在海中的三朵花,故取名为海花岛。

目前,海花岛由三个独立的离岸式岛屿组成。一号岛主导功能为旅游度假、商业会展、酒店会议、娱乐休闲、餐饮和海洋运动休闲,为国际级的大型综合旅游服务区,二号岛和三号岛主导功能为居住区。

海花岛是一个集主题乐园、度假酒店、购物美食、会议会展、滨海娱乐、文化演艺等于一体的一站式国际化度假目的地。其涵盖了国际会展中心、品牌酒店群、风情商业街、茗茶酒吧街、海洋公园、温泉城、婚礼庄园、影视基地和影视酒店、游艇俱乐部、双子沙滩等28大全球热门业态。其中规模最大、特色最为鲜明的有:

世界童话乐园——海花岛原创,涵盖中国神话、西欧童话、古希腊神话、美洲部落童话、古阿拉伯童话五大主题分区,逾30个国际大型游玩项目。中国神话乐园由天宫秘境、迷雾山林、聊斋小镇组成,有哪吒闹海多维过山车等多种游乐设施,可让游客体验经典,体验中国古典神话魅力。

风情商业街——多元化、一体化,总规模10万平方米,建筑群融合地中海、德国黑森林、美国奥兰多、意大利、俄罗斯、中国(徽州)等多种元素特色。该街区有600余家环球商店,涵盖明清、苏州、川西、岭南、东南亚、德国格林、日本京都、法国等国内外八大主题美食街;另外还有极具中国江南水乡特色的十大古典滨海茶楼(以拙政园为原型的茗茶街)、极具荷兰鹿特丹风情的十大酒吧街等。

国际购物中心——造型新颖、时尚优雅,汇聚300多家国际奢侈品牌,近15万平方米的购物空间汇聚了全球近300家高端品牌,更有近3 000平方米的室内奇幻冰雪乐园、400米长超长滑道、全国罕有冰屋;购物之际,还可在热带岛屿感受冰雪酷爽。

植物馆和主题园——原生态奇珍植物馆及特色主题园,面积3 000平方米,汇聚独具特色的热带、亚热带植物。主题园内的欧式婚礼庄园、观光塔、40公里黄金海岸、原生态海湾、280个国际游艇码头和万吨邮轮港,不仅成为海花岛连接世界的海上枢纽,更是极限玩海的方式。主题园内的天然岛屿磷枪石岛,可潜海观珊瑚、嬉戏热带鱼,万种海洋运动,可令游客释放海上激情。

全主题、最丰富的博物群——荟萃全球特色博览,涵盖世界之最、艺术文化、海洋资源、亚太民俗、地球探秘、童漫体验等8个博物馆,人文与自然和谐交融、艺术与科技结合。与中影集团合作运营的海花岛影视基地,中国主题最多、规模最大的博物馆群,国际会议会展城等设施,可满足各类群体的多样需求。

✤ 小贴士　2009—2013年,海花岛调研规划报批阶段;2020年,其28大业态主体工程陆续完工;2021年元旦启动试运营,年底28大业态全部开放。2021年6月30日,海花岛被评为"2020最佳文旅项目"。2022年,海花岛荣获海南省2020—2021年"特色研学旅游目的地奖""网红旅游目的地奖"两大奖项。

2. 洋浦千年古盐田

距今1 200多年的千年古盐田,位于洋浦经济开发区新英湾区办事处南面的盐田村,盐田总面积750亩。

如今,该区尚有1 000多个形态各异的盐槽分布于田间,山坡上遍布野生的仙人掌丛。成百上千、大小不等的平顶石头散乱地分布在海边的仙人掌丛中。这些砚台状的盐槽高低错落地排列在海边,总数达6 800多块。

盐田村的盐槽奇特,村民们晒盐的方法也别具一格:他们在涨潮时把海水引入盐槽边的泥沙地里,地势较高的地方用木桶挑水去浸泡,日晒蒸发,第二天就得到了沾满盐分的泥沙;然后把这些泥沙集中放进专门的深坑里用海水浸泡,海水把泥沙上的盐分洗下来,就形成了浓度超强的卤水;再把这种卤水浇在盐槽中,经过一天的烈日暴晒,每一方盐槽上结晶出一层白白的盐粒,傍晚便可收获晶莹雪白的海盐。

✤ 小贴士　洋浦千年古盐田是我国最早的一个日晒制盐点,也是我国至今保留最完好的以原始日晒方式制盐的古盐田。据说以前曾经有近千户人家靠晒制海盐为生,而现在只寥寥30多户。

3. 神头风景区

被当地人称作"黑神头""人头礁"的巨石,坐落在洋浦经济开发区西北部公堂下村附近的大海边。"黑神头"石,高约15米,直径约11.3米,均为玄武岩。沿着公堂下村边的海滩向"黑神头"前行,满地是浑圆、光滑的黑色岩石。神头风景区内,被海水和风侵蚀的山体形成了海南少有的风蚀地貌。

✤ 小贴士　据传,古代在洋浦西北部海边住着一对青年夫妻。丈夫以捕鱼为生,妻子以耕织为业。有一天,丈夫出海打鱼,突遇狂风,舢板被掀翻。妻子跑到海边寻找,却被海浪吞噬了。她丈夫出事后,忠厚的鲤鱼向天皇禀报,把他救上岸。丈夫醒来后却再也找不到爱妻。年轻人痛不欲生,终日在海边哭泣,眼睛也哭瞎了,最后变成一块大石头。

4. 洋浦滨海文化广场

洋浦滨海文化广场,位于新英湾社区金洋路,占地面积为8.2万平方米,于2019年5月开工建设,2020年8月4个主体场馆已全部建成。

该广场包括图书档案馆、文化馆、科技馆、体育馆4个功能区。其中,有少年儿童阅览区、科普活动室、剧场、舞蹈厅、健身房以及各种球类场馆等,功能齐全。场馆外还设置环境优美的休闲区,能够满足市民群众及游客的生活休闲娱乐。

作为洋浦的重要民生工程,滨海文化广场的建成,进一步助力了洋浦城市功能的完善,也为滨海产业新城的优美生态环境创造了基础条件。

❋ **小贴士** 洋浦还于2017年9月建成具有双重功能的洋浦滨海公园。该园位于开发区东部生活区,占地面积170余亩;有灯塔广场、景观大道、绿荫大道、望海台等,并配有系列生活设施。平时,该公园可用于满足市民群众休闲、娱乐、健身的需求;地震、洪水等重大自然灾害一旦发生,则可用于应急疏散、集中安置,可同时容纳1.3万余人。

第二节 东方市

东方市是海南西南部的经济中心,海南岛第三大真正意义上的滨海城区、西南重镇。东方,有珍奇林木数百种,2011年被授予珍稀树种培育示范市("花梨之乡")。世界花梨看中国,中国花梨在海南,海南花梨数东方。

东方市对越贸易历史久远,是海南唯一拥有边贸政策的城市口岸和进境水果指定口岸,蕴藏着无限商机。近年来,东方临港产业园油气、化工、生物能源等高科技项目迅速崛起,水电、火电、风电等项目陆续建成,成为全省重要的能源基地和重化工业基地。

随着海南建设自贸港的强力推进,东方市抢抓千载难逢的历史发展机遇,依托港口、产业、城市紧密联结的特点和优势,着力建设港产城一体的海南自贸港先行区、国家农业绿色发展先行区、西部陆海新通道的重要节点,全力打造宜居、宜业、宜游的国际滨海公园城市。

一、市情简况

东方市地处海南岛西南部,北距海口210公里,南距三亚180余公里,处于昌化江下游,南部及东南与乐东县接壤,北至东北隔昌化江与昌江黎族自治县交界,西临北部湾,与越南隔海相望,北靠黎母山脉。该市海岸线长134公里,滩涂面积16 880亩,有8港、7湾、7个天然渔场。

东方,始于西汉武帝元封元年(公元前110年)始设九龙县,隋朝改称感恩县,解放后县城定址黎族东方峒,1997年撤县设市,土地面积2 252平方公里。

截至2023年11月,东方市总人口为45.32万人。其中,城镇人口25余万人,占58.03%,乡村人口18余万人,占41.97%。

二、主要景区(点)

1. 海南花梨谷文化旅游区

❋ **小贴士** 2015年至今,花梨谷先后被福建农林大学、黑龙江大学、海南大学等多家高校和机构定为教学实践基地,并于2020年7月获批海南省首批国家森林康养基地。

花梨谷位于东方市板桥镇,经由G98环岛高速直通景区景观大道,同时距离板桥镇金月湾高铁站10公里,市民及游客从海口、三亚等地前往均十分便利。

花梨谷旅游区内主要种植濒临灭绝的"树中熊猫"——海南黄花梨,现黄花梨树120万多棵,树龄17年,芯材直径约15～21厘米,为全球种植面积最大、最集中成片的海南黄花梨种植基地,有着深厚文化底蕴和观赏科研意义。

该文化旅游区以花梨元素为主题,占地面积15 000亩,现有花海、房车营地、采摘园、新科技鸟巢、黄花梨树种植区、游客中心、多米屋、星空房、黄花梨博物馆等,可满足游客吃、住、行、游、购、娱等全部需求,还提供养生需求的定制服务。

❋ **小贴士**　2022年11月21日,海南花梨谷文化旅游区国家4A级旅游景区挂牌仪式举行,实现了东方市获评国家4A级景区"零"的突破,进一步丰富了海南西线文化旅游区旅游资源发展新业态。

2. 东方自然瑰宝园

位于东方市主城区东侧,东接"三月三"文化广场,南邻大田坡鹿自然保护区,距市中心城区约14公里,距市高铁站13.5公里,距G98高速路口5公里。

该瑰宝园总占地面积1 180亩,一期开发建设完成514.57亩,包括黄花梨根雕文化艺术展馆、游客中心、国家珍贵树种及濒危混种林、亲子捡蛋园、孔雀山鸡园、花梨谷、文化艺术长廊、热带淡水鱼观赏区、阴沉木木材标本博物馆等建设项目。

热带淡水鱼观赏区,有大花鳗鱼、甲鱼,还有三亿年前即恐龙时期就在地球上生活并存留下来的一种珍稀鲟鱼类——鸭嘴鱼以及重达上百斤的巨骨龙舌鱼。

阴沉木木材标本博物馆,有以东方黄花梨为主的珍贵阴沉木标本艺术工艺品2万多件,分为动物、植物、人物、生活用品等四大类。该标本馆融合娱乐休闲、植物鉴赏,是植物园的新型高端形态。

目前,东方自然瑰宝园是国内热带雨林珍贵及濒危树种品种最多的植物园,种植品种1 200多种,珍稀及濒危树种就有325个品种,其中黄花梨的树种约占五成;培育各种热带种苗50多万株,黄花梨20多万株,沉香5万多株,金丝楠约5 000株。

另外,该瑰宝园还建成了全国规模最大、钓台最多的人工湖垂钓区——梨香湖,并于2019年、2020年成功举办"黄花梨"杯中华垂钓大赛总决赛和各类省市级垂钓赛事。

❋ **小贴士**　该瑰宝园以打造5A级旅游景区为目标,以植物观光、体验乐趣、特色美食、科普教育等为主题,建成育苗基地、珍贵树种旅游观光园地、母本源树种生态产业研究基地等"三园合一"的大型主题园区。

3. 海东方沙滩公园

位于八所镇海景路沿线西侧,海岸线全长2 800米,面临北部湾,海湾绿树如带,沙滩洁白细腻,海水清澈粼粼,是东方市绝佳的景观海滩和旅游休闲公园,也是一个将沙滩、大海、公园零距离融合的"星级酒店享海模式"的社区公园。

该沙滩公园占地面积240亩,总面积约16万平方米,包含百福石雕、游乐园、健身广场、时光隧道、太极区、风情街、观海平台等景观,种植了花梨、棕榈、榕树、苏铁、三角梅、步步高、鸡蛋黄等植物。该园内设有雕塑广场、户外婚庆草坪广场、酒吧广场、餐饮服务台、景观台等服务设施,能够不同程度地满足游客的游玩需求。

4. 俄贤岭旅游观光区

俄贤岭又名俄娘九峰山,位于东方市东部与昌江黎族自治县南部交界处,距县城八所镇60公里,属海南第三大山雅加大岭西南余脉,最高海拔1 238米,东西长约13公里,南北宽约9公里,总面积66 399亩。

俄贤岭是海南省现存面积最大、原生状态保存得最为完整的从低海拔到高海拔的喀斯特地貌原始热带雨林。该岭因一个凄美的爱情传说而得名"俄贤",后因西汉元封元年(公元前110年)设置九龙县又得名九龙山。

俄贤岭由九座峰组成,西北—东南走向,忽高忽低,盘旋曲折,如一条巨龙昂首直冲云霄。该岭山峦如斧劈,山峰上土壤稀薄,几乎全是石灰岩,外表都是薄薄的石片,异常锋利。俄贤岭山形峻拔,气势雄伟,又不乏幽深与秀丽。

俄贤岭的主峰崔嵬雄俊,破云而出。凹处怪石林立,嶙峋险峭,颇具立体感。顶端东南面的瀑布,飞花碎玉,荡石恋崖,颇为壮观。在主峰东北面半山腰只有半米宽的俄贤洞(又称蝙蝠洞、俄娘洞),深不见底。洞里满是钟乳石,地面上遍布了大小深浅不一的石碗,错综复杂,分叉口众多,上下甚至分几层。洞内有3个石厅,可容纳上万人。石厅下面,有流水旋转,浪折洞崖,响声轰轰,凄神寒骨。洞壁凸凹不平,各具其形,千姿百态。

该观光区主要景点有娘母洞、俄贤洞、南浪村等。目前,观光区内设有爬山、涉水、探洞、民俗体验、野外生存、篝火晚会等旅游活动。每年"三月三"这一天,周围未婚的黎族青年男女集会于俄贤岭,唱着情歌寻找自己的意中人。因此,俄贤岭还是海南黎胞盛大传统节日"三月三"盛会的发源地,被誉为"海南第一仙山"。

✱ **小贴士** 专家表示,暗流多是俄贤岭地区水系的最大特点,该地区是大广坝水库水源涵养地之一。俄贤岭地质主要由二叠系沉积岩构成,在地表水与地下水的影响下,形成了典型的喀斯特地貌。

5. 大广坝水库风景区

位于东方市东河镇,距城区45公里,为海南省第二大水库。该水库湖面100平方公里,正常蓄水量达17亿立方米。该水库于1990年6月正式开工建设,1993年12月第一台机组并网发电,1995年3月四台机组全部投入营运,每年可提供工业和居民用水8 190万立方米,灌溉农田19.5万亩。

大广坝水电站气势磅礴,坝长近6公里,高程144米,装机容量24万千瓦,是亚洲第一大土坝,海南第一大水力发电站。

大广坝库区东北面有一座酷似老虎的卧虎山,它头向东,尾朝西,向前伸长着爪子,头部的轮廓清晰可见。另外,这里还有中国最早的小广坝水电站遗址,是日军侵华掠夺我国资源的历史见证。

大广坝水库风景区已开发建设了陆空观光、康体娱乐、休闲度假、探奇体验、科普教育等综合旅游项目,将人文与自然和谐融为一体,又兼得山水之灵秀,令人流连忘返。

✱ **小贴士** 大广坝水电厂是海南省最大的水力发电厂,是一个具有发电、灌溉、供水和旅游等综合经济效益的大型综合性工程,是海南省第一个被列入国家"八五"计划重点建设项目,接待过许多中央首长和大量的国内外游客。1992年4月17日,国务院前总理朱镕基同志视察大广坝工地,并亲笔题写厂名。

6. 鱼鳞洲旅游观光区

鱼鳞洲又名鳞洲角,位于东方市八所镇西南八所港海滨。其一面连着陆地,三面环海,地形是一座裸露着岩石的丘陵。由于岩石重重叠叠,阳光折射后,灿灿生辉状似鱼鳞,故名"鱼鳞洲"。清康熙年间,鱼鳞洲就被列为海南八大风景区之一。

鱼鳞洲面临大海,奇峰林立,岩石多姿,长满了仙人掌,绿草灌木铺地,长年山花烂漫,海滩沙细如末,松软如棉,是理想的天然浴场。突兀的小山上,建有一个航标灯塔——该塔是鱼鳞洲的标志,也是东方市的标志,是北部湾重要的航标。湛蓝的海水,转动的风车,矗立的灯塔,吸引着到此的每位游客。

在离鱼鳞洲不远处小路旁,有一座"日军侵琼八所死难劳工纪念碑",纪念日军占领期间,为了建八所港和运铁矿石而死难的上万劳工,是海南省级爱国主义教育基地。

为了适应海南发展旅游业的需要,多年来,这里不断增加旅游设施,为游客提供了游、玩、住、食等旅游系列服务。

❋ 小贴士　古人有诗云:鱼鳞洲耸接云天,策杖登临别有天。怪石回环看不厌,奇峰重叠翠相连。泉流一井清如许,浪击千层势欲颠。海上仙山何处觅?分明此景是神仙。

7. 金月湾旅游度假区

位于东方市南部板桥镇,距离西环高铁板桥站4公里左右,是以"主题娱乐公园＋旅游地产"为发展模式的综合滨海娱乐度假区。这里常年阳光灿烂,海水湛蓝、沙滩柔软,是海南最美的落日海滩之一。

目前该度假区已完成"北纬18°·东方索契"俄罗斯文化产业园、东方海岸、金月湾启动区、4条市政道路等数个建设项目。其中,占地面积360多亩的俄罗斯文化产业园(一期),以俄罗斯的绘画、雕塑、舞蹈、音乐、艺术等文化因素为主线,以原创艺术、数字技术、科技跨界融合塑造差异性的特色文化,让游客在热带滨海地区感受到高纬度的俄罗斯风情。

8. 大田坡鹿保护区

位于东方市公路线上,距东方市区约20公里,建于1976年。大田坡鹿保护区是海南坡鹿在中国的唯一栖息地,是集保护、科研、旅游、度假观光于一体的最佳境地。

大田坡鹿保护区有坡鹿400多只和其他100多种野生动物。登上保护区眺望塔,可观群鹿嬉游,偶尔还可看到山猪等野生动物出没。坡鹿能跑善跳,受惊时可从5米山沟一跃而过,喜欢活动在灌木丛生、杂草茂密的山坡边缘,其视觉、听觉和嗅觉敏锐。海南坡鹿属国家一级保护珍贵濒危动物,被海南省人民政府指定为首届椰子节吉祥物(丹丹)。该区于1986年升格为国家级自然保护区。

2004年,经海南省政府批准,又将9.3万亩封山育林区划为坡鹿栖息地。国家林业局还启动海南坡鹿拯救工程,将800多头野生鹿迁移到周围猴猕岭、保梅岭、赤好岭进行野放,并共建立了6个坡鹿新种群基地。经过保护与发展,海南坡鹿种群数量已由原来的26头发展到2020年的近2 000多头,从而使海南坡鹿成为中国野生动物保护成效最为显著的物种之一。

❋ 小贴士　据说,大田是三亚鹿回头的根源,那只化身变成美女的鹿就是从大田坡跑出去三亚的。所以大田坡鹿保护区里就有一块"鹿回头之源"的石刻。

9. 猴猕岭自然保护区

位于东方市与昌江、乐东两县交界处,北部有海南霸王岭国家级自然保护区,南部有海南尖峰岭国家级自然保护区,西北部是海南大广坝水库。区内土壤类型有砖红壤、赤红壤和山地黄壤三种;年平均降雨量为1 490毫米,年均气温为24.6 ℃。该区是一个以森林生态系统类型为主保护对象的省级自然保护区。

猴猕岭是海南第三大岭,其主峰海拔1 655米,原始森林面积共360平方公里,热带林多达600多种,囊括海南的珍贵树种。区内共有维管植物180科722属1 389种(含变种亚种及变型)。陆栖脊椎动物有30目75科260种。动物中有海南岛特有种7种、特有亚种59种,分别占海南岛特有种和特有亚种的30.4%和63.4%。这里山岭连绵起伏,瀑布沟谷、险峰奇洞随处可见。

该保护区2004—2010年就已分期建设了登山野营、森林探险、大坝夜巡(车/船)、快艇环湖、潜水探险、湖湾垂钓、岩洞探幽、果园观光、别墅修仙、气功养生、食疗保健、黎苗风情、"三月三"狂欢、昌化漂流、龙舟竞渡等接待设施和娱乐项目,为游客提供了必要的服务条件。

✤ 小贴士　中央民族学院教授于1992年在该保护区其中的一个名叫"猕猴仙洞"附近发现了史前人类文化遗址,证实古代黎族先民居住过这里的猕猴洞。

第三节　临高县

临高县是海南省滨海城市带的一个重要节点,承担着发展两港(金牌港和儋州机场)、两业(热带特色高效农业和海洋渔业)和两旅(农旅和文旅)的重任。

绵亘毓秀的文澜江,层岩飞瀑的百仞滩,绚丽欣荣的高山岭,海阔弘毅的临高角,古韵犹存的老坊街,悠久书香的临高文庙,在临高完美融合,处处洋溢着山水的灵动。

临高渔歌"哩哩美"和人偶戏被收入中国非物质文化遗产名录,是我国民间艺术的瑰宝。新开发的综合性国际枢纽港——金牌港,可建造超级泊位和深水泊位群,是罕见的天然良港。

目前,临高县政府正着力打造"活力临高,休闲天堂",依托渔歌"哩哩美"、人偶戏、文庙广场、临高角风景名胜区、高山岭易经文化园、文澜文化公园等文化旅游资源,促进文化与旅游的深度融合,推出具有浓郁地方特色的金色港湾游、蓝色海洋游、绿色田园游、红色热土游和古色新香游等旅游产品,把临高打造成琼北地区的旅游度假、休闲体验、康体养生胜地。

一、县情简况

临高县位于海南西北部,距省会海口市56公里,东邻澄迈县,西南与儋州市接壤,北濒琼州海峡。全境东西宽34公里,南北长47公里,海岸线长116.84公里,海域面积674平方公里,陆地面积1 299平方公里,可利用浅海滩涂6万亩。

临高县地属琼北台地,地势平缓,自南向北缓慢倾斜。该县大部分土地属玄武岩风化发育而成的红壤,其次是浅海沉积和河流冲积发育而成的沙质土,土层深厚,含有机质多,土壤肥力好,非常适宜于热带高效农业发展。

临高,古称富罗,又名临机,早在秦时属象郡。汉武帝平南越后的元封元年(公元前110年),立有珠崖、儋耳两郡,属儋耳郡;之后,随着汉、吴(三国)、南北宋和隋朝的数次郡制改革,直至隋炀帝大业三年(607年)才得以在临地建县,时称毗善县,属珠崖郡;后经几次更改县名,到了唐开元元年(713年),始称临高县。

民国时期,临高县先后隶属广东省琼崖行政公署、南区善后公署、海南特区行政公署。临高县于 1950 年 4 月 21 日解放。1958 年 11 月 30 日临高和澄迈合并为金江县。1961 年 5 月又从金江县分出,县政府驻地临城镇。

2022 年末,全县总人口 242.35 万人,有黎、壮、苗等 6 个少数民族。

✦ 小贴士　1962 年,戏剧家田汉在临高采风时,赋诗赞誉渔歌"哩哩美":"椰子林边几曲歌,文澜江水袅新波;此间亦有刘三姐,唱得临高生产多。"

二、主要景区(点)

1. 临高角风景名胜区

临高角是位于临高县北端琼州海峡突出中的一个岬角,其北临北部湾,与雷州半岛隔海相望,地处海口市和洋浦经济开发区之间,距临高县城 10 公里。

2022 年 9 月 9 日,海南省人民政府批复《海南临高角风景名胜区总体规划修编(2022—2035 年)》,风景名胜区总面积为 15.17 平方公里。

临高角风景名胜区是以海湾沙滩、江河景观为基础,以海南解放公园为代表的红色文化为特色,以滨海民俗文化为内涵,可供开展爱国主义教育、滨海度假、民俗体验、水上运动、健康养生等活动的省级纪念地类风景名胜区。

根据风景资源分布特征和主题特色,将该风景区划分为海南解放公园、龙波湾景区、文澜江文化公园三个景区,分别具有爱国教育、滨海度假、运动养生三大主题特色。

(1) 海南解放公园

位于临高县北部海岸,距离临高县城 11 公里,是解放军渡海登陆战主要登陆点。2022 年,海南解放公园被确立为国家 4A 级旅游景区(其他内容详见上编第三章第二节之五)。

(2) 龙波湾景区

位于临高西北部,距离海口市区约 45 分钟车程。该区拥有媲美夏威夷的热带黄金海岸,地貌平坦且植被丰富,具备濒海临河交通便利的自然条件,包括龙波湾滨海旅游度假区、德陆体育休闲区等功能区。

2012 年 7 月,龙波湾滨海旅游片区项目首期开发建设 388 亩,总建筑面积约 26 万平方米,包含低层住宅、高层海景洋房以及五星级酒店、产权酒店、商业配套、高端会所等一系列配套设施,于 2014 年正式运营。其中,夏威夷风情商业街、海口西部唯一观海温泉养生会馆、星级沙滩俱乐部等建成营业。

该区以"滨海度假,蓝色临高"为游赏主题,依托龙波湾水清沙白的独特沙滩,结合周边高端度假酒店等高品质旅游服务设施,利用其临近金牌港经济开发区的优势,打造了龙波湾滨海度假区。

(3) 文澜文化公园

地处文澜江畔、新城之心,规划范围南起文澜大道,北到金澜大道,东至文澜江东岸地带,西抵市政大道。整个公园东西宽约 1 200 米,南北长约 2 000 米,占地面积约 2 932.9 亩。

该公园项目计划分三期建设,目前一期项目已经基本完工:1.7 公里长的牌坊一条街,共建有 87 座牌坊。牌坊以不同的形状展现临高历史,同时,将把中华民族上下 5 000 年的经典楹联镌刻在牌坊上。

该公园以"运动养生,绿色临高"为游赏主题,以碧水微澜的文澜江为核心资源,结合文澜文化公园、百仞滩等特色景观,联动沿河村庄,打造了以慢生活为主的文澜江生态体验区。

✱ **小贴士** 此外,该县还邀请了中国书法家协会的书法家为楹联题字,最终将这一景点打造成集牌坊文化、楹联文化、书法文化、石雕文化为一体的靓丽景观。

(4) 百仞滩

是文澜文化公园内景之一,位于文澜河下游,在县城东北约4公里处,明代叫"百人头滩",滩中多奇岩乱石,千姿百态,远望像人头聚簇,故取此名。

此处自然风景优美,历代一些文人骚客常到此吟诗作对,岸边留下了许多诗文石刻,各种诗歌题词石刻达18处,吟诗咏词106篇。现代诗人田汉于1962年夏到访临高,也曾在此"一驻鞭",挥笔题诗记游。

✱ **小贴士** 文澜河水,自南往北流经此滩,由于河床弯曲,水流湍急,遇到岩石的阻拦,形成急泻而下的百仞瀑布。其浪花泛白,涛声洪大,远在10里外的临高县城都可以听到轰轰作响的滩声,这是"百仞滩声"的由来。

2. 高山岭风景区

高山岭,古称毗耶山,海拔193米,位于县城西北部3.6公里处,是省级自然保护区。岭上有神石、神湖、怪石、瞭望塔和奇花异草。岭中的千镜湖、嗡昂湖和斑鸠池三处不大的水面,水清如镜,为火山爆发所致,常年不涸。

高山岭上还有先汉时印度婆罗门教的毗耶大师来此刻立的"毗耶梵文石碑"、汉代青州人王氏迁居此山而出现的"毗耶灵石"和元延祐元年(1314年)修建的高山神庙三处古迹,为海南省、临高县历史的研究提供了宝贵的实物资料,也给旅游观光增添了人文趣味。

高山岭上的岩洞石孔和茂盛的树林里,栖息着山龟、穿山甲、蜥蜴、黄京、狸猫、野兔、毛鸡、斑鸠、猫头鹰、鹧鸪、蛇等几十种野生动物。登临岭顶,极目远眺,北部湾海面、文澜江、新盈港以及村庄屋宇尽收眼底。

✱ **小贴士** 近年来,随着海南旅游业的发展,临高县文旅部门在高山岭建起许多旅游服务设施,为前来参观游览的海内外游客提供多项旅游服务。

3. 古银瀑布风景区

古银瀑布位于临高县皇桐镇居仁村西侧,因其在古银溪上,故称古银瀑布,而其位于居仁村,故又名居仁瀑布。

古银瀑布系平川断崖所致,落差大概有20米,幅面20米。瀑布落处是一深潭,潭面约400平方米,水深约10米,溪水绵延数里,终在马袅湾汇入琼州海峡。瀑布周围林木苍翠,浓荫覆郁,怪石林立,形状各异。

怪石上面,飞瀑倾泻,如苍龙吐珠,蔚为奇观。怪石底下有一个大黑洞,即"观音洞",瀑布从悬崖峭壁飞泻而下,似烟如雾,锁住洞口,犹如《西游记》神话传说中的水帘洞。瀑布西侧顶端挺着两株古榕树,树底有几块巨大的怪石,其中一块书刻着"海南一绝"四个大字。

古银瀑布风景区就是以古银瀑布及其周边的自然资源为依托而建起的生态风景区。进入该景区沿着木栈道溯溪而上,可见溪中有福、禄、寿等红字刻石。观瀑栈道时而在溪流左侧,时而又在右侧,故溪流上架有初心桥、寻梦桥、许愿桥、锁心桥等若干座桥。步行至茅草覆顶的方亭就是听瀑亭,往前即是临高古银瀑布的观景台。

❋ 小贴士　2022 年 1 月 17 日,海南省旅文厅与临高县人民政府在皇桐镇古银瀑布景区举行国家 2A 级旅游景区揭牌仪式。

4. 邻昌礁

位于临高县新盈镇与儋州市光村镇顿积港、泊潮港交界处后水湾海上界线之上,地理位置比较特殊,面积 0.014 平方公里。

邻昌礁由灰黑色的石灰岩和珊瑚礁错落堆积而成。一年中绝大部分时间被海水淹没,落潮的时候,岛礁才被掀开神秘的面纱。

邻昌礁附近海域的渔业资源十分丰富,鲍鱼、黑鲷、黄尾鲷、红友、石斑、海螺、螃蟹、海参等应有尽有。站在邻昌礁上,当地渔民乘着大小渔船从四面八方涌上岛礁劳作的场景可尽收眼底;远远眺望,岛的东南方金黄色的沙滩和五颜六色的珊瑚礁,弯弯曲曲延伸在天海之间,宛若仙洲。

第四节　昌江黎族自治县

昌江县具有丰富的矿产资源,素有海南的"矿产基地""水泥之都""钢铁之城""芒果之乡"美称。2015 年以来,昌江旅游部门精心策划了九大活动及两条旅游观光路线,全力打造"山海黎乡,纯美昌江"的旅游品牌,努力建设海南自贸港新兴旅游目的地,成为海南省唯一"国家工业旅游创新单位"。

至 2022 年上半年,在旅游方面:全县境内棋子湾国家级海洋公园、霸王岭国家森林公园、石碌铁矿、国家矿山公园、海尾国家湿地公园四大"国字号"公园品牌体系形成;棋子湾旅游公路、叉霸旅游公路、沿昌化江旅游公路、滨海旅游公路等旅游路网逐步完善;王下"黎花里"文旅小镇以及两个研学基地,环岛旅游公路三个驿站建设加快推进;"春赏木棉红,夏品芒果香,秋游棋子湾,冬登霸王岭"的"三全"(全域全季全时)旅游格局业已形成。

一、县情简况

昌江县位于海南岛西北部,因昌化江流经境内而得名,处于海口与三亚的最中点,比邻儋州西部机场,处于北部湾中心点,靠近南海国际主航道。全县土地面积 1 620 平方公里,海岸线长 65.97 公里,水域面积 8.3 万亩。

昌江,古称至来,后称昌化,为汉武帝开拓之疆域。西汉元封元年(公元前 110 年),置至来县,属儋耳郡地,东汉建武帝年间属崖州地。隋大业三年(607 年)改为昌化县,唐贞观年间撤昌化,置吉安县。宋熙宁六年(1073 年),废昌化并入藤桥镇,元丰年间复置昌化县,元、明、清因之。

1914 年,昌化县易名为昌江县;1961 年 6 月,新置昌江县;1987 年 12 月改名为昌江黎族自治县。

2022年末,全县总人口23.55万人,主要居住着汉、黎、苗等民族,其中黎族人口占总人口的1/3多。

二、主要景区(点)

(一) 四大"国字号"公园

1. 棋子湾国家级海洋公园

位于昌江县的西部海岸,海南岛的最西段,又处在海南西线旅游带的中点,距西线高速路约30公里,距海口市约190公里,三亚市约210公里。

棋子湾西起过河园岛,东至海农村南,总面积为90 315亩。其中,陆域面积1 575亩,海域面积88 740亩,是集独特海蚀地貌、特殊海洋生态景观、历史文化遗迹于一体的区域。这在国内沿海是罕见的、不可多得的海洋资源。该区域植被繁茂,气候宜人,动植物种类繁多,自然生态良好;天然海水浴场海水水质清澈,沙滩沙质绵软。

棋子湾具有完整多样的海蚀地貌和珊瑚礁生态景观,极具观赏和科研价值。峻壁角、细眉角、鉴真坐禅、黄帝祭海、八戒背媳妇、神龟探海、大(小)角石林、仙人足迹、祭海石、观鱼石、帆船石、情侣石、火焰石等天然奇石景观,赢得了"海上石林"的美誉。

棋子湾还有优质海水浴场、休闲运动场、特色主题园等,为海洋公园增添了观光、避暑、度假和休闲的丰富内容,有很高的美学观赏价值。

棋子湾海洋公园现提供的娱乐项目主要有海水浴场、水上快艇、深海钓鱼、钓蟹、滑沙、沙漠风情娱乐、小角石林看落日和夜间篝火等。

✿ **小贴士** 棋子湾国家级海洋公园是2016年经国家海洋局批准建立的。它不仅景奇景美,而且流传着许多美丽而神奇的传说。历代慕名而至的名人苏东坡、赵鼎、郭沫若等都被它美丽神奇的景色吸引,留下了脍炙人口的诗篇。

2. 霸王岭国家森林公园

位于海南岛西南部昌江县境内,是海南省五大林区中保存最完好的热带原始森林。

该公园是海南国际旅游岛建设期间规划建设的17个重点景区之一,已开发白石潭和雅加2个景区。该公园已启动温泉疗养、热带雨林探险、野外拓展基地、生态科普教育等旅游项目建设,以打造霸王岭热带雨林旅游品牌。

✿ **小贴士** 有关该园的动植物、已开发景点等知识,详见上编第二章第二节之四。

3. 昌江海尾国家湿地公园

位于昌江县境内的海尾镇石港塘,距高铁站16公里,距高速公路34公里。面积5 054亩,紧邻大海,是海南比较稀缺的滨海内陆淡水沼泽湿地公园。目前该园已建好数栋风格各异的别墅、海边特色木屋和餐厅,错落分布在木麻黄林当中。

✿ **小贴士** 该园有关湿地面积及类型、湿地动植物等知识,详见上编第二章第二节之三。

4. 石碌铁矿国家矿山公园

位于昌江县石碌镇。"石碌"一名的起源,据考可追溯到清乾隆四十七年(1782年),在此大山地表发现了铜矿,呈孔雀石类型,故名"石绿岭",后改称"石碌岭",因石碌铁矿地处境内,故名。

石碌铁矿国家矿山公园内的海南石碌铁矿,是我国冶金工业部大型露天矿之一。其矿体方圆16平方公里,呈南北长、东西狭的长条形;主体矿分布在石碌镇正南1公里一带。该矿区不仅有丰富的铁、钴、铜资源,而且还有镍、硫、铝、金等多种矿产资源。据探察,其铁矿储量达数亿吨。专家认为石碌铁矿资源之丰、品位之高,闻名亚洲,称著世界,被誉为"宝岛明珠、国家宝藏"。

现石碌铁矿国家矿山公园规划范围:东至正美山采石场,南至280排土场,北至石碌河,面积约31.21平方公里,划分为6个景区和1条景观带——矿工文化广场区、露天矿场遗址科考区、金牛岭揽胜区、鸡心岭揽胜区、280排土场生态恢复区、历史遗迹区及石碌河游憩景观带。

该矿山公园石碌河以南的铁矿文化小镇,是一个以低矮层精品建筑(不超过6层,20世纪70年代建筑风格)为主,集购物、休闲娱乐、铁矿旧城风情、科普体验于一体的铁矿风情小镇。

✱ **小贴士** 至2021年,石碌铁矿国家矿山公园内拟建设铁矿博物馆,以展现石碌铁矿历史、主要矿石产品及相关历史文物,并改造旧时风貌的矿山电影院、原有矿山人工湖小公园和城镇棚户区。

(二)自然特色景区(点)

1. 昌化岭风景区

位于昌江县石碌镇西50公里的海滨,西端延伸至棋子湾海滩。岭高460米,奇峰兀立,林翠花艳,山泉长流,素以岩奇、山青、花香、泉甜而闻名。

十里九峰的昌化岭,山岩千姿百态,一石一景。其中,皇帝石、卫士石、金鼓石、金龟石、雄狮石、仙女石、老虎石、夫妻石、蜈蚣石、渔船石和凤凰石等,石石耐人寻味。

昌化岭上岩洞繁多且奇特,而首绝当推岭巅之洞天仙境。它由6块巨大的岩石垒成,巨石底面平整光洁,石层下有一深洞,四周奇花异草悬生,绿茵倒映,幽雅别致;洞的中间有一圆井,深约6米,井水清甜,人们名之"玉液";洞中又有一条20多米长的石缝通道,人称"一线天"。洞外峰奇石怪,绿树荫翳,山花争妍,野果挂枝,蝉鸣鸟歌,清新快爽。

昌化岭与棋子湾山水相依,其西北2 000米是古昌化城,三个景点将奇峰异石、青山翠谷、碧水银浪、白滩奇礁、古迹文物、今时民情等景观集为一体,观赏游乐内容十分丰富。加之该景区内旅游设施不断完善,游人常年络绎不绝,成为昌江县最热闹的旅游区之一。

2. 梯田木棉红风景区

昌江县的木棉花并不是每个乡镇都有,它主要生长在石碌、十月田、叉河、七叉和王下等乡镇。这些乡镇有个共同特点:群山+梯田+木棉+村庄。每年二三月份,是昌化江畔木棉花开最艳丽的季节。这期间,木棉花开遍石碌、七叉等镇各个村子的田间地头。

从霸王岭至王下乡路段的七叉镇大章村一带的梯田木棉最为集中,最为好看。翠绿的梯田层层叠叠,田埂边自然生长着无数棵木棉树。树干有宏伟壮观的,也有瘦小秀美的;花色有艳红的,也有橙黄的。远远望去,一棵棵木棉树不见树叶,只有树干、树枝和木棉花。

✱ **小贴士** 木棉的生长地域不同,木棉景观在视觉上就形成了不同的风格。因此,有人将昌江木棉景观归纳为梯田木棉、昌化江畔木棉和火车铁路木棉3类景观。

3. "皇帝"洞风景区

位于昌江县王下乡牙迫村东,距县城石碌镇60公里,是海南重点自然保护区之一。洞顶可观赏仙洞四周的群山、稻田和黎寨。

"皇帝"洞风景区是昌江政府按5A级景区打造的"山水画卷、洞穴乐园"。2015年9月,"皇帝"洞十里画廊旅游项目已破土动工。该项目包括十里画廊、黎族风情区、索道及蹦极等旅游娱乐景点。

✱ **小贴士** 有关"皇帝"洞的喀斯特地貌特征,详见上编第二章第一节之五。

4. 七星燕窝岭风景区

位于昌江县石碌镇往南20多公里处,主峰海拔487米。岭前有昌化江,岭后有七星温泉,岭上群峰叠翠,山清水秀。

该岭南端直立云霄,是巨大的断崖。其下方有一圆形大洞口(燕洞),上万只燕子在石壁缝隙筑窝,燕窝岭因此得名。燕洞里钟乳石比比皆是,千姿百态,蔚为壮观。岭后朝阳处有一温泉,泉眼7口,得名"七星泉",泉池长10来米,宽7米,池中水深1米多,池面有100多平方米,每天可容纳400多人沐浴。远观燕窝岭,东、西、南、北各具丰姿,峰顶有一酷似人形的巨型"望佛石"。

燕窝岭上古木参天,绿荫铺盖,生长着多种热带植物。珍贵木材有花梨、坡垒和黑格等,观赏植物和花卉有兰花、红棉花和山凤花等,药物植物有鸡血藤、凉姜和益智等。燕窝岭下,小黎村低贴地面,而燕窝岭却高耸入云,一低一高的错落景致令游人充满遐想。

✱ **小贴士** 七星燕窝岭,绚丽多姿而奇特,加之温泉宜人观赏、沐浴,海南建省后,来此旅游观光的中外游人络绎不绝。

5. 斧头山自然保护区

位于昌江东部距县城20公里处,属国家级重点自然保护区。海拔1 200多米,雨水充沛,林木茂密,除了生长着鸡毛松、陆均松、油杉、苦梓、花梨等名贵树种外,还生长着大量的名贵药,如益智、灵芝菌、凉姜、七叶一枝花等。

斧头山自然保护区观赏植物更是不胜枚举,仅是幽香雅丽的兰花就有70多种,野生油料植物也较为繁多;山间生长着为野生动物提供主食的繁多野果树,如馒头果、山石榴、山橄榄、山荔枝、红毛丹等。

该保护区森林层次较多,结构复杂,大型的蔓类植物和附生植物极为丰富,其相互缠绕攀附,好像"空中花园"。该保护区里栖息着多种珍贵野生动物,有长臂猿、云豹、黑熊、水鹿、穿山甲、巨松鼠、画眉、鹦鹉、喜鹊、太阳鸟等,故有"动物种储存库"的美称。

✱ **小贴士** 斧头山自然保护区内的动植物,有不少种类具有很高的观赏及研究价值,专程到此观光旅游的人以及中外科研人员、学者、专家常年络绎不绝。

(三) 黎家特色乡村

1. 王下乡(黎花里)

位于昌江东南部,地处霸王岭南麓,为昌江县最偏远山区。东南与乐东县交界,西靠俄贤岭与东方县相邻,北与白沙县接壤,西北与七叉镇相邻。王下乡深处霸王岭的腹地,传统与现代并存,神秘与灿烂同在,被誉为"海南香格里拉"。

"黎花里"项目以"深山藏王下,黎花三里寻,一步一里一风情"为主线,策划了"黎花一里·诗里画里·三派村""黎花二里·时光里·洪水村"和"黎花三里·酒里歌里·浪论村"的美丽乡村建设方案,根据不同区位条件、资源禀赋、发展基础、文化底蕴等资源和实际情况,使每一里都凸显浓郁的黎族特色。

❋ 小贴士　王下乡是海南少有的纯黎族乡镇,全省唯一的国家"绿水青山就是金山银山"实践创新基地。其纯美纯净的自然风光和原真原始的黎族文化,是吸引游客的主要因素。

2. 排岸村

位于昌江县叉河镇,距石碌镇14公里,是一个黎族聚居的村寨。排岸村生态旅游资源丰富,是全省著名的木棉花景观之地,是昌江重点打造的美丽乡村和旅游特色村寨。

融合木棉花景观栈道、绿皮火车观景台、文化演出戏台、星级体验民宿、标准停车场、戏水娱乐漫水桥、干净整洁卫生间等多种游玩服务元素,使得该村享有"山海黎乡青山秀,排岸木棉醉游人"的美誉。

2019年,排岸村被评为"海南省三椰级乡村旅游景点",成为海南乡村旅游新的"网红打卡"点。2020年,被国家民委评为"中国少数民族特色村寨",被国家林草局评为"国家森林乡村"。

3. 宝山村、大章村

昌江县七叉镇大章行政村下辖宝山村、大章村两个黎族自然村落,均坐落于霸王岭山脚下,距七叉镇政府所在地约10公里,离霸王岭林业局约6公里。

宝山村和大章村因拥有全国最为著名的野生红木棉风景而驰名,其淳朴原始的黎家民风也名声在外,每年都能吸引不少岛内外游客及文艺创作者慕名前来。

❋ 小贴士　2016年大章村被评为"海南省三星级美丽乡村"。2017年宝山村入选第二批少数民族特色村寨;2019年12月,被评为"海南省三椰级乡村旅游景点"。

4. 保突村

是昌江县石碌镇下辖的一个纯黎族村庄,位于昌江县机关办公大楼北侧。其辖有保突村、保新村、保老村、尼下村4个自然村,是昌江县规划建设的重点旅游村庄。

保突村是海南省唯一一处黎陶文化传承集散地。保突黎族原始制陶技艺已被列为国家级非物质文化遗产。

第五章

海南中部生态保育旅游区

海南中部生态保育旅游度假区,包括五指山、琼中、屯昌、白沙四市县,面积7 184平方公里,占海南岛面积21.07%。

海南中部地区以山地为主,境内有独具特色的温泉、奇峰、原始热带雨林、丰富多彩的物种资源、千姿百态的奇洞怪石、形态各异的湖泊水库、奇特的流泉飞瀑、独特的凉爽气候条件、丰富的文化遗址和浓郁的民族风情,它们构成了独具魅力的旅游资源。海南中部地区重点发展生态旅游业、热带生态农林业,建设热带雨林国家公园,定位为生态核心保护区。

第一节 五指山市

五指山市位于海南岛中南部腹地,是海南省中部少数民族的聚居地,周围群山环抱,森林茂密,是有名的"翡翠山城"。

山城景色和民族风情,是五指山市最主要的旅游内容,有"一山、一林、一情、一城、一路"之说。一山就是五指山,一林就是中部的热带雨林,一情就是中部的黎苗少数民族风情,一城就是五指山的城市旅游,一路就是通贯海南岛中部的公路。

五指山市,山、林、情、城、路紧密相连,融为一体,是典型的绿色生态旅游城市。

✱ 小贴士 2017年3月,五指山市入围"2017百佳深呼吸小城"名单;2018年11月,被科技部确定为首批创新型县(市);2020年2月,退出贫困县序列。

一、市情简况

五指山市为海南岛中部地区的中心城市和交通枢纽,市区海拔328.5米。全市面积1 144平方公里,昌化江上游的支流南圣河从东向西蜿蜒,流贯全城区。五指山市是海南岛海拔最高的山城,也是海南全省的生态核心区域和主要河流的发源地。

五指山市旅游区总面积211平方公里,其中五指山国际级自然保护区32万亩,是海南最大的自然保护区,与南美洲的亚马孙河流域、印度尼西亚的热带雨林和我国的西双版纳一并成为全球仅存的几块热带原始雨林之一。

五指山市,原名通什(黎族语言意为"山高水寒""肥沃的山谷"),明清时属琼崖抚黎局,1948年通什乡划归保亭县管辖。1959年3月,保亭县人民政府驻通什镇。1986年6月12日,国务院批准,设立通什市(县级),隶属广东省海南黎族苗族自治州。1987年12月,海南黎族苗族自治州撤销,通什市隶属海南行政区和建省筹备组。1988年4月,海南建省,该市隶属海南省管辖,享受民族自治地方优惠政策。

2022年末,五指山市常住人口11.21万人,汉族占总人口的26.09%,各少数民族占总人口的73.91%。

❋ 小贴士 因通什市的"什"字读音是"zá",而《现代汉语词典》中"什"字没有"zá"的读音,给通什市与外界交流带来诸多不便。而五指山是海南岛的象征,主要山峰在通什市境内,通什市更名为五指山市,能更准确地反映出该市的地理特征,有利于扩大知名度,促进当地的经济和社会发展。据此,2001年2月13日,海南省人民政府向国务院请示将通什市更名为五指山市;同年7月5日,经国务院批准,通什市更名为五指山市。

二、主要景区(点)

1. 五指山水满河热带雨林风景区

❋ 小贴士 "水满"一名最早出现在清代的《海南方志》中。当时它是定安县规划图的六峒之一,这个黎语地名的汉语含义是"非常古老、至高无上",而水满的位置正如它名字的含意。

位于五指山市五指山脚下的水满乡,距五指山市28公里,距三亚市区约110公里,距海口至三亚东线高速陵水路口约100公里。该景区面积21万亩,有原始林90.63平方公里。

五指山水满乡属热带气候,冬无严寒,夏无酷暑,乡域森林覆盖率达78%。流经景区的水满河由五指山的山泉水汇聚而成,是海南第二大河昌化江的发源地。景区溪水潺潺,彩蝶飞舞,热带植物种类繁多,古树参天,藤萝密布,集中了五指山热带雨林和热带沟谷雨林的典型景观。景区内黎族村寨保留了黎族传统的生产、生活方式,游客可体验到黎族人民古朴、醇厚的民风民俗。

该景区有热带雨林栈道、水满黎峒文化园、黎苗特色文化商业街、蝴蝶生态牧场、五指山观山点、毛阳河漂流等旅游景点。

热带雨林栈道起始于水满上村著名的景点——千年古榕万年神龟。游人沿水满溪蜿蜒而上,到五指山最佳观山点——桃花溪边结束,全长2 000米。其间,溪流、河谷、山峰交替出现,桫椤、野兰花及各种生态奇观让人目不暇接。

黎峒文化园的定位是"一园三地",即为"黎族人民的精神家园,黎族人民祭拜祖先的圣地,展示、研究、传承黎族传统文化的基地,是黎族文化、五指山名山、热带雨林相结合的旅游观光胜地"。

在水满黎峒文化旅游园,景观轴线上的祭祖门广场—青云梯—三月三广场—黎祖大殿,都掩映在绿林之中,它们与天光山色一起,创造出和谐的自然人文环境。

水满黎峒文化旅游园的商街设计,在建筑造型上对船形屋、金字形屋进行抽象重组。建筑立面上采用了黎族传统符号,表达新时代的新内容,使建筑富有细节和时代感。同时,在挖掘民俗文化和神话传说的基础上,布置了民俗广场、婚礼广场、山盟石广场、鹿出山广场等,为游客和黎苗同胞提供在休憩、娱乐中感受民族文化的场所。

黎祖大殿是黎峒文化园的标志性建筑。其高33米、宽54米,大殿长28米,位于海拔738.3米处,以五指山主峰为背景,坐落在整个水满小城镇的制高点上。大殿采用了抽象的船形屋造型,彰显出黎族传统特色。而其巨大的尺度和三重檐正立面构图,以及檐口中间巨大的金色民族符号的运用,又显现出超越传统的恢宏气度。总建筑面积为1 533平方米的大殿内采用大跨度钢结构建造,殿内供奉高9.05米纯铜铸造的黎族祖先袍隆扣神像,墙面和屋顶都覆以实木板材,并用黎锦图案做成装饰带,使整个空间富有黎族特色。

经海南省委、省政府研究决定,从2014年开始,每年的黎族苗族"三月三"传统节日增设黎祖祭祀项目,并将祭祀活动举办场所定在五指山市黎峒文化园。祭祀活动彰显的是黎族百姓孝忠祖先、效忠祖国、效忠中国共产党的信仰。至2022年4月3日,祭祀袍隆扣大典活动共举办了8次,黎峒文化园基础设施与祭祀活动的仪式和流程不断完善,影响力也越来越大,每年"三月三"的黎祖祭祀大典,已经成为海南140万黎族同胞的情感聚合以及中外游客了解海南少数民族文化的重要载体,为五指山市文旅融合发展注入了新的文化元素。

✽ 小贴士　五指山水满河热带雨林风景区,也曾先后接待过朱镕基总理等一系列党和国家领导人,是五指山唯一的国家3A级景区,是避暑避寒、休闲度假、旅游观光的理想胜地。

2. 五指山红峡谷文化旅游风景区·红峡谷漂流

位于五指山市南圣镇,距离五指山市区12公里。景区占地面积3 000亩,是五指山市重点推进的精品旅游项目。该景区以五指山热带雨林、峡谷漂流为主题,依托黎苗文化,挖掘中华养生文化内涵,植入多元文化,形成集观光度假、休闲娱乐、居住养生于一体的复合型景区。主要有4个旅游资源组团:热带雨林体验、红峡谷漂流、山地游乐、温泉养生度假。

目前已开放红峡谷漂流,全程3.8公里,落差80余米,因沿途岩石被山泉、雨水冲刷后形成黄中带红的颜色而得名。该峡谷岩壁险峻奇特,河道多岩滩激流,沿岸为原始热带雨林,常有山顶泉瀑自空降落。

✽ 小贴士　红峡谷风景区具有优越的自然旅游资源,既可满足热爱挑战自我的漂流者之征服欲,亦可满足体验天人合一的养生者之精神追求。

3. 阿陀岭森林公园

位于五指山市北郊毗,距离市中心1 000米,在海榆中线200公里处,占地面积约12.1万亩,天然林面积约11.8万亩。

阿陀岭森林公园南面有左右两条南北走向的逶迤山脉,其相距宽度为700米至1 000米,左条从主岭至阿里山度假村,右条从主岭到旅游山庄。从主岭峰上向南面俯瞰,整体阿陀岭山脉如U形,峡谷深度200米左右,整个山脉区域森林覆盖面积约有16万亩。

该公园生长着大量的热带天然林和人工林,具有常绿、多层混交、异龄等特点,主要类型有热带雨林、热带季雨林和常绿阔叶林等,森林的覆盖率达90%左右;已查明的野生植物共有1 600多种、400科,有乔灌木60科700多种。

该公园野生动物已查明的兽类有3目30多种,鸟类7目30科120种,两栖爬行类3目40种;被列入国家级保护的珍稀动物有孔雀雉、海南山鹧鸪、巨蜥、蟒蛇等6种,此外还有列入国家二级保护动物的穿山甲等16种,省级保护野生动物12种。

✽ 小贴士　公园内山水相依,风景秀丽,有原始森林、人工林、溪流、清泉和蜿蜒连绵起伏的群山、太平飞瀑、青春岭飞瀑等具有魅力的景观。

4. 中华民族文化村

坐落于五指山市区,是一个集各民族民居建设、通俗风情、民间艺术于一体的大型民族文化游览区,占地面积600多亩。

村里的建筑物完全按照各民族民居特色建造,有竹楼、船形屋、蒙古包、四合院等20多个民族民居群落,其规模均按原景观1∶1的比例造成。各民族民居群落错落有致,布局巧妙,与自然山水融为一体,处处给人以新鲜而和谐的感觉。

在村里,有打柴舞、孔雀舞、锅庄舞、鄂尔多斯舞等民族歌舞表演,以及叮咚、艺锣、象脚舞、芦笙、冬不拉、木鼓、三弦等民族乐器演奏。还有为游人举行的别开生面的泼水节、"三月三"、火把节等热闹的民间节日庆典,以及抛绣球、抬官人、拦门酒、丢沙包等古朴独特的民俗风情活动。

5. 牙胡梯田

地处五指山市毛阳镇牙胡村,约有1 100多亩,紧邻鹦哥岭自然保护区。牙胡梯田呈五指螺纹状,从山脚盘绕到山腰,层层叠叠,高低错落。从高处望去,梯田的优美曲线一条条、一根根,或平行或交叉,蜿蜒如春螺,显示出非同一般的曲线美,被人们誉为"海南第一梯田",可媲美中国西南部地区的梯田。

牙胡梯田最佳观景季节是每年的春节前后,也就是水稻灌水期,梯田上的水倒影很美丽。每年10月下旬稻子最黄的时候,整个梯田色彩斑斓,而一天中最佳的观赏时间是清晨和日暮。

✱ 小贴士　自从牙胡梯田被"驴友""影友"们发现之后,牙胡梯田也成为五指山新的名片。

第二节　琼中黎族苗族自治县

琼中县,是海南唯一大规模种桑养蚕和生产绿橙的县,已探索出"农+文+旅"创新旅游发展新模式。通过"文化搭台,旅游唱戏",琼中县推动旅游不断向前发展,丰富了琼中"海南之心、黎苗琼中"和"山水慢城、养心天堂"的内涵,打造了琼中四季有特色、四季皆宜游的"奔格内(黎族语:来这里、欢迎到这里)"旅游文化品牌。

琼中还是最具民俗风情市县、最具投资开发价值旅游县、最美中国民俗(民族)风情目的地城市、优秀旅游城市和中国最美休闲自驾游目的地。

2021年以来,琼中县政府以供给侧结构性改革为主线,发展壮大全域旅游业、热带特色高效农业、农产品加工物流业、文化体育、生态康养等有比较优势的产业;利用"琼中女足"金字招牌和丰富的黎苗文化、红色文化、热带雨林资源,加快了打造海南自贸港中部旅游消费胜地、生态康养目的地和中部文化体育聚集地的步伐。

一、县情简况

琼中县处于海南岛的中部,东连琼海市、万宁市,西接白沙县,南与五指山市、保亭县、陵水县毗邻,北和屯昌县、澄迈县、儋州市交界。境内东西宽66.7公里,南北长76.75公里,总面积2 693.1平方公里,占海南岛陆地面积的8.33%。

琼中,明、清时期属定安、琼山县地。1948年2月中共琼崖特委设置琼中县,隶属中共琼崖东区地委管辖,治所设于平南。1949年3月并入琼崖少数民族自治区行政委员会,1952年划邻县部分黎境,恢复琼中县建置。因处于海南岛中部最中轴地带,位居五指山腹地,故县名"琼中",人称"海南之心"。

2022年末,琼中县有18.11万人,汉族占总人口的33.56%,各少数民族占总人口的66.44%;其中,黎族占53.86%,苗族占8.11%。

二、主要景区(点)

1. 百花岭热带雨林文化旅游区

原名百花岭风景名胜区,位于县城营根镇西南方向6公里处,素有"绿色宝库"的美称。百花岭主峰海拔1 000余米,同东南面的五指山、西北部的黎母山形成三足鼎立之势,峰峦叠嶂,巍峨蜿蜒。全省落差最高的百花岭瀑布(落差300米)源头在海拔700米的第二峰上,景色壮观迷人。

至2020年,该旅游区规划出了热带雨林、山水漫城、百瀑小镇、美丽乡村四大功能板块,将琼中原生态优势融入全域旅游互动休闲项目,摸索出"步步惊心""空中树屋""水上荡桥""玻璃滑道""树梢栈道"等越来越多的趣味玩法。

此外,该旅游区还推出了雨林速滑项目。该项目全长2020米,落差约百丈,设有4处360度的双层环形盘旋、15处S形弯道和一处9D恐龙主题声光电秀(透明无边的全视野设计),已成为游玩景区的热点。

该旅游区的"将军榕""情侣秋千""连里树""古木逢春"等植物生态景观姿态万千;百花湖、百龙溪、观音岭、芭蕉岭、马龙岭、"百花一柱"、"聚仙台"、"鳄鱼觅食"、"象过平川"、石豹、"醉佛坠溪"、"百花猿人"、"洗象池"、"仙女浴池"等山、石、水等自然景观千姿百态。

另外,百花岭热带雨林文化旅游区还有丰富的人文景观和浓郁的民族风情,是海南的主要自然保护区之一。

❋ 小贴士 从2015年底开始,百花岭热带雨林文化旅游区以"百花仙境,菩提福地"为总体定位进行全面提档升级改造:修建栈道、蓄湖引水、引苗种树、改造瀑布天池景观等。如今,该旅游区的旅游设施基础配套已逐步完善。2020年8月,该旅游区成为琼中首个国家4A级旅游景区。

2. 黎母山国家森林公园

❋ 小贴士 该旅游区内的植物与动物介绍详见上编第二章第二节之四。

黎母山是黎族的始祖地,最高海拔1 411.7米。黎母山国家森林公园是我国原始热带雨林保护区之一,位于琼中县西北部,与儋州市、白沙县交界,总面积19.2万亩。

黎母山国家森林公园内的黎姆婆石景区、吊灯岭景区、翠园景区、天河景区、鹦歌傲景区、天河瀑布景区等六大景区互为衬托、相映生辉,每个片区都保持着原始森林的原貌。

该旅游区主要景观:① 仙人洞,位于公园二架岭上,是一处幽深的石洞,洞口前的平地上有天然的石台和凳子,台面上隐隐约约摆着棋盘,周围生长有芭蕉和枇杷;② 黎母石像:位于公园中部,是一处自然景观,巨石酷似黎族慈母,双眼微眯,颔首启口,经自然风化而成;③ 吊灯岭瀑布:位于公园东南部,瀑布高100多米,宽20多米,水自岩面倾泻而下,瀑布下有一深潭,名为仙女潭。

沿黎母山旅游公路而上,可观赏到植物化石桫椤群;抵达槟榔湖,可漫步湖畔,欣赏宛若世外桃源的自然美景等。

✽ **小贴士** 每年的农历三月十五是黎母生日,有众多的黎族人民前来朝拜,祈求黎母恩泽。

3. 鹦哥岭国家森林公园

✽ **小贴士** 该旅游区内的植物与动物介绍详见上编第二章第二节之四。

鹦哥岭位于琼中的西南部,是海南三大山脉之一黎母山的重要分脉,最高峰鹦嘴峰海拔1 812米,是海南第二高峰,因形似鹦嘴、气势磅礴而得名。

旅游区内山川溪谷纵横交错,天然湖泊星罗棋布,林木葱郁,禽兽出没。山林深处保存完整的热带原始森林,生长与保存多样的植物群落,蕴藏多种自然资源。该区也是海南的革命老区琼崖纵队司令部旧址所在地,曾涌现出许多可歌可泣的历史人物,留下许多具有革命传统教育意义的红色人文历史景观。

另外,2016年1月,海南首家热带动植物博物馆——海南鹦哥岭动植物博物馆主馆主体完工。该馆选址琼中县什运乡鹦哥岭自然保护区鹦哥嘴分站,首期建设主馆建筑面积1 867平方米,二期工程包括访客中心、道路景观以及配套设施等,成为集科普宣传、动植物、种子标本、野生动物救护、科学研究、物种繁育等功能于一体的综合性基地。

✽ **小贴士** 鹦哥岭自然保护区位于海南岛中南部,其东面为五指山保护区,东南面为吊罗山保护区,西南面为尖峰岭、佳西、猴猕岭三大保护区,西面为霸王岭保护区,北面为黎母山保护区。鹦哥岭保护区在其中起到纽带连接的作用,使海南的单体面积小、岛屿破碎化的保护区得以连成一个整体,是海南岛保护区及生物多样性保护的中心枢纽。

4. 乘坡河石臼群地质公园

位于琼中县和平镇境内万泉河上游的乘坡河两岸,是一个典型的石臼地质遗迹公园。在地理学的科学分类上,该公园的石臼群属于水磨石臼群,是我国乃至全世界罕见地质奇观。

乘坡河,水面很窄,最宽的地方也不过10米,但河水冲力极大,湍急的水流发出"隆隆"的巨响。在乘坡河上,一段长约1 000米、宽约300米的河床上,大片光亮的花岗岩河床呈现出形态各异的石臼群自然景观。槽状石臼最长达10余米,成为河床上的一道道小"水沟",圆形的直径在20厘米至2米之间。这些石臼,或如圆桌、水缸、莲花、芒果,或像犁头、脚丫、葫芦、蝌蚪,可谓鬼斧神工。

石臼群两岸,灌木丛生,青绿苍翠,呈舞动争艳之姿;远处,山峦和白云交错,被近处的椰树、槟榔树、竹子点缀。整个园区,呈现出一幅融山石、岩崖、河流为一体而景致奇、秀、古、野、幽的天然画卷。

在乘坡河东岸最高处的一块巨石上,横向阴刻有"唯战能存"4个行书大字。据说,这是抗战时期国民党琼崖守备司令王毅所书。

乘坡河水流之变幻,以及石臼群数量之多、体形之大、造型之绝妙,令人讶异,就连造访此处的地理学家也啧啧称奇。

该公园石臼群周围,有黎村苗寨,能够提供民族生态歌舞表演和特色美食服务。

❋ 小贴士　目前,专家对乘坡河(万泉河)石臼成因仍有争议:有的说是"冰川磨蚀"的"冰臼",有的认为是"水力磨蚀"的"壶穴"。但不管是"冰臼"还是"壶穴",学术之争并不影响这一自然奇观给游客带来的震撼。

5. 其他景区(点)

(1) 红岭水库风景旅游区

位于中平镇境内万泉河支流大边河上游,属于万泉河红岭水利枢纽工程建设区。该区水利枢纽工程由拦河坝、溢洪道、引水涵洞、坝后和渠首水电站组成。随着工程的建成,红岭水库及其周边已成为山、湖、水、坝、田、村相融辉映的风景旅游区,也是著名的"白马骏红"茶产地。

❋ 小贴士　据了解,得天独厚的生长环境,加上海南农垦茶业集团成熟的制茶工艺,使得"白马骏红"系列岁月红单品成为2020年新晋"网红"爆款产品。

(2) 上安仕阶五指山旅游区

位于琼中县上安乡仕阶村。该旅游区的热带雨林中有种类繁多的维管植物3 500余种,乔灌木1 400余种,仅兰花就拥有1 000多个品种,野生动物多种多样。在仕阶村旁尚有一片清代摩崖石刻群,有清代冯子材及幕僚所书"手辟南荒""百越锁钥"等。此外,在万泉水河源头——南流河边有水温为70 ℃左右的温泉,可体验温泉、雨林、民族风情等景观。

(3) 长兴飞水岭热带雨林旅游区

位于琼中县和平镇437县道。飞水岭热带雨林自然保护区,区域总占地面积5.6万亩。茂密的热带山地雨林中栖息着种类众多的珍稀动物,被誉为海南物华天宝之地。该区内群峰重叠、巍峨蜿蜒,小溪流水淙淙。此外,区内共有大小38个自然景观点,是一个天然林公园和理想的观光探险旅游度假胜地。

(4) 红毛—什运红色文化旅游区

该区位于红毛镇、什运乡境内,有白沙起义纪念园、琼崖纵队"一大"旧址等。琼崖纵队司令部旧址在便文村内,位于鹦哥岭的半山腰,青山碧水加上红色革命文化,游客在缅怀先烈和英雄的同时,也陶醉于极目苍翠的自然美景之中。

(5) 琼中五指山橙园

位于琼中县国营加钗农场内,在琼中城区(营根镇)以西6公里。加钗农场原来是以种植与经营橡胶为主,1966年引进柑橙试种,目前橙树种植面积已经达到1 300亩,年产鲜果100多万斤。琼中绿橙是海南的地理标志性水果,五指山橙园是海南岛最大的橙果生产基地。在每年柑橙收获季节(10月),种植区的满山黄果绿叶,吸引着游客前往。

〰 第三节　屯昌县

据传,屯昌县原为荒地。明末清初战争频繁,我国东南沿海避荒逃难之人,纷纷南逃来此屯荒、垦殖,以图昌兴,故名"屯昌"。

屯昌县资源富集,特产富饶,享有"水晶之乡""南药之乡""沉香之乡""橡胶之乡""林业大县"等美誉。

屯昌县境内矿物种类多、藏量大,已探明的有水晶、花岗岩、高岭土、石英石、钼矿等20多种矿种;其中,羊角岭水晶矿为我国最大型、最富集的水晶矿床。另外,花岗岩储量在5 000万立方米以上,是全省最大、质量最好的天然花岗岩储藏库。

屯昌县森林覆盖率高,物种资源保护好,拥有全国最大的南药生产基地、全省最大的乡土树种栽培种植基地、沉香育苗基地,有白木香、母生、坡垒、花梨等热带珍稀树种800多种。

屯昌县农业资源富有特色,屯昌黑猪、屯昌香鸡、枫木苦瓜、罗非鱼等在岛内外负有盛名,备受消费者青睐。

一、县情简况

屯昌位于海南岛中部偏北琼北部平原和琼中部山区结合部,是海南全省唯一处于丘陵地带的县,有"海南中部门户"之称。

屯昌县地处五指山北麓,南渡江南岸;北距省会海口市中心85公里,东与定安、琼海接壤,南与琼中交界,西北与澄迈毗邻。屯昌南北长55公里,东西宽52公里,面积1 231.5平方公里,占海南省陆地面积的3.48%。

屯昌县是个新置县,其前身是1948年2月17日琼崖区党委在第二次执委会上宣布组成的新民县。当时由澄迈县的第二区(今屯昌县西昌乡)、琼山县第六区(即现在屯昌县新兴镇、大同乡、屯昌镇、黄岭乡、藤寨乡、南坤镇)组成。

1949年2月2日,南吕、乌坡、枫木、北海、岭门乡成立定西特别区(相当县级建制)。1950年5月,定西特别区并入新民县。因同辽宁省新民县重名,1952年国务院为了便于管理,遂将海南新民县,以其治所之名,更名为"屯昌县",县人民政府的驻地在屯昌镇。1958年12月,屯昌县与定安县合并,成立定昌县。至1961年5月再度分县,复名屯昌县至今。

至2022年末,屯昌县户籍人口25.50万,城镇人口比重为44.57%,主要有汉、黎、苗、壮等15个民族。

二、主要景区(点)

(一) 名胜区园

1. 木色湖旅游度假风景区(枫木鹿场)

位于屯昌县西南部、海榆中线112公里处,距县城20多公里,目前占地面积28平方公里。

该景区山清水秀,气候温润。其内的主体自然景观是相距百米的木色湖和雷公滩湖两个湖泊。此两湖,是海南岛中部有名的人工湖。湖面宽阔怡人,水鸟成群;湖畔水草丰盛,青山起伏。

木色湖旅游度假风景区,以木色湖和雷公滩湖为中心,西部为牛血岭、吊月岭,西北部为鸡嘴岭、晒谷岭、琼凯岭,北部为双乳峰、吊岭。景区内,除了热带雨林植物资源外,还有野鸭、野鸡、野兔、野猪、鹧鸪、坡鹿、麋鹿、狗熊、狐狸等野生动物资源。整个景区的湖光潋滟,峰峦叠翠,翠鸟展翼,白鹭觅食,鹰翔高空,燕掠水面……自然风光,煞是好看。另外,景区内还有仙人洞、铜鼓石、东坡石(苏东坡题诗)、热带植物园、枫木鹿场等人文景观。

其中,枫木鹿场是镶嵌于木色湖半岛上的明珠。其三面环水一面靠山,风光旖旎,是中国南方最大的集产、供、贸、旅于一体的综合性鹿场。现有海南坡鹿、水梅花鹿、马鹿、麋鹿等鹿种700多只,供游人观赏。鹿场内观鹿园、鹿趣园、商场、鹿产品加工厂、接待处等旅游设施齐全。

木色湖旅游度假风景区,集旅游、度假、狩猎、山地探险等于一体,是海南近年来新发展起来的旅游度假理想之地。

✽ **小贴士** 木色湖旅游度假风景区曾是海南省"八五"重点旅游开发区之一。2022年9月9日,海南省人民政府同意了《屯昌县木色湖省级风景名胜区总体规划(2021—2035年)(修编)》,确定该风景名胜区规划总面积为37.71平方公里。

2. 羊角岭天池旅游区

位于屯昌县城南4公里处的羊角岭顶端。其主要由羊角岭、羊角岭水晶矿和天池3个风景点组成。

羊角岭海拔200多米,为我国最大型、最富集的水晶矿床所在地,也是当今世界上超大型水晶矿床之一。矿床类型属矽卡岩中英脉型,主矿体长240米,宽90~130米,深150米,主矿体周围尚有十几个金矿小矽卡岩体和大片砂矿分布。目前,水晶探明储量近80吨,相当于40个大矿;熔炼水晶探明储量2 000多吨,相当于10个大矿。

羊角岭水晶矿,也称为701矿,1939年曾被日军进行过掠夺性挖采。自1955年起,国家正式建矿生产水晶,至20世纪70年代中期主要矿体开采完毕。

该旅游区内的天池,为采矿挖掘而成,宽约30米,长约70米,深约200米。其水清澈透明,夏凉冬暖,常年有游泳爱好者到此畅游。

✽ **小贴士** 屯昌县在很早前就对羊角岭水晶矿遗址做了保护性开发,在2007年即由海南地质综合勘察设计院树立"羊角岭水晶矿地质遗迹"碑石。目前,旅游区保护较好。特大型羊角岭水晶矿在国际上十分罕见,是目前发现的全球第二大水晶矿。

3. 西昌银岭山洞探险旅游区

银岭是山洞探险旅游的好去处,是屯昌县一处著名的风景名胜区,位于县城西北约16公里处,西昌墟南侧4公里处。

银岭,海拔约300米,底宽顶尖,东有低山,西有小峦,南北为坡地。其附近有双冠岭和加宋岭,四周林木青翠,向阳的一面全是石头堆垒,呈银色,故名银岭。

银岭上洞多,岭顶、岭腰都有,并呈垂直状。其中一洞,深不见底,黑暗阴森。每当雨季,站在洞口,可听见"轰隆隆"的鸣声。

✽ **小贴士** 有一传说:不知哪朝哪代,海南有座银岭,常有银子一排排像雁群似飞出的传闻不胫而走。远在京城的皇帝听后兴奋不已,特派朝廷命官吴松爷带一群官兵赶赴海南挖掘银子。经过数年辛劳,官兵们终于挖掘了一排排数丈深的银洞,可就是不见银子踪影,只好班师回朝。

4. 梦幻香山芳香文化园

位于屯城镇加利坡村附近、中线高速公路旁,占地面积650亩,是一个"三产合一"的现代休闲农业观光园。

该文化园建设,有效地融合了科学种植、产品研发加工及销售、技术培训、科普观光、体验参与和休闲养生等因素,创造了农业种植、休闲旅游和香文化体验的"三产合一"发展模式。这里,有四季缤纷的花田、数百种芳香植物、满园飘香的柠檬果、5 000株结香的沉香树。

目前,该文化园内开设的特色活动有:芳香世界DIY芳香体验、儿童户外拓展园亲子互动、水晶教堂和金源山庄摄影、观花坊和风车观光台绘画等。另外,香草餐厅以本地农家食材为原材料辅加各类香草调料的秘制芳香美食,从视觉、嗅觉和味觉上都能够让游客享受到一次芳香盛宴。

❋ 小贴士 该园区立足于成为青少年的芳香植物科普实验基地、青年的旅游婚庆圣地、中老年的休闲养生基地,全力打造"看香山、走香道、闻香气、品香茶、吃香餐、购香物、采香果、睡香房、洗香浴、结香缘"的香文化体验,努力实现"海南最浪漫、最梦幻的精品庄园,中国最好的芳香体验园,世界级的香文化产业园"。

(二) 特色景观

1. 邀月岭高山草甸

位于枫木、南坤两镇相交处,海拔788.3米,为琼北第一峰,总面积约18平方公里。

岭顶有我国岭南地区罕见的连片草甸,面积近26万平方米,坡度大多在23°~27°。岭东南山脚下有木色湖、雷公滩等水库,岭北可进行峡谷漂流,岭顶有长年不干涸的泉溪,是开展高山滑草、高山露营、高山婚庆、高山祭祀、空中高尔夫球和低空动力伞飞行的绝佳场地。

2. 青梯村(青梯仔美丽乡村)

隶属屯昌县乌坡镇南端,有7 000年前新石器时期遗址,毗邻青奥温泉、海南药材场。该村历史悠久,物产丰富,是天然的"南药宝库"。

该村三面环水,一眼望去,村在绿中,路在树中,人在画中,美丽村庄风景迷人。青梯村盛产槟榔、橡胶、花生、黑豆等农作物,具有丰富的旅游资源。青梯村最大的特点是在河滩边保留了一片数百亩的原生雨林群落,形成罕见的丘陵原始森林,使藤蔓悬挂、榕树绞杀、寄生植物、山野芭蕉、空中鸟巢等在中部山区常见的自然景观,出现在琼北地势平坦的地区,实属难得。此外,村内的观光小道两侧不少林木的彩绘颇具特色:飞鸟、骏马、梅花鹿、老鹰、孔雀、熊猫、仙鹤等,栩栩如生,让游客仿佛进入了森林动物王国。

目前,该村已建成沿河露营沙滩站、水上游船码头、观光索桥和温泉洗浴中心等休闲项目。农家民宿、风味小吃、汽车露营等服务设施也已投入营业。另外,第三次全国文物普查,确认青梯仔村为新石器时代聚落遗址,为屯昌县文物保护单位。

❋ 小贴士 青梯村,是户外骑行健身者的中部首选驿站;2016年被列为"国家旅游扶贫重点村",入选为国家"绿色村庄";2018年被评为海南省三星级美丽乡村;2019年被国家林业和草原局评定为首批"国家森林乡村"。

3. 卧龙山

位于屯昌县城北约8公里处,大同乡境内,海榆中线路西侧,距中线路仅4公里。因此山由4个山峰和几个高低不等的小山连接而成,状如卧龙,故名"卧龙山"。卧龙山是石的世界,陡峭无比,怪石嶙峋,危岩耸立,气势雄伟;林多石众,尤以四峰为最;林中有石,石上有林,令人叹为观止。

4. 洪斗坡白鹭鸟乐园

位于屯昌县大同乡洪斗坡村,海榆中线81公里处。洪斗坡村不大,有十几户人家。村子为野生林木环抱相映,景致幽雅清静。由于环境独特,每年有数千只鹭鸟从遥远的地方迁徙洪斗坡村,这里成了鸟的天堂。

第四节　白沙黎族自治县

据《清史稿·地理志》记载:"儋州有薄沙巡司……"因清康熙二十八年(1689年)曾设"薄沙营"作为军事据点屯兵戍守而得名,之后,"薄沙"演变为"白沙"。

白沙县的旅游资源以热带山地自然景观为主,特别是原始森林景观与珍稀动植物资源更有特色。白沙县生态环境质量持续保持海南全省领先水平,民族文化浓郁而独特的双面绣、骨簪、老古舞等八项民族文化被列入国家或省级非物质文化遗产名录。

至2022年初,白沙县打造了"体育＋旅游"发展模式。依托白沙文化体育运动中心,先后承办了一批国家级队伍和国家级体育赛事,并取得良好反响。白沙县正在积极推进体育旅游小镇建设,完善体育科研医疗中心、比赛场馆等基础设施,有序推进申报国家体育训练南方基地。白沙县被科技部列入国家可持续发展实验区,被评为"全国绿化模范县""全国生态环境建设综合治理示范县""全国百佳深呼吸小城""国家卫生县城"。

一、县情简况

白沙县位于海南岛中部偏西,坐落在黎母山脉中段麓、南渡江上游。全境南北长63公里,东西宽68公里,东邻琼中、南接乐东、西连昌江、北抵儋州,总面积为2 115.65万平方公里。

白沙县由山地、丘陵和部分平原构成,海拔在200米以上的山地占73.1%,南渡江、昌化江、珠碧江均发源于此地。全县大小山峰有440座,拥有海南省第二高峰鹦哥岭。森林面积267.79万亩,森林覆盖率达83.47%,素有"宝岛绿洲"之美誉。

白沙县,西汉属儋耳郡至来县,东汉属合浦郡珠崖县。从元朝到民国,白沙境地先后属琼山、定安、儋县、临高、昌感等县。1958年11月并入乐东县,1961年恢复,1987年成立白沙黎族自治县。

2022年末,白沙县总人口16.36万人,其中,黎族、苗族人口12余万人。

小贴士　白沙是一个以黎族为主的少数民族聚居山区县,是革命老区县、国家重点扶贫县,也曾是海南唯一的深度贫困县。

二、主要景区(点)

1. 圣哒哒湖畔公园

小贴士　"圣哒哒"为白沙黎语,意为"美极了"。

位于白沙县七坊鹭湖(南洋水库),占地面积为150亩。七坊鹭湖水面800多亩,自然生态保持良好,森林覆盖率高达83.7%。

该公园内环境生态优美,配备完善,已建有草亭、木屋、高尔夫练习场、三角梅公园、游艇码头、水上乐园等设施,是集吃、住、游、乐、购于一体,体现山水画廊、绿韵白沙特点的慢生活旅游目的地。

❋ **小贴士** 游客可在园内听风、看雨、赏景、品茗,可以慢下来感受生活,感受四季美景,吸纳自由而纯粹的喜悦,享受傍山枕水而居的美好。

2. 陨石坑景区

位于牙叉镇东南 9 公里白沙农场境内,直径 3.7 公里,是我国发现的第一个陨石坑,也是目前我国能认定的唯一较年轻的陨石坑,更是全世界十几个伴有陨石碎块的陨石坑之一。

陨石坑周缘环形山脊连续性好,仅在西南缘受两条溪河冲刷而出现豁口。置身于陨石坑内,举目四望,低缓山坡上,茶树密布,排列成行,绿意盎然。海南著名的白沙绿茶、红茶便产于此地。该茶色泽光润,味浓香永,十分耐泡,且营养成分高。

海南白沙陨石坑不但发现陨石碎块,而且坑形、地貌以及撞击形成岩石变质与震裂构造十分明显,是一处珍稀的在地表显现的太空旅游资源。

❋ **小贴士** 科学家对撞击白沙大地的"天外来客"的大小进行了科学估算,认为这是一颗直径 380 米的陨石,撞击能量差不多相当于 360 颗投放在日本广岛上的原子弹。

3. 邦溪坡鹿自然保护区

位于白沙县邦溪镇,距县城牙叉镇约 53 公里,距海南西线高速公路约 2 公里。

邦溪坡鹿自然保护区建立于 1976 年 10 月,面积 5 547 亩,海拔 127~170 米,东起浪那岭经供购岭、斗埋岭,折西经高岭、邦溪农场十队路转向南经望眉岭、什保曼,向北经珠碧江大湾与起点闭合。保护区内主要动物有海南坡鹿、海南兔、蟒、穿山甲、海南山鹧鸪等。

邦溪地区是海南坡鹿的原生地,也是省级自然保护区,主要的保护对象是海南坡鹿及其生存、生态环境。

4. 南开石壁

位于白沙县什付村南开河,属石灰岩结构。它高约 305 米,长约 410 米,层层叠叠,类似砖块的石头块大约有六层。

石壁山上长有少许的树木花草,部分石壁呈红土色。石壁上洞穴众多,生活居住着野生蜜蜂、鸟类。石壁倒映在南开河清澈的河水中,犹如画卷。南开石壁是目前白沙乃至海南最为壮观的石壁景观。

5. 罗帅村

位于白沙县城牙叉到琼中什运公路旁,是一个坐落在鹦哥岭脚下的黎族村庄,风景秀美。该村还是海南首个集农家乐、生态观光、民俗风情、休闲度假、房车营地、自驾车驿站于一体的农村生态旅游目的地。

罗帅村自驾车驿站有 20 多栋黄白相间的联体别墅,犹如一个个考究的蜂房。别墅门上的贴图有笑脸、麦克风、五角星等不同样式,对应评星标准,相当于"星级酒店"的标志。驿站内随处可见花园和菜地,游客可以采摘蔬菜,还可体验黎家人原始的酿酒工艺。驿站外,还可以撒欢爬山,游览溯溪,骑马快奔。

参考文献

[1] 毛江海.海南旅游知识读本.南京:东南大学出版社,2017.

[2] 毛江海.海南旅游·基础知识.南京:东南大学出版社,2009.

[3] 黄景贵,毛江海,傅君利.国际旅游岛 新版海南梦:海南国际旅游岛内涵建设与发展模式国际比较.海口:海南出版社,2011.

[4] 王晓樱,陈怡.努力把海南自贸港打造成展示中国风范的靓丽名片:访海南省省长冯飞代表.光明日报,2022-10-18(07).

[5] 尤梦瑜.离岛免税"金字招牌"越来越亮.海南日报,2022-10-20(005).

[6] 姚洁斯,廖忠芳.海南国际旅游消费中心建设成效初显.中国信息报,2022-10-13(05).

[7] 海南加快国际旅游消费中心建设.中国旅游报,2022-12-02(03).

[8] 罗璠,言唱.比较视野下海南自由贸易港旅游形象定位研究.湖南大学学报(社会科学版),2022,36(6):83-91.

[9] 陈豪,谢镕键.基于SWOT分析法的海南文化旅游发展战略研究.特区经济,2022(8):141-144.

[10] 孟阳.海南生态旅游及其发展策略研究.文化产业,2022(18):122-124.

[11] 许劭艺.海南民间工艺美术概论.长沙:湖南大学出版社,2021.

[12] 陈扬乐,黄橙.海南旅游概览.北京:旅游教育出版社,2018.

[13] 李海娥,熊元斌.黎族文化保护与开发:基于国际旅游岛建设的背景.海口:南方出版社,2018.

[14] 杨武.海南省民俗概览.海口:南方出版社,2017.

[15] 《走遍中国》编辑部.海南.4版.北京:中国旅游出版社,2016.

[16] 莫梦诗.海南洗庙大关.海口:南方出版社,2015.

[17] 陈耀.海南旅游概览.海口:南海出版公司,2002.

[18] 刘朝霞.海南旅游发展现状及对策研究.科技信息,2013(6):54.

[19] 袁凤英.海南旅游发展分析.天津:天津大学,2012.

[20] 文坛,陈昱钰.海南军坡节对海南旅游的功能研究.文学教育(下),2012(10):54-58.

[21] 符国基.海南自然旅游资源调查、分类与评价.海南大学学报(自然科学版),2010(1):52-58.

[22] 钟业昌.历史的海南.海口:海南出版社,2010.

［23］杨葵,谭均,陈扬乐.海南自然旅游资源的空间差异及功能定位.新东方,2010(4):28-32.

［24］周洪晋.国家战略:海南国际旅游岛建设(上、下).海口:南海出版社,2010.

［25］赖志明,李维欢.海南旅游产业转型升级研究.中国商贸,2010(29):180-181.

［26］孙德明.国际旅游岛建设与舆论引导.海口:南方出版社,2012.

［27］黄景贵.海南产业发展战略研究.海口:海南出版社,2009.

附录

附录1:"第一""唯一""之最"的海南旅游吸引物

在海南岛3.4万平方公里范围内,几乎聚集了我国所有旅游资源种类。无论是碧海蓝天的自然美景,还是黎苗风情的人文风俗,都显得独具一格。海南旅游资源之丰富,类型之全,实属罕见,其具有密集性、珍稀性乃至唯一性,有许多是我国、亚洲和世界"第一""唯一"或"之最"的旅游资源。如下表所列:

我国"第一""唯一""之最"	
国土面积(陆地+海洋)第一大省	最南端,也是唯一的热带海岛省份
最大且唯一的省级经济特区	唯一具备诺丽果种植条件的热带雨林城市的省份
有面积最大、陆地面积最小,以及人口最少、最年轻的地级市(三沙市)	首创扁平化的国家公园二级管理体制和双重管理的国家公园综合执法管理机制的省份
最早全面放开粮食价格和经营的省份(1993年)	承接我国旅游第一次转型升级重任的省份(1996年)
最早建立实施旅游佣金制的省份(2001年)	第一个以旅游大篷车的形式促销旅游产品的省份(2001年)
第一个提出"常居型旅游"新型度假旅游概念,并推出旅游诚信机制建设的省份(2004年)	第一个发起文明旅游行动的省份(2013年)
第一个创设跨省区、跨行业携手做强婚庆旅游产业范例的省份(2014年)	第一个创设"旅游警察"支队和设立工商局旅游分局、旅游巡回法庭的省份(2015年)
第一个开展省域"多规合一"改革试点省份(2015年)	第一个全域旅游创建试点省份(2016年)
第一个发布汽车国六排放标准实施方案的省份(2019年)	第一个实施智能电网示范省"跨海联网二回"项目建设省份
第一个提出2030年全域禁售燃油车目标的省份(《海南省清洁能源汽车发展规划》)	第一部针对游艇产业的地方性立法(2022年《海南自由贸易港游艇产业促进条例》)
超出我国现有双边航权安排的最高水平开放政策(《海南自由贸易港试点开放第七航权实施方案》)	第一个真实世界数据研究和评价重点实验室(博鳌乐城国际医疗旅游先行区)
唯一定期定址的国际组织(博鳌论坛)	第一个外贸投资成片开发、享受保税区政策的国家级开发区(洋浦)
最优的海水、沙滩、阳光	旅游公路景观多样化程度全国第一(海南环岛旅游公路)
新中国成立以来中央政府批准兴建的最大佛教主题旅游区(三亚南山文化旅游区)	最高的南海观音圣像(三亚南山海上观音)

续表

我国"第一""唯一""之最"	
最集中、保存最完好、连片面积最大的原始热带雨林(海南岛中部山区)	唯一可以同时领略热带雨林和热带海洋风光的城市(三亚)
最年轻省份中历史最悠久的佛教圣地(东山岭)	最南端的烈士陵园(三亚市琛航岛烈士陵园)
第一家五星级度假酒店(1996年,亚龙湾凯莱度假酒店)	国内第一家酒店式海洋餐厅(海棠湾天房洲际度假酒店)
第一个、唯一的国家级智力运动产业基地	最大的开放式低纬度滨海航空发射所在地
第一家中外合资、唯一 SKYTRAX 五星航空公司(海南航空集团公司)	第一个旅游类中外合作办学机构(海南大学亚利桑那州立大学联合国际旅游学院)
唯一山海相连的国家森林(乐东尖峰岭)	第一个"世界健康城市"试点城市(海口)
第一家海岛型国家5A级景区(分界洲岛)	唯一的国家级游戏产业平台(中国游戏数码港)
香港生态旅游专业培训中心在境内的第一家培训基地(雷琼海口火山群地质公园)	唯一以少数民族交流为特色的海峡两岸交流基地(保亭)
唯一的国家级热带兰花示范基地(三亚兰花世界)	唯一的海岛型猕猴保护区
最专业、档次最高、品种最全的集水晶原石展示及其工艺品加工和销售于一体的民营高新科技企业集中之地	最大型、最富集的水晶矿区(屯昌羊角岭)
唯一的国家级珊瑚礁保护区	唯一白蝶珍珠母贝产地
唯一的海龟、玳瑁栖息地	唯一的红毛丹产地
唯一的坡鹿自然保护区	最大南药生产基地
唯一的麒麟菜保护区	唯一的金丝燕栖息地
唯一的白蝶贝保护区	唯一的椰子产地
唯一的黑冠长臂猿保护区	最大规模的石斑鱼养殖基地
唯一的金丝燕自然保护区	最大的椰子汁饮料生产基地
唯一的最大面积的青皮林自然保护区	最大的天然气化肥基地
第一个最大的红树林类型湿地保护区	最大的天然橡胶产地
第一个最大腰果产地	最大的胡椒产地
品位最高的露天铁矿(昌江石碌)	最大的咖啡产地
最大的海上天然气田(东方13-1气田)	海上最大的高温高压气田(东方13-2气田)
第一个我国自营勘探开发的1 500米超深水大气田"深海一号"(陵水海域)	第一个海上智能气田群(东方气田群)
最高的火山口密度区	最大面积国宝级奇品卷曲石发现地(儋州)
保存最完好的江河出海口(万泉河出海处)	唯一的热带海岛城市火山群地质公园(海口)
最大型露天温泉游泳池(三亚南田)	唯一国家认定的陨石坑(白沙)

续表

我国"第一""唯一""之最"	
最早的南繁育种之地(即"中国种业硅谷":三亚、陵水、乐东)	国内唯一经国务院、中央纪委批准的通用航空机场(五指山机场)
奥运会圣火内地首传城市(三亚)	唯一岛屿和滨海温泉(博鳌东屿岛)
分隔河海最长的自然沙堤(博鳌玉带滩)	最大的全木雕刻(海口妈祖圣像)
最南端文物保护单位(西沙甘泉岛唐宋遗址)	最大国蝶(金裳衣蝶)和最小国蝶(来福灰蝶)
规模最大、钓台最多、最标准的人工湖垂钓区(东方市黎香湖)	第一个最大且配置最完美的大型网式生态蝴蝶园(三亚蝴蝶谷)
第一个中国国际消费品博览会举办地、亚太地区规模最大消费精品展(海口)	唯一由42万粒直径12毫米的工艺珍珠灌制而成的珍珠墙(三亚京润珍珠馆)
收集地存热带药用植物种质资源最多的园区(兴隆热带药用植物园)	唯一国家级综合性热带科研机构(儋州中国热带农业科学院)
热带雨林珍贵及濒危树种品种最多的植物园(东方自然瑰宝园)	唯一保存最完整的古老原貌特色黎族村落(五指山初保村)
最早"雪茄风情旅游小镇"(儋州光村)	最早的橡胶种植园(琼海东太农场)
唯一最南端由军人创办的海洋博物馆(三沙)	最长的水库大坝(东方大广坝)
最长的跨海索道(南湾猴岛)	最早的小广坝水电站遗址(东方)
第一个深海开放式、模块化核发电厂(昌江)	最早的棉纺织品(黎锦)
唯一一艘海底观光潜艇(分界洲岛)	唯一的人偶同台演出戏剧(佛子戏/公仔戏)
第一条跨海铁路"粤海铁路通道"(海口)	第一个国际邮轮专用港口(三亚凤凰岛)
最大的华侨农场(万宁兴隆华侨农场)	最大的南药园(琼中世界南药园)
第一家"海上流动博物馆"(三沙"南海之梦"邮轮)	唯一一个自然海域驯养海洋动物的海豚湾、最大的珊瑚馆(陵水分界洲岛)
第一个设施完善的,自然与人工巧妙结合的,集展览、科教、旅游、购物于一体的蝴蝶文化公园(亚龙湾蝴蝶谷)	旧石器文化分布最南处("三亚人"遗址)
唯一不朝南开大门的孔庙(文昌孔庙)	我国最南端机场(三沙永暑礁机场)
唯一不出国门就能领略东南亚异域风情的地方(兴隆)	唯一全海景酒店水下套房(三亚亚特兰蒂斯酒店)
第一例综合性旅游维权执法手机微信平台("海南旅游投诉"手机微信平台)	唯一海上丝绸之路主题5D影院(三亚海昌不夜城飞行影院)
唯一采用自然重力设计的漂流河(三亚亚特兰蒂斯酒店)	国内唯一天然海水水族馆(三亚亚特兰蒂斯酒店水族馆)
第一个实现跨境移动支付的产品(海南的"阳光翼行"、中国工商银行"融e购")	第一个以椰子为主题的观光工厂(春光椰子王国)

续表

我国"第一""唯一""之最"	
国内第一个濒危动物保护、室内驯养与研究基地(三亚海螺姑娘创意园)	低空旅游的年可飞行日和可供空中游览景观活动时间为全国之首(年可飞行天数为340天)
唯一因地震导致陆地陷落而形成的海底文化遗址(海口海底村庄遗址)	第一家以热带野生动植物博览、科普为主题的社会公园(海南热带野生动植物园)
第一个南海海洋生物救助保育中心(陵水海南富力海洋欢乐世界)	唯一热带海岛城市火山群地质公园(雷琼海口火山群地质公园)
最大鸟文化主题公园(海南热带飞禽世界)	最大水体海豚互动馆(陵水海南富力海洋欢乐世界)
亚洲、世界"第一""唯一"或"之最"	
全球热带地区唯一基地动物展馆(陵水富力海洋欢乐世界)	世界第一尊金玉观音菩萨塑像(三亚南山寺海上观音)
全球首个环海岛旅游高铁(海南环岛旅游高铁)	全球最大单体免税店(海口国际免税城)
亚洲最大水库土坝(东方大广坝)	世界最大的矿坑剧场(儋州莲花山)
亚洲最大榕树王(定安县翰林镇章塘村)	亚洲最大的航海灯塔(文昌木兰头)
世界第一大水疗温泉度假区(海口观澜湖旅游度假区)	全球第一座十万吨级深水半潜式生产储油平台——"深海一号"能源站(陵水海域)
世界面积最大(600亩以上)热带喀斯特地貌(保亭仙安石林)	世界基尼斯总部"供奉缅甸白玉佛像最多的寺院"(澄迈金山寺)
世界最大天然弥勒佛像(三亚红霞岭上的天然巨佛"老人头石")	世界含氢量最大的热氢泉(儋州莲花山)
亚洲规模最大游艇码头(陵水雅居乐清水湾游艇会)	全球首个中国恐龙科普教育基地(三亚水稻国家公园)
亚洲规模最大帆船帆板公共码头(海口市国家帆船基地公共码头)	世界上海拔最低的"海上森林"(海口东寨港、文昌八门湾红树林)
亚洲热带雨林和世界季风常绿阔叶林交错带上唯一的"大陆性岛屿型"热带雨林(海南岛中部山区)	世界最大硅化木展示区(儋州莲花山)
亚洲最大纯木结构屋面建筑(海口游客中心)	世界最大可同时观看活体珊瑚与珊瑚标本的珊瑚馆(分界洲岛)
全球最濒危灵长类动物海南长臂猿的唯一分布地(海南热带雨林国家公园)	世界最大户外《金刚经》雕刻(儋州莲花山)
全球最大的兰花主题公园(三亚兰花世界)	全球最大天然海水水族馆(三亚亚特兰蒂斯酒店水族馆)
全球第一家以山水玉林为展厅的中华玉器艺术馆(保亭神玉岛)	全球首个酒业创新与投资大会举办地(由中国酒业协会、中国酒类流通协会、中国轻工企业投资发展协会主办)
全球第一个以导演个人名义命名的电影主题景区(海口观澜湖冯小刚电影公社)	全球种植面积最大、最集中成片的海南花梨种植基地(东方花梨谷)

附录 2：海南省高 A 级旅游景区名录

（截至 2023 年 11 月）

截至 2023 年 11 月，海南省共有 A 级旅游景区 86 个，其中高 A 级（4A 级及以上）景区超 42 个，较 2012 年增长了约 3 倍。

序号	景区(点)名称	等级	地址
1	南山文化旅游区	5A	三亚市崖州区崖城镇
2	大小洞天旅游区	5A	三亚市崖城区大小洞天景区
3	呀诺达雨林文化旅游区	5A	保亭县三道镇三道农场
4	分界洲岛旅游区	5A	海口至三亚东线高速公路牛岭出口处
5	槟榔谷黎苗文化旅游区	5A	保亭县三道镇甘什岭自然保护区
6	蜈支洲岛旅游区	5A	三亚市海棠区滕海社区后海村
7	七仙岭温泉国家森林公园	4A	保亭县东北部 9 公里处
8	文昌宋氏祖居	4A	文昌市昌洒镇古路园村
9	天涯海角游览区	4A	三亚市天涯镇
10	三亚西岛海洋文化旅游区	4A	三亚市三亚湾肖旗港
11	亚龙湾热带天堂森林旅游区	4A	三亚市吉阳区亚龙湾国家旅游度假区
12	清水湾旅游区	4A	陵水县环岛东线高速公路英州出口
13	中国雷琼海口火山群世界地质公园	4A	海口市秀英区石山镇
14	海口观澜湖旅游度假区	4A	海口市龙华区龙桥镇观澜湖大道 1 号
15	海南热带野生动植物园	4A	海口秀英区东山镇
16	博鳌亚洲论坛永久会址	4A	琼海市博鳌镇东屿岛远洋大道 1 号
17	三亚水稻国家公园	4A	三亚市海棠湾 G98 高速林旺出口 800 米右侧
18	兴隆热带植物园	4A	万宁市兴隆华侨农场
19	东山岭文化旅游区	4A	万宁市万城镇东山岭景区
20	兴隆热带花园	4A	万宁市兴隆温泉度假区境内
21	中国(海南)南海博物馆	4A	琼海市潭门镇博物馆路 1 号
22	海南省博物馆	4A	海口市琼山区国兴大道 76 号
23	海南长影环球 100 奇幻乐园景区	4A	海口市秀英区椰海大道 100 号

续表

序号	景区(点)名称	等级	地址
24	南湾猴岛生态旅游区	4A	陵水县新村镇望海大道1号
25	文笔峰盘古文化旅游区	4A	定安县龙湖镇丁湖路6号
26	海南莲花山文化景区	4A	儋州市兰洋镇
27	海口假日海滩旅游区	4A	海口市滨海西路
28	亚龙湾国家旅游度假区	4A	三亚市吉阳区亚龙湾
29	鹿回头风景区	4A	三亚市鹿岭路鹿回头海景大道
30	五指山革命根据地纪念园景区	4A	五指山市毛阳镇毛贵村
31	海南解放公园	4A	临高县北部海岸
32	海南花梨谷文化旅游区	4A	东方市板桥镇
33	海南富力海洋欢乐世界	4A	陵水县黎安镇双湖大道1号
34	海南白石岭旅游区	4A	琼海市嘉积镇西南12公里处
35	海南百花岭热带雨林文化旅游区	4A	琼中县根营镇东南7公里处
36	屯昌梦幻香山旅游区	4A	屯昌县屯城镇加利坡村
37	母瑞山红色文化旅游区	4A	定安县翰林镇中瑞农场
38	五指山红峡谷文化旅游区	4A	五指山市南圣镇
39	椰子大观园	4A	文昌市文清大道502号
40	海南铜鼓岭风景区	4A	文昌市龙楼镇
41	儋州东坡文化旅游区	4A	儋州市中和镇城区东郊
42	海南儋州石花水洞地质公园	4A	儋州市东南部蓝洋镇

附录3：海南离岛免税购物点

（截至2023年4月）

序号	店名	地址
1	海口国际免税城	海口市秀英区海色路5号
2	海口日月广场免税店	海口市国兴大道8号日月广场西区射手座L层/双子座L—2层
3	海口美兰机场免税店T1	海口市美兰国际机场T1航站楼
4	海口美兰机场免税店T2	海口市美兰国际机场T2航站楼
5	深免海口观澜湖免税城	海口市龙华区羊山大道39号观澜湖
6	海控全球精品（海口）免税城	海口市日月广场东区的水瓶座1—3层及摩羯座1—2层
7	三亚国际免税城	三亚市海棠区海棠北路118号
8	三亚凤凰机场免税店	三亚市凤凰国际机场T1航站楼206—208登机口附近
9	三亚海旅免税城	三亚市吉阳区迎宾路303号
10	中服三亚国际免税购物公园	三亚市天涯区解放一路16号
11	琼海博鳌免税店	琼海市博鳌亚洲论坛景区内
12	王府井国际免税港	万宁市莲兴大道1号
备注	1. 离岛免税政策免税税种为关税、进口环节增值税和消费税； 2. 海南各离岛免税店均开通了线上商城，已购买离岛机票、火车票、船票的旅客，可凭航班信息线上购物（采用线上购物的，购物人、支付人应当为同一人，符合验证条件）	

后　记

"满眼生机转化钧,天工人巧日争新。预支五百年新意,到了千年又觉陈。"从2009年出版的《海南旅游基础知识》,到2016年的《海南旅游知识读本》及其2017年的第2版,再到眼前的《海南旅游文化知识》,十四年来,本书一直受到东南大学出版社的重视和社会各界读者的青睐,使得耕耘海南旅游职教三十余年的我深感厚爱滋润的温暖和慰藉。"十三五"时期的海南旅游发展画卷,尤其是2018年习近平总书记在庆祝海南建省办经济特区三十周年大会上的重要讲话之后所呈现的海南旅游峥嵘气象,真可谓波澜壮阔、气势恢宏——每处着墨都让人印象深刻,每个节点都令人心潮澎湃。

在此背景下,尽管近年身体有恙,但东南大学出版社高级编辑张丽萍老师的诚挚关切,点燃了我修订旧作的热情,更激发了我不忘初心使命的职业自觉;对外经济贸易大学海南研究院副院长常文磊先生的诚挚支持,坚定了我重塑旧作的决心;我校(海南经贸职业技术学院)财务管理学院张先琪和国际旅游学院程傲两位年轻有为的博士的鼎力相助,增添了我完善旧作的信心,并且在张先琪博士的有力参与下顺利完成了本次重要的旧作更新工程。

张先琪博士具体负责上编第一章第一节之五"生态建设与康养环境"、第二节"海南岛自贸港建设(旅游篇)简况"、第二章第二节"海南岛生态热带山林资源"、第四章第三节"海南离岛免税购物",以及2016年(含)以后的海南旅游发展轨迹的撰写;补充、更新了第三章、第五章中的部分内容,对新作的编著大纲主题内容及其内在逻辑作了非常到位的指导,并对全部书稿作了细致周全的校对。程傲博士主要提供了上编2016年至2021年海南旅游发展脉络和现状中的部分内容资料,以及上编中有关人口和宗教信息的最新数据。对此,本人敬意绵长。

另外,海南旅游景区协会荣誉会长、呀诺达雨林文化旅游区创始人张涛,海南省旅游饭店业协会会长张会发,三亚游艇帆船协会原秘书长刘立民,三亚国光豪生度假酒店总经理朱若郁等业内精英,多年来一直指导和矫正我对海南旅游业发展的认知;我校国际旅游学院原副院长陈晓鹏、图书馆正副馆长丘秀文和林岚三位同志,以及图书馆馆员卓振海、陈亮、王晨晨、吴小茵、孙敏夫等诸位老师,还有我女儿毛一舒,均在百忙中给予我资料查找、数据核对、文档处理和生活照料等诸多方面的关怀和帮助,实可谓"君怜垂翅客,辛苦尚相从"。对此,本人深表荣幸,没齿难忘。

回望过去五六年海南旅游升级发展的奋进历程,海南这颗镶嵌在"海上丝绸之路"上的明珠,正朝着我国"三区一中心"(全面深化改革开放试验区、国家生态文明试验区、国家重大战略服务保障区和国际旅游消费中心)的方向,笃定远航,逐浪前行,力图书写高质量中国特色自由贸易港的现代旅游新篇章。展望《海南自由贸易港建设总体方案》指引下的海南"十四五"发展蓝图,海南旅游供给待升级、国际化程度待提升、全域旅游待提速、政策落实待细化等方面的问题一定能够有所突破;到 21 世纪中叶全面建成具有较强国际影响力的高水平自由贸易港的总体目标也一定能够实现——那将是海南当代旅游事业的真正春天。对此,本人椰岛续梦,翘首以盼。

逐梦海南四十载,耕教旅游三十年。在"海南旅游"得以立体呈现之际,我再一次:捧足椰岛一束阳光,用暖流感谢有助于我编著此书的热心人;凭借南海万顷波涛,用丹心叩谢有恩于我生命的所有人。

毛江海
2023. 11. 20·海口桂林洋海舒斋